U0906577

重庆
2015
经济年鉴
CHONGQING ECONOMY
YEAR BOOK

图书在版编目（CIP）数据

重庆经济年鉴．2015年卷／重庆市人民政府办公厅编．--重庆：重庆出版社，2016.1
ISBN 978-7-229-06803-5

Ⅰ．①重… Ⅱ．①重… Ⅲ．①区域经济—重庆市—2015—年鉴 Ⅳ．①F127.719-54

中国版本图书馆CIP数据核字(2016)第025513号

重庆经济年鉴·2015（精装本）
CHONGQING JINGJI NIANJIAN

重庆市人民政府办公厅 主管

重庆市人民政府发展研究中心
重庆社会科学院 主办

出 版 人：罗小卫
责任编辑：张德尚
封面设计：陈 刚

重庆出版集团
重庆出版社 出版

重庆市南岸区南滨路162号1幢 邮编：400061 http://www.cqph.com
重庆出版集团艺术设计有限公司制版
重庆大正印务有限公司印刷
重庆出版集团图书发行有限公司发行
E-MAIL:fxchu@cqph.com 邮购电话：023-61520646
全国新华书店经销

开本：889mm×1194mm 1/16 印张：30.1 字数：709千
2016年1月第1版 2016年1月第1次印刷
ISBN 978-7-229-06803-5
定价：498.00元

如有印装质量问题，请向本集团图书发行有限公司调换：023-61520678

《重庆经济年鉴》编委会

《重庆经济年鉴》编辑部

《重庆经济年鉴》编委

把握新机遇　引领新常态

——《重庆经济年鉴(2015卷)序》

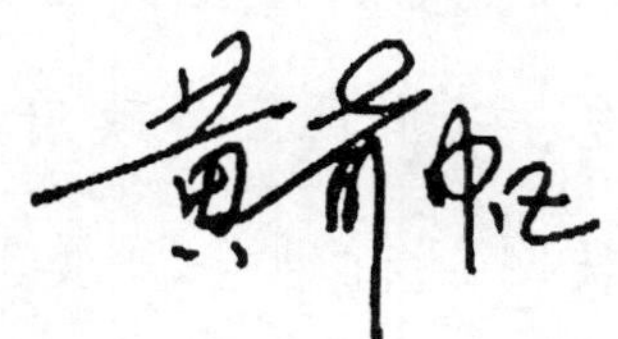

打开这部记录2014年重庆经济发展与实践的大型工具书,过去一年巴渝儿女戮力同心、砥砺奋进的点点滴滴就跃然纸上,全市人民锐意进取、革故鼎新的精彩片段是那样的荡气回肠。

这一年,面对错综复杂的国际国内经济环境,我们主动适应经济发展新常态,统筹推进稳增长、调结构、促改革、惠民生、防风险,在经济增速保持全国前列的同时,狠抓战略新兴产业的发展,动力结构、产业结构、投资结构、效益结构持续优化,经济发展呈现出速度、质量和效益同步提升的良好态势。

这一年,我们深入实施五大功能区域发展战略,完善产业、财政、考核等政策支撑体系,促进了资源优化配置,初步形成了五大功能区域特色发展、差异发展、联动发展的新格局。

这一年,我们全面深化各领域改革,聚焦突破PPP投融资、商事制度、国企国资、财税金融、农村资源要素以及社会事业等重点改革专项,不断突破体制机制障碍,激发出各类企业和广大群众创新创业的巨大热情。

这一年,我们主动对接国家"一带一路"和长江经济带战略部署,完善以大通道、大通关、大平台为主要特征的内陆开放体制机制,形成了航空、铁路、水港同时兼具国家级交通枢纽、一类口岸和保税区的"三个三合一"开放格局,成为内陆开放高地建设的重要标志。

这一年,我们统筹推进各项社会事业,切实加强社会治理创新,倾力尽力办好民生实事，让发展成果最大程度惠及于民，群众获得感、安全感、幸福感不断增强。

展望未来，新常态催生新机遇，新使命呼唤新作为。当前，“四个全面”战略布局深入人心，创新、协调、绿色、开放、共享的发展理念引领新的实践，“一带一路”战略和长江经济带部署纵深推进，中新第三个政府间合作项目确定以重庆为运营中心，“中国制造2025”和“互联网+”行动全面展开，新一轮改革开放释放巨大制度红利。重庆扼长江经济带西部中心枢纽、西部开发开放重要支撑的战略区位，只要我们认知得深、融入得法、工作得力，各项改革发展事业就会迈入新的境界，全面小康社会必将如期建成。

为《重庆经济年鉴》刷新数据，为重庆经济发展再添激越华章，我们共同努力吧！

是为序。

目　录

·第一编　重要经济文献·

·第二编　专题研究·

·第三编 经济与社会发展综述·

·第四编 部门经济运行与管理·

·第五编 产业状况·

·第六编　开发区与园区建设·

·第七编　区县经济·

·第八编 附 录·

Contents

Tertiary Industry

Part VI The Construction of Development Zones and Industrial Parks

Part VII Regional Districts

Part VIII Appendix

第一编

重要经济文献

2015年重庆市人民政府工作报告

——2015年1月18日在重庆市第四届人民代表大会第三次会议上

黄奇帆

各位代表：

我代表市人民政府，向大会报告工作，请予审议，并请各位政协委员提出意见。

一、2014年工作回顾

刚刚过去的2014年，面对错综复杂的国内外形势和艰巨繁重的改革发展稳定任务，我们在党中央、国务院的坚强领导下，全面贯彻落实党的十八大和十八届三中、四中全会精神，深入学习贯彻习近平总书记系列重要讲话精神，认真执行市委各项重大决策部署，紧紧围绕“科学发展、富民兴渝”总任务，大力实施五大功能区域发展战略，全面深化改革开放，着力稳增长、促改革、调结构、惠民生、防风险，在新常态中奋发有为，在转型发展中提质增效，全市呈现出经济稳中向好、民生不断改善、社会和谐稳定的良好局面。

初步核定，全市生产总值达到14265亿元，比上年增长10.9%。突出特点是“四个结构”进一步优化：一是“三驾马车”协同发力，社会消费品零售总额达到5096亿元、增长13%，完成固定资产投资1.32万亿元、增长18%，实现进出口总额955亿美元、增长39%，动力结构更趋协调。二是第三产业增加值占比超过第二产业，电子信息和汽车等战略性支柱产业增长快于一般工业，金融和服务贸易等现代服务业增长快于一般服务业，产业结构更趋优化。三是工业投资占比提高到31.5%，基础设施和房地产投资占比均保持在25%左右，投资结构更趋合理，为长远发展积蓄了后劲。四是规模以上工业企业利润突破1000亿元、增长30%以上，一般公共预算收入完成1922亿元、增长13.9%，城乡常住居民人均可支配收入分别达到25133元和9470元、增长9%和11.5%，效益结构持续向好。城镇新增就业65.3万人，城镇登记失业率处于3.5%的较低水平。居民消费价格涨幅控制在2%以内。全市经济社会发展均衡性、协调性、可持续性不断增强，市四届人大二次会议确定的年度任务顺利完成，为全面建成小康社会奠定了更为扎实的基础。

一年来，我们所做的工作及成效主要有：

（一）五大功能区域发展取得积极进展

坚持把五大功能区域发展战略作为全市“五位一体”现代化建设的布局、载体和平台，相继出台产业布局、财政扶持、生态环保、考核评价等分类扶持、差别约束的配套措施，促进了资源要素优化配置和高效利用。都市功能核心区高端要素加快集聚，服务业增加值占比提高到78%；都市功能拓展区先进制造业提速发展，片区开发有序推进，规模以上工业总产值、进出口总额占全市比重分别达到40.8%和48.8%；城市发展新区加速扩容，重大基础设施规划启动实施，工业投资占全市比重达到56.2%；渝东北和渝东南特色发展、绿色发展步伐加快，生态涵养和保护得到加强，特色产业和生态旅游亮点纷呈。随着五大功能区域发展战略深入实施，全市可持续发展机制初步形成，区县和市场主体活力得到激发，各功能区域呈现出相互支撑、优势互补、协调联动的新局面。

（二）产业升级步伐加快

突出高端化、配套化、集聚化，推动产业集群发展，形成了先进制造业与现代服务业双轮驱动格局。全市工业总产值突破2万亿元，增长14%。“6+1”产业集群持续发展，汽车和电子信息两大支柱全面发力。长安福特三工厂、上汽通用五菱等项目投产,全市汽车产量达到263万辆,自主品牌占比和单车均价明显上升。各类智能终端产量达到2亿台件,SK海力士芯片封装、奥特斯集成电路基板、巨腾机壳等关键零部件项目投产,本地配套率进一步提高。对装备、材料、轻纺等处于不景气周期的行业,实施“一企一策”分类指导,推动兼并重组,促进产品升级,努力降本增效,奋力开拓市场,扭转了低迷态势,产值增幅均超过10%。紧跟全球科技革命和产业发展趋势,锁定并布局了集成电路、液晶面板、页岩气等十大战略性新兴产业,实施了一批有长远战略意义的大项目。发挥工业园区支撑作用,产业集中度提高到76%。持续推进工业研发千亿投入计划,实施7个重大科技专项和42个科技支撑示范工程。中科院重庆研究院竣工运行。

服务业提档升级步伐加快。谋划实施了跨境电子商务、保税商品展示交易、保税贸易、大数据云计算、跨境结算等五大新型服务贸易,服务贸易额增长25%,实现824亿美元离岸金融结算,完成1602亿元跨境人民币结算,电子商务交易额达到4500亿元。各类金融机构加速集聚,资产规模超过3.8万亿元。银行业金融机构快速增长,开业分行和法人机构达到95家,不良贷款率控制在0.45%的低位。中央商务区加快形成,都市区“1+16”核心商圈和专业市场体系逐步完善,双福国际农贸城开业,百亿级商圈和市场分别增至10个和15个。会展规模刷新纪录。餐饮住宿业扭转了下滑态势。依托铁路、公路和水运,现代物流基地、区域性物流节点和城市配送体系加快形成。加大跨区域旅游协作力度,推进度假区建设,新增4A级景区14处,旅游总收入和入境游人次分别增长13.1%、8.9%。

(三)重点领域改革取得新突破

坚持问题导向,有序推进133项改革任务,聚焦突破25项重点改革,为经济社会发展注入了新活力。推进政府职能转变和机构改革,取消、下放和调整行政审批事项526项。落实西部大开发和结构性减税政策,取消和免征一批行政事业性收费,为企业减税让利379亿元。实施新一轮区县政府机构改革。两江新区试点大部制改革。璧山、铜梁完成撤县设区。推进工商登记制度改革,完善小微企业扶持机制,新办企业增长29.9%,市场主体达到172万户,非公有制经济占比达到61.3%。改革产业扶持资金使用方式,创设6支产业引导股权投资基金。推进投融资改革,启动了1300亿元基础设施PPP项目。完善政府性债务管控机制,削减债务1016亿元,做到了风险可控。发展混合所有制经济,国资项目面向社会增资扩股和转让股权1130亿元,5家企业成功上市,22家企业在新三板挂牌。金融租赁、消费金融、第三方支付等12家新型金融机构获准设立,信用保证保险等10家机构取得突破性进展。要素市场年交易量突破9000亿元。全年新增社会融资5500亿元。深化统筹城乡综合配套改革,启动农村集体资产量化确权改革试点,累计交易地票15.2万亩、交易额306亿元,农村产权抵押贷款达到685亿元,新增农民工转户25.3万人。稳步推进社保、医疗、教育、文化等社会民生领域改革,基本公共服务均等化程度不断提升。

(四)内陆开放高地建设纵深推进

积极融入国家“一带一路”战略和长江经济带重大部署,构建大通道、大通关、大平台开放体系,形成了寸滩水港、江北国际机尝团结村铁路中心站三个交通枢纽、三个一类口岸、三个保税监管区。渝新欧国际铁路联运大通道成为中欧贸易陆上货运主通道,在组织返程货源、开通国际邮运、开放铁路口岸、获批汽车整车进口口岸、设立铁路保税物流中心(B型)、班列提速降费等方面取得新突破。两路寸滩保税港区获准开展贸易多元化试点,设立进境水果和肉类指定口岸。加工贸易、一般贸易、服务贸易协同发展,外向型产业集群加速形成。全方位、多渠道、宽领域招商引资,实际利用外资稳定在106亿美元。两江新区功能开发全面展开,先进制造业和现代服务业加速集聚,辐射带动作用明显增强。经开区、高新区基础开发和招商引资同步推进,产业集中度和产出率又有新提升。渝港、渝澳、渝台交流合作得到加强,与兄弟省区市经贸合作不断深化。

(五)城市枢纽功能和建设管理水平持续提升

推进新型城镇化,深化实施城乡总体规划,着力提升城市发展品质。铁路枢纽加快建设,渝黔铁路货运专线建成通车,火车北站扩建一期工程基本完工,渝怀二线、黔张常铁路顺利开工,铁路在建里程达到1000公里。第三个千公里高速公路建设计划提速实施,通车里程达到2400公里。江北国际机场旅客吞吐量达到2926万人次,货邮量增至30万吨。港口集装箱吞吐量突破100万标箱,货运量达到1.5亿吨。国家级互联网骨干直联点开通运行,数据传输能力大幅提升。都市商务集聚区加速开发,悦来新城、中央公园、龙洲湾等片区开发展示出新形象,各区县城面貌不断改善。累计建成公租房2768万平方米、配租17.4万套。改造城市棚户区293万平方米,惠及8.1万市民。城市轨道通车里程增至202公里,新增一批桥梁隧道和市政设施。改造城市道路323万平方米,新增室内公共停车位15.6万个,改建路灯2.4万盏。实施建筑垃圾、生活垃圾和餐厨垃圾密闭转运,城市主干道机扫率达到88%。

(六)"三农"和库区发展取得新成效

围绕保供增收,大力发展特色效益农业,粮食、蔬菜等主要农产品量足价稳,生猪、牛羊、渔业、柑橘等一批百亿级产业链日趋成型。建成7400公里行政村通畅公路和4000公里撤并村通达公路,新增农村客运线路393条,符合条件的行政村提前实现客运通达目标。推进一批重点水源项目和河流治理工程,整治山坪塘5.1万口,解决了215万人饮水安全问题。扎实推进美丽乡村建设,完成650个行政村环境连片整治。改造农村危旧房8.1万户。完成高山生态扶贫搬迁16.5万人。实现450个贫困村整村脱贫,减少贫困人口36万人。

实施三峡后续项目1844个,落实国家专项补助201亿元,撬动上千亿社会资金投入库区发展。累计建成94个生态农业、生态工业、商贸服务和旅游项目,库区产业支撑能力明显增强。建成一批对外通道、城镇排水管网和渡改桥设施。累计完成生态屏障区造林255万亩,发展生态渔场3万亩。城镇移民小区综合帮扶常态推进。加强试验性蓄水安全监测和应急防范,完成地质灾害治理项目34个,应急避险应搬尽搬,实现"无人员伤亡、无疫情发生、无重大事故"。

(七)社会民生进一步改善

始终坚持民生第一目标,兜底线、保基本、促均衡,不断提升公共服务质量和水平。实施大学生就业促进和创业引领计划,年末高校应届毕业生就业率达到94.9%。扶持城镇就业困难人员就业创业,零就业家庭动态消除。回引农民工就业创业30.6万人。推动城乡养老及医疗保险扩面提标,城乡养老保险转移接续和缴费激励机制逐步完善。实施城乡居民大病保险,扩大城镇职工医保个人账户使用范围。社会救助和保障标准与物价上涨挂钩联动,困难群众基本生活得到有效保障。推动城乡教育均衡发展,义务教育普及成果巩固扩大,初中毕业生升入高中阶段教育比例增至97%,高等教育毛入学率达到37.4%。实施农村薄弱学校改善计划,3499所中小学办学条件得到改善,中小学校舍标准化率达到83%。为乡村教师发放生活补助。累计建成28所三甲医院。深化医药卫生体制改革,39家试点区县公立医院取消药品加成。药交所完成交易额190亿元。鼓励社会办医,民营医院实有床位占比达到20.4%。全年无重大传染病疫情发生。"单独两孩"生育政策稳妥实施。覆盖市、区县、镇街、村居的四级食品药品监管体系基本建立。文化体制改革取得新进展,"大文化"管理格局基本形成。新增文化企业近1万户。一批基层公共文化设施建成投用。推出一批文艺精品,8部作品荣获国家"五个一工程"奖。新建了一批体育设施,全民健身活动蓬勃开展,我市运动员在亚运会获3金1银好成绩。

这里,特别要报告的是,经过近两年的持续努力,142亿元中央专项补助民生项目已落实到位,22件城乡民生实事有5件提前完成、其他各项均超额完成年度任务，人民群众反映急切的民生问题得到较好解决。

(八)平安建设不断深入

认真贯彻《深化平安重庆建设意见》,巩固了社会和谐稳定的良好局面。加强立体化社会治安防控体系建设,恢复和新建派出所187个、警务室614个,实现"一镇街一所"目标。加强城乡社区建设，市区及区县城社区网格化管理实现全覆盖。实施社区减负工程,社区工作负担大幅减轻。深入开展干部下访接访行动,化解了久拖不决的群众房屋办证难等大量问题和矛盾纠纷。依法打击各类违法犯罪,刑事案件、暴力案件、侵财案件和110警情均同比下降,群众安全感和满意度进一步提高。扎实开展安全生产专项整治和企业安全标准化建设,安全事故起数、死亡人数分别下降10.3%和8%。加强城乡消防基础建设,火灾形势保持稳定。成功预报和处置"8·31"、"9·13"暴雨洪灾,灾后重建有序展开,最大限度保障了受灾群众生产生活。

(九)生态文明建设迈出新步伐

认真落实《加快推进生态文明建设意见》,在经济社会发展中同步建设美丽山水城市。制定产业禁投清单,强化环保差别化约束。单位生产总值能耗和碳排放分别下降3%、2.5%，国家下达的节能减排任务超额完成。渝东北生态涵养发展区、渝东南生态保护发展区成为国家生态文明先行示范区。完成一批工业项目废气深度治理，新建燃煤火电机组全部实现脱硫脱硝除尘,淘汰黄标车、老旧车和燃煤锅炉,都市区空气质量优良天数达到246天,PM2.5平均浓度下降7.1%。推进重点次级河流整治,完成都市区20个污染湖库治理。城市生活污水、生活垃圾处理率分别达到90%和99.5%。长江干流水质保持优等。完成营造林320万亩,全市森林覆盖率达到43.1%,建成区绿化覆盖率达到42.1%。金佛山成功列入世界自然遗产保护名录。

过去一年，我们按照中央统一部署和市委要求，扎实开展和巩固深化党的群众路线教育实践活动,着力打通联系服务群众的"最后一公里",有力促进了政风转变。坚决执行中央八项规定和市委实施意见,切实强化制度约束,认真抓好立查立改立纠,会议活动、文件简报、评比表彰等大幅缩减,"三公"经费做到了零增长。推进依法行政，提请市人大常委会审议6部地方性法规草案,制定9件行政规章,全面清理并统一发布政府规范性文件。清理行政权力,规范行政执法,强化行政复议和行政诉讼应诉工作,及时纠正行政违法和不当行为。认真办理人大代表建议和政协提案。贯彻落实民族宗教政策,民族团结进步事业不断发展。国防动员、人民防空、优抚安置工作扎实推进,军政军民团结进一步巩固。外事、侨务、对台、统计、审计、监察、国家安全、档案、保密、参事、史志、应急、地震、气象等工作取得新成绩,妇女、儿童、青少年、老龄、慈善、残疾人、红十字等事业取得新进步。

我们也清醒地看到，重庆发展还面临不少困难和问题。长远看,重庆仍处于"双欠"阶段和"四个关键节点",解决城乡区域发展不平衡、基础设施不完善、社会事业发展滞后、资源环境约束趋紧等矛盾还需付出长期艰苦努力。近期看,经济社会发展也出现一些新情况、新问题:一是经济下行压力依然较大,项目引进竞争加剧,消费热点不多,外需增长遭遇外部压力。二是实体经济面临不少困难,工业品出厂价格下降,融资和劳动力成本上升，民营经济和小微企业发展瓶颈亟待突破，做大总量与调优结构对产业发展形成双重压力。三是科技创新能力不足、投入不够、人才缺乏等问题较为突出,科技成果转化能力较弱,自主知识产权和自主品牌不多。四是财政收入增速趋缓和民生刚需增加的矛盾较为突出,就业、社保、教育、医疗、文化体育、食品药品安全、社会治安、安全生产、生态环保等领域还有大量工作要做。五是政府职能转变和政风建设长效机制有待巩固完善，法治政府建设任务紧迫而繁重,反腐倡廉仍须常抓不懈。

各位代表！过去一年的实践再次证明，做好政府各项工作，必须坚定与以习近平同志为总书记的党中央保持高度一致，坚决贯彻落实中央决策部署，在市委的坚强领导下，确保工作的正确方向；必须坚持实事求是的思想路线，一切从实际出发，遵循经济规律、自然规律和社会规律，推进科学发展、可持续发展和包容性发展；必须坚定社会主义市朝改革方向，不断破除各种体制机制障碍，持续释放发展动力；必须坚持一切为了群众，一切依靠群众，最大限度凝聚各方面智慧和力量；必须依法行政、廉洁从政，持之以恒加强政风建设，营造良好的政治生态和纯洁健康的工作氛围。

各位代表！过去一年取得的成绩，是党中央、国务院坚强领导和亲切关怀的结果，是市委统揽全局、科学决策的结果，是市人大、市政协履职监督、倾力支持的结果，凝聚着各级各部门及广大人民群众的艰辛和智慧，实属来之不易，值得倍加珍惜。在此，我代表市人民政府，向在各自岗位上辛勤工作、奉献力量的全市各族人民，表示崇高的敬意！向人大代表、政协委员，向各民主党派、工商联、人民团体和各界人士，向驻渝部队、武警官兵和公安民警，向关心和支持重庆发展的中央各部委、各兄弟省区市以及港澳台同胞、海外侨胞和国际友人，表示衷心的感谢！

二、2015年工作总体部署

今年是全面深化改革的关键之年，是全面推进依法治市的开局之年，也是全面完成“十二五”规划的收官之年。世界经济仍处在国际金融危机后的深度调整期，经济走势可能略有回升，但整体复苏的疲弱态势难有明显改观。我国仍处于可以大有作为的重要战略机遇期，经济发展进入新常态，总体向好的基本面没有改变，但经济下行压力依然较大。重庆处在“一带一路”和长江经济带的战略节点，建设长江上游经济中心、国家中心城市和内陆开放高地既面临众多机遇，也存在不少挑战。我们要切实增强忧患意识、机遇意识和创新意识，把握形势新变化，深刻认识新常态，主动适应新常态，努力开创发展的新局面。

今年政府工作的总体要求是：全面贯彻落实党的十八大、十八届三中、四中全会和中央经济工作会议精神，以邓小平理论、“三个代表”重要思想、科学发展观为指导，认真贯彻落实习近平总书记系列重要讲话精神，坚持稳中求进工作总基调，坚持以提高经济发展质量和效益为中心，主动适应经济发展新常态，加快转换发展动力，把转方式调结构放到更加重要位置，深入实施五大功能区域发展战略，统筹推进新型工业化、信息化、城镇化、农业现代化，强化改革、开放和创新三大动力支撑，着力保障和改善民生，加强风险防控，全面推进依法治市，促进经济平稳健康发展和社会和谐稳定。

今年经济社会发展主要目标是：全市生产总值增长10%左右。工业增加值增长12%左右。社会消费品零售总额增长12%左右，固定资产投资和进出口总额均增长16%左右。单位生产总值能耗和碳排放均下降1%，主要污染物减排达到国家约束性要求。一般公共预算收入增长12%左右。城镇新增就业60万人以上，城镇登记失业率控制在4.5%以内。城乡居民收入增长与经济发展同步。居民消费价格涨幅控制在3%左右。

实现上述目标，要按照市委提出的“有定力、善作为，转方式、提质量，重统筹、促公平，防风险、补短板，打基础可持续”要求，全面推进经济建设、政治建设、文化建设、社会建设和生态文明建设，把握好全市经济社会发展的关键环节：

——深入实施五大功能区域发展战略。立足全市“一盘棋”，把五大功能区域发展战略融入全市经济社会发展各个方面，既实施引导性措施，又严格约束性手段，发挥直辖体制优势，促进资源要素在区域、城乡之间优化配置和合理分享，努力实现各区域错位布局、差异发展、特色发展。

——加快经济结构战略性调整。在做大总量中优化结构、加快发展中提高质量效益、协调互动中促进转型，加快科技创新、管理创新、市场创新和商业模式创新，推动经济增长由要素驱动、投资驱动转向更多依靠创新驱动，形成稳健可持续的增长格局。

——全面深化改革开放。在战略上勇于进取，在战术上稳妥审慎，制定实施全市全面深化改革中长期规划，统筹推进以经济体制改革为重点的全方位改革，努力扩大内陆开放新优势，广聚国内外资源，形成全民创新创业创富的生动局面。

——全面推进依法治市。按照依法治市的要求，同步推进法治政府、法治社会建设，自觉运用法治思维和法治方式深化改革、推动发展、化解矛盾、维护稳定，努力营造依法行政、依法办事的法治环境。

——不断增进人民福祉。坚持以人为本，把创造社会财富与促进公平正义有机结合起来，把做强经济硬实力与提升文化软实力有机结合起来，不断增加就业和城乡居民收入，不断提高公共服务质量和水平，让人民群众生活不断得到改善。

各位代表！适应新常态，是一场事关经济社会发展全局的深刻变革。我们要遵循规律，积久为功，奋力抒写伟大"中国梦"的重庆篇章！

三、2015 年的重点工作

(一)推动五大功能区域协调发展

围绕各功能区域发展定位，坚持产业跟着功能走、人口跟着产业走、建设用地跟着产业和人口走，完善和实施配套政策措施，夯实全市一体化发展基础。

进一步落实各区域发展导向。引导都市功能核心区聚焦金融服务、国际商务、高端商贸、文化创意、都市旅游等现代服务业，深化国家服务业综合改革试点，加快建设现代服务业集聚区，着力打造长江上游金融中心和商贸中心。做大做强都市功能拓展区，加快布局高新技术产业和生产性服务业，着力打造全市科教中心、创新中心、物流中心、综合枢纽和对外开放门户。抓好城市发展新区招商引资和重大项目布局，加快产业和人口集聚，努力发挥全市工业化、城镇化主战场作用，成为成渝城市群的重要支撑。坚持"面上保护、点上开发"，完善生态涵养发展区和生态保护发展区扶持政策，推进产业发展生态化、生态经济产业化，优化开发空间，减轻环境荷载，构建低碳产业体系，增强内生发展动力，提升长江上游地区生态屏障功能。

认真落实功能分区配套措施。针对各功能区域基础设施和产业发展薄弱环节，充实重大投资项目库，带动固定资产投资稳定增长。加快交通、水利、能源、通信等基础设施网络建设，促进各区域互联互通。建立基于功能分区的转移支付制度，落实财税分类扶持政策，盘活财政存量资金，完善市与区县的事权和支出责任。多渠道筹集资金，力争新增社会融资 6000 亿元。大幅提高工商企业面向多层次资本市场的直接融资比重，引导商业银行加大对实体经济的信贷支持力度，规范和约束非银行金融机构融资行为，形成直接融资、银行信贷和其他融资 25:45:30 的比例结构。优化国土空间布局，保障符合科学发展要求的用地需求，推进土地节约集约利用。搞好能源等资源要素的统筹调度。适应劳动力供求变化，加强技能培训、配套服务和统筹调度，有效保障企业用工需求。

(二)提质发展工业集群

把创新驱动作为结构调整的主引擎，巩固支柱产业优势，改造提升传统产业，培育壮大战略性新兴产业，推动产业迈向价值链中高端。

巩固提升"6+1"产业集群。推动汽车和电子信息产业持续放量，稳定工业经济基本面。支持长安汽车城建设，开工现代汽车等项目，实施福特变速箱二期、浦项熔融炼铁、鞍钢汽车薄板等配套项目。抓好电子信息产业新订单，引进大项目，提升附加值，加快零部件企业放量生产。推动传统制造业与信息技术和服务业融合发展。支持装备工业和国防工业发展，建设通用航空、轨道车辆等产业集群。顺应大宗生产资料价格走低的趋势，推动企业兼并重组、加快技术改造、调整产品结构、优化内部管理，巩固装备及摩托车制造、建材、轻纺等行业企稳回升势头。加快钢铁、电解铝、化工等行业调整，完善上中下游产业链条，促进产品升级换代，努力实现转型增效。

做大做强十大战略性新兴产业。务实抓好集成电路、液晶面板、物联网、机器人、石墨烯和纳米新材料、新能源及智能汽车、页岩气、MDI一体化、生物医药、环保装备等项目引进、生产配套和销售物流，加快推动一批带动性强的龙头项目。奥特斯集成电路基板、SK海力士芯片封装要形成规模化产能，抓好京东方8.5代液晶面板、富士康高清显示模组投产达产，促进新型显示与智能终端、穿戴设备、集成电路、汽车电子等跨界融合。依托MDI一体化项目全面投产，推动化工产业结构调整，形成以煤化工为前端的精细化工产业链。加快国家页岩气勘探开采示范基地建设，实现产能50亿立方米，促进资源产业化利用。大力发展生物医药产业，推出一批生物医药大品种，着力提升产业能级。依托南岸国家级物联网产业示范基地、两江机器人产业园、高新区石墨烯产业园、中科院重庆研究院等平台，谋划布局一批物联网、机器人、新能源及智能汽车、纳米新材料、节能环保重大项目，加快形成新的经济增长点。

发挥科技创新对产业发展的支撑作用。坚持市场导向，紧扣产业转型升级的技术需求，引导企业与高校、科研院所共建研发创新平台。加大科技创新投入，实施重大科技专项，集中力量攻克技术难题。推行基于绩效评估的后补助方式，用好科技创业风险投资基金，完善研发设计、成果交易、检测认证、创新孵化、中试转化、科技咨询、科技金融、知识产权保护等科技服务，支持更多企业通过创新增强竞争力。深化科研体制机制改革，完善科技评价制度。落实科技成果转化股权和分红激励政策，建立与贡献相匹配的创新收益机制，激发科研人员创新潜能，为经济社会长远发展强功底、添动力。

(三)大力发展现代服务业

围绕长江上游商贸物流中心和金融中心建设目标，坚持生产性与生活性服务业、传统和现代服务业并重，完善市场体系、增强集聚功能，推动服务业跨界发展、创新发展。

大力发展新型服务贸易。依托“渝新欧”和铁路口岸，发展平行贸易，扩大对欧进出口贸易。充分利用保税商品展示交易平台，吸引国内外进口商家入驻，丰富展销品种，创新交易机制，做大交易规模。推进保税区贸易方式创新，发展融资租赁、进境入区维修、委内加工、离岸贸易等新型业务。优化跨境电子商务平台综合服务和流程监管，降低交易成本、便利企业交易，吸引更多线下交易转线上、商贸企业上平台。加快两江国际云计算产业园、渝北仙桃大数据谷等园区建设，引进一批租用服务器从事数据存储、处理和外溢业务的公司，形成基于数据服务的产业集群。

加快发展商贸、物流、旅游等服务业。完善城乡流通网络，加快中央商务区转型升级，推进智慧商圈建设，完善便民商业设施。培育会展品牌，壮大会展经济。引导住宿餐饮业根据市场需求调整结构。适应消费模式新变化，大力发展移动互联网和物联网经济，加快引进和培育电商及关联产业，拓展本地产品和服务市场空间。大力发展连锁经营，推广网购店取店送，促进电子商务向农村延伸。完善现代物流基地、区域性物流节点和城乡配送体系，发展第三方物流和多式联运，降低成本、提高效率、优化服务。稳定住房消费，提升教育文体消费，鼓励养老健康家政消费，促进绿色消费。发展法律服务、会计审计、咨询评估等服务业。加强旅游整体规划和布局，深化“一心三带”及周边区域旅游协作，推动文化和旅游深度融合，打造精品线路和景区。促进旅游休闲房地产发展。建设智慧旅游体系，提升旅游服务水平，创新宣传营销方式，扩大规模效应和品牌效应。

推动金融业健康发展。培育和引进总部型、区域性金融机构，做强银行、证券、保险业，发展金融租赁、金融保理、信用保证保险、责任保险等新型业态。积极争取国家各类金融试点，设立民营银行,发展银行卡清算、再担保、跨境金融服务和互联网信用服务等业务。融入人民币国际化加快的进程,深化跨国公司本外币资金集中运营管理试点,发展离岸金融结算和人民币跨境支付业务。加快国民经济证券化步伐,鼓励各类企业上市。争取保险交易所落地,筹建石化产品交易中心,支持各类交易所业务拓展。开展巨灾保险试点。加强对小贷、担保等机构的监管,规范发展互联网金融和投融资咨询机构,确保不发生系统性、区域性金融风险。

(四)深入推进新型城镇化

坚持以人为本,突出规划引领,强化基础支撑,推进产城融合,加强城市管理,不断提升城市集群的发展质量。

完善市域城镇体系。推进城乡规划全覆盖和"多规合一",统筹好各区域国土空间、产业布局、人口规模和环境容量。突出城市特色,加快国家中心城市建设,推进都市区组团式发展,完善城市发展新区功能配套体系,完成渝东北、渝东南城镇群总体规划。提升区县城基础设施支撑能力和公共服务水平,打造一批特色中心镇。开展国家新型城镇化综合试点。深化户籍制度改革,完善户口迁移政策和配套措施,让农民工及其家庭成员更好融入城市生活。

推进重大基础设施建设。加快构建铁路、高速公路、空港、水港、信息港等对外通道,强化都市区中心枢纽功能。推进高速铁路建设,开通成渝客运专线,建成兰渝铁路重庆段,开工郑万高速铁路。启动都市区铁路环线及其枢纽建设,推进货运铁路进园区,并与其他货运方式无缝衔接。新增高速公路通车里程125公里,实施第四个千公里建设计划。推进7000公里路网升级改造工程。基本建成江北国际机场第三跑道及东航站区,启动巫山机场建设,布局一批通用航空机场投用果园港,加快新田、龙头山等枢纽型港口建设,推动船型标准化改造,加大航道整治力度,完善现代航运服务体系。启动建设长江小南海水电站,继续实施"千万千瓦"电源和特高压入渝项目,基本完成天然气"县县通"。建设国际通信专线及新一代互联网基础设施,扩大信息网络覆盖范围,充分发挥信息化在引领生态涵养保护、帮助农民脱贫致富等方面的重要作用。提速实施轨道交通项目。建设内外环之间骨干连接道,建成双碑桥隧等节点工程,促进各组团高效链接。

提高城市配套建设和管理水平。推进人口聚居区建设,合理布建学校、医院、商业、养老、文体等公共设施。推进嘉陵帆影、来福士广场等地标性项目建设,带动都市商务集聚区开发。加快城市棚户区改造,加强公租房配套建设和运营管理,改善居民居住条件,促进房地产市场平稳健康发展。加快城镇组团供水管网、防洪防涝设施和备用饮用水源建设。深化市容环境综合整治,依法整治违法建筑,加强背街小巷治理,规范户外广告和店招。完善基础数据库及应用平台,建立地下管网信息系统,提升城市管理数字化、精细化水平。加强交通规划设计,建成一批公共停车站场和人行过街设施。推进城市交通智能化示范,治理易堵路段,加强交通疏导,提高通勤效率。倡导公交优先,提高城市公交水平。

(五)继续抓好"三农"和三峡后续工作

夯实农业农村发展基础,大力发展现代农业,切实加强三峡后续工作,努力让广大农民和库区群众共享发展成果。

转变农业发展方式。推进农业由"生产导向"转向"消费导向",加快形成因地制宜、规模生产和专业配套格局。强化对农产品主产区的政策倾斜,稳定粮油、蔬菜、生猪等基础产业,有效保障"米袋子"、"菜篮子"和"肉盘子"。紧盯市场需求,发展特色效益农业。推广良种繁育和实用技术,促进农业标准化生产。倡导农业投入品减量使用,强化农产品全程监管和责任追溯,推进无公害绿色有机农产品认证,守住农产品质量安全底线。培育农村现代流通主体,推动农超对接、基地直营、网上直销,合理布建一批冷链物流项目和农产品产地集配中心。推动农业农村与休闲旅游深度融合,发展农产品精深加工,增加农民非农收入。

加快新农村建设和扶贫开发。划定永久基本农田，推进高标准农田建设和山地农业综合开发，推广山地丘陵农机具，提高农业综合生产能力。抓好重点水源工程建设，加强病险水库除险加固和山坪塘整治，形成长效管护和监测机制。新建改建农村公路1.1万公里。推进农村电网升级和危旧房改造。建设渝东北、渝东南扶贫开发示范区，实施精准扶贫和连片开发，加强产业培育、科教培训、信贷扶持和创业扶助，提高帮扶对象自我发展能力。扎实推进高山生态扶贫搬迁。强化扶贫资金使用监管和绩效考核，确保精确到户、细化到人。整合扶贫资源，动员社会力量参与扶贫。

完成三峡后续工作年度任务。抓好年度项目申报和二期项目库建设，滚动实施基础设施、特色产业、生态环保等后续项目，推进21个城镇移民安置小区综合帮扶，搞好职业技能培训，促进移民安稳致富。强化库区水污染防治，建设库周生态保护带，加大消落带治理力度，确保三峡水库水质安全。加强监测预警，全面开展地质灾害隐患排查和重点区域治理，加快推进奉节藕塘和武隆羊角等场镇危岩滑坡避险搬迁，实施库岸综合整治、城市安全通道、移民安置区高切坡防护等工程，保障库区群众生命财产安全。强化后续工作监督管理，努力建设和谐稳定新库区。

(六)深入推进经济体制改革

扎实抓好中央部署的改革事项，接续推进25项重点改革，谋划推出一批新的重大改革，不断激发经济内生动力和社会发展活力。

深化国有企业改革。以增强活力、提高效率为中心，优化国有经济布局，不断增强国有经济控制力、影响力和抗风险能力。推动市属国有集团层面混合所有制改革，加快国有企业股权多元化步伐。坚持以管资本为主，以整合资源为重点，加强国有资产分类监管。推进国有资本运营公司和投资公司试点。加快建立现代企业制度，完善公司法人治理结构，健全国企管理人员考核和激励约束机制。

支持非公有制经济健康发展。深化工商登记制度改革，探索工商营业执照、税务登记证、组织机构代码证“三证合一”和“多证联办”。认真执行结构性减税政策，清理和规范涉企收费，切实减轻企业负担。落实中央优化信贷结构政策，加大对中小微企业和科技型、民生型实体经济的金融支持力度，切实缓解融资难、融资贵问题。鼓励非公有制企业参与国有企业改革，鼓励有条件的民营企业建立现代企业制度。依托创业基地和孵化器，引导民营经济集群发展，推动大中小微企业协作配套、联动发展。

推进财税、投融资和价格改革。认真贯彻《预算法》，改进预算管理制度，健全全口径预算体系，扩大预决算公开范围，将政府债务纳入预算管理。按照中央统一部署，有序推进“营改增”、消费税、资源税等税制改革，清理规范各类优惠政策。深化投融资体制改革，继续推出一批PPP合作项目。壮大产业引导股权投资基金规模，鼓励非公资本参与基金运营。抓住物价总体平稳的时机，稳步实施公共产品和服务价格改革，完善主要由市场决定价格的机制。

继续深化农村改革。坚持和完善农村基本经营制度，坚持农民家庭经营主体地位，引导农村土地经营权有序流转，发展多种形式的适度规模经营。培育家庭农场、农民股份合作社等新型农业经营主体。全面完成农村集体经济组织清产核资、量化确权改革试点，探索农村集体资产经营管理有效实现形式。健全城市资本下乡投资经营、农业生产全程社会化服务等新机制。完善地票交易制度，发挥地票对农村危旧房改造、高山生态扶贫搬迁和地质灾害搬迁安置的资金补充作用。建设农村综合产权交易平台。完善农村金融服务体系，健全农村产权抵押融资机制，探索土地收益保证贷款试点。创新农业保险品种，建立大灾风险分散机制。推进供销合作社综合改革试点，切实发挥供销社为农服务的重要作用。

(七)努力扩大内陆开放新优势

顺应国家扩大内陆沿边开放和区域协同发

展新格局，主动向东向西向南开放，高效组织国内外资源要素，不断拓展内陆开放的广度和深度。

完善面向欧亚的大通道、大通关体系。依托各类交通枢纽、开放口岸和保税园区，大力发展保税加工、保税物流和口岸经济，着力构建内陆国际物流枢纽和口岸高地。积极组织周边地区货物搭载“渝新欧”班列，推动国际邮政专列正式运行，增加“渝新欧”开行班次和集装箱运量。

加快临空经济区建设，增辟国际客货运航线，进一步拓展空中走廊。发挥长江黄金水道成本优势，依托果园港等内河港区，促进重庆产品和转口货物通江达海。争取新设一批特种商品进口指定口岸。在城市发展新区和渝东北、渝东南有条件的区县设立海关、检验检疫机构或保税仓库，实现“就近报关、口岸验放”。进一步推动与沿海沿边口岸的通关协作，实现关检“一次申报、一次查验、一次放行”。

增强开放平台承载能力。强力推进两江新区开发开放，广聚海内外高端生产要素，推动江北嘴、悦来、礼嘉、鱼复、龙兴、水土等重点功能板块加快建设、释放能量，展现国家级新区的带动力、辐射力和影响力。提速建设两路寸滩保税港区贸易功能区和铁路保税物流中心(B型)，加快万州、南岸保税物流中心(A型)建设，争取设立南彭保税物流中心。推动丰都成为澳洲肉牛进口首批承接地。办好中韩产业园和中新合作项目，加快经开区、高新区和特色工业园区开发开放，支持有条件的工业园区升格为国家级经开区或高新区，构建多元化、多层次的开放平台。

推动引进来走出去同步发展。实施外商投资准入前国民待遇加负面清单管理措施，实行外资准入备案制，推动跨境投融资便利化。引导外资通过股权转让、增资扩股、合资经营与本土企业广泛合作。做大智能手机、精密仪器和高端饰品等出口产品基地，支持企业打造自主品牌和国际营销网络，提升“重庆制造”的国际地位。支持有条件的企业开展对外投资、工程承包和劳务合作，争取个人境外直接投资试点。培养和引进一批熟悉国际通行规则和国际惯例的涉外人才，倡导形成与内陆开放高地相适应的开放文化。加强与“一带一路”沿线国家、国际友城和港、澳、台经贸往来，促进与长江经济带沿线省市协作，务实推进成渝经济区一体化，深化渝黔、渝鄂、渝湘等区域合作。

(八)更好地保障和改善民生

坚持全覆盖、保基本、多层次、可持续的方针，加大社会事业和民生投入，办好利民惠民实事，促进民生不断改善。

构建更完善的就业社保体系。适应就业市场新特点，优化就业政策和环境，重点抓好高校毕业生和困难群众就业，引导外出农民工返乡创业就业。依托楼宇产业园和小微企业创业基地，以创业带动就业。加快推进全民参保登记计划，促进社保由制度全覆盖转向人员全覆盖。加强“五险统征”，实施参保缴费激励。推动机关事业单位养老保险制度改革。深化医保支付方式改革。扩大异地就医跨省结算合作范围。推动社会救助精准化、法律援助便利化，逐步提高最低生活保障标准，编织好困难群众基本生活保障网。做好妇女、儿童、残疾人保障工作。大力发展养老服务和慈善事业。

更好满足群众精神文化需求。坚持以社会主义核心价值观为引领，发展先进文化，改造落后文化，挖掘地域文化，深入开展精神文明创建活动，形成健康向上的精神动力和文化支撑。深化文化体制改革，激活国有文化资源，壮大各类文化市场主体，推进万达文旅城等重大文化产业项目，增强重庆文化整体实力。培育和引进一批德艺双馨的文艺名家，面向社会公开征集优秀文艺作品，推出更多思想性、艺术性、观赏性俱佳的文艺精品。推动公共文化资源城乡均衡配置，逐步形成保基本、促公平、达标准的现代公共文化服务体系。实施惠民票价工程。倡导全民阅读。推动媒体融合发展，做好新闻出版、广播影视等工作。加强文化遗产、民族文化保护和利用，传承历史文脉。繁荣发展哲学社会科学。

做好科普和档案工作。提升体育公共服务水平，推动全民健身、竞技体育和体育产业同步发展。

让人民享有更公平的教育。按人口分布合理配置教育资源，适度增加城镇学校，改善农村办学条件，促进城乡区域义务教育资源均衡配置。推进考试招生制度改革，试行高等职业教育“文化素质+职业技能”入学考试。加快现代职业教育发展，扩大“五年一贯制”高职规模，搭建中职、高职专科与应用技术本科人才培养“立交桥”。推进高等教育内涵建设，发展特色学校、特色学科、特色专业，完善人才培养机制，提升教育质量和创新能力。抓好学前教育、特殊教育和继续教育。支持民办教育发展，扩大教育对外开放，构建多元化办学格局。加大贫困家庭学生资助力度，保障农民工随迁子女平等入学，促进孩子成长机会公平。

提供更好的卫生计生服务。扩大公立医院改革试点，完善投入补偿和运营监管机制。优化卫生资源配置，推进分级诊疗改革试点，构建县乡一体化医疗联合体。扶持和规范社会办医，完善医师多点执业制度，形成多元化办医格局。加强药交所建设，完善药品交易制度。做好中医药工作。加强重大传染病预防和应急处置。坚持计划生育基本国策，夯实基层基础，落实“单独两孩”生育政策，优化人口结构，提高人口素质。

各位代表!民之所望，即施政所向。为民办实事、做好事、解难事，是我们对全市人民的庄重承诺。今年，拟投入277亿元，重点办好25件民生实事:完成高山生态扶贫搬迁15万人，全面实现2606个撤并村公路通达，建成4000公里村社便道，安装1000公里农村公路防撞护栏，解决95.4万人饮水安全问题，整治山坪塘1.3万口，完成36个湖库污染治理，推进村卫生室配置标准化，免除35万孕妇产前检测费用，实施80万农村适龄妇女“两癌”免费检查，改造农村危旧房5.5万户，完成900个行政村环境连片整治，实施农村贫困地区义务教育学生营养改善计划，建成147所农村寄宿制学校和2000套教师宿舍周转房，建成小区同步配建中小学，改造城市棚户区146万平方米，完成主城150条背街小巷整治和90座公厕建设任务，改造657个弃管小区电力设施，安装城市供水“一户一表”20万户，改造2000栋老旧建筑消防设施，新建200个社区养老服务设施，建设城市公益性公墓，流动文化服务进村3.3万场，实现520个行政村光纤和410个乡镇4G网络全覆盖，完成20万人就业技能培训。我们将按照“五个坚持”原则，着力构建重点民生实事滚动实施机制，尽心竭力解民忧、救急难、兜底线，履行好政府基本公共服务职能。

(九)加强和创新社会治理

顺应社会结构的新变化，坚持系统治理、依法治理、综合治理、源头治理，促进社会既充满活力又和谐有序。

深入推进平安建设。加强社会治安综合治理，推进网络化、网格化管理，完善治安防控体系。加强镇街派出所、司法所、综治办和社区警务室建设，依法防范和惩治各类违法犯罪，为人民生命财产提供安全保障。严格实施《安全生产法》，加强安全事故防控体系建设，强化企业主体责任和属地管理、行业监管责任，加强重点行业、重点区域、重点时段监管和专项治理，加快小煤矿整顿关闭，扎实做好道路交通、消防和特种设备等安全工作，有效防控重特大事故。推进基层食品药品监管机构规范化建设，严格执行食品药品安全责任追究制度。完善防灾减灾救灾综合管理体制，推进区域应急中心建设，建成应急指挥系统，提升突发事件应急响应、处置和保障能力。

加快构建基层治理新格局。推动政府治理与社会自我调节、居民自治良性互动。依法落实居委会和村委会组织法，支持保障人民群众依法自治。探索基层协商民主制度。引导和规范社会组织参与公共事务。健全社会组织登记、监管与第三方评估制度。完善社工培养、使用和评价机制。推行居住证制度，加强流动人口管理和服务。落实特殊群体管理安置帮教措施，做好社区矫正工作。健全社会征信体系，扩大信用信息征集、共享和应用范围,依法保护个人信息安全。弘扬法治文化,搞好普法宣传教育,增强全社会法治意识。

积极化解社会矛盾纠纷。坚持标本兼治,健全市、区县、镇街、村居四级联动机制,促进矛盾纠纷排查、研判和有效化解。完善人民调解、行政调解、司法调解联动工作体系,加快专业性、行业性人民调解组织建设,建立律师等第三方参与调处机制。实施"阳光信访",规范信访秩序,将信访导入法治轨道。支持工会、共青团、妇联等人民团体服务群众、联系群众,更好维护群众权益。加强民族工作,依法管理宗教事务,促进民族团结进步和宗教关系和谐。做好新时期对台、外事和侨务工作。

强化国防动员和后备力量建设,推进军民融合深度发展。做好双拥共建和优抚安置工作,巩固军政军民团结。

(十)大力推进生态文明建设

坚持既要金山银山、又要绿水青山,加强污染防治和生态保护,让人民群众呼吸新鲜空气、喝上干净水、生活在宜居环境中。

促进绿色低碳发展。科学定位生产空间、生活空间和生态空间,完善各功能区域环保标准,落实产业投资负面清单和规划环评制度,推进能效评价前期介入。加强全过程节约管理,降低土地、能源、水资源消耗强度,推广绿色建筑、绿色照明新产品和新技术。开展资源综合利用和循环经济示范,扩大并规范再生资源回收利用。加快能源结构调整,构建低碳能源体系。推广合同能效管理,探索废气、污水和垃圾等污染物排放指标交易试点,鼓励第三方治理环境污染,实施绿色信贷和环境污染责任保险。积极吸引社会资本投入环境设施建设和环保产业发展。

深入实施环保五大行动。以PM2.5污染防治为重点,抓好扬尘控制、机动车减排、高污染行业及重点企业治理,推进重庆发电厂等环保搬迁,开展大气污染预警预控和联防联控。都市区空气质量优良天数保持在240天以上。加强水资源管理和饮用水源保护,推进次级河流综合治理和重点湖库整治。建设和用好集镇生活污水和垃圾处理设施,倡导生活垃圾分类、减量。扩大退耕还林范围,继续实施天然林保护及石漠化、水土流失综合治理,搞好工矿采空沉陷区生态修复。加强自然保护区、风景名胜区、湿地资源和城市绿地保护,加大生物多样性保护力度。加强工业、交通、文化娱乐和商业活动噪声源治理。控制农村面源污染,开展农村生活垃圾专项治理,建设美丽乡村。

加强生态文明制度建设。划定生态红线,完善生态保护、排污许可、环境信息公开等制度体系。开展生态补偿试点。加快制定和修订规范畜禽养殖、保护林地和湿地资源等行政规章。加大环境执法力度,依法打击生态环境违法犯罪,努力做到源头严防、过程严控、后果严惩。培育普及生态文化,开展生态文明宣传和创建活动,增强全民生态文明意识。

四、加强政府自身建设

新形势新常态,对政府自身建设提出了新的更高要求。我们要紧紧围绕法治政府建设目标,加快建设管理规范、运行高效、服务勤勉、施政廉洁的人民政府,不断推进治理体系和治理能力现代化。

(一)转变政府职能,提高治理水平

坚持管好与放活并举,强化战略规划、公共服务、市场监管、社会管理、公共安全、环境保护等政府职能。建立政府权力清单、责任清单和负面清单,厘清行政权力边界。深入推进政府机构改革,合理划分市和区县政府职责权限,做到上下联动、前后衔接、权责一致。稳步实施事业单位分类改革,加大政府购买公共服务力度。推动不动产统一登记机构和职能整合。继续取消和下放一批行政审批权项,充分释放市场活力。完善网上行政审批,促进政务服务流程再造和优化。推进区县、镇街和村居三级便民服务中心建设,让群众方便办事成为常态。依法推进政府信息公开,完善新闻发布制度,充分利用微博、微信等新媒体,及时传递政务信息,回应社会关切。

(二)推进依法行政,严格依法办事

积极配合人大立法工作,统筹推进政府规章立改废释,为改革发展稳定提供法制保障。健全依法决策机制,认真履行重大行政决策公众参与、专家论证、风险评估、合法性审查、集体讨论决定等法定程序,落实重大决策终身责任追究制度及责任倒查机制。推进中国特色新型地方智库建设,更好服务重大决策。深化行政执法体制改革,优化配置执法力量,推进综合执法改革,促进执法重心下移。增强公务员守法意识,推进公正文明执法,健全行政裁量权基准制度,建立执法全过程记录制度,落实重大执法决定法制审核制度。严禁征收和罚没收入与部门利益直接或变相挂钩。做好行政复议和行政诉讼应诉,支持仲裁工作。

(三)强化权力监督,抓好廉洁自律

坚持用制度管权、管事、管人,努力形成科学有效的权力制约和监督体系。自觉接受人大及其常委会的法律监督和工作监督,真诚接受政协的民主监督,充分尊重司法监督,主动接受公众和舆论监督。加强政府内部层级监督和专门监督,改进上级机关对下级机关的监督,建立常态化监督制度。对权力集中的部门和岗位,实行分事行权、分岗设权、分级授权、定期轮岗,防止权力滥用。认真执行审计五年轮审规划,保障和支持审计机关依法独立行使监督权。强化行政监察,完善重点领域的反腐制度设计,从源头上预防和治理腐败。加强反腐倡廉教育,推进廉政文化建设。始终保持惩治腐败的高压态势,严肃查处各类违纪违法案件,决不让腐败分子有立足之地。

(四)构建长效机制,持续改进政风

深入落实中央八项规定和市委实施意见,以认真精神、从严举措,完善长效机制,打赢作风建设"持久战"和"保卫战",不断改进思想作风、工作作风和生活作风,以实际行动取信于民。深入开展"五个专项行动"和"十个专项整治"。强化问责问效,坚决惩治庸政、懒政、怠政。建设节约型政府,不新建和改扩建政府性楼堂馆所,确保财政供养人员总量和"三公"经费只减不增,发挥政府在公共节能中的示范作用。实施公务用车制度改革。加强公务员队伍建设,从严教育、管理和监督干部,增强法治意识、程序意识、纪律意识和服务意识,自觉敬畏法律、敬畏程序、敬畏纪律,努力打造政治坚定、能力过硬、作风优良、勤勉尽责的人民公仆队伍。

"十三五"时期,重庆将全面建成小康社会。我们要按照中央和市委统一部署,加强调研、集思广益,深入研判国内外形势新变化,准确把握重庆发展阶段性特征,进一步明确重大战略任务和工作思路,认真编制"十三五"规划,为推动新一轮改革开放和现代化建设勾画蓝图。

各位代表!新常态赋予新使命,蕴含新机遇,呼唤新作为。推动经济平稳持续发展,不断增进民生福祉,实现社会和谐安定,需要众志成城、合力向前。让我们紧密团结在以习近平同志为总书记的党中央周围,在中共重庆市委的坚强领导下,坚持低调务实、少说多干,敢于担当、积极作为,统筹做好改革发展稳定各方面工作,不断开创"科学发展、富民兴渝"和全面建成小康社会新局面!

关于重庆市2014年国民经济和社会发展计划执行情况及2015年计划草案的报告

——2015年1月18日在重庆市第四届人民代表大会第三次会议上

重庆市发展和改革委员会　沈晓钟

各位代表:

受市人民政府委托,现将2014年国民经济和社会发展计划执行情况及2015年计划草案的报告提请大会审查,并请各位政协委员提出意见。

一、2014年国民经济和社会发展计划执行情况

2014年,全市上下全面贯彻落实中央和市委决策部署,深入推进五大功能区域发展战略,统筹稳增长、促改革、调结构、惠民生、防风险,经济运行保持平稳向好发展态势。市四届人大二次会议通过的《关于重庆市2013年国民经济和社会发展计划执行情况及2014年计划的决议》得到认真落实,经济增长、结构质量、生态文明、社会民生四大板块各项目标总体完成较好。

经济增长方面:初步核算,全市生产总值增长10.9%,主要经济指标保持了位居全国前列的好势头。在世界经济复苏势头弱于预期、国内经济下行压力加大的背景下,实属不易。

投资保持平稳增长。在全国投资逐季下行背景下,我市投资增速一直保持在18%。重点建设项目完成投资3560亿元,完工28个项目,新开工95个项目。投资结构持续优化,制造业投资增长21.5%,占比提高0.5个百分点,其中汽车、电子、通用装备等产业投资增长40%以上。在全国房地产市场调整背景下,我市房地产投资增长稳定在20%以上。投资体制改革释放活力,私营个体、港澳台、外商投资快速增长,社会民间投资占比达到56.3%,提高3.6个百分点。

消费加快转型升级。社零增长13%。实施商贸流通体制改革,不断完善商贸服务网络,改善消费环境。通讯、汽车、建材及装潢材料、文化办公、家具等消费分别增长37.5%、24.9%、24.7%、20%、18.8%。传统商贸业加快转型,线上与线下融合发展,电子商务交易额增长53%。举办展会638个,展出总面积570万平方米,直接收入78亿元,拉动消费620亿元。打造特色旅游产品,接待海内外游客3.49亿人次,旅游总收入突破2000亿元,均增长13%以上。农村消费潜力持续释放,增速快于城镇约2个百分点。

内陆开放又有新突破。大力推进渝新欧铁路口岸建设,形成铁空水三个交通枢纽、三个一类口岸、三个保税监管区的“三个三合一”内陆开放平台。进出口总额955亿美元、增长39%。加工贸易约570亿美元、增长70%以上,占比60%。推进跨境电子商务、保税商品展示交易、互联网云计算大数据产业、跨境结算和投融资便利化、保税贸易等专项工作,服务贸易达到131亿美元、增长25%。跨境人民币结算1602亿元,增长约1.3倍。

结构质量方面:新型工业化进程加快,第三产业增加值占比超过第二产业,三次产业结构进一步优化。

工业结构继续优化。汽车、电子制造两大支柱产业产值增速均保持在20%左右,对全市工业增长贡献率达55%,占比提高2.3个百分点。医药、装备、建材、轻纺等行业逐步回升,结构调整效果显现。页岩气、集成电路等十大战略性新兴产业显露苗头。

农业生产形势稳定。粮食产量连续七年超过1100万吨,克服气候和自然灾害对小春粮

食、水稻、玉米等生产的不利影响,及时调整种植结构,红薯、大豆和晚秋粮食产量均有增加。"菜篮子"有保障,蔬菜、蛋奶等量足价稳。农业产业化进程加快,新增家庭农场等新型农业经营主体2000多个,新增市级农业龙头企业178家。

服务业稳步发展。服务业增加值全年增长10%;其中金融业增加值增长12.3%,占地区生产总值比重8.6%,不良贷款率保持在0.45%的低位。货物运输量各月增速稳定在12%左右,江北机场旅客吞吐量达到2926万人次、增长15%。文化产业投资活跃,增加值增长13%。

经济效益明显改善。规模以上工业企业利润突破1000亿元,增长30%以上。一般公共预算收入增长13.9%,其中税收收入增长15.2%,比重提高1个百分点,增值税、企业所得税、土地增值税、契税成为主要支撑因素。

生态文明方面:单位地区生产总值能耗下降3%,城市生活污水、生活垃圾处理率分别达到90%和99.5%,均提高约1个百分点。都市区空气质量优良天数246天,同比增加40天,PM2.5平均浓度下降7.1%。循环经济蓬勃发展,工业固体废物综合利用率82%。统筹控制温室气体排放,碳排放权挂牌交易,单位地区生产总值二氧化碳减排2.5%,新造林210万亩,新增固碳能力超过100万吨。

社会民生方面:始终把保障和改善民生作为工作的出发点和落脚点,既尽力而为、又量力而行,既考虑当期可承受、又长远可持续,既解决民生实际问题、又持续提升民生水平,既抓实具体项目、又建立长效机制,不断增强民生工作的针对性、实效性、可持续性,群众普遍关心、反响强烈的22件重点民生实事年度目标任务全面完成,完成投资215亿元。

社会事业稳步发展。城镇新增就业65.3万人。城乡常住居民人均可支配收入分别增长9%和11.5%。城镇登记失业率保持在3.5%,比控制目标低0.5个百分点。CPI上涨1.8%。城乡养老保险参保率和城乡医疗保险参保率分别为92%和96%。累计建成公租房2768万平方米、配租17.4万套。城市低保、农村低保平均保障标准分别增长7%和10%。积极应对洪灾等灾害影响,调拨救灾资金2.49亿元和大量救灾物资,救助受灾群众150万人。

各功能区特色发展差异发展。都市功能核心区和拓展区转型升级步伐加快,核心区服务业增加值占比78%,比全市平均水平高31个百分点,在全市服务业中占比34.4%;拓展区工业增加值增长14.6%。城市发展新区发展提速,工业投资、房地产投资分别增长26.4%、24.8%,地区生产总值增长11.6%。都市功能拓展区和城市发展新区吸纳人口能力明显增强,体现了"人口跟着产业走"导向。渝东北生态涵养发展区和渝东南生态保护发展区招商引资主要投向农业、清洁能源和旅游业开发,生态旅游业累计投入147亿元、增长70%以上,接待游客9639万人次、增长14%以上。

经济社会领域重点改革深入推进。133项改革任务全面推进,经济社会发展领域23项重点改革专项强力突破。投融资体制改革增强发展活力,出台《关于进一步深化投资体制改革的意见》,颁布内外资统一的企业投资项目核准和备案管理办法、企业境外投资项目核准和备案管理办法,修订企业核准目录,取消30项、下放53项核准事项,对核准目录外的企业投资全部改为全市统一网上备案,全年备案项目个数、总投资增长均超过25%,进一步激发活力。国企改革破解发展瓶颈,出台《关于进一步深化国资国企改革的意见》。出台PPP投融资模式改革实施方案,启动交通、市政、土地整治等13个项目、总金额约1300亿元。深化金融改革,消费金融、信用保证保险等机构改革加快推进,新获得跨境电子商务外汇支付、全国股转系统做市商、信贷资产流转平台等业务牌照,直接融资占比较年初提高3.2个百分点。设立产业引导股权投资基金增添发展动力,工业、农业、现代服务业、科技、文化、旅游业等六大产业基金募资127亿元。工商管理体制改革释放市场活力,登记前置审批从139项减至47项。开放型经济体制、财税体制、科技体制等改革不断深化,深化统筹城乡综合配套改革,稳步推进医疗、文化等社会民生领域改革,为经济社会发展破解瓶颈、增添动力、增强活力。

总体看,当前我市仍处于重要战略机遇期,国家深入实施"一带一路"战略,加快长江经济带建设,我市全面推进五大功能区域发展战略,经济发展平稳向好的趋势没有改变,但也面临一些新情况新挑战。主要是:机制性矛盾和结构性问题叠加,一些长期问题和短期问题交织,宏观经济环境更趋复杂;增长方式仍较粗放,节能减排压力较大;行业发展不平衡,电子信息、汽车产业快速增长,但化工、冶金、有色等行业仍较困难,新兴产业亟需培育;政府债务管控与创新投融资模式需要有机统一;要素成本上升、创新能力不足、市场需求下降,部分企业经营困难;社会成员多样化诉求增加,社会管理难度加大。面对挑战,要切实增强责任意识和忧患意识,把挑战、困难分析得更深入细致一些,把应对方案准备得更充分一些,牢牢把握新常态下的经济工作主动权。

二、2015 年预期目标

2015 年是全面深化改革的关键之年,是全面推进依法治市的开局之年,也是全面完成"十二五"规划的收官之年,做好经济工作意义重大。要全面贯彻落实党的十八大、十八届三中、四中全会和中央经济工作会议精神,以邓小平理论、"三个代表"重要思想、科学发展观为指导,认真贯彻落实习近平总书记系列重要讲话精神,坚持稳中求进工作总基调,坚持以提高经济发展质量和效益为中心,主动适应经济发展新常态,加快转换发展动力,把转方式调结构放到更加重要位置,深入实施五大功能区域发展战略,更加注重稳增长和调结构转方式并举,更加注重改革推动和创新驱动并重,更加注重防控风险和改善民生并行,促进经济平稳健康发展和社会和谐稳定。

考虑到与"十二五"规划目标相衔接,又充分兼顾经济社会协调发展和实现可能,2015 年我市经济增长预期目标按 10%左右进行平衡。其中:

——固定资产投资增长 16%左右。(从投向上看,预计基础设施投资 4000 亿元,工业投资 4800 亿元,房地产开发投资 4200 亿元,服务业投资 1000 亿元,社会民生投资 1000 亿元。从资金来源上看,预计财政性资金 1500 亿元,社会融资 6000 亿元,业主自筹 7000 亿元,利用外资 100 亿美元)。

——社会消费品零售总额增长 12%左右。(当前全市消费结构加快转型升级,新型城镇化快速推进,核心商圈提档升级,消费环境不断改善,居民收入增长对消费支撑有力,社会消费品零售总额可以保持较快增长)。

——进出口总值增长 16%左右。(近几年我市内陆开放高地建设见到成效,进出口结构优化,电子信息等外向型产业链深度整合,加之发达国家经济略有起色,进出口保持较快增速有基础)。

——规模以上工业增加值增长 12%左右。(2015 年汽车、电子信息、战略性新兴产业等一批新项目投产达产,其他支柱产业提质增效步伐加快,工业保持稳定增长有条件)。

——服务业增加值增长 9%左右。(金融等服务业创新发展步伐加快,传统服务业提档升级,信息、休闲旅游、文化娱乐等行业持续升温,加快服务业发展是当前工作重点)。

——居民消费价格涨幅控制在 3%左右。

——城镇登记失业率控制在 4.5%以内。

——全市居民人均可支配收入增长 10.5%左右。

——一般公共预算收入增长 12%左右,其中税收收入增长 13%左右。

2015 年是全面完成"十二五"规划的收官之年,按上述计划实施,对照"十二五"规划确定的 4 大类 34 项发展指标,主要目标均能够实现。经济总量将突破 1.5 万亿元,"十二五"期间年均增速将超过 12.5%;五年累计完成投资将超过 5.6

万亿元；进出口总额将超过1000亿美元；规模以上工业总产值将超过2万亿元，经济社会发展取得全面进步。从时间进度上看，R&D经费支出占地区生产总值比重、非农产业增加值比重、非农户籍人口比重、城乡常住居民人均可支配收入等几项指标要完成"十二五"规划预期目标困难较大，需要进一步加大工作力度，力争实现规划目标。

三、2015年重点任务

围绕全年工作目标和全面建成小康社会目标要求，在全面深化改革、全面推进依法治市的同时，要重点抓好以下工作。

(一)抓好五大功能区域发展战略政策配套和落实

开展配套政策执行情况适时评估和督查，对实施效果欠佳的政策予以调整，对力度偏弱或执行不畅的政策予以优化，对行之有效的重大政策予以固化。完善相关制度，强化政策实施的长期性、稳定性、有效性，形成长效机制。以基础设施建设、产业发展、公共服务均等化、体制机制创新等为重点，滚动实施各功能区域建设年度重大专项。推进一批跨功能区域重大交通基础设施建设，重点畅通城市发展新区与都市功能核心区和拓展区的大通道，打通渝东北生态涵养发展区和渝东南生态保护发展区对外大通道，加强区县之间互联互通，发挥区域开放效益。

对全面建成小康社会的短板领域实施精准调控。抓好扶持渝东北生态涵养发展区和渝东南生态保护发展区政策措施的贯彻落实，加大对重点贫困县和少数民族地区支持力度，提升经济社会发展水平。加强三峡后续工作，推动巫山早阳、奉节西部等减载区建设，实施生态屏障区低效村改造，加大库区消落带治理和安全综合整治力度，努力建设和谐稳定新库区。完善区县对口帮扶和产业协作机制，开展结对区县协作联动机制试点。推进渝东北浦里河谷、渝东南正阳工业园区等重点地区的开发建设，示范带动渝东北和渝东南地区加快"面上保护、点上开发"。

精心组织编制"十三五"规划。坚持目标导向和问题导向，紧紧围绕全面建成小康社会、全面深化改革和全面推进依法治市的目标要求，深入研究关系发展全局的重大问题，提出重大举措和重大工程，做好区县总体规划、市级专项规划和全市总体规划之间的衔接，形成规划合力。按照五大功能区域发展战略要求，优化全市人口分布，统筹重大项目布局和建设，完善城乡基础设施和公共服务配套，提升城市集群和城镇体系的发展质量，促进都市功能核心区人口疏解和渝东北、渝东南地区人口减载。

(二)强力推进重大基础设施项目建设

按照"竣工一批、开工一批、在建一批、储备一批"的思路，加快十大基础设施项目群建设，推进"五通八联三同步"重大基础设施前期工作。抢抓"一带一路"战略实施和长江经济带建设的机遇，着力加快铁路、高速公路、空港、水港、信息港等对外大通道建设，强化中心枢纽、开放口岸功能。有序实施市内轨道和铁路、通用机场、城乡公路、城市通道、物流配送、水利设施及管网、电源及输电网、油气管网等市域联通与保障工程。积极改善生态环境、住房保障、公共服务等基础保障功能。

(三)多措并举促进产业转型升级发展

促进工业转型升级。抓住国家实施振兴制造业核心竞争力三年行动计划的重大机遇，巩固优势产业，提升传统产业，加快培育一批战略性新兴产业。促进汽车和电子信息两大支柱产业持续放量，生产汽车300万辆、摩托车800万辆、笔记本电脑7000万台、显示器2000万台、打印机1500万台，通过整机订单带动本地零部件企业同步发展。保持装备、建材、轻纺等行业回暖态势，着力推动传统产业向中高端迈进。大力发展集成电路、液晶面板、机器人等10大战略性新兴产业，加大招商引资力度。

(四)着力扩大向东向西对内对外开放

认真贯彻落实国家"一带一路"战略和长江经济带建设部署，发挥渝新欧国际铁路物流大通道的作用，加强长江经济带沿江通关、产业转移、交通建设等合作。发挥"三个三合一"内陆开放平台作用，推动内陆与沿海沿边通关一体化合作。推动五大新型服务贸易，培育外向型经济产业集群。加强与沿海、长江沿线和周边地区的合作，推进一批合作事项和项目。

(五)大力实施创新驱动战略

加强科技创新。完善促进创新主体加大研发投入的机制，严格执行科技成果转化、企业技术创新等方面的财税优惠政策，简化企业研发费用税前加计扣除、重点新产品等财税政策的办理程序，激发企业创新动力与活力。深化科技人才评价与激励机制改革，推进落实科技成果转化股权和分红激励等有关政策，完善科技人才收入分配制度。加强宣传引导和政策扶持，支持各类人才创新创业，营造支持创新、包容失败的社会氛围，打造鼓励创新创业的最优环境。完善科技创新体系，强化政府公共科技服务能力，形成支撑引领重大产业发展的资源配置机制、以企业为主体的政产学研协同创新机制，促进科技成果研发和落地转化。发展多层次的技术(产权)交易市场体系，鼓励技术转移机构创新服务模式。发挥产业引导基金、科技引导基金导向作用，调动社会资本做大科技产业投资基金规模，建立覆盖研究、小试、中试、产业化以及上市等各个环节的科技创业风险投资体系，支持科技创新项目建设和创新型企业发展。

促进商业模式创新。突出企业主体地位，聚焦全市产业发展重点，着眼于构建产业集群和完善产业链，引导企业上下延伸、左右拓展实现跨界经营，重塑传统优势产业的商业模式边界，大力培育新型业态。着力推进商业模式创新支撑体系建设，激活技术、资本、人才等关键创新要素，鼓励企业开展协同创新和精细化管理实践，促进大众创业、万众创新，培育新增长点。加强民营银行筹建指导，力争早日获批。深入推进跨境人民币业务创新，鼓励联交所扩大跨境产权交易人民币结算，辅导再生资源中心、纱线交易所等开展人民币新业务。继续争取第三方支付牌照。建设创新型机构监管系统。

推动管理创新。继续深化国资国企改革，加强国有资本投资运营公司方案顶层设计，完善混合所有制员工持股、职业经理人制度，改善股权结构和运行机制。鼓励和支持企业优化管理要素，在强化章程治理、建设规范董事会、深化监事会改革、探索推动职业经理人制度、建立激励约束机制上下功夫，进一步完善现代企业管理制度。加强组织强化社会综合治理创新，强化基层组织服务管理，加大技防设施建设，推进社区综治组织建设，统筹开展环卫、治安联防等方面工作。完善城市安全与应急管理体系，建立社会安全科技支撑体系和技术创新平台，开展数字社区、社会保障系统管理服务等方面的技术研发与推广应用。加强食品安全监测，构建覆盖食品生产全过程的安全技术推广和服务体系。

深化体制机制创新。推动商贸流通体制改革，深化粮食收储供应体制改革，推进商贸市场监管体系改革。加快工商登记制度改革，推行注册全程电子化登记管理和"多证联办、并联审批"。完善信用体系建设，抓好法人信息数据库建设，推动出台《企业失信行为联合惩戒暂行规定》等文件，鼓励相关金融机构进入征信系统。加强资源统筹利用，推动建立煤炭资源税从价计征、居民阶梯水价气价等资源定价新机制。推进建立统一规范的公共资源交易平台。加快释放农村改革发展活力，建立农村新型农业经营体系、农村金融服务体系、农村流通体系等体制。

(六)统筹做好改善民生工作

按照"守住底线、突出重点、完善制度、引导舆论"的总要求，坚持既尽力而为、又量力而行，坚持既考虑当期可承受、又长远可持续，坚持既解决民生实际问题、又持续提升民生水平，坚持既抓实具体项目、又建立长效机制，坚持不断增强民生工作的针对性、实效性、可持续性，把改善民生和增强经济动力、社会活力结合起来，着眼于提高民生整体水平，在面上整体推进民生工作基础上，持续滚动推动一批群众期盼强烈、摸得着看得见的重点民生项目。

统筹推进就业、教育、医疗、社保、住房、收入等各项民生工作,不断提升民生整体水平。把解决就业问题摆在优先位置, 实施更加积极的就业政策, 完善创业服务体系, 大力发展服务业,加强职业教育培训,建设创业孵化基地,推动更高质量的就业。盘活市内劳动力资源,加大应急用工储备力度,建立完善60个市外劳务基地。实施高校毕业生就业促进计划,鼓励和引导大中专毕业生和有条件的农民工积极创业,以创业带动就业。推进社会事业重大设施布局调整, 加快健康养老工程等社会事业领域重大工程建设。统筹城乡教育事业, 优化农村校点布局,加快城市新建小区学校配套。深化医药卫生体制改革,完善城乡医疗保障体系,健全三级医疗卫生服务体系,扩大公立医院综合改革试点。完成市妇幼保健院迁建, 加快职业病防治医院建设, 启动市人民医院、市血液中心迁建等工程,全面改善市级医疗机构基础条件。更加注重保障基本民生,更加关注低收入群众生活,更加重视就业和扶贫工作,实施精准扶贫,力争帮助30万贫困群众减贫脱贫。深化文化体制改革,激活国有文化资源,培育各类文化市场主体,增强文化整体实力和竞争力。实施10个传统村落文物保护项目, 新建1000个农民体育健身工程,更好满足群众需求。

建立重点民生实事滚动实施机制, 扎实抓好25件重点民生实事。在提升民生整体水平的基础上,着力"保基本"、"补短板"、"兜底线",坚持问题导向,突出工作重点,每年确定一批群众反映强烈、亟需解决的重点民生实事,整合资源集中予以解决,做到完成一批增补一批、常态滚动推进。在22件重点民生实事总体进度良好、部分提前完成的基础上,2015年切实抓好调整、增补后的25件重点民生实事,确保干一件成一件。

(七)抓好调度增强要素保障

建成一批电源工程,力争2015年全市装机容量新增300万千瓦,累计突破2000万千瓦。统筹做好本地煤炭生产和川黔陕等省煤炭调入,本地企业发电和四川、三峡等外购电工作,确保全市煤炭、电力供需基本平衡。加快推进天然气"县县通"工程和页岩气配套管网建设,全面推进LNG高效利用推广工作。完善市级成品油应急储备体系。增强运输保障,协调好三峡过坝运输。支持企业海外融资,健全小微企业、"三农"贷款担保体系和风险分担机制, 落实好微型企业资本金补助、贷款贴息和税费减免等措施。

各位代表,做好2015年工作任务艰巨、责任重大。我们将坚决落实中央各项决策部署,在市委坚强领导下,在市人大监督支持下,进一步增强责任感和使命感,切实转变职能、转变作风,低调务实、少说多干,敢于担当、积极作为,紧紧围绕"科学发展、富民兴渝"总任务而努力奋斗!

关于重庆市 2014 年财政预算执行情况和 2015 年财政预算草案的报告

——2015 年 1 月 18 日在重庆市第四届人民代表大会第三次会议上

重庆市财政局　封毅

各位代表：

受市人民政府委托，现将重庆市 2014 年财政预算执行情况和 2015 年财政预算草案的报告提请大会审查，并请各位政协委员提出意见。

一、2014 年预算执行情况

2014 年，面对错综复杂的国内外形势和艰巨繁重的改革发展稳定任务，在党中央、国务院的坚强领导下，我们全面贯彻落实党的十八大和十八届三中、四中全会精神，深入学习贯彻习近平总书记系列重要讲话精神，认真执行市委各项重大决策部署，紧紧围绕“科学发展、富民兴渝”总任务，大力实施五大功能区域发展战略，全面深化改革开放，在新常态中奋发有为，在转型发展中提质增效，统筹推进“稳增长、调结构、惠民生”，着力“促改革、强管理、防风险”，促进了全市经济稳中向好、民生不断改善和社会和谐稳定，较好完成了市人大批准的预算和各项工作任务。按照市四届人大二次会议批准的《关于重庆市 2013 年财政预算执行情况和 2014 年财政预算草案的报告》，以及市四届人大常委会第十次、第十四次会议批准的调整预算，2014 年全市和市级预算执行情况如下：

（一）全市财政预算执行情况

一般公共预算。全市一般公共预算收入 1921.9 亿元，增长 13.9%，完成预算的 105.1%，加上中央转移支付收入 1247.1 亿元，以及财政部代理发行地方政府债券收入、上年结转收入、调入资金等 588.2 亿元后，收入总计 3757.2 亿元。全市一般公共预算支出 3303.7 亿元，增长 8%，完成预算的 94.4%，加上上解中央支出 23.3 亿元，以及归还财政部代理发行地方政府债券本金、安排预算稳定调节基金、结转下年支出等 430.2 亿元后，支出总计 3757.2 亿元。

政府性基金预算。全市政府性基金预算收入 1841.3 亿元，增长 10.1%，完成预算的 106.7%，加上中央转移支付收入 86.7 亿元，以及上年结转收入等 295.2 亿元后，收入总计 2223.2 亿元。全市政府性基金预算支出 1856.4 亿元，增长 7%，完成预算的 91.1%，加上结转下年支出等 366.8 亿元后，支出总计 2223.2 亿元。

国有资本经营预算。全市国有资本经营预算收入 68 亿元，完成预算的 119.4%。全市国有资本经营预算支出 66.3 亿元，完成预算的 116.4%。

社会保险基金预算。全市社会保险基金预算收入 1103.3 亿元，增长 9.8%，完成预算的 109.2%。其中：基本养老保险基金预算收入 742.1 亿元，基本医疗保险基金预算收入 308.4 亿元，失业保险基金预算收入 27.5 亿元，工伤保险基金预算收入 16.9 亿元，生育保险基金预算收入 8.4 亿元。全市社会保险基金预算支出 922.9 亿元，增长 13.9%，完成预算的 100.8%。其中：基本养老保险基金预算支出 615.2 亿元，基本医疗保险基金预算支出 278.3 亿元，失业保险基金预算支出 4.7 亿元，工伤保险基金预算支出 18 亿元，生育保险基金预算支出 6.7 亿元。五项社会保险基金预算当期余额 180.4 亿元。其中：基本养老保险基金预算余额 126.9 亿元，基本医疗保险基金预算余额 30.1 亿元，失业保险基金预算余额22.8亿元，工伤保险基金预算余额-1.1亿元，生育保险基金预算余额1.7亿元。

2014年，全市生产总值、固定资产投资、社会消费品零售总额、进出口总额等主要指标平稳较快增长，经济运行保持稳中有进、提质增效的态势，为财政增收奠定坚实基础。全市一般公共预算收入每月增幅均高于12%，税收收入完成1281.7亿元，增长15.2%。都市功能核心区和拓展区税收增长14.7%，城市发展新区税收增长19.2%，渝东北生态涵养发展区和渝东南生态保护发展区税收分别增长15.6%、15.2%，区域发展态势良好。辖区税收中，工业、房地产建筑业和金融商贸流通等行业各自约占三分之一，总量结构保持稳定。全市土地出让收入增长9.5%，政府性基金收入完成好于预期。在社会平均工资增长的拉动下，加之财政补贴增加，全市社会保险基金收入增长9.8%，规模突破1000亿元。一般公共预算、政府性基金预算、国有资本经营预算、社会保险基金预算收入预期较好完成，进一步增强了政府财政的调控能力，有力支撑了全市重大决策部署的贯彻实施，保障了各项重点支出的落实到位。

（二）市级一般公共预算执行情况

1.收入项目执行情况

市本级一般公共预算收入741.5亿元，增长12.8%，完成预算的105.8%，加上中央转移支付收入1247.1亿元、财政部代理发行地方政府债券收入99亿元、区县上解收入48.2亿元、上年结转收入199.9亿元、调入资金70.5亿元等后，收入总计2406.2亿元。

——增值税68.9亿元，增长54.7%，完成预算的120.9%。

——营业税240.3亿元，增长4.4%，完成预算的93.7%。

——企业所得税77亿元，增长13.7%，完成预算的101.3%。

——个人所得税23.2亿元，增长16.4%，完成预算的102.9%。

——城市维护建设税31.8亿元，增长14.3%，完成预算的101%。

——房产税17.5亿元，增长26.7%，完成预算的112.8%。

——车船税8.3亿元，增长30%，完成预算的119%。

——非税收入269.5亿元，增长11%。

2.支出项目执行情况

市本级一般公共预算支出1004.5亿元，增长4.7%，完成预算的92.6%，市对区县转移支付1122.9亿元，加上上解中央支出23.3亿元、转贷地方政府债券支出39亿元、归还财政部代理发行地方政府债券本金15亿元、安排预算稳定调节基金50亿元、结转下年支出151.5亿元等后，支出总计2406.2亿元。

——市本级教育支出83.5亿元，补助区县105.4亿元。主要是：安排7亿元，提高义务教育、职业教育等8项财政教育生均经费拨款标准。安排25.1亿元，对各教育阶段家庭经济困难学生给予财政资助。安排7.4亿元，增加普惠性幼儿园数量，支持学前教育发展。安排11亿元，支持农村薄弱学校解决饮水、“大班额”等问题。安排3.8亿元，支持建成农村寄宿制学校校舍48万平方米和教师周转宿舍6926套。安排9.1亿元，支持实施农村义务教育学生营养改善计划。安排3.1亿元，改善57所农村高中办学条件。安排4.6亿元，支持42个职业教育实训基地和52个精品课程建设，提升高职院校专业能力。安排43亿元，推动本科院校内涵发展、协同创新和研究生培养体制改革。安排3.1亿元，对9.2万乡村教师给予生活补贴。

——市本级科学技术支出13.2亿元，补助区县0.3亿元。主要是：安排1.5亿元，支持基础研究、应用技术研究与开发。安排4亿元，推进科技示范工程和实施重大科技专项，围绕智能终端、新能源汽车、机器人等战略新兴产业，建立以重大专项培育新兴产业的机制。安排1.1亿元，用于知识产权保护、科学技术普及和科技成果转化与推广。安排1.2亿元，完善市属公益性科研院所稳定投入机制，支持中科院重庆研究院建设,促进科研机构提升创新能力。

——市本级文化体育与传媒支出 10.1 亿元,补助区县 6.4 亿元。主要是:安排 4 亿元,支持 31 座博物馆纪念馆、43 个图书馆、41 个文化馆、824 个乡镇综合文化站和 186 个街道文化中心等免费向社会开放。安排 2.5 亿元,支持公共文化体育设施建设和文化遗产保护传承。安排 2 亿元,支持院团改革和影视、文学、舞台艺术等各艺术门类的创作、展演,出台政府向社会力量购买公共文化演出服务实施方案。安排 2.3 亿元,支持文化产业发展。安排 2.1 亿元,支持竞技体育和群众体育,补助大型体育场馆向社会免费或低收费开放。

——市本级社会保障和就业支出 249.3 亿元,补助区县 87.4 亿元。主要是:安排 25.6 亿元,支持困难群体就业和促进高校毕业生就业创业。安排 192 亿元补助养老保险基金,保障养老保险待遇及时足额发放,城镇企业退休人员和农转非人员养老保险待遇平均水平提高 10%。安排 53.6 亿元,城乡低保平均保障标准分别提高到 375 元、220 元,城市“三无”人员和农村“五保”平均保障标准分别提高到 465 元、345 元,伤残军人等重点优抚对象平均保障水平提高 12% 以上。安排 4.9 亿元,保障因灾因病等临时困难群众的基本生活。安排 2.7 亿元,将民办养老机构新增床位的财政补助标准提高到 5000 元,支持儿童福利和残疾人康复。

——市本级医疗卫生与计划生育支出 21.6 亿元,补助区县 120 亿元。主要是:安排 80.7 亿元补助医疗保险基金,城乡居民合作医疗保险财政补助标准提高到 320 元,支持完善大病医疗保险制度。安排 5.5 亿元,对困难群众开展医疗救助,切实减轻群众就医负担。安排 24.5 亿元,基本公共卫生服务财政补助标准提高到 35 元,城乡计划生育困难家庭奖励扶助标准分别提高到 390 元、335 元,基层医疗卫生机构基本药物、绩效工资和撤并村卫生室建设等财政补助足额到位。安排 1.5 亿元,支持 20 个区县开展公立医院改革试点。安排 8.9 亿元,支持食品药品监管体制改革。

——市本级节能环保支出 29 亿元,补助区县 57 亿元。主要是:安排 8 亿元,支持环保“五大行动”,治理大气污染和 PM2.5,控制主要污染物排放。安排 23 亿元,支持垃圾中转站建设,对污水、垃圾、污泥处理营运给予财政补助。安排 3.3 亿元,支持玉滩湖、长寿湖治理和启动主城建成区 20 个湖库水环境综合整治。安排 4.3 亿元,对 650 个行政村实施环境连片整治。安排 5.2 亿元,对新一轮 65 万亩退耕林给予财政补助。安排 3.9 亿元,支持新能源汽车推广应用。安排 8.9 亿元,支持工业企业节能技改和工业园区废水、废气、废渣循环利用。安排 9.5 亿元,关闭小煤矿,支持大型煤矿安全设施设备改造,开展公共安全和重大安全隐患治理,加强安全监管能力建设。

——市本级城乡社区支出 163.7 亿元,补助区县 71 亿元。主要是:安排 6.5 亿元,改善 110 个中心镇和 100 个农民新村基础设施和生产生活环境。安排 1.1 亿元,支持 702 个弃管小区完成电力设施改造。安排 1 亿元,支持镇村公共服务中心规范化建设,提高基层公共服务水平。安排 5.4 亿元,支持公厕、人行天桥和地下通道、污水管网建设。安排 27.4 亿元,支持 323 万平方米市政道路和 13 座桥梁隧道建设。安排 15.8 亿元,支持城乡发展规划和电力管网等市政设施维护。安排 73.7 亿元,支持公租房建设。安排 1.8 亿元,支持全市地理国情普查。

——市本级农林水支出 30.7 亿元,补助区县 167.8 亿元。主要是:安排 27.1 亿元,围绕扶贫对象、贫困区域实施精准扶贫,支持高山生态扶贫搬迁、整村扶贫和扶贫产业发展。安排 28.5 亿元,兑现粮食直补、良种补贴和农机购置补贴。安排 1.7 亿元,激励金融机构加大“三农”信贷投放。安排 2 亿元,对生猪、玉米、柑橘等 11 个品目给予农业生产保险补贴。安排 41.2 亿元,实施高标准农田建设,支持粮油、蔬菜、牛羊等特色效益农业发展,保障主要农产品供给。安排 15.9 亿元,支持人口相对集中农村地区供水改造、管网延伸，解决215万人口饮水安全问题。安排13.2亿元，推进13座大中型水库建设。安排45.5亿元，实施病险水库除险加固、中小河流治理、山坪塘整治等水利设施建设。安排7亿元，加强农业疫病防控、森林防火防虫和防汛抗旱，提升防灾减灾能力。安排6.2亿元，实施村级公益事业一事一议财政奖补，推进美丽乡村建设试点。

——市本级交通运输支出191.7亿元，补助区县30.4亿元。主要是：安排34亿元，新建和改造农村公路1.1万公里，解决了437个行政村通畅和1200个撤并村通达问题。安排33.6亿元，支持13个高速公路项目建设。安排18亿元，加快国省道标准化改造。安排22亿元，支持6个铁路项目建设。安排16.2亿元，加快江北国际机场新航站楼建设和启动火车西客站枢纽工程建设。安排29亿元，支持二号线延伸段、六号线二期、环线等城市轨道建设。安排23亿元，兑现“1小时免费优惠换乘”惠民政策和运营补助。

——市本级工业商业金融等支出72.3亿元，补助区县29.3亿元。主要是：安排14亿元，扶持微型企业发展，带动高校毕业生、返乡农民工等群体创业。安排3.7亿元，支持中小企业技术改造和科技创新。安排39.7亿元，扶持10大战略性新兴产业集群发展，带动传统优势产业转型升级。安排25.9亿元，打造夜市经济，支持服务贸易发展，培育区域性电子商务基地，促进企业境外投资和扩大出口。安排0.4亿元，支持企业改制上市和金融要素集聚。安排13.3亿元，保障粮食、煤电、成品油等重要物资供应。

——市本级国土海洋气象等支出21.4亿元，补助区县2.7亿元。主要是：安排3.1亿元，加快山体滑坡、塌陷等地质灾害治理，帮助“8·31”、“9·13”暴雨洪灾受灾群众避险搬迁、灾后重建和向受灾群众发放过渡性生活救助金。安排7.8亿元，支持页岩气等矿产资源勘查。

——市本级住房保障支出9.6亿元，补助区县11.9亿元。主要是：安排8.9亿元，改造农村C、D级危房5万户。安排2.4亿元，加快293万平方米城市棚户区改造，并对4.6万户廉租房保障家庭给予财政补贴。

——市本级公共安全支出45.9亿元，补助区县19.5亿元。主要是：安排22.8亿元，保障公检法机关依法履行职能。安排2.1亿元，推进乡镇(街道)平安综治建设，落实人民调解、法律援助、司法救助和社区矫正补助提标政策。安排6.6亿元，支持政法基础设施建设。

——市本级一般公共服务支出51亿元，补助区县2.6亿元。主要是：保障党政机关、人大、政协和民主党派、人民团体正常运转，提升依法依章程履职能力。落实国务院批准的“同城同待遇”政策。

——市对区县财力补助410.9亿元。主要是均衡五大功能区域财力差距。其中：安排91亿元，提升区县保工资、保运转、保民生的财力水平。安排38亿元，加大对渝东北生态涵养发展区和渝东南生态保护发展区的生态财力补偿力度，减少其对资源型产业的依赖，维护全市生态安全，促进生态文明建设。

(三)市级政府性基金预算执行情况

1.收入项目执行情况

市本级政府性基金收入1044亿元，增长0.5%，完成预算的102.7%，加上中央转移支付收入86.7亿元、上年结转收入123.8亿元、区县上解收入28.1亿元后，收入总计1282.6亿元。

——国有土地使用权出让收入898.6亿元，下降1.5%，完成预算的99.8%。

——新增建设用地土地有偿使用费收入25.1亿元，下降22%，完成预算的125.5%。

——转让政府还贷道路收费权收入32亿元，增长44.6%，完成预算的133.3%。

2.支出项目执行情况

市本级政府性基金支出730.1亿元，完成预算的82.6%，加上补助区县403.1亿元、结转下年支出127.1亿元、调出资金22.3亿元后，支出总计1282.6亿元。

——市本级教育科技文化及社保就业支出2.3亿元，补助区县7.7亿元。主要是：支持职业教育，支付破产和改制企业职工安置费。

——市本级城乡社区及农林水支出673.2亿元,补助区县385.9亿元。主要是:土地整治和征地拆迁补偿支出518亿元,支持园区建设和注入市级国有企业资本金支出115亿元,铁路、轨道、高速公路、城市道路、桥梁、隧道等基础设施建设和污水、垃圾处理支出108.5亿元,大型水利建设、高标准农田建设及农地整治支出36亿元,实施三峡后续工作规划、支持库区生态环境保护和产业发展支出66亿元。

——市本级交通及工业商业金融等支出50.7亿元。主要是:机场建设支出33亿元,水运建设发展支出3.5亿元。

(四)市级国有资本经营预算执行情况

1.收入项目执行情况

市级国有资本经营预算收入27.7亿元,增长6%,完成预算的150.8%。

——利润收入23.7亿元,主要是企业生产经营上缴利润。其中,市国资委监管企业上缴利润22.7亿元,其他国有企业上缴利润1亿元。

——产权转让收入4亿元,主要是粮食集团资产转让上缴的国资收益。

2.支出项目执行情况

市级国有资本经营预算支出26.6亿元,增长5.2%,完成预算的145%。主要原因是根据收入增长情况,适当加大支出规模。

——资本性支出7.3亿元。主要是补充国有资本金、对外认购股权和支持全市重大项目建设。

——费用性支出10.1亿元。主要是:解决老工伤人员工伤补贴等历史遗留问题,支持微型企业发展等。

——其他支出9.2亿元。主要是政府向水务集团购买污水处理服务。

此外,从市级国有资本经营预算收入中安排1亿元调入市级一般公共预算,统筹用于解决"双解"困难人员养老保险补贴。

(五)落实市人大预算审查报告情况

2014年,全市财政认真贯彻落实市委决策部署和市人大决议,按照《关于重庆市2013年财政预算执行情况和2014年财政预算草案的审查结果报告》,扎实有效推进各项财政工作,较好服务了全市经济社会发展大局。

第一,抓好五大功能区域发展战略财政政策配套落实,实施差异扶持。按照五大功能区域发展战略要求,及时跟进和细化财政配套政策,促进区域特色发展、差异发展、联动发展。坚持民族地区地方级税收全留体制,将渝东北及武隆县的市级税收全额补助区县,把渝东北生态涵养发展区和渝东南生态保护发展区"不取多予"政策落到实处。加大森林覆盖率、空气质量、限制或禁止开发区面积等因素在转移支付分配中的权重,将两大生态区17个区县全部纳入生态转移支付范围。坚持财力向两大生态区倾斜,市级财政按照最高比例补助社会事业发展,推动基本公共服务均等化。城市发展新区基本财力奖补资金增幅高于区县平均水平,产业引导股权投资基金重点倾斜,提升人口承接和产业集聚能力,促进产城融合。实施市内企业跨区域流动税收基数划转,规范财税秩序,提高市场配置资源效率。完善两江新区财政扶持政策,促进两江新区与所在行政区协同发展,提升都市核心区和拓展区核心竞争力。全年市对区县转移支付1526亿元,区县人均财力提高到16万元,最低人均财力达到10万元。

第二,统筹财经关系,推动经济持续较快发展。立足特殊市情和特定发展阶段,积极应对经济下行压力,把握好财政扶持经济的边界、方式和力度,把着力点转到优环境、稳增长、调结构、促升级上来。"营改增"试点范围扩大到铁路运输、邮政和电信等行业,落实西部大开发、小微企业等税收优惠政策,向企业减税378亿元。免征小微企业管理、登记和证照等3类行政事业性收费,将企业、个体工商户注册登记等9项收费免征期限延长一年。全面清理财税扶持政策,营造法治、公平、规范的市场环境。安排资金和兑现政策110亿元,支持两江新区、保税港区、开发区和区县工业园区开发开放、完善功能和加快发展。统筹一般公共预算和政府性基金预算355亿元,支持高速公路、铁路、轨道交通、机场等基础设施和水利等公益项目建设,发挥财政资金在稳投资中的引导作用。工业振兴、非公经济发展、小微企业发展、商务发展和金融发展专项资金足额落实到位,有力促进了经济平稳增长和产业结构优化升级。改革财政扶持产业资金分配方式,安排25亿元创设产业引导股权投资基金,实现财政直接投入向市场化运作的转变。

第三,坚持有保有压,切实保障和改善民生。围绕“学有所教、劳有所得、病有所医、老有所养、住有所居”,加大财政投入,完善体制机制,切实提高城乡基本公共服务水平。新出台10项小微企业发展财税扶持政策,促进创业扩大就业。教育、社保、卫生和社会救助等事关群众切身利益的提标增支政策足额保障到位。全年财政民生支出继续保持在一般公共预算的50%以上。中央民生专项补助资金足额到位。22件民生实事全年财政投入127亿元,资金需求按进度全部落实。与此同时,认真落实中央厉行节约有关规定,出台差旅费、会议费、培训费、因公出国费、出国培训费和外宾接待费等6项经费管理办法,从制度上控制一般性开支,将更多财政资金用于民生。除编制内增人和政策性增支外,机关行政运行经费保持零增长。认真执行停止新建政府性楼堂馆所、严控楼堂馆所改扩建及办公用房维修改造的规定,严格压缩会议、节庆、论坛等一般性开支,“三公”经费继续保持零增长。

第四,突出问题导向,启动新一轮财税改革。认真贯彻落实中央和市委决策部署,以建立现代财政制度为目标,稳步推进各项改革。2013年向社会公开预算的52个市级部门向社会公开决算,96个市级部门向社会公开预算,所有区县向社会公开预算。加强政府性基金预算、国有资本经营预算与一般公共预算的衔接和统筹使用。设立市级预算稳定调节基金,将超收收入和历年结转统筹纳入调节基金管理,建立跨年度预算平衡机制。在市本级和10个区县开展权责发生制政府综合财务报告编制试点。完善个人住房房产税改革试点,启动煤炭资源税从价计征改革。完成新增基层食品药品监管事权的支出责任划分。完善政府性债务管理制度,开展存量债务清理甄别,推进分类化解,全年削减政府性债务1016亿元。健全风险预警约谈机制,实施政府目标考核,严控政府性债务风险。推广PPP投融资模式改革,在高速公路、地方铁路、市政设施、轨道交通、港口物流、土地整治等领域开展试点。出台政府购买服务管理办法和指导性目录,协同推进政府购买服务与事业单位分类改革。出台科技成果转化股权分红激励办法,调动科研人员创新积极性。支持培育新型农业经营主体等改革。

第五,改进预算管理,提高财政资金使用绩效。积极适应新的经济形势对财政工作的新要求,采取务实有效措施加强和规范管理,改进薄弱环节,促进财政可持续发展。调整市级机关公用经费定额标准,提高基本支出保障水平,减少挤占等不规范现象。整合存量资金154亿元用于社会民生等当年支出,加快预算执行进度,2014年市级结转结余比上年压缩24%。对262项市级专项资金进行清理,改进资金分配方式,加大民营经济、农业发展等专项资金切块下达区县力度。依法接受人大质询和调整预算审查。完成52个项目重点绩效目标管理。对“三农”、教育、科技、社保等47个项目实施市级重点绩效评价,探索建立绩效信息提取机制和绩效报告制,逐步拓宽绩效结果运用的广度和深度。认真贯彻落实中央八项规定,开展“小金库”专项治理和公共交通、医药卫生等行业会计监督检查,严肃财经纪律。认真整改审计发现的问题,做好审计结果运用。发挥投资评审作用,注重会计人才培养,加强部门财务人员会计从业资格管理,切实提高财政财务管理水平。

2014年,全市财政保持了平稳运行态势,顺利完成了市四届人大二次会议审查通过的各项任务,有力保障了全市重大决策部署的贯彻落实。与此同时,也应清醒看到,经济发展已进入新常态，而重庆"双欠"和"四个关键节点"的基本市情没有根本转变，财政面临不少困难和新的挑战：一是财政收入转为中低速增长，支出不仅刚性增加，且结构不够合理，收支矛盾更加突出。二是全面深化改革要求财政发挥基础性支撑性作用，而财政对事关经济社会可持续发展的体制机制的深度介入不足，推进财税改革的力度仍需加大、节奏还需加快。三是财政管理现状与依法理财的新要求还有差距，管理基础比较薄弱，挤占挪用专项资金等违反财经法律法规的现象还有发生。四是部分专项资金使用绩效不高，存在浪费等现象。五是少数区县债务较重、融资成本较高，风险防控还需进一步加强。财政高度重视存在的困难和问题，将通过深化改革、加强管理、完善措施务实加以解决。

二、2015 年预算草案

按照国务院《关于编制 2015 年中央预算和地方预算的通知》精神，综合分析全市财经形势，2015 年预算编制的指导思想是：全面贯彻落实党的十八大、十八届三中、四中全会和中央经济工作会议精神，以邓小平理论、"三个代表"重要思想、科学发展观为指导，深入贯彻落实习近平总书记系列重要讲话精神，坚持稳中求进工作总基调，坚持以提高经济发展质量和效益为中心，主动适应经济发展新常态，加快转换发展动力，把转方式调结构放到更加重要位置，深入实施五大功能区域发展战略，统筹推进新型工业化、信息化、城镇化、农业现代化，强化改革、开放和创新三大动力支撑，落实积极的财政政策，着力推进财税改革，切实保障和改善民生，进一步加强政府性债务管理，促进全市经济社会平稳健康发展。

收入预算坚持实事求是、积极稳妥、留有余地的原则。根据全市生产总值增长目标等指标，一般公共预算收入预计增长 12%左右，其中：综合考虑税制改革因素，税收收入预计增长 13%左右。综合考虑 11 项基金调入一般公共预算等因素，政府性基金预算收入与上年持平。根据国有企业盈利预期测算，国有资本经营预算收入预计与上年持平。根据参保人数、缴费标准、社会平均工资和缴费基数等因素综合测算，社会保险基金预算收入预计增长 6%左右。

支出预算按照《预算法》明确的"四本预算"支出范围和保障重点，坚持统筹兼顾、有保有压、财力下沉。一是保重点。贯彻落实中央和市委的决策部署，推动五大功能区域协调发展，推动产业结构优化升级，支持新型城镇化，促进经济稳定增长。与此同时，切实保障行政事业单位收入分配改革等开支。二是保民生。支持 25 件民生实事滚动实施，落实就业、社保、教育、卫生、保障性住房和文化等支出，将财力向区县、"三农"和基层倾斜，推进基本公共服务均等化。三是控一般。认真落实厉行节约有关规定，加大财会监督检查力度，从严控制"三公"、会议、培训、节庆、论坛等一般性开支。

(一)全市财政收支预算草案

一般公共预算。全市一般公共预算收入预计 2150 亿元，其中税收收入预计 1440 亿元。全市一般公共预算收入加上中央提前下达转移支付、调入预算稳定调节基金等 1020 亿元后，收入总计 3170 亿元。全市一般公共预算支出安排 3110 亿元，加上上解中央支出、归还财政部代理发行地方政府债券本金等 60 亿元后，支出总计 3170 亿元。

政府性基金预算。收入预计 1600 亿元，支出安排 1600 亿元。

国有资本经营预算。收入预计 60 亿元，支出安排 60 亿元。

社会保险基金预算。收入预计 1218 亿元。其中：基本养老保险基金预算收入 801 亿元，基本医疗保险基金预算收入 356 亿元，失业保险基金预算收入 31 亿元，工伤保险基金预算收入 20 亿元，生育保险基金预算收入 10 亿元。支出安排 1080 亿元。其中：基本养老保险基金预算支出 698 亿元，基本医疗保险基金预算支出 349 亿元，失业保险基金预算支出 6 亿元，工伤保险基金预算支出 20 亿元，生育保险基金预算支出

7亿元。五项社会保险基金预算当期余额预计138亿元。其中：基本养老保险基金预算余额103亿元，基本医疗保险基金预算余额7亿元，失业保险基金预算余额25亿元，工伤保险基金预算收支当年持平，生育保险基金预算余额3亿元。

(二)市级一般公共预算收支预算草案

1.收入项目预算情况

市本级一般公共预算收入预计788亿元，增长12%左右，其中：税收收入预计531亿元，增长12.5%左右。市本级一般公共预算收入加上中央提前下达转移支付923亿元、调入预算稳定调节基金50亿元、调入资金36亿元、区县上解收入22亿元等后，收入总计1819亿元。

——增值税78亿元，增长13.2%。

——营业税269亿元，增长12.1%。

——企业所得税87亿元，增长13%。

——个人所得税26亿元，增长13.1%。

——其他税收71亿元。

——非税收入257亿元。

2.支出项目预算情况

市本级一般公共预算支出安排842亿元，加上市对区县转移支付917亿元、上解中央支出24亿元、归还财政部代理发行地方政府债券本金36亿元后，支出总计1819亿元。

——市本级教育支出安排104亿元，补助区县83亿元。主要是：支持学前教育第二期规划实施；落实义务教育免费政策；加快农村薄弱学校改造；完善特殊教育财政拨款机制；提高职业教育财政投入水平；落实乡村教师岗位补贴政策，提高农村义务教育教师待遇；加强本科院校内涵建设和质量提升，支持特色专业、特色学科建设和协同创新；建立政府主导、社会捐助、个人分担的研究生培养经费保障机制；保障农村教师培训财政投入；继续完善各学段家庭经济困难学生资助体系。

——市本级科学技术支出安排13亿元。主要是：支持基础研究、应用技术开发、知识产权保护和科学技术普及；完善公益性科研院所稳定投入机制，促进科研机构提升创新能力；建立以科技担保、风险投资、股权引导、天使基金为主体的科技金融服务体系，促进科技成果转化。

——市本级文化体育与传媒支出安排10亿元，补助区县3亿元。主要是：提高基层公共文化服务机构运行保障水平，提升免费开放博物馆、纪念馆等公益文化机构的服务能力；支持深化文艺院团改革；推动剧场、院线联盟建设，提高公益文化场馆利用率；推动文化资产管理体制改革，支持文化产业、媒体融合发展；支持文物保护和体育事业发展。

——市本级社会保障和就业支出安排207亿元，补助区县70亿元。主要是：继续支持实施更加积极的财政就业政策，发挥好小额担保贷款促进创业作用，保障好高校毕业生等重点群体就业；保障城镇企业退休人员和城乡居民养老待遇及时足额到位，做好机关事业单位养老保险制度改革的资金平衡；落实社会救助和保障标准与物价上涨挂钩的联动机制，适时提高城乡低保、农村“五保”、城市“三无”人员、重点优抚对象等保障水平，确保城乡困难群众基本生活。

——市本级医疗卫生与计划生育支出安排33亿元，补助区县109亿元。主要是：基本公共卫生服务人均财政补助标准由35元提高到40元，进一步提升基本公共卫生服务均等化水平；城乡居民合作医疗财政补助标准从320元提高到380元，进一步提高筹资水平和互助共济能力；落实政府办医责任，继续支持区县公立医院改革，支持医保药品支付制度改革。

——市本级节能环保支出安排22亿元，补助区县28亿元。主要是：继续支持环保“五大行动”；加大渝东北生态涵养发展区和渝东南生态保护发展区生态环保补助力度；将排污权交易品种拓展到废气、污水和垃圾，并将试点范围扩大到所有区县；支持第三垃圾焚烧发电厂、新建垃圾填埋场和垃圾中转站等环保重点项目建设；补助污水处理厂、垃圾处理场运行；推动完成农村环境连片整治民生实事；支持三峡库区水环境保护；兑现页岩气、煤层气开采奖补资金；支持液化天然气汽车和新能源汽车推广，加快充换电配套设施建设；支持关闭小煤矿和大型煤矿安全设施设备改造；加快园区循环化改造，发展循环经济和低碳经济；继续开展公共安全和重大安全隐患治理，加强安全监管能力建设。

——市本级城乡社区支出安排91亿元，补助区县66亿元。主要是：加快中梁山隧道等重点项目建设；启动白居寺长江大桥、礼嘉嘉陵江大桥、土主隧道等建设，支持千厮门大桥、双碑大桥及双碑隧道建成通车；支持主城公交场站、换乘枢纽和重要交通节点改造；继续支持100个农民新村建设和110个中小城镇完善市政基础设施。

——市本级农林水支出安排41亿元，补助区县94亿元。主要是：落实粮食直补政策，支持高标准农田建设，保障粮油、蔬菜等主要农产品供给；继续发展现代特色效益农业；支持农业适度规模经营，健全新型农业经营体系，推进农业生产社会化服务；推进重点水源工程和山坪塘整治等水利建设，支持解决农村饮水安全；继续实施精准扶贫，推进高山生态扶贫搬迁，支持扶贫产业发展；推进农村集体资产量化确权改革试点及美丽乡村建设；加大农业防疫、森林防火、防汛抗旱等投入，增强自然灾害防范应对能力。

——市本级交通运输支出安排110亿元，补助区县16亿元。主要是：支持江北机场四期主体工程建设完工；推进五号线、十号线和环线等轨道交通建设；继续支持成渝客运专线、渝怀二线等铁路建设；加快火车西客站枢纽工程建设；推进新1000公里高速公路建设；加快农村公路建设，解决撤并村通达问题；支持化解二级公路债务；兑现“1小时免费优惠换乘”惠民政策。

——市本级工业商业金融等支出安排35亿元，补助区县18亿元。主要是：落实小微企业发展、工业振兴、非公经济发展、商务发展和金融发展等专项资金；支持巩固汽车、电子信息等支柱产业优势；加快培育十大战略性新兴产业；支持保税商品展示、跨境电子商务等现代服务业发展；扩大城乡消费；增加粮食储备，保障电煤、成品油等能源供应。

——市本级国土海洋气象等支出安排10亿元，补助区县4亿元。主要是：支持页岩气等矿产资源勘查；加大农村土地整治和高标准基本农田建设投入；做好地质灾害防范和治理工作。

——市本级住房保障支出安排5亿元，补助区县4亿元。主要是：支持城市棚户区改造、公租房及配套设施建设和农村C、D级危房改造，改善城乡群众居住条件。

——市本级公共安全支出安排44亿元，补助区县11亿元。主要是：继续深化平安建设；支持司法体制改革；保障基层综治经费；促进戒毒系统职能转变；进一步提高公检法司的人员、装备保障能力；促进社会管理创新。

——一般公共服务支出安排44亿元。主要是：进一步调整优化基本支出定额，保障党政机关、人大、政协和民主党派、人民团体依法依章程履行职能。

——其他支出安排62亿元。将按进度在执行中细化落实到具体项目。

——预备费安排9亿元。用于当年预算执行中的自然灾害等突发事件处理增加的支出及其他难以预见的开支。

——市对区县财力补助411亿元。主要是：落实五大功能区域财政政策，实施分类扶持，坚持财力下沉，提高区县基本公共服务保障水平，加大生态财力补偿力度，引导人口梯度转移和要素资源优化配置，支持区县机关事业单位养老保险制度改革，推进津补贴待遇一体化，促进重点开发区域加快发展。

（三）市级政府性基金预算草案

市级政府性基金收入预计900亿元，主要是：国有土地使用权出让金收入845亿元、新增建设用地土地有偿使用费收入20亿元。

支出安排900亿元，其中：市本级支出585亿元，补助区县315亿元。一是成本性支出550亿元，主要用于补偿征地拆迁农民，补充失地农民养老保险,保障城市房屋拆迁主体权益。二是社会事业发展支出115亿元,主要用于支持教育设施、保障性住房和水利等建设,开展农业土地开发整治,扶持三峡库区生态涵养和经济社会发展。三是基础设施建设支出185亿元,主要用于支持高速公路、铁路、机场和城市轨道等建设,推进城市基础设施建设。四是开发区及园区建设支出50亿元,主要用于支持北部新区、各类高新区、经开区和特色工业园区开发建设。

(四)市级国有资本经营预算草案

市级国有资本经营预算收入预计30亿元,主要是国有企业生产经营上缴的国有资本经营利润收入等。

支出安排30亿元。支出安排的重点是:一是资本性支出12亿元,主要用于推动国有企业产业结构调整,支持国有企业持续健康发展。二是费用性支出9亿元。主要用于解决职工医保、养老保险、职工安置等历史遗留问题,支持微型企业发展等。三是其他支出9亿元。主要用于政府购买污水处理服务等。

三、推进财税改革,促进经济社会平稳健康发展

2015年是"十二五"规划的收官之年,是全面深化财税改革的关键之年,也是实施新《预算法》的开局之年。全市财政将围绕"科学发展、富民兴渝"总任务,认真贯彻落实五大功能区域战略,坚持依法理财,全面深化财税改革,确保完成2015年财政工作任务,促进全市科学发展、加快发展。

第一,深化预算管理制度改革。认真贯彻落实国务院《关于深化预算管理制度改革的决定》(国发〔2014〕45号)。拓展预算公开范围,除涉密单位外,将167个市级部门预算向人大及社会公开。细化公开内容,将政府预算按功能分类公开到项级科目。加强编制、资产与预算管理的有机衔接,建立基本支出定额标准动态调整机制。逐步构建项目支出标准体系框架,规范项目经费管理。启动中期规划编制,在编制2016年预算时,同步编制2016~2018年财政规划,对今后三年全市总体收支和财政政策进行预判,逐步使财政政策制度定型,相对固化部分常态支出,年度预算在中期财政规划框架下进行。加强结转结余管理,加大各类预算统筹力度,健全预算稳定调节基金制度,盘活财政存量资金。扩大绩效目标管理覆盖面,完善集中评议制度,强化过程跟踪。扩大绩效评价范围,重点考察项目的产出数量、质量、效率和效果,将评价结果作为2016年预算编制的参考依据,探索建立评价结果向社会公开制度。

第二,推进税制改革。认真贯彻落实国务院《关于清理规范税收等优惠政策的通知》(国发〔2014〕62号),清理规范税收等优惠政策,通过新设、扩充、优化、整合转移支付和专项补助,取消违法违规的优惠政策,调整财政支持方式,增强政策的针对性、有效性。加强市级重点税源管理。进一步扩大"营改增"试点范围,实现增值税替代营业税,简并增值税税率,全面优化增值税制度。调整消费税征收范围、环节、税率,把高耗能、高污染产品及部分高档消费品纳入征收范围,健全消费税引导资源节约和生态环境保护、调节收入分配的机制。逐步实施除油气煤外其他品目资源税从价计征改革,理顺资源税费关系。跟进房地产税改革和环境保护费改税。

第三,转变财政扶持经济方式。完善市与区县财政关系,激发区域发展活力。围绕区域功能定位和发展战略,以引导经济要素流动、推动基本公共服务均等化、促进生态涵养保护为目标,建立健全五大功能区域转移支付制度。改进专项转移支付分配方式,推行目录管理、因素分配、评估和退出机制。市对区县一般性转移支付提前下达率逐步提高到90%。处理好政府与市场的关系,改进财政扶持产业发展资金的分配方式,按照市场竞争类与公益服务类项目实行分类管理。进一步扩大产业引导股权投资专项基金规模,采取市场化运作方式,投资覆盖战略性新兴产业、现代服务业、农业、科技、文化、旅游等领域的市场竞争类项目。对中小企业服务平台、创业孵化园等公益服务类项目，以及种养大户、家庭农场、农民合作社等农业基础性项目，更多采取财政补助、贷款贴息等方式给予支持。同时，对财政直接投入的项目，进一步完善制度、规范程序和加强监管，做到公开透明。

第四，支持社会民生等领域改革。探索建立财政民生政策动态调整机制。以均衡发展为导向，完善义务教育、职业教育、学前教育、高等教育等各阶段生均经费保障投入机制，探索建立基于学籍信息的教育经费可携带支持机制。制定市级科研项目资金管理办法，建立完善适应不同类型科研项目特点的支持机制。探索建立专利申请主体诚信档案制度、知识产权评估制度，营造良好创新环境。深化文化体制改革，大力推进媒体融合发展。完善文艺院团财政投入机制，促进文艺院团增强市场活力。推进机关事业单位养老保险制度改革。继续深化公立医院改革，将药品零差价补偿政策扩大至所有区县，调整医疗服务价格，建立可持续的政府补偿机制。推动市药交所建设区域性交易平台，更好发挥市场交易机制作用。加快推进医药、医疗、医保联动的医疗卫生体制改革。继续深化政府购买服务改革。

第五，加强和改进债务管理。认真贯彻落实国务院《关于加强地方政府性债务管理的意见》（国发〔2014〕43 号），建立“借、用、还”相统一的地方政府性债务管控机制。将政府债务分类纳入一般公共预算和政府性基金预算，实行限额管理。在全国人大和国务院批准我市政府存量债务余额和2015年余额限额后，编制 2015 年市级债务收支调整预算，报市人大常委会，并按照预算公开有关要求及时向社会公开。稳步推进市级发行地方政府债券工作，剥离融资平台公司的政府融资职能。严禁违法违规担保。加强动态监管，完善政府性债务风险预警机制。实行政府约谈和目标考核，制定债务风险应急处置预案。继续加强风险区县和重点领域债务的风险防范。将权责发生制政府综合财务报告试点范围扩大到市本级和 21 个区县，全面、完整反映政府资产、负债、资金等财务信息。

各位代表！2015 年财税改革的任务艰巨而繁重，新常态下的财政工作更需智慧与实干。我们将在市委的坚强领导下，坚持低调务实、少说多干，敢于担当、积极作为，确保完成全年各项工作任务，推动全市经济社会持续健康发展！

第二编
专题研究

生态涵养区生态产品价值实现与“富绿”同步路径

彭国川

重庆市委、市政府高度重视生态补偿机制建设，将其作为全市生态环境保护的重要任务。2006年，市委、市政府出台了《关于加强环境保护若干问题的决定》，明确提出要加快建立生态补偿机制、资源有偿使用制度、资源开发生态补偿金制度、健全反映市场供求状况和资源稀缺程度的价格形成机制等。同年，市政府发布的《重庆市绿地行动实施方案(2006~2010年)》，要求制定“生态补偿政策”，开展生态补偿试点、开展绿色GDP试点、建立有利于生态保护的绿色税收制度。2009年，国务院印发了《关于推进重庆市统筹城乡改革和发展的若干意见》(国发〔2009〕3号)，更是将“建立多层次的生态补偿机制”作为加强生态环境保护的重要内容，为我市开展生态补偿试点工作指明方向。

一、现行生态补偿机制存在的问题

(一)组织管理体系建设滞后

目前我市生态补偿涉及水利、林业、环保、财政、国土等多部门，组织管理的条块分割严重，不利于统一协调管理。同时，相关法律规定也存在诸多不足，更没有针对功能区建设生态补偿的法律规定。我市现有的生态补偿法规是在2007年国家环境保护总局颁发的《关于开展生态补偿试点工作的指导意见》文件框架下制定的，包括《重庆市长江三峡水库库区及流域水污染防治条例》、《重庆市主要污染物排放权交易管理暂行办法》、《关于落实环保政策法规防范信贷风险有关工作的通知》和《关于进一步完善绿色信贷信息共享机制的通知》等。其内容较单一，不系统，不利于生态补偿的整体推进。

(二)生态支付指向不明

财政转移支付尚未充分凸显生态补偿属性。现行的财政支付额度主要按照经济发展程度来确定，体现为对欠发达地区的扶持，生态补偿特征不太明显。以主体功能区补偿为例，巫山、巫溪、彭水、酉阳等10个县纳入国家重点生态功能区名录后，所获得的中央均衡性财政转移支付，主要以民生和环保的名义下拨，生态补偿指向并不明确、涵盖范围比较有限，为生态文明建设所作的贡献和所得的补偿存在一定程度的脱钩。市与区县的财税收入分成比例虽也体现了差别化政策，但对生态功能区域的生态补偿倾斜仍不够明显。

(三)生态补偿标准不清

现行生态补偿标准往往基于投入到生态建设的成本核算，与相关利益主体所作的贡献或所付出的牺牲不匹配，远低于生态产品价值。如重庆市2015年森林生态效益补偿政策规定，国有林每亩补助5元、集体和个人所有的国家及地方公益林每亩补助15元。公益林目前补偿标准不高，除去公共管护资金外，真正发到农民手上的资金只有7.75元/亩。随着林权改革的推进和木材价格的上涨，林农提高补偿标准的呼声越来越高。

生态功能区为了保住“青山绿水”，不得不放弃或减缓旅游开发和工业发展的进程，对当地的经济造成了直接的影响却得不到相应的补偿，极大地影响了农民的积极性，从而不能保证生态保护的效果。

(四)生态补偿方式单一

目前，我市采用了政府补偿和市场化污染治理两种生态补偿方式，但从主要功能区建设的需要来看，政府补偿在形式上具有一定的局限性。这是因为政府既是主要功能区建设的“裁判员”，又是“运动员”。当都市功能核心区、都市功能拓展区以及都市发展新区与渝东北生态涵养发展区和渝东南生态保护发展区在资金、人才等要素的使用上发生冲突时，就会影响政府生态补偿的转移支付。这与财税政策大力支持生态涵养发展区、生态保护发展区的原则不相符。此外，目前我市市场化污染治理还不成熟，实施的情况还不理想，亟需对生态补偿方式进行创新与完善。

(五)生态补偿资金不足

生态补偿融资渠道主要有财政转移支付和专项基金两种方式。其中，财政转移支付是最为主要的生态补偿资金来源。从目前我市生态补偿的财政转移支付方式看，纵向转移支付占绝对主导地位，即中央对地方的转移支付，而区域之间、流域上下游之间、不同社会群体之间的横向转移支付较少。市场化污染治理相关利益者参与程度不高，受益者向利益受损方的补偿极为有限。生态补偿方式单一也造成补偿资金来源单一、总量不足，大大限制了生态补偿的持续开展。

(六)生态补偿主体不明

“谁损害谁付费、谁受益谁补偿”的原则未得到充分体现。一方面，地方政府为了招商引资，对生态破坏行为监管不力、惩罚不严。另一方面，生态环境治理缺乏跨区域的成本分担机制。某些地方将污染项目摆在区县交界处，税费归自己，包袱给对方，相关纠纷不断。虽然有上一级的纵向转移支付作补偿，但得益区县并没有为此付出代价。此外，生态补偿方式的单一也使得生态补偿的责任不明。

由于以上因素，当前生态补偿资金依然是“问题”导向的应急投入为主，没有赋予生态产品合理的价值，也就难以对生态功能区在国家生态屏障中发挥的作用做科学认定。其导致的直接后果，一是无法对三峡库区干部群众所做的工作成效和贡献进行考核和评估，长此以往，容易挫伤其生态建设和环境保护的工作积极性；二是补偿标准的缺乏，不可避免将造成生态建设资金拨付的随意性，显性的问题容易解决，而隐性的、事关生态建设的长期性、前端性的问题容易被忽视；三是在国家政策支持和财政资金方面缺乏客观量化依据，需要靠不断的争取，缺乏保障。

二、生态产品价值及实现的理论框架

(一)生态产品的概念

1.生态产品的基本内涵

生态产品起源于生态设计(eco-design)理念，Burall P.(1996)，Charter Martin(1996)，Brezet H与Van Hemel C.(1997)等认为，生态设计是指将环境因素纳入产品设计之中，在产品生命周期的每一个环节都考虑其可能产生的环境负荷，通过改进设计使产品的环境影响降低到最小程度。生态设计的理念一经提出，就受到了各国政府和企业界的重视。随后一些专家学者开始从理论上对生态产品的内涵进行探讨，他们对生态产品的理论内涵解读主要有以下两类观点：

第一类认为“生态产品”就是良好的生态环境或自然要素。比如杨伟民认为生态产品就是“良好的生态环境，包括清新空气、清洁水源、宜人气候、舒适环境——这些都是人类生活的必需品，是消费品”。《全国主体功能区规划》指出：生态产品指维系生态安全、保障生态调节功能、提供良好人居环境的自然要素，包括清新的空气、清洁的水源和宜人的气候等。

第二类将包含生态特性的商品称为生态产品，但这一类观点又包括两种不同的理解。第一种与最初的生态设计理念相似，认为生态产品就是融入了生态设计的产品。不同学者尽管存在不同的表述，但大致沿袭了生态设计理念。比如，任耀武和袁国宝(1992)、王寿兵(1999)都认为生态产品是具有生态特性的产品。第二种观点是从实用、市场等角度出发来探讨生态产品，他们认为贴上了生态标签的产品都是生态产品。贴上生态标签的前提就是包含了某些生态特性,所以这种观点具有一定的合理性。

由于其涉及领域的广泛性和生态环境的复杂性，至今生态产品仍未有一个权威统一的定义。本文从公共产品和私人产品这个角度,将生态产品分为以下两个层次:

第一个层次是私人用品在物质产品生产过程中融入生态设计的特征，采用环境友好型的方式进行生产凝聚人类劳动的具有排他性和竞争性的物质产品,具有生态标志、地域标志的产品,包括绿色产品、有机产品、无公害产品等农产品以及生态设计的工业产品。

第二个层次“生态产品”就是指为人类提供生态系统服务，保证人类从生态系统获得的所有服务和益惠的客观物质载体，根据联合国千年生态系统评价报告，生态系统服务包括供给服务(如提供食物和水)、调节服务(如控制洪水和疾病)、文化服务(如精神、娱乐和文化收益)以及支持服务 (如维持地球生命生存环境的养分循环)。生态产品包括大自然天然赋予的自然生态服务要素，以及凝聚人类劳动的维持和修复得到的生态服务要素。良好的生态产品供给为人类高质量生存的物质基础、安全、健康、良好的社会关系提供保障。

2.生态产品的功能

(1)构成了人类生存与发展的基本条件

人类是社会属性和自然属性的统一。“我们的生物起源就决定了我们必然也是相互依存的生物圈里的一分子，要吸收水和氧气,分享植物进行(也就是生化能源)光合作用所制造的净产品以及在生态系统中循环的营养物”(麦克迈克尔 2002)。因此,生态产品作为能够满足人类需要的与自然生态要素或生态系统有较为直接关系的产品,也构成了人类生存与发展的基本条件。

(2)实现人与自然和谐发展的必要前提

人是从属和依赖于自然的，同时人又能够利用自然来求得生存和发展，是自然由低级向高级演进的必要因素。因此,人既不是自然的主人,也不是消极地受动于自然。人与自然的和谐关系是人从属于自然但又与自然协同进化、和谐共生。在人与自然的发展问题上人类应该以自然为先,以人与自然和谐为核心,以一种更加自觉的、理性的实践精神,使人类的幸福与整个自然环境的和谐联系在一起,实现人与自然互动共进、和谐发展。作为强调人与自然生态关系的生态产品,它是实现人与自然和谐发展的必要前提。也只有树立正确的生态产品理念,认识到当前生态环境面临的问题,才能促使人类尊重自然、顺应自然、保护自然,使生态产品功能实现最优化,避免不顾资源和环境压力,一味追求经济增长规模和速度,盲目过度地开发利用资源,破坏生态环境,加剧人与自然的矛盾等种种行为,最终实现人与自然和谐共生、和谐发展。

3.生态产品的价值分析

生态产品是具有经济价值的特殊商品,增强生态产品生产能力就是科学发展。从生态产品及其价值属性看，保护和扩大自然界提供生态产品的能力、满足人民群众日益增长生态产品需要的过程是创造价值的过程，是科学发展的重要内容。生态产品的使用价值是指其呈现出来的对人类社会生存和发展的有用性，具体包括生态价值和经济价值两个方面。

(1)生态产品具有生态价值

生态价值是一种“自然价值”,是自然物之间以及自然物对自然系统整体所具有的系统“功能”。对于人而言,表现为给人类提供可以生息的大地、清洁的水、由各种不同气体按一定比例构成的空气、适当的温度、一定的必要的动植物伙伴、适量的紫外线的照射和温度等人类生存须臾不可离开的必要条件,是人类的“家园”,是人类的“生活基地”,因而“生态价值”对于人来说,就是“环境价值”。特别是,通过改善大气、地表水水质等生态环境的质量，以社会公共产品或服务的形式，间接地满足人们追求高层次生活和生存质量的需求。而随着人类社会经济的不断发展和人民群众生活水平的不断提高,未来人民群众的追求将更多地转向更高质量的生存环境。

(2)生态产品具有经济价值

生态产品的经济价值来源：一是生态产品的生产需要成本投入，供给者为改善(或恢复)生态服务功能所付出的额外的保护与相关建设成本；二是产品供给者因提供生态产品而放弃的其他发展权的机会成本；三是随着生态环境的破坏以及人民生活水平的提高，生态产品日益稀缺，其价格也不断提高。

因此，对于生态功能区而言，只要生态系统更加稳定，提供清洁的大气、清洁的水等生态产品能力更强，就是最大的发展，其提供的生态产品的价值也理应纳入地方贡献或产出。

(二) 生态产品市场交易机制构建的现实困境

在市场经济条件下，商品的价格是由商品的价值决定的，并且随着市场供求状况的变化而不断地上下波动，这是传统经济学的一个基本原理。生态产品作为商品，其购买机制的构建应该以生态产品价值为基础，在价格机制作用下由生态产品供需双方通过市场来实现。作为一种具有显著外部性的公共物品，其价值难以确定，导致生态产品市场机制构建难。

1.生态产品是具有显著外部性的公共物品

生态产品生产和消费过程中的外部性主要反映在两个方面，一是资源开发造成生态环境破坏所形成的外部成本，二是生态环境保护所产生的外部效益。由于这些成本或效益没有在生产或经营活动中得到很好的体现，从而导致了破坏生态环境没有得到应有的惩罚，保护生态环境产生的生态效益被他人无偿享用，使得生态环境保护领域难以达到帕累托最优。

纯粹的公共物品具有非排他性和消费上的非竞争性两个本质特征，由于生态环境的整体性、区域性和外部性等特征，生态产品很难改变其公共物品的基本属性。非排他性决定了人们在消费生态产品时，往往都会有不付费的动机，而倾向于“搭便车”，需要公共经济部门介入提供。

2.生态产品的定价难以确定

生态产品价值既包括维护、改善、修复生态环境所应投入的人力、物力和财力的价值，同时也应该包括为提供生态产品而牺牲的经济发展权的价值。目前生态产品价值的量化是研究的热点和难点，如果能够对生态产品价值进行准确评估和量化，应该是生态购买最好的依据。但是对各类生态产品的价值测定将是一个需要耗费相当资源、相当长时间的艰巨工程，期望迅速、轻松解决问题是不现实的。这就使得交易依据难以明晰。

3.生态产品交易参与主体难以确定

如何确定生态产品的供给与需求者？这个问题涉及生态环境产权界定的问题。产权的界定是生态产品交易的前提，只有生态产品的产权明晰了才能确定谁卖谁买的问题。但在资源和环境领域，产权界定是一个很复杂的问题，许多生态环境的产权往往是模糊和虚化的，甚至是不可能清楚界定的，在不同国家或同一国家的不同地区，环境和资源的产权的内涵也不一致，这样在实践中往往使生态环境的权利和义务失去主体，导致无法清楚地确定生态产品交易中的供给与需求者。如生态产品的供给者的确定，由于土地的使用方式会对附近的利益相关者产生影响，因此潜在的卖方是能够提供生态服务的土地所有者。在我国现行土地制度下，土地所有者包括政府、集体、个人等众多主体，其在生态产品生产上的作用各自不同，共同生产生态产品，其供给函数也各不相同。

构建生态产品购买的市场机制将是一个漫长的过程，必须分阶段实施。从长远看，只有建立以产品价值为基础的生态购买机制，真正实现生态产品价值，才能更有效激发生态功能区生态建设的积极性，更好地保障生态产品的持续生产和供给。其关键在于准确评估生态产品价值，建立市场购买的价值标准。在生态产品价值不能准确评估之前，首先要承认生态产品具有价值。其价值实现可以通过市场交易、纵向、横向政府间谈判与合作等多种途径来实现。

三、生态产品价值实现的制度设计

我市生态功能区是我国重要的生态屏障，在生产国家必需的生态产品方面具有重要且不可替代的地位，是我市五大功能区域战略中的生态保护和涵养发展区，也是国家首批重点建设的生态文明现行示范区。然而，受人为和自然因素影响，两个区域生态退化趋势明显，其生态产品生产能力正面临逐渐减弱的形势。实践中，由于支付指向不明、标准不清、补偿主体不明，生态补偿与生态产品生产能力和价值并不挂钩，严重影响了生态功能区生态建设提升生态产品生产能力的积极性。

党的十八届三中全会提出“建设生态文明……用制度保护生态环境；实行资源有偿使用制度和生态补偿制度”，其关键在于建立完善市场化资源优化配置和生态产品交易制度。生态产品具有价值，但由于其公共物品的性质，完全依靠市场的力量是无法实现生态产品的价值的，需要政府进行干预。生态产品是重要的公共产品，需要政府公共财政支撑。生态功能区生产生态产品，是基于国家和我市主体功能区分工；生态功能区能够生产优质的生态产品，是该地域比较优势的体现。对生态功能区优质生态产品的公共财政支撑，应该按照市场原则“交易”，而不是“补偿”，为此，必须在全市探索建立“反映市场供求和资源稀缺程度，体现生态价值”的生态产品交易制度，充分实现生态产品的合理价值，确保长江流域重要生态屏障和国家战略性淡水资源库的生态安全。

（一）树立生态产品交易的核心理念

所谓生态产品是指维系生态安全、保障生态调节功能、提供良好人居环境的自然要素，包括清新的空气、清洁的水源、舒适的环境和宜人的气候等。生态产品同农产品、工业品和服务产品一样，都是人类生存发展所必需的。

1.增强生态产品生产能力就是科学发展

与其他商品不同，生态产品是具有生态价值和经济价值的特殊商品，保护和扩大自然界提供生态产品的能力、满足人民群众日益增长生态产品需要的过程是创造价值的过程，是科学发展的重要内容。对于生态功能区而言，只要生态系统更加稳定，提供清洁的大气、清洁的水等生态产品能力更强，就是最大的发展，其提供的生态产品的价值也理应纳入生态功能区的地方贡献或产出。

2.生态产品成本应由政府承担

由于生态产品具有显著的外部性，其生产成本应由中央及各级政府共同承担。如前所述，生态产品生产和消费过程中的外部性主要反映在两个方面，一是资源开发造成生态环境破坏所形成的外部成本，二是生态环境保护所产生的外部效益。生态功能区生产的生态产品大量供给本区域外的需求，支撑长江中下游乃至全国的生态安全，理应由中央及长江中下游各级地方政府负总责，所需投入理应由中央及各级财政共同承担。

3.提供生态产品是政府责任

政府保障生态产品供给的责任是由生态产品的公共物品属性所决定。由于生态环境的整体性、区域性和外部性等特征，生态产品很难改变其公共物品的基本属性。因而需要公共经济部门介入提供。生态功能区供给的吸收二氧化碳、制造氧气、涵养水源、保持水土、净化水质、调节气候、清洁空气、吸附粉尘、保护生物多样性、减轻自然灾害等生态产品是人民群众的基本需求，是经济社会可持续发展的必要条件，是重要的公共产品，是政府必须提供的基本公共服务，所需费用应由公共财政支撑。

（二）建立全市生态产品交易管理机构

1.设立重庆市生态产品交易管理委员会

重庆市生态产品交易管理委员会应由发改委、财政局、环保局、林业局、水利局、农委等市级相关部门领导组成。该委员会作为负责重庆市生态产品交易的统一权威的决策协调机构，行使生态产品交易的协调、监督、仲裁、奖惩等相关职责。

2.设立针对生态产品的政府采购基金

在重庆市生态产品交易管理委员会统筹

下，设立由其统一管理的针对生态产品的政府采购基金，为政府购买生态产品提供资金支持。政府生态产品采购基金来源包括国家投入生态补偿资金、积极向其他地方政府争取的跨流域、跨区域生态补偿资金、市财政生态补偿资金、资源税收以及其他渠道的生态补偿资金。根据生态功能区的关键指标（如水质状况、污水处理、垃圾消纳、林木绿化、大气质量等）的完成情况，以转移支付为基准逐步提高生态产品购买资金，并根据生态发展的需要，针对生态修复、生态保护工程、生态工程后期维护等工程实行专项资金支持。

（三）建立基于生态产品交易最低保护价格的纵向采购机制

按照生态产品的外部性特征，建立各级财政的合理分担机制。以生态产品生产能力、产品质量标准和生产规模等作为确定各级政府相关职责、各级财政投入分担的依据，建立库区生态产品中央和地方各级财政的合理分担机制。

1. 确立基于公共服务均等化的生态产品交易最低保护价格标准

按照科学发展观，提高生态产品生产能力也是发展。鉴于生态功能区生态产品生产是基于国家主体功能区的地域分工行为，其生态产品交易价格最低标准应当是确保库区人民能享受与全国其他生产物质产品、文化产品地区同等基本公共服务所需投入，确保生态功能区不因生产地域分工不同导致而基本公共服务水平不同。

2. 实行生态产品的最低保护价采购和激励性采购

建议将生态功能区基本公共服务供给所需投入全面纳入生态产品购买范畴，纳入市级以上财政预算，并纳入市生态产品采购基金统筹支付范围。生态采购资金分为最低保护价格和激励性采购两部分。

最低保护价采购。根据区县的基本财力与维持当地基本公共服务支出水平需要而确定，其目的在于把生态保护与保障改善民生、提高基本公共服务水平有机结合。

激励性采购。根据区县的生态产品指标考核情况计算确定，其目的在于调动区县提高生态产品生产能力的积极性，从而促进生态保护地区经济社会全面协调可持续发展。

（四）构建生态产品跨区域的横向购买机制

配额交易是国外生态补偿市场化的重要途径之一。建议参考碳交易机制，选取生态建设区配额交易模式作为生态效益市场化补偿的试点。按照全市生态建设的总目标，确定生态建设区面积占全市总面积的百分比，以此作为全市生态建设区的配额标准。

1.配额确定

以区（县）为单位，对于生态建设区面积不够的区（县），通过对主要生态功能区（包括渝东南地区）的富余区（县）进行购买或直接建设的方式，实施配额交易，签订长期的购买合同。

2.交易价格

交易的基本定价依据为生态建设的直接投入以及因建设生态建设区受影响的地方政府、企业、个人的损失补贴等。

3.交易组织

由重庆市生态补偿管理委员会协调各区（县）政府和林业、国土、税收、环保等部门，将各区（县）富余且愿意出售的生态建设区配额集中起来进行拍卖，将拍卖所得返还保护区所在区（县）。

4.交易形式

生态配额交易的具体实现形式可采取生态共建、“生态飞地”等方式进行。所谓共建，就是由生态功能区和其他功能区按照合理的分工共同进行生态建设，其中生态功能区具体实施保护和建设，其他功能区承担部分保护建设费用，也可以派出部分人员直接参与建设和提供技术指导。“生态飞地”制度是指在生态功能区与其他功能区各划出部分区域，分别由对方来建设和发展，这也是市场条件下的一种生态补偿途径。

（五）实施生态标签制度

生态标签，又称为“环境标志”或“绿色标志”，是对生态环境友好型产品的认证制度。标有生态标签的产品从研制、开发到生产、使用直至回收利用的整个过程均符合环境保护的要求。欧盟是全球最早推行生态标签制度的地区，如今已有欧盟、加拿大、美国、日本、韩国等约50个国家和地区正在实施该制度。实践表明,生态标签作为生态环境服务的间接支付方式，对于吸引公众参与生态补偿起到了重要作用。在实施生态标签时应注意以下几点：

1.建立工作机制

建立组织机构和完善工作机制。由市质监局负责组织全市生态产品生态标签认证工作，确定全市生态标签认证的产品目录；制定产品的环保性能标准、认证体系、使用规范和监督机制；建立完善生态标签认证的推荐、评定、监督管理、退出等机制制度。

2.完善配套政策

发改委、经信委、商委、科委、农委、林业局、环保局等部门应加强沟通与合作，给获得生态标签的园区、企业更多的产业政策、科技政策和财税政策等政策倾斜,资金资助和项目支持;对来自生态功能区的生态产品标签使用费给予减免；实施政府主导型生态标签产品营销推广模式,大力推动绿色政府采购计划。

（作者单位:重庆社会科学院）

统筹五大功能区域文化建设研究

王资博

党的十八届三中全会强调，全面深化改革必须统筹谋划。重庆市委四届三次全会强调当前重庆正处在统筹区域发展的关键节点，提出建设五大功能区；重庆市委四届四次全会提出大力实施五大功能区域发展战略。因此，研究统筹五大功能区域文化建设具有重要意义。

一方面，这项研究具有重要理论价值。五大功能区域文化建设路径，因不同区域、不同条件、不同水平而异，且既非直线亦非循环，而是曲折的螺旋式统筹发展，是主观客观具体的历史的统一。统筹五大功能区域文化建设，要抓好文化人才“主体”整合，文化市场“载体”整合，文化资金“介体”整合，文化业态“客体”整合。本研究以重庆五大功能区域文化建设为着眼点和落脚点，通过对马克思主义统筹观理论的领会与融入，将“统筹理论”与“五大功能区域文化建设”进行双向对接和互证研究，是彰显研究针对性、学理支撑性乃至理论先导性的体现。

另一方面，这项研究具有重大实践意义。统筹区域文化建设并不是追求一种无差别的统筹境界，而是要对各功能区域进行因地因时制宜的有效管控，实现文化建设在点、线、面、体上的科学规划和合理布局。五大功能区域文化建设是目标定位统筹、过程实践统筹与结果评判统筹的有机结合，具有全局与局部的统一、共性与个性的统一、静态与动态的统一、先进与后发的统一、共建与共享的统一、强区与区强的统一等六个特征。因此，本研究旨在增强问题意识性、对策前瞻性、实践成效性，可为市委市政府制定有关文化政策提供重要依据，也可为五大功能区各级党委政府在解决文化建设相关现实问题时提供借鉴和参考。

一、大统筹——长江经济带战略下推动五大功能区域文化建设

第一，长江经济带文化产业发展指标体系建构。借鉴国内外文化产业发展评估的相关理论和经验，遵循科学性、系统性、公平性、可操作性原则，采用专家调查法确立权重，最终建构了一套长江经济带文化产业发展指标体系。一是文化产业发展硬实力。内含“文化市场经营机构营业利润”、“规模以上文化制造业企业营业利润”、“限额以上文化批发和零售业企业营业利润”、“重点服务业文化企业营业利润”、“文化产业增加值占 GDP 的比重”等 5 个指标。二是文化产业发展软实力。内含“人均受教育年限”、“世界遗产数”、“中国历史文化名镇数”、“中宣部‘五个一工程’获奖作品数”、“全国文化产业示范(试验)园区和产业示范基地净利润”、“国际旅游收入”等 6 个指标。三是文化产业发展潜实力。内含“文化及相关产业固定资产投资”、“人均文化事业费”、“科技 R&D 经费支出”、“文化消费与非文消费剩余比”、“对外、对港澳台文化演出活动项目数”等 5 个指标。

第二，重庆文化发展在长江经济带中的状况。限于数据统计的滞后性，故依据《中国统计年鉴(2013)》、《中国文化文物统计年鉴(2013)》、《中国文化及相关产业统计年鉴(2013)》、各地统计部门资料及相关文献搜集整理了长江经济带 11 省市文化产业发展有关指标的最新统计数据进行评估。长江经济带 11 省市文化产业发展不平衡，按综合指数(省域文化产业发展度)排序

基本可区分为四个梯队：一是由上海作为“龙头”的第1梯队，实力遥遥领先；二是由江苏、浙江、湖南构成“龙腰”的第2梯队，发展态势良好；三是由四川、重庆、安徽、云南构成的第3梯队，产业潜力待挖；四是由江西、湖北、贵州构成的第4梯队，处于垫底位次。显然，重庆的位次不佳，其“龙脊”地位有待争取和加紧确立。重庆文化产业基础较差，底子较薄，文化产业发展集约化程度较低，产业园区和产业链还不发达。低端生产、低层次服务的文化企业较多，高技术、前沿新兴企业较少；下游企业多，上游企业少；单一发展的多，多元化经营的少。2008~2015年光明日报社和经济日报社连续发布1~7届“全国文化企业30强”，重庆无名；而长江经济带一些兄弟省市已经走在了前列。重庆文化市场主体，无论国有文化集团还是民营文化企业实力都有待发展。需要进一步完善文化消费政策，促进重庆文化消费市场特别是农村文化消费市场的开发，由此激活“混合动力”。

第三，加强统筹，提升作为整体的重庆五大功能区域文化竞争力。一是用活用好政策，加快弥补短板。积极对接长江经济带建设国家战略，将相关发展理念、发展目标转化为重庆五大功能区域文化竞争力发展的“路线图”。加快健全有关“成渝经济区”文化产业增长极、“重庆统筹城乡综合改革试验区”文化产业一体化、“保税区”文化物流、“五大功能区域”文化园区等配套政策细则。帮扶和优惠政策要向渝东北生态涵养发展区特别是三峡库区、渝东南生态保护发展区特别是武陵山片区倾斜。二是立足要素禀赋，发挥比较优势。五大功能区域要积极发展企业主动型文化产业。向上海、江苏、浙江学习，壮大文化市场，“出江达洋”，培育有全球竞争力的规模文化企业，以期加强对外拓展强度方面的实力。扶持文化产业领域的国家级重点实验室和博士后科研工作站，加紧创建全国文化产业示范(试验)园区。保护、开放和运用好世界文化遗产、世界自然遗产和中国历史文化名镇资源。库区还可打造“库区文化产业圈”等，推出“环库文化旅游”。三是搞好资源整合，促进开放联动。以长江为名组建文化航母。建议联合四川、湖北、贵州等省份，在重庆五大功能区域择区组建“长江三峡文化旅游集团”、“长江影视集团”、“长江传媒集团”等。以立体化交通设施互联互通为基础，以建立“长江经济带文化产业行业协会”为支持，促进文化流、人才流、科技应用流、信息流、物流等的融合、流动。推动五大功能区域重点引进一批创新型、复合型、外向型、科技型文化人才，特别是大力引进“既懂人文，又懂科技”之才。整合重庆文化艺术节等11省市文化节会资源，打造“长江文化节”。建立长江经济带11省市分管领导高层协商决策机制，探索共建“长江文化带”。

二、中统筹——统筹五大功能区域公共文化服务建设和文化产业建设

(一)统筹五大功能区域公共文化服务建设

重庆是全国最大的统筹城乡试验区、重要的国家中心城市，是“一带一路”和长江经济带的枢纽城市，目前拥有渝中区(位于都市功能核心区)、北碚区(位于都市功能拓展区)、江津区(位于城市发展新区)、沙坪坝区(横跨都市功能核心区和都市功能拓展区)等国家公共文化服务体系示范建成区、示范创建区、示范申建区、标准化试点地区，着力推进重庆五大功能区公共文化服务建设路径创新无疑具有重要的典型性和示范性意义。

第一，五大功能区公共文化服务建设路径创新的理念。一是，正确导向是前提。应以社会主义核心价值观为引领，以“四个全面”战略布局为导航，体现服务内容先进性、形式大众性、本质公益性，全力推动积极向上的精神追求、健康文明的生活方式的形成，为推动“科学发展、富民兴渝”和五大功能区域发展战略增添正能量。二是，统筹兼顾是方法。要建立协调机制，统筹推进公共文化服务标准化、均等化、社会化、数字化、高效化及运行机制民主化、管理体系法治化建设。同时，差异化的区域发展格局，要求

政府公共服务实现多元化、便捷化和弹性化。三是,民生为本是核心。推进五大功能区公共文化服务建设路径创新,是保障和发展文化权益,满足市民群众新常态下文化需求的重要民生实事。应坚持经济民生与文化民生并重的理念,解决五大功能区最关注、最迫切、最需要的公共文化服务建设问题,以之惠民、乐众、育人。要不断提升公共文化服务效能,增强市民群众的获得感、满意度。四是,改革创新是旨趣。公共文化服务是一个要素与环节动态发展的领域,需要对其不断改革创新,方能与当下五大功能区市民群众日益增长的文化需求相适应。尤其要加快转变政府职能,改革管理体制机制,引入科技手段和平台,创造公共文化服务新内容与新形式。

第二,五大功能区公共文化服务建设路径创新的内容。一是,统筹推进五大功能区公共文化服务发展是重点。五大功能区城乡统筹是客观要求。在城镇化大潮中,各类资源要素加速向城市集中,相比较而言,农村的公共文化服务体系就显得比较薄弱,经费、设施、人员的配备捉襟见肘。应加强资源整合和互联互通,统筹五大功能区城乡公共文化设施布局、服务提供、队伍建设、资金融通,形成体系共构、服务共联、管理共治、消费共兴、协调共赢的新格局。利用流动图书馆、流动放映车、流动舞台车、流动展览、流动培训等形式,延伸农村公共文化服务的手臂。推进"结对子、种文化",形成以城带乡的常态化帮扶机制。在五大功能区中,城市发展新区是全市未来城镇化的主战场,要做推动城乡公共文化服务一体化的示范者。五大功能区区域统筹是重大突破。在五大功能区夯实公共文化服务点,连点成带(如轨道交通沿线文化带),跨带成圈("农村半小时"和"城镇一刻钟"文化服务圈),圈圈联动,辐射成网,促成文化流、信息流、人才流、科技流互联互通。都市功能核心区保护和开发好历史文化遗迹,集中展现重庆历史文化名城风貌。都市功能拓展区发挥全市科教中心优势,着力推动公共文化服务科技创新。城市发展新区是新兴之地,至关重要的是加强枢纽型、功能性、网络化重大文化基础设施的规划和建设。渝东北生态涵养发展区地处秦巴山连片特困地区、渝东南生态保护发展区地处武陵山连片特困地区,要按照定向扶贫、精准扶贫的要求,以数字文化建设、专技人才培养、流动文化服务、特殊群体扶助等为重点,有效实施一批公共文化扶贫项目。同时,促进区域对口帮扶,加大人才交流和资金、科技、项目支援力度。二是,加快五大功能区公共文化服务建设动力转换是热点。在外动力上要增强社会投入、大众消费双重拉动作用。鼓励和支持社会力量以投资或捐助设施设备、兴办实体、资助项目、赞助活动、提供产品和服务等方式扩大参与五大功能区公共文化服务建设。开展好公益性文艺活动,以兴趣爱好培养促消费需求提升。推动经营性文化设施向市民提供优惠的公益性文化服务,以此拉动更多需求增长。促进五大功能区公共文化服务与文化产业融合发展,开发衍生品,激活与公共文化服务相关联的教育培训、体育健身、演艺会展等潜力型消费及文化旅游业、文化制造业等融合型业态。在内动力上要强化体制改革和机制创新两大动力引擎。深化文化体制改革,加大五大功能区公益性文化事业单位改革力度,探索理事会治理模式,健全决策、执行和监督机制。应注重运行机制民主化、管理体系法治化,引导市民群众、企业和社会组织有序有效参与五大功能区公共文化服务项目规划、建设、管理和监督,形成多元联动格局。引入市场机制,让各类合格的文化社会组织以有偿服务的方式承接政府文化部门转移的事项工作。探索建立五大功能区公共文化服务建设协调机制。三是,加强优质高效的公共文化产品和服务供给是难点。丰富优秀公共文化产品供给是时代要求。强化五大功能区文艺创作的地位作用,以巴渝文化品牌为龙头,创作生产更丰富的文化产品。发挥五个一工程奖等国家级、市级奖励的导向作用,激励文化工作者创作生产更多精品。创新手法,将巴渝文化、抗战文化、红岩文化、三峡文化、渝东南少数民族文化传承融入五大功能区公共文化产品和服务供给。对接基层,开展优秀文化遗产、高雅艺术、文化精品进校园、进社区、进村寨行动。提升公共文化服务效能是群众呼唤。完善立体式反馈体系,实现“菜单式”、“订单式”服务供给,形成“送文化”、“种文化”、“长文化”三位一体范式。创新公共文化服务机构效能评估考核,更加重视公共职能作用发挥情况、群众满意度、社会参与度等指标,实现由重视“投入”的“绩”向重视“产出”的“效”和“治理”的“能”转变。

第三，五大功能区公共文化服务建设路径创新的重要保障。一是,壮大公共文化服务人才队伍是重要基础。着眼于提高服务意识、管理艺术、文化水平和专业技能,分类实施源头培养、骨干培养、后备干部培养、群众文艺人才培养、新进人员培训、在岗人员培训、志愿者培训,创新挂职锻炼、对口交流、脱产研修、集中培训、上门培训、网络培训、专题培训等方式方法。按照有进有出、盘活存量、优化结构、持证上岗等要求，对人才队伍进行动态调整。吸引西部志愿者、大学生村官、选调生扎根基层从事五大功能区公共文化服务工作。兼顾“入口关”、“出口关”，让愿干且能干的人有创新舞台和提升机会。二是,公共文化服务与科技融合发展是重要依托。依托北部新区国家级文化和科技融合示范基地,加强“管、产、学、研、用”多方协同创新。结合“云端计划”和“大数据行动计划”,推进“智慧城市”建设,加快推进五大功能区公共文化服务数字化建设。融合移动互联网、广播电视网、卫星网络、物联网等手段,推广数字智能终端、移动终端等载体,开拓数字出版、数字展演等平台,刷新公共文化产品和服务形态。三是,健全公共文化服务政策法规体系是重要保证。必须用好现有的文化政策、管理办法、文件通知、规定细则等,特别是贯彻好《中共中央办公厅、国务院办公厅印发〈关于加快构建现代公共文化服务体系的意见〉的通知》。要抓好顶层设计及配套政策举措落实，同时注意适时将五大功能区富有成效、可复制、可推广的公共文化服务政策上升为稳定制度、长效机制。加快出台《重庆市公共文化服务条例》等地方性法规,保障有法可依、依法治理。

(二)统筹五大功能区域文化产业建设

第一，突出以文旅融合为核心的产城融合升级。结合全市功能区域划分,按照以产兴城、以城聚产、产城互融要求,实现文化资源和旅游资源按地域相近、文脉相承、内涵相关、业态互补、特色各异的原则规划布局。推动渝中、江北、沙坪坝等的智慧文旅快速发展,加快将酉阳、巫山、铜梁、长寿、南川等打造为文旅强区(县),推动黔江小南海、彭水阿依河、石柱黄水、秀山边城等的文旅扶贫示范,在38个区县围绕各自资源打造差异化、特色化和有震撼力的景区。构建区域旅游市场一体化及“一心三带”产业集群范式,促进“巫(山)奉(节)巫(溪)”资源整合,推动“万(州)开(县)云(阳)”一体发展。

第二，引导以文化企业为主体的跨界融合升级。出台《重庆市关于推动国有文化企业把社会效益放在首位、实现社会效益和经济效益相统一的实施意见》。推进国有和民营文化企业在文化创意和设计服务与装备制造业、消费品工业、建筑业、信息业、农业和体育产业等行业的融合发展中发挥重要作用。按“基地(园区)+业态+项目”，在各功能区梯次构建跨界融合式错位发展的文化企业集群。都市功能核心区创建1~2家国家级文化产业示范园区(试验园区),积极打造总部集聚区和文化金融、文化产权交易中心；都市功能拓展区发展数字内容、软件开发、动漫游戏、创意设计、文体会展、文化教育等产业；城市发展新区规划建设文化制造业集聚区,形成以“非遗”、宗教文化等为特色的产业集群；渝东北生态涵养发展区建设有竞争力的文旅集团,形成以三峡文化、三国文化、巴人文化为特色的产业集群；渝东南生态保护发展区建设民族民俗民间文化产业示范基地。强化“抓大、扶小、带中”式培育,打造一批核心竞争力强的国有或国有控股骨干文化企业，使之成为文化市场的主导力量和文化产业的战略投资者。

推动2~3家文化企业上市。

第三，促进以混合动力为驱动的要素融合升级。生产上重视文化技术要素，拓展各区县“众创空间”，在北部新区国家级基地打造“文化+科技”创新驱动产业集群。消费上重视文化信息要素，鼓励重庆文化电商服务和培育重庆文化产权交易中心，出台鼓励文化消费的政策，实施票价补贴。投入上重视文化资本要素，创新PPP投融资拉动、股市融资推动、私募投资撬动，让资本市场改革为文化产业实体经济发展服务。出口上重视文化创意要素，增加笔电等出口产品的文化品牌含量，延伸价值链。

三、小统筹——统筹五大功能区域文化企业发展

建议将重庆市四届人大三次会议提出的“把做强经济硬实力与提升文化软实力有机结合起来，壮大各类文化市场主体”落到实处，以“智慧城市、文企振兴”为战略目标，以“科学规划、制度创新”为全盘抓手，以“统筹协同、资源整合”为系统驱动，在经济新常态下抢占先机、赢得主动，加紧把重庆打造成为文化企业强市。第一步，到2017年左右，完善相关法规政策体系，优化“五大功能区域”文化企业布局，打造“全国文化企业30强”1~2家，建成示范作用强、发展规模大、集约化程度高的国家级文化产业示范园区(试验园区)1~2家。第二步，到2020年左右，文化产业与相关产业深度融合发展，全市文化产业增加值占GDP比重达到5%，文化企业集群化、园区化和创新能力明显增强，全产业链效益大幅提高。第三步，到2025年左右，文化产业的支柱地位牢固确立，涌现出一大批龙头企业和专业化、精细化、特色化的中小文化企业，努力把重庆建设成为中国中西部领先、辐射全国、具有一定国际影响的智慧城市、文化企业强市。

第一，把握趋势，科学规划，明确方向性。宏观政策上，建议把握智慧城市趋势，深入实施信息化带动战略，出台《中共重庆市委、重庆市人民政府关于建设智慧城市、振兴文化企业的若干意见》。以信息化为重要抓手，强化文化产业与信息产业跨界融合，依托电子信息支柱产业及“国家数字出版基地”、“西部动漫之都”等有利条件，拓展大数据、云计算、人工智能等产业融合新业态，加快数字出版、动漫网游、新媒体、设计服务等重点文化行业发展，打造龙头企业，培育智慧型文化园区基地、产业链条，崛起智慧经济。战略规划上，建议将文化企业振兴纳入重庆“十三五”相关规划，并专门编制《五大功能区域文化企业发展“十三五”规划》，加快形成分工合理、重点突出、各具特色的空间布局，促进要素聚集与产业链分工协作，引导五大功能区文化企业特色化、差异化、集群化发展。都市功能核心区着力发展文化创意、文化金融业等；都市功能拓展区筹建“重庆文化保税区”，发展文化制造业、文化物流业等；城市发展新区融合“文化+科技”，打造合川钓鱼城示范园、大足影视基地等；渝东北生态涵养发展区融合“文化+旅游”，发展“五大功能区一日游”、“印象两江”、“绿色三峡”、“巴山夜雨”等智慧旅游；渝东南生态保护发展区着力建设生态民俗文化企业，搞好文企扶贫开发。

第二，统筹协调，整合资源，提升系统性。统筹协调上，建议实施“重庆文化企业振兴联席会议制度”，分管副市长任召集人，明确相关市级部门单位的统筹支持，对文化企业振兴工作进行宏观指导，提出实施方案、政策举措，协调解决项目安排等重大问题。要特别加强对五大功能区的政策措施统筹协调，以共性政策为主体，集中研究、制定和部署。资源整合上，从财税、土地、人才、投融资、工商管理、非公有资本进入等方面提出一揽子加快文化企业振兴政策，进一步集聚文化企业人才、信息、技术、资本等要素资源。发挥专项资金的引导、撬动作用，择优支持重大(重点)项目建设，扶持特色产业和龙头企业。建议参照“八大投”成立“重庆市文化产业投资公司”，加大对重点国企的投资。加快企业上市，创新市场化融资。组建具备综合功能的

"重庆市文化金融服务中心"、"重庆文化企业创业培训中心",为中小微企业、民营企业服好务。

第三,加快立法,创新机制,增强协调性。前瞻立法上,加快制定《重庆市文化产业促进条例》,涉企内容包括文化市场主体培育、体制机制创新、相关政策支持等。制度创新上可写入"支持PPP融资"等。考核评估上,将文企振兴工作纳入对区县、市级有关部门的考核;加强对文化企业主要经济指标的覆盖式动态统计;研究确定不同行业规模以上文化企业和中、小、微等不同类型文化企业的划定标准,出台《重庆市重点文化企业认定暂行办法》;建议市委宣传部牵头,依托重庆市企业联合会、市企业家协会等,评选"重庆文化企业30强"、"重庆文化企业家10佳"。宣传反馈上,探索建立市级部门、区县政府、产业组织、文化企业、宣传媒体等各类主体深度参与的宣传反馈体系。建议发布《重庆文化企业年度发展报告》;在市文委网站开设"重庆文化企业网";开通《重庆文化企业手机报》;开播《文化企业访谈》广电节目;编辑发行《重庆文化企业》内刊。

四、细统筹——加快释放五大功能区域文化科技融合发展的高精尖效应

重庆市委四届六次全会通过的决议要求"切实加强科技创新"、"推动文化大发展大繁荣,加快建设文化大市、文化强市",并强调"更加注重看潜力"、"加快转换发展动力","开拓进取"。显然,在经济发展新常态下,紧紧围绕潜实力、转化力、拓展力快释放五大功能区域文化科技融合发展的高精尖效应,很有必要。

第一,以潜实力为基础加快释放五大功能区域文化科技融合发展的高精尖效应。一是挖掘创意,激发文化创造活力。合川"钓鱼城"可进行古战场复原;奉节等地可发展"三国"文化产品;渝中等地可局部打造"民国风情片区";还可打造有重庆特点的"新丝绸之路文化"等。建议五大功能区域各地有关部门应积极推动相关资源、政策更多更有效地投入到文化创意产业发展的关键领域和薄弱环节,进一步做好检验检测认证、知识产权、设计咨询、文化金融、科学普及、企业孵化等方面的服务。例如,要给满怀创意的人提供优质创业培训,催生小微文创企业。依托重庆高新区、西永综合保税区和大学城等有利条件,加快建设长江上游地区的"文化创意之都"。二是用好科技,刷新文化形态业态。当前,重庆的集成电路、液晶面板、机器人、新材料、物联网、环保、新能源汽车等科技发展潜力巨大,新型手机、打印机、服务器、互联网设备、无线通信设备及配套产业链正在崛起,应加速融入文化因子,互融互渗,形成新兴产业,刷新文化形态业态。比如以西南师范大学出版社、《课堂内外》、《少年先锋报》、《世界儿童》和重庆视美动漫等企业为助力,加快重庆"国家数字出版基地"建设;充分利用重庆作为全球最大笔记本生产基地之一的优势,积极推进"电子书包工程";运用新能源汽车打造新型"流动舞台车"、"流动图书车"、"流动电影车"等。三是立足交叉,育造文化科技人才。建议重庆市科委、市科协、中科院重庆研究院、市科研院、市知识产权局以及有关科研院所和市文委、市社科联、市文联、市作协、市社科院、市委党校、市有关高校等联手实施"育造文化科技人才行动"。可依托市内开设新闻传播专业和传媒经济专业的高校,发展数字出版技术、经营和管理等相关专业。

第二,以转化力为关键加快释放五大功能区域文化科技融合发展的高精尖效应。一是从科到技,理论成果转化为实践成果。与发达省市相比,重庆仍然存在着科研投入占GDP比重较低、重大科研成果不多、科研成果产业化不足等问题。重庆应以成果转化为主轴,积极增加投入、扶持企业、打造产品、培育产业链、培养科技人才和技术团队、巩固科学研究开发创新平台。二是推陈出新,传统文化转化为时代文化。视觉上可欣赏三峡库区艺术珍品的LED、3D立体显示,"白鹤梁水下博物馆"等场馆及洪崖洞传统民俗风貌区的光影布景,"钓鱼城"古战场图像复原,按照《中华古籍总目·重庆卷》、《重庆市珍

贵古籍名录》依次开发系列电纸书等；听觉上可欣赏“白帝托孤”古音复原，长江三峡屈原、李白、杜甫、白居易古诗词配曲等。把大禹“三过其门而不入”、合川钓鱼城“上帝折鞭”等作为网络创意的重要源泉。提升“大足石刻”等优秀传统文化传播的数字化、网络化水平，在“川江号子”传统舞台表演艺术中强化现代道具、舞台、舞美、灯光、音响等。三是增量提质，文化温饱转化为文化小康。充分运用文化科技功能，使其在促进重庆“五大功能区域”全面形成城镇居民“15分钟文化圈”和农村居民“半小时文化圈”以及加快建设一大批特色文化广场、特色文化街区中发挥重要作用。加速将重庆南岸打造成西部地区规模最大、品种最全的“手机之都”。

第三，以拓展力为突破加快释放五大功能区域文化科技融合发展的高精尖效应。一是如虎添翼，建设现代公共文化服务。大力开展重庆市国家公共文化服务体系示范区（项目）创建工作。要加强渝东北、渝东南地区农村公共文化队伍的教育培训，强化现代化科学技术手段运用。可创新和完善重庆图书馆“在线图书馆”、重庆红岩革命历史博物馆（包括中国民主党派历史陈列馆、重庆红岩革命纪念馆、重庆歌乐山革命纪念馆）“在线博物馆”、重庆大剧院“在线剧院”和国泰艺术中心“在线艺术中心”等。二是要素重组，打造现代文化产业体系。支持重庆市专业化的文化创意和设计企业向专、精、特、新方向发展；积极培育重庆市外向型文化科技骨干企业。要着力推动文化产业从生产到流通到消费的全过程“科技武装”。在重庆两江新区扶持和建立一批在全国有影响的文化科技和艺术科学研究基地。要在融合发展的大潮中，使綦江农民版画、秀山花灯、万州竹琴、大足石雕、梁平三绝（灯戏、年画、竹帘）、荣昌折扇夏布、城口漆器等借力文化科技，焕发出新的生命力。

（作者单位：重庆社会科学院）

构建三峡旅游综合改革试验区总体方案研究

刘棣子

三峡库区肩负着保障国家生态安全和社会安全双重历史使命。从生态层面来看,三峡库区是我国影响范围最广泛、最深远的生态功能区。三峡水库常年蓄水400亿立方米,是我国最大的淡水资源战略库,是我国南水北调的重要水源地,是长江中下游及华北广大受益地区"水安全"的重要保障。三峡库区生态保护得好则功在千秋,利在当代,否则,将会造成难以估量和无法逆转的生态灾难。从社会层面看,三峡库区贫困人口多,移民比较集中,是我国社会矛盾多发易发地区。目前,重庆有贫困人口202万人,三峡重庆库区有9个国家级贫困县,贫困人口约占全市贫困人口的60%左右;有静态移民100万人,动态移民120万人,且90%以上是就地后靠安置。由于经济发展水平低,人地矛盾突出,库区群众就业和生计问题较为严峻,社会不和谐问题多发易发,对此,党中央国务院历来高度重视。因此,切实实现库区群众"安稳致富"目标,是三峡库区社会安全的重要保障。根据三峡库区资源、区位等条件,要肩负起生态安全和社会安全两大国家使命,在产业选择方向上,最适合发展生态旅游产业,最迫切需要设立旅游综合改革试验区,通过体制机制和政策创新,为推进生态旅游资源深度开发、产业能级快速提升注入新的动力和活力。

一、设立三峡旅游综合改革试验区意义重大

(一)发展旅游业是三峡库区肩负国家使命的战略选择

旅游产业是三峡库区保护生态环境,实现库区群众安稳致富,从而肩负起国家使命的战略选择。党的十八大报告提出"大力推进生态文明建设,努力建设美丽中国"。十八届三中全会也指出"紧紧围绕建设美丽中国,深化生态文明体制改革,加快建立生态文明制度,推动形成人与自然和谐发展的现代化建设新格局"。可见,生态文明建设已上升为国家战略。大力发展生态旅游业,既符合国家生态文明建设的总体要求,又符合《旅游质量发展纲要(2013~2020年)》中提出"重点整合提升和规划建设长江三峡旅游线路,打造具有国际影响力的国家旅游品牌",进而将长江三峡打造成为中国旅游升级版的发展需要。受主客观条件的限制,三峡库区并不适合进行大规模城镇化开发,工农业发展也面临着资源与市场的极大制约。发展生态旅游业不仅符合三峡库区的资源禀赋条件,而且是三峡旅游转型升级的重要方向。依托良好的生态环境条件和丰富的旅游资源发展生态旅游产业,带动地方餐饮、住宿、康乐养生、文化娱乐等服务业发展及土特产品出售,既能为当地居民提供大量就业机会,大大增加收入,促进库区群众安稳致富,同时,又能促进非农产业发展,充分挖掘和发挥一产业的观光、体验及社会文化功能,推进一产向二产特别是向三产业转变,缓解"靠山吃山"的传统生产、生活方式与保护生态环境之间的矛盾,大大减轻生态环境保护压力。

(二)设立三峡旅游综合改革实验区是三峡旅游产业提档升级的需要

近年来,三峡库区旅游产业呈现出快速发展态势,对保护生态环境、群众安稳致富的作用开始显现。但是,由于体制不顺、机制不活、政策创新不足,旅游产业的潜力远远没有发挥出来。主要表现为旅游资源深度开发不足,长江两侧

腹地乡村生态资源、民族风情、农耕文化等乡村旅游产品开发严重滞后。呈现出产品单一,以两岸传统景区、景点游览为主;旅游方式单一,仍以观光旅游为主，留不住人的老大难问题没有解决,整体上还没有跨越“走马观花”的“门票经济”粗放经营阶段;旅游产业对三峡库区相关产业的带动作用、对三峡库区县域经济发展全局的推动作用体现不充分，大部分区县旅游整体发展滞后;覆盖的就业及增收人口数量小,带动农村居民就业及增收主要集中在库区两岸为数不多的景区、景点周边。

存在这些问题的主要原因：一是旅游资源开发及管理体制不顺，由于管理多头，政出多门、推诿扯皮现象时有发生;景区、景点之间,景区景点与旅游企业之间、市级旅游开发企业与资源所在地区县政府之间协作机制和利益调节机制不健全,呈现出各自为战、分散经营格局;二是一体化旅游市场建设滞后，还没有形成统一的旅游招商引资政策、旅游服务技术规范及标准、旅游市场营销、旅游市场监管等市场规范和准则;三是旅游投融资体系有待进一步完善;四是旅游资源开发特别是乡村旅游开发、旅游扶贫开发还存在农村土地管理制度、资源要素评估制度、农村产权制度等一系列制度性障碍。因此,推进三峡库区旅游资源的深度开发,加快旅游产业提档升级，迫切需要设立旅游发展综合改革试验区,通过改革创新增添发展动力。

(三)三峡库区旅游综合改革对同类地区具有示范意义

从2011年开始,国家扶贫开发进入由解决温饱为主,转向巩固温饱成果、加快脱贫致富、保护生态环境、提高发展能力、缩小发展差距为主的新阶段。扶贫开发的重点集中在全国11个集中连片贫困地区和3个特殊政策片区。三峡库区腹心地带位于秦巴山区,全市14个国家贫困县有7个位于该片区,与其他10个连片贫困地区有很多共同特征:贫困人口集中连片,扶贫攻坚任务重;地处大石山区或石漠化地区,基础设施瓶颈制约突出;工业化、城镇化十分滞后,处于感性农业发展阶段；都面临保护生态环境和增加农民收入的双重任务;都具有原生态、民族风情、气候清新凉爽等资源优势,发展消夏纳凉、休闲、体验、养生的乡村旅游得天独厚。近年来，我市18个重点扶贫区县177个村发展了近10000户农户开展乡村旅游接待。据统计,2013年仅三峡重庆库区和渝东南地区，通过发展以农民为主体的乡村旅游接待户，累计接待游客达到606万余人次,旅游直接收入达到5.9亿余元,户均收入6万余元;旅游总收入达31亿余元,脱贫致富的效果十分明显。因此,三峡库区旅游综合改革试验，可以为国家新阶段扶贫开发重点区域提供经验和借鉴，具有十分广泛的示范意义。

(四)三峡库区具备旅游综合改革试验的基础和条件

一是三峡重庆库区旅游资源禀赋好，产业发展基础较好,产业发展潜力大,已初步形成涵盖吃、住、行、游、购、娱的完整产业体系;二是重庆市是全国唯一从省域层面推进统筹城乡综合配套改革的试验区，在重要领域和关键环节可以率先突破，破除制约经济社会发展的体制机制障碍，具有综合配套改革的实践基础，同时《中共重庆市委、重庆市人民政府关于科学划分功能区域、加快建设五大功能区的意见》提出要重点打造生态涵养发展区和生态保护发展区两大功能区，其中渝东北侧重于三峡库区的水源“涵养”,保护好三峡库区的青山绿水,肩负起长江上游重要生态屏障的责任；三是重庆市出台了一系列政策措施，在规范景区管理、市场开拓、依法治旅、诚信旅游建设等方面进行大胆探索和创新，积累了培育旅游支柱产业建设的经验;四是积极探索区域旅游合作,与湖北省签订了联手打造“长江三峡世界级旅游目的地”的“1+3”旅游经济合作协议,发布《长江三峡区域旅游合作宣言》，共同举办长江三峡国际旅游节,建立长江三峡联席会议制度,制定长江三峡旅游资源整合方案，达成了建立省市无障碍旅游区的共识,为进一步建立跨省区协作机制,强化跨区域旅游合作的组织协调、规划统筹、开发建设、宣传促销和开放市场方面奠定了基础。

二、设立三峡库区旅游综合改革试验区基本思路

(一)试验区范围及特点

1.试验区范围界定

按照国家三峡库区规划，三峡库区包括25个县级行政单元，其中，重庆21个区县，湖北省4个县(宜昌3个县，恩施1个县)。考虑到发展阶段的同一性、地理空间及资源特征的相似性、改革措施及政策的统一性等因素，建议三峡旅游综合改革试验区的空间划分和建设分两步走：第一步，设立示范区，将重庆市行政辖区内发展阶段和条件相近、同处重庆三峡旅游经济带的14个区县纳入，包括城口、巫山、巫溪、奉节、云阳、开县、万州、忠县、长寿、涪陵、丰都、石柱、梁平、垫江。第二步，条件成熟时，试验区空间范围可扩展到25个区县。

2.试验区的基本情况

按照第一步目标，示范区包括14个区县，幅员面积4.13万平方公里，占全市总面积的50.12%，中等城市2个，小城市12个。2012年，总人口1057.2万人，占全市总人口的36%，国内生产总值为2981.2亿元，占全市GDP的26.1%，一二三产业结构比例为13:52:35，人均GDP为25098元，年接待旅游人数5121.98万人次，旅游总收入292.97亿元，分别占第三产业增加值和GDP的27.7%、9.8%，按户籍人口计算，城镇化率为27.3%。

3.试验区的基本特征

一是地形地貌相似，以高山峡谷为主；二是综合交通建设严重滞后，远离大中城市目标市场；三是土地破碎，既不便于农业规模化集约化经营，又成为城镇和二三产业发展的制约瓶颈；四是地下资源优势不凸显，地上资源特别是农林特色资源具有同质性；五是总体处于工业化城镇化的初期，农业处于感性发展阶段，工业以资源型粗加工为主，三产以服务本地化的传统商贸服务业为主；六是区域内共有9个国家扶贫工作重点县，贫困人口数量大，扶贫攻坚任务重；七是生态旅游资源优势较明显，旅游产业发展基础较好。

(二)试验区战略定位

——全国生态文明建设示范区。充分发挥“长江三峡”品牌优势，坚持环境优先、生态保护、绿色发展的理念，推行资源节约型和环境友好型的发展方式，成为生态安全、产业发达、自然环境优美、经济与资源协调发展、人与自然和谐相处的生态文明建设示范区。

——中国旅游改革创新先行试验区。充分发挥旅游业的引领和带动作用，做大做强旅游产业，创新旅游与其他产业、库区与周边旅游融合发展模式，形成服务经济为主导、特色经济为支撑的现代产业结构，成为全国通过旅游创新发展带动产业升级和地区发展的先行区。

——世界一流的旅游目的地。充分发挥三峡得天独厚的自然风光和历史文化资源优势，按照国际通行的旅游服务标准，推进旅游要素转型升级，进一步完善旅游基础设施和服务设施，深度挖掘文化内涵，开发特色旅游产品，打造旅游精品，规范旅游市场秩序，建设成为世界一流的山水观光休闲度假旅游目的地和旅游集散地。

——产业融合发展示范区。充分利用旅游产业链条长、带动面广的作用，大力推进“农旅”、“商旅”融合发展，深度开发特色旅游产品，以旅游业为龙头逆向整合一二三产业，转变发展方式，优化产业结构，提升综合竞争力，把三峡库区建设成为产业融合发展的生态旅游示范区。

——旅游富民示范区。加强生态建设和环境保护，依托生态本底条件，推进库区纵深开发，发展以农户为主体，集观光、休闲、体验、养生为一体的特色乡村旅游，拓展农民就业渠道，鼓励农民创业，增加农民收入。

(三)发展目标

——从现在起到2016年，三峡旅游综合改革试验区建设全面推进，旅游服务功能进一步

提升。旅游基础设施及服务设施明显提升，旅游服务体系较为完备，初步建成在全国具有先进示范作用的生态旅游管理体制和公共服务体系，旅游产业竞争力和旅游市场认知度进一步提高。旅游总收入占地区生产总值比重超过20%，接待入境游客数继续保持全国领先。农业现代化水平明显提高，工业结构趋向合理，服务经济主导地位确立。生态环境明显改善，教育、卫生、文化、社会保障等社会事业均衡发展。

——2017~2020 年，三峡旅游综合改革试验区基本建成，成为世界一流山水观光休闲度假旅游目的地、国际旅游合作和文化交流的重要平台。交通条件全面优化，旅游服务设施、经营管理和服务水平与国际通行的旅游服务标准全面接轨，三峡生态旅游的国际知名度、美誉度大大提高，旅游总收入占地区生产总值比重超过25%。形成服务业为主体，现代农业、高技术产业、先进制造业协调融合发展的现代产业体系。城乡生态环境达到国际优良水准，可持续发展能力进一步增强。教育、卫生、文化、社会保障等社会事业全面发展。

三、三峡旅游综合改革试验区建设重点任务

深度开发和整合三峡库区生态旅游资源，加快建设旅游产品体系、旅游基础设施体系、旅游配套服务体系、智慧旅游体系、开放统一的市场体系、组织保障体系建设，打造旅游精品线路，做大做强生态旅游产业链，推进三峡库区旅游产业提档升级，增强旅游逆向整合一、二、三产业的功能和作用，促进三峡库区科学发展和谐发展。

(一)构建多层次多类型的旅游产品体系

以市场需求为导向，以满足不同层次的旅游消费为目标，优化提升长江一线，深度拓展库岸周边，大力发展旅游精品、特品和新品，进一步优化旅游产品结构，在稳定并提升游船观光传统业态的基础上，将旅游发展的重心转移到休闲游、陆地游上来，实现由过境观光为主向观光和休闲度假相结合的多层次、多类型的产品体系转变。

1.打造旅游产品体系

以“增 A 工程”为抓手，以 A 级景区、旅游度假区、特色旅游线路、旅游特色商品等为重点，打造一批满足不同层次、产品丰富多彩的特色旅游产品体系。一是依托瞿塘峡、巫峡和西陵峡以及小三峡、神女峰、神女溪、青龙瀑布、天坑地缝、红池坝等峡谷自然生态景观，进一步优化提升自然生态旅游产品。二是依托白鹤梁、丰都鬼城、石宝寨、张飞庙、白帝城、宁厂古镇等著名景区景点，充分挖掘三国文化、抗战文化、石刻考古文化、民族文化及宗教文化等三峡文化内涵，继承和发扬西南卡普、川江号子、傩戏等非物质文化遗产，提升三峡旅游文化底蕴。

2.优化提升邮轮游艇旅游精品

适应新时期旅游市场需求的变化，以及蓄水成库后原有部分景点淹没和新增 11 湖 14 岛的变化，大力培育邮轮游艇经济，提升邮轮旅游档次，加快老旧普通游船更新换代，支持高端游艇发展，推进三峡沿线游艇基地建设，形成顶级游轮集群，精心设计长江三峡沿线游、环湖游、环岛游、环城游等旅游产品线路，把长江三峡打造成为世界级内河邮轮游艇旅游目的地。

3.开发亲水运动旅游新品

依托石宝湖、万州湖、白帝湖、巫山湖等 11 个大的湖面和白帝岛、石宝岛、隍华岛等 14 个大型岛屿，开发游泳、滑水、划船、水上特技、摩托艇、皮划艇、赛艇、垂钓、水上跳亲水运动旅游，打造“长江三峡亲水运动之旅”新品牌。

4.做大做强节庆会展旅游

利用长江三峡国际旅游节、长江三峡国际红叶节、丰都鬼城庙会等知名节庆活动品牌，策划各种主题年活动，有针对性地开展旅游宣传营销活动，进一步提升节会影响力，积极申办国际国内重要会议，不断提高会展商务的服务水平。

5.开发科考探险旅游业态

发挥三峡独特的山地旅游资源优势，积极开发古生物、地质地貌、生物多样性等一批科技含量高、趣味性浓、参与性强、寓教于乐的科考科普型旅游产品，使三峡库区成为专家学者和学生科考及修学旅游的重要目的地。

6.大力发展乡村旅游

依托三峡库区农林特色资源及立体气候条件，大力发展以农户、农村专业合作社、股份合作社为乡村旅游开发的主体，以农家乐集群为主要业态的乡村旅游，开发以观光体验、生态休闲为主的乡村特色旅游产品，春赏花踏青、夏避暑纳凉、秋采果观叶、冬赏雪滑冰，唱响旅游四季歌，打造“美丽乡村”旅游目的地。

(二)围绕旅游线路优化旅游基础设施体系

随着三峡库区以渝宜高速、沪渝高速、渝利高铁、万州五桥机场、巫山神女机场、长江三峡黄金水道、大宁河干支流以及各区县之间的国道、省道等为主体的立体交通网络(高速公路、铁路、水路、航空、低空)形成，沿三峡两岸纵深2小时车程范围内大量世界罕见的景点更为通达，景区景点间交通瓶颈已基本打破，依托交通网络形成的旅游环线越织越多。

1.“长江三峡”国际黄金旅游线

丰都(名山)—忠县(石宝寨)—万州(青龙瀑布)—云阳(张飞庙)—奉节(白帝城、瞿塘峡、天坑地缝)—巫山(小三峡、巫峡)。用最舒适、最快捷的专业化邮轮、快艇装备这条国际旅游黄金线。

2. 三峡库区腹地沿长江走向的南北腹地两条主干特色旅游线

一是库区沿江北岸腹地西起垫江（牡丹花海)—梁平(双桂堂)—开县(刘伯承故居)—巫溪(红池坝、宁厂古镇)—长江三峡金三角区，这条腹地旅游线是集观光、览胜、休闲、科考于一体的特色旅游线。二是南岸腹地西起丰都（名山、双桂山)—石柱(黄水国家森林公园)—奉节(天坑地缝、白帝城、瞿塘峡)，这条骨干旅游线属于生态旅游和民族风情特色线。

3.两个“金三角”开放型黄金旅游线

一是“万州—开县—云阳”移民特色旅游区，主要是移民新城风貌观光旅游。二是“巫山—奉节—巫溪”生态旅游区。即奉节(白帝城、瞿塘峡、天坑地缝)—巫溪(红池坝、宁厂古镇)—巫山(小三峡、巫峡)，建立三者之间的水陆快速通道。

(三)完善旅游服务配套设施

依照旅游业总需求与总供给大体平衡、旅游基础设施适度超前的原则，进一步调整、完善、优化三峡旅游综合改革试验区的服务配套设施。

1.加快三级游客服务体系建设

在区域中心城市、旅游节点城镇、重要景区景点统一构建以旅游集散中心、游客服务中心、旅游咨询服务点为主体的多层次、多功能、全覆盖的三峡库区游客服务体系。

2.加快接待服务设施建设

扶持不同档次、规模的宾馆酒店等，形成布局合理、功能互补的包含星级饭店、经济型饭店、度假村、休闲公寓、乡村旅馆、青年旅舍、汽车旅馆、农家乐等多种类型的旅游住宿接待体系。打造一批旅游餐饮名店，推动餐饮文化与旅游活动的融合和升华，提升餐饮服务水平和档次。培育三峡特色品牌的美食街区和娱乐街区，与滨江夜游配套，打造内容健康丰富、品位较高、类型多样化的夜间旅游娱乐项目。

3.开发特色旅游产品，优化购物环境

一是进一步做大做强谭木匠、山神漆器、三峡绣、壹秋堂等三峡库区已有的特色旅游纪念品。二是深度开发基于三峡库区特色种养殖业的生态农业旅游产品。三是培育扶持开办购物中心、商业街、三峡奇石城、三峡民俗土特产商店等旅游特色购物街区。

(四)加快智慧旅游体系建设

以国家旅游局“智慧旅游年”建设为契机，加快信息化建设，提高旅游智能化水平。第一步，整合现有的旅游政务、景区、旅行社、酒店、交通、购物等旅游资讯资源，建立试验区统一的智慧旅游中央管理平台和旅游资源数据库，涵盖“吃、住、行、游、购、娱”等相关信息，帮助游客谋划最合理的行程并实现网上预订。第二步，在三星级以上酒店、A级以上景区建设开通无线宽带网、装配旅游信息触摸屏，在此基础上，逐步在所有的景区、宾馆饭店、机场、车站等公共场所建设开通无线宽带网、安装旅游信息触摸屏。第三步，逐步完善智慧旅游中央管理平台功能，建立起十个体系的子平台。包括旅游安全应急管理联动指挥平台、智能视频会议系统、面向基层的旅游政务网集群、目的地智慧营销系统、智慧导游系统、智慧导购系统、交易结算系统、统一服务热线、智慧景区管理系统和智慧行业管理系统。

(五)建立统一开放的旅游市场体系

三峡旅游综合改革试验区按照统一市场及一体化要求，推进规划、项目开发建设、服务体系及市场营销机制创新。打破行政区划限制和市场封闭分割的局面，推动形成统一开放、竞争有序的旅游市场体系。

1.统一规划、统一建设

一是统一规划。按照旅游规划与经济社会发展规划、土地利用规划、生态建设与环境保护规划及各专项规划有机结合的原则，科学合理地编制重庆三峡旅游综合改革试验区规划，突出前瞻性和可操作性，切实搞好旅游景区、景点、旅游线路、旅游基础设施、旅游接待设施布局。二是统一设施配套。统一构建以旅游集散中心、游客服务中心、旅游咨询服务点为主体的多层次、多功能、全覆盖的三峡库区游客服务体系；建立和完善三峡旅游基础设施及接待设施；统一三峡库区旅游标识；重大基础设施统一建设时序。

2.统一服务规范和监管

以游客满意度为基准，以安全、诚信为宗旨，以标准为抓手，以监管为手段，实施生态化服务，提升旅游服务质量。以人性化服务为方向，提升从业人员服务意识和服务水平；以品牌化为导向，鼓励专业化旅游管理公司推进品牌连锁，促进旅游服务创新和管理水平提升；以标准化为抓手，制定严格的三峡旅游示范区行业标准。以监管为手段，健全旅游质量监管体系，完善旅游质量监管机构，开展旅游联合执法，维护游客合法权益。

3.统一宣传营销

统一制定旅游宣传营销策略，策划实施旅游宣传营销推介活动，共同拓展国内外旅游市场，打造三峡旅游试验区整体旅游品牌和形象。

4.扩大旅游开放

以重庆建设内陆开高地为契机，探索旅游购物免税、退税、入境免签等制度。

5.建立与周边地区的协调互动合作机制

要深度开发三峡旅游，必须与相邻周边以“双赢”的原则加强合作，建立互动体系，与相邻的四川、贵州、陕西、湖北、湖南等区域以“双赢”的原则加强合作，建立互动体系。通过在旅游区内组建跨行政区划的、跨专业部门的旅游行业自治组织，以旅游产品线路为主轴建立区域骨干企业、风景区战略联盟等，从邻边地区整体旅游产业的发展角度规划，推出既符合市场要求又能具有互动机制的黄金旅游线，互为市场、互送客源，实现无障碍旅游，寻求多层次、多主题、多领域的合作。

(六)建立组织保障体系

1.设立三峡库区综合协调机构

为了统一部署、统筹推进各项改革，设立三峡库区旅游综合改革试验区管理协调机构，建立起统一领导、部门配合、责任明确、运转协调、权威高效的重庆三峡旅游综合改革试验区管理体制。

设立领导小组，由分管副市长任组长，市旅游局、发改委、建委、国土、规划、财政、税务、民宗委、农委、扶贫办、环保、工商、公安、交通等部门和14个区县行政一把手任小组成员。领导小组主要职能是审定旅游综合改革方案、布置并指导相关部门、各区县推进改革事项，审定试验区旅游产业发展总体规划及各专项规划，组织制定相关政策，协调各部门、各区县关系等。

领导小组下设办公室。办公室设在市旅游局，办公室主任由旅游局局长担任。办公室的主要职责是联系相关成员部门，上呈下达和处理领导小组日常事务。对于目前针对重点项目已经设立的临设机构，纳入领导小组统一管理。

2.加强领导，建立一把手负责制

一要加强组织领导。三峡库区各区县政府和市政府相关部门、单位要把旅游业放在重要位置，要形成一把手负总责、分管领导抓落实、各部门共同行动的旅游工作机制。二要形成发展合力。旅游发展领导小组各成员单位要各司其职，协同配合，整合力量，形成合力，实现跨行业、跨领域的协作，构建起政府主导，市场主体，部门协作，上下联动，广泛操作，齐抓共管的旅游产业发展格局。

四、推进试验区旅游管理体制机制创新

(一)加快旅游管理体制改革

1.推进旅游景区(景点)管理机制创新

一是进一步理顺资源管理体制。按照大部制的思路进一步理顺和归并林业、文化、宗教、市政及旅游主管部门职责，实行涉旅行政管理职能归口合并试点。在此基础上可采用委托或联合办公方式，实现一个窗口服务，简化管理审批程序，提高管理效能。二是建立综合执法队伍，统一进行旅游、文化、林业、卫生、公安等相关执法。

2.创新运行机制

建立旅游部门横向、纵向合作机制。旅游部门与文化、农业、商业、工业、体育、环保、林业、气象、金融等部门紧密合作，旅游产业与农业、文化产业、体育产业等相关产业相互融合，形成旅游产业融合发展大格局。

3.建立主管部门与旅游协会双重管理体制

积极推进三峡旅游协会及专业分会等旅游中介机构建设，建立健全协会运行机制及与政府、企业的双向沟通及自律机制，充分发挥桥梁纽带作用，提高行业自律水平。

(二)推进配套制度改革

1.加快农村土地制度改革

按照十八大三中全会关于建立城乡统一的建设用地市场等改革要求，创新农村建设用地管理制度，建立农村土地实物交易市场，对农村集中居住复耕节约出来的建设用地、农村空置的学校建设用地等直接进入实物交易市场，面向城市工商资本及城镇居民个人招拍挂。积极争取农民宅基地转让改革试点，允许和鼓励城镇居民个人与生态移民家庭按照股份合作等方式联合建房。

2.加快高山扶贫政策创新

试验区贫困人口数量大，贫困人口65%居住在高山深山地区，高山移民扶贫任务重，集中居住迁建数量大。在高山移民和集中迁建过程中，应提高农村集中居住迁建还房面积，由目前的30平方米扩大到50平方米，并适当放宽自建房面积，以增大经营性用房面积；加大市政环卫、停车场、水电讯等基础设施投入力度，并纳入公共财政支出范围，完善经营性配套功能。支持农户、专业合作社发展乡村旅游。

3.加快农村金融创新，构建新型农村金融服务体系

完善农村金融组织，建立功能全面、形式多样、渠道多元的农村金融组织体系。支持村镇银行发展，推动小额贷款公司向村镇银行方向发展。鼓励和支持发展农村资金互助合作社，鼓励和支持发展乡村旅游专业合作社或股份合作社。丰富农村贷款抵押物品种，将农村塘库堰承包经营权和集体建设用地使用权纳入抵押范围，实施“五权”抵押。积极开发农业保险品种。推广以动产、股权、商标专用权、大型农用生产设备、运输工具等作为抵(质)押物，探索在土地作物和农业订单作为抵押物。

4.推进农村产权制度改革，助推乡村旅游发展

一是扩大农村资源要素确权范围。除了耕地、林地和宅基地使用权之外，把荒坡地和溪河塘堰等要素纳入确权范围，由“三权”扩大到“五权”。二是变更权属，把农村小二型水库、农村撤乡建镇、自然村合并过程中空置的农村学校等土地及房屋资产确权到村集体，并量化到村民个人。通过改革增加农村资本存量，盘活农村要素，助推乡村旅游发展。

5.加快投融资创新，增强投融资能力

整合重庆市及三峡库区各区县涉及旅游开

发的种类投融资平台，按照现代企业制度的要求,设立三峡库区旅游投资集团公司,进一步盘活资产、资源存量,增强旅游资源开发的投融资能力。

6.加快乡村旅游经营制度创新

对以乡村旅游产业为依托的小片区开发项目,除了鼓励城镇居民合作开发建设、发展股份合作社之外,还应引入品牌酒店开展连锁、加盟等经营模式,或发展联盟经营模式,加快软件服务标准化、规范化建设,提升档次、做大规模、形成品牌。鼓励发展家庭农场和农村小微企业,并制定配套扶持政策。

7.探索建立生态补偿机制

把生态补偿纳入中央及市级财政预算,建立生态补偿基金,加大转移支付力度。解决生态效益外部化问题。

五、需要中央给予的支持政策

(一)支持试验区重大基础设施建设

争取中央加大财政专项转移支付力度,重点支持试验区沿江高速、沿江铁路、支线机场、旅游大环线等重大基础设施建设，优先支持重庆万州机场建设成为国际口岸,打造72小时过境免签政策出口通道。支持试验区探索政府引导性投资带动旅游基础设施和公共服务平台建设的投入机制。

(二)生态补偿政策

加大三峡后扶资金支持力度,提高支持生态旅游发展的比例;加强与国家国土、水利、建设、交通、林业等相关部委对接协调,优先支持三峡生态旅游项目建设。落实将三峡库区列入国家生态功能区转移支付范围政策，申请将巫山、巫溪、奉节、云阳、开县、万州、忠县、长寿、涪陵、丰都、石柱、梁平、垫江列为国家生态补偿县。争取三峡办对口支援三峡库区建立旅游开发生态补偿基金和生态质量保障基金，明确每年不低于20亿元用于支持发展三峡的生态旅游。落实各省市对口支援三峡生态旅游建设责任，在项目或资金方面给予大力支持，争取下游补偿资金中20%用于支持发展生态旅游。

(三)重大产业支持政策

认真落实国家各项产业发展政策，扶持试验区产业加快发展。积极争取国家在编制发展规划、布局重大项目时,针对试验区的特色优势给予倾斜支持。

(四)金融创新政策

支持试验区组建旅游产业投资基金、创业和风险投资基金。支持试验区与商业银行和政策性银行合作,建立完善信用担保体系,扩大银行信贷投入。支持试验区旅游企业上市,发行企业债券。

(五)土地政策

允许试验区在旅游开发用地和土地流转方面进行探索。支持试验区进行农村集体经营性建设用地、宅基地转让试点,鼓励试验区试点农村集体经营性建设用地实物交易。

(六)扶贫开发政策

三峡旅游综合改革试验区是我国贫困人口集中连片地区,扶贫攻坚任务重,应加大扶贫开发力度。一是把三峡库区列为全国旅游扶贫开发重点地区,改革现有的单一扶贫机制,支持三峡库区整体纳入国家旅游重点扶贫对象，开展生态旅游扶贫综合试点，探索生态旅游扶贫长效机制。二是设立三峡库区专项扶贫资金,每年安排至少20亿元用于重点支持三峡生态旅游扶贫项目建设。三是提高生态搬迁移民国家补贴标准,力争每年有一定的上浮比例。

(七)开展三峡豪华游船旅游保税购物或离境退税试点

建议由财政部牵头，给予三峡游船试行境外旅客购物离境退税和离境旅客免税购物政策。

(八)开展试验区土地政策改革试点

支持试验区进行农村经营性建设用地试点,创新农村建设用地管理制度,建立农村土地实物交易市场，对农村集中居住复耕节约出来的建设用地、农村空置的学校建设用地等直接进入实物交易市场，面向城市工商资本及城镇居民个人招拍挂。积极争取农民宅基地转让改革试点，允许和鼓励城镇居民个人与生态移民家庭按照股份合作等方式联合建房。允许试验区在乡村旅游开发用地方面进行探索，将农家乐视同经营性用地，可用于抵押贷款。

(九)支持举办国际性的体育赛事

支持库区举办环三峡或环库区的国际自行车赛、汽车拉力赛或摩托车拉力赛，吸引更多海内外客人到三峡旅游。

(十)把三峡整体形象宣传纳入国家驻外机构宣传常态工作

把长江三峡作为美丽中国的支柱名片，利用国家驻外机构加强三峡整体形象宣传，提升三峡国际旅游知名度和影响力。

(作者单位：重庆社会科学院)

第三编
经济与社会发展综述

2014 年重庆市经济社会发展概况

2014 年，面对错综复杂的国内外形势和艰巨繁重的改革发展稳定任务，重庆市委、市政府在党中央、国务院领导下，紧紧围绕“科学发展、富民兴渝”总任务，认真贯彻党中央、国务院“稳增长、促改革、调结构、惠民生、防风险”的重大决策部署，大力实施五大功能区域发展战略，全面深化改革，扩大开放，在新常态中奋发有为，统筹推进经济社会发展工作。全市经济社会呈现出平稳较快、稳中向好、民生改善的良好局面，全市生产总值实现 14265.40 亿元，增长 10.9%，增速居全国前列，人均 GDP 达到 7791 美元。

一、投资保持平稳增长，重大项目推进有力

在全国投资逐季下行背景下，全市投资增速一直保持在 18%。重点建设项目完成投资 3560 亿元，完工 28 个项目，新开工 95 个项目。投资结构持续优化，制造业投资增长 21.5%，占比提高 0.5 个百分点，其中汽车、电子、通用装备等产业投资增长 40%以上，房地产投资增长稳定在 20%以上。投资体制改革释放活力，私营个体、港澳台、外商投资快速增长，社会民间投资占比达到 56.3%，提高 3.6 个百分点。

能源交通基础设施建设提速。“千万千瓦”重点能源项目推进顺利，蟠龙抽水蓄能获得国家核准，石柱电厂、两江燃机等建成投产，全市新增电力装机容量近 300 万千瓦。加快天然气“县县通”工程建设，实现天然气长输管网建设 2229 公里，完成 40 万吨市级成品油应急储备。开工建设黔张常、渝怀二线涪陵至梅江段、重庆西站等项目，郑州至万州铁路、巫山机场、武隆机场等项目前期工作取得阶段性突破。轨道交通第一轮建设规划项目基本建成，轨道交通运营里程达到 202 公里，位居中西部第一，全国第四。高速公路通车里程达到 2400 公里，建成农村公路 11400 公里，果园港进港铁路建成投运，全市港口货运通过能力达到 1.7 亿吨。

水利工程项目进展顺利。金佛山大型水库主体开工，44 座重点水源工程有序推进，竣工验收和下闸蓄水中型水库 5 座。30 个大江大河治理工程有序施工，建成达标堤防 29 公里。解决 200 万人饮水安全问题。开工整治山坪塘 4.44 万口、完工 3.7 万口，累计新增恢复蓄水能力 7552 万立方米。开工建设中小河流治理项目 47 处、完工 43 处，新增恢复改善灌面 39 万亩。治理水土流失 485 平方公里。完成 150 座一般小(2)型病险水库除险加固工程。

二、三次产业协调发展，产业结构不断优化

新型工业化进程加快，第三产业增加值占比超过第二产业，三次产业结构进一步优化，调整为 7.4:45.8:46.8。

工业结构继续优化。全市工业总产值超过 2 万亿元，增长 14%。规模以上工业企业利润突破 1000 亿元，增长 30%以上。一般公共预算收入增长 13.9%，其中税收收入增长 15.2%，比重提高 1 个百分点。汽车、电子制造两大支柱产业产值增速均保持在 20%左右，对全市工业增长贡献率达 55%，占比提高 2.3 个百分点。医药、装备、建材、轻纺等行业逐步回升，结构调整效果显现。集成电路、页岩气等十大战略性新兴产业显露苗头。围绕“6+1”支柱产业和十大战略性新兴产业，加快推进产业核心项目，优化产业布局，长安福特三工厂、上汽通用五菱一期等一批项目建成，巴斯夫 MDI 主体工程完工。北汽现代 30 万辆整车及 30 万台发动机、汽车整车进口口岸、国家机器人检验检测中心、山东华创机器人等一批重大产业项目和公共服务平台落户重庆。调整优化生产性服务业，做大做强物流业支

撑工业化、新型城镇化加快发展,提出加快发展生产性服务业、完善城市配送体系、促进航空物流发展、建设重庆南彭贸易物流基地、长江危险化学品运输安全保障体系建设方案等一批政策措施,市级10大现代服务业项目完成投资263亿元、7个市级重点物流园区完成投资143亿元,加快推进化工商品交易中心、上期所铝金属交割库、重庆快件集散中心等重大项目前期工作。

服务业稳步发展。服务业增加值全年增长10%;其中金融业增加值增长12.3%,占地区生产总值比重8.6%,不良贷款率保持在0.45%的低位。货物运输量各月增速稳定在12%左右,江北机场旅客吞吐量达到2926万人次、增长15%。文化产业投资活跃,增加值增长13%。各类金融机构和创新型机构总数达1156家,新增185家。近10家区域性管理总部落户。新获跨境电子商务外汇支付、全国股转系统做市商、信贷资产流转平台等业务牌照。各类外资金融机构数量达108家,新增10家,西部第1。资本市场发展提速,新增上市企业6家、"新三板"挂牌企业18家,分居西部第1和第2位。要素市场"交易平台—电子商务平台—融资服务平台"三大综合服务功能开始显现,农畜交易所成功并购渝涪农副产品市场,农村土地交易所构建农村综合产权交易体系,股份转让中心提供企业综合金融服务。交易产品创新加快,启动碳排放权交易,新上线私募债权和私募股权、苎麻、高值医用耗材等品种,交易品种已有35类,初步形成资产、权益和商品合约三大交易板块。

农业生产形势稳定。粮食产量连续七年超过1100万吨,克服气候和自然灾害对小春粮食、水稻、玉米等生产的不利影响,及时调整种植结构,红薯、大豆和晚秋粮食产量均有增加。"菜篮子"有保障,蔬菜、蛋奶等量足价稳。农业产业化进程加快,新增家庭农场等新型农业经营主体2000多个,新增市级农业龙头企业178家。

三、内陆开放有新突破,外向型经济发展向好

大力推进渝新欧铁路口岸建设,形成铁空水三个交通枢纽、三个一类口岸、三个保税监管区的"三个三合一"内陆开放平台。进出口总额955亿美元、增长39%。加工贸易约570亿美元、增长70%以上,占比60%。推进跨境电子商务、保税商品展示交易、互联网云计算大数据产业、跨境结算和投融资便利化、保税贸易等专项工作,服务贸易达到131亿美元、增长25%。跨境人民币结算1602亿元,增长约1.3倍。

服务贸易专项工作顺利起步。全市渝新欧铁路口岸建设运行、跨境电子商务、保税商品展示交易、互联网云计算大数据产业、保税贸易、离跨境结算和投融资便利化"1+5"专项取得初步成果。"渝新欧"国际贸易通道进一步完善,在组织返程货源、开通国际邮运、开放铁路口岸、获批汽车整车进口口岸、设立铁路保税物流中心(B型)、班列提速降费等方面取得新突破。开通中欧铁路西线公共固定班列,成功开展重庆到哈萨克斯坦试运邮。整车口岸基础设施和监管设施通过国家验收,顺利完成"渝新欧"首趟进口汽车班列货源组织工作。跨境电子商务全面启动,建成跨境电商综合服务平台,打通业务全流程,试点企业不断增加。逐步拓展保税展示交易,保税展示交易中心实现交易额1.2亿美元,建成4.7万平方米保税展示交易中心,引进12000余种进口商品,解放碑保税区外延展平台开业。保税贸易方式不断创新,两路寸滩保税港区获批开展促进贸易多元化试点。互联网云计算大数据产业稳步推进,国家级互联网骨干直联点正式开通并试运营,互联网网间已具备1030G互联互通能力。跨境结算和投资便利化水平不断提升,全市跨境人民币结算量1602亿元。

开放平台建设加快推进。形成完善内陆开放体制机制总体方案。推动中新产业园项目选址重庆,完成《中国新加坡现代服务经济产业园总体方案》。启动江津工业园区升级为国家级开发区的工作。全市逐渐形成"1+2+7+36"(即两江新区,2个保税(港)区,7个经济技术开发区,36个市级园区)全方位、多层次的对外开放平台。

两江新区功能开发全面展开，汽车和电子信息产业基地基本成型，商贸、金融、物流、会展等现代服务业加速聚集。两路寸滩保税港区和西永综合保税区功能有新拓展，开展了进口商品保税展示交易、集散分拨维修、跨境电子商务、离岸金融结算等试点，服务贸易达到105亿美元，离岸金融结算突破800亿美元。

区域合作成效显著。围绕"一带一路"和长江经济带战略务实推进环渝毗邻地区合作、沿江合作和国际合作。全方位、多渠道、宽领域招商引资，实际利用外资106亿美元。提出31项渝川合作、28项渝黔合作重大事项，形成《2014年渝广(安)合作计划》，万州、涪陵、黔江和川、滇、黔17个地市(区)成员共推八个领域合作。推进与新加坡等国际合作，编制《重庆市与俄罗斯及伏尔加河沿岸联邦区合作工作方案》，45项重大项目和事项纳入5月普京总统访华时签订的《中俄两河流域经贸、人文合作路线图》，已签约或实施13项。

四、五大功能区域发展战略深入推进

深入推进五大功能区域发展战略，各区域、各区县着力推动特色发展、差异发展、协调发展，全市一体化科学发展的格局初步形成。

都市功能核心区服务业加快发展，第三产业增加值同比增长10.2%，第三产业增加值占比达到78%，远超全市平均水平，招商引资中80%以上集中于服务业领域；都市功能拓展区结构调整和转型升级步伐加快，GDP增长12.2%、工业增加值增长14.6%，全面领先其他区域，彰显全市经济"引擎"功能；城市发展新区工业化城镇化提速发展，GDP增长11.5%、固定资产投资增长21.5%、工业增加值增长12.5%、社零增长14.1%，均高于全市平均水平，特别是工业投资增长26.4%位居各区域之首，房地产开发投资增长24.8%，显示出工业化、城镇化提速发展的强大后劲；渝东北生态涵养发展区和渝东南生态保护发展区"面上保护、点上开发"并行并重，高山生态扶贫、搬迁扶贫和生态效益逐步发挥，全年完成搬迁15.6万人，特色旅游快速发展，渝东北和渝东南分别接待游客5368万和4915万人次，增长18.8%和22.5%，万州区、黔江区特色工业发展加快，工业增加值分别占渝东北和渝东南的40.5%和35.6%，成为这两个区域有力的经济支撑。

五、社会民生事业持续改善

始终坚持民生第一目标，兜底线、保基本、促均衡，民生整体质量和水平不断提升。

22件重点民生实事全面完成。完成投资215亿元，人民群众普遍关心、反响强烈的民生问题得到较好解决。更为重要的是建立了民生工作长效机制，不懈增强民生工作的针对性、实效性、可持续性，在全面提升民生整体水平的基础上，建立了重点民生实事滚动实施机制。

就业保持稳定。实施大学生就业促进和创业引领计划，年末高校应届毕业生就业率达到94.9%。扶持城镇就业困难人员就业创业，零就业家庭动态消除。回引农民工就业创业30.6万人。城镇新增就业65.3万人，城镇登记失业率保持在3.5%，比控制目标低0.5个百分点。

社会事业稳步发展。推动城乡教育均衡发展，初中毕业生升入高中阶段教育比例增至97%。实施农村薄弱学校改善计划，3442所中小学、57所普通高中办学条件得到改善。实施农村薄弱学校改善计划，3499所中小学办学条件得到改善，中小学校校舍标准化率达到83%。实施城乡居民大病保险，扩大城镇职工医保个人账户使用范围，39家试点区县公立医院取消药品加成。一批基层公共文化设施建成投用，新增文化企业近1万家，增长90.3%。

六、经济社会领域重点改革深入推进

年度133项重点改革任务全面推进，经济社会发展领域23项重点改革专项强力突破。投融资体制改革增强发展活力，出台《关于进一步深化投资体制改革的意见》，颁布内外资统一的企业投资项目核准和备案管理办法、企业境外投资项目核准和备案管理办法，修订企业核准目录，取消30项、下放53项核准事项，对核准目录外的企业投资全部改为全市统一网上备案，全年备案项目个数、总投资增长均超过25%，进一步激发活力。国企改革破解发展瓶颈，出台《关于进一步深化国资国企改革的意见》。出台PPP投融资模式改革实施方案，启动交通、市政、土地整治等13个项目、总金额约1300亿元。深化金融改革，消费金融、信用保证保险等机构改革加快推进，新获得跨境电子商务外汇支付、全国股转系统做市商、信贷资产流转平台等业务牌照，直接融资占比较年初提高3.2个百分点。设立产业引导股权投资基金增添发展动力，工业、农业、现代服务业、科技、文化、旅游业等六大产业基金募资127亿元。工商管理体制改革释放市场活力，登记前置审批从139项减至47项。开放型经济体制、财税体制、科技体制等改革不断深化，深化统筹城乡综合配套改革，稳步推进医疗、文化等社会民生领域改革，为经济社会发展破解瓶颈、增添动力、增强活力。

总体看，全市经济发展平稳向好的趋势没有改变，但也面临一些新情况新挑战。主要是：机制性矛盾和结构性问题叠加，一些长期问题和短期问题交织，宏观经济环境更趋复杂；增长方式仍较粗放，节能减排压力较大；行业发展不平衡，电子信息、汽车产业快速增长，但化工、冶金、有色等行业仍较困难，新兴产业亟需培育；政府债务管控与创新投融资模式需要有机统一；要素成本上升、创新能力不足、市场需求下降，部分企业经营困难；社会成员多样化诉求增加，社会管理难度加大。

为此，2015年要全面贯彻落实党的十八大、十八届三中、四中全会和中央经济工作会议精神，以邓小平理论、“三个代表”重要思想、科学发展观为指导，认真贯彻落实习近平总书记系列重要讲话精神，坚持稳中求进工作总基调，坚持以提高经济发展质量和效益为中心，主动适应经济发展新常态，加快转换发展动力，把转方式调结构放到更加重要位置，深入实施五大功能区域发展战略，更加注重稳增长和调结构转方式并举，更加注重改革推动和创新驱动并重，更加注重防控风险和改善民生并行，促进经济平稳健康发展和社会和谐稳定。力争2015年全市生产总值增长10%左右，一般公共预算收入增长12%左右；单位生产总值能耗下降1%，主要污染物减排达到国家约束性要求；城乡居民收入增长与经济发展同步，城镇登记失业率控制在4.5%以内，居民消费价格涨幅控制在3%左右。

（作者单位：重庆市发展和改革委员会）

2014年重庆市国有资产监督管理概述

隆洋

2014年，重庆市国有企业坚持稳中求进的总基调，积极稳妥推改革，务实创新谋发展，依法依规强监管，从严管党抓党建，勇挑重担惠民生，各项工作取得明显成效。

主要指标稳中向好。市属国有重点企业利润和税费实现两位数增长，增幅分别高于全国省级监管企业平均水平19.8个、9.2个百分点，其中利润总额297亿元，同比增长27.6%；上缴税费224亿元，同比增长13%；上交国有资本收益26.7亿元，同比增长6.3%。中央和外地在渝企业实现利润333.3亿元，同比增长42.2%；上缴税费307.8亿元，同比增长34.7%。区县属国有企业实现利润42亿元，同比增长13.7%；上缴税费38亿元，同比增长55.8%。

国企责任进中有为。国有企业带动全市经济增长，服务五大功能区域发展战略，在推动重大基础设施和公共服务设施项目建设、办好民生实事、带动非公经济发展、服务"三农"和中小微企业、保供稳价、维护稳定等方面作出了积极贡献。投融资企业完成全市重大基础设施建设投资810亿元。新增高速公路运营里程88公里，新增轨道运营里程30公里，完成21万户居民供水设施改造，公租房新开工453万平方米、新交付54415套，保障了16万低收入群众的居住需求。地方金融企业涉农贷款余额1500亿元，小微企业贷款余额1300亿元，"三权"抵押贷款余额207亿元，对中小企业和"三农"的担保余额821亿元。安全生产和信访稳定指标双下降，安全生产死亡事故起数同比下降44%，全系统受理群众信访件、人次同比分别下降45%和47.4%。

一、2014年运行状况

（一）因企施策稳增长

坚持"抓两头带中间"，分类施策，一企一策，拓市场、强管理、降成本，打赢了一场稳增长的攻坚战。21户市属国有重点企业、16户中央和外地在渝企业、9个区县属企业利润增速超过两位数。23户企业上榜"中国企业500强"、"中国服务企业500强"、"中国制造企业500强"。

（二）积极稳妥抓改革

坚持改革的正确方向，加强总体设计，强调依法依规，注重积极稳妥，推进国资国企改革稳步前行。市委、市政府出台《关于进一步深化国资国企改革的意见》，中央深改办、国务院国资委专门印发简报介绍了重庆做法。探索集团层面混合所有制改革、改制上市、基础设施PPP、设立股权投资基金、混合所有制企业员工持股"五条路径"发展混合所有制经济，面向社会资本推出110个开放项目，签约50个、金额1130亿元；启动两户企业集团层面混合所有制改革；川仪股份、燃气股份成功上市；渝富集团、地产集团、对外经贸集团等企业牵头组建了7支股权投资基金，规模超过150亿元；推出并签约1100亿元资产规模的PPP合作项目。启动了章程完善、董监事会换届、董监事专家库建设等规范法人治理结构工作，20户市属国有重点企业完成章程制定，20户市属国有重点企业设立了董事会专门委员会，142名专家学者进入董监事专家库，调研形成了进一步强化监事会独立性的方案。厂办大集体改革率先启动，进度加快。中央在渝企业33个"三供一业"项目进入改造移交。16户事业单位完成重新核定职能职责、重新分类或转企改革。

(三)创新驱动转方式

坚持创新驱动、业态推动、项目带动，落实“八个一批”，推动企业调结构转方式取得新进展。围绕五大功能区域发展战略，新布局了一批项目，总数139个，涉及21个集团、25个区县。结合业态调整升级，进入了电子商务、消费金融、融资租赁、商业保理等一批新领域，资本金达到50亿元。庆铃重型车及重型车发动机项目、机电康明斯大马力发动机项目、化医蛋氨酸宁夏基地项目、四联LED兰州基地项目等一批支柱产业项目投产或推进。直升机、机器人、页岩气、环保等一批战略性新兴产业加速培育成长。技术创新突破了一批“短板”，市属国有重点企业国内专利授权总量592项，国内专利发明授权量62项，国内商标核准授予总量272个，新增国家级工程技术中心2个，新增重庆名牌产品2个，新增博士后工作站1个。股权转让退出一批，公开转让竞争性企业股权80亿元。减幅缩链一批，注销了60户空壳公司，上百户企业管理层级得到缩减。

(四)强化监管提效率

坚持依法监管、依法治企，制发了《关于贯彻落实十八届四中全会和市委四届五次全会精神的实施意见》。着力监管的严肃性，充分运用市委巡视组巡视、企业负责人经济责任审计、企业财务审计、监事会监督检查成果，纠正处理了一批违反决策制度、违反监管规定的事项，督促企业健全完善了一批决策、投资、管理等内控制度。强化监管的科学性，注重企业规律和市场规律，管规则、管规划、管考核、管检查、管追责的监管思路更加清晰。探索推进以管资本为主的国资管理体制改革，提出分类监管方案。启动了渝富集团、地产集团改组国有资本投资公司试点。调增国有资本收益上缴比例，将竞争类国有独资公司收益上缴比例调增到20%。修订了企业领导人员经营业绩考核和薪酬管理办法，重视对净利润的考核和对企业增加创新研发费用的激励。将竞争类企业职工工资管理权限下放给集团公司。各区县国资监管机构积极发展混合所有制经济、加大国企重组整合、推动国资集中监管、推动国资规范管理等取得积极进展。

(五)管控并举防风险

着力投资风险、决策风险、财务风险、道德风险、安全稳定风险等风险管控，企业风险意识不断强化，风控措施不断加强，风险隐患逐步消除。逐户研究审定企业“三重一大”决策制度，覆盖面超过60%，防控决策风险有了新的遵循。从严管控超财务承受能力、过度依赖负债的投资项目，将项目可研执行情况纳入分析评价考核内容，对近五年投资项目启动了分析评价，企业投资冲动得到有效遏制。对项目投资、资产重组、产权转让、招投标等关键领域实施重点监督，启动专项审计和监事会专项检查，加大惩治腐败力度，道德风险、腐败隐患得到逐步消除。推动企业减负降债，强化“三项费用”管理，化解政府性债务826亿元，营业成本首次同比下降，管理费用、销售费用增幅首次出现同比下降，市属国有企业集团总体资产负债率稳定在合理可控区域。指导协调化解了阿波罗公司历史遗留等50余件重大法律纠纷案件风险。全面落实安全稳定“党政同责、一岗双责”，安全稳定形势逐年向好。

二、发展中存在的问题

一是发展方式不适应。多数竞争类企业仍处于传统产业，核心主业不强，自主创新能力弱，规模、市场、政策等传统优势在削弱，基于技术进步、产品升级、品牌溢价和商业模式变革的新优势尚未形成，对互联网大数据技术带来的冲击应对不得法，从生产型制造向服务型制造、产品型竞争向平台型竞争转变缓慢。二是结构调整任务艰巨。多数市属工商企业资本布局在传统领域，特别是钢铁、化工、煤炭等重资产行业，市场竞争激烈，产能过剩加剧，调整转型非常急迫。三是体制机制还比较僵化。部分企业行政色彩比较浓，内部改革滞后，管理机构和人员臃肿，未建立起管理人员能上能下、员工能进能出、收入能增能减的机制。法人治理结构不完善,缺乏有效的权力制衡机制。四是风险控制能力不强。部分企业盲目投资仍然存在,部分处于产能过剩的企业还在进行低水平重复建设。少数企业降本增效措施不到位,跑冒漏滴现象依然严重。五是"走出去"还有较大差距。不少企业对国际通行的经贸规则不熟悉,对投资标的所在国的法律、文化了解不够,加上企业自身缺乏比肩国际同行业企业的核心竞争力,经营管理水平不高,导致企业在"走出去"参与国际竞争时面临诸多困难。个别企业境外资产监管不到位,在项目论证、过程管理、成本核算等方面存在薄弱环节。

三、2015 年的重点工作

(一)全力以赴稳增长提效益

坚持分类指导、一企一策,加大考核力度,强化协调服务,帮助企业渡难关。企业之间要更加注重协同发展,在信息共享、平台共用、产品配套、市场协作、优势互补上深度挖潜。各企业要下功夫提高市场占有率、下决心降本节支、花力气培育新的增长点。

(二)着力发展谋改革抓改革

一要编制重庆市国资国企改革 2014~2020 年实施规划。二要深入开展集团层面混合所有制改革试点、基础设施建设投融资 PPP 模式试点、改组国有资本投资运营公司试点、规范董事会建设试点、中长期激励计划试点、深化企业办社会职能剥离移交试点等 6 项试点。三要持续推进国企上市。积极对接注册制改革,充分利用境外境内资本市场,加快上市资源培育。四要加快转换经营机制。着力解决"管理人员能上不能下、员工能进不能出、收入能增不能减"的问题。五要扎实推进专项改革。力争完成事业单位的转企工作;过半的厂办大集体改为公司制企业或关闭注销;"三供一业"分离移交、国有企业棚户区改造达到国务院国资委和市委、市政府的进度要求。

(三)务实推动调结构转方式

一要加大调整重组力度。按照行业相关、业态相近、规模经济和有利于提高企业竞争力、抗风险能力的原则,加快国有资产优化整合,采取同类合并、兼并重组、关联集中等方式,归集资源,推动国有资源向基础产业和优势产业集聚,向产业的龙头企业集中,向企业的主业倾斜,形成合理的产业集中度。二要积极发展战略新兴产业和现代服务业。要以科技和信息化为支撑,积极发展集成电路、液晶面板、MDI、页岩气、生物医药、节能环保、智能机器人等战略性新兴产业,金融业、现代流通业以及健康养老、旅游等现代服务业。三要加快淘汰落后产能,处置不良资产。下决心淘汰一批低端过剩产能,进一步收缩退出低效无效和不具备竞争优势的业务领域。

(四)创新驱动转动力促升级

一要推动全员创新。把创新作为企业全员的共同事业。树立抓创新就是抓生存、抓发展的理念。二要坚持市场引领,以市场需求确定创新领域。三要健全体制机制。健全以管理创新为基础,科技创新与商业模式创新互动的分类指导体系。建立以市场需求引领创新的推动机制,健全创新容错机制和激励机制,建立国有资本经营预算对企业创新的支撑机制。四要加强创新人才队伍建设。依托重点工程和重大科技专项加快培养创新人才,面向国际国内,引进一批高层次创新型科技人才,培育一批骨干创新型团队。

(五)严管严控治隐患防风险

一是制度规范和执行要到位。"三重一大"决策制度必须进一步细化落实到位,对职务待遇、业务支出、薪酬管理规范必须到位,对班子成员包括退休班子成员与下属企业(含境外子企业)班子成员的管理规范必须到位。二是决策和操作程序要到位。重大投资项目的酝酿、论证、决策、实施、后评估必须完整规范。三是监督体系要到位。保障和支持审计、纪检监察、监事会依法独立实施监督权,形成监督合力。切实加大审计工作力度,努力实现审计工作全覆盖。四是风险化解要到位。高度重视并解决部分企业高负债、超财务承受能力、违背监管程序、"走出去"盲目投资等行为可能发生各种纠纷和风险。

（六）依法依规强监管治企业

一是在体制机制上，要重点在完善以管资本为主的国资监管体制改革、建立公司章程治理机制上着力。二是在制度建设上，要以聚焦监管内容、调整监管方式、提高监管效率为重点。修订完善重大投资、履职待遇、业务支出、责任追究等方面的管理办法。三是在操作执行上，重点是抓好落实。切实加强对权力的监督制约，着力打造企业法治文化，落实法制工作五年规划，推动监管于法可依、改革于法有据、发展依法保障，使法治精神、法治思维、法治方式和法治力量成为国资监管和国企改革发展的新常态。

（七）服务全局敢担当善作为

结合"十三五"规划的编制，对五大功能区域国资布局开展专题调研，对进一步优化布局提出意见。国有企业围绕重大基础设施建设、产业项目布局、生产力要素配置、棚户区改造等通盘规划，担当主力，主动作为，重点处理好市场化进入与国企担当、存量调整与增量进入、项目支持与要素支持的关系。

（八）落实责任抓安全保稳定

以平安重庆建设统领国企安全生产和信访稳定工作，严格落实工作责任，加强安全生产管理，强化源头治理。高度关注新常态下的信访稳定新情况新变化新趋势，加大领导包案解决疑难信访问题的力度，切实推进依法信访、逐级信访、网上信访，着力化解疑案、防止新案、严控非访、杜绝集访。

（作者单位：重庆市国有资产监督管理委员会）

2014年重庆市经济社会热点问题扫描

傅小龙

2014年，在国际经济形势严峻复杂、国内经济下行压力加大的背景下，重庆自觉贯彻党中央、国务院决策部署，坚持稳中求进工作总基调，围绕“科学发展、富民兴渝”总任务，大力实施五大功能区域发展战略，统筹推进稳增长、调结构、促改革、惠民生、防风险，采取了一系列既利当前又惠长远的务实举措，全市经济社会继续保持了持续、快速、健康发展的良好态势。

一、2014年重庆经济发展回顾

2014年，全市地区生产总值达到14265亿元，增长10.9%，增速跃居全国第一。同时，总体经济结构呈现四个特点。一是动力结构更趋协调。三驾马车协同发力，投资、消费、进出口分别增长18%、13%、39%。二是产业结构更趋优化。第三产业增加值占比超过第二产业，三次产业结构比为7.4:45.8:46.8。汽车、电子信息智能终端等支柱产业增长快于一般工业，金融、服务贸易等现代服务业增长快于一般服务业。三是投资结构更趋合理。工业、基础设施、房地产投资分别占31.5%、25%、25%左右，为长远发展积蓄了后劲。四是效益结构持续改善。规模以上工业利润突破1000亿元，一般公共预算收入1992亿元，分别增长30%、13.9%；城乡常住居民人均可支配收入分别增长了9%和11.5%。具体看，有六大亮点：

一是五大功能区域协调发展机制初步形成。相继出台了产业布局、财政扶持、生态环保、考核评价等分类扶持、差别约束的配套措施，全市特色差异发展、联动协同发展、资源优化配置的机制初步形成。都市功能核心区产业升级加快，服务业增加值占比超过了70%。都市功能拓展区一马当先，以12.2%的GDP增速领跑全市，重点片区开发推进迅速。城市发展新区加速扩容，重大基础设施建设规划启动实施，工业投资增速全市最高，发展动力强劲。渝东北、渝东南旅游经济、特色产业快速发展，生态涵养和生态保护功能得到有效加强。

二是内陆开放高地建设提速推进。主动对接“一带一路”战略和长江经济带建设，着力打造大通道、大通关、大平台，加快建设内陆开放高地，形成了航空、铁路、内河港口三大交通枢纽、三个国家一类口岸以及与之配套的三个保税区的“三个三合一”对外开放新格局，全市利用外资106亿美元，进出口总额达到955亿美元。渝新欧公共班列开行130班，增长1.9倍，运输货值占整个中欧班列80%，并在设立进口整车口岸、组织返程货源、开通国际货邮、设立铁路保护区、班列提速降费等方面取得新突破。加强与全国口岸通关协作，推动重庆关区内“就近报关、口岸验放”试点。两路寸滩保税港区获准开展贸易多元化试点，设立进境水果和肉类指定口岸。两江新区先进制造业和现代服务业加速集聚，生产总值达到1861亿元。两路寸滩保税港区和西永综合保税区实现进出口680亿美元，占全市72%。

三是产业优化升级步伐加快。工业方面，汽车和智能终端两大支柱产业集群全面发力，全年汽车产量达到263万辆，占全国11%，总量居全国第一；智能终端达到2亿台件，成为全球最大的笔电生产基地。为培育未来支柱产业，增强工业发展后劲，锁定并布局了电子核心部件、物联网、机器人及智能装备、石墨烯及新材料、高端交通装备、新能源汽车及智能汽车、MDI化工、页岩气、生物医药、环保等10大战略性新兴产业，实施了一批重大项目，助推工业总产值突破2万亿元,增长14%。服务业方面,新兴服务业和传统服务业并肩发展。启动实施了跨境电子商务、保税商品展示交易、保税贸易、大数据云计算、跨境结算等五大新型服务贸易,形成了新增长点。其中,电子商务交易额达到4500亿元,电子商务离岸结算、跨境人民币结算分别达到824亿美元和1602亿元,助推全年服务贸易额达到824亿美元,增长25%。金融业增加值占比提高到8.6%,各类金融机构加速集聚,资产规模超过3.8万亿元,银行业不良贷款率控制在0.45%的低位。都市区“1+16”核心商圈和专业市场体系逐步完善,百亿级商圈和市场分别增至10个和15个。旅游业新增4A级景区14处,旅游总收入和入境游人次分别增长13.1%、8.9%。

四是重点领域改革取得较大进展。按照十八届三中全会要求,有序推进25项重点改革专项和133项重要改革任务。加快投融资改革,在高速公路、轨道交通、市政供水等基础设施领域,启动了1300亿元PPP项目,不仅撬动了社会资本进入基础设施领域,支撑了全市18%投资的增长,还助推减少政府性债务1016亿元。改革财政资金补贴方式,变财政资金分配由“补”改“投”,创设了6支产业引导股权投资基金,重点投向工业、农业、现代服务业、科技、文化、旅游6大领域,并放大财政资金引导效应,募集百亿社会资金为实体经济输血。大力发展混合所有制,国资项目向社会转让股权1100多亿元,推动川仪股份、重庆燃气等5家企业成功上市、22家企业在新三板挂牌。努力构建全牌照金融机构体系,金融租赁、消费金融、第三方支付等12家新型金融机构获准设立。推进农村集体资产量化确权、土地收益保证贷款等改革试点,农村要素改革迈出新步伐。完善小微企业扶持机制,实行工商登记“先照后证”等改革,新设立企业同比增长近30%,全市市场主体达到172万户。

五是城乡发展呈现新面貌。主城水陆空综合交通枢纽功能更加完善。港口集装箱吞吐量、货运量分别达到100万标箱、1.5亿吨。渝黔铁路货运专线建成通车,渝怀二线、黔张常铁路顺利开工,铁路在建里程达到1000公里。第三个千公里高速公路建设计划加快实施,通车里程达到2400公里。江北国际机场旅客吞吐量、货邮量分别增加到2926万人次、30万吨。都市商务集聚区建设顺利推进,悦来新城、中央公园、龙洲湾等片区开发展示新形象。新增一批桥梁隧道,城市轨道通车里程超过200公里。乡村公路建设进一步加快,建成行政村通畅公路7400公里,撤并村通达公路4000公里,符合条件的行政村提前实现客运通达目标。推进美丽乡村建设,完成650个行政村环境集中连片整治。加快库区发展,实施三峡后续项目1800多个,累计建成94个生态农业、生态工业、商贸服务和旅游项目。累计完成生态屏障区造林255万亩,发展生态渔场3万亩。

六是民生和社会事业持续改善。始终把保障和改善民生、发展社会事业放在重要位置,促进社会和谐。全面完成22件重点民生实事年度任务。推动城乡教育均衡发展,实施农村薄弱学校改善计划,改善了近3500所中小学办学条件,中小学校舍标准化率达到83%。启动了公立医院药品零差率改革,39家试点区县公立医院取消了药品加成。出台支持社会办医的相关措施,促进民营医院发展,民营医院床位占比达到20.4%。健全养老保险缴费激励、转移接续等机制,提高了城乡低保、城市三无、农村五保等救助标准。实现450个贫困村整村脱贫,减少贫困人口36万人。新建成公租房7.5万套,改造城市棚户区136万平方米、农村危旧房8万户。促进创业就业,实施了大学生就业促进和创业引领计划,高校应届毕业生就业率达到95%,回引农民工就业创业30.6万人。

二、发展中存在的问题

重庆发展既面临长期矛盾,也存在短期问题,两者相互交织。从长期看,重庆还处于欠发达阶段,属于欠发达地区,处在四个关键节点,城乡区域发展不平衡、基础设施不完善、社会事业发展滞后、资源环境约束趋紧等问题和矛盾长期存在。

从短期看,还出现了一些新情况、新问题。一是经济下行压力依然较大,项目引进竞争加剧,消费热点不多,外需增长遭遇外部压力。二是实体经济面临不少困难,工业品出厂价格下降,融资和劳动力成本上升,民营经济和小微企业发展瓶颈亟待突破,做大总量与调优结构对产业发展形成双重压力。三是科技创新能力不足、投入不够、人才缺乏等问题较为突出,科技成果转化能力较弱,自主知识产权和自主品牌不多。四是财政收入增速趋缓和民生刚需增加的矛盾较为突出,就业、社保、教育、医疗、文化体育、食品药品安全、社会治安、安全生产、生态环保等领域发展任重道远。

三、2015年重庆发展展望

2015年是重庆全面深化改革的关键之年,也是全面完成"十二五"规划的收官之年。世界经济仍处在国际金融危机后的深度调整期,经济走势可能略有回升,但整体复苏的疲弱态势难有明显改观。中国仍处于可以大有作为的重要战略机遇期,经济发展进入新常态,总体向好的基本面没有改变,但经济下行压力依然较大。重庆处在"一带一路"和长江经济带的战略节点,建设长江上游经济中心、国家中心城市和内陆开放高地,既拥有众多机遇,也面临不少挑战。

重庆将继续坚持稳中求进工作总基调,坚持以提高经济发展质量和效益为中心,主动适应经济发展新常态,加快转换发展动力,把转方式调结构放到更加重要位置,深入实施五大功能区域发展战略,统筹推进新型工业化、信息化、城镇化、农业现代化,强化改革、开放和创新三大动力支撑,着力保障和改善民生,加强风险防控,全面推进依法治市,促进经济平稳健康发展和社会和谐稳定。

力争实现以下目标:全市生产总值增长10%左右。工业增加值增长12%左右。社会消费品零售总额增长12%左右,固定资产投资和进出口总额均增长16%左右。单位生产总值能耗和碳排放均下降1%,主要污染物减排达到国家约束性要求。一般公共预算收入增长12%左右。城镇新增就业60万人以上,城镇登记失业率控制在4.5%以内。城乡居民收入增长与经济发展同步。居民消费价格涨幅控制在3%左右。

(作者单位:重庆市人民政府研究室)

第四编
部门经济运行与管理

质量技术监督

刘建军

一、2014 年工作回顾

2014 年，面对经济下行的巨大压力、艰巨繁重的改革发展稳定任务，全市质监系统在市委、市政府和国家质检总局的正确领导下，坚定信心，克难奋进，紧紧围绕“科学发展、富民兴渝”总任务，大力推进实施质量强市战略，严格质监领域安全监管，全面深化服务型质监建设，以改革创新精神抓质量、保安全、惠民生、强质监，质监服务全市经济持续发展和社会和谐稳定的作用得到进一步增强，各项工作取得明显成效。

(一)构建“大质量”格局取得积极进展

抢抓国务院对省级政府开展质量工作考核和首届中国质量大会召开的重大机遇，市政府召开重庆质量大会，市长质量管理奖纳入市委、市政府常设奖项，质量工作纳入对区县政府考核，市级部门质量工作联席会议重新恢复。核实推进《贯彻质量发展纲要加快质量强市建设行动计划》，市政府印发了《重庆市计量发展规划》；接受国务院对市政府首次质量工作考核，受到考核组高度评价；以“三无”老旧住宅电梯改造更新为契机，健全电梯安全监管部门协作机制，联合 30 个市级部门开展“质量月”活动，与工商等市级部门开展企业质量信用数据交换和信息共享，精心组织重庆名牌产品评价，2014 年全市新增重庆名牌产品 237 个、重庆知名产品 50 个；成功承办第十届泛珠三角区域质监合作局长联席会议，10 个省区市质监局共同签署了《泛珠三角区域质量协同发展重庆宣言》，开启了新十年区域质量合作发展之旅。积极推动区县政府加强质量工作，14 个区县启动区(县)长质量管理奖评选，38 个区县累计召开质量工作联席会议 105 次。《重庆市产品质量条例》于 2014 年 8 月 1 日通过市人大常委会审议（2015 年 1 月 1 日起正式实施），各级政府及其部门、社会组织和市场主体的质量安全责任进一步明确。

(二)助推经济转型发展务实有效

围绕五大功能区域协调发展，制定 38 个区县技术标准战略差异化指引和重点标准化项目库，渝北、北部新区、南岸、武隆、沙坪坝、江津、城口等区县积极创建全国质量强市示范城市、知名品牌示范区和有机产品认证示范区县，区县局实施 17 个国家级综合农业标准化示范项目、18 个服务业标准化示范项目、13 个认证特色项目，培育 10 家企业获得低碳产品认证。围绕提升全市主导产业质量水平和内陆开放，组织开展“6+1”支柱产业检测保障能力调研，深化与市机电集团战略合作，对 118 家纳入全国万家企业节能低碳行动重点用能企业进行能源计量审查，组织秋田齿轮等 5 家企业推行质量成本控制试点，会同沙坪坝区推进“渝新欧”物流标准化，协同市科委持续推进“科技标准产业”同步发展促进二期行动，联合市经信委、市科委在汽车摩托车及零部件企业推行供应商管理，联合公安、商委等部门开展重点领域计量专项整治，高效完成整车汽车进口口岸检测线资格许可验收。积极引导企业采用先进标准组织生产和加强关键环节质量管理，着力夯实质量基础，全系统累计举办专题培训班 287 个，指导 402 家企业开展群众性质量改进活动、312 家企业开展标准化良好行为创建，帮扶 467 家小微企业健全质量管理体系。全年全市新增国际标准 9 项、国家和行业标准 52 项、地方标准50 项，备案企业产品标准 1889 个；重庆市制造业质量竞争力指数达到 84.52，高出全国平均水平 1.38，连续 9 年位居全国前列、西部第一。

(三)质监领域安全监管保障有力

大力实施重点消费品分类分级监管，探索推行食品相关产品、服装等产品摇号抽查和汽摩配件"终端"抽查,加大监督抽查公告力度,发布质量公告30期；对11种重点消费品实施风险监测,对9家不合格企业实施质量约谈,完成1180件不合格产品后处理工作。全年抽查工业产品21678批次，合格率达94.23%，同比上升0.19个百分点。加强《特种设备安全法》宣贯,与近300家特种设备重点企业负责人开展谈心对话活动,组织开展应急救援演练,对全市896家企业开展安全标准化达标活动;持续开展"打非治违"、"六打六治"等专项行动,排查一般隐患2546项、整改率96%,重点场所、重点监控特种设备现场监察率100%,特种设备万台事故起数和死亡人数远低于国家和市控指标。大力开展"质监利剑"行动,稳步推进行政执法案件信息公开,加强"两法"衔接,严厉打击质量安全违法行为，全系统共查处各类质量违法案件5868件,立案处罚2601件,查获假冒伪劣产品货值金额1.8亿元。加强煤矿在用强检计量器具、机动车安检机构、烟花爆竹质量安全监管,全市质监监管领域形势整体平稳,没有发生系统性、区域性、行业性质量安全事件和重特大质量安全责任事故。

(四)民生质监形象深入人心

坚持以基层和市场主体的服务需求为导向,上下联动集中开展"走转改"主题行动,累计走访企业1544家、收集意见建议1737条,梳理汇总的298条问题建议得到较好落实，帮扶彭水茂田水泥通过能源管理体系认证，授权重钢集团等21家企业开展强检计量器具检定,帮助沙坪坝、丰都、梁平、忠县、巫溪5家企业解决生产许可证办理难题，盘活了近40亿元资产,助推了区县产业发展,节约了企业成本支出,服务了群众就业。举全系统之力精心组织实施市委、市政府22件民生实事之一的"三无"老旧住宅电梯改造更新工作,提前60天超额完成工作任务,成功协调争取市、区(县)两级财政资金1.2亿元,总投资1.51亿元,质监部门免收376.4万元安全评估费,累计完成941台,既从根本上解决了长期困扰重庆作为特大城市的重大安全隐患难题,又保障了老百姓"出门第一步、回家最后一程"的安全，惠及6.58万住户、28.62万群众,群众满意度高达98%,受到市委、市政府和国家质检总局的高度肯定。主动调剂统筹620万元,在全市18个贫困区县开展"乡村社区医疗计量免费检定惠民工作",深受地方和群众赞誉。市财政将连续三年共投资3600万元,惠及全市乡村和社会医疗中心，将使成千上万的老百姓从中受益。深入开展"计量惠民生、诚信促和谐"双十工程,新培育创建"诚信计量示范超市"39家,诚信计量自我承诺2521家,免费检定有主办者集贸市场衡器5.17万件，出租车计价器、加油(气)机到期定检率100%。加强质量文化建设和辨真识假知识宣传,组织开展"你送我检"、"质监邀您查质量"、"清新居室免费检测"等公益性群众活动,与重庆卫视、重庆晨报联合打造"大有名堂"、"民生质量实验室"等专题栏目,在2014年度全国"质量之光"活动中,重庆市观音桥商圈获评年度魅力品牌，渝北区获评质量魅力城市,重庆"三无"老旧住宅电梯改造获评质监改革创新示范，重庆质监局开展"走转改"主题行动、持续强化服务职能获评质监理论创新示范。

(五)质监重点领域改革稳步推进

积极配合市编办和市食药监局完成生产加工环节食品监管职能移交，及时对食品相关产品生产加工监管职责进行调整，实现食品生产安全监管的无缝衔接。精心组织实施经开区、高新区质监机构调整,及时做好璧山、铜梁机构升格工作,确保了平稳过渡;积极配合做好两江新区市场监管体制改革，并成功争取在新的机构设置中突出质量元素。为进一步服务市场主体,提供优质高效便捷服务，主动探索行政许可审批制度改革，将4项行政许可管理事权、4类行政许可审批权下放至11个试点单位,合并实施4类许可项目,对5类许可管理制度进行了重大改革，工业产品生产许可证市级发证现场审查时间平均缩短至24个工作日，比法定时限缩短了6个工作日；组织机构代码证办理实现“直通车”，年检制改为年报制，办理时限由3个工作日实现100%即办即取。全年未发生行政许可审批投诉及“飘红”问题。积极推进检验检测认证机构整合，配合市编办开展专项调查并形成初步工作方案；深化系统技术机构整合，将万州、黔江、涪陵3个区域检测中心整合并入市计量质检院设立分院，将认评中心、车检中心改由市计量质检院管理，系统技术机构在全国省级技术机构中率先完成整合，建立了覆盖全市“一盘棋”的检验检测技术服务网络。同时，积极探索特检机构与计量质检机构横向联合，以市计量质检院区县所为依托，设立了26个特检工作站，提高了服务质量和效率，打通了服务群众的最后“一公里”。

(六)服务能力水平持续巩固提升

国家质检基地建设推进顺利，机动车强检试验场项目开工建设，其他5个项目即将开工。成功争取万州、涪陵质检中心纳入三峡后续优化项目库并通过国家审批，皮革、消防及阻燃产品、铝镁合金及制品等三个国家质检中心通过总局验收，服装及家用纺织品国家质检中心完成筹建任务，应用工程检测中心和LNG气瓶检测中心获得市发展改革委立项。服务产业发展能力有效提升，获批科研项目20项、总局技改技装项目15项，新建社会公用计量标准46项、发布地方计量技术规范5个，市计量质检院首次通过CNAS检查机构认可，成功增补打印机、传真机3C检测资质，锂电池、磁性货物等项目通过扩项评审，车检院获得大3C指定检测资质。低碳核查机构、电子商务质量信息服务区域平台的搭建，有力服务了全市电子商务发展和生态文明建设。

认真学习贯彻习近平总书记系列重要讲话精神，狠抓第一批群众路线教育实践活动问题后续整改，市局机关上报的10项整改事项和市局党组专题民主生活会整改方案涉及的76项整改任务已全部完成；全力指导第二批单位活动开展，第二批活动整改任务完成732项，整改率达90%；上下联动的5项整改任务已全部落实。严格落实机关党建工作责任制，扎实推进基层党组织规范化建设。坚决贯彻落实中央八项规定和市委实施意见，认真抓好党风廉政建设和反腐败工作，严格落实“两个责任”和廉政风险防控规定，扎实开展领导干部离任审计，制定出台涉案物品处置、基础项目建设管理、“三无”老旧电梯改造更新资金管理、廉政约谈、干部职工教育培训、局长接待日等规章制度，“三公经费”支出、会议活动、文件简报、评比表彰等大幅缩减。

二、2015年发展目标及重点任务

2015年，全市质监工作将深入贯彻党的十八届三中、四中全会和市委四届四次、五次、六次全会精神，认真落实全国质检工作会和重庆质量大会工作部署，坚持稳中求进工作总基调，主动适应经济发展新常态，坚持以提高质量和效益为中心，全面推进法治质监建设，强化改革、开放、创新三大动力支撑，牢牢守住质量安全底线，着力实施质量提升、品牌发展两大战略，在全市深入实施五大功能区战略，统筹推进新型工业化、信息化、城镇化、农业现代化中建功立业，为促进全市经济平稳健康发展和社会和谐稳定做出新贡献。

(一)严守安全底线，维护人民群众利益和全市安全

一是强化特种设备安全监管。集中力量打好电梯安全监管大会战，全面开展电梯安全风险大排查，对“问题电梯”逐一评估建档，逐一落实整改销号。加快出台《重庆市电梯安全管理办法》，推进电梯责任保险，健全电梯安全监管长效机制。扎实开展油气压力管道大普查，加大对压力管道元件制造和压力管道安装监督力度，全面排查整治事故隐患。持续深化特种设备安全标准化管理，深入开展“大排查、大整治、大执法、大督查”四大行动，从严监管起重机械、大型

游乐设施、客运索道、移动式压力容器等重点设备和30台以上设备的重点单位，切实做好报废气瓶集中定点销毁、小锅炉隐患整治等安全保障工作，严查重处各种违法违规行为，严格重大隐患挂牌督办整治，全年特种设备万台事故起数控制在0.4以下、万台死亡人数控制在0.38以内。二是强化产品质量安全监管。突出重点消费品安全监管，使消费品在监督抽查中的比重达到30%以上，严格家用电器、纺织服装、儿童用品、装饰装修材料、电子信息产品、建筑防水卷材、食品包装材料、三轮摩托车、液化石油气、烟花爆竹等10种重点产品安全监管。深化分级分类监管，把影响国计民生的重要工业品和消费者反映强烈的质量问题产品全部纳入分类监管范畴，按照质量控制能力和产品质量状况实施差别化监管；优化和改进抽样方式，扩大摇号抽查范围，严格实施摇号抽查，增强监督抽查对生产企业的约束力度；强化承检机构监督管理，逐步引入承检机构选择的竞争机制，实现全过程实时监控和结果的倒查和追溯；加大监督抽查信息公开力度，逐步实现监督抽查计划、实施细则、抽查结果、不合格整改复查情况“四公开”。三是强化执法打假。加快建立执法打假责任清单制度，严格落实区域执法打假责任制。围绕农资、建材、汽摩配件、家电下乡等重点产品，深入开展“质监利剑”行动，严查彻办大案要案，督促市场主体严格执行强制性标准。着力用好缺陷产品召回手段，推动建立缺陷产品召回部门联席会议制度，组建缺陷产品召回研究中心，开展产品缺陷信息收集与分析，逐步将召回范围由汽车产品扩大到家电、农机、消费电子产品和日用品。加大行政处罚案件信息公开力度，特别是典型案件，将主动及时公开，提高执法打假威慑力和公信力。

（二）狠抓质量提升，促进经济提质增效升级

一是突出制造业质量提升。重点抓好2015年全市制造业质量状况分析、质量合格率统计。在20家规上企业开展质量成本控制试点。加强重点产品质量追溯体系建设，以汽车、摩托车、装备制造等产业为重点，引导企业推行供应链管理，充分发挥龙头企业带动作用，倒逼配套中小微企业提升质量、攻克质量“顽症”，助推产业链整体质量水平提升，推动“6+1”支柱产业集群发展。二是抓好服务业和电子商务产品质量提升。抓好汽车售后服务质量测评，在旅游、物流等领域开展“安全、诚信、优质”服务创建活动，在电子商务、物流、金融等重点行业开展质量监测分析。要监督电商平台企业落实质量安全主体责任，督促建立完善产品质量控制体系的源头追溯机制，积极推行良好电子商务规范认证，探索开展电子商务产品质量监管执法。三是加大品牌建设培育力度。认真组织开展第六届市长质量管理奖评选，会同北部新区、渝北、南岸、武隆、九龙坡、沙坪坝、江津、铜梁等区县做好全国质量强市示范城市、全国知名品牌示范区创建和验收工作，指导两江新区争创国家公共检验检测服务平台示范区，抓好重庆格力、长安汽车等质量示范基地建设。强化区域特色标准化品牌培育，抓好17个第八批国家级农业标准化示范区、15个市级农业标准化示范项目建设，加快完善特色农业标准体系；加大有机产品等产品认证推进力度，力争年内证书数量突破10000张，建设10个以上认证认可特色项目。四是进一步夯实企业质量基础。深化质量强镇、强园、强企工作和群众性质量改进活动，强化面向小微企业的质量管理知识培训，进一步落实区县局与工业园区联席会议机制、新开办小微企业对口帮扶机制，指导园区企业和新开办小微企业完善质量安全关键环节控制制度。

（三）服务发展大局，助推转方式调结构

一是着力服务区县和市场主体发展。在认真做好总局下放的工业产品生产、特种设备、设备监理单位甲级资格等相关许可承接工作的同时，在全市所有区县全面推行去年行政许可审批制度改革试点成果；将特种设备作业人员考核、机动车安检机构资格许可、社会公正计量行（站）审批等许可项目审批权下放至试点区县局

实施；改革食品相关产品、制造(修理)计量器具、气瓶充装许可、机电类特种设备安装改造修理等行政许可的换证程序，在两江新区试点“开放式许可”审批程序改革。加快建立以组织机构代码为基础的统一社会信用代码制度，积极稳妥推行“一窗受理、多表填报、多证联办、并联审批、限时办结”的“三证合一”制度；加快推进机构代码电子证书和APP服务终端应用，推进组织机构代码“同城通办”、“即办即取”。二是着力服务扩大内陆开放。重点围绕国家“一带一路”和“长江经济带”战略，加强国际标准、“一带一路”沿线国家标准与国内标准的一致性研究，强化技术性贸易壁垒应对，增强全市产业和产品参与国际竞争的能力；争取西部物流国家级标准化由试点上升为示范，助推“渝新欧”国际班列竞争力提升；用好用活“直辖市和长江流域上中游地区质监区域合作联席会议、泛珠三角质监合作局长联席会议”等区域协作机制，建立健全联合联动机制，推动信息共享、结果互认、执法互助、成果共用，协同加强安全监管和质量提升。三是着力服务生态文明建设。严把生产准入关，推动淘汰化解落后过剩产能。加快完善国家城市能源计量中心功能，推动重点节能企业能源计量数据适时采集和监测。组织开展能源计量监督检查及审查工作，推动重点行业、重点单位开展节能降耗技术改造。加强水质监测、大气环境等重点领域计量器具监管。全力打好燃煤锅炉节能减排攻坚战，认真开展在用燃煤工业锅炉能效普查，推进燃煤锅炉标准化管理，实施燃煤锅炉节能环保提升工程。开展“服务企业专家行”活动，推进低碳产品认证、能源管理体系认证。四是着力服务民生改善。在重点抓好“全市乡村社区医疗计量免费检定惠民工作”的同时，总结推广“三无”老旧住宅电梯改造更新工作经验，继续开展老旧电梯改造更新，积极推进公租房、廉租房电梯安全管理机制建设。深化“计量惠民生、诚信促和谐”双十工程，组织开展医疗、大宗物料批发市场及制造销售计量器具等行业性计量专项整治；加强辨真识假知识宣传，加大民生领域产品执法力度；抓好农村综合改革等10个社会管理和公共服务标准化试点示范项目，促进政府基本公共服务规范化、标准化。

(四)突破科技创新，强化技术支撑保障

围绕“科技创新突破年”主题，重点在四个方面着力突破：一是突破检验检测公共服务平台建设。全力加快国家质检基地建设，确保年内机动车强检试验场道路部分竣工投用，标准科技研究及展示平台、特种设备安全及应急救援演练平台、城市能源计量、笔记本电脑、电梯及升降机、应用工程等6个项目主体工程完工，车检碰撞、零部件及发动机试验室和消防中心项目加快前期工作，力争年内开工建设。二是突破技术机构发展转型。围绕客户需求，加强基础覆盖，拓展检测参数，利用信息化管理手段和市场物流网络，提升服务水平，做到大宗检测就地完成，重点检测不出重庆，特异性检测代办委托。围绕全产业链条拓展检测服务，做大检测市场，提高市场份额。加强系统技术机构深度整合，加快组建重庆检测认证集团。突出科技引领作用，适当提升科技工作考核占比。进一步规范实验室管理，加快绩效分配制度改革，探索建立向科技创新和业务拓展倾斜的分配机制，营造有利于激发科研人员积极性的政策环境。进一步完善科技政策体系，项目立项向应用方面倾斜，更加强调检测装置和检测方法研究、专利和著作权申报、标准制修订及核心期刊三大检索论文等考核硬指标，增强解决实际问题、支撑产业发展的能力。三是突破技术标准创新。按照国家标准化改革总体部署，加快全市技术标准体系建设，改革强制性标准、优化推荐性标准、公开企业产品标准、搞活团体标准。加快实施全市深化科技体制改革技术标准200个项目计划，拓展“科技标准产业”同步发展促进行动支持领域，完善能源、资源、生态环境、公共安全等涉及国计民生领域技术标准体系，新增国际、国家、行业和地方标准100项。四是突破信息化建设。重点是在当前中央和市上严控编制增长的大环境下，着力解决好质监系统监管力量薄弱与繁重的职责任务之间矛盾突出的问题，尤其是探索运用信息化技术和手段缓解人员矛盾，提高监管效能和工作规范化水平。2015年，在抓好重大信息化项目的同时，重点抓好市局特种设备监管检验一体化平台建设，完善产品质量信用信息平台，推广强检计量器具信息化管理系统，建立标准数据挖掘共享平台，升级监督抽查系统，启动缺陷产品召回管理系统研发，优化完善执法打假快速反应系统及12365举报投诉系统。

(五)落实依法治市，深化法治质监建设

一是加快立法工作。力争电梯安全管理办法、设备监理管理办法年内出台，加快推动标准化、计量等地方性法规制修订工作和市局规范性文件“立改废释”工作；全力争取市政府以规范性文件出台区县政府、乡镇街道质量安全管理责任追究相关规定，进一步落实地方政府的质量安全责任。二是出台“三个清单”。及时跟踪总局和市政府的工作动态，以“三个清单”为切入点，坚决落实法无授权不可为、法定职责必须为、法无禁止即可为；进一步论证完善权力清单，深入清理质监职权，科学划分事权，待市政府审查后统一向社会公示；研究制定责任清单，以权力清单为基础，逐一厘清与职权对应的责任事项、责任主体和追责情形；研究制定负面清单，除直接涉及安全、卫生、健康和反欺诈等之外的许可事项，按照总局和市政府的取消要求，一律停止办理。三是强化法治实施。在继续做好重大决策和规范性文件法制审查的同时，加大对日常业务工作、行政行为的法制审查力度，严格禁止以工作文件变相设置或抬高许可审批门槛和加重行政相对人负担的行为。四是做实法制监督。全面清理执法检查、监督抽查各项工作流程，严格落实行政执法责任制和错案责任追究，充分发挥现有信息系统的作用，加强对基层执法单位、技术机构日常执法和检验检测行为的实时监督。加大政府信息公开力度，畅通投诉举报、信访、复议渠道，健全依法维权和化解纠纷机制。五是抓好宣传教育培训。健全领导班子、领导干部学法用法制度，重点学习《宪法》、《管理学》等依法治国、行政决策知识；建立干部职工学法用法制度，每年参加不少于30小时的法律法规知识学习，重点学习《行政许可法》、《产品质量法》等行政管理、基础法理知识；建立检验检测机构学法用法制度，重点学习《合同法》、重要技术规范等民事、检验检测标准知识；将普法宣传列为每年“质量月”、“法治宣传日”必备内容，深入开展“法律六进”活动，努力营造企业和社会学法、知法、守法的良好氛围。

(作者单位：重庆市质量技术监督局)

安全生产

刘恒

一、2014年工作回顾

2014年，全市上下深入贯彻落实习近平总书记重要讲话精神，按照孙政才书记“严字当头、落实到位”和黄奇帆市长“改善安全保障基本面”要求，狠抓企业安全标准化创建、突出问题专项整治、安全保障基础建设和责任落实、谈心对话、常态督查等措施，安全生产形势总体稳定。

(一)安全生产总体形势

2014年，我市安全生产在连续10年下降基础上，继续保持下降态势，呈现出“三个下降、两个较好”的良好态势。

一是事故起数、死亡人数、较大事故起数“三个下降”。全市共发生各类安全事故1207起、死亡1379人,同比下降10.3%和8%;发生较大事故30起,同比下降30.2%。

二是多数区县、多数行业形势较好。41个区县、经开区统计考核单位,有30个持平或下降,占73.2%。农机和渔船"零死亡";非煤矿山、烟花爆竹、建设领域、冶金建材、铁路、一般道路、工贸其他等7个行业(领域)死亡人数同比分别下降66.7%、50%、13.9%、10%、10%、9.5%、2.2%;生产经营性消防火灾死亡人数同比持平。

(二)安全生产重点措施

一抓责任落实。市委市政府出台了"党政同责、一岗双责"意见,全面落实各级党委、政府及其领导班子成员安全生产责任,市委孙政才书记每季度主持市委常委会听取安全生产工作汇报。调整各级安委会主要负责人,市政府安委会主任由黄奇帆市长担任,区县政府安委会主任由政府主要负责人担任。目前,市和区县全部落实了"五个全覆盖",属地管理、综合监管、行业专管、企业主体责任等齐抓共管格局基本形成。

二抓标准化创建。牢牢抓住企业安全标准化这个载体,通过分级监管、激励约束、社会监督和"黑名单"制度,有力地促进了企业落实安全生产主体责任。全市共创建8个国家一级标准化矿井;道路客运和危险品运输企业100%达标;规模以上工贸企业创建率100%;危化生产企业及烟花爆竹生产经营企业达标率100%;同时,对2.6万家达标企业开展"回头看"。

三抓专项整治。按照"全覆盖、零容忍、严执法、重实效"的要求,将"六打六治"专项行动与大排查大整治大执法大督查有机结合,突出交通、建设、煤矿、油气管道、工贸粉尘、机场净空等重点行业领域,突出无证无照、死灰复燃、擅自生产、无证上岗等重点行为,严格按照"四个一律"要求,上限处罚、顶格问责。全市共组织检查组280余个、1.2万人次,检查企业8046家,整改隐患3万余条、重大隐患2900余条,实施经济处罚3100余万元,刑事处罚120余人。

四抓谈心对话。在充分借鉴煤矿谈心对话经验基础上,深入开展"千名干部与万名企业负责人谈心对话"活动。市政府分片区对五大功能区重点企业、各区县分级分层对辖区企业开展谈心对话活动,宣贯安全生产法规政策和中央、市委市政府部署要求,并听取意见和建议。全市共开展谈心对话12161次,有42万名企业负责人、安全管理人员参加了谈心对话活动。

五抓常态督查。坚持问题导向,改进督查方式,市政府组建了6个常态督查组,由相关部门厅局级领导带队,采取"四不两直"方式,对区县和市级行业主管部门实施常态督查制度,并采取季通报、季约谈,推动工作落实和责任落实。全年共督查4次、721个单位,督促整改相关问题1997个。

六抓基础建设。新关闭小煤矿40个,两年累计关闭108个,实现三年任务两年完成;新建道路防护栏1100公里、累计达到1.6万公里;实施危桥改造141座、危隧改造10座、渡改桥18座;建设施工现场电子监控、矿山"六大系统"建设率均达100%;启动了21个区县第二轮安全监管能力建设;完成了重大危险源普查、登记、建档等工作。

二、2015年工作思路

2015年全市安全生产工作将深入贯彻党的十八届三中四中全会和市委四届四次五次六次全委会精神,全面实施《安全生产法》,持续深化平安重庆建设,切实推动安全生产"三基"工作,不断加强企业安全管理标准化、政府安全监管法治化和全民安全文化素质建设,深化重点行业专项整治,夯实安全保障基础,推进安全生产形势持续稳定好转,为实施五大功能区域发展战略提供有力保障。重点实施"153"工作思路——一个总体目标:全市各类生产安全事故死亡人数比2014年下降5%以上,较大事故控制在30起以内,坚决遏制重特大事故。

五项重点任务:一是从企业层面,着力加强企业安全管理标准化建设。持续深化企业安全标准化建设,抓好已达标企业"回头看"。探索建立以企业主要技术负责人为核心的企业安全技术管理体系，推行小微企业安全技术委托服务制度。落实企业隐患自查自改自报工作制度，实行"谁检查、谁签字、谁负责"，做到排查、登记、整改、评价、销账、报告闭环管理。二是从政府层面，着力加强政府安全监管法治化建设。通过政府购买安全技术服务，建立第三方参与安全监督检查机制。研究制定《重庆市安全生产条例》等法规规章标准。加强企业安全生产诚信体系建设，健全企业诚信激励和失信惩戒机制。三是从社会层面，着力加强全民安全文化素质建设。加强安全社区创建，新建成重庆市安全社区80个。加强企业"三项岗位人员"和高危行业从业人员教育培训，安全教育覆盖面100%。加大群众法律法规和安全知识宣传教育力度，群众安全知识知晓率65%以上。四是从治标层面，持续深化重点行业专项整治。结合"六打六治"打非治违，持续深化道路交通"两化一整治"、建设施工"两防"、煤矿"双七条"、危化"四化"、消防"四个能力"和油气管道、烟花爆竹、民航净空等重点行业专项整治，有效防范各类事故，坚决防止群死群伤等重特大事故的发生。五是从治本层面，不断夯实安全生产保障基础。统筹谋划、科学制定适应五大功能区域发展战略的安全生产"十三五"规划。强化安全生产准入，加大整顿关闭力度，改善安全发展环境。推进安全生产保障基础建设，加强道路"生命工程"、危桥整治、老旧电梯、消防设施等。推广运用安全生产先进技术。推进应急救援基地建设和物资储备、装备配备，加强重大危险源监管。

三条保障措施：一是全面落实责任。按照《中共重庆市委重庆市人民政府关于安全生产"党政同责、一岗双责"的意见》要求，细化落实各项工作职责，尤其是要明确属地监管职责边界。进一步明晰行业部门"三个必须"职责，全面落实领导干部安全生产"一岗双责"责任。二是加强检查督查。进一步加大检查督查、暗查暗访力度，推动责任落实、工作落实。要进一步转变作风，坚持重心下沉、关口前移，采取"四不两直"方式，检查执法、传导压力、示范工作。三是严格目标考核。实行安全生产和重大事故风险"一票否决"。实行年度述职报告制度，对完成年度任务、成绩显著的单位和个人予以表彰奖励；对发生事故造成重大影响的，依法依纪追究相关人员责任。

（作者单位：重庆市安全生产监督管理局）

人力资源和社会保障

赵凤阳

一、2014年工作回顾

2014年，全市人力社保系统认真贯彻人力资源社会保障部的要求和市委、市政府决策部署，围绕"民生为本、人才优先"的工作主线，坚持"稳中求进"的工作总基调，着力深化改革，积极主动作为，就业、社保、人才、人事、收入分配、劳动关系等目标任务圆满完成。

（一）解决重点群体就业，就业形势保持稳定

2014年，重庆城镇新增就业65.3万人、城镇登记失业人员就业26.8万人、困难人员就业11.7万人，城镇登记失业率3.5%，比控制目标低0.5个百分点。一是重点群体就业保持稳定。重庆市政府出台扶持高校贫困毕业生就业创业15条政策措施，帮助2423名贫困生实现就业；开展离校未就业高校毕业生实名登记与就业援助，实施大学生就业创业定制服务计划，帮扶1.88万人实现就业。在应届高校毕业生净增近2万人的情况下，就业率达94.91%，同比提高0.53个百分点。开展"五个回引"活动，回引农民工30.6万人，农民工市内外就业比例达55:45。建立"一条龙"帮扶模式，促进26万困难人员就业。

新开发公益性岗位安置2.43万人，累计结存8.39万人。全市93.8%的社区和89.3%的行政村达到充分就业标准，城镇零就业家庭保持动态为零。二是重点产业用工得到保障。协助“6+2”重点电子企业招工24.6万人，其中社会工与实习学生比例提高到8:2；协助配套企业招工10.5万人。成立市重产公司并直接组织送工5万人。首次与中介机构签订淡旺季1:1匹配送工协议，117家中介机构协议送工16.6万人。实施预备制技工教育储备招生5224人。三是创业带动就业深入实施。启动新一轮大学生创业引领计划，出台一揽子扶持政策。第三、第四期“泛海扬帆—重庆大学生创业行动”资助200个创业项目,该项目得到刘延东副总理肯定性批示。完善小微企业扶持体系，新建市级创业示范孵化基地10个。全市新发放小额担保贷款22.1亿元。渝中、大渡口、江北、武隆、开县、万盛经开区等6个区县成功创建市级创业型城市。四是劳动者职业技能培训力度不断加大。初步建立市场导向培训补贴和政府购买培训成果机制，开展就业培训18.4万人次，职业技能鉴定取证38万人。深入开展民办职业培训机构专项治理工作。组织实施“春潮行动”。

(二)完善社会保障制度,社保体系更加健全

全市城乡养老、医疗、失业、工伤和生育保险参保人数分别达到1938万人、3257万人、439万人、426万人和348万人,城乡养老、城乡医保参保率分别达92%和96%，基金收入达到1103亿元。一是社保改革惠及民生。出台城乡养老保险转移衔接办法,实现人员流动“账随人走”。城乡居民基本养老保险缴费由5档调整为12档，对参保缴费实行梯次补贴,完善了多缴多得、长缴多得的激励机制。推进医保付费总额控制和单病种付费改革。完善城镇职工大额医疗互助保险政策。扩大城镇职工医疗保险个人账户使用范围。完善向基层医疗机构倾斜的医保报销政策,促进分级诊疗。二是待遇水平稳步提高。连续10年调整城镇职工养老待遇，惠及273.5万人；城乡居民大病保险实时结算11.24万人次、5.32亿元。妥善解决国有企业部分困难下岗分流人员享受社保缴费补贴和1至4级工伤职工养老待遇等历史遗留问题。三是经办能力持续提升。按业务流程优化整合市社保局内设机构,11个区县社保经办机构实现“五险合一”。在5个区的82个街镇开展了全民社保参保登记试点,改革信息被中改办《改革情况交流》单篇采用。人社部批准与我市建设全国社会保险公共服务标准化示范基地。累计发放社保卡3265万张，在10个区县的44个街镇开展社保卡金融功能应用试点，提前一年实现全市常住人口发卡全覆盖。四是社保基金监管不断增强。完善审计稽核及内控制度，深入开展社保基金监督专项检查，联合6个市级部门和聘请中介机构对企业参保缴费、定点医疗机构和定点药店开展监督检查,在10个区县开展社保基金社会监督员试点工作。五是信息化建设和基层设备平台建设提速增效。开展窗口单位改进作风专项行动。完成金保二期总体设计方案编制。12333电话咨询服务热线规范运行,全年服务总量达242万个。新增100个标准化基层就业社保工作平台,已延伸到所有镇街、社区和行政村。

(三)发挥项目引领作用,人才队伍建设扎实推进

一是专业技术人才工作得到加强。2人被表彰为全国杰出专业技术人才,5人入选“百千万人才工程”国家级人选,新增55人享受国务院特殊津贴，新设立市级首席专家工作室20个，全市博士后站已达220个,全年招收博士后270人。实施知识更新工程,承办全国、市级高级研修班33期。研究起草了重庆深化职称改革的意见。开展专家服务基层——开县、巫溪县系列活动。招募328名“三支一扶”大学生到乡镇基层工作,选拔51名援藏专业技术干部对口服务昌都地区。二是技能人才培养力度加大。创建3个国家级高技能人才培训基地，新增全国技术能手23名,新增国家级技能专家工作室4个。推进技工院校“双证融通”和“课程一体化”试点改革,技工院校招生达5万人。创播《我最有才》电

视栏目20多期,社会反响良好。成功举办全国第二届“技能中国行”活动。三是引才引智等工作深入推进。全年为85名高层次人才兑现安家资助、岗位津贴、个税奖励1100多万元。围绕重点产业发展，实施国家和市级引智项目81项。“外专千人计划”人选达9名,居西部前列。全年引进各类外国专家1.17万人次。

(四)加强人事制度建设,人事管理规范有序

一是公务员管理制度不断完善。适当降低基层公务员进入门槛,调整优化考录程序,强化诚信报考,全年录用公务员4435名。加快公务员录用考试(重庆)测评基地建设,推广使用面试评分系统。实施公开遴选公务员制度,43个市级机关遴选公务员376名。研究拟定了综合管理类公务员处级以下非领导职务管理规定。严格按照评比达标表彰规定实施表彰项目。组织28期专项培训,培训公务员16万余人。制定出台我市公务员职业道德规范。二是事业单位人事制度改革稳步实施。研究拟定事业单位专业技术岗位调整实施方案。探索分级分类公开招聘办法,公布教育、卫生事业单位综合基础知识考试大纲,提供招聘岗位1.8万个。认真宣传贯彻《事业单位人事管理条例》，开展整治事业单位公开招聘突出问题专项行动。三是军转安置工作有序推进。圆满完成国家下达我市的军转安置任务,自主择业管理服务制度逐步健全,研究出台我市现役军人随军家属安置办法。完善和兑现企业军转解困政策,深入开展企业军转干部关爱行动,企业军转干部总体保持稳定。四是人事考试、人力资源开发培训和人才交流服务工作统筹推进。开展考试环境综合治理,安全组织实施人事考试104项次。完成人力资源开发培训项目112个，培训人次147.6万,服务能力、培训规模持续提高。流动人员人事档案管理规范有序。

(五)着力缩小收入差距,工资收入分配趋于合理

会同市财政局调整市级机关和区县二、三档津补贴标准,解决了市级与主城区“同城不同待遇”问题,区县间的差距从1.5倍缩小到1.3倍。同步调整了事业单位绩效工资托底水平。按照人社部部署,完成“艰苦边远地区津贴增长机制”专题调研,积极开展完善工资制度的测算工作。调整企业最低工资标准，深入开展企业薪酬调查，深化工资集体协商,签订工资集体合同1.5万份。启动国有企业负责人薪酬制度改革前期工作。

(六)维护劳动者合法权益,劳动关系总体和谐稳定

劳动合同签订率96%。创建和谐企业1468户,首次评定AAA级和谐企业92户。推行劳务派遣行政许可制度。新增972名劳动关系协调员(师),工作队伍逐步职业化。成立重庆市劳动人事争议仲裁委员会，推进重庆市仲裁院实体化、标准化建设，全市处理劳动人事争议案件5.1万件。推动劳动保障监察“两网化”管理,区县覆盖率超过85%,主城区已覆盖到社区。推动出台了《重庆市劳动保障监察条例》和办理拒不支付劳动报酬涉刑案件的实施意见，欠薪行为防控打击力度进一步加大。开展农民工工资清欠专项检查,责令用人单位为1.7万名农民工补发工资3.34亿元。

二、2015年工作思路

2015年是全面深化改革的关键之年，是全面推进依法治市的开局之年,也是全面完成“十二五”规划的收官之年,重大改革任务重,全市人力社保系统要全面贯彻党的十八大和十八届三中、四中全会,市委四届五次、六次全会,深入贯彻习近平总书记系列重要讲话精神，认真落实全国人力社保工作会议部署，坚持稳中求进工作总基调,坚持改革统揽、依法行政,主动适应经济发展新常态，围绕五大功能区域发展战略,以“民生为本、人才优先”为工作主线,实施更加积极的就业政策,深化社保制度改革,抓好人才人事管理,落实工资收入分配政策,积极构建和谐劳动关系,全面完成“十二五”规划目标任务,为我市“十三五”时期人力社保事业发展奠定基础。

(作者单位:重庆市人力资源和社会保障局)

国土资源和房屋管理

谢宇婷

一、土地资源管理

(一)耕地保护

一是落实耕地保护共同责任机制。市政府与各区县人民政府签订耕地保护目标责任书,市委市政府将耕地保护作为基础保障类指标纳入对区县党委、政府经济社会发展考核内容。二是完成耕地和基本农田保有量责任目标任务。全年全市验收确认土地开发整理项目247个,实施规模6.35万公顷,新增耕地6351公顷,完成投资18.72亿元。农村建设用地复垦项目验收确认发证1027个,新增耕地1849公顷。有序推进高标准基本农田建设,全年建设高标准基本农田面积138万亩(9.2万公顷),占年度任务的101.8%,其中6个国家级高标准基本农田建设示范县建设成效显著,建设高标准基本农田面积37.33万亩(2.49万公顷)。三是初步划定永久基本农田2787.45万亩。按照国土资源部的要求,全市36个区县基本完成基本农田数据库建设,将永久基本农田初步划定数据纳入2013年度土地利用变更调查。四是健全耕地质量等级管理制度。出台《耕地质量分等定级年度更新实施方案》《农村土地整治项目耕地质量分等定级评定办法》,严格土地整治项目验收,有效提高新增耕地质量,积极助推土地利用总体规划调整、永久基本农田划定和建设用地占补平衡工作。五是推进项目信息化建设。全面实行农村土地整治项目、建设用地复垦项目信息补录和网上审批,建立完善信息数据库。六是创新农村土地整治模式。出台《重庆市土地整治先建后补实施方案》和《重庆市土地整治先建后补工程目录库》,积极开展先建后补试点。

(二)土地规划和计划管理

一是全面开展区县规划实施中期评估和修改工作,全市已有32个区县完成中期评估,11个区县完成规划修改。二是按照"稳定增量、盘活存量、用好流量"的原则,主动服务区县,多渠道保障全市经济社会发展用地。争取国土资源部计划指标较2013年略有增长,重点做好我市重大项目使用国家指标,2014年,国土资源部共下达或同意重庆市可使用各类新增建设用地计划指标184.61平方公里。三是全力推进重大项目前期工作。2014年取得国土资源部用地预审件4个,用地规模1214公顷,下达市级用地预审件79个,用地规模2889公顷。四是加大信息化建设力度,基本建成规划计划管理系统。实现规划审批、计划下达、区县远程报件、多数据库自由比对,系统自动审查分析、数据库适时更新等功能。

(三)国有建设用地供应

2014年全市供应建设用地167.44平方公里,同比增长30.0%。按土地供应方式分,出让7186公顷(其中招拍挂出让6795公顷);划拨9558公顷。按土地用途分,工矿仓储用地供应3606公顷;商服用地1040公顷;住宅用地2975公顷;其他用地9123公顷。

(四)土地利用管理

一是通过顺应土地市场形势,加强出让工作调度,保持了土地市场运行总体平稳,实现了土地出让价款财政入库稳中有增。全市出让土地7186公顷、增长3.1%,出让合同价款1247.77亿元。其中出让经营性用地3580公顷,价款1107亿元,土地单价每亩206万元,楼面地价每平米1312元。出让工业用地3606公顷、增长28.3%,出让合同价款140.79亿元、增长33.4%,土地单价每亩26万元、增长4.0%。二是编制土地储备整治年度计划。实施土地储备整治总量控制,促进规模、区域发展与未来市场周期相匹配。三是积极参与PPP投融资模式改革。制定的土地一级开发整治PPP试点方案已通过市政府常务会审议，建立了交易公平、利益共享、风险共担、高效运转的土地一级开发整治PPP改革制度，同时启动广阳湾、钓鱼嘴等片区试点。

（五）土地市场动态监测

一是按照国土资源部的要求，开展节约集约用地专项督查，全面清理新增建设用地供应和供应后土地闲置问题，并指导区县完善供地手续、补正系统数据。二是全面落实土地利用动态巡查机制，印发了《关于做好土地利用动态巡查工作的通知》，督促指导区县加快推进闲置土地调查、认定，加大土地闲置费征收力度，闲置土地较前两年大幅下降，按期开工率达61.8%。

（六）地价管理与地价监测

2014年，完成了新一轮基准地价和土地级别成果调整工作。规范综合楼面地价评估技术，公布了2014年度主城区综合楼面地价标准，各季度综合地价环比增长率分别为0.5%、0.42%、0.74%和0.66%。全年，商业、居住和工业地价动态监测成果较2013年度分别上涨1.5%、2.78%和1.06%。

（七）土地执法监测

2014年，重庆市共核实违法用地1324件。其中，县级5件，占0.4%；乡镇级27件，占2.0%；村（组）集体177件，占13.4%；企事业单位456件，占34.4%；个人659件，占49.8%。共涉及土地面积472.74公顷，其中耕地面积178.46公顷。全年共拆除构建物92.62万平方米，没收构建物377.15万平方米，拆除违法建筑物92.62万平方米。

（八）土地科技及信息化

2014年成功申报国家973计划子课题、公益性行业科研专项、国家自然科学基金青年项目等省部级科技项目5项，获资助资金163.00万元。全年完成科研项目27项，在核心期刊发表论文81篇，申请专利18项，授予专利13项。获国土资源部科技进步奖、重庆市科技进步奖、中国地理信息科技进步奖、优秀测绘工程奖等省部级科技奖6项。完善数据备份中心工作，接收全国其他国土资源同行单位委托存放离线数据介质，累计数据量50TB。完善国土房管"一张图"核心数据库，截至2014年底有46个数据库纳入"一张图"监管平台进行管理，总数据量约5TB。新增建设用地审批、农村土地整治、地房籍、矿业权等一批政务管理系统的建设和应用，基本实现土地"批、供、用、补、查"业务的网上办理。

二、矿产资源管理

（一）地质灾害防治

2014年，重庆市共发生地质灾害灾情2980起，其中滑坡2557起，占85.8%；崩塌246起，占8.3%；泥石流66起，占2.2%；地面塌陷53起，占1.8%；地裂缝3起，占0.1%；不稳定滑坡55起，占1.8%。造成59人死亡、17人受伤，9人失踪，直接经济损失约19.4亿元。全年成功处置各类地质灾害2260起，紧急避险转移9.3万人，成功预报地质灾害25起，避免520人的伤亡。全市先后召开了地质灾害防治工作视频会议和汛期地质灾害防治工作电视电话会议。重庆市政府印发了《2014年地质灾害防治年度方案》和《重庆市突发地质灾害应急专项预案（修订）》，确定重点防范期、区。全市上下共同努力，做好地质灾害防治工作。一是严格执行各项防灾制度。坚持24小时值班制度，随时接收并及时上报地质灾害灾（险）情。二是强化地质灾害监测预警。加强部门联动协作，构建视频互动网络，强化会商机制和信息共享。三是有效处置"8.31"群发地质灾害。全系统紧急行动、高效调度，干部职工1万多人次冒雨坚守灾害一线，成功预警和有效处置灾险情1千多起，紧急转移近5万人，成功避免了10多起可能导致上百人群死群伤的地质灾害。四是进一步完善"点、线、面"结合的防灾机制。在"点"上，组织群测群防员与威胁区群众一起严防死守1.7万余处隐患点；在"线"上，积极配合交通、铁路、水利等部门做好河流沿线地质灾害防范工作；在"面"上，组织各片区地灾防治专管员与乡镇(街道)和村社干部一起加强公共场所和居民聚居区的防范工作。五是全力支持指导灾后重建。从资金、用地支持等方面积极保障重灾区群众搬迁避让工作。六是推进库区地质灾害安全检测与防护工作。围绕“蓄降水地质灾害安全监测与防范、后续工作地质灾害防治规划实施”两大工作重心,扎实推进全市16处地质灾害防治工程。

(二)地质遗迹保护

重庆市各国家地质公园对照《国家地质公园建设标准》逐项进行自查和整改。其中,重庆綦江国家地质公园地质遗迹保护项目顺利推进,已通过国土资源部和财政部检查,目前正在积极申报国家古生物化石集中产地。重庆酉阳国家地质公园建设规划已编制完成。

(三)矿山环境整治

一是大力开展矿山地质环境恢复治理。加快推进万盛经开区国家资源枯竭城市矿山环境治理恢复项目,完成水角井山坪塘和茶林危岩治理项目的验收。万州区甘巴子片区煤矿矿山地质环境治理工程、忠县煤矿区矿山地质环境综合治理工程和黔江区正阳片区采石场矿山地质环境治理工程均已完成初步设计,进入招投标阶段。二是推进矿山地质环境恢复治理保证金制度,截至2014年底,全市矿山企业共缴存矿山地质环境保护与恢复治理保证金约3.91亿元。三是继续开展采煤沉陷区综合治理。万盛经开区采煤沉陷区受损农房治理项目进展顺利,集中搬迁房建设正有序推进。编制了南川区矿山环境治理恢复规划和南平镇采煤沉陷区治理实施方案,会同重庆市财政局划转市能投集团缴存的2800万保证金用于南平镇采煤沉陷区先期治理。四是严格执行矿山地质环境保护与治理恢复方案审查批准制度,全年共审批方案247个,其中煤矿60个,锰矿5个,石膏矿3个,地热水7个,重晶石矿4个,露头非煤矿山168个。

(四)矿产资源勘查

一是全力推进找矿战略行动,找矿突破工作成效显著。提交查明矿产地16处,新提交一批矿产资源量:煤8571万吨、粉石英447万吨、锰745万吨、熔剂用灰岩9881万吨。完成全市基础调查面积600平方公里,1:5万区域地质调查部署率77%、覆盖率52%,1:5万生态地球化学调查部署率10.8%、覆盖率8.6%,1:25万生态地球化学调查完成调查面积3.89万平方公里、覆盖率47.2%。二是稳步推进老矿山专项整治。预获333以上的煤炭资源量逾5800万吨。三是全力开展国际市场矿产资源勘查开发工作。秉承“两个市场、两种资源”的原则,全力支持市地勘局利用中央财政国外风险勘查专项资金,在赞比亚、埃塞俄比亚、圭亚那等国开展地质工作。四是规范地质勘查管理资质,全市拥有最高资质等级为甲级、乙丙级的地质勘查单位分别为12个、24个。五是强化地质资料社会化服务功能,推进重要地质钻孔数据库、整装勘查区和重点成矿区带地质资料数字化工作,启动全市实物资料库前期工作。

(五)矿产资源开发管理

一是加强矿产资源专项收入征收。2014年,全市共出让采矿权89宗,采矿权出让合同金额3.85亿元,征收矿产资源补偿费1.72亿元,其中市级征收入库9746万元。二是继续深化打非治违专项行动。全市共查处违法行为为430起,其中责令整改203起、停产整顿39起,罚款和没收违法所得1699万元,严厉打击非法违法行为。三是规范矿山企业采矿权价款和矿补费缴纳行为。市国土房管局印发了《关于进一步规范矿产资源补偿费征收管理的通知》和《关于进一步规范矿山企业缴纳采矿权价款有关问题的通知》。四是全面开展煤矿资源整合工作。全年全市注销已关闭煤矿采矿许可证20个,退还60家符合条件关闭的煤矿价款,完成115个兼并重组煤炭企业名称变更登记。五是高质量完成全市重要矿产资源“三率”调查评价工作,第一批通过了国土资源部组织的专家验收,并被评定为优秀。

(六)页岩气勘探开发管理

2014年,重点推进页岩气勘探开发,完成钻井162口(不包括参数井),年产气量近11亿立方米，累计突破12亿立方米，最高日产气量超过440万立方米，其中涪陵、彭水、綦江、永川的海相页岩气勘探取得重大突破。一是开发完成全市油气、页岩气矿权核查及平台数据库，依托国土资源部油气督察重庆办公室，着力抓好专项督察和日常监管。二是完善页岩气资源调查评价。全年完成专项地质调查1000余公里、参数井钻探6口、化探450平方公里、大地电磁测量230公里、二维地震勘探697公里及测试分析4500余项次等基础性工程。三是联合国土资源部、中石化共同打造涪陵国家级页岩气勘查开发示范基地。采用"政产学研用"相结合的方式，开展页岩气地质理论研究以及勘查开发相关技术规范、标准的研制，共同建立适合我国的页岩气勘查开发模式、扶持政策、监管机制和环保措施。四是推进页岩气勘探开发新模式。联合央企、国企与重庆市地研院共同出资60亿元，组建重庆页岩气勘探开发有限责任公司，整体推动中石油在渝5个页岩气区块、1.56万平方公里范围内的页岩气勘探开发、生产和销售。

三、房地产市场与管理

(一)全市商品房交易

2014年，全市商品房成交面积4432万平方米，同比增长1.3%，成交金额2611亿元，同比下降1.4%。其中：主城区商品房成交2253万平方米，同比下降4.8%，成交金额1608亿元，同比下降6.2%。

全年主城区共成交商品住房1768万平方米，同比下降2.8%。成交建面均价6522元/平方米，同比下降4.1%。主城区商品住房成交主要集中在照母山、大学城、蔡家、大石坝、龙洲湾等片区。

全年主城区共成交办公用房面积130万平方米，成交建面均价11927元/平方米；成交商业营业用房面积139万平方米，成交建面均价16462元/平方米。

(二)二手房交易

2014年，全市二手房成交建筑面积1513万平方米，同比增长27.2%，其中：主城区二手房成交建筑面积658万平方米，同比减少32.1%。全年全市二手住房成交建筑面积1236万平方米，同比减少33.8%，其中：主城区二手住房成交建筑面积534万平方米，同比下降40.2%。

(三)房屋拆迁

2014年，全市依法阳光推进国有土地房屋征收。全市完成项目征收1.4万户、173万平方米，项目签约率90%，征收行政复议率和诉讼率分别为1‰和1.7‰，下达补偿决定778件，实际执行50件，强制执行数量占总批准量的3.5‰。一是积极维护被征收人的合法权益，落实责任主体，依法开展拆迁行政调解和裁决工作，全市化解强拆未签协议案件97件，完成拆迁扫尾2891户、24.4万平方米。二是对九大基础设施、十大工业片区及十大城市开发片区涉及的征收项目逐个建立台账，定期跟踪督导，有效推进市级公益性项目实施。三是加强安置后期过程监督，有效控制安置房超期过渡和愈期未办证等"两超"问题。四是加强队伍业务素质建设。立足基层所需所盼，邀请市政府法制办、市高院领导，围绕基层实务中疑点、难点案例，对区(县)征收部门人员及评估机构负责人共822人进行分类培训。

(四)住房保障

2014年，全市保障性安居工程(含公共租赁住房、廉租住房、安置房及各类棚户区改造住房)新开工2.05万套、基本建成8.48万套，两项指标均超额完成国家下达的目标任务。重庆市公租房小区实施服务型基层组织、和谐文化、互助社区、平安社区"四个工程"建设，总体和谐稳定，全年共计入住4.1万套，累计入住17.4万套，主城区共组织两次公租房摇号配租。全市廉租住房新增实物配租1.55万套，累计7.59万套，廉租房新增发放租赁补贴3032户，租赁补贴在保家庭29905户。

(五)房地产中介

截至2014年底，重庆市有房地产评估机构114家(其中：一级7家、二级69家、三级及暂定资质30家、驻渝分支机构8家),注册房地产估价师1095人。全市共有房地产经纪机构门店957家,其中,已在房管部门备案的经纪机构548家,已备案的分支机构548家;从业人员3000人,其中经纪人294人,经纪人协理2316人,其他业务人员约3万人。

(六)房地产交易会

春交会于2014年4月17日~20日在南坪国际会展中心举行。累计成交各类房屋2929套,成交建筑面积25.62万平米,成交金额18.14亿元。其中商品住房成交1558套,建筑面积15.64万平方米,成交金额11.59亿元,成交建筑面积均价每平方米7408元。在成交的商品住房中,高层商品住房成交1274套,占总量的82%,建筑面积均价每平方米6818元。

秋交会于2014年10月16日~19日在南坪国际会展中心举行。累计成交各类房屋4657套、40.46万平方米、25.87亿元,比今年春交会分别增加59%、57.9%、42.6%。其中商品住房成交2627套、25.09万平方米、16.56亿元,比今年春交会分别增加68.6%、60.4%、42.95%。在成交的商品住房中,高层商品住房销售量居高,共成交2182套,占总量的83%。刚性需求仍为重庆市购房主力。

(七)房地产权籍管理

全市权籍管理以服务民生为导向,以"窗口建设标准化、权属登记规范化、权籍管理信息化"为抓手,有序开展房地产权籍管理工作。一是土地房屋登记服务平稳有序。全市完成各类城镇土地房屋登记200余万件,登记发证90万本。其中,主城区登记101万件,发证49万本。集中解决主城区群众8.27万户、727.99万平方米房屋办证遗留问题。二是地籍管理取得新成效。有序开展年度土地变更调查,稳步推进农村建设用地补充调查和"一张图"工程建设,完成集体土地所有权宗地统一编码。6月,我市第二次土地调查数据成果顺利对外发布。三是全市地房籍管理信息系统不断升级。加大指导和督查力度,深入开展全市地房籍数据核查清理整合,加快推进农村宅基地和农房数据库建设。四是不动产统一登记工作稳步开展。市国土房管局牵头建立不动产统一登记工作联席会议制度;完成市级不动产登记职责整合,在市国土房管局权籍处挂牌成立了重庆市不动产登记局。五是农村"三权"抵押深入推进。全市累计发放三权抵押贷款640.1亿元,其中发放农村居民房屋抵押贷款127亿元。

(八)房地产市场监管

一是强化商品房预售资金监管。正式启用商品房预售资金监管信息系统,制定《关于加强和规范商品房预售资金管理的通知》等四个配套文件,规范商品房预售资金收存行为。二是有效解决因无额度受理公积金贷款引发的市场矛盾。按照市维稳办的相关要求,下发了《关于印发房地产项目销售中因开发企业无额度受理公积金贷款引发信访突出问题专项治理方案的通知》,坚持"先审查、先交房、再放贷"的原则,维护社会稳定。三是建立商品房预售价格备案机制,要求价格浮动较大的项目上报应急工作预案,引导企业合理确定价格策略,保持全市房地产市场价格平稳。四是积极防范和应对市场风险。下发了《关于切实加强房地产市场监管保持市场平稳运行的通知》,维护市场稳定和秩序。五是建立部门联动查处机制,加强与市信访办、市公安部门协作,着力解决延期交房、价格纠纷等矛盾。主城区全年共受理并立案查处24家房地产开发企业在交易环节违法违规案件48起。

(九)房屋住用安全

一是将房屋住用安全问题纳入法制化管理。制发了《重庆市城镇房屋使用安全管理办法》。二是结合房屋安全管理的特点,强化完善房屋安全汛前排查、汛中巡查和汛后复查的"三查"制度。全年排查房屋14.97万栋、1.3亿平方米。三是认真整改房屋安全隐患。全年整改危房2979栋、124.11万平方米,发出危房整改通知书3993份,危房挂牌2560块,落实房屋安全监测人员5401名,搬离住户412户、1841人。四是开展江北区房屋住用安全应急演练,参演人员共计100余人。

(十)物业管理

一是强化制度建设。出台《关于"三无"老旧住宅电梯改造更新补建专项维修资金的指导意见》,逐步建立老旧住宅电梯维护管理的长效机制,配合市物价局修订《重庆市物业服务收费管理办法》并通过审议印发,配套制定了《重庆市住宅物业服务等级标准》,充分发挥市场的决定性作用,为规范物业服务市场定价奠定基础。二是加大对区县分类指导力度。从基层实际和群众诉求出发,抓好管理,推进部门职能转变,更好地服务业主、服务企业。三是发挥行业优势,提升综合服务水平。截至年底,全市共有物业服务企业2300家,其中,一级企业67家、二级企业328家、三级企业1905家,主城区住宅物业管理覆盖率87.3%,全市各区县物业行政主管部门累计归集商品房物业专项维修资金243亿元。中国指数研究院评价报告显示,重庆星级物业收费均价低于全国平均水平,服务满意度名列前茅。四是强化行业队伍建设。指导各区县房管部门及市物业管理协会整合资源,不断完善培训机制。全年累计培训物业行业从业人员、基层物管工作人员3000余人次。重庆理工大学开设了全国首个物业管理MBA课程班,报名学员已超过100人,均来自大中型物业服务企业管理层。五是深化物业安全管理。配合市质监局共同实施"三无"老旧住宅电梯更新改造民心工程,2014年完成改造更新495台,累计941台,超额完成目标任务。五是加大管理创新力度,积极开展主题活动。鼓励和指导部分区县、物业公司开展物业技能比拼活动,激发物业管理从业人员钻研业务、提高技能的热情,选拔出一批技术能手,树立一批技能标杆,为提升我市物业服务行业的整体水平发挥积极推动作用。新龙湖、金科等一批知名企业先行先试"社区六大件"工程,带动全市社区增值服务平台建设,获得业主好评,其综合经营效益提升。

(作者单位:重庆市国土资源和房屋管理局)

城乡建设

一、2014年发展回顾

开工城市棚户区改造安置房52万平方米、5364套。提前超额完成住房和城乡建设部下达新开工安置房5000套年度目标任务。

完成既有公共建筑节能改造示范项目300万平方米,2013年以来累计完成400万平方米,占住房和城乡建设部下达2年目标任务的100%。

(一)民生实事顺利推进

一是城市棚户区改造。完成改造258.5万平方米、2.4万户,占279万平方米年度目标的92.7%。其中,主城区完成改造108.25万平方米、12784户,占118万平方米目标任务的92%。二是农村危房改造。启动农村危房改造8.5万户,完成7.7万户,占8万户年度目标的95.7%。其中,启动D级危房改造3.2万户,完成2.9万户,占3.2万户年度目标的90.6%。三是主城区人行天桥与地下通道建设。开工建设68座,占100座年度目标的100%。其中,完工38座,占34座年度目标的111.8%。四是公租房建设。基本建成524.8万平方米、7.54万套,占7.7万套年度目标的97.9%。

(二)基础设施统筹建设

一是城市道路建设。主城区完成投资171亿元,占年度目标的90%,106项建设项目加快推进东水门大桥、千厮门大桥顺利竣工,南山隧道、铁山坪隧道建成通车。主城区跨江大桥达到28座、穿山隧道增至14座。双碑大桥、双碑隧道全面收尾,预计2015年春节前可建成通车。二是轨道交通建设。完成投资141.5亿元,占年度目标的89%。到年底将新建成通车32公里线路,总通车里程达到202公里,在全国各城市中排名第4,仅次于北京、上海、广州。三是地下管线及公共停车场建设。在全国首批完成《主城区排水(雨水)防涝设施及管网规划》。初步搭建了地下管网数据平台,纳入数据库的排水管网总长8629公里。在全国率先开展智慧地下管线试点。编制起草《2015年主城区公共停车场建设计划》。

(三)建设行业较快发展

一是房地产业。完成投资3251亿元,同比增长22.9%,占2900亿元年度目标的112.1%,占全社会固定资产投资的27.7%。在4个直辖市中,1至10月投资额排名第2,投资增速排名第1。二是建筑业。完成总产值4730亿元,同比增长17.3%,占4800亿元年度目标的98.5%。实现增加值1160亿元,同比增长14.5%。城市发展新区成为新增长极,完成总产值1290亿元,同比增长23.1%,增量在五大功能区中排名第一。三是勘察设计业。完成营业收入290亿元,同比增长3.6%,占320亿元年度目标的90.6%。本地企业远赴市外乃至国际市场参与竞争,签订合同金额45亿元,同比增长10%。

(四)重点工程强力支撑

一是市级重点工程。完成投资3010亿元,同比增长14.4%,占3500亿元年度目标的86%。韩国SK海力士一期项目等51个项目完工或基本完工。仙桃国际数据谷等90个项目新开工。二是十大商务集聚区。完成投资280亿元,同比增长4.1%,占291亿元年度目标的96.2%。开工747万平方米,同比增长29%,占年度目标的123%。完工345万平方米,同比增长13.9%,占年度目标的86%。三是十大城市功能开发项目。完成投资58亿元,占95亿元年度目标任务的61.2%。

(五)改革创新全面启动

一是城市建设投融资机制改革。积极推进轨道交通、城市棚户区改造PPP投融资改革,与港铁公司成功签订《战略合作谅解备忘录》。以红岩村大桥为案例,深入研究政府通过支付“影子通行费”购买项目使用权PPP模式。二是建筑产业化与智慧城市。发布建筑产业化地方标准5项。建筑产业现代化基地加快建设,装配式施工试点顺利开展。住宅部品认定工作全面启动。两江新区、南岸区、江北区和永川区4个国家智慧城市试点推进有序。三是绿色建筑与建筑节能。新增绿色建筑1650余万平方米,完成公共建筑节能改造示范项目300万平方米,新增可再生能源建筑260余万平方米。

此外,城乡建设党风廉政建设不断强化,“三公”经费开支大幅压缩。党的群众路线教育实践活动巩固深化,各项整改措施严格落实。人大代表建议、政协提案办理工作顺利推进。全市房屋市政工程发生安全生产事故总数同比下降47.3%,死亡人数同比下降43.8%,信访维稳工作大局稳定。

二、2015年重点工作

2015年,市城乡建委将深入贯彻落实十八届四中全会,市委四届五次、六次全会精神,准确把握当前经济社会发展客观规律,坚持以“法制保障、改革统领、创新驱动、开放支撑”为工作理念,认清新形势、适应新常态,精心谋划城乡建设“十三五”发展蓝图,统筹推进城乡建设“稳增长、调结构、促改革、惠民生”。重点做好以下工作。

(一)加快推进22项民生实事

一是完成主城区城市棚户区改造147万平方米,完成远郊区县城市棚户区改造129.5万平方米。二是完成农村危旧房改造5.5万户,其中D级危房改造2.5万户。三是竣工主城区人行天桥和地下通道建设32座,累计竣工100座。

(二)继续加强基础设施和公租房建设

一是大力实施城市道路建设,确保双碑大桥、双碑隧道等项目建成通车。二是全力推进轨道交通152公里续建项目的建设。三是加强建设公租房,完善基础设施配套。

(三)保持建设行业健康发展

一是确保房地产业发展平稳有序。灵活把握预售资金监管、项目资本金管理等调控手段,严控行业风险,降低企业负担。二是继续发挥建筑业支撑作用,进一步大力实施简政放权,加快建立市场监管和现场监管一体化平台。三是保持勘察设计业平稳健康发展。

(四)大力推进重点工程项目

一是认真开展2015年城建类重点项目申报。进一步充实重大基础设施项目库,滚动形成“成熟一批、开工一批、储备一批”的良性循环。二是大力推进十大商务聚集区、十大城市功能开发项目建设。

(五)努力促进生态文明

一是进一步调动发挥企业科技创新主体作用,加快培育科技创新产业化基地。加快促进建设产业化发展,建设国家智慧城市。二是在全市城镇新建民用建筑严格执行节能强制性标准。推动绿色建材评价标识,建设成规模、有影响的绿色建材产业基地。

(六)重点推动依法行政与改革创新

在轨道交通、城市路桥隧和棚户区改造领域启动实施PPP投融资改革试点,做好市政债发行准备工作。完善行政权力清单,加强权力公开,规范权力运行。开展网上审批试点,积极推进多部门集中审批和实体大厅建设。继续推进委系统相对集中执法,完善执法公示制度和责任追究制度。严格执行规范性文件合法性审查制度,健全重大决策合法性审查机制。

(作者单位:重庆市城乡建设委员会)

重庆园林

徐建

一、2014年发展回顾

2014年,市园林局紧紧围绕“科学发展、富民兴渝”总任务和五大功能区域发展战略,积极推进全市风景园林绿化工作,取得明显成绩。

(一)园林绿化工作

1.园林绿化建设

按照市政府“绿地行动”部署,积极推进城市道路绿化、节点绿化和城市公园、社区公园建设,实现了城市绿化与城市建设的协调发展,保持绿地总量稳定增长,有效改善了城市生态环境,为推进国家中心城市建设和全市城镇化健康发展发挥了积极作用。全市开工建设城市绿化项目375个,新建城市绿地面积1642万平方米,完成全年目标任务1000万平方米的164%(其中主城区新建882万平方米,完成全年目标500万平方米的176%)。开工建设(含续扩建)城市公园52个,建成城市公园11个,完成全年目标任务8个的137.5%。开工建设(含续扩建)社区公园25个,建成社区公园18个,完成全年目标任务15个的120%。开工建设干道绿化180条。全市义务植树433.5万株,完成全年目标任务150万株的289%。全市建成区绿化覆盖率达到42.1%,建成区绿地率达到37.9%,人均公园绿地面积达到17.2平方米。

2.园林绿化管护

坚持把园林绿化管护作为重中之重,通过市街巡查、交叉学习等方式,指导督促区县加大管护力度,增添管护措施,形成建绿和管绿并重的工作格局。加强夏季抗旱保苗、衰弱大树管护、过密树木调整移植等重点工作,提高苗木特别是大树的成活率。开展五大功能区园林绿化管护情况专题调研,有针对性开展“三个一”工作(即制定一个管护工作目标计划,编制一本管护技术手册，制作一部管护技术电教片），进一步强化对区县的技术培训和指导，分片区培训区县人员800多人次，有效提升了管护效果，市街园林管护更加规范，树木长势良好。

3.园林绿化规划

围绕五大功能区域战略定位，进行绿地系统规划修订，目前已完成初步成果，通过了市级专家论证评审，预计2015年上半年完成规划。开展《重庆市城市湿地公园规划设计导则》编制工作。加强公园和绿地修建性详细规划设计方案论证和审查，依法做好并联审批工作，确保区县园林绿化建设品质。全年论证审查区县绿化工程项目修建性详细规划设计方案14个，完成建设项目配套绿地审查701件次。

4.园林科研

推进重庆市园林绿化信息平台建设，该成果荣获2013年中国地理信息产业优秀工程银奖。认真开展园林科研和科普推广，组织申报科研项目58项，成功立项34项，其中国家级2项、省部级16项。完成科技成果鉴定18项，其中《优良珍贵乡土树种筛选及繁育技术》研究成果获市政府科技进步三等奖。组织开展科技活动周、科普日、科技例会、生态讲座等活动150余次，促进园林知识进校园、进社区、进区县。加大科技成果转化力度，推动园林新品种、新技术和新材料的推广，强化了科技对园林绿化的支撑作用。

5.园林创建

深入开展国家园林县城（城镇）创建工作和园林式单位（市街、小区、城镇）创建工作，组织开展第一批市级生态园林城市（区）申报工作。奉节县、巫山县、酉阳县和长寿区长寿湖镇、合川区三汇镇、荣昌县双河镇分别成功创建为国家园林县城和国家园林城镇。有序推进丰都县、忠县、巫溪县、秀山县创建国家园林县城工作。全市申报“园林三创”项目103个，有42个通过验收。

6.公园规范化管理

会同市级相关部门扎实开展全市公园、历史建筑等公共资源中设立私人会所清理整改工作。推进全市公园管理信息化系统建设。指导各公园加强规范化管理，进一步提升管理水平和服务质量。推进主城公园草坪开放工作，市民反映较好。全年主城区公园共接待游客2900多万人次，同比增加1.2%；自主经营收入9200多万元，同比增长1.8%。

7.园林行业市场管理

新修订《重庆市城市园林绿化管护企业资质等级标准》，出台《重庆市城市园林绿化企业信用管理办法》及《标准》，初步建成全市园林绿化企业诚信数据库系统，分片组织全市区县园林主管部门和园林绿化企业诚信体系建设的培训和信息收录等工作。目前已培训580人次，各区县绿化主管部门均完成注册，全市园林绿化企业90%已经完成注册和基本信用信息的录入工作。实现风景园林行业经济运行统计工作常态化，开展园林绿化工程招投标专家培训，进一步规范了园林市场和行业监管，及时引导园林行业向制度健全、管理规范方向发展。统一主城九区及局属单位园林绿化一线工人管护服装，有效保障工人作业安全。加强园林绿化企业资质审核管理，全市园林绿化企业呈良性快速发展态势。目前，全市园林绿化企业总数达到499家，其中具有施工资质的企业469家（其中一级资质30家，二级资质147家，三级资质322家，另有11家已报住房城乡建设部待批一级资质）；具有监理资质的企业21家，具有管护资质的企业151家（其中二级资质43家，三级资质108家）。市外园林绿化施工企业入渝登记备案40家。

8.依法行政和执法监督

认真开展《中共中央关于全面推进依法治国若干重大问题的决定》和《中共重庆市委关于全面推进依法治市的意见》的学习贯彻，制定《加强风景园林法治建设推进依法行政实施方案》，全面推进依法行政工作。本着精简审批项目、减少审批环节、缩短审批时间、提高审批效率的原则，简政放权、放管结合，逐步推进行政审批制度改革，对行政审批项目逐个进行清理，全年共下放1项、取消1项行政审批项目，保留行政审批项目11项。积极推进园林法规体系建设，完成《重庆市城市园林绿化条例》《重庆城市园林绿化赔偿补偿规定》《重庆市城市建设项目配套绿地管理技术规定》等地方性法规、政府规章和规范性文件修订的前期工作。组织开展6期园林执法培训，制定《风景园林绿化建筑领域违法违规行为举报实施意见》，加大园林绿化执法力度。全市办理群众投诉2100余件，查办涉绿违法案件342件，责令整改恢复绿地面积4.8万平方米。

(二)风景名胜区建设与管理

2014年，重庆市共有国家级和市级风景名胜区36处，面积4954.61平方公里，占市域面积6.01%。其中，国家级风景名胜区7处，2497.72平方公里，占市域面积3.03%；市级风景名胜区29处，2456.89平方公里，占市域面积2.98%。

1.风景名胜区和自然遗产地管理

组织开展全市风景名胜区体系规划编制工作。全市7个国家级风景区总体规划，5个通过国务院批准，2个(长江三峡、潭獐峡)正在编制中。29个市级风景区总体规划，已通过市政府批准24个，其余风景区总体规划正在编制中。推进铜梁巴岳山—西温泉申报国家级风景名胜区工作。加强风景区执法检查，指导相关区县对缙云山风景名胜区存在问题进行了扎实整改。指导各风景名胜区和自然遗产地加强规范化管理，进一步提升管理水平和服务质量。全市风景名胜区接待游客2095万人次，同比增长2.6%，实现门票总收入3.6亿元，旅游综合收入24.8亿元，呈现出良好发展势头。

2.金佛山成功申报世界自然遗产

加强统筹指导和协调沟通，积极争取上级支持和专家认可，会同南川区全力推进金佛山申遗工作。2014年6月23日在卡塔尔举行的第38届世界遗产大会上，南川金佛山作为中国南方喀斯特二期申遗项目的组成部分，成功列入世界自然遗产名录。至此，我市拥有世界自然遗产2处、文化遗产1处。金佛山的成功申遗，对于全市科学保护、合理利用自然遗产将起到积极的作用。

二、2015年发展展望

坚持以党的十八大和十八届三中、四中全会精神为指导，认真贯彻落实市委四届三次、四次、五次、六次全会精神，紧紧围绕“科学发展、富民兴渝”总任务和五大功能区域发展战略，以建设“美丽山水城市”为目标，以创建生态园林城市为统揽，以实施城市园林绿化“五大工程”为抓手，以“五项保障措施”为支撑，按照“重规划、增绿量、强管护、提品质、惠民生、促发展”的总体要求，进一步提高城市园林绿化规划、建设和管理水平，实现五大功能区域城市园林绿化整体推进、协调发展，各有侧重、各具特色，为把重庆建设成为碧水青山、绿色低碳、人文厚重、和谐宜居的生态文明城市做出积极的贡献。

2015年，全市计划新增城市绿地1000万平方米(其中主城区新增500万平方米)，开工建设8个城市公园、15个社区公园，都市功能核心区与拓展区公园绿地服务半径覆盖率不低于80%，城市发展新区、渝东北生态涵养发展区、渝东南生态保护发展区公园绿地服务半径覆盖率不低于70%；都市功能核心区和都市功能拓展区市街绿化管护市场化率达到55%以上；全市城市绿地管护优良率达到70%以上，古树名木保存率达到98%以上。

(一)以创建生态园林城市为统揽，统筹抓好城市园林绿化各项工作

认真组织做好丰都、忠县、巫溪、秀山等4个县创建国家园林县城，永川、开县、云阳、万盛经开区等4个区县创建市级生态园林城市工作，完成市级生态园林城市创建1个。指导各区县结合实际，制定切实可行的创建目标和工作方案，开展好国家级园林县城、市级生态园林城市、“园林三创”等创建工作，以此促进城市园林绿化规划、建设和管理水平提升。

（二）以实施“五大工程”为抓手，促进城市园林绿化提档升级

一是实施公园绿地建设工程。按照住房城乡建设部“城市居民出行300米见绿，500米见园”要求，加大各类公园绿地建设力度，提高公园绿地服务半径覆盖率。坚持公园公共服务属性，严禁在公园内设置高档私人会所，完善公园便民服务设施，改造提升公园景观质量，进一步提高公园规范化管理和服务水平，让市民更好地享受到园林绿化成果，助推都市旅游经济发展。二是实施绿道绿廊建设工程。坚持绿随路建，利用城区扩展、道路扩容、旧城区改造等契机，依托公园、广场、休闲带等城市绿色节点，实现绿道绿廊连点成片。按照《重庆市林荫道建设与培育导则》要求，大力开展林荫道建设与培育，增加城市道路绿化的乔木种植比重，提高道路成荫率。三是实施园林景观建设工程。围绕“山城、江城、绿城”特色，合理配置树木花草，有机融入自然、人文元素，提升城市园林绿化品质。结合日常管护，组织实施“增花添色”行动，按照总体规划、分步实施的原则，对现有绿地适量补植一些开花和彩叶植物，增绿造景，丰富色彩，靓化节点，建设一批城市景观大道，打造一批园林精品景观，促进城市绿化提档升级。四是实施生态修复建设工程。加强城市山体、水体保护，因地制宜开展绿化。加大老旧小区绿化提档改造，推进城市弃置地绿化。大力推广屋顶绿化，重点加强对大型公共建筑屋顶、城市商圈等大面积屋顶绿化的指导，凸显山地城市特色。全面清理城区内各类建设留下的创伤面，采取立体绿化等方式进行生态修护。推进海绵城市建设试点工作，加大对湿地公园、屋顶花园、雨水花园、下沉式绿地、植草沟等集雨型绿地的建设，提升城市绿地调蓄雨洪的“城市海绵体”功能。五是实施数字园林管理工程。按照“智慧城市”建设要求，加快城市园林绿化管理信息系统建设，提高遥感信息技术在绿地要素调查、古树名木保护、绿地系统监测、绿地跟踪管护等方面的应用水平。

（三）以“五项保障措施”为支撑，夯实城市园林绿化工作基础

一是加强城市绿地系统规划及实施。根据五大功能区域定位，结合城乡建设总体规划，科学编制城市绿地系统规划，推动“规划建绿”。2015年底前，完成《重庆市主城区城市绿地系统规划(2014~2020)》深化编制工作，各区县全面启动绿地系统规划编制或修订工作。严格实施绿地系统规划，严格占绿、用绿审批，防止和减少城市绿化建设中出现毁绿占绿、占多补少、占大补小、占优补劣、化整为零、整体分割等现象。做好城市园林绿化“十二五”规划实施情况总结评估工作，启动《重庆市城市园林绿化“十三五”规划》编制工作。二是加强园林法治建设。积极推进《重庆市城市园林绿化条例》《重庆市城市园林绿化赔偿补偿规定》以及园林行业市场监管、安全生产监管等方面的地方性法规、政府规章和规范性文件的修订和制定工作。加强园林执法工作，加大涉绿案件查处力度。进一步转变城市园林绿化主管部门职能，推进简政放权、放管结合，编制权力清单、责任清单，加快筹建网上行政审批平台，改革行政审批制度，规范权力运行，严格依法行政，坚持运用法治思维和法治方式推进城市园林绿化行业健康发展。三是加强园林科技工作。以科技创新为驱动，加大科技投入，促进科研成果的转化和应用，充分发挥园林科技对园林行业的促进、支撑作用。积极推广使用渗透性铺装、节水型设施等园林新技术、新成果、新品种，在新建城市绿地、公园绿地中节约型园林新技术应用率达到50%以上，实现城市绿地景观效益、生态效益和社会效益的最大化。建立园林绿化科普信息服务平台，为市民提供园林技术、信息服务。四是加强日常养护管理。坚持完善市街绿化管护巡查、交叉观摩学习等工作机制，指导区县配强管护技术力量，完善管护设施设备，强化管护监督考核，着力抓好夏季抗旱保苗、大树管护等重点环节，加强修枝整形、土壤改良、病虫害防治等日常管护，不断提高专业化、精细化、规范化管护水平。鼓励区县

探索认捐、认养、认建绿地模式，创新城市园林绿化融资平台，吸引社会资本参与城市园林绿化建设、运营和养护。五是加强园林行业安全生产工作。深入贯彻《中共重庆市委重庆市人民政府关于安全生产“党政同责、一岗双责”的意见》和《重庆市建设工程安全生产管理办法》(重庆市人民政府令第289号)精神，完善“党政同责、一岗双责、齐抓共管”监管体制，强化园林行业安全生产责任体系建设，切实抓好安全隐患排查整改，全面落实各项安全保障措施，确保全市园林行业安全生产形势持续稳定。加强突发事件应对基层基础建设，修订完善应急预案，开展应急演练，进一步提升应急管理工作水平。

(四)进一步加强风景名胜资源保护利用

加快推进全市风景名胜区体系规划编制工作，加快推进长江三峡风景名胜区总体规划编制报批工作。严格执行风景区规划，从严控制项目审批，防止违规项目建设。继续抓好缙云山风景名胜区执法检查整改工作。进一步规范风景名胜区管理秩序，完善景区基础设施，提升管理和服务水平，实现风景名胜区生态保护和资源利用协调发展。做好金佛山申遗成功后的相关工作。加强对世界自然遗产的保护管理和科学利用，深挖遗产资源价值，找准资源保护的着重点，服务旅游经济发展。

(五)提高园林行业市场监管水平

修订完善《重庆市城市园林绿化企业资质管理办法》。进一步完善全市风景园林绿化统计指标体系。继续抓好城市园林绿化行业诚信体系建设，完善城市园林绿化企业信用管理综合评价系统平台功能，实现与市级有关部门信息平台联网共享，抓好城市园林绿化企业诚信结果运用，保障园林行业健康有序发展。通过政策扶持、市场运作、行业引导、管理服务等方式，培育一批优秀城市园林绿化企业，促进重庆城市园林绿化企业整体发展壮大。积极发展园林产业，扩大园林消费，服务全市经济社会发展。

(作者单位：重庆市园林局)

环境保护

周顺涛

2014年，在重庆市委、市政府的坚强领导下，全市环保工作成效明显，生态文明体制改革深入推进，城乡生态环境质量明显改善，环境与经济更加协调，环境监管能力进一步提升，全市环境安全得到有效保障，环境保护事业迈上新台阶，生态文明建设开启新征程。

重庆市主城区空气质量按《环境空气质量标准》(GB3095-2012)(简称空气质量新标准)评价，达标天数为246天；6项基本项目中，二氧化硫(SO_2)、二氧化氮(NO_2)、一氧化碳(CO)和臭氧(O_3)浓度达标，可吸入颗粒物(PM_{10})、细颗粒物($PM_{2.5}$)浓度分别超标0.40倍、0.86倍；主城以外其他区县(自治县)城区空气质量按《环境空气质量标准》(GB3095-1996)(简称空气质量老标准)评价，31个区县(自治县、经开区)城区空气质量PM_{10}、SO_2和NO_2年均浓度均达标。全市降水pH年均值为5.02，酸雨频率为41.4%，酸雨污染有所减轻。地表水总体水质良好，Ⅰ~Ⅲ类水质的断面比例为79.5%；集中式生活饮用水源地水质达标率为97.3%。声环境质量总体保持稳定，区域环境噪声平均等效声级为53.6分贝，道路交通噪声平均等效声级为66.1分贝。

一、生态文明建设

重庆市委、市政府出台《关于加快推进生态文明建设的意见》并召开全市生态文明建设大会，全面部署新时期重庆生态文明建设工作，制定了加快推进重庆市生态文明建设的“路线图”和“时间表”。明确提出以五大功能区域发展战略为指导，把生态文明建设融入经济、政治、文化、社会建设各方面和全过程，严守“五个决不能”（决不能以牺牲生态环境为代价追求GDP和一时的经济增长，决不能以牺牲绿水青山为代价换取所谓的“金山银山”，决不能以影响未来发展为代价谋取当期增长和眼前利益，决不能以破坏人与自然关系为代价获得表面繁荣，决不能对当前环保突出问题束手无策、无所作为，对苗头性问题疏忽大意、无动于衷）底线，更加突出环境保护和生态建设，坚持保护中发展、发展中保护，坚定不移走可持续发展道路，把重庆建成碧水青山、绿色低碳、人文厚重、和谐宜居的生态文明城市。

市委在全面深化改革领导小组下设生态文明体制改革专项小组并由环保部门统筹推进全市生态文明体制改革工作。完善环境资源保护制度、生态补偿制度、环境信息公开和社会监督机制、资源环境承载能力监测管控机制，深化生态环保投融资体制、自然资源资产管理体制改革，健全环保与司法衔接机制、总量减排长效机制等9项生态文明建设领域的重要改革任务和环保领域的9项改革任务完成，“源头严防、过程严管、后果严惩”的生态文明制度体系正在加快形成。发起成立规模为10亿元的全国第一支环保产业股权投资基金，可撬动40亿到50亿元的资本投入生态环保领域。借鉴发达国家排污权交易做法和重庆市“地票”交易经验，创新推进排污权（污水、废气、垃圾）有偿使用和交易试点工作，推进城乡之间环境资源资本有序流动。完善环境信息公开制度，拓宽公众参与渠道，公开环境信息3万余条。

二、环境质量

大气环境质量：主城区空气质量达标天数为246天（占67.4%），同比增加40天；其中优、良天数分别为52天（14.2%）、194天（53.2%）；超标天数为119天（32.6%），其中轻度污染、中度污染、重度污染天数分别为64天（17.6%）、37天（10.1%）、18天（4.9%）。超标天数（119天）中首要污染物为$PM_{2.5}$、O_3的天数分别为101天（84.9%）、18天（15.1%）。主城区空气中PM_{10}、$PM_{2.5}$、SO_2、NO_2年均浓度分别为98ug/m^3、65ug/m^3、24ug/m^3、39ug/m^3；CO和O_3浓度分别为1.8mg/m^{3}和146ug/m^3；其中SO_2、NO_2、CO和O_3浓度达标，PM_{10}、$PM_{2.5}$浓度分别超标0.40倍、0.86倍。与2013年相比，PM_{10}、$PM_{2.5}$、SO_2、O_3浓度分别下降7.5%、7.1%、25.0%、9.9%。

主城区以外其他区县（自治县、经开区）城区仍然按空气质量老标准评价。31个区县（自治县、经开区）城区空气中PM_{10}、SO_2、NO_2平均浓度为72ug/m^3、28ug/m^3、33ug/m^3，3项污染物年均浓度均达标。与2013年相比，PM_{10}、SO_2年均浓度分别下降11.1%、24.3%，NO_2年均浓度持平。31个区县（自治县、经开区）空气质量达标天数均在323天以上。

水环境质量：地表水水质按《地表水环境质量标准》（GB3838-2002）进行评价。全市地表水总体水质为良好，161个监测断面中，Ⅰ类、Ⅱ类、Ⅲ类、Ⅳ类、Ⅴ类和劣Ⅴ类水质的断面比例分别为0.6%、30.4%、48.5%、11.8%、5.6%和3.1%，其中Ⅰ~Ⅲ类水质的断面比例为79.5%，比2013年上升3.5个百分点；水质满足水域功能要求的断面占86.3%，比2013年上升3.8个百分点。全市61个集中式生活饮用水源地水质达标率为97.3%。

长江干流总体水质为优，15个监测断面中，Ⅲ类水质的断面比例为100%，与2013年持平。长江支流总体水质为良好，146个监测断面中，Ⅰ类、Ⅱ类、Ⅲ类、Ⅳ类、Ⅴ类和劣Ⅴ类水质的断面比例分别为0.7%、33.6%、43.1%、13.0%、6.2%和3.4%，其中Ⅰ~Ⅲ类水质的断面比例为77.4%，比2013年上升4.0个百分点；水质满足水域功能要求的断面占86.3%，比2013年上升4.3个百分点。

全市集中式生活饮用水源地水质良好，61

个饮用水源地水质达标率为97.3%，比2013年下降2.4个百分点。主城区集中式生活饮用水源地水质良好，14个饮用水源地水质达标率为91.1%。其他区县城区集中式生活饮用水源地水质良好，47个饮用水源地水质达标率为99.1%。

声环境质量：全市区域环境噪声平均等效声级为53.6分贝；道路交通噪声平均等效声级为66.1分贝，比2013年下降0.3分贝。主城区区域环境噪声平均等效声级为53.7分贝，比2013年上升0.3分贝；道路交通噪声平均等效声级为66.6分贝，比2013年下降0.8分贝。其他区县城区区域环境噪声平均等效声级为53.5分贝，与2013年持平；道路交通噪声平均等效声级为65.7分贝，与2013年持平。

三、污染防治

深入推进"蓝天、碧水、绿地、宁静、田园"环保五大行动，投入70亿元实施2000余个污染防治项目，落实一系列工程措施、技术措施和管理措施，统筹治理环境污染，一批突出的环境问题得到进一步解决。

实施"蓝天行动"：以"四控一增"（控制工业、扬尘、交通、生活污染，增强大气污染监管能力）为重点，全面贯彻大气污染防治行动计划。关闭重庆九龙电厂、磨心坡电厂、重庆发电厂1号机组、西南合成寸滩分厂合成车间、龙桥热电有限公司4台小火电机组和二环以内16家烧结砖瓦窑等一批污染大户。所有新建燃煤机组均完成脱硫、脱硝和除尘设施建设，完成重钢股份公司、华能珞璜发电公司等9家企业14台火电机组及烧结机烟气脱硫、脱硝、除尘设施建设与改造，完成48家工业企业废气深度治理。淘汰燃煤锅炉512台，超额完成国家下达的任务。完成28家混凝土搅拌站粉（扬）尘治理，对全市3942台建筑垃圾运输车进行全密闭升级改造。实行扬尘污染企业"黑名单"管理制度，在主城区重点施工工地和主要道路推进安装扬尘在线监测设施，从源头控制运输扬尘污染。在全国率先建设利用电子车牌实施黄标车限行管理的执法系统，淘汰黄标车和老旧车6.7万辆，超出国家下达任务1万辆。推进13家企业开展挥发性有机物治理，完成369座加油站、159辆油罐车及10座储油库油气污染治理，督促350家餐饮单位安装高效油烟净化装置，减少春节期间烟花爆竹燃放点400余个。建立大气污染防治工作责任机制和空气重污染天气预警应急体系，积极防范重污染天气。

实施"碧水行动"：以"四治一保"（治理城乡饮用水源地水、工业企业水、次级河流及湖库水、城镇污水垃圾污染，保护三峡库区水环境安全）为重点，综合治理水环境污染。投入2.25亿元，扎实推进主城区56个湖库整治民生实事，完成化龙湖、碧津湖、宝圣湖等25个湖库综合整治。新建水土、果园2座城市污水处理厂，完成永川、铜梁和渝北区城南、城北4座城市污水处理厂扩建，新建161座乡镇污水处理厂，累计建成城镇生活污水处理设施609座（城市59座、乡镇550座），设计处理能力达365万吨/日，同比增加27万吨/日，城市污水处理率达到90%，城镇污水处理率达到75%。用好国家良好湖泊专项资金2.74亿元，实施玉滩湖、长寿湖生态环境保护项目，保障了5个区县71个乡镇约220万人生产生活用水安全。深化"河段长"和"河段督导长"河流整治工作机制，扎实开展龙河、大宁河等9条重点次级河流综合整治，以水质监测"倒逼"推动15个区县（自治县）实施超标河段污染整治，万州区五桥河、黔江区黔江河、璧山区璧南河等河流取得阶段性整治成效。

实施"宁静行动"：以"四减一防"（减少社会生活、交通、建筑施工、工业噪声，噪声源头预防）为重点，开展噪声污染综合整治。严格夜间建筑施工审批，严控建筑施工噪声扰民。整治娱乐场所162家，完成25个工业噪声源限期治理和18个工业噪声源搬迁、关停工作，新建51个市级安静居住小区，新增27平方公里环境噪声达标区，改造低噪声路面15万平方米。

实施"绿地行动"：以"三项工程"（城乡土壤修复、城乡绿化、自然保护区防控工程）为重点，强化生态建设与保护。推进重点生态功能区生态环境保护全过程管理试点工作，完成重点生态功能区和生态敏感区、脆弱区生态系统服务功能评价，在全国率先建立自然保护区空间管理系统，编制重庆市生态保护红线初步划定方案。加强自然保护区监管，奉节县天坑地缝、江津区四面山、开县澎溪河等自然保护区规划优化调整通过国家审查，城口县大巴山、南川区金佛山自然保护区调规通过国家评审、公示，开展雪宝山、阴条岭、大巴山国家级自然保护区和8个市级自然保护区管护能力建设。编制《土壤环境保护与综合治理方案》。开展74块场地的环境风险评估工作，评估场地面积287万平方米，全面完成6批207家重点搬迁企业场地环境风险评估工作。修复污染土壤8万立方米，提供开发净地56.6万平方米。积极开展生态文明示范创建工作，累计建成2个市级生态区县，5个国家级生态乡镇（街道），50个市级生态乡镇（街道），500余个市级及区县级生态村。

实施“田园行动”：以“三治一保”（农村生活污水、生活垃圾、畜禽养殖污染治理，农村饮用水源地保护）为重点，加强农村环境综合整治。用好中央专项资金7.82亿元，重点支持撤并场镇、农民新村和高山扶贫搬迁等集中安置点以及龙溪河、玉滩湖重点流域等1550个村的农村环境连片整治项目，将三峡库区15个移民区县的农村环境综合整治纳入三峡后续规划支持范围，已完成650个村的项目，启动实施900个村的项目。36个涉农区县（自治县）全部建立农村环境连片整治长效管理机制，确保项目“建成一个，见效一处”。环境保护部将重庆作为全国唯一的农村环境连片整治省级典型区域，组织中央媒体对重庆市经验进行了宣传报道。出台《关于贯彻畜禽规模养殖污染防治条例的实施意见》，严格分区管理，对禁养区内的经营性养殖场实施取缔、关闭和搬迁。

在污染物减排方面，完成15个列入国家目标责任书的重大减排项目和近1300个市级减排项目，化学需氧量、二氧化硫、氨氮、氮氧化物分别减排1.38%、3.79%、1.69%、1.93%，均完成国家下达的年度减排任务。开展主要污染物排放权交易344次，交易金额达2262.11万元。通过推进总量减排等环保工作，倒逼经济发展方式转型，为重钢菲尼克斯(FINEX)等重大项目落地提供了环境容量支撑，为推动全市产业转型升级和环境质量持续改善奠定坚实基础，推动重庆市产业结构更趋合理。

四、环境影响评价与建设项目管理

进一步规范环评管理，出台《关于转发建设项目环境影响评价政府信息公开指南（试行）的通知》、《重庆市建设项目环境影响评价文件审批程序规定》等文件，保障了信息公开、程序规范。进一步深化简政放权，向区县（自治县）分类下放70项环保项目审批权限，环保审批效率大幅度提高。全年共审批建设项目环评5202个，涉及项目总投资6016亿元，其中环保投资126亿元。

改革“三同时”管理制度，印发实施《重庆市建设项目环境保护设计备案名录（2014年修订版）》，调减建设项目环境保护设计备案名录范围，简化备案形式、内容及试生产的延期审批，创新开展建设项目污染防治设施验收。全年环保验收合格建设项目2774个（其中市级186个，区县2588个），涉及投资3061亿元，其中环保投资82.4亿元，占2.69%。

五、环境监测与安全管理

围绕环境空气质量新标准监测、集中式饮用水水源地全项目监测及国控污染源全项目监测等重点工作，全面完成环境质量监测、污染源监督性监测和环境质量专项监测。加强总量减排监测体系建设运行，国控重点企业自行监测公布率、监督性监测公布率分别达93%、98%，达到国家考核要求。加强环境质量监测数据综合分析，服务支撑环境监督管理。开展主城区空气质量预报，加强颗粒物来源解析研究。深化环境信息公开，及时向公众发布环境质量状况信息。

加强环境监测质量管理,组织开展全市水、气、声环境质量监测和污染源监督性监测专项自查和检查,以及环境监测质量督查。推进环境监测站标准化建设,完成9家环境监测站标准化建设达标验收,主城区新增12个空气质量自动监测点位。开展全市环境监测岗位大练兵及技术大比武活动。

在辐射安全监管方面加强能力建设和监管,组织开展了放射源安全大检查,确保全市核与辐射环境安全。核发辐射类建设项目环境影响评价要求通知书105份,建设项目环评审批230个,项目试生产批复69个,竣工环境保护验收261个,完成了放射源、非密封放射物质转让审批及放射源异地使用备案293件。核发辐射安全许可证455件,全市1725家放射性同位素与射线装置核技术利用单位辐射安全许可证持证率达到100%。完成7213个基站的环保验收,更好地服务社会经济发展。完成30个国控点、44个市控点的辐射环境质量监测、29个委托监测、60个竣工验收监测以及1205人次个人剂量监测,同时,还完成了城市废物暂存库、第三军医大学及维格辐照场的监督监测。辐射环境监测质量考核综合排名全国第一。

在危险废物安全监管方面,严格固体废物环境管理行政审批,开展固体废物领域审批审核专项整治,进一步规范审批审核。全年完成1429件固体废物转移、11个危险废物经营许可证、1家废弃电器电子产品处理企业许可证审批以及6家进口固体废物申报材料的审核。深入推进危险废物规范化管理,对454家危险废物重点监管源企业开展危险废物规范化管理考核,考核结果满足国家要求。推进危险废物和医疗废物集中处置设施建设,建成投运33个危险废物集中利用处置设施,具备利用处置工业危险废物约75万吨/年及医疗废物无害化处置56.5吨/日的能力。开展危险化学品环境管理登记和重点环境危险化学品企业风险评估工作。加强可用作原料的固体废物进口企业及危险化学品进出口企业的环境监管。推进生活垃圾无害化处置能力,完善城镇垃圾收运系统建设,强化对垃圾渗滤液、焚烧飞灰及污水处理污泥的管理。截至2014年底,全市共建成生活垃圾无害化处理场(厂)61个,设计处理总能力达到15998吨/日。全部区县(自治县)和重点建制镇均建设了垃圾收运系统,实现了城市生活垃圾无害化处理设施的全覆盖。全年无害化处理生活垃圾约628万吨,城市生活垃圾无害化处理率达到99%,城镇生活垃圾无害化处理率达到88.6%,提前超额完成《"十二五"全国城镇生活垃圾无害化处理设施建设规划》目标要求。

六、环境监察与信访管理

坚持严格执法,依法行政,强化环境监管执法。全市征收排污费约4.46亿元,其中市级直接征收排污费1.18亿元。全年行政处罚1480件,共处罚金7674万元。编制、备案各类环境应急预案1707个(市级5个、区县级116个、园区级46个、饮用水源地环境应急预案239个、取供水单位140个、企业环境应急预案1161个),较去年新增234个。开展环境综合应急演练44次,参演人员3788人。完成21家重点企业风险评估试点,开展环境风险隐患专项排查整治,督促整改隐患589个。妥善处置42起易引发环境污染的突发事件,成功扼制25起,发生一般突发环境事件16件,妥善处置湖北跨省污染巫山县千丈岩饮用水源的重大突发环境事件。

市环保局共受理环境污染信访投诉案件56225件,同比上升18.6%,其中"12369环保举报热线"受理投诉52821件,同比上升18%;信访室受理来信来访3404件,同比上升28.5%。受理的信访投诉中,涉及噪声污染37263件、大气污染13853件、水污染2265件、放射辐射污染836件、固体废物污染40件、建设项目投诉124件、其他类别污染1844件,水污染、固体废物及其他类别污染投诉较去年略有下降。

七、环境保护能力建设

全市环境保护投入293.69亿元,占当年

GDP的2.06%。其中,城市污水处理厂、垃圾处理厂、园林绿化、燃气工程等城市环境基础设施建设投入149.21亿元,工业污染治理投入19.02亿元,环境管理与科技投入3.61亿元,新建项目"三同时"环境投资121.85亿元。

投入2亿元加强环境监管能力建设。在全国率先实现乡镇环保机构全覆盖,全市1017个乡镇全部设立环保机构并配置专兼职人员2498名,配置环保执法车辆等设备,初步形成"市—区县—乡镇"三级环境监管网络。环境监察、监测、宣教、辐射等环保能力标准化建设全面推进,市环境监察总队在全国率先通过验收,20个区县(自治县)环境监察机构通过第一批验收。启动$PM_{2.5}$监测能力全覆盖建设,全市92.5%的环境监测机构达到标准化建设要求,环境监测能力全面提升。推进实施环保人才工程,环保队伍总数实现"十连增",市级和区县(自治县)环保系统编制数3364名,实有2899人,较上年分别增加0.7%、1.2%。首次在环保系统设立工程领域环境保护专业技术职称评审委员会,新建成1个市级重点实验室。

八、环境法制建设与宣传教育

认真贯彻实施新《环保法》,加快地方环保法规立改废进程。修正《重庆市环境保护条例》,开展《重庆市大气污染防治条例》《重庆市建设项目环境保护管理办法》《重庆市污染场地环境保护管理办法》《重庆市畜禽养殖污染防治办法》等立法项目的调研、起草工作,对《重庆市控制燃煤二氧化硫污染管理办法》《重庆市饮用水源污染防治办法》开展立法后评估,完成《重庆市环境行政处罚裁量基准(试行)》修订,协助环保部起草制定《环境保护主管部门实施按日连续处罚办法》。依法开展环境行政复议,全年受理复议案件19件,办结率100%。加强环保行政执法与刑事司法衔接,制定《重庆市环境保护与公安部门执法衔接工作实施办法》《重庆市环境保护行政执法与刑事司法衔接工作实施办法》,进一步健全和完善环境案件移送、联合调查、信息共享和奖惩机制。市公安局成立环境安全保卫总队,市高法院在万州、涪陵、黔江、渝北和江津区设立5个环境资源审判庭,初步形成"刑责治污"的工作格局。

围绕全市生态文明建设和环保"五大行动"、"六件大事"等中心工作,利用电视、广播、报纸、杂志、网络、微博、微信等10余类媒体,通过新闻通报会、组织媒体采访、刊发专版专栏、打造重庆环保官方微博、官方微信"双微平台"、"五大行动"专题网页等多种形式加强环保宣传,全年通过各类媒体刊发重庆环保新闻(信息)6万余条。联合12个市级部门进一步加强生态文明和环保宣传"十进",策划开展丰富多彩环境文化活动。深化党政领导环境教育,大力推进市、区县(自治县)两级"环保课进党校"。加强环保系统从业人员教育培训,全年组织开展各类培训班28期,累计培训4500余人,首次将环保培训延伸到乡镇一级。组织新编中小学生态文明教育教材,向800所中小学校进行配备,进一步强化中小学环境宣传教育。推动长寿等14个区县(自治县、经开区)环保宣教能力建设通过达标验收,实现市、区县(自治县)两级环保宣教能力建设达到国家标准化建设要求。重庆环保政务微博被人民日报社、新浪、腾讯评为"全国十大环保微博"、"重庆市十大政府机构微博"。在2014年全国生态文明宣传教育绩效评估中,重庆市以总分第一获得优秀等次。

九、国际交流和合作

圆满完成英国国务大臣来渝等30余批重要外事活动。与斯洛文尼亚马里博尔市环境、食品、卫生综合署签署了《环境保护战略合作备忘录》,与澳大利亚新南威尔士州布尔伍德市政厅签署《城市生态文明建设与环境保护战略合作备忘录》。推进全球环境基金"中国污染场地治理项目"重庆示范项目、加强地方消耗臭氧层物质(ODS)淘汰履约能力建设二期项目。入选日本环境省与环保部联合开发的"中日改善大气环境城市间合作项目"以及"建设环境友好型社会项目”。积极开展环保产业股权投资基金试点，推进国家环保援外宣传教育培训基地及环保产业公共服务平台建设。

（作者单位：重庆市环境保护局）

工商行政管理

王震宇

一、2014 年工作回顾

2014 年，在市委、市政府和工商总局的坚强领导下，全市工商系统锐意进取，攻坚克难，积极推进商事制度改革，全力扶持微型企业发展，切实加强市场监管，维护市场经济秩序，保护消费者合法权益，有力激发了市场活力，营造了万众创业、大众创新的良好氛围，各项工作取得了可喜成绩。市领导对全市工商管理工作作出 40 余次肯定性批示。9 月 9 日，工商总局马正其副局长在渝调研时给予重庆工商“有作为、有地位、有创新、有影响”的高度评价。

（一）深入推进商事制度改革，着力营造宽松平等的准入环境，市场活力进一步激发

全市商事制度改革成效明显，有力激发了市场活力和社会动力。全市市场主体总量达 171.9 万户，位居直辖市第一，注册资本总额达 2.3 万亿元。全市内资企业达 48.17 万户，其中大型企业 2675 户、中型企业 2.07 万户、小型企业 10.06 万户、微型企业 35.77 万户（其中享受创业补助 13.99 万户）。2014 年，全市新发展市场主体 28.8 万户，其中企业 10.18 万户、注册资本 4334.6 亿元，同比分别增长 29.9%和 154.9%，创同期历史新高；8 月深化改革以来，平均每个工作日新设立企业 486 户、新增注册资本 21.86 亿元，分别比 1~7 月增长 36.5%和 53.3%，保持了提速发展的良好态势；企业占比由改革前的 26%提升至 28.32%，市场主体结构不断优化。一是先行全面实施改革。市政府制定出台《重庆市工商登记制度改革实施方案》和《重庆市深化工商登记制度改革实施方案》，积极推进改革工作，促进市场主体快速发展。二是持续深化改革举措。着力解决改革过程中存在的问题，完善“先照后证”信息抄告工作机制，同步推进工商登记相关行政审批事项改革，强化市场主体监管，初步形成了部门间联动配合、同步实施改革的良好格局，有效推动了政府职能转变。三是提高注册登记便利化水平。向 30 个区县下放冠“重庆”市名的核名权，36 个区县向工商所下放了部分企业登记权；13 个区县推行营业执照、税务登记证、组织机构代码证及公章“多证联办、并联审批”制度，不断提升工作效率。优化外资登记服务体系，向 8 个区县局实施委托登记，新设立外资远程登记站 3 个。提前介入、专人指导、全程跟踪服务，推动了法国液化空气、台湾新光天地百货等重点外资项目顺利落户。全市商事制度改革成效明显，有力激发了市场活力和社会动力。

（二）完善微型企业帮扶机制，着力营造草根人群创业环境，创业热情进一步高涨

一是完善配套政策体系。助推出台了《重庆市完善小微企业扶持机制实施方案》，确保新旧政策顺利衔接，“草根人群”创业热情持续高涨，微型企业发展数质并举。制定了完善微型企业扶持机制实施办法、扶持资金管理办法、创业补助审核指导意见等系列配套文件，形成了完善的操作规程。二是落实财税金融政策。细化公开创业补助办法，四类重点人群创办的五类鼓励类微型企业可“对号入座”申请创业补助，累计发放创业补助 35.07 亿元。优化税收奖励拨付流

程,改审批管理为备案管理,累计兑现税收奖励1.23亿元。建立完善微型企业创业扶持贷款风险补偿机制和融资担保支持政策,累计向微型企业发放贷款146.46亿元。三是加大后续扶持力度。累计免费开展创业培训及后续培训16.81万人次,设立各类微型企业特色孵化园、创业基地、特色村228个,动员2709户大中企业结对帮扶微型企业1.26万户。四是积极引导健康发展。建立400个微型企业运行监测点,提供全方位跟踪服务。指导各区县建立微型企业发展重点产业目录和发展项目库,优化区域产业结构。加强政策宣传,举办首届"微型企业创业大赛",激发创业热情。全市微型企业呈现出持续健康发展态势,有力推动了经济发展、扩大了社会就业、促进了城乡统筹、增进了社会和谐。2014年,全市新发展微型企业7.09万户,带动就业49.72万人。全市微型企业总量达35.77万户,带动就业271.82万人。其中,享受财政补助的13.99万户微型企业中,已有1.22万户微型企业发展壮大。8月6日,国务院扶持新创设小微企业调研组专题来渝调研,认为:"重庆在发展微型企业方面走在全国前列,树立了微型企业发展的标杆"。11月4日,著名经济学家厉以宁教授来渝授课时指出:"重庆小微企业搞得很好,党政重视,政策配套"。协助工商总局起草国务院《关于推动小型微型企业健康发展的意见》,将重庆发展微型企业经验做法吸纳入该《意见》。

(三)加大市场主体培育力度,着力营造良好的发展环境,营商环境进一步改善

一是深入实施商标战略。2014年,全市注册商标总量达13.3万件;新增驰名商标28件,创单次和同期增量历史突破,总量达110件,保持西部第二位;新增地理标志28件,总量达187件,居全国第三位、西部第一位;新认定重庆市著名商标95件、续展认定253件。规范商标发展奖励补助使用,推动奖励资金落实到位。二是大力实施广告战略。推动工商总局与市政府签订了《关于推进重庆市广告产业发展战略合作协议》,争取到工商总局6000万元无偿专项资金支持,顺利通过工商总局组织的广告产业园区评估。按照"一区多园"的模式,创新推进回兴、两江和三峡广告产业园建设。2014年,全市广告经营额64.2亿元、税收7.7亿元,同比分别增长19.9%和21.2%,广告产业规模在西部居领先地位。市局被工商总局通报表彰为实施广告战略工作先进单位。三是推动电子商务发展。全市电子商务经营主体总量达12.6万户、网站(网店)19.07万个,较2013年底分别增长14.4%和29.7%。深入推进电子商务诚信交易,对全市1.62万个网站(网店)发放了工商网络电子标识,独立网站电子标识贴置率达到68.8%。市局被工商总局通报表扬为网络市场监管工作突出单位。四是服务城乡统筹。新发展农村经纪人6328户,培训农村经纪执业人员1.16万人次。制定推广涉农合同参考文本43种,助力订单农业发展。多渠道帮助企业融资,办理股权出质、股权出资、动产抵押、"债转股"登记1.03万例,帮助融资3278.1亿元。五是抓好非公党建促发展。个体工商户、小微企业、专业市场新建党组织601个,新增党员3262名,新增6678名党员"三亮",命名市级示范点16个。率先在全国建成非公党建信息系统,得到中组部调研组的充分肯定。

(四)推进市场监管体制改革,着力营造公平竞争的市场环境,市场秩序进一步规范

一是积极破除地区封锁和行业垄断。推动市政府出台了《关于进一步破除地区封锁和垄断促进市场统一和公平竞争的通知》,对含有地区封锁和行业垄断内容的规范性文件进行了全面清理,50余个区县政府和市级单位自查清理文件4800余份。妥善处理工商总局第一例授权的燃气公司滥用市场支配地位的反垄断案,全程参与工商总局对微软、利乐公司的反垄断调查。二是顺利实施年报公示工作。召开各类宣讲会和政策解读会561场,培训市场主体113.8万户,创新开发年报手机申报APP软件,提高年报率和便利度。重庆企业年报公示率排名全国第九位、直辖市第一位。改市场巡查为随机抽查和

重点检查,抽查市场主体33.7万户次,处置违法行为3396项,引导2.06万户无照经营者合法经营。三是加大执法办案力度。坚持“惩大恶、戒小过”,全年共查处各类不正当竞争案件2245件、案值8.28亿元。深入推进打传规直工作,全面启动无传销区县创建活动。四是扎实开展重点领域监管。深入开展民办非学历教育培训机构专项整治,会同相关部门出台了民办培训机构设置标准和登记办法,着力规范民办培训机构主体资格和经营行为。组织开展人力资源市场秩序、市场中介组织虚假宣传行为等专项治理,建立了自费出国留学中介机构市场准入和监管制度。积极开展银行业、电信业合同格式条款专项整治,共检查格式合同文本913份、发出责改建议书601份,通过媒体公开点评典型不公平格式条款,引起了良好的社会反响。组织开展了成品油市场、涉农物资、非法集资风险排查、网上虚假宣传和销售假冒伪劣商品、商标代理机构、变相经营“黑网吧”等一系列重点领域专项执法行动,有力规范了市场秩序。以驰名、著名商标、地理标志和涉外商标为重点,加大商标专用权保护力度。加强媒体广告监测和监管,媒体广告总违法率为0.38%,保持全国广告违法率最低省市前三位,监管成效全国领先。五是健全完善信用约束机制。累计征集整合信用信息3110万条,较去年底增长49%。企业信用信息在工程建设、公共资源交易、政府采购、涉企财政补助审批、查办偷漏税等领域的应用不断深入。开展人力资源服务市场诚信建设,新公示国家级“守合同重信用”企业137户、市级“守合同重信用”单位1244户和微型企业243户。

(五)创新消费维权工作机制,着力营造安全放心的消费环境,消费潜力进一步释放

一是深入宣传贯彻新《消法》。开展企业新《消法》培训2.21万人次,有效促进经营者自律。举办“3·15”网络晚会和“3·15”国际消费者权益日纪念大会,产生了良好社会反响。制作新《消法》宣传视频和漫画册,通过电视媒体、轨道交通等广告视频终端播出1.37万频次,免费发放43.74万份,提升了消费者维权意识。二是创新商品质量监管机制。科学编制流通领域商品质量抽检重点商品品种计划,并向社会公开。率先推行流通领域商品质量抽检快检工作,完善溯源抽检工作制度和抽检信息情报库。全面开展加油站和油库成品油质量专项抽检行动,针对家用电器、服装、汽车零配件等重要行业和领域,追踪批发、仓储集散地“源头”开展抽检,共抽检商品2173组,发现不合格商品723组。三是提升消费维权效能。加强12315体系建设,不断扩大“五进”覆盖面,新建消费维权服务站1763个,设置加油站消费提示标志牌1300余块。四是强化消费维权社会监督。创新开发消费维权手机APP系统,引导企业延长鞋类商品“三包”期限,组织开展民用电线、移动电源、酱油等商品比较试验,受到消费者欢迎。12315中心和消委系统全年共受理消费者投诉举报3.34万件,为消费者挽回经济损失1.12亿元,同比增长48.95%。

(六)切实加强法治工商、信息化和干部队伍建设,履职能力进一步提高

一是法治工商建设取得新进展。积极参与《重庆市产品质量条例》等法规规章的起草修订,制定法治工商评价办法、指标体系及评价标准,完善规范性文件制定程序和行政处罚裁量权适用规则,深度规范了行政行为。二是信息化建设取得新突破。建立完善信息化建设评审机制,提升了信息化建设效益。发挥情报信息引领作用,初步建成技术领先、国内一流的情报信息工作平台,全年共搜集有价值情报4123条,案件转化率达54.45%。在全国工商系统率先建成具有司法鉴定资质的电子证据取证实验室,积极推进联合征信系统二期工程、信用信息公示系统、网上登记系统等重要信息化项目建设。三是干部队伍建设取得新成效。巩固第一批教育实践活动成果,扎实开展第二批教育实践活动,取得了干部受教育、问题得解决、作风大改善、形象再提升、人民更满意的重要成效。顺利完成食品监管人员划转和直属局机构调整,制定实

施了区县局新“三定”规定。加大商调优秀干部力度,缓解了区县局进人难、留人难等问题。多渠道消化超配干部，为非领导职务晋升奠定了基础。加大干部教育培训力度,分级分类培训干部职工1.55万余人次。强化纪检监察,严查违纪行为,着力转职能、转方式、转作风,营造了风清气正的良好氛围，市局在全市深化正风肃纪专项行动电视电话会上作为唯一市级部门代表作了经验发言。全系统成为全市唯一同时荣获“人民满意的公务员”个人和集体荣誉的单位。

二、2015年工作目标

(一)继续深化商事制度改革

巩固和扩大改革成效，激发经济社会发展活力。一是积极推动落实改革措施。在党委政府领导下,加强统筹协调,强化部门配合,确保商事制度改革的各项措施落实到位，真正放权于市场,放权于企业。二是深入推进注册登记便利化。分步推进工商营业执照、税务登记证、组织机构代码证多证联办和三证合一登记改革,优化审批流程，简化准入手续，创新登记服务模式,试点推行通关登记,最大程度方便创业者。三是创新登记服务平台。加快建设信息共享交换平台和电子营业执照系统，推进网上登记服务，实现以电子营业执照为支撑的企业注册全程电子化,全面提升服务效能。四是进一步放松登记管制。探索开展企业名称登记管理改革,放松企业经营范围登记管制,促进企业自主经营。五是继续提升外商准入便利化水平。积极服务内陆开放高地建设,探索实行外商投资“准入前国民待遇+负面清单”管理模式,不断扩大外资委托登记试点范围。六是简化完善企业注销流程。试行对个体工商户、未开业企业、无债权债务企业实行简易注销程序，推行市场主体退出便利化。

(二)推动微型企业持续健康发展

按照“放开、减负、解难、引导”八字方针要求，不断完善微型企业扶持政策体系和服务机制,力争全年新发展微型企业5万户。一是落实财税金融扶持政策。协调落实创业补助资金、后续扶持专项资金以及税收、社保等优惠政策。完善融资担保政策，支持具备条件的区县设立微型企业互助基金，确保微型企业贷款增速和增量“两个不低于”。二是加大微型企业后续扶持力度。探索“政府扶持中介,中介服务企业”以及政府购买服务等方式,拓宽微型企业营销渠道。鼓励支持以大带小，健全微型企业为大中型企业配套服务机制，帮助大中型企业对接产业链上的微型企业拓展业务。依托互联网、高校科研院所等，发展一批科技创新型、民生型微型企业。三是拓展微型企业集聚发展空间。鼓励和引导社会资金采取市场化运作方式，参与微型企业孵化园、创业基地建设。积极培育微型企业特色村,促进农业现代化建设。四是加强对微型企业的服务指导。加大全市微型企业创业指导体系建设力度，深入研究微型企业创设和发展中的问题,总结推广扶持微型企业发展的经验,营造大众创业、万众创新良好氛围。完善微型企业信息数据库,加强微型企业发展跟踪分析。依托市及区县协会,打造多层次专业化服务平台,发挥典型示范的作用。五是促进微型企业健康发展。健全微型企业年报公示内容抽查机制,进一步完善监管平台和“阳光公示平台”,完善停业歇业未使用创业补助资金的冻结和追缴机制，确保财政资金安全。

(三)深入实施商标和广告战略

一是大力提升商标发展质量。做好商标宣传培训和培育发展工作，提高全社会商标品牌意识,力争全年新增有效注册商标1.5万件。严格执行驰名商标、地理标志申报备案推荐制度，完善著名商标认定标准和认定程序，促进商标有效运用,提高商标发展质量。二是积极推动广告产业发展。进一步推动全市广告业集约化、专业化、国际化发展，力争广告业年经营额保持15%左右增速,总额达到80亿元。加快回兴、两江和三峡广告产业园建设进程，发挥辐射带动作用,实现园区企业集群发展,力争园区广告经营额占全市总额的20%以上。三是进一步强化对商标、广告的监管。继续加大商标代理机构监管力度，探索建立商标代理机构信用分类监管机制，规范商标代理市场秩序。以驰名、著名商标、地理标志、涉外商标为重点，严厉打击商标侵权违法行为。宣传和落实好新《广告法》，建立地区和媒体广告信用发布制度，保持违法广告的高压严管态势，确保市级媒体广告总违法率控制在1%以内，户外低俗不良广告实现零发布，广告监管成效继续保持全国领先地位。

(四)推动电子商务规范有序发展

要适应互联网经济发展的新形势，充分发挥工商管理职能作用，支持电子商务健康发展。一是大力推动网络交易市场发展。争取出台支持网络交易市场发展的政策措施，优化网络交易市场发展环境。以交易平台和特色市场为重点，深入开展“走进电子商务经营者”活动，大力培育网络经营主体，力争全年新增1万户以上。建立重点平台网站数据报送制度，强化网络交易市场统计分析，提升电子商务发展服务水平。二是深入推进电子商务诚信交易服务试点。进一步完善网络经营者基础信息管理服务、网络经营者电子标识管理服务等系统，健全完善网络诚信交易服务管理体系，力争以优异的成绩通过国家有关部委对试点工作的验收。三是提升网络搜索监管能力。完善电子商务搜索监测系统，提升网络违法行为线索的搜索监测能力。深入开展2015年“红盾网剑”专项行动，加强源头治理，维护网络市场交易秩序。

(五)积极推进市场监管体制改革

积极探索创新，不断完善与商事制度改革和市场竞争趋势相匹配的新型监管体系。一是研究全市市场监管规划。牵头起草全市“十三五”市场监管体系建设规划，明确“十三五”期间市场监管的目标任务，加大市场秩序规范力度。二是实施年报公示信息抽查。制定出台《市场主体公示信息抽查工作指引》《经营异常名录管理实施暂行细则》等制度规范，完善以随机抽查为重点的日常监督检查机制，开展定向抽查和不定向抽查工作，做好经营异常名录、严重违法企业名单管理。三是完善部门联动监管机制。进一步理顺监管职责，加强对“先照后证”市场主体的后续监管，细化信息抄告、信息反馈、督促变更(注销)等环节，推动主管部门承担起“一管到底”的监管职责，探索建立与改革相适应的查处无证无照经营新机制。四是强化重点领域监管工作。加大对金融、有线电视、供水、供电、供气、汽车消费、快递等重点行业领域“霸王条款”的整治力度，并通过媒体进行公开点评，集中查处一批群众反映强烈的合同违法案件。全面清理规范民办非学历教育培训机构，依法妥善处置不符合办学条件的营利性培训机构，完善教育咨询机构日常监管机制，开展涉外经纪机构等专项整治，化解社会风险。

(六)加大执法办案工作力度

强化监管执法的“主业”意识，敢于向垄断和潜规则“亮剑”，敢于向不正当竞争行为“叫板”，查办一批在全国有影响的案件，维护好市场经济秩序。一是深化情报信息工作。进一步完善情报信息工作平台功能，建立完善数据模型，提升信息采集的精准度，加大重点违法信息的摸排力度。加强对情报信息的分析研判，强化情报产品在执法办案、市场监管和服务决策中的应用。二是狠抓大要案件查办。加大反垄断和反不正当竞争执法力度，严厉查处强势企业限制竞争行为。加大对垄断案件的查处，对医疗行业原料药、进口成品药及医疗器械购销开展反垄断调查。加大对商业贿赂案件的查处，督促相关行业规范经营。发挥电子取证实验室技术优势，强化对涉网案件的查处力度，规范网络交易行为。三是加强打击传销规范直销工作。扎实开展“无传销城市”创建工作，坚持打防并举，保持打击传销的高压态势，联合相关部门查办一批有影响的传销大要案件。加强对直销违法违规行为新动向的分析研判，强化直销企业日常监管，建立直销监管服务平台和手机APP平台，实现直销监管工作精细化、高效化、规范化。

(七)扎实推进企业信用体系建设

充分发挥信用约束在规范市场秩序中的作

用,尽快形成“一处失信、处处受限”的格局。一是夯实企业信用体系建设基础。着重抓好《重庆市企业信用信息管理办法》的起草论证工作,探索制定《重庆市严重违法市场主体黑名单管理办法》等规范性文件,为强化信用约束作用提供制度支撑。二是扎实做好信用信息公示共享。深入开展《企业信息公示暂行条例》的宣传培训,指导企业做好年报和即时信息公示,督促企业落实年报和信息公示的主体责任,加大向相关部门征集企业信用信息的工作力度,扩大联合征信系统有效信息量,确保信息总量达到5000万条以上。三是完善失信联合惩戒机制。通过整合部门信息资源,对市场主体发展和企业的商业轨迹进行整理和分析,支持第三方机构评估企业经营状况和信用等级。对违背市场竞争原则和侵犯消费者合法权益的市场主体,探索建立“黑名单”制度。拓展企业信用信息的应用领域,深化在政府工程项目招投标、财政资金补助、政府采购、国有土地出让、评定荣誉称号等领域中的应用,形成部门联动响应、联合惩戒的工作机制。深化“守合同重信用”公示活动,完善“守重”企业公示标准和公示机制,探索建立“守重”企业激励、惩戒和退出机制,引导企业诚信自律。

(八)构建协同共治消费维权机制

全面贯彻落实新《消法》,创新消费维权体制机制,优化消费环境,激发消费潜力。一是加强流通领域商品质量监管。科学制订流通领域商品质量监督检查计划,根据重点商品以及重点消费场所、重点经营者和涉及人身、财产安全等强制性标准,积极开展跨区域商品质量溯源抽检和安全风险监测。二是提升消费维权工作效能。拓宽消费者投诉渠道,扩大12315消费维权网络的覆盖范围,实现12315消费维权服务站全覆盖。完善12315体系建设,充分发挥企业消费维权作用,提高诉求解决效率和效果。健全重点行业约谈机制,强化行政指导,督促经营者履行法定义务,承担社会责任。加大12315宣传力度,在全市重点商场、超市、专业市场、景区和企业经营场所醒目位置设置12315形象标识。三是推动消费维权社会共治。充分发挥各级消费者协会的作用,进一步完善投诉调解机制,积极推动消费纠纷多元化解决,提高消费投诉处理效能。以比较实验为着力点,广泛开展绿色消费教育,引导消费者形成尊重自然、节约资源、保护环境的消费习惯。加大消费维权信息归集、整合和分析力度,加强消费者诉求、商品质量抽检和消费市场状况分析,研究建立重点领域、重点指标的监测、风险评估和预警防范、应急处置体系。

(作者单位:重庆市工商行政管理局)

重庆国税

罗丁

2014年,全市国税税收收入突破千亿元大关,完成1080.7亿元,同比增长18.2%,增收165.5亿元。其中,国税部门组织收入976.5亿元,同比增长19.2%,增速位列全国第一;海关代征税收101.6亿元,增长8.1%。分税种看,国内增值税完成483.3亿元,增长20.8%,其中营改增收入43亿元;国内消费税完成140.2亿元,增长12.4%;企业所得税完成278.8亿元,增长18.2%;车辆购置税完成74.3亿元,增长27.4%。分级次看,中央级收入完成716.3亿元,增长15.7%;地方级收入完成260.2亿元,增长30.2%,其中市级收入完成124.3亿元,增长32.7%。

一、税收特点

一是经济税收发展基本协调。全市2014年经济增长 10.9%，增速全国第一；其中工业增加值增长 12.3%，固定资产投资增长 18%，社会消费品零售总额增长 13%，外贸进出口增长 39%，为国税收入奠定了可靠的税源基础。全市国税收入总量突破 1000 亿；国税部门组织收入突破 900 亿。剔除非即期因素，全市国税收入增长 11.5%，其中工业税收增长 13.3%，商业税收增长 11.9%，与相关经济指标基本协调。

二是税收收入结构持续改善。全市二三产业税收结构为 54:46，三产税收占比提高 2.8 个百分点；工业与商业税收结构为 74:26，商业税收占比提高 1 个百分点；公有与非公经济税收结构为 35:65，同比基本持平。流转税与所得税结构为 72:28，流转税因营改增占比略有提高；中央级与地方级收入结构为 73:27，地方级收入比重提高 2.2 个百分点；企业所得税预缴 217.1 亿元，增长 23.1%，预缴比例接近 78%。

三是汽车税收成为增长支撑。汽车行业是全市国税收入增长最快、增收最多、贡献最大的行业。全年累计入库税收 193.3 亿元(含汽车制造、汽车批发)，增长 42.7%，高于全国平均水平 28 个百分点。税收总量占比 20%，同比提高 3.3 个百分点；税收增量占比 36.7%，拉动全市国税收入增长 7.1 个百分点。其中，长安福特增收 39.7 亿元，长安股份增收 11.9 亿元，长安铃木增收 2.6 亿元。

四是营改增红利持续释放。至 2014 年末，全市有 6.2 万户纳税人纳入营改增试点；其中一般纳税人 0.9 万户，小规模纳税人 5.3 万户；累计入库营改增收入 43 亿元，比上年增收 33 亿元，拉动全市国税收入增长 5.3 个百分点。全市纳税人因营改增减税 43.2 亿元；其中原增值税纳税人因抵扣范围扩大减税 31.3 亿元，试点纳税人减税 11.9 亿元。试点小规模纳税人税负全面下降，一般纳税人中仅约 2300 户税负增加，综合减税面 95%以上。

五是区域税收发展呈现特色。都市功能核心区现代服务业稳步发展，入库税收 396.1 亿元，增长 13.4%，成为全市国税收入的构成主力。都市功能拓展区先进制造业加快集聚，入库税收 292.2 亿元，增长 36.7%，成为全市国税收入增长动力。城市发展新区工业化城镇化不断推进，入库税收 175 亿元，增长 12.4%，成为全市国税收入增长潜力。渝东北、渝东南发展更重生态文明，分别入库税收 57.9 亿元和 55.4 亿元，增长 12.8%和 12.5%，成为全市国税收入重要推力。全市 47 个征收单位中，税收规模 100 亿以上地区 1 个，50 亿~100 亿地区 6 个，10 亿~50 亿地区 15 个，1 亿~10 亿地区 25 个。

二、依法治税

不折不扣落实税收优惠政策，全市共办理出口退税 81.8 亿元，同比多退 10.1 亿元；落实支持小微企业、西部大开发等税收优惠政策减免税金 157.3 亿元，抵扣固定资产进项税额 62.1 亿元。深入开展法治宣传，进一步增强了全社会依法诚信纳税的意识。大力推进依法行政，全面规范税收执法，公开行政审批和行政处罚清单，共清理出全市国税系统行政审批项目 74 项，减少 28 项，集中清理出全市国税系统行政处罚事项 51 项，并向社会公开行政审批和行政处罚权力清单及运行流程图；公开纳税人信用状况清单，建立重大税收违法案件“黑名单”制度。严厉打击税收违法，巩固和深化跨区稽查，税收法治环境进一步优化。

三、税收征管

强化增值税、消费税和企业所得税等税种管理，重点加强固定资产抵扣管理，实施重点企业、高风险事项团队管理，落实车购税征管改革措施；大力拓展第三方信息来源渠道，深入开展税收征管状况分析，不断夯实税收征管基础。金税三期试运行工作平稳推进，依托金税三期决策 2 包，完善风险防控指标，初步建立了覆盖税收全流程和征管各环节的风险管控指标模型体系。扎实开展风险识别、扫描，通过风险应对入库税款 2.5 亿元，税收风险管理初见成效。有序推进改革试点工作，顺利完成了电信业和邮政通信业的“营改增”扩围工作。加强国际税收管理,全年入库非居民企业税收收入 24.9 亿元,同比增长 6%;顺利完成对某外商投资企业反避税案件调查,查补税款近 2000 万元,是迄今为止重庆国税反避税补税金额最大的案件。

四、国税稽查

认真开展税收专项检查、打击发票违法犯罪活动、案件检查、发票协查等工作,着力抓好打击出口骗税和发票虚开、“营改增”、石化行业消费税专项稽查、总局定点联系企业风险管理重点检查、重点税源检查、混凝土行业专项整治等专项任务,稽查工作质效显著提升。全年稽查查补税款 17.6 亿元,同比增长 48.5%;立案检查 844 件,其中查补收入 1000 万元以上的大要案 7 件,案件查补收入共计 5.6 亿元,同比增长 1.3 倍。

五、纳税服务

牢固树立“最大限度便利纳税人,最大限度规范税务人”的理念,大力开展“便民办税春风行动”,全面推进《全国县级税务机关纳税服务规范》承接落地,着力提升纳税服务质效。大力推进办税服务厅标准化建设,认真落实首问责任制和导税咨询服务,在办税厅实行“统一标识、统一分区、统一流程、统一着装”等“四统一”;依托信息化技术,完善 12366 纳税服务综合平台,全面推行网上申报、手机申报、网络发票、自助办税等多元化办税方式,网上申报率由 1 月的 22.7%提高到 12 月的 96.7%;积极探索试点普通发票网上统一申领、邮政配送,使纳税人足不出户便可领购普通发票。

六、队伍建设

认真学习贯彻新修订的《党政领导干部选拔任用工作条例》,加强领导班子建设,规范干部选拔任用工作。突出优秀人才的模范导向作用,制定了选派干部挂职锻炼管理办法,通过上挂下派,使优秀干部得到更好锻炼。强化干部教育培训,分层次举办各类培训班 44 期,培训干部 3582 人次,3.3 万人天;制定专业人才库人员培训管理办法,加大领军人才和专业化人才培养力度。广泛组织干部职工开展各类健康向上的活动,积极落实离退休干部“两个待遇”,在全市国税系统营造了团结和谐的良好氛围。

扎实开展党风廉政建设。全面落实党组主体和纪检监察监督两个责任,强化机制创新和制度保障、纪律作风建设、查办案件力度、权力制约监督、党风廉政教育、纪检监察建设等六个方面的工作。严格执行中央八项规定和重庆市党员干部“八严禁”、“十二不准”,扎实开展“三清三察三审三治”等专项整治工作,持续推进全市国税系统作风建设。2014 年,全市国税系统没有发生因违反八项规定受到查处的问题,没有其他违纪违法问题被上级部门、地方政府以及网络媒体通报曝光。

(作者单位:重庆市国家税务局)

重庆地税

张照舒

一、2014 年工作回顾

(一)组织收入工作措施有力,税费收入再上新台阶

2014 年,重庆市地税系统收入总量达到 1899.4 亿元,同比增长 12.1%,税费征收成本首次降至1%以内。全年税费收入呈现四大亮点:一是税收规模和增幅位次“双提升”。税收收入实现 1153 亿元,同比增长 12.5%。税收规模在全国排名第 17 位,较上年提升 4 位;税收增幅在全国

排名第7位,较上年提升9位。二是主体税种保持良好增长势头。营业税在营改增和房地产市场持续低迷的背景下仍增长4.9%;企业所得税、个人所得税收入同比分别增长17.4%、15.2%;财产行为税规模达到483.3亿元,成为地方税收体系的重要支撑。三是五大功能区经济和税收实现"双同步"。都市功能核心区经济发展整体平稳,税收增长5.8%,占比达到32.2%;都市功能拓展区经济发展势头强劲,同比增长15.4%,税收规模跃居首位,达到375.2亿元;城市发展新区发展优势凸显,税收增幅达到19.2%,排名五大功能区之首。四是社保费保持稳定增长。社保费收入规模达到684.6亿元,同比增长11.5%,综合征缴率达到98.6%。

（二）重基层促规范推改革,税收基础工作全面强化

一是税收基层基础工作成效明显。加强基础征管工作,强化欠税和个体税收管理,狠抓征管风险防控和质量考核,基础征管质效有效提升。加大经费保障力度,改造了部分基层单位的办税条件;深入推进税收信息化建设,全力打造金税三期大数据工作平台,启动电子税务局建设,配套推进税收征管信息电子化管理,着力完善涉税信息共享平台,推动部门涉税信息深度共享。按照环境、语言、着装、行为"四规范"的要求,全面加强基层规范化建设,地税形象进一步提升。二是税制改革和征管改革有序推进。认真落实税制改革要求,确保了铁路运输、邮政服务和电信业营改增工作的顺利推进。配合财政部门制定煤炭资源税改革方案,保证资源税改革按时推进。个人住房房产税申报征收率达到96.6%。积极探索征管改革,将税源专业化管理试点扩大至23个区县局,推进电子发票应用和"以地控税"试点,对2.7万户纳税人开展纳税评估,评估入库税款超过20亿元。三是地税稽查震慑效应充分发挥。跨区稽查体制优势显现,5个跨区稽查局查补收入达到14.7亿元,同比增长33%。处罚力度进一步加大,加收滞纳金及罚款1.6亿元,同比增长1.8倍,按季曝光税收违法"黑名单"和典型案例,扩大了税务稽查的打击和震慑效应。全年稽查共计查补收入20.6亿元,堵漏增收、规范秩序作用明显。四是税收执法管理水平有效提升。公布了税务行政审批清单,统一了全系统备案类减免税的办理流程。组织开展税收执法案卷评查和行政处罚裁量权专项检查,推进税收执法规范化。

（三）扎实开展教育实践活动,服务发展取得新成效

一是教育实践活动成效显著。全系统坚持上下联动开展活动,市局10个指导组认真履行职责,44个活动单位全面落实活动要求,广泛征集意见建议3886条,深入查摆领导班子"四风"问题651个、班子成员问题1672个,精心制定整改措施1385条,已整改1255条,销号率达到90%。多数区县局在第二批教育实践活动中走在当地前列,全系统教育实践活动得到了市委孙政才书记充分肯定,国家税务总局王军局长亲自参加璧山区领导班子专题民主生活会。二是纳税服务进一步优化。扎实开展了"便民办税春风行动",出台便民办税十项措施,取消26类涉税文书报表和85项涉税资料的报送,切实减轻了纳税人负担。加强国地税联动合作,协同推进璧山全国纳税服务示范县建设。在国家税务总局2014年度纳税人满意度调查中,重庆地税排名比上年提升了9个位次。三是服务大局能力持续增强。积极履行税收职责,服务地方经济社会发展,落实了稳增长、促改革、调结构、惠民生等结构性减税政策,全年减免各项税收近140亿元,小微企业受惠面达到90%,税收调控职能更好发挥。围绕"学新知、解难题、促发展"开展经济税收分析,提出税收服务发展建议60余条,报送税收分析报告16篇,其中6篇得到市领导批示。

（四）干部队伍建设多措并举,队伍能力素质持续提升

一是党建和思想政治工作全面加强。组织开展第七轮"党建工作先进单位"评选表彰工作,有力强化了系统党建基础工作。狠抓中国特

色社会主义理论和习总书记系列重要讲话学习，组织开展服务型机关党组织建设典型案例征集、“党组书记论改革、谈法治”等六大活动，有力推动了理论学习。二是选人用人制度有效落实。认真组织学习新修订的《党政领导干部选拔任用工作条例》，并配套制定贯彻意见，完善了干部选拔任用制度。严明组织人事纪律，改进干部评价机制，在公开透明上下功夫，强化了干部选拔任用环节的监督。全年提拔任用和交流调整局(处)级领导干部76名。三是人才强税战略深入实施。与重庆大学等7所市内高校在高层次人才培养、科研攻关等方面开展战略合作。启动“三个一”人才培养工程，完成了优秀中青年干部和高层次专业人才的遴选工作。积极推进财会知识培训二期计划，2014年共有3247人参加各类会计资格和学历教育考试，全系统具有“三师”和中级会计师以上资格的干部占比提升至12.3%。四是绩效管理考核扎实推进。按照“横向到边、纵向到底、任务到岗、责任到人”的总要求，全面构建符合重庆地税实际的绩效考核指标体系，完善绩效考核管理办法，积极开展个人绩效考核，绩效管理得到有序推进。

（五）党风廉政建设深入开展，系统作风进一步转变

一是“两个责任”落实到位。出台了落实主体责任和监督责任的工作制度，强化了各级党组和纪检组履职尽责意识，从市局到区县局层层签订党风廉政责任书，“一岗双责”得到有效落实。启动廉政约谈工作，全年共对15个区县局“一把手”、20个纪检组长进行约谈。加大违法违纪案件查办力度，对15个单位开展执法监察和效能监察，从严从快对明察暗访中发现的违纪行为进行了纪律处分。二是作风建设主题年活动成效显著。开展了“强化作风建设”主题年活动，持续抓好“正风肃纪”、“三察三促”等专项行动，推进了作风转变长效机制的建设。积极开展“廉政文化宣传月”、建局20周年廉政书画摄影作品展、“三助廉”等活动，增强了干部职工的廉洁自律意识。2014年，全市地税系统“三公经费”同比又下降6.2%，群众信访投诉案件数量下降33%。三是内控机制进一步完善。强化督察内审工作，对9个区县局主要领导开展审计，整合督察力量，开展交叉执法督察，有效规范税收执法行为。进一步健全巡视工作制度，改进巡视工作方法，对8个区县局开展巡视研判。加强信访工作，直接受理信访举报89件，做到了件件有落实。

二、发展中存在的问题

随着经济结构调整和税制改革深化，结构性减收和政策性减收将持续影响地税收入的增长，地税工作将面临更大压力。经济结构变化带来税源结构的深刻变化，新型市场主体和企业经营新业态、新模式层出不穷，税源的复杂性、隐蔽性和流动性越来越强，地税征管工作面临更大挑战。

三、2015年发展目标

2015年全市地方税收工作的总体思路是：深入学习贯彻党的十八届三中、四中全会和市委四届四次、五次、六次全会精神，全面落实全国税务工作会和全市财税工作会决策部署，把握新形势，适应新常态，围绕推进税收现代化建设的奋斗目标，以组织收入为中心，以“三基一化”建设为主线，以深化改革为动力，大力推动依法治税、税收征管、纳税服务、队伍建设、内部管理迈上新台阶，努力完成税收工作任务，为重庆又好又快发展做出新贡献。主要目标是：全市地方税收收入要确保增长13%，社保费征缴率要达到95%以上。

（作者单位：重庆市地方税务局）

科技管理

一、2014 年科技发展回顾

2014 年,全市科技战线坚持以创新为己任、以发展为主线、以改革为动力,采取一系列既利当前、又惠长远的务实措施,大力实施创新驱动发展战略,科技事业发展势头继续向好。

(一)科技发展特点

一是区域创新能力稳中有升。实施市级科技计划项目 1430 项、安排科技经费 4.66 亿元,承担国家科技计划项目 1034 项、获得国拨资金 22.08 亿元。全社会 R&D 经费支出占 GDP 比重提高到 1.33%。万人发明专利拥有量 3.44 件,同比增长 16.44%;综合科技进步水平指数提高 1 个位次,列全国第 10 位、保持西部第 2 位。

二是重大创新成果不断涌现。葡萄膜炎研究成果在国际遗传学领域顶级学术期刊发表,影响因子 29.648。跨座式单轨交通创建国际首个标准体系,西南地区第一个耐高温粳稻品种"热粳优 35"成功育成,瞬时受体电位通道在代谢性血管病中的作用与机制研究实现重大突破。全年新登记科技成果 1832 项,获得国家科学技术奖项 10 项,国家自然科学奖实现直辖以来零的突破。

三是科技成果转化多点突破。西南铝业航天专用铝环应用于长征五号火箭和 A380 空客。水务集团垃圾焚烧装备销售收入突破 8 亿元。第三军医大学西南医院专利及技术转让费首次突破 1000 万元。中科院重庆研究院第一代大规模石墨烯薄膜生产线产值超过 1000 万元。梁平县光电产业示范生产线产值突破 10 亿元。预计规上工业企业新产品产值超过 3000 亿元,高新技术产品(服务)产值 3800 亿元。

(二)科技发展的主要成效

一是深化科技体制改革。坚持问题导向,突出顶层设计和制度安排,着力激发和释放实现创新驱动发展的活力。出台深化科技体制改革《实施方案》,改革任务细化分解到 12 个牵头部门和 40 个配合部门。修订市级科技计划改革《实施意见》、科技奖励《办法》及《实施细则》,完善了科技计划项目管理和成果评价制度。出台成果转化股权和分红激励政策《实施办法》,组织 13 家单位编制了实施方案。同时,知识产权战略《纲要》和技术转移机构建设与运行《管理办法》、科技成果评奖试点《暂行办法》已印发实施,企业研发费税前加计扣除的鉴定程序和申报资料全面简化,《重庆市科学技术投入条例》修订案和《重庆市深化职称制度改革指导意见》进入终审程序。

二是加强产业技术创新。坚持聚焦产业,以新产品、新技术的开发应用为重点,着力服务产业发展。新培育重点新产品 623 个、高新技术产品(服务)1172 项、农作物新品种 25 个、创新药物及医疗器械产品 50 个。累计推广应用新能源汽车超过 3000 辆、LED 灯具超过 20 万盏,建成以机器人为核心的自动化生产示范线 14 条,推出《页岩气分析测试技术要求》。石墨烯薄膜成本降低 2/3,5MW 海上风电机组完成国内首个低电压穿越测试,轻量化镁合金零部件进入沃尔沃等知名汽车品牌配套体系,重庆创新药物孵化基地、重庆渝北汽车摩托车制造特色产业基地通过国家验收,首个文化创意虚拟产业园在渝诞生。同时,推广农作物新品种 2000 多万亩,粮油蔬增产 4 亿多公斤。

三是加快民生科技发展。坚持以人为本,围绕健康、环保和公共安全等重点领域,着力推动科技惠民利民。实施国家和市级科技惠民计划项目 9 项,推广应用惠民新技术 131 项,示范应用创新医疗器械产品 1567 台(套),制定中药材种植技术地方标准12个,建立科技惠民示范基地15个。治疗帕金森病、精神分裂症药物实现国内首仿开发。垃圾焚烧发电、垃圾气化、烟气脱硫脱硝、污泥综合治理、污水处理生物转盘等环保装备“五朵金花”竞相绽放。国家智慧城市试点进展顺利。“三表合一”办证系统、创新指纹采验模式将公安机关办证时间缩短50%以上,接处警整合与分析系统使全市110警情实现智能分析、预警防范和动态处置。

四是支持企业创新发展。坚持企业主体,完善企业技术创新服务体系,着力培育实体经济。新培育高新技术企业261家、“国家火炬计划重点高新技术企业”9家,全市有效期内高新技术企业757家。企业技术创新服务大平台实现区县全覆盖,入库企业5000家。科技企业孵化器新毕业企业247家、在孵1636家。利用引导基金累计组建创投基金16支、总规模85亿元。组织科技金融集团开展技术价值投资,累计投资企业145家,促成主板上市1家、创业板上市3家、中小板1家、新三板3家、OTC7家。指导企业运用专利质押贷款3.31亿元、运用知识产权出资入股4.54亿元。为306家企业办理税前加计扣除鉴定手续,涉及金额52.87亿元、同比增长157.9%。全年企业投入研发经费超过160亿元,申请专利4万件、同比增长45.1%。

五是扩大科技开放。坚持互利共赢,构建全方位、多层次的科技开放格局,着力加强国际国内“两种资源”整合利用。举办第十一届“重庆高交会”,签约项目238项,国内最大OGS纳米触摸屏生产基地落户重庆。举办2014年“科技外交官服务重庆活动”,签署科技合作协议50余项。启动与澳大利亚、新西兰等国知名高校和科研机构共建3D打印制造研发分中心、无线电能技术研究中心等国际研发中心。与香港应用科技研究院开启合作。召开京津沪渝科技工作联席会,首都科技条件平台重庆合作站和北京技术市场重庆服务平台挂牌运行。承担科技部国际科技合作项目28项,新增国际科技合作基地1个。引进市外成果3967项、技术交易额191.2亿元,引进外专“千人计划”科学家5名。

六是推动区县科技进步。坚持统筹兼顾,对接差异发展、特色发展、协调发展的要求,着力助推区县加快创新驱动发展。组织4902名科技特派员深入区县服务,引进推广新技术1393项、新品种1402个,培训农村群众82.8万人次。两江新区设立首期规模12亿元的汽车产业创新发展基金,大足区、九龙坡(高新区)区、荣昌县、梁平县和万盛经开区启动建设创新驱动发展示范区,长寿区、荣昌县获批成为全国首批农业科技集成与示范基地,万盛镁产业基地成为国家级产业基地,渝中区建成互联网科技产业园并集聚互联网企业170余家,大渡口区、北碚区成为科技富民强县示范区,南川区、荣昌县获得国家科技富民强县专项行动奖励,南岸区车联网产业规模达到30亿元,云阳县牛羊精深加工系列产品新增销售收入2.1亿元。

七是加强科技创新能力建设。坚持立足当前、着眼长远,突出科技人才队伍和科技平台建设,着力增强科技发展后劲。加强科技人才培养和引进,新增“万人计划”人选等国家级科技人才41名和国家级创新团队5个。第三军医大学戴建武入选央视2014年度十大科技创新人物。推进科技平台建设,新认定和建成市级重点实验室、企业技术中心、企业工程技术研究中心等研发平台157家。中科院重庆研究院通过验收,国家质检基地建设进展顺利。重庆大学汽车协同创新中心成为国家2011协同创新中心。潼南现代农业科技园、丰都肉牛科技园成为国家农业科技园区,璧山工业园正式申报国家级高新区。同时,新增市级科普基地29家。

二、2015年科技发展展望

2015年,全市科技战线将深入贯彻落实党的十八届三中、四中全会以及市委四届五次、六次全会精神,从适应和引领经济发展新常态着眼,紧扣经济社会发展大局,遵循科技发展规律,积极理清工作思路,按照“一年打基础,两年求突破,三年上台阶”的总体要求,围绕“抓改革、搞服务、造空间、促转型"四大重点,大力推进科技研发、成果转化和产业培育,着力推进科技事业持续健康发展。

(一)坚持问题导向抓改革

立足发挥市场配置资源的决定性作用,突出破解技术创新、成果转化及其与产业培育有效结合的制度瓶颈,积极推进科技体制机制创新,着力激发创新创业活力。起草完成《2015年重庆市深化科技体制改革要点》《重庆市深化科技体制改革中长期实施规划(2015~2020年)》编制工作,着力推进五项重点改革。

一是科技成果产权制度改革。重点抓住成果确权、股权激励、收益分配三个关键环节,先行在市属科研院所与高校推进实施。同时,着手改革科技成果的评价和奖励方式,提高评价的科学性和奖励的导向性。

二是知识产权质押融资改革。在积极落实知识产权质押贷款贴息、保费补贴等激励政策的同时,研究制定知识产权质押融资改革方案,完善知识产权质押融资的价值评估体系与质押登记体系,探索建立知识产权质押融资坏账损失补偿机制,鼓励金融机构加大对科技企业知识产权质押融资的投放力度,力争知识产权质押融资规模有突破性增长。

三是科技金融基金管理改革。以做大科技创业风险投资基金规模为着力点,吸纳社会资本参股组建创投基金,逐步完善科技投融资体系。重点推动科技创业风险投资引导基金向市场化母基金方向拓展,加快股权投资类资产的基金化和证券化步伐,撬动社会资本参与科技创新。

四是科研项目管理改革。将市级科技计划研发项目分为公益类和市场类,重点支持现有支柱产业和战略性新兴产业领域的科技研发。公益类项目采取竞争立项与目标验收相结合的方式,由政府组织实施,实行事前购买、分期拨付。市场类项目实行分类管理,属于产业转型升级的共性关键技术研发,由政府引导实施;属于特色个性的技术研发,由企业自主实施,分别根据目标验收、绩效评估的结果,相应地实行事前资助或事后补助。

五是科研平台管理改革。按照产学研"协同创新"和科技资源"开放共享"的原则,根据培育战略性新兴产业和提升传统支柱产业的需要,探索采取包括PPP在内的多种模式,建设新型产业技术研究院和重点实验室、工程(技术)研究中心、工程实验室、企业技术中心等研发平台,面向市场需求提供科技研发与设计服务。

(二)对接市场需求搞服务

紧扣产业发展尤其是全市现有支柱产业和战略性新兴产业发展的技术需求和科技创新的资本需求,以提供"技术包"和"资金包"为重点,积极强化科技资源共享服务、科技成果转化服务和科技金融支撑服务,大力促进科技与经济融合发展。

一是科技资源共享服务。以"平台建设"为基础、"政府补贴"为手段、"制度设计"为保障,积极引导企业、高校、科研院所和各类科技平台运用"互联网+"模式,开放科研设施与仪器、检测设施设备、科技文献等科技资源,着力提高科技资源的利用率和产学研的结合度。依托重庆生产力促进中心优化重庆科技资源共享服务平台,依托市知识产权局完善国家区域专利信息服务(重庆)中心的功能,将围绕专利预警导航、科技查新、数据与设备共享、成果与需求对接、人员与团队交流等方面广泛开展服务,实现科技资源的优化配置。

二是科技成果转化服务。建立健全知识产权价值评估体系、科技中介服务体系、质押融资登记体系和搭建集中统一交易的公共平台,强化科技成果转化各环节涉及的公共产品和公共服务供给。按照能够有效提供"成果展示、价值评估、交易撮合、质押登记"等综合服务的建设思路,研究建立全市统一的"知识产权与技术服务"交易中心的实施方案,采取有效激励措施,不断完善科技成果转移转化的服务链条。

三是科技金融支撑服务。创新发展股权投资、天使投资、融资担保、金融租赁、金融保理等科技金融服务,探索推行众筹科研模式,拓宽科技投融资渠道。加快推进重庆科技金融集团体制改革与服务创新,调整集团架构,将其业务分为股权投资、融资担保、综合服务三大板块,分类做好专业服务,整体提升盈利水平,有效搭建技术与资本对接平台。

(三)推进大众创业造空间

顺应网络时代创新创业的新趋势,按照"放开、减负、解难、引导"的总体要求,集成政策、整合资源,积极发展众创空间等新型孵化载体,加快形成大众创业、万众创新的生动局面。

一是以服务于成长期的创新型企业为重点,继续加强各类科技园区建设。充分发挥科技园区的引领、辐射和带动作用,推进多层次、多领域、多类型的科技园区建设,提升区域创新能力与水平,促进产业向价值链高端延伸。积极推动璧山高新区升级创建国家级高新区;按照"一区多园模式",以两江新区为核心,以高新区、经开区、璧山高新区为载体,启动申报国家自主创新示范区;促进市级农业园区提档升级,推动丰都、潼南市级农业科技园区升级为国家级园区。启动国家机器人检测和评定中心(重庆中心)筹建工作。

二是以服务于初创期的创新型企业为重点,大力建设科技企业孵化器。启动实施科技企业孵化器"增量提质"计划,大力发展各类科技企业孵化器,重点培育区域标杆示范孵化器,建立健全"创业苗圃+孵化器+加速器"孵化链条,提升专业服务能力。

三是以服务于种子期的创业团队或创新型小微企业为重点,加快构建众创空间。通过"互联网+"、"创投基金+"等服务模式创新,积极构建融合线上服务平台、线下孵化载体、创业辅导体系及技术与资本支撑等基本功能和具有低成本、便利化、全要素、开放式等基本特征的众创空间。出台《关于重庆市发展众创空间推进大众创业万众创新的实施意见》、《重庆市高等学校、科研机构众创空间建设与科技成果转化"双百示范行动"实施方案》,筹备召开全市高等学校、科研机构"双百示范行动"暨"三个一千专项行动"推进大会。

(四)依托科技创新促转型

结合全市支柱产业和战略性新兴产业发展需求,建立企业技术创新体系和创业投资体系"两大体系"和集成配置科研项目、科研经费、科技平台与科技金融"四类资源",着力培育"先进制造、大健康、互联网"三大新兴产业,促进经济转型升级。

一是培育先进制造业。"先进制造"包括智能制造、绿色制造、精密制造、个性制造与极端制造,重点开发机器人、智能与新能源汽车、轨道交通、无人机等产品。

二是培育"大健康"产业。"大健康"包括健康商品和健康服务的供给,重点开发医疗器械、保健用品、养老养生、休闲健身、健康管理等产品及服务。

三是培育"互联网"产业。"互联网"包括互联网和"互联网+"两个方向,重点开发智慧城市、智能家居、导航服务、应用软件、电商平台、大数据、云平台等产品及服务。

(作者单位:重庆市科学技术委员会)

重庆交通

一、2014年发展回顾

2014年,全市交通行业累计完成固定资产投资705亿元,为年计划的103.7%,其中公路、水路完成投资405亿元(其中公路377亿元,水路28亿元),为年计划的101%;铁路完成投资

220亿元;民航完成投资80亿元。各类交通固定资产投资约占全市基础设施建设总投资的1/4。

(一)中央和市主要领导对重庆交通发展提出明确定位,重视度、支持度前所未有

李克强总理作出重要指示,要求重庆“统筹推进铁路、公路、水运、航空建设,打造网络化、标准化、智能化的综合立体交通走廊,加快建设西南地区综合交通枢纽”,国务院《关于依托黄金水道推动长江经济带发展的指导意见》和《长江经济带综合立体交通走廊规划》,将我市一大批铁路、公路、水运、民航等重点项目纳入其中。

(二)着眼综合交通发展全局,“大交通”管理体制改革取得决定性成效

市政府根据国务院机构改革的有关精神,按照“上下对口”原则,强力推动“大交通”管理体制改革,印发了《关于市交委有关职责和机构编制调整的通知》,对市交委在铁路、民航等方面的职能职责作出明确界定,并增设铁路处和民航处,市交委全面履行了对铁公水空等交通方式从战略规划、政策法规、资金计划、建设协调、运输组织等方面的统筹协调管理。

(三)铁路、民航发展提速,交通枢纽地位不断增强

铁路建设迎难而进,全市铁路新增营运里程94公里、累计达到1774公里,白市驿货运枢纽、北站扩建一期主体工程竣工投用。渝怀二线涪陵至梅江段、黔张常铁路、西站铁路综合交通枢纽、团结村集装箱中心站扩能改造等项目开工。民航发展取得新成效。江北机场东航站区及第三跑道工程建设加快,全年共完成旅客吞吐量2925万人次,同比增长15.6%,增速位居全国十大机场之首;完成货邮吞吐量30万吨,同比增长7.4%。

(四)新千公里高速公路建设任务完成近半,第四个千公里高速公路启动实施

新千公里高速公路加快建设。铜梁至永川、开县至开江、黔江至恩施等13个项目629公里建设全面推进,全市高速公路通车里程达到2400公里。截至2014年底,新千公里高速公路已建成490公里。第四个千公里高速公路顺利启动。

(五)地方公路通达通畅水平明显提高,农村公路乡镇养护管理机构全部建立

地方干线公路改造步伐加快。农村公路建设纵深推进。市级补助资金全部落实,建成行政村通畅工程7400公里,全市行政村通畅率提高到84%,新解决了437个行政村不通油路或水泥路问题。全年共新开工4800公里、完工4000公里,新解决了1200个撤并村不通公路问题,全市2606个撤并村中已有1510个实现公路连通。

(六)长江上游航运中心建设实现重大跨越,集装箱吞吐量突破100万标箱大关

航道整治加快实施。三峡过闸瓶颈问题得到国家重视。长江干线航道整治工程前期工作加快,重点港口建设稳步推进。全市港口货物和集装箱吞吐能力分别达到1.7亿吨、370万标箱。航交所交通电子口岸信息平台建成投用,2014年共完成交易额71亿元,同比增长29%。在经济下行压力增大、市场疲软的大环境下,全市水运继续逆势增长,共完成货运量1.41亿吨、货运周转量1631.3亿吨公里,同比分别增长9.2%、14.9%;完成港口货物吞吐量1.47亿吨、同比增长7.2%。其中,集装箱吞吐量突破100万标箱、同比增长12%。

(七)运输保障能力明显提升,农村客运“双百”目标全面实现

主城“公交都市”创建扎实开展。推进公交区域化经营改革,线网布局得到优化、服务范围不断扩大,出租汽车行业健康发展。农村客运覆盖网络不断完善。

邮政业快速发展。“渝新欧”通道运输邮包的国际条约障碍全面解除,在全国率先实现通过中欧铁路试验运输国际邮件,全市邮政共完成业务总量48.25亿元、同比增长23.4%,其中规模以上快递服务企业的业务量突破1.4亿件,同比增长36%。

传统货运向现代物流加快转型。鱼复等3

个公路物流基地、嘉峰等4个甩挂运输货运站场相继投入使用，传统货运企业从单一运输服务逐步向仓储、加工等物流领域延伸，管理水平明显提高。

（八）行业法治建设力度加大，安全发展基础进一步夯实

交通立法工作不断加强。建成高速公路车速反馈系统和区间测速系统20套，新配备执法记录仪737套。新增公路安保工程2000公里，完成危桥危隧改造131座、渡口改造130个、渡改桥10座。全行业安全形势整体处于可控状态，事故总数和死亡人数同比分别下降11.8%、8.3%，全市水上交通连续11年、道路客运连续7年未发生重大安全事故，地方水域连续4年保持“零死亡”，高速公路、建设施工等领域安全指标控制在市政府下达的目标内。

（九）交通科技创新扎实推进，行业信息化水平稳步提升

科技项目攻关和成果应用力度加大，交通运输部物联网重大专项、“三峡库区过闸适应性节能船舶研究”等通过验收。交通信息化建设加快，出租汽车服务管理系统、大宁河船舶自动识别系统等信息化项目建成投用，网上办事大厅、交通政务办公平台等系统完成升级开发，投资统计分析系统等部级重点项目加快推进。

（十）行业自身建设深入推进，交通发展内生动力持续增强

巩固党的群众路线教育实践活动成果，深入挖掘行业内先进典型，涌现出了“中国好人”梁勇等一批模范人物；积极营造良好舆论氛围，围绕交通工作亮点广泛开展内外宣传，全年各大媒体正面报道交通2400余件。自觉接受人大、政协监督，全年共办理建议和提案276件，满意或基本满意率达到100%。

二、发展中存在的问题

2015年，重庆交通正处于夯实基础、增强后劲、提升服务的关键时期，面临以下新的形势：

一是，经济发展新常态，要求交通保持定力、继续加大投资和建设力度，充分发挥交通基础设施对消化产能过剩、拉动国内需求、稳定经济增长、改善服务民生的促进作用。

二是，国家新的开发开放格局，要求交通抢抓机遇、加快建成西南地区综合交通枢纽。

三是，五大功能区发展战略的深入实施，要求交通主动作为、更好地服务区域协调发展新格局。

四是，公众出行需求的不断变化，要求交通加快建设综合运输体系、促进建管养运协调发展。

五是，制约因素增多的外部环境，要求交通积极应对、防范化解各种矛盾和风险。

三、2015年发展目标

2015年，全市交通工作的总体要求是：紧紧围绕“科学发展、富民兴渝”总任务，主动适应经济发展新常态，以推动综合交通发展为主线，继续保持适度的建设和投资规模，提高运输服务水平，加强和改进行业治理，全面实现“十二五”规划目标，加快建设西南地区综合交通枢纽，更好地发挥交通对经济社会发展的基础性、先导性作用。2015年，全市交通计划投资745亿元。其中：公路建设371亿元（高速公路195亿元、路网升级改造60亿元、农村公路95亿元、公交和枢纽场站21亿元）、水运建设28亿元、铁路建设260亿元，民航建设85亿元、邮政和信息化1亿元。

（作者单位：重庆市交通委员会）

市政管理

张弛

一、2014 年工作回顾

2014 年，全市市政系统认真贯彻落实十八届三中四中全会、中央城镇化工作会议以及市委四届三至六次全会精神，以建设"法治市政、规范市政、民生市政、智慧市政、平安市政"为着力点，实现了全市市政管理工作统筹发展、协调发展、健康发展。

（一）抓市容环境整治提高宜居指数

主城区启动了新一轮以背街小巷、居民社区、城乡接合部和交叉地带为重点的市容环境综合整治专项行动。全年改造城市道路 322.69 万平方米，新增室内停车位 15.6 万个。城区主干道、重点路段机械化清扫保洁率达到 88%以上。新建改造路灯 2.36 万盏、灯饰项目 120 项；维护路灯 18.97 万盏（次），道路照明设施完好率达 98.4%，亮灯率达 98.6%。拆除各类违规户外广告和破损、影响市容的店招牌 1.5 万余块，约 4 万平方米；规范改造店招牌 7050 块。出动执法车辆 34.52 万台次，人员 111.39 万人次，处罚占道经营案件 7362 件，联合相关部门开展了街头"卡娃"、"办证"、"刻章"集中整治和占道经营专项整治。

（二）抓市政改革创新夯实发展基础

一是有序推进行业体制改革。按照"市管重点、市管跨区"原则，初步研究提出了主城区市政设施管理体制改革方案。主动开展市内城管执法体制调研，收集情况、摸清底数，为下一步开展实质性改革工作打下基础。二是创新区县行业指导方式。结合落实五大功能分区战略，通过召开各功能区现场推进会议的方式，以点带面实现对全市市政管理工作的分类指导、整体推进。制定下发了《关于全市五大功能区市政管理工作分类指导的意见》，并按照市政府安排稳步推进全市垃圾处置统一布点。同时，按照市委、市政府新要求，调整行业考核指标体系，认真组织实施对各功能区的分类考核。三是积极推进行业立法立标工作。新出台了《重庆市户外招牌管理办法》，对城市综合管理、停车场管理等进行了立法调研和深入论证。编制出台了《人行道维护工法》《公共停车场设置技术规范》等 10 项标准规范。编制完成了主城区城市照明规划和户外广告规划编制，制订完善了主城区环卫设施布点、主城区给水设施及管网等专项规划编制工作方案。30 个远郊区县编制完成了城市防汛排涝规划。

（三）抓生态文明建设推进环境改善

一是统筹推进城镇污水污泥处理。圆满完成铜梁污水处理厂二期扩建工程和永川污水处理厂二期扩建工程建设。全年新建、改造排水管网 1124 公里，处理污水 9.71 亿立方米，城镇污水集中处理率达 75%。采用水泥窑焚烧、园林制土以及热干化等方式，全年共处理处置污水厂污泥 24 万吨。完成了主城湖库污水管网建设改造和垃圾处理任务，湖库水质得到有效保障。二是积极开展生活垃圾治理。主城区生活垃圾运输系统清洁工程采购的 374 个垃圾转运箱体、52 辆垃圾收运车已全部交付使用，全国首座多功能生态垃圾中转站西永站建成投用。处理主城区餐厨垃圾 37 万吨，日均处理达 980 吨，最高日处理量达 1164 吨。全市生活垃圾处理场已达 49 个，总处理能力达 1.47 万吨/天。已有 448 个乡镇纳入无害化处理范围，城镇生活垃圾无害化处理率达 88.5%。清理打捞漂浮垃圾 18 万吨，清理消落区垃圾 7.3 万吨。三是大力推进大气污染防治。进一步加大日常控尘作业力度，市政府投入 5000 万元集中采购的 73 辆扫地清洗车已全部配置到主城各区运行使用，主城区道路冲洗用水量达 565 万吨，比上年增长 10.8%。开展了都市功能核心区及拓展区建筑垃圾密闭运输规范整治工作,完成3942辆建筑垃圾运输车密闭运输改装,并联合多部门开展了“零点整治行动”,有效减少了运渣车“抛冒滴漏”现象,减轻了道路扬尘对大气的污染。

(四)抓综合保障服务民生发展

一是加强市政设施安全运行监管。全市共排查出一般安全隐患2587处,实现整改2558处,整改率达98.88%。开展了地下管网设施安全隐患排查整治,加强城市桥隧等结构设施安全运行管理,应检必检473座,安全检测评估率达100%。启动了真武山隧道病害整治综合一期工程,高效快捷处置了黄花园和李家花园加油加气站油气泄漏、七星岗管道垮塌等多起事故。二是扎实推进两件民生实事。改造主城区一户一表21.84万户,累计投资4.79亿元,清理二次供水在建项目79个,二次供水设施改造移交顺利。按期完成主城区110座公厕的主体工程,推动299座社会厕所对外开放。三是全力服务保障重大会展活动。全年协调审批各类大型会展活动临时户外广告61件,配合相关单位做好重大活动期间夜景灯饰工程亮灯工作,保障了会展中心区域和接待酒店的用水安全,并建立了会展、节庆市容环境长效管理机制,为来渝客商提供了良好的城市环境。四是积极回应市民关注热点难点。市级以上新闻媒体报道市政管理工作702篇次,133件次监督性报道全部整改落实。全市新增数字城管覆盖面积96平方公里,12319及市政舆情受理市民咨询和投诉共计56014件,同比减少了8142件,结案55848件,结案率99.7%,市民对投诉处理满意率达98%以上。

二、2015年工作重点

2015年,全市市政系统将以深化市容环境综合整治行动为主线,以体制机制改革创新为动力,以实施精细化、网格化、智慧化管理为手段,以继续办好民生实事为重点,以深化行业依法治理为保障,全面提升市政管理水平,努力建设美丽山水城市。

(一)坚持推进市容环境综合整治

以“街面整洁、立面清爽、地下通畅、空气清新”为目标,在前一阶段整治的基础上,指导各区提升精细化保洁水平。以252个老旧小区和18个医院、90个农贸市场、47所学校周边、城市拆迁待建区域、城乡接合部以及管理责任交叉区域、人口密集的集镇为重点,实施道路、管沟、照明、环卫及其他相关市政环卫设施改造与配置,进一步改善背街小巷整体环境。坚持问题导向,问需于民、问计于民、问效于民,将市民反映强烈的突出问题列入专项整治内容,及时回应市民期待和关切,解决市民的所急所需。按照城乡统筹的总体要求,逐步将市容环境综合整治向远郊区县延伸,积极推进生态文明和美丽乡村建设,让城乡居民共享市政管理公共服务成果。

(二)坚持推进市政民生实事工程

稳步推进主城区317条背街小巷市容环境整治,按照“道路平整、排水通畅、秩序良好、路灯明亮、卫生整洁”的标准,确保2015年150条背街小巷市容环境整治任务快速分解、快速落地、按期完成。加强民生实事工作的督查督办,确保按期完成2015年主城区“一户一表”改造20万户和主城区新建90座公厕的年度目标任务。认真做好8000栋老旧居住建筑消防设施改造工作,使城市环境整治更加体现民意、服务民众、改善民生。

(三)坚持推进市政基础设施建设

编制好市政行业“十三五”发展规划及各专项规划,有序推进城市防涝设施建设。继续推进餐厨垃圾收运处理系统建设和生活垃圾焚烧分区规划布点,完成主城区垃圾收运系统清洁工程任务,建成黔江餐厨垃圾处理厂和一般工业废弃物处置厂,推进主城第三、第四垃圾焚烧发电厂和第三垃圾填埋场建设,开工建设夏家坝和走马二次转运站、涪陵和綦江餐厨垃圾处理厂,做好逐步关闭长生桥垃圾填埋场及有序启动黑石子填埋场的各项工作,并启动巴南界石建筑垃圾消纳场项目前期工作。全年计划新改建路灯2万盏,确保新改建城市道路装灯率达到100%；严格落实维护管理和巡查巡修制度，确保照明设施亮灯率、设施设备完好率分别达到98%和95%以上。

(四)坚持推进市政道路桥梁维护

进一步加强全市城市道路提档升级改造，在各区县推广应用桥梁隧道信息管理系统。加强城市桥梁隧道安全检测和加固改造，做到应检必检，安全检测率100%，完成真武山隧道病害整治综合工程和全国ETC联网后主城区路桥通行次费系统改造。从严审批占道开挖，进一步规范施工围挡，及时修补路面出现的破损，做到指示标识明确，路面无坑凼、积水、泥尘。确保全市市政设施综合完好率95%以上、市管设施达到98%以上。加强占道停车管理，完善主城核心商圈停车诱导系统。

(五)坚持推进市容环境卫生管理

大力实施"洁净工程"，推进城市环境卫生清扫保洁规范化、精细化、标准化体系建设，进一步提高主次干道环卫作业精细化水平，加大机械化清扫和高压冲洗作业频次，确保主干道、重点路段机械化清扫保洁率达到90%以上。推进主城区生活垃圾分类试点工作，全力做好生活垃圾填埋处理、餐厨垃圾收运处理、水域清漂、船舶废弃物接收处置工作，确保城镇生活垃圾无害化处理率达到90%，主城区餐厨垃圾收集覆盖面达到80%以上。

(六)坚持推进城镇供水排水管理

开展重点供水企业水质检测，对城镇饮用水源保护区内的市政排污口实施有效整治，确保全市城市供水水质合格率达98%以上。加强对污水管网建设工作的监督检查和指导，有序推进全年643公里污水管网建设任务。不断探索镇级污水处理厂运行管理模式，实现城市污水"全收集、全处理"，城镇污水处理率达78%以上，污泥无害化处置率达到50%以上。开展全市917个乡镇农村生活污水治理情况调查，进一步加强对农村生活污水治理的监督管理和统筹协调。

(七)坚持推进户外广告店招管理

开展户外广告依法整治专项行动，进一步统筹和规范临时户外广告设置审批，大力加强店招牌整治和管理，确保全市城区户外广告设置合规率90%以上，店招牌规范设置达标率80%以上。积极探索试点利用户外广告设施资源采取"PPP"方式推动市政项目建设。

(八)坚持推进市政行业依法治理

积极推动《重庆市停车场管理办法》和《重庆市消火栓管理办法》的出台，对不适应生态文明建设要求和五大功能分区要求的行业法规、规章和内部制度进行及时修订。结合城管执法体制改革，不断改善执法队伍结构。按照市政府规范整治建筑垃圾密闭运输车辆的要求，针对管控薄弱环节，采取加大联合执法、错时执法、延时执法等措施，形成密闭运输长效监督执法机制。进一步建立完善市政执法风险评估与现场控制工作机制，确保日常工作推进与维稳保稳工作"两不误"。

(九)坚持推进行业安全运行保障

进一步加强市政行业安全生产基层、基础和基本素质建设，不断提升安全生产事故隐患排查治理能力和反恐应对能力。以完善预案、改善装备、优化队伍、强化演练为重点，不断提升市政应急抢险能力。深入开展安全督查检查，突出"八防"重点，着力抓好地下供排水管网、化粪池、照明管线、通道、城市隧道等市政地下管网设施安全隐患排查整治，全面实现"保洁、保序、保畅、保亮、保供、保排、保安、保稳"的"八保"工作效果。

(十)坚持推进城市智慧管理水平

不断加强新设备、新材料、新技术、新工艺的引进运用。升级和拓展现有系统平台功能，推进数字城管向智慧城管升级换代。进一步完善现有数字城管分析通报制度和12319城管服务热线接办处置工作机制，开发市民城管APP软件，建立市民参与城市管理激励机制，确保全市市政行业类城市管理问题按期处置率在85%以上，投诉问题有效处理率和市民对投诉处理满意率均保持在95%以上。

(作者单位：重庆市市政管理委员会)

重庆水利

一、2014年发展回顾

2014年，全市争取到位市级以上水利水电投资69.5亿元,与上年持平。完成各类水利水电投资202亿元。截至2014年底,全市已建成各类水库2994座,总库容119.70亿立方米。其中:大型水库17座（电力部门管理的发电水库占15座),总库容77.10亿立方米;中型水库91座,总库容24.30亿立方米;小型水库2886座,总库容18.30亿立方米。全年水利工程供水量达到80.64亿立方米。新增有效灌面9.64千公顷,因建设占地等原因减少有效灌面4.11千公顷，有效灌溉面积累计达到677.26千公顷；全年有效实际灌溉面积428.18千公顷。新增节水灌溉面积15.91千公顷,累计达到191.77千公顷。

(一)水利规划及前期工作

主要开展了《重庆市水中长期供求规划》《重庆市五大功能区域水利发展战略规划》《重庆市治涝规划》《重庆市市域水资源管控及设施布局规划》《重庆市主城区水资源管控及实施布局规划》《重庆市市域河道岸线保护及利用规划深化》《重庆市主城区防洪规划深化》《重庆市水利发展“十三五”规划》《重庆市“8·31”“9·13”暴雨洪灾水毁水利设施恢复重建实施方案》《重庆市小型水库工程建设总体实施方案》等编制工作,完成了《重庆市五大功能区域水利发展战略规划》(征求意见稿);《重庆市水利发展“十三五”规划思路报告》等编制工作。

大型水库、长江防洪工程、灌溉工程等7大项目纳入全国172项重大水利工程项目范围。其中:观景口水库环评通过环保部审批,国家发改委赴渝开展可研报告评估工作；藻渡和御临河大型水库分别完成了有关专题研究；长江干流防洪工程(二期)通过水利部水规总院初审。继续推进大宁河调水工程项目建议书编制工作。开展26座中型水库前期工作,其中:完成可研审查7座、审批5座,初设审批3座。城市防洪工程可研审批10处,初设审批15处。中小河流治理初设审查47处、审批75处。

(二)民生水利建设

重点水利工程。全年在建重点水利工程152处,其中:续建72处、新开工80处,计划完成投资75亿元,实际完成投资77.4亿元,超计划3.2个百分点。骨干水源建设加快,金佛山大型水库主体开工,44座重点水源工程（其中33座中型水库)有序推进,梁平蓼叶、涪陵龙潭、长寿范家桥、黔江城北4座中型水库竣工验收，巴南龙岗、荣昌黄桷滩2座中型水库下闸蓄水,新增库容7733万立方米;丰都梨子坪、忠县金鸡等4座中型水库新主体开工建设，秀山隘口等5座中型水库坝体填筑达到坝顶高程，保持迭次推进的良好态势。城市堤防建设稳步推进,新开工潼南崇龛等10个项目,续建项目30个,建成达标堤防62.03公里,江津支坪、璧山璧南河、南岸广阳岛等项目的实施,提高了当地防洪标准,极大改善了城市生态环境和交通，成为全新的风景名片。中小河流方面,累计完成项目审批77处,完成招标65处,新开工62处,已完工60处。各类重点项目建设为解决工程性缺水、提高防洪安全保障夯实了坚实基础。

民生水利实事。农村饮水安全和山坪塘整治均超额完成年度任务，农村饮水安全和以山坪塘整治为主的小农水重点县建设均获水利部、财政部年度绩效考核优秀等次,市人大常委会开展专题询问,获得满意评价。农村饮水安全建成各类供水工程2671处,解决了200.21万人饮水安全问题，极大地改善了受益群众的生活条件,提高了健康水平,为全市经济社会发展提供了供水保障。全年完成农村饮水安全投资14.74亿元，人均投资标准由530元提高到810元，其中市以上补助标准为624元；创新实施“差异化补助”机制，一般区县、市贫县、国贫县每人分别补助530元、650元、729元。投入升级改造资金1亿元，对14个区县21个项目启动了集镇水厂升级改造试点工作。山坪塘整治开工55680口、完工53335口，分别占年度任务3.2万口的174%、167%，累计新增恢复蓄水能力12915万立方，完成清淤扩容4865万立方、深挖扩容1683万立方，新增恢复灌面144万亩。

农田水利基本建设。完成农田水利基本建设总投资107.25亿元，占计划下达（105.95亿元）的101.2%；投入工日16600万个、出动机械台班3400万台、完成土石方量1.68万立方米；全市已修复水毁工程5357处、新修渠道890km、清淤沟渠6037km、新修或加固堤防282km、疏浚河道205km、新修改造泵站716座、新修水库及病险水库除险加固170座、堰塘整治32000口、新增水电装机容量109768千瓦、建设村镇供水工程685处；改造中低产田面积27.46万亩、治理水土流失面积513.47平方公里、新增蓄水能力19706万立方米、新增有效灌溉面积41.85万亩、改善灌面135.14万亩、新增节水灌溉面积36.05万亩、新增旱涝保收面积19.64万亩、新增年节水能力4920万立方米、新增供水受益人口200万人。除新修水库外的年度各项指标任务均已完成或超额完成，基本达到预期效果。

小农水建设。2014年，在水利部、财政部的关心支持下，我市实施了第四、第五、第六批重点县及河塘清淤整治项目，涉及全市38个涉农区县。按照“政府主导、民生优先，先建后补、竞标立项，规范管理、提档升级”的工作思路，确立了以山坪塘整治为重点，同步推进灌溉排水体系建设的工作思路。全市共下达38个重点县投资计划19.06亿元，其中：中央专项资金4.86亿元，中央统筹资金1.45亿元，市级配套7亿元，区县配套3.38亿元，群众自筹2.37亿元；整合资金4.83亿元。全年共完成配套渠系工程21.8平方公里，占年度计划的100%；整治、新建小型水源工程48372口处，占年度计划的165%；整治、新建排水沟道23.8平方公里，占年度计划的100%；新建高效节水灌溉工程2.44万亩，占年度计划的100%。

病险水库除险加固。截至2014年底，全市累计完成1499座小(2)型病险水库除险加固任务，其中2014年完成150座，全年核定新出险小型病险水库469座，启动了项目前期工作。1499座水库除险加固后，基本消除了水库安全隐患，提高了防洪保安能力，防洪、灌溉、供水及生态等综合效益显著。一是消除了病险水库安全隐患。病险水库除险加固后，水库防洪标准低、大坝稳定性差、坝体坝基渗漏等突出险情问题得以解决，消除了工程安全隐患。二是提高了防洪保安能力。经除险加固的小(2)型水库在2014年防洪减灾中发挥了显著作用，保护下游184.38万人和347.92万亩耕地的防洪安全。在2014年8~9月的特大暴雨洪灾中，经除险加固的小(2)型水库无一出现溃坝、垮坝等较大险情，经受住了考验。三是发挥了抗旱减灾效益。除险加固后的小(2)型水库共计恢复兴利库容约8094万m^3，增强了水资源调控和抗御干旱灾害能力，保障了城乡供水安全，水库恢复正常蓄水，全市蓄水情况总体好于往年。四是改善了库区生态环境。已完成除险加固的小(2)型水库陆续投入运行，水质得到改善，库区植被茂盛，坝面整齐美观。同时进一步加大投入，完善水库周边便民设施建设，修建入库公路，拓宽现有的机耕道，对路面进行改造，一方面保障了通往水库的道路畅通，便于防汛抢险，另一方面使村民真切感受到水库治理带来的实惠。五是促进了农村经济社会发展。水库除险加固后，改善了库区生态环境，提高了库区农业综合生产能力，带动了水库生态水产养殖、观光旅游等项目的综合开发和利用，有效促进了农村经济社会发展。六是强化了水库安全管理水平。除险加固后的水库相应建设了水库大坝安全监测设施，有效监控了水库大坝的安全，切实掌握了水库大坝的运行性态和规律，科学指导了工程的施工和运行，为推动全市水库大坝安全管理工作，发挥了积极作用。

水生态环境建设。将实行最严格水资源管理制度情况纳入市委市政府对区县党政一把手考核内容，在2013年度国务院对重庆市人民政府落实最严格水资源管理制度考核中，重庆市考核结果为良好，全国排名第十、西部第一。扎实推进水生态文明建设，璧山区、梁平县列入水利部第二批全国水生态文明建设试点城市，实施方案通过水利部审查。长江流域(片)水资源保护规划(重庆市部分)成果通过了长江委验收。完成重庆市公共机构节水型单位建设技术标准制定，修订了21个工业产品用水定额。成功应对丰都湛普镇水污染、巫山县"8·13"千丈岩水库饮用水水源水污染事件，获市领导批示肯定。按照"注重特色、规模治理、效益优先"建设思路，全市水土流失治理工作进一步将民生导向与特色治理有机结合，共计治理水土流失1620平方公里，其中：水土保持重点工程治理485平方公里，社会及其他部门治理1135平方公里。工程实施后，治理区土壤流失量减少224万吨，降水有效利用量增加6198万立方米，带动特色产业发展10余万亩，130余万人从中受益。进一步加强法定职责范围内的农村水电安全工作，落实了安全监管"双主体"责任和"防汛三个责任人"；建立市、区县两级每月安全巡检制度。全年完成农村水电投资17.25亿元，新投产农村水电30座，新增装机容量15万千瓦。2014年国家下达水电新农村电气化和小水电代燃料26个，总装机9.7万千瓦、投资5.56亿元。绿色小水电典型培育及评价试点工作通过水利部复审，大力推进农村水电安全生产标准化达标评级试点、巫溪小水电代燃料整体示范县试点和重庆市中小河流水能资源开发规划编制等工作。

(三)防汛抗旱

洪旱灾情。2014年我市总体涝重于旱，先后出现10次区域性暴雨天气过程，呈现覆盖范围广、持续时间长、降雨强度大、灾情较严重的特点；12条大江大河及中小河流出现22站次超警洪水(6站次超保证)，其中梅江河秀山站出现洪峰水位344.43米，超过保证水位(343.31米)1.12米，为1998年建站以来最高洪水位；普里河开县花林站出现洪峰水位194.92米，超过保证水位(192.40米)2.52米，梅溪河奉节明水站出现洪峰水位205.81米，超保证水位(205.50米)0.31米，均为2003年建站以来最高洪水位。

2014年以来我市洪灾损失偏重，旱灾损失较轻。暴雨洪灾共造成38个区县544.9万人受灾，紧急转移安置43.3万人，倒塌房屋6万间，因灾死亡103人，失踪12人，直接经济损失96亿元，水利设施损失13.2亿元。旱灾累计致农作物受旱面积45.82万亩，其中成灾44.21万亩，绝收1.61万亩，29.42万人、14.7万头大牲畜临时饮水困难，因旱粮食减产3.54万吨，其他经济作物损失0.57亿元，其他行业直接经济损失1.13亿元，造成直接经济总损失2.69亿元，远低于近年旱灾损失。

防灾减灾。孙政才书记先后17次对防汛抗旱工作作出重要批示并亲临市水利局、市防办检查指导，专题研究部署抢险救灾。黄奇帆、张国清、翁杰明、张鸣、刘强等市领导多次对防汛抗旱工作作出批示，并亲赴受灾最严重的区县，检查指导抢险救灾工作。在抗御春旱和伏旱中，张鸣副市长率队深入酉阳县查看旱情，指导抗旱减灾工作，市防指及时派出4个工作组，加强水利工程水资源调度，全力保障城乡群众生活和生产用水需要。国家防总先后派出4个工作组莅渝检查指导，下达我市特大防汛经费1.08亿元和山洪灾害防治、抗旱水源工程建设资金6.81亿元。市防指先后组织成员单位召开会商会63次，强化24小时防汛抗旱值班制，及时发布江河洪水Ⅳ级预警2次、Ⅲ级预警2次和Ⅱ级预警1次，启动防汛Ⅳ级应急响应3次、Ⅲ级应急响应3次和Ⅱ级应急响应1次，发出紧急通知100期、调度指令26个，发布重要水雨情通报76个，发送防汛短信近5万条次，报送防汛抗旱专报206期、防汛抗旱简报66期。市防指各成员单位各司其职，恪尽职守，气象部门加强雨情监测预报，适时滚动发布暴雨预警信息。水文部门加密监测频次，提前预报，并根据雨水工情变化及时修正。城乡建设、市政部门整治暴雨积水点130余个，疏通、维护管网91.3公里，新建排水管网59公里。海事部门出动宣传船舶2458艘次，发布安全信息8682条，管制船舶391艘次，有效保证了水上交通安全。市水务资产公司举行各类防汛应急演练50次，开展专项检查1321次，及时排查消除隐患310处。市防汛抗旱抢险中心共调运了13批次的冲锋舟、挖掘机、大型照明设备等价值1000余万元市级防汛抗旱物资，支援受灾区县抢险救灾。民政、交通、国土、财政、宣传等市防指成员单位按照职责分工，加强协调配合，切实做好各项工作。

有效应对"8·31"等10次强降雨天气过程及乌江20年一遇大洪水等洪峰过境，通过削峰错峰实现将乌江大洪水由20年一遇削减至5年一遇，需要转移人口由5万余人减少到1万余人，提前2天完成奉节竹园堰塞湖抢险目标，合川城区实现汛期"双零"目标(零转移、零伤亡)，未发生一起水库垮坝等重大险情和次生灾害。据统计，全市各类水利水电工程累计共拦蓄洪水超66亿立方米，减淹耕地近7万公顷，减免受灾人口近26万人，避免17座城市进水被淹，防洪减灾效益超过45亿元，合川城区实现零伤亡、零转移目标。

(四)水利改革

简化水利行政审批。进一步缩减行政审批事项，取消水利工程开工审批、水文资料使用审查2项，原19项缩减为17项。

加强基层水利管理体制机制建设。基本完成基层水利服务机构建设，全市除渝中区外的38个区县设置基层水利服务机构701个，定编3074人，人员经费、业务经费全部纳入区县财政预算，均有独立的办公场所。

落实最严格水资源管理制度。严格落实水资源"三条红线"管理制度，出台了最严格水资源管理制度考核办法的通知，制定了2013~2015年度目标与工作计划；根据"省(市)级指标不突破、辖区控制目标与流域控制目标相协调"的要求，完成了各区县(自治县)水资源管理"三条红线"控制指标分解、确认；按照"三年基本建成，五年完善"的目标要求，按时完成了国家水资源管理监控能力和市级水资源监控能力建设项目年度建设任务；严格实行水资源有偿使用制度，合理调整地下水水资源费征收标准，现已达到或超过了国家规定的最低地下水水资源费标准。

创新农村水利发展机制。积极推进小型水利工程管理体制改革，进一步明晰水利工程产权、明确管护主体和责任，落实管护经费。截至目前，全市2878座小型水库，已确权并颁发土地证书的有1728座，确权面积109万亩，部分山坪塘、农村饮水安全工程也相应明晰了工程产权，并颁发产权证书；落实地方财政落实小型水利工程人员经费1.05亿元，维护经费1.85亿元，比上年同比增长近30%；在坚持农村集体所有的前提下，按照市委、市政府"全面清理、明晰权属、量化确股、依法治理、合理分配"的总体思路，按民主资源、股份合作的原则，对各类小微型水利工程的经营性资产、公益性资产、资源性资产进行全面清产核资，分类处置资产产权，开展农村集体经济产权制度改革。

水利生态文明建设。启动水生态文明建设模式探索，将璧山、开县新纳入全国水生态文明建设试点城市，并有序推进试点改革。

二、2015年发展目标

完成各类水利水电投资202亿元以上，市及市以上投资计划执行率达85%以上。

骨干水源工程。全面推进南川金佛山水库及在建中型水库工程建设，完成观景口水库初设审批，并开工建设；新开工中型水库4座以上(2014年竣工验收3座，新开工4座)；结合抗旱水源和烟水配套规划，推进一批列入国家规划的小型水源工程建设。

城乡饮水安全。解决198万农村居民饮水

安全问题。

城乡防洪工程。建成城乡达标堤防100公里；完工中小河流治理项目60处；全面完成一般小(2)型病险水库除险加固。

农田灌溉工程。重点推进6个大型灌区建设和5个中型灌区及小型农田水利重点县建设项目，实施节水灌溉3万亩，整治山坪塘3.2万口。

水资源及水土保持生态工程。新增农村中小水电装机15万千瓦；治理水土流失面积450平方公里。

(作者单位：重庆市水利局)

重庆外贸

刘渝川

一、2014年发展回顾

2014年，在市委市政府的领导下，我市全面推进大平台、大通道、大通关、大集群、大环境开放体系建设，内陆开放高地建设进一步向纵深推进。全年进出口达955亿美元，增长39%；出口总额首次超过天津、北京和辽宁，跃升至全国第七，进口总额升至全国第十，均为中西部第一。实际利用外资106亿美元。服务贸易131亿美元，增长25%。对外投资与对外承包工程均达到11亿美元。

(一)构建开放新格局取得新进展

大平台、大通道、大通关体系进一步完善。对接国家自贸园区战略，推动中新政府间合作项目落户，江津工业园区升级为国家级开发区等平台建设工作全面启动；渝新欧国际铁路联运大通道成为中欧贸易陆上货运主通道，在组织返程货源、开通国际邮运、班列提速降费等方面取得新突破，全年开行班列130班，过境国际集装箱通过量占阿拉山口国际货物运输80%以上；长江经济带区域通关一体化正式实施，关检合作“三个一”试点有序开展；长江黄金水道通江达海多式联运加快发展，寸滩、果园等港口建设加快，周边省市货物中转量占重庆港口货物吞吐量40%以上。

(二)完善功能要素收获新成果

设立进境肉类、进境水果、铁路汽车整车进口、冰鲜水产品等4个进境产品指定口岸，获批铁路保税物流中心(B型)，万州、南岸区保税物流中心(A型)。整车进口实现起步，首趟汽车整车进口班列和首批平行进口汽车顺利抵达。两路寸滩保税港区获准开展贸易多元化试点，为拓展创新贸易方式奠定了基础。充分发挥会展对经济的促进作用，“渝洽会”我市签订合同项目金额2068.8亿元，增长30.7%。意大利、荷兰驻渝总领事馆开馆，在渝外国领馆已达10家。新开通重庆至大阪、科伦坡等直航航线，国际客货运航线达到47条。

(三)“引进来”、“走出去”呈现新特点

利用外资结构进一步优化，德勤华西区总部、华侨城“欢乐谷”等一批外资服务项目落户，服务业吸收外资超30亿美元，形成制造业、地产、服务业4:2:3新格局。利用外资方式不断创新，新引进外资融资租赁企业17家，吸收外商投资6.5亿美元；推动国有企业首次采用维好协议方式境外成功发行5亿元离岸人民币债券；创新推动外资债转股，增量超过3亿美元；推动保理业务与租赁业务配套发展，引导开展单机单船重卡、工程机械、商务飞机租赁业务，保理业吸收外资超过1.2亿美元。全面推行对外投资备案管理。创立重庆市首个海外并购基金和海外矿权交易中心，促进并购境外股权资源。建立“对外承包工程联盟”，带动富余产能和上下游企业抱团“走出去”。民营企业对外投资占全市比重超过50%，振发能源成功收购美国上市公司STR,方德地产建设的老挝城市综合体成为当地标志性建筑。

(四)培育外贸新业态实现新跨越

落实市政府《服务贸易五大专项工作实施方案》,建成跨境电商综合服务平台,在全国首创移动跨境购新模式，跨境电商试点累计完成22.7万单,6637万元；积极拓展保税展示交易，建成4.7万平方米保税展示交易中心，引进12000余种进口商品,交易额超1.3亿美元;创新保税贸易方式，保税贸易额突破10亿美元;加快推进互联网云计算大数据产业，国家级互联网骨干直联点开通并试运营；实现离岸金融结算824亿美元,跨境人民币结算量1602亿元,增长1.3倍。加工贸易全年达570亿美元，增长70%以上。推动笔电类产品进出口422.2亿美元，同比增长21.3%，其中，便携式电脑出口5853万台,增长20%;高端饰品加工形成一定的产业基础,正在向规模化方向发展;推动手机产品上档升级,手机出口超过800万台。

(五)深化改革创新又有新突破

“完善内陆开放高地建设体制机制”、“创新服务贸易发展方式”、“拓展渝新欧通道及口岸功能”3项改革纳入市委重点改革专项，均取得积极进展;市委年度改革任务中,有关开放的15项共49件任务全部完成。开放型经济体制改革专项小组工作体系不断完善,初步形成“成熟一项、推动一项”的改革事项滚动实施机制,外商投资资本金意愿结汇、跨国公司外汇资金集中运营等多项试点有序展开，经济社会等各领域开放创新进一步深化。

二、2015年发展目标

2015年，将顺应国家扩大内陆沿边开放和区域协同发展新格局,抓住国家“一带一路”战略和建设长江经济带的历史机遇,用好“三个三合一”的平台优势、功能优势,高效组织国内外资源要素向枢纽、口岸、保税区集聚,努力实现“见企业、见项目、见产品、见流量、见配套体系”,推动形成更加完善的产业链条,不断拓展内陆开放的广度和深度。主要目标是:外贸进出口增长16%,力争利用外资增长15%,服务贸易增长30%,服务外包增长30%。重点抓好五项工作:一是进一步完善内陆开放体系。二是加快培育外贸新增长点。三是推动“引进来”、“走出去”同步发展。四是大力发展新型服务贸易。五是强化开放型经济发展保障。重点抓好的十大专项:一是推进中新政府间合作项目。二是深化拓展贸易多元化试点。三是完善铁路物流园区功能。四是打造整车进口全产业链。五是深化服务贸易五大专项。六是打造跨境电子商务产业链。七是培育高端饰品产业集群。八是建立境外贸易营销网络。九是打造外贸综合服务平台。十是健全海外投资产业体系。

(作者单位:重庆市对外贸易经济委员会)

重庆海关

李璐

2014年，重庆海关在海关总署的正确领导和重庆市委市政府的关心支持下，深入贯彻全国海关关长会议和反腐倡廉工作会议精神，认真落实市委四届五次六次全会精神，按照一手抓自身建设、一手抓促进地方发展“两手抓”的思路,深化改革,推动创新,在促进地方发展的同时实现了海关自身发展。

据预测,2014年重庆市外贸进出口总值将超950亿美元，与2013年相比增幅将达40%。在外贸的拉动下,重庆海关业务量增速明显,税收实际入库124.31亿元,同比增长10.7%;受理进出口报关单98.8万份,同比增长17.5%;监管进出境货物923.5万吨,货值759.7亿美元、同比增长46.2%。

一、积极推动落实调整优化后的“10+1”工作任务

认真落实孙政才书记在重庆海关呈报的《关于调整优化“10+1”工作任务的有关建议》上的重要批示,积极争取海关总署支持,主动加强与地方有关部门合作,全力推进铁路口岸开放、做大跨境电商、做强保税展示展销、完善大通关建设、拓展海关特殊监管区域“区中园”功能、推动海关特殊监管区域管理创新、支持发展保税仓储物流业、推动融资租赁业务发展、争取选择性征税和启运港退税试点以及帮助发展离岸结算业务等11个方面、34项具体改革任务，目前已经完成18项、正在推进16项。

二、积极推动重庆铁路口岸对外开放

争取海关总署、国家口岸管理办公室的支持，确保重庆汽车整车进口口岸顺利获批并通过正式验收，成为目前西部内陆地区唯一的汽车整车进口口岸。配合地方相关部门,确保重庆铁路保税物流中心(B型)顺利落地,并全程参与规划建设。主动加强与沿途各国各地区海关合作,支持开通“渝新欧”回程公共班列、“渝新欧”进口整车回程班列、“渝新俄”班列以及首趟“渝新欧”铁路运邮测试班列。截至2014年底,累计监管“渝新欧”班列206趟次、集装箱17634个标箱、货值38.94亿美元。其中,2014年累计监管112趟次、集装箱9410个标箱、货值14.61亿美元。

三、积极支持跨境贸易电子商务服务试点

成立海关推进工作组，主动配合地方有关部门，率先在全国第一批5个试点城市中搭建政府主导的重庆跨境贸易电子商务服务公共平台,率先在全国开发移动手机网上跨境购平台，相继上线运行。全年,公共平台累计验放申报清单209175票,货值6043万元。

四、积极支持做大做强展示展销业务

联手地方有关部门，率先在全国重点商圈开展保税商品出区展示交易制度试点，支持在解放碑搭建保税展示展销延展平台，自7月31日开业至年底，延展平台累计销售总额466.58万元。同时,积极支持重庆保税商品展示交易中心一期5.7万平方米展馆建设与运行，自10月18日开业至年底，累计实现销售总额996.77万元(不含进口汽车)。

五、积极促进海关特殊监管区域多元化发展

一是通过海关总署协调，国务院批准重庆率先在全国海关特殊监管区域开展贸易多元化试点，获批试点后又主动配合地方有关部门加快推进贸易功能区的规划建设。二是在海关总署的大力支持下，率先在全国开展海关特殊监管区域间保税货物便捷流转改革和海关特殊监管区域与口岸间保税货物流转改革，进一步降低了企业通关成本。三是积极复制推广上海自贸试验区“14+9”项海关监管创新制度,其中先期推出的14项除国家政策尚未明确和暂无市场需求的3项外,年内已复制推广11项,复制推广率达78.6%;后期推出的9项,年内已复制推广3项,其余6项正着手复制推广。以复制推广“批次进出、集中申报”为例,累计为企业节约报关费用1.2亿元。四是在帮助重庆巩固加工贸易存量和地位的同时，支持依托海关特殊监管区域发展境内外维修、委内加工、融资租赁等新型服务贸易业态，促进了海关特殊监管区域加工制造与服务贸易并重发展。2014年,2个海关特殊监管区域进出口总值占重庆市外贸进出口总值的大约70%。

六、积极深化通关改革促进贸易便利化

一是扩大“属地申报、口岸验放”、“属地申报、属地放行”适用范围,年内新增参与企业87

家。二是全面推进通关无纸化改革,实现重庆关区所有业务现场和业务类型全覆盖,12月份通关无纸化率达97.38%。三是积极推进关检合作"三个一",年内已在重庆铁路、航空和水运口岸开展"一次申报、一次查验、一次放行"试点,为企业节省通关成本近一半。四是全面融入长江经济带区域通关一体化试点,据企业测算,该项业务改革可帮助企业节省至少30%的运输成本。五是借鉴区域通关一体化改革理念,在重庆关区内启动"渝关通"建设,年内已完成11票"就近报关、口岸验放"试点,实现报关"零距离"、通关"无障碍"。

七、积极维护良好的对外贸易秩序

推进"全员打私",推行"一警双权"、"一案到底"、"重大案件集中办理"以及"网上缉私"、"缉私战区"等办案新模式,深化反走私综合治理,提升了打私效能。全年,立案查办走私违法违规案件483起、案值7.86亿元、涉税3049.28万元,同比分别增长47.7%、61.3%、97.9%。其中,侦办的"5·5走私冻品案"被列为总署挂牌督办案件,得到中央领导的充分肯定;侦办的"5·22走私香烟案"极具典型性,中央电视台予以采访报道;侦办的"4·13"、"5·14"和"12·3"走私毒品案,实现关区旅检进境、出境渠道走私毒品查缉工作的"双突破"。

八、积极支持区(县)扩大开放

通过协调海关总署,率先在西部地区获批设立万州区公用型保税物流中心(A型)和重庆市经济技术开发区法斯特公用型保税物流中心(A型),并积极推进2个保税物流中心(A型)的规划建设。配合地方政府,全力做好永川区、江津区、黔江区增设海关机构的申报工作,密切跟踪审批进展。创新监管通关模式,积极支持"蓉万"铁水班列常态化运行,促进重庆地区全域开放。

九、积极采取措施帮助企业减负增效

落实简政放权要求,取消和下放行政审批项目9项。鼓励企业自理报关,支持跨境电商以订单代替报关单,降低了企业通关成本。帮助21家企业调升海关管理类别,享受最大化的通关便利。积极推行铁路集拼业务,据华硕公司统计,"渝深"班列开展集拼业务6个多月累计为该企业节约成本大约500万元。积极支持重点企业和重大项目建设,全年共审批减免税款6.58亿元。

十、切实加强海关自身建设

一是扎实开展群众路线教育实践活动。在总署督导组的指导下,以"为民务实清廉"为主题,聚焦"四风"和"三难"等问题,以各级领导班子和领导干部为重点,同步推进第一批整改"回头看"和第二批教育实践活动。截至活动总结,第一批活动单位整改任务全部完成,第二批活动单位整改任务完成82%,其中立行立改任务完成达97.7%。海关总署第一巡回督导组认为,重庆海关整改工作目标清晰、路子清晰、头脑清醒,上下联动、推进有力、责任明确、成效明显。

二是立足自身实际全面深化海关改革。结合重庆关区实际,重点推进"四大专项"改革:即推进监管体系整合优化改革,制定监管体系整合优化改革方案,重新划分隶属海关和驻外办事处的功能属性,重组机构和职责,优化人力资源配置,极大地提升了通关效率;推进特殊监管区域整合优化改革,着力探索建立政策更优惠、运作更自由、管理更宽松的特殊区域综合监管模式,打造便利和效能的高地;推进职责优化整合及队伍建设改革,率先在全国海关开展瘦上强下、整合人力资源工作全面试点,积极探索构建"小机关、大现场"、"小机构、大职能"、"小分散、大集中"、"小综合、大业务"的"四大四小"人力资源优化配置的格局;推进财务和后勤保障服务改革,实行全关区一级财务管理模式,建立责任到人的管理制度,推进后勤单位用工和薪酬制度改革等。

三是按照从严治党要求加强党建工作。加强党组班子建设,修订党组成员一系列制度规范，党组“一班人”带头作出“从我做起、向我看齐、对我监督”的公开承诺，群策群力、靠前指挥，赢得了大家的信任和支持；强化党建主体责任，自觉把党建工作纳入党组重要议事日程，并将落实情况纳入领导干部个人述职、民主评议和年终考核的重要内容；夯实基层党建基础，围绕推进“三型”党组织建设，优化基层组织结构，提高党员队伍质量，切实增强了基层组织的凝聚力和战斗力；加强思想政治工作，实时掌握全员思想动态，为关党组改进管理、创新决策提供参考。

四是严管厚爱带队伍树好国门卫士形象。深化内涵学军，组织开展内涵学军试点，组建标兵示范队，培养整齐划一、令行禁止的作风纪律；加强全员培训，依托“四级培训网络”和中国海关在线学习平台，请进来、送出去，大规模组织开展培训，全年参培人员达16043人次，营造了浓厚的学习氛围；注重人文关怀，筹建文化活动中心建设，增配文体设施，丰富群众性文化生活，落实“五必访”和“八个不忘”，及时送上组织的关心温暖，营造拴心留人的环境；推进创先争优，在各窗口单位开展“微笑满渝州，渝关文明行”活动，1个基层科室被授予“全国工人先锋号”，3个基层科室成功创建“重庆市巾帼文明岗”，1名关员荣获“重庆市巾帼建功标兵”殊荣。

五是持续推进党风廉政建设和反腐败工作。制定落实“两个责任”实施办法，扎牢制度的笼子，确保权力在阳光下运行；狠抓监审部门主责归位，组织开展专项清理，调整和退出办事议事机构26个，推行特派员驻点督查与巡查监督相结合的工作模式，形成监督合力；深化内控机制建设，落实推广应用HL2008系统绩效考核制度，制定重大改革创新与风险防控同步设计管理办法，推行内控节点分级管理，推进清权确权工作；组织开展落实“两个责任”专项检查，加强执纪、作风、执法和内控监督，有效纠治执法偏差和基层窗口作风方面突出问题，最大限度地维护企业的合法利益；强化执纪监督，组织开展“小金库”、“会所中的歪风”、“六个严禁、六个一律”等专项整治活动，组织开展执法检查和经济责任审计，对执行规定不严格的执法行为以及违反财经纪律的单位进行了责任追究。有效遏制了区域性系统性风险的发生。

(作者单位：重庆市海关)

城乡规划

钟旭

2014年，是全市城乡规划和测绘地理信息工作深入贯彻十八届三中全会、中央城镇化工作会议精神，以及市委四届三次、四次全会和市四届规委会一次全会精神的开局之年，也是认真落实新型城镇化、五大功能区域发展等战略的关键之年。

一年来，市委、市政府高度重视城乡规划和测绘地理信息工作。市委、市政府主要领导亲自主持、参加市规委会一次全会，市委常委会、市政府常务会审议12项规划工作事项，市领导21次听取专项汇报，市人大、市政协9次进行对口指导，全年批示交办660件事项，规划工作首次纳入都市区各区经济社会发展实绩考核，批准我局由测绘管理办公室更名为测绘地理信息管理局。

一年来，国家部委大力帮助和支持我市城乡规划和测绘地理信息工作。住建部在渝召开全国规划工作座谈会，与我市在全国绿色生态示范区建设、步行和自行车系统项目示范、“多规合一”试点、村庄规划试点等多个领域深化合作，指导出台国内首部城乡公共服务设施规划标准。国家测绘地理信息局4次来渝指导，“智慧重庆"部市合作协议稳步推进。

一年来，全市规划系统锐意进取、争创一流，以五大功能区域发展战略为指引，扎实推进总规深化各项后续工作，认真实施法定城乡规划和规划管理两个全覆盖工程，着力推动规划领域改革创新，促进管理规范性和服务效能双提升，圆满完成目标任务。初步统计，全市全年核发建设项目选址面积4226.5公顷，同比增加151.3%；用地规划许可面积10866.1公顷，同比增加40.5%；建设工程规划许可建筑面积13153.6万平方米，同比增加75.2%；规划竣工核实建筑面积7710.3万平方米，同比增加74.1%。都市区新编和修编控规111平方公里；核发建设项目选址面积614.1公顷，同比减少35.5%；用地规划许可面积4469万平方米，同比减少35.8%；建设工程规划许可建筑面积6764.3万平方米，与去年同期基本持平；规划竣工核实建筑面积4369.4万平方米，与去年同期基本持平；办结巫山机场、黔张常铁路、渝万城际铁路、江北机场扩建、寸滩港二期、西站综合交通枢纽等近40项重大基础设施规划手续，保障华侨城、华南城、仙桃数据谷等一批重点项目落地；完成国家1:10000地形图数据整合升级试点，实施4.3万平方公里1:5000地形图测绘；在2014年度全国测绘地理信息工作绩效考核中获评优秀等次。

一、贯彻五大功能区域发展战略，高质量完成总规深化工作

（一）全面完成总规深化方案

按照市规委会一次全会意见，修订完善总规深化方案，先后经市政府常务会、市委常委会审议通过，规划成果以市政府名义印发实施。方案重点从空间布局、功能组织、产业发展、基础设施支撑、空间形态等多个方面对总规进行了深化完善，并对产业布局、人口规模和建设用地予以规划保障。及时提请市政府召开新闻发布会发布深化成果，组织多家新闻媒体进行跟踪报道和解读，并向各区县进行宣讲。基本完成市规划展览馆布展更新工作，设主模型厅、五大功能区战略厅、历史文脉厅、美丽山水城市厅等12个展厅，系统展示五大功能区域发展战略和总规深化成果。

（二）有序推进总规深化后续工作

为保障总规深化成果落地，市域层面完成《大都市区空间功能布局及综合交通规划》，启动渝东北城镇群总体规划、渝东南城镇群总体规划前期研究工作。都市区层面完成《重大功能设施用地预留预控规划》《美丽山水城市规划》《综合交通规划评估及优化》《传统风貌保护与利用规划》等4项规划编制工作。其中，《大都市区空间功能布局及综合交通规划》重点对大都市区城镇空间布局、区域功能组织、交通支撑设施等进行了预研预控。《重大功能设施用地预留预控规划》重点对物流贸易、文化交往、研发创新、金融商务四大类功能设施进行预留预控。《美丽山水城市规划》着重理清都市区山系、水系、绿系脉络，明确保护对象及其管控原则和标准，并在保护的前提下结合城市建设进行合理利用。《综合交通规划评估及优化》在预测、评估和分析基础上，对既有综合交通规划提出优化对策建议。《传统风貌保护与利用规划》重点回顾都市区历史沿革，提炼传统风貌特征，明确划区集中保护和分级分类依法保护等措施，以点串线、以线带面传承历史文脉，彰显城市风貌。

二、着力夯实基础，扎实推进规划全覆盖和管理全覆盖

（一）有序推进规划全覆盖

市政府办公厅印发《法定城乡规划全覆盖工作计划》，明确用2~4年时间完成全市66项（类）规划编制任务，构建覆盖市域、都市区、区县、镇乡、村5个层级，法定规划、专业规划、专项规划3大类别，统一衔接、功能互补、相互协调的空间规划体系。建立市级部门联席会议制度，出台专项实施方案，制订专业专项规划编制管理办法，确保规划全覆盖工作有序推进。

市级层面规划编制任务进展顺利，市域公路网规划深化、市域城乡消防规划、都市区人民

防空建设总体规划、都市区危化品布局规划等18项规划形成成果；都市区小学及幼儿园、体育、医疗卫生、环卫、江北机场空间管控规划等31项规划形成规划大纲和工作方案。各区县积极响应，制定本地规划全覆盖计划，与市级工作计划和要求形成匹配。其中，都市区各区立项298项，启动248项，形成临空经济区规划、渝中区总体规划等58项成果；远郊区县立项611项，启动279项，形成涪陵页岩气开发基础设施配套发展实施规划、长寿城区"六线"管控规划等71项成果。

(二)积极推动规划管理全覆盖

按照两江新区、北部新区管理体制改革要求，组建新的两江新区规划分局，推进管理范围、事项、职责等17个方面调整，落实向两江新区下放行政审批等管理事项和权限的决定。强化都市区各区规划分局规划编制和市政管理力量，增强驻区规划职能部门职责；推进镇一级落实规划管理职能职责，设立规划管理机构，落实专职管理人员，特别是将违法建筑的巡查、发现、处置职责落实到镇街，明确镇街一级查处违法建筑的直接责任，都市区基本实现规划管理全覆盖。同时，利用远郊区县新一轮机构改革的契机，推动铜梁、奉节新成立政府序列的规划局，未成立的也加强了规划管理力量；指导江津探索成立7个片区规划管理站；推动基础较好的区县在重点镇和有条件的镇设置规划管理机构，配备相对固定人员。

三、推进改革创新，提升规划服务能力和水平

(一)强化规划预研预控

建立都市区规划条件预研究机制，全年研究205宗用地、636个控规地块，涉及城市建设用地约40平方公里，满足了土地出让、项目落地的需求。创新提高建设用地出地率，合理控制配套用地，在不影响城市配套服务功能的前提下，将不成系统且不承担市政管廊功能的支路纳入地块出让，将地块内的小型绿地、广场纳入地块出让，零星用地统一出让。继续做好都市区重要桥隧、快速路、立交、轨道交通等项目预研预控，开展近期拟建轨道线路及车站预可研，保障轨道线路及站场落地。开展穿山隧道预控专项规划及连接道路专项规划，完成7座隧道控制方案。完成标准厂房、工业用地、养老服务设施等一批促进科学用地的实用研究。

(二)提高建筑规划管理水平

出台都市区城市空间形态规划管理办法，初步建立起形态管理从方案征集、设计审查、行政许可、建设过程跟踪管理，到竣工验收核实全过程的管理机制。优化建设项目规划审批内容和审批方式，推动重点建设项目实行互不为前置审批，建设项目规划审批时限进一步压缩。办结22件民生实事中57所学校规划许可手续，推动出台都市区城市棚户区危旧房改扩建规划建设管理办法。配合做好解放碑、观音桥等商圈步行街品质提升试点工作，推进商业步行街内设施的标识化、人性化城市设计。开展江北城等城市中心城区建筑风貌优化，注重形态、色彩、材质等选择，促进建筑与城市尺度的协调。

(三)加强市政规划管理

出台《市政规划管理流程再造工作规程》，形成14项市政工程规划管理制度和办法，推动市政规划管理全覆盖和流程再造。完成都市区道路保通保畅近期建设规划，提出交通改善的10项工程和管理措施。完善全市交通影响评价机制，强化大型城市综合体、航站楼等重大项目交通影响评价工作。完成朝天门码头拓展区岸线利用规划，明确岸线整体提档升级的路径。开展大货车入城停车场布点专项规划、都市区停车难化解专项规划等缓解停车困难的专项规划。完成都市区居民出行调查，为城市规划、建设、管理提供数据支持和定量分析基础。完成都市区生活垃圾应急填埋场选址、公租房配套设施完善等一批应用型规划研究。编制完成《2013年都市区交通运行年度报告》，发布《2013年度交通发展年报》。

(四)加强历史文化保护与利用

重庆建市以来第一个历史文化名城保护专

项规划通过市政府常务会议审议。规范全市历史文化街区、名镇、名村保护规划编制与管理，启动《重庆市历史文化名城名镇名村保护条例》立法调研，出台并指导完成《2014年度重庆市历史文化名城保护工作要点》各项任务。编制湖广会馆及东水门、慈云寺—米市街—龙门浩、江津区真武场等一批历史文化街区保护规划。全面推进20个历史文化名镇保护规划编制工作，永川区板桥镇、万州区罗田镇等7个历史文化名镇保护规划通过审查。面向社会征集完成第一批优秀历史建筑目录；梳理更新全市抗战遗址目录，完成365处文保单位、395处抗战遗址定点定位入库以及重庆市历史文化资源信息库建设方案。

(五)提升区县规划管理水平

出台区县总体规划制定及修改工作规程，指导完成长寿、江津、永川、璧山、大足、綦江等6个区县城乡总规编制，同时开展7个区县城乡总规论证与编制；指导完成铜梁、忠县、云阳等3个区县总规局部修改，同时启动5个区县总规局部修改。开展全市94个重点中心镇及422个一般镇现状建设用地遥感解译，指导开展200余项镇乡规划。制定村规划编制审批办法，组织开展市级农民新村规划试点，指导秀山大寨村、丰都关塘村入选全国村庄规划试点，分获中期评比第3名和第6名。指导开展黔江老城组团、江津几江半岛等23项城市设计方案征集及评审。会同市委组织部、市人力社保局出台区县首席规划师管理办法，31名首席规划师累计指导区县开展500余个项目的咨询、编制与决策。完成区县优秀规划设计及实施项目评比，继续开展"一区一图、一县一图"编制工作，基本完成2014年度农房规划实施户型图集。

四、加强规划法治化建设，着力维护规划刚性

(一)健全违法建筑整治体制机制

市政府出台市政府令《查处违法建筑若干规定》和《关于进一步推进主城区违法建筑整治工作的通知》，明确都市区违法建筑整治严控新增、逐步消化存量的总目标，从市、区、镇(街)、村(居)和物管公司4个层面，进一步理顺违法建筑整治的职责，建立快速发现、制止、处置工作机制，同步健全任务计划安排、信息通报、工作调度、挂牌督办、限制审批、约谈考核等多项制度。市政府成立以分管副市长为指挥长的拆违工作指挥部，充分发挥指挥部办公室统筹指导作用，督促各区成立相应机构，指导各区编制5年整治计划和年度拆除计划。深入开展《规定》宣传，组织对全市相关执法人员和基层干部进行培训。开通运行市级违反城乡规划行为举报中心，畅通违法建筑举报渠道。全年都市区立案查处违法建设1229件，处罚面积134万平方米，拆除违法建筑222万平方米，罚没收入1.18亿元。

(二)加强区县规划督察

制定城乡规划行政审批执法督察工作细则，组织对远郊区县总规实施、控规修改、行政审批、违法建设行为和违法建筑查处等开展专项督察，并对巫山、奉节等库区建成区重点管制区域进行重点核查。建立城乡规划义务督察信息员制度，遴选、聘任和培训60名城乡规划义务督察信息员。开展区县城区高分卫星影像采集，探索建立遥感解译、电子政务平台、法定规划综合数据库"三合一"的移动督察综合平台。创新远郊区县规划考核模式，将规划现状评价和目标任务完成情况同步纳入考核内容。

(三)加强规划法规体系建设

开展《重庆市城乡规划条例》《重庆市城市规划管理技术规定》实施情况评估，形成初步评估报告。制定出台《重庆市城乡规划诚信管理办法》，促进规划领域信用记录系统化、信息化和规范化，从源头提升规划质量和实施水平。修订出台规划管理公示办法和听证办法，进一步深化"阳光规划"和政务公开。开展规划行政权力清单和规划行政许可前置审批条件清理，制定行政处罚裁量基准等一批规范性文件。加强标准体系建设，编制现状城乡建设用地遥感解译规程、公共空间规划导则、山城步道和自行车交

通规划导则等20余项标准、指引和导则。

五、以地理国情普查为牵引，深化测绘地理信息应用服务

(一)全力推进地理国情普查

地理国情普查进度年度排名全国并列第一、综合排名全国第五。创新实施“信息采集攻坚战、质量控制持久战、统计分析应用战”3大战役，全市8.24万平方公里正射影像成果已全部验收合格，全面完成市域范围内地表覆盖、地形地貌、地理单元的信息采集、调查核查工作，安全保密工作零事故。收集完成96类40T的有关市级部门和各区县专题资料数据。全过程严把普查成果质量关，完成2.77万平方公里地表覆盖、6.26万平方公里地形地貌成果验收，在国普办检查中总体质量良好。在全国率先制作地理国情普查宣传片，多形式、多渠道开展普查宣传。

(二)推动测绘地理信息数据综合应用

以地理国情普查为契机，扎实推进综合市情系统建设，初步构建基础市情数据资源框架和全市城乡规划建设管理领域专题数据库框架，完成4个市长专题、26个行业部门、38个区县专题数据整合，在市级机关安装试用系统30余套。大力推进城乡规划综合数据库建设，建立起以基础地理、规划成果、规划管理和影响规划的其他部门信息4个子库为基础的数据体系，形成数据采集、整理和维护的长效机制。根据《重庆市社会公共信息资源整合与应用工作方案》，编制完成地理空间信息数据库建设方案。

(三)深化地理信息公共服务

推进“智慧重庆时空信息云平台”试点，完成“数字万州”、“数字潼南”地理空间框架建设。增强连续运行卫星定位系统功能与应用，为1374个工程提供数据转换服务。继续实施都市区1:500地形图全覆盖工程。推进地图应用服务，提供政务地图服务235次、各类地图近2500余幅，发布60余期群众喜闻乐见的特色便民地图。成功组织“美丽中国、美好重庆”国家版图知识竞赛和少儿手绘地图大赛。

六、坚持问题导向，全力推进“制度建设年”工作

(一)建立制度框架体系

启动并扎实开展全局“制度建设年”系列工作，围绕规划和测绘地理信息工作各个领域、各个环节，重点对2008年以来的193项制度进行全面梳理评估，分类提出保留、废止、修订等意见，并结合管理空白点明确新建、修订113项制度，初步建立起涵盖行政决策、行政审批、行政运行和党风廉政4个方面，完整、管用、可操作的制度体系。

(二)完善行政决策制度

进一步推进决策科学化、民主化，修订局党组会、局务会、局长办公会和局领导业务办公会议事规则，规范会议程序，提高局决策会议的质量和效率。健全规划咨询决策机制，完善市规委会办公室和专家咨询委员会的工作规程，更好发挥专家作用。研究制定重大决策社会稳定风险评估办法，明确评估范围、内容、主体和程序，确保重大决策事项的合法性、合理性、可行性和可控性。

(三)优化行政审批制度

研究制定建筑项目控规一般技术性内容修改工作细则、区县重要地区规划设计指导办法，健全规划编制与审批工作机制。完善都市区市政项目外立面审查工作规程，远郊区县建设项目规划审批许可规程，进一步规范建设项目规划行政审批。整合城乡规划统计体系，制定规划业务统计管理办法，解决数出多门、出入较大等问题。出台配建社区组织工作用房和居民公益服务设施等规划管理办法，为加强公共服务设施规划管理提供制度保障。

(四)规范行政运行制度

研究制定全局工作规则，为全局履职履责、依法行政、规范管理、改革创新提供基本遵循。规范行政管理，健全重大事项报告、会议管理、督查督办等制度。理顺信息化建设工作机制，制

定全局信息化、网络与信息安全、信息资源共享等管理办法。改进新闻宣传管理,建立新闻信息发布、宣传舆情监测及引导、新闻采访等工作制度。加强财务管理,建立内部审计、招投标管理、远郊区县规划资金补助评估等制度。

(五)健全党风廉政制度

制定专项工作方案,推动建立教育、制度、监督"三位一体"的预防腐败制度体系。系统梳理规划廉政风险点,针对突出问题制定制度措施,加强日常工作责任追究和风险防控。出台落实党风廉政建设党委主体责任和纪委监督责任的实施意见,建立党风廉政建设教育、监督检查制度。制定处理党风政风违纪问题的管理办法,及时发现和处理苗头性、倾向性问题,进一步加强和改进局系统党风政风建设。

七、着力加强党的建设,增强干部队伍凝聚力、战斗力

(一)认真抓好教育实践活动问题整改

坚持以作风建设为突破口,狠抓局领导班子整改方案、专项任务、上下联动问题等整改后续工作,建立台账一一销号,规划部门作风有较大转变。严格遵守执行"八项规定",局班子成员累计到各区县、各部门、各单位调研走访412次、338天,局主要领导全年与每一位副职领导、处室长以上领导干部分别进行了2次以上谈话,局分管领导与分管单位负责人、中层干部与普通职工的交心谈心实现全覆盖;改进文风会风,倡导开短会、说短话、发短文,全局一般性会议减少11.4%,全局各类公文简报同比减少7.6%;厉行勤俭节约,"三公"经费同比减少58.95%。

(二)切实加强基层党建和内部建设

完成2014年局党建工作要点各项任务。组织开展"服务型基层党组织"创建活动,增强党组织建设队伍、服务中心能力。组织局党组中心组集中学习14次,建立每周五下午定期学习制度。积极开展党员教育主题活动,基层创建21个"优质服务窗口"、36个"党员示范岗",组织430余名在职党员到社区报到。推进局机关创建"市级文明单位"活动,争创国家级"巾帼示范岗"、市级"青年文明号示范集体"和"青春倡廉示范岗"。全局受理群众信访件3245件,接处市长公开电话3986件,办理政务信息公开申请112件、人大代表建议(议案)和政协提案275件。成功申报院士专家工作站,开办全市首个"规划系统工程硕士在职研究生班",新增74名副高级以上职称人员。

(作者单位:重庆市规划局)

食品药品监督管理

王盈

2014年,是重庆市新组建的食品药品监管机构和监管队伍正式履行新职能的一年。重庆市食品药品监督管理局紧紧围绕中央和市委、市政府关于食品药品安全工作的决策部署,特别是习总书记提出的"四个最严"要求,充分运用教育实践活动和作风建设的成果,心无旁骛抓监管,同心协力解难题,坚决守住了不发生重大食品药品安全事件的底线,巩固了全市食品药品安全形势稳定向好的局面,实现了良好的开头起步。

2014年,重庆市食品药品监管系统市、区县、乡镇(街道)监管网络基本形成。截至2014年底,市局机关内设处室18个,直属管理39个区县分局,业务指导两江新区市场和质量监督管理局,市局直属事业单位11个。各乡镇(街道)新设立食品药品监管所,其中直管所183

个、非直属的监管办838个。全市有食品生产企业2911家,食品流通企业161569家,餐饮单位105018家,保健食品生产企业13家,化妆品生产企业20家,药品生产企业116家,医疗器械生产企业240家,药品(器械)流通经营企业及使用单位3.7万家,化妆品经营企业含美容美发场所2.4万家,保健食品经营企业1.2万家。

一、监管体制改革

整合卫生、质监、工商和食药监部门职能,重新组建了市食品药品监督管理局和各区县分局(加挂食安办牌子),结束了“九龙治水”格局。保留市局对39个区县分局的垂直管理体制,确保了新机构的权威统一。按“一镇一所”原则,在全市1021个镇街设立了183个直管所、838个非直属的监管办。全市专职监管人员达到6000多人,是改革前的4倍,占人口比例的万分之1.88。新增人员近90%集中在区县和乡镇一线。通过购买服务的方式,在全市10981个村(社区)设立协管员,打通了监管工作的“最后一公里”。全市食品药品监管人员(含在编和政府购买服务)达17200多人,占人口比例的万分之5.2。

争取市财政支持,三年内拟为基层食药监管体系建设新增投入3.37亿元。2014年实际新增投入2.23亿元,为基层监管所(办)统一配备执法装备、执法服装、快检设备、标识标牌等,保证了新机构的正常运转。首批209台执法车辆、460套快检设备已采购到位。

二、制度机制建设

责任落实。市委、市政府把食品药品安全纳入对区县党委政府经济社会发展实绩考核和综治考核的内容,由食安办细化考核标准开展考核;同时市政府与各区县政府签订《食品药品安全工作责任书》,督促区县政府履行好食品药品安全“总责”。以市政府办公厅名义出台了《重庆市食品安全责任追究暂行规定》《重庆市药品安全责任追究暂行办法》,明确区县(自治县)政府、乡镇政府(街道办事处)和食品药品监管各部门责任,对食品药品安全责任追究的情形、方式及适用、追究程序等均作出了明确规定,推动食品药品安全责任落实。

监管制度改革创新。启动食品药品安全诚信体系建设,建立“黑名单”制度,并争取市政府把食品药品行业作为四大试点行业之一纳入全市诚信体系建设的重要内容,将食品药品安全监管信息纳入全市统一的诚信档案,积极推进对失信企业实施政府采购、金融信贷、社会保障等综合惩戒的制度探索。在部分大型超市探索试行先行赔付制度,倒逼企业诚信守法。联合市农委开展农产品质量追溯体系建设,在大型农产品基地率先建立索证索票、电子溯源制度,实现从产地到市场的可追溯和全程监控。

司法协作机制。加强食品药品监管行政执法与刑事司法衔接,分别与市高法院、市检察院、市公安局、市司法局建立起司法审判协作机制、案件咨询机制、打击食品药品违法犯罪一体化协作机制、食品药品法制宣传教育机制等,推动了食品药品行政执法由单打独斗向整体联动的转变,确保法律责任追究到位。

信息发布制度。在全国首个以省级政府办公厅名义印发了《食品安全信息公布管理办法》,明确食品安全信息公布的原则、权限、程序、形式等,重大食品药品安全信息由市食安办统一发布。

三、整治突出问题

针对人民群众反映强烈的食品药品安全突出问题,集中力量开展整治,严厉打击违法违规行为,提振了人民群众对食品药品安全的信心。进一步巩固婴幼儿配方乳粉、肉及肉制品、食用油、儿童食品等专项治理。集中组织开展医疗器械“五整治”和农村食品市场“四打击四规范”专项行动。其中,医疗器械“五整治”查办案件211件,罚没款250多万元;农村食品市场“四打击四规范”专项行动共取缔无证经营909户,吊销食品流通许可证19户,吊销餐饮服务许可证11户,查办案件1371件,移送46件。针对学校食品安全问题，联合市教委开展学校食品安全专项整治，对全市学校食堂及食品经营网点进行拉网式清理检查并督促整改。通过整治，我市学校食品经营网点总持证率达92.8%，较2013年底的73.38%提高19个百分点，明显改善了校园食品安全状况。

加强源头治理。完善食品生产、食品流通许可现场核查项目，严把市场准入关。加强餐饮服务许可审查，取缔无证经营370户次，持证经营户达98857户，较上年增加23%；对持证餐饮服务单位全面实施量化分级管理，总实施率达99.32%。全面落实药品企业质量受权人制度，核发新版药品GMP证书46个，通过新版药品GSP认证的药品批发企业145家、药品零售连锁企业6家。

打击违法犯罪行为。联合农业、公安等端掉了“注水牛肉”、“毒豆芽”等黑窝点，查办了火锅底料、牛肉干、“鸿升牌参杞胶囊”、非法销售复方磷酸可待因溶液等案件。全市累计食品药品行政立案2490件，罚没款3206.47万元(较2013年增加52.12%)；刑事立案694件、破案616件，其中公安部督办案件34件，案值500万元以上的全国集群战役案件14起；公安机关逮捕并由检察机关起诉的食品药品犯罪嫌疑人249人，涉案金额达1.07亿元，极大地震慑了违法犯罪行为和犯罪分子，有力地促进了食品药品安全。

应急处置。及时处置云阳县“云中轮”游船、沙坪坝区“馄饨大王”餐馆食物中毒等突发事件，有效控制了事态发展。针对网络媒体报道的“北部新区民心佳园当当幼儿园使用变质原料加工食品”等突发事件，及时组织调查，澄清事实真相，纠正不实报道，有效防止了网络炒作发酵。在处置“宜昌麻雀抢食大米致死”事件中，在黄金4小时之内果断采取措施，坚持以检验检测结果为依据，坚持全程公开、透明，主动回应社会关切，获得国家总局“重庆处置工作堪称经典”的高度评价，市食安委对市食品药品监督管理局、市食药检所以及巫山县食药监分局、公安局等参与处置的8个单位予以通报表扬。

四、技术监督能力建设

在全国率先完成市、区(县)两级原质监部门食品检测机构的整体划转，从市质监局所属市级和片区计量检测机构成建制整体划转食品检测职能、118名人员编制和价值4200余万元检测设备。按照“四小时重庆，两小时覆盖”思路，积极争取市财政、国务院三峡办及相关区县党委政府的支持，加快推进市级检验检测机构建设。市食药检所口岸改造项目主体已竣工；涪陵食药检所迁建项目一期工程主体竣工，进入装修阶段；黔江食药检所办公实验用房建设项目进入施工设计和土建招标阶段；永川食药检所完成征地和初步规划设计；万州食药检所迁建项目工程已进入可研批复阶段。

按照“统一制定计划、统一组织实施、统一数据汇总分析、统一结果利用”的思路，对原卫生、工商、质监、食药监等部门食品检验检测工作的资金、技术平台和规划进行整合，统一组织全市“四品一械”抽检工作。投入1.4亿元，首次实现了对地产食品药品的100%抽检，并完善抽验监测的配套机制和后续执法措施，做到了3个100%，即对抽检出的问题产品100%进行核查处置，对抽检中暴露出的产品问题100%查找原因并督促整改，对检出的问题产品次年100%再次抽检，切实将发现的问题核查处置到位。同时，引入大数据精细化管理的方法，开发建设抽检监测信息化系统平台，实现对抽检结果的全市分享、分析研判和综合运用。

五、社会共治

设立投诉举报处，配齐配强干部队伍，畅通群众参与渠道。2014年3月，开通了全市统一的食品药品举报投诉电话“12331”。自开通以来共受理群众投诉、举报5000余件。出台有奖举报制度，对提供重要违法线索的举报人最高给予10万元奖励。截至2014年底，共受理投诉举报6600余件，从中发现案件线索并立案554件，移交司法机关13件。主动通过媒体向社会公布查出的不合格月饼、粽子、饮用水、中药材及饮片等产品信息,对所涉及的我市16家企业进行曝光,并及时转发总局公布的不合格产品信息,加大社会惩戒力度。投入400万元,通过在电视台和报刊、地铁车厢播载食品药品公益广告、开展食品药品安全知识大讲堂等形式,加强科普宣传,提升群众自我保护意识。

六、助推产业发展

认真贯彻落实市委四届六次全会提出的“转方式、调结构”要求,主动适应经济发展新常态,以努力提高技术审评能力为切入点,助力医药产业转型升级,助推我市经济发展。重庆市食品药品监督管理局积极努力,多方争取,2014年12月,国家总局授权我局开展药品技术转移技术审评。审评工作开展仅一个月,就完成从市外转入的40个品规的无菌制剂的受理。市食品药品监督管理局已受理药品生产企业申报,将从市外转移近200个品规的药品品种落地重庆。按每个品种投产后年产值5千万~1亿元初步估算,可增加我市医药产业近100亿~200亿元产值。预计明、后两年还有一大批药品品种逐步转移到重庆,有助于进一步加快推进我市医药企业发展壮大,促进我市医药产业快速发展,为实现我市千亿级医药产业发展目标提供有力的支持。进口非特殊用途化妆品技术审批也已通过总局评审;争取国家药品审评中心分中心落户我市的工作也取得积极进展。

(作者单位:重庆市食品药品监督管理局)

重庆审计

胡杰权

2014年,重庆市审计机关紧紧围绕五大功能区域发展战略实施,立足深化改革、推动发展、反对腐败,切实加大审计监督力度,全年共实施审计项目3781个,比上年增长14.6%,查缴及督促被审计单位归还财政资金195.4亿元,其中,已上交财政108.6亿元,已减少财政拨款或补贴14.4亿元,已归还原渠道资金72.4亿元;向司法、纪检监察等机关移送案件线索383件,涉及人员233人、金额11亿元,促进被审计单位建立健全了相关规章制度。

一、重大政策措施跟踪审计

全市审计机关按国务院部署,在审计署的统一指挥下,与审计署驻重庆特派办协同开展了对全市各级各部门贯彻执行中央和市委、市政府重大政策措施、重点项目实施、重点专项资金使用、简政放权等情况的跟踪审计,揭示和查处了项目未落地、资金未到位、措施未落实等问题,审计促进经济发展、改革开放的保障性作用得到体现。

二、专项资金审计

全市审计机关统一组织、上下联动,对全市城镇保障性安居工程、基础教育经费、退耕还林资金、农村危旧房改造、总量减排资金等民生资金和民生实事项目进行了专项审计,揭示了专项资金使用管理中存在的违规违纪行为和管理体制机制方面的问题。部分区县审计机关按党委政府要求,开展了征地拆迁、村级财务的审计。

三、财政财务审计

全市审计机关按期完成了市本级和38个区县财政预算的年度审计、15个市级部门单位预算执行、6个区县财政决算审计以及237个区县部门单位预算执行、79个乡镇(街道)财政决算审计,揭示了公共财政预算管理、财政资金存量、专项转移支付、地方税征收等方面存在的问题。审计中采取"审下促上"和"延伸审计",关注"末梢神经",揭示了在体制机制、机构编制、行业协会以及执行中央八项规定和市委实施意见、"三公"经费管理和厉行节约方面存在的问题。按国务院及市政府要求,统一组织、按期完成了全市政府性债务的清理甄别工作,为各级政府管控债务提供了依据。

四、经济责任审计

围绕促进权力规范运行,市和区县审计机关分别对39名市管领导干部和551名区县管理的领导干部进行了任期经济责任审计。对不同层级的领导干部落实上级党委政府重大决策部署、领导经济发展、推动民生改善、加强债务管控、执行中央八项规定和市委实施意见及自身廉洁自律等方面的情况进行了审计。

五、企业审计

市和区县审计机关分别对9户市管企业集团和193户区县国有企业进行了审计,揭示了企业改制、重组、投资及经营管理方面存在的问题。市审计局还对12个市级部门所属354家企业开展了专项审计调查,部分区县审计局对本级管理的国有企业资产管理及运营情况进行了审计调查,为深化国有企业改革提供了决策参考。

六、投资审计

市和区县审计机关对10个市级重点投资项目和2415个区县政府投资项目进行了审计,促使部分区县政府制订出台了政府投资项目审计管理办法,明确了政府投资项目的概算、预算和竣工决(结)算审计的边界范围、职责界定,强化了政府投资项目建设管理。

七、审计整改情况

全市各级审计机关扎实贯彻落实市政府《关于进一步加强审计整改工作的通知》,基本建立了"巡视、审计、督查"联动整改机制,健全了审计整改专项督查、审计结果公开等制度,审计整改长效机制得以巩固,全市审计决定整改率达98%。

八、内部审计

2014年,全市各部门、各企事业单位(含中央在渝单位)设内部审计机构2777个,其中专职机构942个;配备内部审计人员8851人,其中专职审计人员2655人。2014年,全市各级内部审计机构共完成审计项目3.69万个,促进增收节支77.33亿元,提出的建议和意见被采纳2.5万余条,移送纪检监察机关和有关主管部门建议给予党纪政纪处分95人。

(作者单位:重庆市审计局)

检验检疫

王卿

2014年,重庆出入境检验检疫局检验检疫出入境货物2.78万批次、货值31.91亿美元。检出不合格货物970批、货值9760万美元,不合格检出率3.49%。其中,出口工业产品不合格检出率同比提升了3.61倍,进口工业产品不合格检出率同比提升了2.45倍;退运和销毁不合格进口产品45批,货值35.61万美元。对33条航线5206个航班实施检疫,查验放行144余万人次,发现症状111人次。健康检查1.67万人,发现传染病例1621次,非传染病例10082次,检出输入性疟疾、群体性登革热等检疫性传染病13例。累计截获动植物有害生物321类,935种次。

一、质量共治

2014年,重庆出入境检验检疫局组织召开"进出口商品质量工作座谈会",与重庆市质量技术监督局联合召开重庆市质量大会,加强与重庆市外经贸委、经信委、农委、卫计委等部门的交流协作,共同研究制定重庆市贯彻中国质量(北京)大会精神的措施办法。与沙坪坝区、永川区、丰都县等区、县政府以及中国质检报社签订合作备忘录;与重庆市安监局、经信委、外经贸委、质监局、工商局等相关部门建立质量安全合作工作机制,探索质量共治新路径。开展质量共治大调研大讨论大宣讲活动,深入万州、涪陵、永川、忠县等地,与重庆市龙头企业以及高等院校交流,宣传政府质量监管职责权限,明确企业质量主体责任,共谋质量提升之路。开展"质量月"活动,制作发放《质量发展纲要》宣传手册和宣传画3800余份,发送宣传短信945条,发表新闻报道和专题文章10篇,组织技术交流会4次,各实验室接待社会各界参观340余人次,其中接待非洲11国22名政府部门食品安全管理官员。

二、质量监管机制建设

2014年,重庆市将检验检测公共技术服务平台建设、进出口商品质量安全保障体系建设、口岸核心能力建设和口岸公共卫生安全联防联控机制建设等纳入政府质量工作考核体系。重庆出入境检验检疫局发布规范性文件,推行出口备案采信第三方认证机构结果新模式。承担质检总局"内地检验监管模式改革"创新课题,将进口旧机电核准、进口电池备案和进口固废国内收货人后续监管职能下放至各分支机构。在进口汽车检测、矿产品、出口普包、危包、食包和政府间协议装运前监装领域试行采信第三方检验机构的检测结果。全年搜集进出口工业产品质量安全方面的风险警示通告11条、警示通报132条。向质检总局采集上报802条不合格产品风险信息。其中,有5条风险信息被质检总局以警示通报及门户网站中"进出口不合格产品信息"采用发布;搜集进出口食品质量安全方面的风险信息437条,质检总局采用信息69条,同比增长20倍。建立进出口工业产品质量安全信息通报机制,向重庆市经济信息委、市外经贸委、相关工业园区和企业发布6期《进出口商品质量安全信息通报》,为相关企业规避贸易风险提出合理建议及对策,累计帮扶80家企业应对埃及标准新规,降低和避免滞港和退运风险。对目录外商品抽查情况及处理结果实行"双公开",建立风险信息发布和通报机制,实现出口退货信息登记全覆盖,参加质检总局质量分析工作会并作典型发言。按照质检总局部署,将进出口商品检验鉴定业务的检验许可由工商登记前置审批事项改为后置审批,对辖区检验鉴定机构实施月报制度,全年3家机构开展进出口商品检验鉴定业务21103批,检出不合格578批,不合格检出率2.74%。

三、特色产业质量提升

2014年,重庆出入境检验检疫局推动北部新区创建"全国仪器仪表产业知名品牌示范区"。正式启动石柱县有机莼菜认证示范区创建工作。连续3年保持国家级出口农产品质量安全示范区称号。启动国家级出口示范区和示范企业筹建工作。涪陵工业园区出口工业产品质量安全示范区通过验收。组织对重庆辖区35家出口企业2013年遭遇国外技术贸易壁垒影响情况进行调查,对嘉陵集团对外贸易发展有限公司等6家企业开展技术性贸易措施方面的帮扶。建立国外技术贸易措施通报机制,定期搜集、发布国外技术贸易措施动态,提升技术性贸易措施应对能力。指导2家食品企业取得对欧盟出口注册资格,指导新增4个出口备案果园和4家注册动物产品出口企业;指导新增2家出口香港蔬菜基地,蔬菜样品进入欧盟。帮助2家企业获得FSSC22000认证,19家企业获得

HACCP 认证、22 家企业获得 ISO22000 认证。启动对重庆辖区 68 家进口汽车品牌特许经营者的后市场监管工作，对阿斯顿马丁、梅赛德斯奔驰等 5 家进口汽车经销商实施约谈和现场监督检查，督促经销商落实缺陷汽车召回。探索将外资认证机构从监管对象变为服务突破技术性贸易措施资源的新服务机制。试点和 TUV 南德公司合作，举办欧洲和北美市场通机出口产品认证技术培训班，扶持重庆支柱产业提档升级。

四、埃博拉疫情防控

2014 年，重庆市出入境检验检疫局与重庆市卫计委、反恐办、环保局、口岸办等部门协调沟通，先后组织举办重庆市埃博拉防控演练、口岸卫生处理事故应急演练，与重庆市卫计委、市疾控以及定点医院建立公共卫生事件应对联防联控机制，累计检疫查验来自埃博拉出血热疫区人员 61 人次；消毒载有来自疫区人员航空器 22 架次；卫生处理来自疫情发生国家地区的废弃物固体 89 袋，液体 22 车，防控工作获得重庆市市长黄奇帆批示表扬。

五、维护重庆生态和生物安全

2014 年，重庆市出入境检验检疫局加大口岸检疫查验力度。首次截获樱桃红蜚蠊、长林小蠹、新西兰隐喙象。截获地中海实蝇、芒果果核象甲、印度蒺藜草等重大检疫性有害生物。首次在重庆口岸的进境大豆中发现大豆北方茎溃疡病。加强邮包检疫工作，首次一次性截获 40 条活蜥蜴；从美国进境的苜蓿草中检出转基因成分，在进口玉米和酒糟饲料中检出禁止进境转基因成分。突出危险化学品、废物原料的监管。主动对接重庆市安监局、经信委等相关部门，建立进出口危险化学品监管联合执法机制，开展监管信息互联互通共享，全年进出口危化品不合格检出率 5.15%，同比增长 284.3%。引入进口废物原料风险监控机制，加大对环保不合格项目的检验，全年检出不合格 36 批，批次检出率为 3.10%，同比增长 131.1%。

六、进出口产品监管

2014 年，重庆市出入境检验检疫局建成婴幼儿配方乳粉全项目检测，缩短进口婴幼儿配方乳粉实验室检测周期，完成重庆地区首次进口婴幼儿配方乳粉检验监管工作，成功应对台湾“全统香”猪油等突发事件。实现全年重庆出口工业品、动植物产品在国外“零”通报、“零”召回，未发生系统性、区域性重大质量安全事故。强化对进出口儿童用品等高风险产品监督抽查工作，加大对零售环节进口商品的抽查力度，第一阶段抽查商品 21 批，任务完成率 105%，检出不合格 7 批，不合格检出率 33.33%，同比提高了 28 个百分点。强化进出口食品风险监控工作，监控重庆口岸进出口食品品种 28 个，累计抽取样品 318 个，获得监控指标 3730 个，任务完成率 125%，检出 5 批不合格，不合格检出率 1.96%，其中 4 个样品氟铃脲指标超标，一个样品铅指标超标。制定《重庆出入境检验检疫局输往政府协议国家产品装运前监装协检单位管理办法》。全年检验输非商品 961 批，货值 2.26 亿美元，一次检验不合格 111 批，一次不合格检出率 11.55%，同比增长 477.5%。其中，禁止出境 4 批，涉及金额 7750 美元。做好援外物资检验工作，全年检验援外物资 8 批，74.4 万美元。

七、“渝新欧”扩量增效

2014 年，重庆出入境检验检疫局指导进口汽车整车口岸建设并通过国家部委验收，完成首批 80 辆进口整车检验检疫任务，货值达 325 万美元。向质检总局申请办理进口车辆 VIN 系统、小批量进口汽车特殊检测机构和管理系统的审批、授权工作。支持“渝新欧”国际运营大通道建设。全年实现发运进出境班列 133 班目标(出境 110 班、入境 23 班)，检验检疫工作实行“预报检”“5+2”“7×24”服务制，进出境货物实现检验检疫“零等待”。加强与邮政公司合作，指导国际邮包分拨中心建设工作，制定“渝新欧”运邮一体化监管方案，强化与“渝新欧”沿线机构合作，对“渝新欧”邮包实施一次查验、一次放行。全面实施一次查验模式，将查验前推后移到两个特殊监管区，并建立专项加班制度，实现“渝新欧”公共班列货物在重庆检验检疫“零等待”。

八、口岸建设及通关便利化

2014年，重庆出入境检验检疫局在经开区、果园港设立检验检疫机构或监管点，指导果园港、茄子溪港、东港、黔江地区等完善检验检疫监管设施，支持万州空港开放工作，实现全口岸检验检疫机构全覆盖。指导进境水果口岸通过验收并开展试运行，进口冰鲜水产品口岸通过验收，进口肉类口岸正式运行。创新农畜产品指定口岸建设模式，推进进境种苗、粮食、原木等指定口岸、国际邮件互换中心、进口食品农产品冷链加工规划建设，构建重庆水、陆、空多功能综合口岸体系，沙坪坝区西部物流园已将进口种苗、原木指定口岸建设纳入铁路口岸二期规划。

2014年，重庆口岸全面实现无纸化通关，口岸电子闸口实现进出口货物、集装箱、运输工具全监管。重庆出入境检验检疫局启动重庆地区“三通”通关模式改革，在坚持“属地施检”的原则下，逐步建立检验检疫系统内部“信息互换、监管互认、执法互助”机制。11月10日，在铁路口岸和航空口岸正式试运行关检合作“三个一”工作模式，企业申报数据项从原来的143项缩减到84项。

九、服务外贸发展

2014年，重庆出入境检验检疫局围绕国家“一带一路”发展战略，出台10项深化内陆开放高地建设工作措施。支持重庆保税商品展示交易中心及延展平台建设，建立和完善相关管理制度，对展示交易中心和延展平台商品在备案审批、报检、检验检疫监管等方面给予优惠政策，以两路寸滩保税港区为支撑，培育进口商品展示展销市场，将进口商品逐步引入主城其他地区展销，延伸保税展示展销功能，促进保税展示展销及跨境电商“线上线下”联动发展，做大做强保税商品交易市场制定《重庆跨境电子商务检验检疫管理办法》《重庆检验检疫局进口跨境电子商务电商高风险能力认定工作规范》等5个制度文件，建立重庆跨境电商检验检疫“放得快、管得住、可追溯”的监督管理机制，创新“入区检疫、监督抽查、风险监测、快速放行”通关模式，助推跨境电子商务健康发展。帮助3家农产品加工企业取得对欧对俄出口注册资格。指导地方政府引进山东佳农等农产品龙头企业，出台“一货一案”等帮扶措施，组织召开重庆市扩大农产品出口检验检疫工作会和输俄食品农产品推介会，向俄罗斯经贸代表团推介重庆特色农产品，促成签署价值1.78亿美元出口农产品订单，推动重庆柑橘等特色农产品出口马来西亚、泰国等新的国际市场，实现万州古红橘属地报验出口。

十、帮助企业减费降负

2014年，重庆出入境检验检疫局指导企业利用原产地优惠政策，帮助外贸企业利用区域优惠原产地政策扩大出口，帮助重庆出口产品减免国外关税约6600万美元。全年减免各类检验检疫费2665万元。签发各类原产地证书23766份、签证总金额约62亿美元，同比分别增长9.92%和66.72%。其中，对台湾签发的海峡两岸经济合作框架协议原产地证书、中国—哥斯达黎加自贸区原产地证书和亚太贸易协定原产地证书，签证量同比分别增长100%、90%和84.76%。

（作者单位：重庆市检验检疫局）

邮政业

龚渝茗

2014年,是重庆市邮政业发展较好的一年,行业实现了平稳较快增长、服务有了稳步提升,邮政监管工作取得了一定成效。全年邮政企业和规模以上快递服务企业业务收入(不包括邮政储蓄银行直接营业收入)累计完成47.7亿元,同比增长23.8%;业务总量累计完成47.0亿元,同比增长20.2%。其中规模以上快递企业业务量累计完成1.4亿件,同比增长30.8%;业务收入累计完成20.1亿元,同比增长46.8%。通过抓质量、重服务,邮政普遍服务满意度以较大增幅进入全国前10名。《重庆市邮政条例》继续深入实施,规划工作得以深入推进,快递"向下"、"向外"工程双获进展,末端投递瓶颈三面突破,邮政、快递车辆通行问题普遍解决,邮政基础设施建设有力推进、市场秩序规范及邮政业服务水平明显提升。

一、抓好基础设施建设,强化服务保障工作

修订了《重庆市都市区邮政设施专项规划(2008~2020年)》;都市区邮政快递设施规划纳入重庆市法定城乡规划全覆盖工作计划;编制了万州、涪陵、黔江等地的邮政设施专项规划。顺丰、EMS、邮政公司在重庆开通了自有航空货运飞机,加快了快件航空的运输速度。市邮政公司积极开展第三邮件处理中心的建设工作,市城乡建委积极支持减免城市建设配套费用。积极推进西部邮政普遍服务和邮政机要通信基础设施改建工程,全年已累计投资8100万元,完成网点整修和翻建208个。配合市发改委积极协调有关部门顺利完成了空白乡镇局所补建工作,各项指标均位于全国前列。建立企业联络员机制、改善12305服务等举措,切实转变职能、提升服务。通过积极引导,加强服务,企业合法规范经营意识明显增强,依法申请快递业务经营许可,目前已登记的快递企业及其分支机构近1000家。同时,行政执法行为进一步规范,严格执行行政处罚裁量基准,开发了邮政行政处罚信息系统,实现对派出机构行政处罚的远程审批及全过程监控。

二、扎实推进村邮站建设,快递"向下"、"向外"双获进展

通过积极努力,把村邮站功能纳入市委办公厅、市政府规定的村(社区)便民服务中心工作事项,村邮站建设得以在制度层面进一步解决并在具体工作中扎实推进。万州局积极与地方政府联系,在梁平县政府的鼎力支持下,涵盖邮政服务功能的便民服务中心从零开始,全部建成运营。涪陵、綦江、九龙坡等多个区县于今年落实运营补贴政策及经费,涪陵区政府还对村邮站日常监管工作提供经费等大力支持。快递"向下"、"向外"工程双获进展,积极探索快递与农产品促销合作共赢等切合本市地方实际的新模式,在市邮政速递物流公司大力拓展、多家快递企业积极参与下,全市823个乡镇中已有快递代办网点910个,自营网点262个;全力助推市政府"渝新欧"邮件跨境运输试点工作,为电商跨境服务管理打下坚实基础。

三、"最后一公里"投递难取得突破,利用媒体宣传邮政行业

努力解决"最后一公里"投递问题。与市教委联合出台了《关于做好高等院校校园快递服务管理工作的通知》,启动了"快递进校园"工程。已有2家第三方快递综合服务平台企业进入高校,开启在渝高校快件收派集约化管理的

新模式。与市商委协作，加强与快递企业的对接，推广"快递加盟商+商超经营者"合作投资的模式，推进社会资本投入快递末端服务网络建设。已建成惠客君、时报爱达、城市佰分佰等提供快件末端配送服务的综合服务平台93处。鼓励社会资金投入快递末端智能自助服务设施建设，主城已设立智能快递箱、智能包裹柜1200余个，涵盖了主城近4成的物业小区。其他区县智能快递箱及包裹柜也在加紧设立中。在市交委和各区县政府的大力支持下，落实了邮政普遍服务车辆高速公路通行费免缴及邮政、快递车辆的便捷通行，各派出机构结合辖区实际，重点针对车流量大、交通拥堵区县逐个突破，取得实质性进展。目前，包括重庆主城和派出机构所在地在内20多个重点区县，对符合条件的1100余辆快递投递车辆发放了通行证，实现便捷通行。同时，在"双11"期间，还为快递企业特别增发了通行证。在市公安局交通管理局的大力支持下，为138辆新能源快递车辆优先发放快递通行证，促进了新能源汽车的推广使用。宣传行业发展引关注。通过广播、电台、报刊、网络等媒介主动宣传报道邮政业100余件次，长期扩大宣传，引起各界广泛关注。2014年，市、区(县)两级人大、政协对邮政业共提出10余件建议、提案，内容涉及邮政基础设施、末端投递等行业发展热点难点问题。市邮政管理局主动回复，既有利于与有关部门沟通突破难题，又形成良性循环。

四、突出行业安全监管，依法履行行政执法

与企业签订安全责任书，推进安全监管视频平台建设，严格落实收寄验视制度。联合国安、公安、安监等部门，加强安全监管。万州局创新机制，将各区县安全办公室主要负责人充实到邮路安全监管办公室队伍中；永川局采取疏与堵相结合的措施，有效遏制辖区管治刀具非法寄递等情况。各派出机构也针对辖区实际，切实加强属地监管，确保我市行业安全畅通。印发了《重庆市邮政管理局邮政普遍服务和特殊服务监督检查办法(试行)》，对普遍服务和特殊服务实行综合检查。各派出机构加大对快递企业监督检查力度，全年出动检查3754次，对快递企业下发整改通知书192份，作出行政处罚22起。万州局推进快递企业营业及处理场所标准化建设，完成四个区县的检查验收，达标率90%以上。

五、抓好旺季通信服务保障，强化社会监督申诉处理

为抓好"双11"快递旺季服务保障工作，我局提前谋划、深入京东、顺丰、中通等10余家企业生产经营场所进行实地调研，有针对性地制定方案，成立旺季服务保障工作组，在旺季期间，实行24小时轮值检查，协调电商、网商与快递企业间建立起"错峰发货、均衡推进"机制，圆满实现了旺季"保畅通、保安全、保平稳"的目标。根据修订后的《重庆市邮政特邀监督员管理办法》，组织特邀监督员开展日常监督检查和专项检查，有效促进了邮政行业服务质量、服务能力、服务水平的不断改善和提高。同时抓好统计分析，结合我市实际，在旺季服务期间对重点企业进行数据汇总及深度分析，每月对我市在全国省份、城市排名的数据变化进行深度分析，将统计数据细化到各派出机构，有效支撑了行业监管工作。强化申诉处理与监督检查相结合，实现了在快递业务量迅猛增加的前提下，快递业务有效申诉同比下降7%。通过有效受理申诉，为消费者挽回损失33万元，同比增长64%，得到消费者普遍认可，同期对受理申诉的平均满意度达94%。

(作者单位：重庆市邮政管理局)

中小企业

蒋志强

一、2014 年发展回顾

2014 年,面对错综复杂的国内外经济形势,在市委、市政府的坚强领导下,全市上下全面贯彻落实党的十八大、十八届三中四中全会、中央经济工作会议精神和习近平总书记系列重要讲话精神,认真执行中央及市委、市政府各项重大决策部署,积极适应经济新常态,坚持改革创新,按照五大功能区域发展战略部署的要求,加强和改进对中小微企业的指导服务,全力完善小微企业扶持机制,全市中小微企业保持平稳向好的发展态势。

(一)总体规模不断扩大

2014 年末,全市中小微企业累计达到 48.7 万户,比 2010 年末增加 29.4 万户,增长 152.7%,年均增长 26.1%。其中内资企业 48.2 万户,占 99.0%,港澳台、外资企业 0.5 万户,占 1.0%。内资企业中,私营企业 44.4 万户,占全部中小企业的 91.3%,比 2010 年末增加 28.9 万户,增长 186.5%,年均增长 30.1%。分行业看,居前三位的行业分别是:批发零售业 15.5 万户,占 31.8%;制造业 6.1 万户,占 12.5%;农、林、牧、渔业 5.7 万户,占 11.7%。

(二)创业活力不断释放

2014 年,全市新设立中小微企业 9.7 万户,同比增长 24.4%。2014 年 7 月《重庆市完善小微企业扶持机制实施方案》实施以来的 8~12 月,新增 4.6 万户中小微企业,同比增长 48.2%。新增中小微企业主要集中在现代服务业、特色效益农业和先进制造业等鼓励类产业,占新增总量近一半。在微型企业方面,截至 2014 年底,享受补助的微型创业企业主要集中在以电子商务为主要的批发和零售业(34.6%),以特色效益农业为主要的农林牧渔业(29.3%),以文化创意、科技创新为引领的商务服务、文化娱乐、信息软件技术业(10.8%),以及以汽车、电子信息和装备制造为主要的先进制造业(10.7%)等行业。

(三)经济贡献不断增强

2014 年全市中小企业增加值突破 5000 亿元大关,达到 5306.7 亿元,按可比价格计算,同比增长 11.2%,占全市 GDP 的比重达到 37.2%,对全市 GDP 增长的贡献率达到 48.3%,拉动全市经济增长 5.3 个百分点。按现价计算,比 2010 年增加 2045.2 亿元,年均增长 14.2%。

从增加值的产业结构上看,第一产业增加值 86.1 亿元,增长 3.2%;第二产业增加值 3454.4 亿元,增长 12.8%;第三产业增加值 1766.2 亿元,增长 10.2%。三次产业结构比为 1.6:65.1:33.3。

从五大功能区域看,都市功能核心区实现中小企业增加值 1181.3 亿元,比上年增长 9.3%,占全市中小企业增加值的 17.0%;都市功能拓展区实现中小企业增加值 1294.2 亿元,增长 11.8%,占全市的 18.7%;城市发展新区实现中小企业增加值 2814.8 亿元,增长 12.3%,占全市的 40.6%;渝东北生态涵养发展区实现中小企业增加值 1151.1 亿元,增长 10.8%,占全市的 16.6%;渝东南生态保护发展区实现中小企业增加值 494.3 亿元,增长 8.6%,占全市的 7.1%。

(四)企业效益不断提高

全年中小企业实现利润 826.4 亿元,同比增长 15.3%,增速高于去年 0.8 个百分点。据全市中小企业生产经营监测平台 1300 余户企业数据显示,2014 年监测企业百元收入利润率为 5.3%,较去年同期提高 0.5 个百分点。

(五)支柱产业不断壮大

2014 年,全市以中小企业为主的非公规模以上工业实现销售产值 14290 亿元,同比增长

17.1%,高于全市平均水平2.5个百分点,对全市规模以上工业产值增长的贡献率达79.0%。

从行业来看,39个工业大类中,有32个行业总产值实现不同程度增长,增长面高达82.1%。其中支柱行业非公电子行业、非公汽车制造业"双引擎"驱动明显,实现(销售)产值分别同比增长33.1%和23.8%,分别高于平均水平16.0和6.7个百分点,两大支柱产业实现产值6620.5亿元,占非公规模以上工业产值的比重达46.3%,较上年末提高3.7个百分点。

从产品来看,重点监测的30余种工业产品有22种产品实现不同程度增长,增长面为62.9%,其中增长10%以上的产品有16种,其余产品实现了不同程度的增长。

从分布区域看,合川、江津、璧山、铜梁等城市发展新区的中小工业企业发展势头强劲,总产值增幅在20%以上。其中合川中小工业总产值488.2亿元,同比增长25.5%;实现工业企业利润总额15.1亿元,同比增长25.9%;江津中小工业总产值589.3亿元,同比增长23.9%。

(六)就业主体不断凸显

在市场主体数量增长的带动下,中小微企业在吸纳社会就业方面进一步发挥主体作用,超七成新增从业人员在中小微企业中实现就业和再就业。截至2014年底,全市中小微企业从业人员达到609.7万人,当年新增从业人员为45.3万人。据重庆市工商局数据显示,在享受创业补助的微型企业中,重点人群创业就业明显。其中:高校毕业生1.99万人,占14.20%;失业人员3.56万人,占25.35%;返乡农民工6.29万人,占44.87%;军队复员人员0.52万人,占3.69%。

(七)发展信心不断提升

据全市中小企业生产经营监测平台1300余户企业数据显示,市场需求平稳,企业发展信心进一步增强。截至2014年12月底,九成以上的中小企业反映经营良好或一般,较去年同期高出3.6个百分点。其中经营良好的企业占34.0%,经营一般的占57.2%。监测企业利润总额保持30%以上的增速。企业经营景气状况总体平稳。近七成中小企业反映订单增加或保持不变,较去年同期高出8.4个百分点。其中订单增加的企业占17.8%,订单维持原状的占50.2%。企业用工状况和原材料购入价格平稳。12月底监测企业用工23.2万人,同比增长6.3%。原材料购入价格稳定的企业占63.8%,较去年同期回升0.5个百分点。

二、当前中小企业发展遇到的挑战

(一)企业经营成本不断上升与产品竞争价格持续下降的矛盾

一方面,原材料、用工成本、人民币汇率升值、融资成本上升以及租金增加等因素,导致中小企业的经营成本上升;另一方面,大部分中小企业的利润率较低、抗风险能力差,同时对生产要素的变化又比较敏感,这些因素对其成本上升也有影响。同时,由于影响因素是多元的,使得成本上升问题在短期内难以解决。相反中小企业只能被动接受,这对于处于微利经营状态的中小企业无疑是一大挑战。

(二)市场需求不足与产能过剩的矛盾

在市场经济条件下,需求不足则成为主要矛盾。市场经济的基本规律就是生产能力的无限扩张和广大居民有支付能力需求之间的矛盾不断发展,导致周期性的生产过剩的危机。从1981年到2013年,我国投资率从32.5%一路攀升至47.8%,居民消费率则从52.5%一路下滑至36.2%,分别上升了15.3个百分点和下降了16.3个百分点,投资与消费比例关系达到了失衡状态,导致了目前的产能过剩。

(三)转型发展与基础薄弱的矛盾

改革开放36年来,中国经济高速发展。但是,粗放式发展的结果也带来突出的问题,使经济和社会发展面临许多突出的矛盾和问题。中国经济进入了新的发展阶段、新常态。从2011年三季度至2014年三季度13个季度里,SMEDI(中小企业发展指数)一直处于景气临界值100以下,说明广大中小微企业生存和发展的客观环境不尽如人意。

三、2015年发展目标

2015年，全面贯彻落实党的十八大和十八届三中、四中全会及市委四届五次、六次全会精神，主动适应经济发展新常态，按照“放开、减负、解难、引导”要求，全力推进市委、市政府交办的重点改革专项，牵头做好扶持小微企业发展工作，进一步优化中小企业的发展环境。按照五大功能区域发展战略部署的要求，重点围绕“6+1”支柱产业的中小企业集群、现代服务业和农产品加工业，大力培育市场主体，加快楼宇产业园、小企业创业基地和服务体系建设，推动企业技术进步和转型升级，强化服务，促进全市非公经济和中小企业的持续健康发展。2015年，全市努力实现中小企业增加值增长10%以上，新增从业人员40万人；新增中小微企业8万户的发展目标。

(作者单位：重庆市中小企业局)

卫生计生

2014年，重庆市卫生计生工作按照国家卫生计生委和市委、市政府的决策部署，以深化改革和服务民生为主线，深入开展医药卫生体制改革和调整完善生育政策为重点，推动各项工作取得新进展、新突破，卫生计生事业总体呈现良好发展态势。

一、医药卫生体制改革

重庆市委成立社会保障和医药卫生体制改革专项小组，将深化医药卫生体制改革纳入全面深化改革133项重点任务和25个重点改革专项之一。制定出台《完善医疗服务体系改革实施方案》《深化区县公立医院综合改革工作方案》等20余个配套文件，承担国家试点工作5项。

(一)公立医院综合改革

确定20个区县公立医院开展改革试点，其中11个区县开展县级公立医院改革，9个区县开展城市公立医院改革。忠县被确定为国家县级公立医院改革试点县，垫江县被确定为国家中医药改革试点县，重庆市成为国家第2批城市公立医院改革试点城市。全年试点公立医院次均门诊费用增长8.8%，增幅比2013年降低7.2个百分点；次均出院费用增长1.8%，增幅比2013年降低9.1个百分点；平均药占比下降至39.4%，比2013年降低3.8个百分点，低于全国公立医院平均药占比43.3%的水平。试点公立医院医疗服务量明显提升，总诊疗人次增长12.5%，住院人次增长12.6%；出院患者平均住院日为9.46天，比前3年综合平均水平降低1.15天。全面实施药品零差率。20个试点区县39家公立医院开展综合改革，全部取消药品加成，并按药事服务费(财政、医保各承担45%，个人承担10%)方式补偿。强化政府办医责任。试点区县政府明确办好至少1~2所公立医院，公立医院基本建设及大型设备购置等6个方面投入，纳入区县政府预算，报市财政备案。市财政转移支付1.5亿元，其中给予每个试点区县300万元一次性专项补助，给予每个试点中医院30万元专项补助。控制公立医院规模，分类处置113个在建或拟建项目，其中暂缓建设项目9个，调减建设项目15个，控制标准项目89个。明确区县政府是偿还公立医院债务的主体，落实偿债责任。建立疾病应急救助制度，为身份不明或无力承担医药费用的患者核销欠费1500万元。推行院长目标责任制，制定公立医院院长任期目标责任、激励约束机制和考核管理办法。实行医院财务会计制度，健全财务分析报告、医院财务审计和院长经济责任审计制度。建立公立医院信息公开制度，试点医院实行住院费用一日清单制。出台公立医院管理综合评价办法和评价标准,对公益性实现程度、运行效率、服务质量和可持续发展等考核评价。制定18项控费措施,加强对公立医院医药费用不合理增长的监管,医药费用过快增长势头得到初步遏制。

(二)社会办医

2014年,重庆市人大修订通过《重庆市医疗机构管理条例》。重庆市立法鼓励社会资本办医被评为2014年度《中国卫生》关注十大新举措之一。鼓励社会资本通过参股、控股等方式,通过与市级大型公立医院合作,新办医疗养老、康复、特色专科等专业性强的非公医疗机构。合理放宽非公立医疗机构大型医用设备配置和服务价格。落实医保定点、职称考评等政策和待遇。允许二级甲等级以上医疗机构的高级职称专业技术人员到民营医院执业,实行"4+1"弹性工作制度。全市新增民营医疗机构171个,民营医疗卫生机构累计达1.05万个,民营医院门诊人次增长22.87%,出院人数增长24.67%;民营卫生机构卫生人员4.77万人,卫生技术人员3.02万人,执业(助理)医师1.42万人,注册护士1.07万人,实有床位占比22.59%。

(三)基层综合改革

1.做好城乡对口帮扶

鼓励市级医院与区县公立医院、区县公立医院与乡镇卫生院,通过技术合作、托管等方式建立医疗联合体,推进医疗机构之间分工协作。确定13家三甲医院对口支援39家试点区县公立医院,选派1000名区县医院专业技术人员对口支援基层医疗卫生机构。继续实施城市二级以上医疗机构对口支援乡镇卫生院项目,派驻二级以上医疗机构医务人员252人对口支援19个区县共84所乡镇卫生院。开展"三甲医院专家下基层坐诊"活动,三甲医院每周至少派出1名专家到对口区县医院进行坐诊、查房、手术。

2.加强基层卫生人才队伍建设

印发《基层医疗卫生机构人才队伍建设意见》。继续实施国家中西部地区农村卫生人员培训项目和社区卫生人员服务能力建设项目。开展乡村医生执业有效期满再注册工作,为2.24万名乡村医生重新注册并换发新证。

3.推进建立医疗联合体

鼓励各级公立医院采取技术合作、托管等市场化方式建立医疗联合体。重医附一院、附二院与部分区县公立医院合作,组建跨区域协作型医院集团;部分区县公立医院与基层医疗机构组建紧密型医疗联合体。推进乡村医生签约服务和城市社区全科医疗团队签约服务试点,以基本公共卫生服务和健康管理为主要内容,免费为签约农户提供"家庭医生"契约式服务,签约人数达740万人。

4.强化基层医疗卫生服务质量管理

制订《基层卫生机构医疗服务管理核心制度》。启动群众满意的乡镇卫生院创建工作,15%以上的乡镇卫生院纳入重庆市第一批"群众满意乡镇卫生院"创建工作。实施世界银行统筹城乡基层医疗卫生机构服务能力建设项目。

5.建立引导群众到基层就医激励机制

加强基层医疗机构用药品种与区县公立医院有效衔接,确保群众就近就医购药。实行同级医疗机构间和下级医疗机构对上级医疗机构医学检查检验结果互认机制。

(四)药品流通体制改革

1.强化药品供应保障

公布地方低价药品清单。制定短缺药品清单,每年选择两家大型药品经营企业储备3000万元医药。完善药品配送机制,药品配送不限制数量,生产企业根据需求选择配送企业,配送服务满意率99%、到货率93%。建立采购货款限时结算机制和采购周转金,实行财务集中核算等方式,保障药品采购及时结算,货款支付及时率97%。

2.完善药品价格形成机制

按照"保护低价短缺药品价格,控制常用药品价格,挤压高价药品价格"思路,启动低价药生产企业自主确定价格挂网和非基本药物入市价动态调整等工作。鼓励各地探索打包采购、带量采购、直接竞价、联合采购等多种形式的竞价议价方式。

3.规范医疗机构药品选配和采购行为

明确基层医疗卫生机构国家基本药物配备使用品规数和销售额占50%以上，允许使用金额不超过10%的医保目录内非基本药物。政府办医疗卫生机构配备使用药品，必须统一通过药交所平台采购。基层与区县级医疗机构统一清单联合采购，区县联合体统一负责基层医疗卫生机构和区县级公立医院所需药品采购。控制药品数量，三级医院、二级医院、基层医疗卫生机构分别不超过1500个品规、1200个品规、800个品规。出台《医药购销领域商业贿赂不良记录实施办法》，公布第1批医药购销领域商业贿赂不良记录企业名单，重庆市成为全国首个发布医药购销领域不良记录的省市，被誉为“第一张罚单”。

4.支持药交所建设

建成医药大数据平台、医药公信网B2C平台，基本药物和非基本药物、低值医用耗材、高值医用耗材、检验试剂和基础设备等6大类产品上线交易，全年交易额190亿元，注册会员1.6万家，挂牌品规5.2万个。全市药品价格总体保持在全国中等偏下水平，比各省市招标均价整体下降9.2%，低值医用耗材总体下降10.1%，高值医用耗材总体下降15.3%。

二、公共卫生

(一)基本公共卫生服务

出台政府购买基本公共卫生服务的意见，规范基本公共卫生服务资金会计核算，建立政府购买基本公共卫生服务机制。人均基本公共卫生服务补助标准提高至35元(中央、市、区县配套资金分别为28元、4元、3元)。城乡居民免费均等享有11大类43项基本公共卫生服务。群众基本公共卫生服务知晓率57%，比2013年提高14%。基本公共卫生服务列全国考核第2位，重庆是全国唯一连续两年获得国家考核奖励省市。城乡居民建档率92.3%，电子建档率78.5%。高血压和2型糖尿病规范化管理人数分别达151.73万人和48.66万人，管理率分别是38.3%和31.2%；孕产妇、0~6岁儿童和65岁以上老年人健康管理人数分别是20.23万人、180.32万人和285.90万人，健康管理率分别达91.2%、88.3%、71.4%；65岁以上老年人和0~3岁儿童目标人群覆盖率分别达38.3%和43.5%。

(二)妇幼健康工作

对90年代创建的爱婴医院现状进行调查，各区县共上报159家通过区县级复核的医疗机构。“两纲两规”30个指标任务提前达到2020年纲要要求，占指标任务68%。新生儿听力筛查率54.7%，比2013年上升29.8%。保障单独两孩政策实施，下发《关于在实施单独两孩政策中进一步做好妇幼健康服务工作的通知》。出台《危重孕产妇预警管理、救治和转诊工作方案(试行)》，建立危重孕产妇转诊绿色通道。开展农村妇女宫颈癌、乳腺癌检查86万人；补助农村孕产妇21万余人，补助金额8645万元。重庆市妇幼保健院设立的国家婴儿艾滋病感染早期诊断区域实验室通过验收，服务范围覆盖四川等8个省市。发放贫困地区儿童营养包35.53万盒，营养包发放率71%，营养包有效服用率60%；项目地区6~24月龄儿童贫血患病率在基线调查基础上下降22%，生长迟缓率在基线调查基础上下降16%。建立出生信息预录入制，新版出生医学证明实现所有助产机构联网签发。推进增补叶酸预防神经管缺陷项目工作，补服叶酸23万余人。孕优项目参检15.73万人，目标人群覆盖率92.78%。在国家开展的孕优项目临床检验室间质评活动中，抽查的9个区县生殖健康中心均被评为优秀，机构优秀率100%，全国排名第1位。启动地中海贫血防控试点工作，在市妇幼保健院建设规范的地中海贫血筛查和产前诊断实验室。新生儿代谢性疾病筛查24.6万人，筛查率83.9%。开展各项计划生育手术51万人次，病残儿医学鉴定1137人，计划生育手术并发症鉴定608人。新增免费药具发放网点568个，全市妇幼保健机构免费避孕药具发放机实现全覆盖，免费药具发放点达2.17万个，免费药具发放人数407.1万。孕产妇系统管理率、儿童保健覆盖率分别达89.1%和90.3%。

(三)疾病预防与控制

"四苗"全程接种率97.3%,乙肝疫苗全程合格接种率98.1%,流脑疫苗全程合格接种率95.1%,乙脑疫苗合格接种率96.9%,甲肝疫苗合格接种率95.5%。推进儿童预防接种信息管理系统建设,5个区县试点数据录入已上传。印发《预防接种知情告知书》,初步实现"一苗一剂次一告知"服务,新建数字化门诊6个、示范门诊8个,示范门诊累计248个。报告甲乙类传染病21种7.44万例,其中死亡575例,发病率0.3%。完成原卫生部和国务院防治艾滋病工作委员会办公室与美国比尔及梅琳达·盖茨基金会艾滋病防治合作延期项目收尾工作,15个区县实施中默艾滋病项目2期工作,启动第3轮国家艾滋病综合防治示范区项目工作。免费治疗肺结核病2.2万人。启动重点人群结核病防治工作,开展高二学生结核病筛查、精神病合并结核病、儿童结核病防治工作,34个区县筛查学生20.8万人。新创建6个国家级和1个省级慢病防治示范区,累计建成18个国家级示范区和8个省级示范区,提前实现慢性病防治"十二五"规划目标。加强健康支持性环境建设,建成支持性环境1305个。开展脑卒中早期筛查、城市肿瘤早诊早治、农村上消化道癌筛查、儿童口腔等防治,对高危、中危、低危人群分类进行干预管理,初步建立"疾控—医院—社区"综合防治干预工作体系和长效机制。组织3个区县进行燃煤型氟中毒防治工作综合考核评估,1个县达到国家消除标准,2个区县达到国家控制标准。启动寄生虫病现状调查。7个区达到国家消除疟疾考核标准。组织制(修)订并发布16项食品安全地方标准。完成新制定、延续、修订525个食品安全企业标准备案申请的受理、备案、备案凭证发放工作。开展食品污染及食品中有害因素监测6650件,覆盖29个区县。食源性疾病监测范围扩大至30个区县、60家综合性医院。14个区县上报食物中毒事件28起,原因查明率89.3%。

(四)卫生应急

印发《卫生应急基本物资储备标准(试行)》。推进三峡库区水上紧急医学救援队项目建设。完成"8·3"云南鲁甸地震抗震救灾,救治伤病员1760人次,开展手术71台次,转运伤员92人,心理辅导89人次,消杀36.8万平方米,净化清洁水394吨,重庆救援队伍被中宣部列为7个重点宣传的先进典型单位,受到国家卫生计生委通报表扬。做好"8·31"渝东北特大暴雨抗洪抢险任务,以及"3·18"新疆返渝人员肉毒杆菌中毒等14起重特大突发事件紧急医学救援工作。成功防控人感染H7N9禽流感,全市无病例报告。防范埃博拉疫情输入,全市无该疫情发生。突发公共卫生事件实现了连续6年下降。针对埃博拉疫情,按国家要求向西非派出援外医护、公卫人员。

(五)爱国卫生工作

召开重庆市爱国卫生运动委员会第4届一次全委会,审议通过重庆市爱国卫生运动委员会工作规则、成员单位工作职责。九龙坡区、万盛经开区创建国家卫生区通过技术考核及综合评审,与2012年及2013年通过全国爱卫办技术考核的大渡口区、南岸区、合川区共5个区,通过了全国爱卫办的公示。巫溪县、开县及九龙坡区陶家、石板镇创建国家卫生县城(镇)工作,完成省级爱卫办考核及公示。新建农村无害化卫生厕所10.82万个,无害化卫生厕所普及率64.4%。对943个农村饮水安全工程水样进行水质卫生监测,乡镇农村饮用水质量卫生监测网络覆盖率64.5%。12320卫生热线首次开通病媒生物防制专线。推进春秋季统一灭鼠活动,全市室内鼠密度灭前7%下降为灭后3.5%。召开西部卫生行动健康城市研讨会。WHO西部卫生行动"向5个县介绍健康村模式"重庆项目正式启动,下发《重庆市健康村评价指标体系》(试行),5个项目所属区县已完成相关工作,开始进行效果评估。

(六)综合监督

对7万余户管理相对单位开展卫生监督检查129304户次,合格率98.9%,与2013年基本持平;抽检产品类样品26873件,监测合格件数

25605件，合格率95.3%；非产品类样品监测36540项,合格33579项,合格率91.9%。全市共查处卫生违法案件2866件,罚款529.3万元,处罚案件较2013年增加929件，增幅为48%,罚款金额较2013年增加181.8万元，增幅为52.3%。开展打击非法行医专项行动,查处违法案件1479件。检查生活饮用水输配水管材管件生产企业38家、产品81个和销售单位2778家、产品775个,检查婴幼儿沐浴场所402户、医疗机构医疗废物集中处置6795户、医疗美容机构99家、生活美容机构1210家、放射诊疗单位1440户、放射诊疗机构93户。推进公共场所量化分级管理，对2.82万户公共场所进行量化评分,量化分级管理实施率99.6%。加强饮用水卫生监督检查,监督检查公共场所1969户、供水单位1055户。公共场所客用品抽检合格率85%;空气质量抽检合格率97.6%;集中空调通风系统抽检合格率83.4%;游泳池水质抽检合格率64%；现场监测生活饮用水水质消毒剂余量合格率77.6%。开展公共场所控烟专项监督检查,检查公共场所单位913户。加强职业卫生和放射卫生监督，在岗职业健康体检率94.2%,个人剂量监测率94.6%,无放射性职业病和放射性职业禁忌报告。50家职业健康检查机构开展职业健康检查29.38万人次。加强传染病防治和学校卫生监督工作，监督检查各类医疗机构1.34万余户次；二级以上医疗机构医疗废物集中处置率96%，其他医疗机构医疗废物集中处置率57%；对4220所学校春秋季传染病防控工作进行专项检查。对《执业医师法》《母婴保健法》等2部法律8部法规落实情况进行了监督检查。

三、卫生计生服务体系

(一)建设规划和监管

完成“十二五”发展规划中期评估,启动“十三五”卫生事业发展规划编制。发布《重庆市城乡公共服务设施（医疗卫生设施部分）规划标准》,开展《重庆市主城区医疗卫生设施布局规划》编制工作。成立大型医用设备管理专家咨询会。建立大型医用设备配置准入信息公示制度,制定《重庆市医疗卫生计生机构医学装备管理办法》,明确要求区县卫生计生行政部门需指定专门科室和人员，二级及以上医疗机构和县级及以上其他卫生机构应设置专门的医学装备管理科(处)室,负责医学装备管理工作。

(二)基本建设

完成基建项目570个,其中包括4个市级医院建设项目,6个区县人民医院建设项目,4个区县中医院建设项目,4个卫生监督所建设项目,2个精卫中心项目，还包括6个农村急救体系,2个社区卫生服务中心,41个乡镇卫生院,96个周转房和405个村卫生室项目。全年完成总投资34.78亿元，新增业务用房89.4万平方米，新增床位5480张。开展市人民医院等10个市级单位重大建设项目前期筹备工作。市中山医院和市第三人民院合并重组，组建后更名为重庆市人民医院。建成“撤并村”卫生室1315个，累计建设并投入使用“撤并村”卫生室1621所，占民生实事“撤并村”卫生室建设总任务62.2%。基层医疗机构标准化建设达标率99.2%,行政村卫生室标准化建设达标率78.8%。

(三)信息化建设

启动人口与健康信息整合试点，人口家庭信息系统和卫生统计信息决策支持系统正式运行,打造中医药统计网络直报平台。在全国率先将实有人口和家庭信息纳入系统管理，实现流动人口管理、依法行政网上办证、药具管理服务和孕前优生四大业务系统线上应用。人口信息覆盖3400余万人,覆盖率98%。区域卫生信息平台实现市级区域平台与5个试点区县平台信息对接,50%以上区县完成区域平台建设任务。市级区域卫生信息平台获国家省级卫生信息平台3A认证，重庆是2014年全国省级卫生信息平台唯一通过测评验收的省市。万盛经开区率先探索利用人口家庭信息系统基础数据，推动居民电子健康档案数据库建设，提高居民电子健康档案覆盖率，为基层公共卫生服务及管理模式创新提供技术支撑,在全国尚属首例。公众卫生服务平台实现预约诊疗服务，日均诊疗5000余人次。利用远程医疗、物联网及区域影像等技术，南川区和巫山县等区县实现优质医疗资源服务基层。市级医院“12320”预约挂号上线运行。

四、医疗服务质量和管理

(一)医疗服务质量

建立健全医疗质量管理和考核评价体系，编印《医疗服务质量管理手册》。印发《重庆市公立医院综合管理评价体系》，作为对二级以上公立医院综合管理的评价标准。建立重庆市医疗质量控制中心门户网站。制订《医疗机构输血科建设标准》。下发《关于加强医疗技术临床应用准入申报工作的通知》，加强二类以上医疗技术准入和审核标准。对4所二甲医院进行复审，新评3所区县二甲医院，38个区县中34个区县拥有二甲以上综合医院。继续开展各级各类医疗机构“三好一满意”活动，在二级以上医疗机构开展抗菌药物临床应用专项整治和优质护理服务活动，实现二级以上医疗机构和医疗机构病房覆盖率100%。第三方对市级医疗机构患者满意度调查得分88.01分，比2013年提升0.65个百分点。

(二)平安医院建设

医疗纠纷人民调解覆盖所有区县。印发《贯彻落实维护医疗机构治安秩序六条措施实施方案》《医院警务室建设标准》和《医院警务室职责》，建立健全市、区、县、镇街警医“四级联动”机制。22家三级医疗机构、14家二级医疗机构建立标准化警务室。34个区县3188个医疗机构参加医疗责任保险(其中二级医院58家，三级医院3家，一级及以下医疗机构728家)，1255个医疗机构参加辖区内医疗风险基金，293个医疗机构为医生购买意外伤害保险。重庆市血液中心建立受血者机会感染风险保险。医患纠纷发生数比2013年减少21%，医疗机构自行协商和卫生行政部门调解减少33%，经第三方调解增加34%。未发生恶性暴力涉医伤医违法犯罪案事件。

(三)行风建设

成立纠风工作领导小组和办公室，二级以上医院与患方签订《医患双方不收和不送“红包”协议书》，出台《医疗机构及医务人员行业作风违规违纪行为若干问题的处理意见》，对医疗机构及其医务人员违规违纪行为实行季度零报告制度。查处违规违纪行为11件。简政放权，将499张床位以下的综合医院，99张床位以下的专科医院、疗养院和康复医院设置审批、执业管理等工作权限，下放至区县卫生计生行政部门；将医师和护士注册等相关工作委托市卫生监督局开展。宣传工作力度加大。永川区生殖健康中心被评为全国群众满意的卫生计生机构，大足区罗成敏被评为全国“我最喜爱的健康卫士”，九龙坡区社区医生蒋文娟、江北区中医院党委书记叶秀英入选中央文明办推选的“中国好人榜”。

五、人才和科技

(一)人才队伍建设

新增各类高层次人才20人，杨培增教授被评为全国杰出专业技术人才，获批国务院特殊津贴专家5人。遴选首批重庆市中青年医学高端后备人才24人赴美国、德国进修学习一年。第二批“两江学者”入选4人；选派“西部之光”访问学者2人；重庆市第三批首席专家工作室获批2人；引进海外高层人才6人，博士112人。培训基层医疗卫生人员4万余人次。截至2014年底，全市卫生计生系统有中国工程院院士3人，“千人计划”人选5人，突贡专家12人，“百千万人才工程”国家级人选19人，“两江学者”9人；享受政府特殊津贴专家200余人。高、中级职称分别有7768人、20706人，博士1000余人，硕士6000余人。

(二)医学科研教育

医学科研立项232项，其中重点项目25项，国家行业重大专项培育项目2项，首次获得国家卫生行业重大专项1项，实现全市地方医院在国家卫生行业重大专项零的突破。卫生类科研成果获得国家自然科学奖二等奖1项，重庆市自然科学奖一等奖1项、三等奖2项，获重庆市科技进步一等奖4项、二等奖2项、三等奖6项，其中医疗卫生类一等奖数量占全市科技奖项的27.8%。资助医学重点专科建设项目7个，验收并授牌6个。资助医疗特色专科45个，验收31个。累计完成国家级重点实验室7个，医学重点学科17个；市级医学重点学科64个，医疗特色专科59个；一级病原微生物实验室126个，351个二级实验室通过备案。全科医学专业基地48个，其中国家级全科医学专业基地2个。农村定单定向医学生免费培养新招100名、在培1200名。完成410名全科医生转岗培训。出台住院医生规范化培训实施意见，59家医院建立274个市级住院医师规范化培训专业基地，其中8家医院获得国家级住院医师规范化培训基地资质，总培训能力4916名，2014年招录1005名。出台《关于进一步加强继续医学教育工作的意见》《继续医学教育项目管理办法》和《继续医学教育学分管理办法》，规范继续教育管理。继续医学教育经费占职工工资比例由1.5%提高到2%。申报国家级继续医学教育项目165项，比2013年增长32%；审核批准市级项目2235项，比2013年增加6%。在三甲医院遴选77项适宜技术，在公立医院改革试点区县推广。

（三）国际交流合作

开展对巴布亚新几内亚、巴巴多斯援助工作。推进"西部卫生行动"。先后接待国外和港澳台地区代表团来访16批次73人。外事管理更加规范，审核、报批因公出国（境）任务11批19人次，实际执行出访任务6批13人次；审核、报批因公赴台任务4批40人次，实际执行3批24人次，未发生违纪违规现象。

六、中医事业

（一）中医药优惠政策

对17所区县公立医院综合改革试点中医院给予专项补助。上调58个中医医疗服务项目价格调整幅度，将156个院内中药制剂品种纳入医保报销目录，提高中医诊疗服务项目和中成药、中药饮片报销比例。

（二）中医药服务能力

中医药健康管理服务项目与基层公共卫生服务项目工作同步，接受中医体质辨识65岁以上老年人163.03万人，目标人群覆盖率36.8%；接受中医调养服务0~36个月儿童96.66万，目标人群覆盖率35.2%。完成39个区县基层中医药服务能力提升工程中期评估，4个区县被评为全国基层中医药工作先进单位。社区卫生服务中心和96.5%的乡镇卫生院设置中医科、中药房，84.9%的乡镇卫生院和80%的社区卫生服务中心配备中药饮片300种以上、中成药80种以上，80%的社区和67.8%的乡镇建成中医药综合服务区，70%以上的村卫生室能够提供中医药服务。

（三）中医药特色优势

新增4个国家重点专科和3个市级重点专科。加大推进8个国家临床重点专科、39个国家重点专科建设力度。实施国家中医"治未病"服务能力建设项目，确定5个项目试点区县、4个扶优单位，新增4个单位。全年建成"中医馆"730个。全面推进综合医院中医药工作，全市综合、专科医院507所，其中设置中医科和中药房有412所，占81.26%。有全国综合医院中医工作示范单位12个，国家中医重点专科6个，中医重点学科3个，市级中医重点专科、特色专科6个。

（四）中医药人才队伍建设

重庆市名中医、市中医院名老中医药专家郑新荣获第二届"国医大师"称号，填补重庆该领域空白。新增全国名老中医药专家传承工作室6个，总数达22个。新增国家中医药管理局中药特色技术传承人才培养对象10名，全国中医护理骨干20名。新建市级中医类别住院医师规培基地2家。完成中医药万人培训计划。启动区县级"师带徒"工作，遴选了372名指导老师和614名继承人。举办国家级中医药继教项目15个，市级200余个。

（五）中医药科技创新

推进4个"十二五"新增重点学科建设，启

动5个市级“十二五”中医药重点学科。承担国家自然科学基金项目、国家中医药管理局中医药行业科研专项等省部级以上科研项目60余项。批准立项局级科研项目60个,全年结题110项,终止研究15项,结题率达94.45%。中医药类研究成果获得市级科技成果二等奖1项,三等奖5项,评选出17个局级中医药科技成果奖。

七、计划生育工作

(一)单独两孩政策实施

修订后的《重庆市人口与计划生育条例》于2014年3月26日起施行。缩短办证时间,80%的区县在15个工作日内办理完毕。对再生育审批申请表、所需证明材料、办理程序等进行统一并全面公开,实行一次性告知。建立绿色通道,申请人可以委托家人及村(社区)计生干部等申请。建立市、区县、乡镇街道、村(社区)四级监测网络,突出再生育审批、孕情、人口出生情况三个监测重点。建立单独两孩政策监测评估制度,每月对独生夫妇申报、审批、生育、年龄构成、区域分布、城乡结构等情况进行统计、分析。

(二)计划生育奖励扶助

2014年,全市完成50万人奖励特殊困难群体扶助对象资格审核确认工作,奖励扶助对象及时率达到84.1%,比2013年提高2.5个百分点,共计将发放7.35亿元的奖励特殊困难群体扶助资金。提高计生特别扶助标准,实现城乡统筹。

(三)家庭发展和老龄健康服务

“中国家庭发展追踪调查”在6个区县、30个村、600户家庭进行。“新家庭计划·家庭发展能力建设”项目试点在渝中区和永川区开展。第2届全国“敬老文明号”创建活动正式启动;组织实施计划生育家庭养老照护试点项目工作。

(四)出生人口性别比治理

建立健全综合治理出生人口性别比的工作制度。启用“两非”案件信息管理系统,查处“两非”案件29例。制作播出“关爱女孩”公益宣传片。做好农村独生女高考加分录取资格审核工作,惠及全市农村独生女1.14万人。组织开展2014年度“关爱女孩青年志愿者行动”。

(五)流动人口服务管理

建立统一流动人口计生服务管理模式,各村(居)建立“走访宣传两摸底、建档协查两及时、服务管理两跟进”的现居住地“三个二”工作模式,以及“外出前三个到位、外出中三个关心、返家后三项活动”的户籍地“三个三”工作模式。将流动人口卫生服务纳入户籍人口同等待遇,各乡镇(街道)卫生院、村(居)卫生室、社区卫生服务中心对流动人口实施建档造册,开展随访服务和健康检查。在流动人口中统一建立“一卡通”服务,95%的区县已实行“一卡通”服务。完成27个区县2万人数据采录,动态监测数据质量和政策研究分获全国第2名和第1名。牵头起草全国电子婚育证明改革试点方案,并成为全国11个试点省市之一;采集、制作上报电子婚育证明128.75万人,电子婚育证明办证率89.1%。

(六)计划生育依法管理

推进基层文明执法专项活动,规范管理社会抚养费征收。清理并重新认定人口计生行政许可项目,简化生育服务证、再生育服务证、独生子女父母光荣证和流动人口婚育证明办理程序,建立村级代办制度。加强12356阳光计生服务热线和网上投诉举报工作,健全落实市卫生计生委领导信访接待日制度和重大案件督办制度。

八、安全稳定

重庆市卫生计生委领导与直属单位签订目标责任书,每季度召开一次安全稳定工作会议,严格落实矛盾纠纷排查化解机制,开展“拉网式”矛盾纠纷大排查,建立台账,做到矛盾纠纷发现早、处置好。通过委领导接待来访群众、批阅群众来信,相关处室共同办理信访事项等,形成党政一把手亲自抓、班子成员全员抓、相关处室共同抓的“大信访”格局。建立委新提干部和新进干部到信访岗位锻炼制度。以信访接待室为窗口,接待来访184批452人次,办理群众来信205件,办理市长信箱邮件2320件,12320卫生热线接听电话5462次,专家在线解答365次、心理援助677次;12356计生热线接听电话12032次。落实安全生产责任制,实行重大节日领导带队检查安全生产。成立委领导带队的安全生产检查组,对安全生产工作进行督查。联合下发《关于依法处置堵交、校闹、医闹等突发事件切实维护社会治安秩序的通知》,提升了医疗机构处突及自我防护能力。

(作者单位:重庆市卫生和计划生育委员会)

重庆烟草

周振

一、烟草专卖管理

2014年,全市各级烟草专卖管理部门坚持国家烟草专卖制度,认真贯彻落实国家烟草专卖局决策部署和重庆市烟草专卖局工作要求,深入推进打假破网、市场监管、行政许可和基层建设四项任务,依法履责,务实进取,圆满完成各项工作任务。2014年,全市烟草专卖工作保持卷烟打假高压态势,实现打假破网保量增质。全年共查处各类涉烟违法案件8580起,办理国家局级网络案件29起,其中部督案件4起,涉案金额近4.5亿元,刑拘147人、逮捕107人、直诉54人。

(一)打假破网再建新功

一是强化部门合作。进一步深化与公安、检察院、海关、工商、财政等部门的协作,扩大综合治理范围,理顺废弃专卖品处置流程,增强市场监管效能,加强专卖行政执法与刑事司法的有效衔接的积极作用,将卷烟打假的维度立体化,健全完善了"政府领导、部门联合、多方参与、密切协作"的打假体系,开创了卷烟打假新局面。二是扩大打假成果。坚持转移制假露头打、新型贩假耐心打、终端售假深入打,侦办的"2·16"新型高科技贩假大案被中央电视台专题报道。该案抓获涉案人员67人,刑拘43人,全案交易金额逾2亿元,涉税价值上千万,开创了自媒体时代打假破网的新局面。公安部、海关总署均将该案作为经典案例予以推广,国家局专门发文全国通报表彰,央视及法制日报等主流媒体将予以报道,新华社将以内参形式进行分析总结。三是深化协作机制。加大与公安各警种的深度合作,不断强化区域联合打假协作机制,主动运用打假新思路、新手段,做到新型犯罪有应对、传统措施有丰富、区域协作有提升。通过系列案件,在打假模式方面形成公安侦查、技侦、网安、大情报、海关缉私和烟草执法"5+1"模式;在行业协作方面,已建立西南五省市联合打假协作机制和渝粤、渝闽协作机制,有力推动打假工作开展。

(二)市场监管纵深推进

一是全力整治市场暗流卷烟。将整治暗流烟作为工作重点狠抓落实。2014年,全市查处暗流烟案件3000余起,较去年同期大幅增加。市局出台了《关于真品卷烟、雪茄烟案件法律适用的说明》,统一全市真烟案件法律适用标准,既加大监管力度,又确保理性执法,防范专卖执法风险。二是持续开展集中拉练。市局联合市公安局,以战代训组织"春雷1号"和"春雷2号"区域性大规模集中行动,对主城6区及万州、涪陵、黔江三地的200户烟酒店进行了突击检查,查处违规经营户57户,违规卷烟1045.8条,有力净化了卷烟市场,提升了基层队伍的应急响应和协同作战能力。三是完善铁路运输跨省协作机制。针对铁路沿线背包客非法运烟团伙化的现状,市局主动联合云南省局、昆明铁路公安处、重庆铁路公安处,共同构筑“内昆线”联合整治防线,堵截暗流烟入渝通道。市局组织市内铁路沿线区县局对火车站、货运站蹲点守候,严惩以背包客、快递、物流包裹为主的暗流烟落地分销,收到较好效果。

(三)行政许可有序推进

一是审批改革大力推进。主动顺应行政审批改革形势,与市工商局召开联席会达成共识,出台指导意见,在简化审批手续、缩短办证时限、推行先照后证等方面完善规则,下好简政放权这步棋。二是后续监管稳步开展。以“尊重法律、尊重历史、尊重市场”为出发点,出台相关政策寻求突破与发展,加强后续监管,万余例人证不符、证址不符、证照不符等问题得以妥善解决。按照“前台一站办结,后台分工协同”的运行模式,对零售许可证延续、变更等许可事项实行预核查,为零售户当场办结相关手续,切实提升服务水平,许可证异常情况全市平均控制在10%以内。三是专项检查强化监督。根据国家局工作安排,组织近年来全市首次零售许可证管理专项检查。从零售点合理布局、后续监管机制建设、行政执法责任考评、许可证日常管理、基础管理、信息公开等角度全面检验基层专卖局履职履责情况。从检查结果来看,零售许可证管理工作成效明显,社会认可度较高。

(四)基层建设成果丰硕

一是切实加强专卖队伍建设。全市1400余名专卖人员中,技能鉴定持证率达81%。通过岗位培训、技能鉴定、岗位竞赛等活动,形成了全市专卖骨干人才库:全市现有“国家局技能鉴定专卖专家”9人,“全国烟草技术能手”15人,专卖管理师48人,国家局认证的专卖内训师70余人。二是推进十佳基层执法示范点评选。按照国家局优秀基层单位创建活动“着眼基层,重心下移、提升基础、树立形象”的工作要求,加大投入改造全市基层队所,一线职工工作生活条件大为改善。以加强执法形象建设和突出外部评价为切入点,在全市选取39个专卖稽查队开展基层执法点标准化建设,以点带面、稳步推进。以实地验收与集中考核相结合的方式,推出全市“十佳基层执法示范点”,全面提升基层执法单元整体素质和服务社会水平。三是大力推进专卖执法政务公开。进一步丰富专卖执法信息公开的载体与内容,全面推行执法公示信息化。率先在全国行业通过烟草门户网站向社会公示行政许可结果、假烟案件及大要案件的行政处罚结果,接受社会监督,杜绝金钱案和人情案,增强执法公信力。

二、烟叶种植业

2014年,在市委市政府和国家烟草专卖局的正确领导下,全市烟叶工作紧紧围绕“控制规模、优化结构、强化基础、创新发展”中心任务,扎实开展各项工作,努力推动烟叶产业持续健康发展。

一是严控种植规模,优化布局取得实效。认真贯彻落实国家烟草专卖局统一部署,从严控制生产规模,积极优化产业布局,进一步引导烟叶种植向适宜地区和种植大户转移,不断提高规模化、集约化水平,职业化烟农队伍初步形成。2014年,全市12个烟叶产地区县共有180个乡镇、832个行政村、19126户农民种植烟叶,同比分别减少16个、112个和4964户;种植面积61.95万亩,同比减少4.28万亩,烟叶生产集中度进一步提高。全年收购烟叶120万担左右,烤烟均价在大灾之年与去年基本持平,全市烟农户均收入7万元,其中10万元以上3684户,占比19%。

二是创新生产方式,烟农专业合作社运行态势良好。坚持现代农业方向,以品牌导向型基地单元建设为载体,进一步深化工商合作,围绕关键领域和薄弱环节下功夫,推动现代烟草农业建设不断迈上新水平。规模化种植稳步发展,全市100亩相对集中连片率接近90%,户均种植规模达32.56亩,稳居西南烟区第一位。发展

40~120亩种植专业户和120亩以上家庭农场4940户，同比增加136户，种植面积占全市总面积45%。烟农专业合作社建设扎实推进，按照“引导不代替、扶持不包办”的原则，全市行业积极整合资源，加大资金扶持力度，助推合作社发展迈向更高水平。2014年，全市兑现合作社启动奖励资金195万元，目前共建成烟农合作社61个，其中行业示范社7个、市级示范社6个，专业化服务范围和服务水平显著提升。今年全市专业化育苗占94.1%、机耕占46.4%、植保占38.1%、烘烤占32.3%、分级占63.9%，减工降本效果显著。

三是不断加大投入，烟区生产生活条件显著改善。常规基础设施项目建设成效显著，到2014年烟区基础设施基本实现全配套。全市行业累计投入32.32亿元，共建成蓄水设施568万立方米、卧式密集烤房36413座、晾房5495座、田间机耕路2775.52千米、工场化育苗大棚和封闭式育苗室504座，开展土地整理7.54万亩，配套烟用农机设备12925台套。其中，2014年度投入2.8亿元，建设蓄水设施12800万立方米、卧式密集烤房10座、田间机耕路300千米，开展土地整理2万亩，配套烟用农机设备3700台套。烟草惠民工程扎实推进，国家局分两轮在重庆实施烟草惠民工程，总投资20亿元。目前已建成烟区援建路2072.72千米；启动援建武隆接龙和丰都太平水源工程，另有4个水源工程已通过国家局评审。标准化烟叶站点覆盖面日益扩大，全年计划总投资1.25亿元，其中续建项目共8个，新开工项目19个，拟建项目13个。截至目前，全市已建成标准化站点56个，占总规划的50%。

四是加强科技支撑，烟叶生产水平稳步提升。加强校企合作，整合科技资源，围绕中间香型特色优质烟叶开发重大专项加强科技攻关，推广普及先进适用技术，助推全市烟叶生产水平持续提升。全年投入3050万元开展59项烟叶科技项目研究，其中国家局重点项目2项。“烟叶精益生产操作规范及其应用”、“无缝悬挂双层烟杆烘烤”等项目获得行业好评，并产生积极影响。全面推广小苗移栽，小苗移栽比例93.25%，同比提高20.22个百分点。积极创新烘烤技术。丰都、涪陵等地推广无缝悬挂式烘烤，巫山、酉阳等地开展烟夹烘烤，彭水、丰都、巫山试点太阳能烘烤，提质增效、节能减排效果明显。优化业务流程取得新进展，全市烘烤工场“采烤分”一体化率达到100%。全市开展专业化分级散叶收购93万担，约占收购总量77.5%。

三、烟草工业

（一）卷烟制造

重庆烟草工业有限责任公司为川渝中烟工业有限责任公司全资子公司。公司现有资产94.9亿元，所有者权益44.6亿元，卷烟生产计划115.2万箱，年创税利118亿元以上，主要生产娇子品牌天子系列、龙凤呈祥系列等产品。公司曾获得全国五一劳动奖状、全国精神文明建设先进单位、全国模范职工之家、全国质量效益型特别奖企业等荣誉称号。

2014年，公司全体干部职工紧紧围绕川渝中烟“转型提升、攻坚决战”工作主题，聚焦目标，凝心聚力，着力调结构、保增长，奋力推动了企业在宏观经济连续下行、合作加工大幅波动等复杂环境和艰难形势下的平稳持续发展，实现了税利总额“保平增三”的任务目标。

一是生产经营稳中提质。全年生产卷烟115.2万箱，同比增长0.9%；调拨卷烟115.1万箱，增长0.7%，一、二、三类卷烟在销量中的比重由上年的75.6%上升到80%。完成工业总产值155.2亿元、工业增加值124.9亿元，分别增长4.5%、3.5%，销售收入155.4亿元，增长4.3%；实现税利118.7亿元，增长3.97%，其中利润22亿元、税金96.7亿元，分别增长2.2%、4.3%。结构稳中有升，单箱产值13470元、单箱收入13509元、单箱税利10319元，分别增长3.6%、3.5%、3.2%。期间费用比预算减少1.2亿元，制造费用下降1.9%，销售成本率下降0.4个百分点。

二是技术创新持续推进。全年完成基建技

改投资3.7亿元。涪陵分厂易地改造项目主体工程基本完工，工艺设备安装和单台过料调试全部完成,2015年上半年可望实现搬厂。黔江分厂易地技改项目完成初设开标,选定了设计单位。片烟中心库项目获得国家局批复，即将启动规划设计。在线技改按计划实施,新增了部分生产设备和信息化设施,装备条件进一步改善。在线创新和基础研究进一步深化，新增3项发明专利和12个获奖QC成果，产品开发试制工作扎实推进,工艺管理和参数控制不断加强,产品质量全面受控、稳中有升,优等品率达到95.1%。

三是管理规范全面深化。以卓越绩效管理为统率,切实导入精益管理的理念和方法,制度体系建设水平显著提升，全年发布标准化文件175个。坚持在“对标”中深化“创优”,关键运行指标明显改善。建立完善法人治理结构和一体化运行机制，深入推进质量保障、职业健康安全、环境管理、安全管理标准化等体系建设,扎实开展招标管理、审计监督、整顿规范、专卖内管等工作，公开招标项目金额的占比达到74%以上,企业基础管理进一步夯实,规范自律水平进一步提升。

四是组织凝聚不断加强。扎实开展群众路线教育实践活动,认真梳理并整改落实“四风”问题以及党员和职工群众提出的意见建议,坚持边学边改、边查边改、即知即改、边改边防,进一步缩减了办公用房面积,降低了成本费用。深入推进作风建设,集中专项治理“庸懒散浮拖”,突出创新、勤勉、担当、务实和高效,着力体现“为民、务实、清廉”。继续深化办事公开、民主管理,企业凝聚力、职工向心力进一步增强。

五是队伍保障切实巩固。按照川渝公司党组安排,集中对公司董事会、党委、经营班子以及所属分厂主要负责人进行调整,选拔任用、轮岗交流10名部级管理人员。保证了企业运行管理的平稳过渡和生产经营的接续发展。积极稳妥推进企业“三定”工作,持续优化岗位绩效考核标准，多管齐下培养提高职工的综合素质和业务能力。着眼经营形势的急剧变化,教育引导干部职工提升激情、坚定信心,坚持守土有责、守土尽责,为企业平稳运行、健康发展提供了强大的思想保证和动力支持。公司及涪陵、黔江分厂被评为全国或市级先进集体，张彬等6名职工荣获全国或市级个人荣誉。

六是多元产业平稳发展。宏声集团坚持“依托主业求生存、跳出主业谋发展” 立足内挖潜力、外拓市场,有效应对市场竞争加剧的挑战,整体发展质量进一步增强，经济效益进一步提升。全年完成工业总产值16.4亿元、销售收入16.7亿元,实现税利3.02亿元,分别增长5.3%、1.2%、6.4%。

(二)复烤加工

重庆烟叶复烤加工企业为重庆烟叶复烤有限公司，公司两个加工点为重庆烟叶复烤有限公司彭水复烤厂，重庆烟叶复烤有限公司万州复烤厂。2014年,复烤公司严格按照市局(公司)党组要求,积极推进“巩固管理基础,强化加工水平,提升队伍素质,推动项目建设,确保稳定发展”五项重点工作,深入开展党的群众路线教育实践活动，全面完成年度各项既定目标任务。2014年共加工原烟130万担,其中彭水复烤厂加工73万担,万州复烤厂加工57万担;全年实现利税总额7237.52万元，其中利润3401.44万元。

彭水复烤厂地处彭水县，占地面积约200亩。建筑面积8.4万平方米，其中仓储面积4.8万平方米,烟叶整选场0.86万平方米。复烤厂拥有国内较先进的麦克它维奇打叶、普洛克特复烤、菲思本型预压打包等3万吨生产线配套设备,采用集散控制系统,生产自动化水平较高,同时配备有布拉本德、赫尔森烘箱、TM710红外线水分仪等质量在线检测仪器,采用柔性打叶、低温慢烤片烟工艺技术,加工质量稳定,采用静电除尘加涡轮增压湍流除尘脱硫装置，节能减排成效显著。

万州复烤厂地处万州区,主要从事烟叶(烤烟、白肋烟)的加工及出口备货,是国家烟草专卖局和重庆市烟草专卖局重点扶持的三峡库区移民迁建技改企业。复烤厂占地面积约7.4万平方米,仓库面积约5.2万平方米,烟叶整选用地约0.72万平方米。主要工艺设备为“仿马克它维奇”型打叶线、“普洛克特”型复烤线和“高多丽”型预压打包线,拥有先进完备的检测设备,建立了三级质量监督检测站,具备检测烟叶各项理化指标的能力,产品加工质量达到或超过行业标准。

四、烟草商业

2014年,在国家烟草专卖局和市委、市政府的正确领导下,围绕“卷烟上水平、对标升位次”工作中心,围绕实践“三大课题”、提升“五个形象”,坚持“稳增长、调结构、强基础、保规范”工作主线,攻坚克难,取得显著成效。全年主营业务收入突破300亿大关,达到302.3亿元,同比增长10.8%,多元产业营业收入实现4.5亿元;税利总额突破70亿,达到72.7亿元,增长14.4%,高于全国平均增幅4.4个百分点;卷烟单箱含税销售收入首次突破全国平均水平,达到2.7万元,增长9.7%,高于全国平均增幅。“客户更满意、队伍更纯洁、运行更规范、发展更健康”取得显著成效。

一是把握市场需求,有效组织货源供给。坚持以市场需求为导向,突出“三个强化”,确保了市场需求准确把握,货源有效供给。2014年,全市月均销量预测吻合度95.2%,同比提高0.7个百分点。在需求预测的基础上,加强工商双方对销售动态、生产计划、协议执行的信息共享,及时签订半年协议和月度购销合同、及时增补货源需求、工商协同制定月度调拨计划,确保各库卷烟货源平稳有序供给。全年累计购进卷烟113.18箱,同比增加0.99箱,增长0.9%;增补和调整卷烟5.18万箱,涉及18家工业企业72个个品规。

二是优化货源投放,保持良好市场状态。坚持以“供求基本平衡、库存保持合理、价格持续坚挺”为标准,进一步细分市场、细分客户、细分品牌,确保了全市货源有效供给、价格基本稳定、库存基本合理。2014年,全市市场零售价格错误率为0.65%,低于全国平均水平0.61个百分点。截至12月底,全市商业库存5.14万箱,同比减少0.19万箱;零售价格指数0.996,条包吻合度为0.973,同比分别增长0.27%、1.5%;货源满足率93.58%,同比提高1.29个百分点。

三是强化品牌培育,促进重点品牌成长。按照国家局“品牌要做大,规格要做精,价格要上扬”的要求,明确品牌培育重点,强化工商协同营销,严格进退机制,丰富营销手段,为实现当年结构提升目标提供有力支撑。强化工商互动,每月对不同价位、不同工业、主销品规、全市卷烟购销存等情况进行分析,全面把握品牌发展趋势,并及时向工业企业传递信息,共商品牌培育措施,全年先后与川渝中烟、贵州中烟、上海烟草集团等工业企业协同开展品牌培育9次。

四是推进终端建设,提升网络运行水平。全市终端建设着力客户经营能力提升,强化平台推广应用,依托现代终端功能发挥,不断提高网络运行水平。截至2014年底,全市网上订货客户比95.8%,网订成功率98.2%;网上结算客户比99.9%,网结成功率99.3%;网上配货客户比83.3%,客我互动率98.5%,信息维护准确率达99.96%。全市安装现代终端系统客户3450户,“三到位”率达93.1%;示范终端274户,“三到位”率达100%。

五是深化服务举措,提升客户满意度。围绕“客户更满意”主题,扎实开展了相关活动,客户服务水平持续提升。按照修订后的《客户满意度评价办法》,每半年对区县单位客户服务满意情况进行评价,并根据在调查过程中发现的问题,针对性开展了后续跟踪检查帮促培训,促进区县单位持续提高客户服务质量。全市全年累计贷记卡结算客户18158户,全市统一受理客户投诉1.6万次,处理率达100%,诉求者满意度达95%以上。

(作者单位:重庆市烟草专卖局)

民政工作

梁万琴

一、2014 年工作回顾

2014 年，重庆民政工作深入贯彻落实党的十八大、十八届三中、四中全会和全国民政工作会议精神，按照市委、市政府的决策部署，坚持以建设人民群众满意民政为主题，以保障和改善民生为主线，凝心聚力，务实多干，积极作为，全市民政事业实现了新突破新发展，呈现出基本民生持续改善，社会治理创新推进，社会服务不断提升的良好态势。

（一）围绕保基本惠民生，社会救助体系基本建立

一是认真贯彻国务院《社会救助暂行办法》，以市政府名义制定出台实施意见，全面建立“8+1”社会救助制度，切实保障了困难群众基本生活。二是全面建立社会救助和保障标准与经济社会发展水平和物价上涨挂钩“双联动”机制，城乡低保平均标准分别增长 7%、10%，91.2 万城乡低保对象实现应保尽保。三是建立社会救助工作联席会议制度，出台《重庆市社会救助家庭经济状况信息核查认定办法》，902 个镇街设立“社会救助服务窗口”，社会救助对象认定更加公正准确，救助更加及时有效。四是建立疾病应急救助制度，对需要急救但身份不明确或无力支付相应费用的危重病患者实施疾病应急救助，全年支出医疗救助资金 7.3 亿元，救助城乡困难群众 431 万人次。五是加大临时救助资金投入，发挥临时救助救急难作用，全年支出临时救助资金 3.8 亿元，救助临时困难群众 20.6 万户次。

（二）围绕防灾救灾减灾，灾害应急救援体系日臻完善

成功应对“8·31”、“9·13”暴雨洪灾等重特大自然灾害，先后 6 次启动市级救灾应急响应，报请民政部启动 2 次国家救灾应急响应。市级下拨救灾资金 4.4 亿元及大量救灾物资，紧急转移和妥善安置受灾群众 150 万人，恢复重建灾民倒房 2.4 万户、8.23 万间，保障了受灾群众基本生活。探索引入灾害社会工作服务，组建了全国第一支省级灾害社工服务队，深入灾区帮助受灾群众开展专业服务。积极推进中央救灾物资储备库和市级库建设，3 个市级片区分库投入使用。深入开展防灾减灾宣传和救灾应急演练，创建国家级减灾示范社区 25 个，群众防灾减灾意识明显增强。

（三）围绕扶老救孤助残，社会福利事业加快发展

一是养老服务提速发展。制定出台加快养老服务业发展意见，提高城乡“三无”人员供养标准，加快推进城乡养老服务设施建设，9 个市区县社会福利中心建设项目积极推进，100 所乡镇敬老院改扩建工程基本完工，1021 个农村幸福院建设项目全面建成。全年新增养老床位 2.5 万张，每千名老人拥有养老床位 27 张。探索医养结合养老服务新模式，市第一社会福利院、重医青杠老年护养中心等一批养老机构成为全市医养结合养老服务示范项目。二是儿童福利稳步推进。集中和分散供养孤儿生活补助政策全面落实，事实无人抚养困境儿童生活补助全面实施，适度普惠型儿童福利保障制度试点推进，孤残儿童和困境儿童得到了良好照顾。三是慈善福彩发展迅速。全年共接收慈善捐赠款物 3.07 亿元，受益群众 245.7 万人次；销售福利彩票 61.99 亿元、募集福彩公益金 18.79 亿元，同比分别增长 45.5%、42.7%。

（四）围绕转职能促改革，基层社会治理探索创新

一是社区减负取得实效。制定出台减轻村（社区）工作负担文件，建立社区公共服务事务

准入制度，全面清理延伸到村（社区）的工作事项，村（社区）负担平均减少40%以上；提高村（社区）工作人员和办公经费补助标准，建立村（社区）工作人员养老保险缴费补贴制度，解决了村（社区）干部的后顾之忧；规范"三级服务中心建设"，新建社区服务站220个，构建起上下联系、联通、联动的服务群众工作网络；全面完成第九届村（居）委会换届选举。二是社会组织改革稳妥实施。建立四类组织直接登记制度，取消社团分支（代表）机构审批，下放异地商会登记管理权限，规范社会组织评比达标行为。全市现有社会组织14387个，资产总值达80亿元，提供就业岗位15.6万个，社会组织成为参与全市经济社会建设的重要力量。加强社会组织监督管理，在全国率先启动行业协会清理规范工作，对372家社会组织予以注销、撤销登记。提升社会组织服务能力，投入1111万元购买社会组织服务，激发了社会组织活力。三是社会工作创新发展。设立社会工作机构，加大社工岗位开发力度，强化社工人才队伍建设，全年免费培训10000余人，新增社工岗位800个、持证社工达到4457人。建立政府购买社工服务机制，115个社工服务项目顺利实施，300余万人得到专业服务。探索"社工+义工"志愿服务模式，32个区县成立志愿者协会，建立社区志愿服务队6500个，注册社区志愿者60万人。

（五）围绕强军队固国防，军民融合发展深入推进

一是认真贯彻落实市委市政府拥军优属文件精神，协调投入资金4.9亿元，帮助驻渝部队解决重难点问题27个；广泛开展"双拥在基层"主题活动，援建军营学习室274个，发放免费乘车拥军卡5000张；修订完善市级双拥模范城（县）创建命名管理办法和检查考评标准，培育打造了一批双拥示范单位和爱国拥军典型。二是全面落实优待抚恤政策，重点优抚对象抚恤补助标准增长12%以上；完善优抚医疗保障制度，全年优抚对象享受医疗实惠近2亿元；投入8324万元，帮助2621户优抚对象家庭维修改造住房14万平方米；首个烈士公祭日组织开展公祭活动991次，1494座零散烈士纪念设施抢救保护工作全面完成，烈士精神、永续传承。三是退役士兵安置改革稳步推进，全年共接收退役士兵12343人，符合安排工作条件的628名退役士兵全部妥善安置；扶持自主就业11715人，发放自主就业一次性补助金3.2亿元。加强退役士兵职业教育和技能培训，7108名参训退役士兵全部实现就业；制定出台《重庆市军供保障服务规范》，加强军休机构规范化建设，军供保障现代化和军休服务管理水平进一步提升。

（六）围绕公共服务均等化，民政公共服务规范实施

一是圆满完成璧山、铜梁撤县设区，稳妥实施乡镇街道区划调整，行政区划设置更加优化；启动第二次全国地名普查，完成湘渝线和16条县界联检，加强平安边界创建，地名管理服务更加规范。二是贯彻落实中办国办党员干部带头推动殡葬改革意见和第四次全国殡葬工作会议精神，深入推进殡葬改革，火化率达到43%；全面实施惠民殡葬政策，全年共为1.09万名困难群众免除基本丧葬费1537万元；加快殡葬服务设施建设，50个殡葬服务设施建设项目顺利推进，96000殡葬服务热线开通运行，群众享受到更加方便快捷的服务。三是加强婚姻登记机关标准化建设，开展收养评估试点，全年共办理婚姻登记41.9万对、收养登记280件，登记合格率达100%。四是加强救助管理机构建设，新改扩建区县救助站14个；开展未成年人社会保护试点，建立流浪未成年人集中教育矫治制度，深化"流浪孩子回校园"专项行动，全年共救助流浪乞讨人员5.6万余人次，其中流浪未成年人1238人次，帮助254名流浪未成年人返校复学，返学率达75.6%。

二、2015年重点工作

（一）深入推进社会救助体系建设

贯彻落实国务院《社会救助暂行办法》和市政府实施意见，指导区县制定出台贯彻意见和

配套政策。逐步提高最低生活保障标准。强化城乡低保规范实施,完善医疗救助制度,制定健全临时救助政策,保障困难群众基本生活。加快推进中央救灾物资储备库和市级新库建设。加强救灾物资储备,增加数量,丰富品种,保证灾后12小时内救灾物资运抵市内灾害发生地。积极开展灾害救助,保证受灾群众有饭吃、有衣穿、有房住、有干净水喝,有病能医治。推进灾后倒损住房重建工作,力争春节前80%受灾群众入住新居。

(二)加快推进社会福利体系建设

协调相关部门制定全市养老服务设施用地指导意见,研究建立经济困难家庭高龄失能老人养老服务补贴和养老机构运营补贴制度。新建200个城镇社区养老服务中心(站),和25个社区养老服务信息平台,建设1000个农村幸福院,启动实施100个乡镇危旧敬老院改造工程。完善孤残儿童及困境儿童保障制度,落实孤儿和事实无人抚养困境儿童基本生活费。改善6个区域性儿童福利院和区县福利院儿童收养部设施条件。制定出台促进慈善事业健康发展的实施意见,培育发展各类慈善组织,鼓励市场主体以捐赠资金留本运营、利润分配、安置就业、股权捐赠、股息使用等方式参与慈善。

(三)创新推进社会治理体系建设

加强社会组织登记管理服务。做好社会组织培育发展工作,分类制定直接登记社会组织认定标准。引导社会组织参与社会事务、维护公共利益。强化社会组织监督管理,引导社会组织加强内部治理规范。完善第三方评估制度。创新城乡社区治理,研究制定城乡社区协商民主实施意见。推进社区依法自治,全面清理规范村(居)规民约。推进村(居)民主管理,制定出台进一步加强村(居)务公开工作的意见。加强和谐社区建设。出台《关于加快推进社区社会工作服务的实施意见》。启动实施社会工作服务"411"工程。完成30个社会工作服务品牌项目建设。实施2015年边远贫困地区、边疆民族地区和革命老区社会工作专业人才支持计划。深入实施"万名社工专才培养计划",全年新增社工专才800人。

(四)深化双拥优抚安置服务

广泛开展创建双拥模范城(县)活动,命名新一届市级双拥模范城(县),表彰一批双拥模范单位和模范个人。积极动员组织社会力量参与拥军工作,帮助解决驻渝部队建设发展中遇到的实际困难和问题。及时按规定调整并兑现抚恤补助标准,全面落实各项抚恤优待政策,进一步提高保障水平。做好烈士褒扬工作,推进烈士纪念设施维修改造。开展优抚对象数据核查,加强优抚信息化建设。深化退役士兵安置改革。研究制定《重庆市退役士兵安置办法》;做好符合条件退役士兵工作安置;加强退役士兵职业技能培训,培训合格率和培训就业率分别达到98%以上;深化就业创业服务,促进自主就业退役士兵充分就业。

(五)提升民政社会公共服务水平

全力推进我市第二次全国地名普查,按时保质完成年度工作计划。科学稳慎推进行政区划调整。实施第三轮渝陕省界和17条县界联检。深化平安边界创建。科学编制殡葬事业发展"十三五"规划和主城区殡葬服务设施布点规划。完成首个市级城市公益性公墓服务用房建设,启动第二个城市公益性公墓选址工作。推进婚姻收养登记规范化、信息化建设。深化"流浪孩子回校园"专项行动,推动未成年人社会保护试点工作。

(作者单位:重庆市民政局)

重庆物价

程银军

一、2014 年重庆市价格运行情况

(一)价格运行总体情况

2014 年,重庆市居民消费价格呈温和上行、涨幅趋缓的运行态势,CPI 同比上涨 1.8%,涨幅较全国平均水平低 0.2 个百分点,涨幅列全国 31 个省(区、市)第 22 位、列西部 12 个省(区、市)第 9 位、列 4 个直辖市第 3 位,涨幅排序总体处于偏下水平。

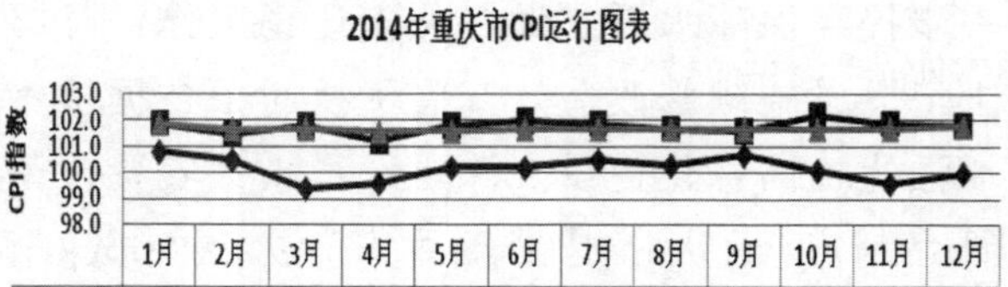

2014年重庆市CPI运行图表

	1月	2月	3月	4月	5月	6月	7月	8月	9月	10月	11月	12月
环比	100.8	100.5	99.4	99.6	100.2	100.2	100.5	100.3	100.7	100.1	99.6	100.0
同比	101.9	101.5	101.8	101.2	101.8	102.0	101.9	101.7	101.6	102.2	101.9	101.8
累计	101.9	101.7	101.7	101.6	101.6	101.7	101.7	101.7	101.7	101.7	101.7	101.8

图一 2014 年重庆市居民消费价格运行情况

(二)居民消费价格运行特点

1.持续低位运行

CPI 累计同比涨幅较 2014 年同期下降 0.9 个百分点,有 10 个月单月同比涨幅在“1 时代”震荡徘徊,其中 4 月仅上涨 1.2%,创 2010 年 2 月以来新低。

2.八大类商品价格“七涨一降”

食品、衣着、医疗保健及个人用品、居住、家庭设备用品及维修服务、交通和通信、娱乐教育文化用品及服务价格同比分别上涨 3.3%、2.0%、1.7%、1.6%、0.5%、0.3%、0.1%, 烟酒价格同比下跌 2.2%,仅交通和通信、医疗保健及个人用品价格同比涨幅略高于 2014 年同期。

3.食品价格仍是 CPI 上涨的主导力量

食品价格拉动 CPI 上涨约 1.10 个百分点,约占 CPI 总涨幅的 61.7%,是 CPI 上升的主推力,且呈阶段性、结构性波动。从主要的食品品种价格运行态势分析, 粮食价格总体平稳,累计同比小幅上涨 1.8%;油脂价格负增长,累计同比下跌 5.3%;鲜菜价格阶段性、结构性波动较突出,累计同比上涨 5.4%,其中,瓜果类蔬菜价格前高后低, 价格高点在一季度,而叶类蔬菜价格高点出现在夏季,且瓜果类蔬菜价格波动明显大于叶菜类蔬菜; 猪肉价格一季度反季节下挫,4 月触底后恢复性上涨, 但价格总水平仍低于 2014 年同期 6.0 个百分点。

4.新涨价因素大于翘尾因素的影响

翘尾影响值有 0.65 个百分点, 占 CPI 总涨幅的 38.4%,新涨价影响值略 1.05 个百分点,占 CPI 总涨幅的 61.6%。

二、2014 年重庆市价格工作概况

(一)多措并举强化通胀预期调控管理

1.健全价格调控机制

完善《重庆市社会救助和保障标准与物价上涨挂钩的联动机制》,实施《重庆市价格监测办法》,为加强价格调控监管,保持价格总水平基本稳定和保障低收入群体基本生活提供了法律支撑和制度保障。

2.抓好重要商品价格的调控

拓展价格监测品种,将水产品、水果、公路货运和房屋租赁价格纳入监测范围;针对生猪、猪肉价格持续下挫以及连续两月阴雨寡照天气对农产品生产的影响,启动 2600 吨市级猪肉储备,坚持实施区县蔬菜价格涨幅排名通报制度,有效稳定了生猪、蔬菜等农产品生产预期。积极探索重要民生商品价格监测成果的运用, 启动“晒物价”价格监测信息发布平台建设,主城区涉及民生的重要商品价格监测信息公示基础性工作取得阶段性进展。

3.建言献策当好参谋助手

加强价格分析调研，注重调研成果的转化运用，积极为政府决策建言献策。其中，《重庆市种植业农产品比较效益及调控政策建议》获得多位市领导的重要批示；《重庆市旅游景区门票价格机制研究报告》获得“薛暮桥价格研究奖”。《深化价格行政审批制度改革思路研究》获得全市法制调研成果一等奖。同时，蔬菜、天然气、页岩气专题调研成果也得到市政府领导的充分肯定。

(二)积极推进重要领域价格改革

1.减少政府价格干预

围绕市场在资源配置中起决定作用和更好发挥政府作用，进一步厘清政府与市场作用的边界，减少政府价格干预。一是正确处理政府与市场的关系，坚持市场导向、保基本保民生、结合实际等原则，放开市场竞争领域和环节的商品和服务价格，积极推进《重庆市定价目录》修订。二是按照国家统一部署，先后放开种子、蚕桑茧、两碱外工业用盐以及各类电信业务资费、非公立医疗机构医疗服务、房地产咨询服务、专利代理服务等32项商品和服务价格，推进完善主要由市场决定的价格机制。三是合理划分市、区县两级价格管理事权，将主要在区县（自治县)辖区内实施的价格管理权限下放区县(自治县)管理。

2.深化资源环境产品价格改革

下调火电上网电价标准，利用电煤价格下降腾出的电价空间，适度疏导了燃煤发电企业脱硝、除尘等环保电价矛盾；对电解铝、水泥等高耗能行业实施更严格的差别电价政策，倒逼过剩产能、落后产能退出市场；自6月1日起符合计量条件的城乡居民住宅小区公用附属设施用电等先行实施了价格分类结构改革，部分行业电价补贴机制进一步理顺。“4升13降”调整成品油价格政策并平稳实施，成品油价格市场化改革成效显现。按照天然气分步改革总体部署，推进存量气增量气价格并轨，适度上调天然气综合门站价格，同步疏导了城市公用管网非居民用气、车用CNG销售价格矛盾。出台碳排放交易收费、危险废物处置收费政策，促进排放权交易的顺利开市和生态持续发展。同时，围绕市委全面深化改革决策部署，先后启动并完成居民阶梯水价、气价、水利工程等价格改革阶段性目标任务，为提速实施相关领域价格改革措施奠定了工作基础。

3.完善民生价格形成机制

平稳实施主城区出租汽车价格和全市有线数字电视收费调整政策，推进相关行业健康发展。平稳改革民办高校、中职收费管理，为教育事业持续健康发展营造良好的价格环境；完善学生公寓收费政策，加强民办非学历教育培训机构收费监管，有效规范了教育收费行为。加强药品价格管理，出台中药饮片、医疗机构药物制剂及二类疫苗价格管理政策，先后两批降低市管药品最高零售价格，涉及105个品种，平均降幅19.6%，最大降幅达48.9%；深化区县公立医院改革，取消药品加成，公布低价药品目录清单及价格管理政策，50个单病种分两批实施单病种收费改革，进一步减轻了群众就医负担。健全公共停车服务、物业服务价格形成机制，着力疏导社会反映强烈的价格矛盾。同时，规范我市城市公益性公墓收费行为，抓好民生实事的工作落实。

(三)加大清费治乱减负力度

全面清理整顿经营服务性、行政事业性以及行业协会涉企收费，向社会及时公布了“实行政府指导价或政府定价的涉企经营服务性收费项目目录清单”，取消13项涉企经营性收费项目，降低部分涉企收费标准；加大涉企行政事业性收费优惠减负力度，将原支持小微企业发展和野生动物资源保护方面的暂免相关行政事业性收费政策调整为长效扶持措施，同时延长实施9项涉企行政事业性收费优惠政策。加强融资收费行为监管，公布商业银行服务政府定价政府指导价目录，开展银行收费检查，努力破解企业融资瓶颈，改善经济社会发展软环境。

(四)强化市场价格监管

组织开展重点领域和行业价格专项检查，

配合国家发改委完成对市内5家银行收费交叉检查的处理，组织开展市内21家商业银行的收费检查，共责令清退违法所得5546万元，没收违法所得253万元，罚款6296万元；启动国土房管、交通、环保、工商、消防等涉企收费检查工作；开展民办非学历教育培训机构收费检查和燃煤发电企业、电网企业脱硫电价政策执行情况的检查，及时依法查处了价格违法行为。加强市场价格监管，查处了一批违反明码标价规定、价格欺诈等价格违法行为，确保了市场价格秩序的稳定。扎实推进12358价格举报管理信息系统建设，顺利完成系统切换，实现三级联网，畅通了价格诉求渠道，价格举报系统规范化、科学化水平进一步提升。推进反价格垄断执法实践，配合国家发改委对北京、成都、吉林等国产电器、证券行业开展反价格垄断调查，在全市开展血透设备涉嫌垄断行为的调研，密切关注个别区县涉嫌红砖价格垄断及群众举报的苹果专卖店、宝马4S店、眼镜等多个行业涉嫌价格垄断的线索，反价格垄断执法实践进一步推进。全市共查处各类价格违法案件950件，实施经济制裁11425万元，其中退还用户2794万元，没收违法所得1797万元，罚款6833万元。

（五）不断提升价格工作水平

1.加强价格法制建设

加强调查研究和立法论证，顺利完成《重庆市价格监测办法》和《重庆市政府制定价格成本监审办法》两个政府规章的立法工作。全面清理修订规范性文件，共移植、修订规范性文件15个，其中，《重庆市公共停车服务收费管理办法》已由市政府办公厅印发并平稳实施，《重庆市物业服务收费管理办法》经市委、市政府同意，将于2015年择机实施。积极推进价格行政权力清理，编制行政权力清单和运行流程图。全面推行价格行政处罚案件审查分离制度，进一步完善《重庆市价格行政处罚程序规定实施细则》，确保了价格行政执法查审分离制度的合法性、合理性和可操作性。

2.强化价格成本调查监审

围绕服务五大功能区域发展战略，开展10个区县特色农业成本及效益调查，注重调查成果的转化利用，助推地方种养殖结构调整优化。围绕年度改革任务，完成自来水、天然气、教育、医疗、食盐等9个行业44个项目的成本调查和监审，为重大价格改革提供了科学的决策依据。

3.做好价格认证公共服务

制定《重庆市农村产权抵押价格评估暂行办法》。价格认证基础数据库、案例数据库建设进度不断加快。主动履行调解处理价格争议和价格认证服务职能，道路交通事故车物损失及涉案财物等价格认证服务工作各有特色和亮点。全市共完成各类涉案财物价格鉴定15013件，标的鉴定金额24亿余元。

三、2015年价格工作思路

2015年物价工作的总体思路是：深入贯彻落实党的十八届三中四中全会、中央经济工作会议、市委四届五次六次全委会精神，坚持稳中求进工作总基调，将改革创新贯穿于价格工作各领域、各环节，加快完善主要由市场决定价格的机制，保持价格总水平的基本稳定，推动重点领域价格改革取得新突破，进一步保障和改善民生，加大市场价格监管力度，努力为全市经济发展营造良好的价费环境。

（一）加强和改进价格调控，保持价格总水平基本稳定

主动适应经济新常态，服务宏观调控大局，加强市场价格监测预警，准确分析研判价格形势，做好重要商品价格调控，着力增强价格调控监管的及时性、准确性和前瞻性。密切关注重要农产品价格走势，加强与相关部门联动，及时做好分析研判，提出对策建议，当好参谋助手。

（二）深入推进价格改革，助推稳增长调结构惠民生

1.加强推进价格改革工作谋划

起草并出台《关于进一步深化价格改革的意见》，提出2015~2020年我市价格改革的指导

思想、改革原则、改革目标、改革任务和保障措施，明确当前以及今后一个时期价格改革的思路和举措。

2.大幅缩减政府定价种类和项目

紧紧围绕市场在资源配置中起决定作用，修订实施《重庆市定价目录》，大幅缩减政府定价种类和项目，放开竞争性领域和环节价格，进一步厘清政府和市场关系，减少政府价格干预，放开市场的"手脚"，激发市场主体内生动力和活力。

3.深化资源环境价格改革

推进销售电价分类结构改革，开展电力用户与发电企业直接交易试点，修订完善丰枯峰谷电价政策。进一步完善天然气综合门站价格政策。开展农业水价综合改革试点。积极推进建立居民用水、用气阶梯价格制度。开展公交轨道客运价格成本监审，开展公共交通网络票价调研。健全节能环保价格政策，完善风电上网价格形成机制。调整废气、废水排污费征收标准，并实行差别化排污费征收制度。制定主要污染物排污权交易基准价格，推进节能减排工作。

4.积极推进民生价格改革

修订出台《重庆市物业服务收费管理办法》，进一步完善物业服务收费形成机制，促使物业服务质价相符。推进建立主城区重要民生价格发布平台，引导市场价格合理形成，维护群众价格权益。

(三)加大清费治乱减负力度，优化市场价费环境

全面清理我市行政事业性收费项目和涉企经营服务性收费项目，形成目录清单并公布实施。进一步加强市场价格监管，组织开展教育收费、涉企收费、行业协会收费等专项检查。注重市场价格行为监管，开展价格诚信建设，严厉打击以次充好、虚假打折等价格欺诈行为。积极开展反价格垄断执法工作，密切关注民生领域价格垄断行为。推进全市12358价格举报平台的联网工作，提升工作效率，维护好广大群众的价格合法权益。

(四)夯实基础工作，提升服务水平

实施《重庆市政府制定价格成本监审办法》和《重庆市物业服务收费管理办法》。围绕服务农业产业结构调整和产业化发展，加强特色农产品成本调查，提高农产品成本调查信息的针对性和实效性，更加注重成果转换利用。进一步强化定价成本监审工作，探索分行业开展成本监审，制定成本监审集体审议制度和工作流程。拓展价格认证服务领域，探索公路路产赔偿、补偿、占用收费认证试点工作。针对物价工作中的热点难点问题加强价格政策理论研究，为全面推进价格改革、强化价格调控监管提供理论支撑。

(作者单位：重庆市物价局)

第五编
产业状况

第一产业

农村经济发展

罗祖斌

一、2014年发展回顾

2014年，全市农业系统深入贯彻落实中央和全市“三农”工作部署，紧扣“保供给”、“促增收”两大任务，着力稳生产、抗风险，调结构、增效益，促改革、建机制，强基础、惠民生，农业农村经济继续保持良好发展势头。

总体看，2014年农业农村发展主要表现为“四个有力有效”和“两个显著增强”。“四个有力有效”：即保障供给有力有效，主要农产品量足价稳，粮食总产1144.5万吨，连续七年稳定在1100万吨以上，肉类、蔬菜、水产品产量分别增长2.8%、5.5%、8.8%；全年没有发生较大农产品质量安全事件，没有出现区域性重大动物疫情。农民增收有力有效，农业增加值1076.7亿元，增长4.4%；农村常住居民人均可支配收入9490元，增长11.7%，增幅继续快于城镇居民，城乡居民收入差距在连续22年3:1以上情况下，去年缩小到2.65:1。农村改革有力有效，统筹城乡重点改革不断深化，重点改革专项扎实推进，全国农村改革试验区等试点项目全面展开。结构调整有力有效，区域布局更加合理，产业结构不断优化，特色效益农业加快发展，百亿级产业链日趋形成，“一县一业、一村一品”格局正在加快构建。“两个显著增强”：即农业综合生产能力显著增强，耕地亩均产值达到4362元，比上年增长5.2%，农业科技进步贡献率预计达57%，主要作物良种基本实现全覆盖，农作物耕种收综合机械化率达到39%。农业安全防控能力显著增强，农机、渔船安全实现“零死亡”目标，受到了市政府的表彰。

(一)千方百计稳定生产

积极争取支持，全年市级以上投入超过63亿元，比上年增长4%。建立粮食高产创建万亩片255个，强化马铃薯和中稻-再生稻增产模式攻关；加快蔬菜品种更新换代，促进浅丘、平坝、中山和高山协调生产，全市人均蔬菜占有量560多公斤，超过全国平均水平；推广池塘“吨鱼万元”、“一改五化”、“鱼菜共生”等技术，促进了渔业健康发展；研发推广新型农机产品169个，推广补贴农机具38.7万台套。新建高标准农田37万亩，蔬菜基地达到185万亩，新改扩建生猪、奶牛养殖场、养殖小区325个，新增标准化畜禽养殖场32个，建成乡镇标准化畜牧兽医站369个，推进4个区县兽医实验室能力建设，成功创建部级水产健康养殖示范场23家、全国休闲渔业示范基地4家。同时，面对相继出现的低温阴雨寡照、暴雨洪灾等自然灾害，以及生猪价格长时间低迷的不利形势，及时组织开展“科技避灾百日行动”，采取规模养殖扶持、能繁母猪补助、扩大生猪保险、加大收储力度等措施，有效减轻了损失，稳住了生产。

(二)深入推进结构调整

紧紧围绕五大功能区域发展战略，坚持“稳猪粮、壮牛羊、扩菜果、增水产”的思路，统筹推进都市现代农业、城郊特色效益农业和生态特色效益农业发展。加快长江三峡柑橘产业带建设，继续推进结构调整，全市90%以上的柑橘集中在三峡库区及长江干支流河谷区域，早中晚熟比例调整为20:42:38，总产量达到234万吨、增长4.9%，总产值190.4亿元、增长28%，创20年来新高。充分发挥渝东北和渝东南资源优势，大力发展草食牲畜，牛、羊、兔分别增长8.9%、9.9%、11.3%。加快推进农业标准化，有效期内“三品一标”达到2284个，市级名牌农产品增加到152个，果蔬茶标准园、畜禽水产标准化养殖场示范创建取得明显成效。积极拓展农业功能，促进休闲观光农业提档升级，发展休闲观光果园5300多个；创建13个全国休闲渔业示范基地，休闲渔业增加到4.9万亩；开辟了“巴渝·醉美乡村网”，打造和推广乡村旅游精品路线75条，3个村获得全国“最美休闲乡村”称号。大力推动农业走出去，巩固武隆、黔江等出口蔬菜基地生产能力，支持中一种业等企业投资东南亚、非洲等市场，开辟了出口俄罗斯的农产品“绿色通道”。

（三）不断完善扶持政策

加强资金整合，创新支农模式，在支持领域上向粮食生产基础设施、重要农产品生产、标准化基地建设等倾斜，在扶持对象上向种养大户、家庭农场、农民合作社等新型农业经营主体倾斜，重点安排有利于保供增收的农业项目。完善农业补贴办法，及时足额兑现良种补贴、农资综合补贴和种粮大户补贴，开展农机报废更新补贴试点。创新农业投入机制，筹建运行农业产业引导股权投资基金、新型农业经营主体创业投资基金。持续增加农业基本建设投入，落实新增千亿斤粮食工程、石漠化综合治理、巩固退耕还林成果专项等基础建设资金12亿多元，增长5.8%。规范预算管理，加快预算执行，健全管理机制，对农业项目实行申报、评审、验收、绩效评价全过程管理，加强审计监督，有效提高了农业项目资金使用效率和效益。

（四）全面深化农村改革

开展农村集体资产清产核资，4211个村、3.3万个组（社）完成资产清理、价值认定，占总数的45.1%、42.2%；积极稳妥推进量化确权，237个集体经济组织开展试点，其中28个全面完成了试点任务。建立健全新型农业经营体系，家庭农场达到1.1万家；农民合作社增加到2.2万家，其中股份合作社发展到2600家；县级以上农业产业化龙头企业增加到3086家。在5个区县开展农业农村改革综合试点。完善承包经营权确权颁证后续工作，推进规范化管理和服务，累计流转承包地1400万亩，占农村家庭承包面积的39.7%。积极发展农村合作金融，扩大农业信贷担保，新增担保贷款11.5亿元、累计67亿元，农村土地承包经营权抵押贷款107.2亿元。扩大水稻、玉米和马铃薯保险，开展蔬菜和生猪目标价格保险试点，农业保险险种扩大到28个，保额110亿元，参保农户突破100万。争取到全国农村改革试验区、农业生产全程社会化服务试点、农民合作社创新试点等5个国家级试验试点。

（五）办好农村民生实事

推进高山生态扶贫搬迁，完成搬迁17.1万人，累计达到35.9万人，超额完成年度任务。推进生态文明体制改革，加大农村环境整治力度，深入开展重金属污染普查和农业资源环境保护，推进主城区56个湖库整治、主要次级河流畜禽污染防治，完成650个村环境连片整治，推进157个市级美丽乡村示范村建设，新建户用沼气4.31万户、养殖小区联户沼气1115个。全面完成生态家园建设项目，累计建成生态家园农户7.5万余户。推进农业综合开发，完成土地生态综合治理22万亩，推广测土配方施肥面积3867万亩，开展耕地质量提升314万亩，酸化土壤改良取得突破。

（六）努力提高保障能力

面对不断增多的牵头协调任务，以及日益加剧的自然灾害、市场风险和突发事件，充分发挥统筹职能，主动担当、积极应对、认真履职、妥善处置，较好地完成了各项急难险重任务，保障了农业农村持续稳定发展。扎实做好重大动物疫病防控，成功处置了30起输入性小反刍兽疫疫情、有效拦截了11起输入性疑似动物疫情、妥善防控了红火蚁检疫性有害生物疫情。承接了畜禽屠宰、豆芽生产环节监管职能，实现了顺利移交，保持了平稳过渡，落实了监管责任，开展了有效治理。积极投身农业农村抢险救灾，配合开展灾后重建，组织灾后生产恢复，全力帮助困难农户。

二、发展中存在的问题

一是“谁来种地”的问题越来越严峻。农村

人才面临数量和质量的双重缺陷。据对20个乡镇逐户调查，在家种田的劳动力占资源总量的比重不到40%,而且大多是老人和妇女,存在青黄不接的断代之忧。二是农民增收压力在增大。农产品价格难以像前些年较大幅度上涨，部分农产品价格波动加剧。同时,农资价格、人工成本仍持续上涨,农业比较效益下降,加之农户经营规模偏小，规模效益不够，农民增收难度加大。三是特色效益农业发展仍显不足。目前中央对农业投入集中在粮食上，特色效益农业发展只能靠地方。虽然这几年市和区县逐年增加投入,但总量仍偏小,促进面上发展还有困难。同时,农村贷款难、贷款贵的问题没有得到根本解决,难以满足特色效益农业发展需求。

三、2015年发展思路

坚持以改革揽总,着力推动“五个转变”,即由过去的超小规模向适度规模转变，由分散经营向联合合作转变，由简单粗放向集约高效转变,由外力拉动为主向增强内生动力转变,由农民的一般性维权向依法治农、依法兴农转变。

(一)加快推进现代特色效益农业发展

坚持宜粮则粮、宜果则果、宜林则林、宜牧则牧的原则,以农民为主体、市场为导向,因地制宜、分类推进。对粮食、生猪、蔬菜等基础特色产业,着力稳量提质,稳固“米袋子”,丰富“菜篮子”。按照全产业链的思路,狠抓柑橘、牛羊、生态鱼、土鸡、调味品原料、中药材、茶叶等7个优势产业,适度扩大规模,强化质量监管,推动加工增值,支持品牌建设。重点支持渝东北、渝东南地区发展肉羊产业,着力增量提质;继续优化柑橘结构,加快品种改良;支持适宜区县发展伏淡季水果。继续实施特色效益农业市级重点项目建设,做大盘强优势产业。坚持市级财政专项切块的方式，鼓励和支持区县因地制宜发展区域性特色产业。加强农产品质量安全监管,强化重大动物疫情防控,做好防灾减灾工作,力争不出现较大农产品质量安全事件，不发生区域性重大动物疫情。

(二)引导和推动适度规模经营

创新流转形式,在农民自愿的前提下,积极探索有利于放活土地经营权的新形式、新办法。严格规范土地流转行为，加强土地流转管理和服务,不折不扣地贯彻“一个坚持、四个严禁、两个坚决”的土地流转用途管制基本原则。创新经营模式,结合产业特点、基础条件、生产习惯等因素,引导各类主体选择合适的经营模式。通过政策引导和试点示范，进一步鼓励和支持新型农业经营主体创新实践。完善社会化服务,通过政策引导培育社会化服务市场，探索开展农业生产全程社会化服务,重点推行分段服务、全程托管等模式,为规模经营主体解决好耕种收、防病治虫、技术管理等服务问题。

(三)全面推进重点改革

深入统筹实施重点改革任务，进一步发挥牵头职能，协调配合相关部门和单位深化户籍制度改革、地票交易、产权抵押融资及农村流通等统筹城乡重点改革,注重建立常态化、长效性推进机制,形成可复制、可借鉴、可推广的改革经验,不断巩固改革成果。分类指导改革试点,扎实推进农村集体资产量化确权改革试点和建立健全新型农业经营体系两个重点改革专项,及时总结试点经验,适时适宜扩大改革范围,推动量化确权改革逐步向面上拓展。扎实推进11个区县的农业生产全程社会化服务试点，通过政府购买服务等方式，支持经营性服务组织从事公益性服务，探索适合当地实际的农业社会化服务机制和模式。研究新的改革措施或试点,抓紧抓好农业部第二批全国农村改革试验区建设,围绕涉农建设性资金整合试验、粮食生猪等农产品目标价格保险、土地承包经营权流转管理及退出等6个方面的试验任务,做实方案、落实措施、扎实推进。积极研究财政农业项目补贴资金股权化改革试点。

(四)多渠道增加农民收入

一是突出增收重点。对农民增收实行分类指导,重点支持以农业生产经营为主业、外出务工6个月以内的纯农户和兼业农户。二是深挖农内潜力。积极引导农民调结构、转方式,发展特色、优质、高效的农业项目,因地制宜地推行种养结合的生态循环农业创新模式,实现农业经营效益最大化。三是拓展农业功能。推进产业化经营,重点支持发展农产品产地初加工,围绕特色产业,开发一些让农民在家门口就能开展或参与的初加工项目,大力发展休闲观光农业、乡村旅游,支持有条件的农户发展周末度假农庄、体验采摘基地等多种形式的农家乐。四是广辟外部渠道。继续推进农村劳动力转移就业,增加农民工资性收入。用好小微企业等政策,吸引外出农民工返乡创业,通过积累的资金、技术、经验等发展特色产业和项目,带动引领周边农户增收。五是释放改革红利。加快推进农业担保贷款、承包经营权抵押融资、农业保险等改革向农户拓展,不断扩大覆盖范围,加快创新以奖代补、先建后补等财政投入方式,健全专业大户、家庭农场等专项扶持政策,建立土地流转促进机制,通过政策创新、制度创新、机制创新,让更多农户分享改革带来的实惠。

(五)加强质量安全监管

一是强化质量安全监管、检验检测及质量安全追溯体系建设,加强农产品产地准出和市场准入的有机衔接,探索构建食用农产品全程监管制度。二是深化安全专项整治,加强源头治理,强化重点地区、行业、环节和产品的隐患排查和风险管控,进一步推动落实高毒农药定点经营管理和实名购药制度,全面推行饲料生产全程质量安全管理制度,严防高毒禁用农药、违规使用添加剂等问题反弹。强化畜禽屠宰监管,实施生猪屠宰企业跟踪监测制度,严厉打击和防范病死畜禽产品流入市场。三是推进标准化生产,强化农业标准的推行和实施,建立规范完善的生产记录制度,实行"准入严控、证后严管",稳步发展"三品一标",推进农业品牌建设。四是加强疫病疫情防控,推进动物疫病监测、报告、预警及动物卫生监督体系建设,着力建设农业有害生物预警与控制体系,强化实时监控和及时处置。

(六)扎实推进民生实事

高度重视市委、市政府部署的重点民生实事,主动履行牵头职责,协同相关单位扎实推进高山生态扶贫搬迁、山坪塘整治、农村环境连片整治等民生实事,全面完成市委、市政府确定的3年总体目标任务。启动农村人行便道建设,认真做好规划、布局和选点,把建设区域放到重点核心产业基地,确保这项建设顺利启动、见到实效。扎实推进美丽乡村建设,继续发展农村户用沼气,搞好人居环境整治,改善农村环境条件。扎实开展生态农业创新试点,建设生态田园、推行生态耕制、发展生态产品、培育生态文化和扮靓生态家园,努力改善农民群众生产生活条件。

(七)强化农业科技支撑

一是构建现代产业技术体系。围绕柑橘、山羊、生态鱼等优势特色产业,建立由首席专家领衔的现代农业产业技术团队,加强良种繁育、生产管理技术创新、加工工艺开发等重大关键技术研发,实现全产业链技术研发集成,促进优势特色产业"强筋壮骨"。二是深化新型农民培训。全面实施新型职业农民培育工程,分类开展生产型、服务型和技能型的新型农民培训。加快建设和发展农民田间学校,以此为平台广泛开展新型农民培训。创新培训机制,引导和鼓励专业大户、家庭农场负责人、农民合作社骨干人才等"土专家"充实师资队伍,采取现身说教、现场指导、现场示范等形式,增强新型农民培训实效。三是加快信息化建设。开展信息进村入户试点,在所有行政村建设信息服务站。依托"金农"一期、"12316",建设"云"数据中心,构建农业系统内部信息共享和对外统一的综合信息服务平台。建立多部门会商机制,加强主要农产品成本收益监测分析和信息发布,增强权威性。继续推进国家级生猪市场建设,力争全年交易量达20万头,注册交易商1000户,构建以活体交易为基础、以电商平台为支撑的全市生猪价格形成中心。

(作者单位:重庆市农业委员会)

农业机械化

一、加强培训，夯实工作基础

策划、收集、梳理2004年以来国家和市有关农机化发展的法律法规规章政策，形成《农业机械化政策法规选编》，组织编写《重庆市农业机械化工作应知应会每日一问》，两书由中国农业大学出版社正式出版，作为农机系统干部职工学习教材。

全市共组织各层次农机人员培训达5.2万余人次。其中，市级先后开展了农机购置补贴管理、管理科长综合能力提升、推广机构负责人和基层人员知识更新、维修高技能人才、安全执法、应急管理、安全技术检验、"平安农机"、质量监督投诉、拖拉机驾驶培训教员、领导干部等培训和高级研修班20多期次，培训总人数近1200人次。通过培训，更新知识，拓宽视野，夯实基础，不断提升干部职工履职能力。

二、大力推广，提高装备水平

其一，加强新产品研发和试验鉴定。加快研发制造适宜丘陵山区的农机新产品，提升农机工业自主创新能力，着力提高新产品开发及试验鉴定公共服务能力。实施"鼓励丘陵山区农机创新型生产奖补项目"，对7家企业9款产品进行奖补，研发了一批地产小型联合收割机、农用无人飞行器、田园运输机等新机具。组织科研院所、高等院校和重点企业联合开展技术创新，在微耕机行走与耕整变速箱分离技术上取得了重大进展，履带式田园运输机实现液压式自行，通过性能大幅度提高。全年核发农机推广鉴定证书7批，79家企业169个产品获得推广鉴定证书；核发推广鉴定变更证书5批，9家企业30个产品变更推广鉴定证书，促进了先进适用、技术成熟、安全可靠、节能环保农机产品的推广应用。

其二，制定完善购机补贴政策措施。会同财政部门确定年度中央财政补贴机具种类范围，归类归档补贴机具达9660个型号，拓宽了农民自主选机的空间。简化流程，对单机补贴额3000元以下的机具，由到乡镇农服中心申请调整为在经销商处申请办理购机手续，方便群众购机，提高工作效率。全年共推广各类补贴机具38.7万台套，较上年增长66%；实施中央农机购置补贴资金2.17亿元，受益农户数达24.9万余户。购机补贴政策的有效实施，为农业增产、农民增收、农村产业发展提供了有力支撑。

其三，加快新技术推广应用。组织编制推广了《水稻机械化育插秧技术》《新型水田耕整地机械化技术》《稻谷和油菜籽烘干机械化技术》《"稻油"连作机械化轻简生产技术》和《"稻薯"连作机械化轻简生产技术》等技术规范，加快农机农艺融合。以库区最大的特色产业——柑橘为突破口，在全国率先制定了机械化柑橘果园建设技术规范，并在万州区开展机械化标准果园建设试点。

将设施农业发展作为农机化工作的一项重要内容提上议事日程。市级财政安排500万元专项资金，先期在10个区县开展试点示范。以此为抓手，在巩固耕种收全程机械化作业的基础上，进一步促进农机、农艺和信息化技术融合，拓宽农机服务领域，推进全面机械化发展。

三、狠抓服务，提高作业水平

一是推进合作社和维修网点建设。市级累计投入资金530余万元，主要支持24个合作社的机棚库、维修车间建设，以及购置30马力以上拖拉机、4行以上插秧机、联合收割机、谷物烘干机等"一大两高"(大中型、高性能、高效率)机具，改善基础设施条件和装备结构。对有发展潜力的农机合作社、农机大户和农机服务公司提供融资支持,由市级财政担保贷款和贴息补助,做到扶上马送一程。在18个区县开展了维修网点建设项目。加大技术培训力度,特别是针对拖拉机、联合收割机、插秧机维修能力弱的问题,市里组织了2期专项高技能维修人员培训班,不断提升维修网点的服务能力和水平,缓解农机维修中面临的诸多困难。

二是机械化作业水平不断提高。潼南县承担的部级"水稻生产全程机械化"示范项目,集中连片耕种、植保、机收、加工全程机械化示范面积达2.47万亩,超额完成部级下达任务。市级投入补贴资金904万元,完成水稻机插秧作业补贴试点示范面积30万亩,带动推广机插秧186万亩。组织市内外联合收割机超过15000多台,完成机收作业420万亩,机收比例达40.6%,为农民节本增收超11亿元,实现了农户与机手"双赢"。全市主要农作物耕种收综合机械化提高3个百分点,达到39%。

四、加强监管,促进安全发展

其一,加大补贴监管督导检查力度。各区县成立了由政府牵头,人大、政协、农机、财政、纪检监察、公安、工商等相关部门参加的农机购置补贴工作领导小组;市里派出专项督查组,分别于4月、7月、11月进行了督导检查;安排工作经费630万元,保障补贴监管工作顺利开展;印制《重庆农机购置补贴工作廉政风险防控手册》3000份,分发到每个区县及乡镇。

其二,加大举报投诉受理及查处力度。在重庆农机化信息网站上设立农机质量在线投诉受理窗口和咨询专栏,委托相关单位负责补贴违法违规和补贴机具质量投诉受理工作,各区县确定相应的受理部门和岗位及人员;对涉嫌违法违规情节较重的,成立联合调查组进行调查核实并进行处理。设立区县农机质量监督投诉站37个,并向社会公布机构的名称、投诉电话等信息,受理投诉案件9件,为农民挽回经济损失20.55万元。

其三,加大农机生产安全监管力度。全面落实农机安全生产责任制,大力开展安全隐患排查治理、打非治违、"两化一整治"和"平安农机"创建等活动,深入开展安全生产检查督查,积极推进免费实地安全检验,全面推进公安驻农机交通安全警务室建设,强化拖拉机到路边安全监管。共印制和发放宣传资料19万多份,出动宣传车800多辆次,发送手机安全警示短信10万余条,深入基层乡村(学校)开展咨询宣教活动,接受群众咨询数万人次。拖拉机联合收割机上牌率97.8%、检验率83.2%,驾驶员持证率96.8%,"三率"水平继续保持全国领先。潼南县成功创建全国"平安农机"示范县;29个乡镇、171个村居成功创建"平安农机"示范乡镇和示范村居。农机事故死亡人数继续保持零指标,拖拉机道路交通事故大幅下降,受到市政府表彰。

(作者单位:重庆市农业委员会农机综合处)

农村扶贫开发

李耀邦

2014年,重庆市扶贫开发深入贯彻党的十八届三中全会和习近平总书记等中央领导关于扶贫开发工作作出的一系列重要指示精神,认真落实中央《关于创新机制扎实推进农村扶贫开发工作的意见》、市委《关于集中力量开展扶贫攻坚的意见》精神以及孙政才书记在渝东南调研座谈会上的讲话精神，紧紧围绕“五大主体功能区”定位，以渝东南生态保护发展区和渝东北生态涵养发展区为主战场，以增强贫困地区和贫困人口自我发展能力为主线，以到人到户精准扶贫为导向，努力构建政府、市场和社会协同推进的大扶贫格局，全年投入财政扶贫资金27.1亿元，实施高山生态扶贫搬迁15.8万人，完成450个贫困村整村扶贫任务，减少贫困人口36万人。

一、产业扶贫

围绕全市产业扶贫规划和贫困地区资源优势，投入产业扶贫资金2亿元，支持贫困乡村因地制宜发展草食牲畜、高山蔬菜、特色种植等一批区域性强、带动力强、有前景、有市场的特色产业。成立乡村旅游服务协会，开通乡村旅游电子商务网站，在177个贫困村实施乡村旅游扶贫，支持1.3万贫困农户参与发展乡村旅游，实现户均增收3万元以上。

二、精准扶贫

把建档立卡作为实现精准扶贫的基础和前提，力求抓细抓实。市上成立建档立卡工作领导小组，并安排专项经费1000万元，切实推动贫困村和贫困户的精准识别、动态管理。全市共识别出贫困人口165.9万人，贫困村1919个。建设精准扶贫“滴灌”的管道，实施驻村工作队一驻三年不变，帮扶对象不脱贫不脱钩制度，进一步将扶贫特派员、大学生村官、大学生扶贫志愿者和扶贫挂职干部纳入帮扶体系，健全帮扶队伍。累计派出驻村工作人员17771名，实现了每户贫困户都有帮扶责任人、每个贫困村都有驻村工作队的目标。

三、高山生态扶贫搬迁

紧扣“五大主体功能区域”发展和生态文明建设，结合新型城镇化战略，坚持群众自愿、贫困优先的原则，统筹整合地票交易、国土整治、危旧房改造、以工代赈、退耕还林等政策资源，实施梯度扶贫搬迁。重点针对有意愿而无力搬迁的困难群众，制定差异化补助政策，有效防止“搬富不搬穷、搬近不搬远”等问题，帮助贫困群众彻底“挪穷窝”。全年安排高山生态扶贫专项资金4.02亿元、完成5.02万人的专项扶贫搬迁。为进一步瞄准贫困人口搬迁，强化差异化补助政策措施，安排资金540万元专项用于对贫困户搬迁的差异化补助。

四、雨露计划培训

着眼于提升贫困群众自我发展能力，多形式、多渠道开展各类就业创业培训和学生帮扶。全年投入雨露计划财政专项资金近1.1亿元，培训贫困群众13万余人次，全市6所雨露技工培训基地校开设专业达到12个，实现了招生、培训、就业的一体化服务。同时，结合贫困地区和贫困群众实际，采取专业人员集中讲解、实地参观见习、跟踪服务指导等多种形式，面对面、手把手开展实用技术培训；结合市场和贫困群众需求，运用西南大学、重庆工商大学、重庆市广播电视大学等教育资源优势，院校联合开展就业创业培训；建立贫困大学生救助专项资金1200万元，为14个国家扶贫开发工作重点区县定向招生200名，雨露改革试点资助2.1万人，雨露工程资助贫困大学生1100人，有效阻止贫困代际传递，帮助贫困群众彻底“拔穷根”。

五、金融扶贫

采取统一申报文件、统一申报要求、统一联合上报的方式，规范扶贫项目贴息程序。对1327个贫困村互助资金社进行分类评级、规范提升，推进互助资金与金融扶贫机制创新、特色扶贫产业发展、扶贫资金绩效管理相结合。开展农村扶贫小额保险试点，安排市级专项资金880万元，在19个区县为44万建卡贫困户购买意外保险。全年下达小额到户贷款贴息资金1940万元，向2.2万贫困户发放贷款4亿元；下达项目贷款贴息资金4815万元，贷款规模达24亿元，有效支持了贫困地区特色优势产业发展，帮助贫困群众彻底“换穷业”。

六、整村整片扶贫攻坚

集中力量推进武陵山、秦巴山两大片区规划项目落实,全力推动片区项目建设。两大片区累计完成投资4132亿元、占规划投资的38%,启动实施跨区县重大工程项目104个。安排专项资金9000万元,持续推进18个扶贫小片区开发建设。累计完成投资103亿元,完成建设项目1074个、占55.8%,在建项目581个、占30.2%。万州区按照“发展现代农业,改善基础设施、完善公共服务、增强脱贫能力”和“一年起步,两年突破,三年见效”的目标要求,推动悦君山片区扶贫开发取得明显成效;石柱围绕“着力改善贫困群众生产生活条件”的总要求,以“大黄水”旅游扶贫为切入点,推动整个片区面貌得到根本改变。安排专项资金3.8亿元,深入推进590个贫困村整村扶贫、新启动244个。全市“十二五”规划的2000个贫困村已全面启动实施,并对2012年实施的450个村进行了检查验收。奉节县、南川区等区县定期进行专项督察,确保整村扶贫各项工作一抓到底。

七、社会扶贫

对18个市级扶贫集团进行了调整,新增成员单位240多个,达到498个,市级扶贫集团共筹集现金9600多万元,协调引进落实项目资金13.87亿元。借助渝洽会平台,开展鲁渝东西扶贫协作,共签署合作项目28个、金额28.7亿元,到位资金6.8亿元,涉及地产、旅游、贸易等领域。山东援助我市财政资金4660多万元,实现项目68个,打造了一批高山生态扶贫搬迁示范项目。开展首个“扶贫日”纪念活动,共募集资金9.24亿元。“一圈”对口帮扶“两翼”4.2亿多元,并将60%的资金用于高山生态扶贫搬迁,全方位、宽领域、多途径开展对口帮扶工作。各区县和相关社团组织也相继开展了企业与贫困村结对、爱心捐赠、访贫慰问、行业扶贫、公益慈善、乡贤回报家乡“春晖行动”等社会扶贫活动。据统计,区县募集资金3.7亿多元,市老促会、扶贫开发协会、基金会共筹集资金近1亿元。

八、机制创新

健全财政扶贫资金分配使用机制,坚持把中央财政扶贫资金全部用于国家扶贫开发工作重点区县,重点支持整村整片扶贫、到人到户扶贫、产业扶贫、教育扶贫等工作;坚持将资金使用绩效、监管效果与资金分配挂钩,探索以奖代补等资金分配办法,对整村整片扶贫、乡村旅游扶贫、产业扶贫、互助试点等项目实行竞争入围。建立充实市、区县、乡镇、村四级扶贫项目库。推行财政资金购买社会服务机制,探索财政资金购买规划编制咨询、商业义卖拍卖、慈善招募捐赠、资金项目监管、人才技术服务等公共服务。建立行业扶贫工作协作机制,协调市扶贫开发领导小组成员单位,制定行业扶贫开发实施意见,推动行业部门资源向贫困农村聚集。完善扶贫资金监管机制,进一步强化落实扶贫资金监管十项制度,研究出台《财政专项扶贫资金管理使用监管“一票否决”有关具体规定》。探索引入第三方监管机制,建立市、区县两级财政资金风险预备金制度,控制互助资金呆坏账。完善扶贫开发考核机制,将扶贫开发工作完成情况纳入市委、市政府对区县年度经济社会发展实绩考核,把减少贫困人口数量和提升贫困群众生活水平作为重要考核指标,切实引导贫困区县党政领导班子把工作重点放到扶贫开发上来。

(作者单位:重庆市扶贫开发办公室)

农业综合开发

陈科

一、2014 年发展回顾

2014 年，重庆市农业综合开发紧紧围绕全市经济社会发展大局，认真落实《重庆市“十二五”农业综合开发专项规划》，按照将重庆市农业综合开发项目区打造成为新型现代农业综合开发示范区的工作目标，大力实施农业综合开发，走现代农业综合开发之路。坚持发挥农业综合开发优势，努力为全市保障粮食安全、农副产品基本供给、发展特色效益农业和推进农业现代化贡献力量。全年农业综合开发投入财政资金 12.5 亿元，同比增长 19.6%，其中中央财政资金 7.89 亿元，同比增长 17%。全年立项实施土地治理项目 113 个、国家农业综合开发现代农业园区试点项目 3 个、产业化经营项目 69 个(其中龙头企业带动产业发展试点项目 4 个、“一县一特”产业发展试点项目 6 个)、市级集中科技推广项目 55 个、部门项目 65 个、武陵山民族贫困地区经济发展政策创新试验项目 7 个、6 个区县启动实施了世界银行贷款可持续发展农业项目。在对上一年度的农业综合开发项目资金管理绩效考核中，重庆获全国第七名。编制完成《重庆市农业综合开发高标准农田建设实施规划(2013–2020 年)》并通过国家农发办审批。连续第九年获全国农业综合开发宣传工作先进单位称号。

(一)农田基础设施持续改善

2014 年，全市农业综合开发土地治理项目投入财政资金 70538 万元，改造治理土地面积 59.05 万亩。投入财政资金 49978 万元，建设高标准农田 37.18 万亩，投入财政资金 20560 万元，完成生态综合治理 21.87 万亩。自 2009 年重庆农业综合开发实施高标准农田示范工程以来，全市累计建设高标准农田面积 100 万亩，实施区县达到 32 个。项目区经过土地治理后，水利排灌、农机耕作、交通运输、土壤肥力等农业生产条件和农村生态环境进一步改善，农业综合生产能力特别是粮食生产能力进一步增强，为保障全市粮食安全做出了积极贡献，为各地规模发展优势特色产业奠定了基础。全市农业综合开发土地治理项目区年可新增灌溉面积 12.6 万亩，改善灌溉面积 17.1 万亩，新增粮食生产能力 6344 万公斤，新增种植业总产值 5.2 亿元，项目区农民收入增加总额 2.3 亿元。

(二)农业园区建设持续推进

2014 年，投入财政资金 7200 万元，认真组织实施潼南、永川、梁平国家农业综合开发现代农业园区试点项目。优先支持市发改委、市农委、市财政局、市国土房管局、市水利局、市农综办等 6 部门联合命名的 20 个市级现代农业综合示范工程建设，投入财政资金 18827 万元，配套完善园区内农业基础设施，促进园区产业发展，提升农业科技和进行农民培训等。支持荣昌县 2014 年度土地治理项目财政资金 3200 万元，积极配合推进农业部、财政部确定的荣昌县国家现代农业示范区开展农业改革与建设试点。

(三)优势特色产业持续壮大

坚持以“构建现代农业产业经营体系”为主线，以实现“促进优势特色产业大发展、农产品加工水平大提高、农产品品牌建设大突破、产业化经营带动能力大提升”为目标，围绕优质粮油、蔬菜、畜牧、柑橘等 11 个主导特色产业，着力构建“研发、生产、加工、销售”一体化的产业链。2014 年投入产业化经营项目财政资金 16595 万元，扶持新型农业经营主体 69 个，促进了粮油、柑橘、蔬菜、畜禽、茶叶、猕猴桃、金银花等优势特色产业的发展壮大，在全市配套建设了优质粮油基地 20 万亩，特色农产品基地 10 万亩(其中蔬菜基地 5 万亩)，为打造三峡库区柑橘品牌，保障全市“菜篮子”，支持区县发展特色产业发挥了重要作用。逐步建立起现代农业的一些产业体系，进一步提升了现代农业的专业化、规模化、集约化和标准化水平。

(四)农业科技水平持续提升

2014 年，投入财政资金 1690 万元，实施市级集中科技推广项目 55 个。组织召开了全市农业综合开发科技推广项目现场会，大力开展了农业综合开发特色效益农业科技支撑行动，形成了“抓好示范、强化推广”的总体示范推广思路，进一步加强了市级集中科技推广项目全过程管理，项目实施效果大幅度提升。“涪陵红心 1 号”示范与推广项目、合川区高产优质稻新品种示范推广项目、巫溪县“脱毒马铃薯晚疫病综合防治”技术推广项目等成效显著，为助推全市特色效益农业发展提供了有力的科技支撑。

(五)积极参与部门项目管理

2014 年，全市实施农业综合开发部门项目 65 个，投入财政资金 18368 万元，其中，中央财政资金为 11480 万元。进一步深化了部门间的分工合作，组织参加了 5 次部门项目座谈培训会，参与了 2013 年度部分部门项目的检查验收、2014 年度部门项目计划管理和 2015 年度部门项目的评审上报，对部门项目加强了管理指导。部门项目管理工作得到国家办的充分肯定和较高评价，国家农发办全年两次邀请我市参加全国的部门项目综合检查。

(六)顺利启动外资项目建设

2014 年是世行贷款可持续发展农业项目正式实施的开局之年。全年投入财政资金 7122 万元，在涪陵、永川、南川、大足、潼南、开县等 6 个区县实施。项目顺利启动，实施总体有序，并取得了初步成效，项目可持续发展的理念得到较好体现，参与式培训有了明显效果，项目招标采购取得突破性进展，项目绩效追踪得到推广运用。

(七)开发管理制度持续完善

2014 年，立足于构建现代农业综合开发管理制度体系，坚持建立健全以“四制”为核心的管理制度，继续完善“资金管理、项目管理、综合管理”三大制度体系。印发了《关于切实加强农业综合开发土地治理项目竣工决算审计工作的通知》等 8 个管理制度。建立了项目申报、评审、立项、建设、检查、验收、管护的全过程管理工作机制。坚持项目立项必先入库原则，初步实现了 2015 年度市级地方和部门项目库共享，避免项目重复上报立项问题。进一步完善了专家库管理系统，专家库人数达到了 320 人。

(八)开发工作机制持续创新

2014 年，结合全市五大功能区发展战略，重点探索实施“四大开发模式”，即：在都市功能拓展区探索多功能农业开发模式，在城市新区探索规模集约高效农业开发模式，在三峡库区探索生态循环农业开发模式，在渝东南山区探索生态复合农业开发模式。研究农业综合开发财政投入资金进行“基金化、股权化、合作化”的改革，增强持久惠农的政策导向性。提出按项目质量、工作绩效分配资金的措施办法，实施重点县轮换淘汰制。建立工程决算审核中介库，通过公开招投标，建立起了竣工工程决算审核中介机构库，已入库中介公司 15 家。在龙头企业带动产业发展试点项目和“一县一特”产业发展试点项目中开展了农民持股试点，探索农民持股分红模式，创建“新立公司型、龙头领办型、合同契约型”三种农民持股分红模式的利益联结机制。

二、发展中存在的问题

一是开发投入与规划目标不相适应。按照国家农业综合开发高标准农田建设规划，重庆的高标准农田建设每年的任务为 80 万亩，而目前每年的财政投入只能完成 50 万亩左右的建设任务，资金投入缺口相当大。

二是人员力量与开发任务不相适应。一些区县农综机构队伍的开发能力、开发动力、开发活力都有待增强，部分区县开发力量与开发任务不匹配。

三是开发覆盖面与群众需求不相适应。项目区建设的范围、惠及的广度有限,还远远满足不了群众的期盼和需求。

三、2015 年发展展望

(一)明晰总体思路

认真贯彻国家农业综合开发的战略思路,按照市委市政府对农业综合开发的总体要求,围绕保供增收的根本任务,融入五大功能区域发展战略,立足高标准农田建设这一兴业之本,以推动农业现代化为目标,以农业可持续发展为主线,以重点产业链开发为抓手,以改革创新为动力,加快转变开发方式,着力建设新型现代农业综合开发示范区(丘陵山区农业综合开发示范区、三峡库区生态循环农业试验区、西部现代农业发展先行区)。

(二)推进三个转变

在开发方向上,从单一目标向综合多元转变,加快推进现代农业发展;在开发布局上,从全面布局向优势特色区域布局转变,增强项目区的示范引领作用;在开发机制上,从行政计划为主向市场法制综合调控方式转变,促进开发工作适应新常态、步入新轨道。

(三)明确四大任务

1.全力建设 1000 万亩级高标准农田保障工程

大力实施“粮仓计划”,巩固提升已建成的 1061 万亩农田,新建 797 万亩高标准农田,2015 年力争新建高标准农田 45 万亩,到 2020 年基本建成 1000 万亩以上高标准农田。

2. 全力服务重点产业链建设和保供主导产业发展

紧扣七个百亿级产业链建设,围绕老百姓的“米袋子、菜篮子、油瓶子、果盘子”,实施“从田间到餐桌”的全产业链开发。

3.全力推动现代农业园区建设发展

强化“规模化、标准化、工业化、低碳化”发展农业的理念,摸索现代多功能农业发展的方法路子,统筹安排、选好项目、对接企业、积极支持,为现代农业园区发展铺路搭桥。切实抓好潼南、永川、梁平等国家农业综合开发现代农业园区试点项目建设,2015 年力争新增 1 个园区试点项目。

4.全力推进开发投入与管理机制创新

进一步完善机制防控风险,积极探索完善开发资金投入、建设、管理等体制机制;探索完善资金项目管理机制,建立健全按项目质量、工作绩效分配的措施办法;探索农业综合开发在“资产化、股权化、合作化”等方面的新机制。

(四)突出六个重点

1.优化区域布局,凸显开发特色

根据五大功能区的功能定位和资源禀赋,突出差异化、特色化、可持续发展,因地制宜推进“榨菜、柑橘、草食牲畜、生态鱼、中药材、茶叶、调味品”等全产业链开发,大力探索实施“四大开发模式”,即:在都市功能拓展区发展都市现代农业,重点探索多功能农业开发模式;在城市新区发展保供主导产业,重点探索规模集约高效农业开发模式;在三峡库区重点探索生态循环农业开发模式;在山区重点探索山地生态复合农业开发模式。

2.坚持“六化”标准,建好高标准农田

一是水利化。采取“蓄引提灌排、塘堰池渠管”等工程与功能配套措施,大力推广管网化等工程节水技术,实现旱涝保收、节水高效。二是机械化。着力解决项目区日益迫切的“靠谁来种地”的问题,构建适宜农机化的道路系统,为耕种收全程机械化“铺路搭桥”。三是便民化。根据需要把耕作便道从田间地头向农户院落延伸,帮助农村解决出行难题,搭建农综与农民群众的感情连线。四是产业化。综合运用“良种、良法、良技、良具”等措施,坚持产业开发与农田建设同步规划、同步建设、同步见效。五是生态化。注重构建“水旱循环”的配套设施体系,大力推广生态治理措施、生物措施、循环农业和施工环境控制,使开发出生态、促生态。六是长效化。大力推广运用新材料、新工艺、新技术,积极探索有效的管护机制，坚持质量第一，建设“永续工程”。

3.积极培育新型农业经营主体，推进适度规模经营

坚持扶优扶强与扶小扶新相结合，完善项目申报立项方式，加大对龙头企业、专业合作社、家庭农场、种养大户的扶持力度，加快项目区适度规模经营。

4.积极开展投入改革试点，激发开发新活力

积极推进产业化经营项目“基金化、股权化、合作化”的投资改革试点，更好地用市场配置资源，放大财政资金投入效应。

5.整合资源力量，打造新型示范区

按照“资源集合、力量集中、措施集成、发展集约”的建设原则，兼容多种开发模式，着力建设“产业先导、设施完善、科技领先、服务专业、生态优美、持续高效”的新型现代农业综合开发示范区。在建设载体上，以现代农业园区、重点土地治理项目区为平台，进行“田水路林山、产业发展、服务组织、乡村生态”统一规划建设，实现集中连片、统筹推进、系统开发。在建设方式上，坚持农综“两类项目”、农综与支农项目、项目区一二三产业的有机结合，有效聚集各方资源力量，积极推进“多项目、多业态、多功能”集成发展。在建设内容上，突出农业经营现代化、装备现代化、组织现代化，建设设施与产业、生产与生活高度融合的“田园综合体”。在建设效果上，注重农耕文明传承、信息化建设、机制创新、可持续发展，着力打造农田建设、美丽乡村与增收致富的示范版。

6.创新工作方法，强化规划引领

根据项目农业的特点，推行“抓一看二望三”的工作机制。所谓“抓一”，就是抓好上年项目的扫尾和当年项目的实施；“看二”就是抓好来年项目的规划、计划编报等准备；“望三”就是在做好前两年工作的基础上，提前谋划好第三年的项目。以此强化“一盘棋”的总体设计和“分步走”的实施计划，突出“规划引领”作用。

（作者单位：重庆市农业综合开发办公室）

林　业

一、2014 年发展回顾

2014 年，全市林业系统围绕生态文明建设主线，以构建长江上游重要生态屏障和建设生态文明城市为目标，切实做好林业改革发展各项工作。全年共完成营造林 326.5 万亩(其中人工造林 213.3 万亩)，2000 万人次参加义务植树，共植树 6800 万株。林地面积达 6551 万亩，比 2013 年增加 57 万亩。森林覆盖率达到 43.1%，比 2013 年提高 1 个百分点。林木蓄积量达到 1.97 亿立方米，比 2013 年增加 700 万立方米。湿地面积 310 万亩，自然湿地占 42.3%，湿地保护率为 16.88%。市级以上财政投入 37.42 亿元。林业产值达 521.9 亿元，农民人均林业收入 800 元。林权抵押贷款余额累计达到 224 亿元，森林保险面积达到 4250 万亩。全年发生森林火灾 9 起，过火面积 15.6 公顷，取得近 9 年来的最好成绩。发生各类林业有害生物灾害 15 万亩，成灾率仅 2.3‰，在全国核查中 2011~2013 年度考核为优秀。依法审核审批占用征收林地 331 宗，面积 1.83 万亩，工程建设占用征收林地审核审批率达到 95%以上。全市森林公安机关侦破查处森林和野生动物案件 3775 起，挽回经济损失 2135 万元，未发生涉林特大案件。

（一）组织编制《重庆市推进生态文明建设林业规划纲要(2014~2020 年)》

提出建设生态安全、生态经济、生态文化和生态文明制度四大体系，规划实施生态保护、生

态修复、生态富民、生态文化和生态服务五大林业行动。《纲要》已经市政府常务会议审议通过、市政府办公厅印发实施，这是全市生态文明建设大会后市政府出台的第一个生态文明建设专项规划。

(二)严守林地、森林和湿地三条"红线"

《重庆市林地保护利用规划2010~2020年》经市政府印发。划定林地、森林、湿地保护红线：到2020年，全市林地面积不低于6300万亩，森林面积不低于5600万亩，湿地面积不低于310万亩。把林业生态红线落实到山头地块和图斑上，实行林地"一张图"管理，严格林地用途管制，实行林地分级管理、定额管理。完善全市自然保护区基础信息库，市政府公布《重庆市重点保护野生植物名录(第一批)》。开展野生动物保护执法及驯养、经营、展演安全大检查活动，发布《重庆市重点监测陆生野生动物疫病种类和疫源物种名录》，全市无陆生野生动物疫情发生。完成全市第二次野生动植物资源调查渝东南片区植物调查和大娄山—乌江流域中山峡谷地理单元动物调查的野外调查工作。开展春季、冬季鸟类同步调查试点。开展湿地生态修复示范2200亩、三峡库区消落带湿地生态治理试点2.3万亩。修编《重庆市湿地保护利用规划》，印发《重庆市湿地公园管理暂行办法》。

(三)实施四大林业重点工程

做好国家第一轮退耕还林工程成果巩固项目建设，发展后续产业解决退耕农户生计问题，启动新一轮退耕还林工程，2014年国家下达65万亩工程任务已经全部安排到相关区县。全面落实4505万亩公益林管护责任，对300万户林农直补兑现生态效益补偿金近5.8亿元，在全国天保工程"四到县"考核中评为第三名。继续开展长江绿化，项目实施区域森林覆盖率达到45%。加强石漠化综合治理，全市试点区县增加到16个，石漠化治理面积累计134.51万亩。

(四)发展特色效益林业产业

坚持生态建设与农民增收的有机结合，进一步调整林业产业结构，优化产业布局，把林业重点工程和区县资源优势结合好，发展木竹加工、中药材、花卉苗木、木本油料等重点林业产业。利用85个市级以上森林公园和18个湿地公园大力发展森林旅游，全市森林旅游人数达5800万人次，实现森林旅游收入86.5亿元。

(五)深化林业改革

围绕"明晰所有权、放活经营权、落实处置权、确保收益权"，巩固集体林权主体改革成果，建立健全"市级、区县、乡镇、村社"四级林权争议排查调处工作体系。加大林权交易平台建设，全市24个区县建立了林权管理服务中心，涪陵、南川两区充分发挥区域性林权交易所作用，全年交易林地19.2万亩，金额1.09亿元。探索林地承包权、经营权"两权分离"，推动林地有序流转，全年林地流转面积26.3万亩，金额1.52亿元。经市政府常务会议审定，市政府办公厅印发《关于加强林木采伐管理的意见》，全面推进林木采伐分类管理、采伐指标分配、采伐申请审批、采伐伐区调查管理、采伐伐区作业监管、森林经营管理、完善木材运输监管机制等7项重点改革。

(六)创新生态文化载体建设

坚持开展全民义务植树活动，开展绿地、林地、名木古树的认建认养，社会植绿、爱绿、护绿的意识逐渐增强。开展生态示范基地、国家生态文化示范企业、生态文化村、生态科普基地创建活动，9个区县被国家确定为生态文明示范县。开展森林资源监测、林业碳汇监测、负氧离子监测等林业生态效益监测，空气负氧离子监测覆盖38个区县，实现了日测日报并向社会公布。

二、发展中存在的问题

一是全市生态环境仍然脆弱，全市森林资源总量不大，质量不高，人均森林面积仅相当于全国人均水平的2/3，人均森林蓄积量只有全国人均水平的一半，维护库区生态安全的任务十分繁重。二是林业产业发展滞后，林业企业规模小、效益低，产业链条短，林地产出效益不高，对群众增收致富拉动作用不强。三是部分国有林场、自然保护区管理体制不顺，部分林业大县(区)没有乡镇林业站，基层基础工作薄弱，林业发展活力和动力不足。

三、2015年工作重点

认真贯彻落实市委四届三次、四次、五次、六次全会精神，深入实施五大功能区域发展战略，严守“五个决不能”底线要求，坚持保生态、添动力、调结构、提质量、增效益、惠民生基本思路，推动林业转型升级，突出保护生态、修复治理、发展产业、深化改革四大重点，力争完成营造林280万亩，森林覆盖率达到44%，实现林业产值570亿元，农民林业人均收入达到900元，为建设长江流域重要生态屏障和生态文明城市做出贡献。

(一)以“红线”管控为抓手，加强森林资源保护

近期，习近平总书记等中央领导针对非法侵占林地行为多次做出重要批示。市委市政府在《关于加快推进生态文明建设的意见》中确定了林地、森林两条“红线”，把林地放在与耕地同等重要位置严加保护。要切实落实好孙政才书记提出的这两条“红线”是“警戒线”和“高压线”决不能突破的要求，强化林地用途管制，建立和落实林地分级管理、差别管理、定额管理等长效机制。按照国家的统一部署，在全市深入开展非法占用林地清理排查专项行动，严厉打击破坏林地的违法犯罪行为，加大对玩忽职守、滥用职权、徇私枉法造成林地资源破坏人员的追责力度，始终保持打击破坏林地违法行为的高压态势。加强自然保护区、森林公园、湿地公园等重点区域保护，强化野生动植物管理，保护生物多样性，抓好森林防火、林业有害生物防控等日常工作，预防和减少各类灾害造成森林资源损失。积极配合国土部门抓好林地、森林等不动产登记工作。

(二)以重点工程为载体，开展生态修复治理

实施好新一轮退耕还林工程，积极争取国家增加我市工程总体规模，争取2015年计划任务达到100万亩，认真总结第一轮工程经验，因地制宜地发展经济林，逐步实现工程区域老百姓稳得住、能致富。实施好天然林资源保护工程，切实发挥公益林的生态效益。开展石漠化综合治理，扩大石漠化治理区域，治理面积争取提高5个百分点。继续推进绿化长江工程建设，与市移民局做好三峡库区生态屏障植被恢复项目的对接报账工作，确保专项补助资金足额到位。实施森林经营工程，对全市2800余万亩针叶纯林逐步进行改造，开展中幼林抚育，营造混交林和景观林，提高森林质量，促进森林健康，增加森林的可进入性。

(三)以助农增收为目标，发展特色效益产业

立足全市林地、森林、湿地资源，加快林业产业发展。编制好《重庆林业产业发展规划》和《重庆森林公园发展规划》。推动产业转型，突出抓好森林旅游、木竹加工、木本油料等林业主导产业，在城市发展新区发展木竹加工业，在渝东北和渝东南地区因地制宜发展森林旅游、休闲养生和游憩产业，在渝东南秀山、彭水、酉阳和渝东北奉节、万州等地发展木本油料产业。探索用市场力量推动林业产业发展，转变投入方式，加大对林业龙头企业的支持力度，在营造林补贴、林业贷款贴息、产业基地建设等方面给予项目资金支持。

(四)以深化改革为动力，增强林业发展活力

深入调查研究，选择部分区县开展深化集体林权制度改革试点，着力破解造林空间少、林权抵押难、林业效益低等具体问题，在点上下功夫，大胆尝试、寻求突破。认真落实市政府《关于进一步加强林木采伐管理的意见》，放活对集体林、商品林、人工林尤其是速生丰产用材林、短周期工业原料林的采伐限额管理。扩大林权抵押贷款规模，加大银林合作力度，协调金融单位推出一批适合林业特点的金融产品，着力解决贷款成本高、评估体系不畅等问题，推动保持林权抵押贷款在“三权”抵押融资中不低于三分之一。全面启动国有林场改革，进一步理顺国有林场体制机制，明确全市生态公益型林场发展定

位，发挥好国有林场在资源培育、生态保护和生态服务中的重要作用。

（五）以法制建设为保障，推进依法治林工作

针对湿地保护中的法律缺失问题，加快推进《重庆市湿地保护条例》立法工作。对《重庆市林地保护管理条例》等9部地方性林业法规、规章进行清理梳理。继续开展简政放权，进一步增强区县的自主权。落实部门权力清单制，绘制行政审批流程图，严格规范林业行政处罚自由裁量权，完善林业行政执法监督体制机制，强化案件审批管理、案件执行等监督工作。开展行政复议、行政诉讼、法律服务，提高法制工作的保障能力。进一步完善以森林公安为主的林业行政综合执法，加强森林公安队伍建设，严格、公正、规范、文明执法。

（六）以生态文明建设为统领，科学谋划“十三五”林业工作

谋划好林业“十三五”发展改革。针对全市林地总量较大与林地价值不高并存，林业资源总量提升与森林粗放经营并存，社会生态需求增加与投入严重不足并存，社会高度关注与生态损害并存，改革动力释放与体制不顺并存，政府投入加大与社会配置资源不足并存等问题，注重补短板、强实体，强化林业转型升级，由造林向营林、数量向质量、粗放向集约、规模向效益转变。坚持实施五大功能区域发展战略，进一步明晰五大功能区的林业发展定位，把生态建设与民生产业发展有机结合起来，突出五大功能区域地方特色，发展效益林业和特色产业。把渝东北和渝东南两个生态保护区作为全市林业生态建设的主战场，两个生态保护区的市级林业投入资金占比达到75%以上。

（七）以能力建设为基础，加快林业可持续发展

强化林业科技支撑，建立“重庆适生经济林研究推广中心”，开展重庆地区适生经济林木良种选育推广工作，建设南川现代林业示范基地，充分发挥带动引领和区域辐射作用。加强林业信息化工作和“智慧林业”建设，建设集航空护林站、森林公安、物资储备库和专业消防队营房等为一体的森林消防应急基地和林业防灾减灾、预警监测、应急救援体系。定期组织开展生态文明、依法行政、党风廉政等专题培训，不断提高干部职工政治素质和业务水平。深化作风建设，坚持低调务实、少说多干、敢于担当、积极作为。

（作者单位：重庆市林业局）

第二产业

重庆工业投资运行与发展

周翼

一、2014年投资情况

完成工业投资4164亿元，增长18%，占全社会固定资产投资的31.5%，完成年初目标的104%。增速高于全国平均水平5个百分点，排名全国第5(见表1)。

(一)资金来源充足，投资保障有力

工业项目到位资金4636亿元，同比增长14.7%，资金满足率113.3%。其中，企业自筹资金3508亿元，增长17.8%，占全部资金来源的76%，是资金的主要来源；利用外资149亿元，增长246.4%，成为重庆市工业投资资金来源的又一重要增量。

(二)投资结构优化，经济活力增强

国有投资1037亿元，增长0.9%，占比25%；非国有投资3127亿元，增长24.9%，占比75%，较2013年增加5个百分点。非国有投资中，民间投资2600亿元，增长25.4%，占全部工业投资的62%，是工业投资的主力军；外商投资(不含港澳台)250亿元，增长68.6%，外商来渝投资活力增强。

(三)在建工业项目支撑有力，数据规模全面提升

在建工业项目6554个，计划总投资10105亿元，平均规模1.54亿元，分别增长3.2%、6.9%和3.6%，是全市工业投资增长的基础。

(四)电子汽车增速领跑行业，投资结构更为优化

“6+1”支柱产业完成投资3793亿元，同比增长17.2%，占全市工业投资的91.1%，主导地位突出。其中，电子制造业和汽车工业增速领跑行业，分别完成投资611亿元、557亿元，增长42.8%、41.2%；装备、化医、消费品工业增幅稳定，分别完成投资643亿元、464亿元、568亿元，增长24.7%、12.9%和16.6%；受市场环境影响，材料工业和能源工业投资小幅下滑，分别完成

表1 2014年工业投资情况(亿元)

月份	2014年			2013年		
	累计投资亿元	同比增长(%)	季度投资占比(%)	累计投资亿元	同比增长(%)	季度投资占比(%)
2	278	14.4	14.6	243	35.2	14.3
3	610	20.4		506	22.3	
4	929	22.4	27	759	20.7	26.0
5	1303	20.7		1080	23.0	
6	1734	21.6		1425	15.3	
7	2106	21.5	28.4	1733	16.8	28.0
8	2489	23		2013	16.9	
9	2913	21		2408	18.7	
10	3310	19.6	30	2767	17.6	31.7
11	3721	17.6		3163	17.5	
12	4164	18		3530	15.2	

表 2 2014 年各功能区工业投资完成情况(单位:亿元)

所在功能区	2014 年投资总量亿元	2013 年投资总量亿元	同比增幅(%)	2014 年所在功能区占比(%)	2013 年所在功能区占比(%)
城市发展新区	2340	1852	26.4	56.2	52.5
都市核心区及拓展区	873	772	13.1	21.0	21.9
渝东北生态涵养区	686	638	7.6	16.5	18.1
渝东南生态保护区	265	269	-1.4	6.4	7.6

投资498 亿元、452 亿元,下降 5.1%、4.9%。与全市工业投资平稳增长相反, 黑色金属冶炼等 6 大高耗能产业投资下降 5.2%, 以增量调结构工作稳步推进。

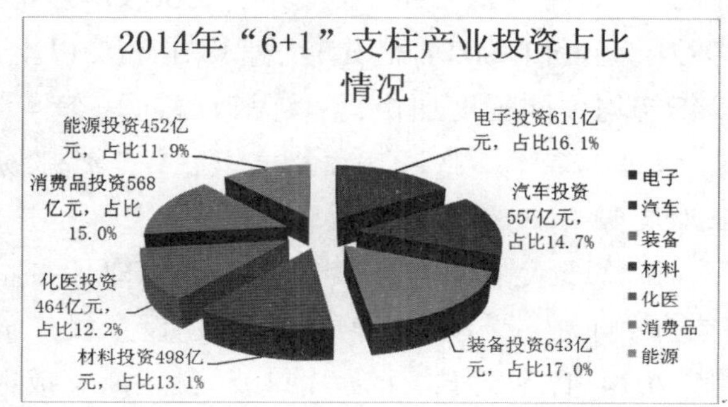

(五)五大功能区战略加快推进,新增投资向城市发展新区集中

都市功能核心区及拓展区完成投资 873 亿元,增长 13.1%,占全市工业投资的 20.9%,同比下降 1 个百分点;渝东北生态涵养发展区完成投资 686 亿元, 增长 7.6%, 占全市工业投资的 16.5%,同比下降 1.6 个百分点;渝东南生态保护发展区完成投资 265 亿元,增长 1.4%,占全市工业投资的 6.4%,同比下降 1.3 个百分点。城市发展新区完成工业投资 2340 亿元, 增长 26.4%,占全市投资的 56.2%,同比增加近 4 个百分点。城市发展新区 12 个区县中,11 个区县投资规模超过 100 亿元,工业主战场地位进一步突出(见表 2)。

(六)重点区县引领作用突出

涪陵、江津分别完成投资 308 亿元和 302 亿元,首次突破 300 亿元规模。永川、璧山等 2 个区县投资超 200 亿元。4 个投资上 200 亿元区县合计完成投资 1156 亿元,拉动全市工业投资增长 9.2 个百分点。100 亿元以上投资区县 17 个,同比增加 2 个,完成工业投资 3235 亿元,占工业总投资的 77.7%。

二、发展中存在的问题

一是新开工项目数量、规模减少,投资后劲减弱。二是工业投资两极化趋势显现,两生态区加快发展特色产业任务迫切。三是银行贷款增幅低于工业投资资金来源增幅, 支持实体经济发展力度有待加强。

三、2015 年工作目标

围绕加快培育十大新兴产业、巩固提升传统优势产业、不断完善园区基础设施三方面重点工作,大力实施“五个一批”工程,切实推进重点工业项目建设,进一步优化投资结构,推动工业转型升级,完成工业投资 4600 亿元,同比增长 10.5%。

(作者单位:重庆市经济和信息化委员会)

重庆工业经济发展综述

吴涛

一、2014 年发展回顾

2014 年重庆市规模工业增加值增长 12.6%，增速位列全国第一，连续 5 年保持全国前 2 位。实现全口径工业增加值 5175.8 亿元，增长 12.3%，占地区 GDP 的比重为 36.3%，工业对地区 GDP 增长的贡献率达 43.1%，拉动经济增长 4.7 个百分点。在经济增长速度换挡期、结构调整阵痛期和前期刺激政策消化期，工业经济适应新常态，实现平稳较快增长，有力支撑了全市经济健康发展。

(一)工业总量实现“双突破”，收入利润率首超全国

工业经济总量首次突破 2 万亿大关，全口径总产值达 2.15 万亿元，增长 14%。其中，规模以上工业实现总产值 1.87 万亿元，增长 14.6%，规模以下工业实现总产值 2797.90 亿元，增长 10.1%。规模以上与规模以下工业的占比为 87:13。2014 年全市规模工业实现利润总额首次突破 1000 亿元大关，达 1169.87 亿元，增长 30.8%。高出全国平均 27.5 个百分点，增幅连续两年居全国前列。主营业务收入利润率 6.4%，超过全国平均 0.5 个百分点。全员劳动生产率 26.5 万元/人，增长 10.8%。企业亏损面 9.6%，处于直辖以来较低水平。

(二)电子和汽车产业持续发力，支柱产业整体改善向好

重庆市“6+1”支柱产业均实现正增长，汽车和电子产业持续发力，“双轮驱动”格局进一步稳固。汽车产业建成“1+10+1000”集群，2014 年全市生产汽车 262.89 万辆，增长 22.2%，成为全国最大汽车生产基地，实现全国每 9 辆车就有 1 辆重庆造。电子产业建成“5+6+800”全球最大电脑产业集群，全年生产笔记本电脑 6348.84 万台，增长 16%，实现全球每 3 台笔记本就有 1 台重庆造，打印机和显示器分别为 1616.29 和 1467.34 万台。此外，装备、建材、医药、轻纺等产业分别实现产值 2983.20 亿元、1150.77 亿元、398.01 亿元、1300.98 亿元，增速均在 11%以上，较年初均不同程度加快，整体呈改善向好态势。

(三)新兴产业培育方兴未艾，生产性服务业发展势头渐盛

围绕十大战略性新兴产业集群构建，一批具有影响力、带动力的项目开工建设、投产放量。2014 年，SK 海力士芯片封装、奥特斯集成电路基板、富士康高清显示模组、华数机器人等重点项目按期投产。MDI 一体化装置完成机械竣工，京东方 8.5 代液晶面板开始设备安装。天地药业肿瘤类原料药开工建设。物联网基地推进 27 个示范项目和 10 个重点项目建设。页岩气全年产量达 12 亿方。与此同时，互联网、云计算、大数据及软件和信息服务业加快发展。太平洋电信数据中心、中国联通西部数据中心一期租售服务器 3000 台。惠普大数据、华硕云端等一批重点项目落户，重庆跨境电商综合服务平台投入运营，重庆国际电子商务交易认证平台服务企业超过 1000 家，年结汇量超过 2.8 亿美元，增长近 4 倍。惠普、广达结算中心结算量累计达 800 亿美元。2014 年全市软件和信息服务业实现收入 1350 亿元，增长 25.9%。

(四)五大功能区联动协调发展，区县工业规模不断壮大

各功能区域工业联动、差异化发展格局进一步显现。都市功能拓展区规模工业保持强劲

增势，全年完成总产值7644.18亿元，增长17%，占全市规模工业的40.8%，对全市规模工业增长的贡献率达46.6%，充分发挥核心增长极带动作用。城市发展新区全年完成规模工业总产值7313.29亿元，增长14.2%，占全市规模工业的39.1%，对全市规模工业增长的贡献率为38.1%。城市发展新区完成工业投资2339.83亿元，增长26.4%，占全市投资达56.2%，工业发展后劲进一步增强。渝东北生态涵养发展区、渝东南生态保护发展区特色农产品加工、服装、珠宝等特色产业较快发展，两个生态区分别完成工业总产值1537.25亿元和533.07亿元，分别增长12.9%和13.8%，占全市比重分别为8.2%和2.9%。从区县情况看，2014年渝北、沙坪坝、南岸等15个区县突破500亿元，其中渝北、沙坪坝、南岸、涪陵、九龙坡、江津6个区县规模工业总产值过千亿元(渝北区产值突破3000亿元，江津首次突破千亿)，这15个区县规模工业总量合计占全市的八成，对全市工业增长的贡献率达89.2%。

(五)重点行业提质增效显著，绿色低碳发展推进有力

工业实现利润总额1169.87亿元，增长30.8%。其中，汽车、轻纺、装备、电子四大产业分别实现利润375.48亿元、215.99亿元、204.82亿元、109.70亿元，分别增长50.5%、11.1%、18.6%、46.4%，对全市工业利润增长的贡献率达77.8%。全市39个行业大类中，总额排前十位的行业实现利润844.13亿元，增长39.4%，对全市利润增长贡献率达86.5%。全市工业绿色发展、低碳发展取得明显成效，GDP能耗比2010年下降17.6%，提前一年超额完成“十二五”节能任务。工业固体废弃物综合利用率保持83%以上。万元工业增加值能耗降至1.152吨标准煤，比2010年下降26%。规模工业度电产值达33元，提高7%，用较少能耗支撑了较快经济增长。

(六)市场主体培育加速推进，龙头企业引领带动明显

新增规模工业企业991户，其中由中小微企业升入规上的企业646户，新建投产企业345户。截至12月末全市规模工业企业达6356户。2014年全市产值过亿的企业数达到2671户，比2013年增加460户；产值超过10亿的达282户，相比2013年增加45户；超过100亿的有18户，相比2013年增加2户(以上全部按企业法人计算)。值得一提的是，重庆市重点监测、服务的100户重点工业企业和100户成长型工业企业(以下称“双百”企业)适应经济新常态，加大产品研发投放和市场开拓力度，采取了一系列提质降本增效的举措，企业竞争力不断提升，对全市工业经济发展的引领、带动作用突出。2014年“双百”企业实现工业总产值9064.79亿元，增长14%，占全市工业总产值的比重为49%，对全市工业产值的贡献率为50%，拉动全市工业经济增长7.3个百分点；实现利润总额535.19亿元，增长51%，高于全市利润平均增幅20.2个百分点。

(七)创新体系构建趋于完善，企业创新能力进一步提高

新增市级企业技术中心64家，累计达392家；新增市级技术创新示范企业46家、知识产权运用示范企业6家、市级工业设计中心6家和市级工业体验中心5家。通过加速推进技术改造，实施制造业装备智能化提升专项行动，新技术、新工艺、新设备、新材料加快推广运用，2014年全市技改投资占工业投资的比重达40%。工业产品创新再上台阶，企业研发投入强度达0.91%，稳居西部第一；企业专利授权总量达1.5万件以上，增长13%。长安CS75、海装5兆瓦风力发电机组、药友优帝尔等一大批新产品项目实现产业化，西南铝尖端铝材首次用于空客A380机型，国际复合HL低介电常数玻璃纤维填补国内空白。2014年全市新产品产值率保持在20%左右。

(八)对外开放通道建设提速，招商引资成果丰硕

渝新欧上升为国家战略，全年开行130班，占中欧班列的三分之一，成为中欧铁路的主通道。成功开通重庆到哈萨克斯坦运邮，率先在中

欧班列营运国际邮包业务。渝深班列开行342班,成为中国铁路“白货”第一品牌;果园港进港铁路正式开通,成为长江上游“水铁公”联运枢纽。2014年,全市完成规模工业出口交货值2776.27亿元,增长22.4%,占规模工业销售产值的15.1%;全市机电产品出口额达2612.79亿元,增长20.3%,占全市出口额的67.1%。同时,招商引资取得积极成效,在集成电路、液晶面板、物联网、手机、机器人等智能装备、化工、塑料加工、钟表、眼镜等方面取得新突破。2014年全市累计新签约工业项目702个,合同投资金额4366亿元。其中,落地2亿元以上项目201个,实际到位资金343.6亿元。全年工业实际利用外资超过40亿美元,连续4年保持此规模。

(九)工业投资总额迈上新台阶,重点项目按期推进

工业投资总量突破4000亿元大关,达4163.91亿元,增长18%,增速在全国的排位由年初的11逐步回升至前列;工业投资占全社会固定资产投资的31.7%,其中民间投资占工业投资的比重为63%,外商投资占8.6%。全年全市在建工业项目6554个,计划总投资10105亿元,平均规模1.54亿元,分别增长3.2%、6.9%和3.6%。2014年围绕重点工业项目建设,重庆市对700个重点开工投产达产项目进行全程跟踪监测服务,年内推动华晨鑫源、佳劲机车产业园、广州数控、纬创二期扩能、唯美陶瓷、潼翔电子、维沃手机等285个项目开工,总投资2463亿元,当年完成投资710亿元。助推长安福特三工厂、SK海力士芯片、上汽通用五菱、巨腾金属机壳、惠科电子显示器、富士康高清显示模组等268个项目投产,长安福特变速器、旗能电铝等147个项目达产。投达产项目累计新增产值1020亿元,对全市工业产值增长的贡献率达43%。

(十)生产要素调度有序,保障工业平稳运行

用电需求保障有力,全年全社会用电量达867亿千瓦时,同比增长6.6%。其中工业用电562亿千瓦时,增长9.1%,实现不拉闸限电目标。截至12月末,主力电厂(厂内)储煤186万吨,可供发电30天。2014年全市天然气用量为81.6亿方,同比增长13.7%,其中工业用气51亿方,占总量的62.5%,同比增长18.9%;工业用气大户需求满足率达95%以上。2014年全市完成货运总量9.7亿吨,增长11.6%。铁路集装箱到达量首次突破500万吨,达到566万吨,增长6.3%。重庆港口集装箱年吞吐量突破100万标箱。在渝货运航空公司11家,定期货运航班每周45班,每周运能2800吨,全年累计完成航空货邮吞吐量30.1万吨,增长7.5%。

二、发展中存在的问题

总体而言,2014年重庆市工业发展逆势而上,成效显著,但不容忽视的是,受有效需求不足、宏观经济下行压力加大和自身产业结构的影响,工业运行面临的短期困难和中长期问题相互交织,一些突出问题值得高度重视。

一是产业发展分化进一步加剧。二是传统企业举步维艰。三是价格下行成本上行挤压盈利空间。四是企业融资难、融资贵问题突出。五是部分重点区县增长乏力。

三、2015年发展目标

工业总产值达2.44万亿元,其中规模以上工业总产值2.13万亿元,增长14%;规模工业增加值增长12%;工业投资达4600亿元;规模工业利润1300亿元,增长15%;全员劳动生产率提高10%。

(作者单位:重庆市经济和信息化委员会)

工业企业改革

胡少钦

一、2014年改革回顾

(一)全面推进兼并重组

一是开展专题调研，深入了解企业在推进兼并重组过程中存在的困难和问题，并向工信部提出工作建议；二是结合重庆市实际，分解市级相关部门任务，提出进一步推动企业兼并重组工作的意见，不断优化重庆市企业兼并重组市场环境；三是结合产业发展重点，指导各区县和企业开展2014年企业兼并重组市级重点项目申报工作，全年共支持汽车、医药、农业等领域6个市级重点项目，完成兼并重组成交额18.5亿元。

(二)扎实开展企业改革

结合全市2014年改革工作重点，按照“稳步实施、分类指导”的原则，稳妥推进企业改革。

一是组织实施国企水电气剥离。中央在渝企业水电气剥离工作全面启动，开展了全面摸底调查，印发《驻重庆市中央企业分离移交水电气实施办法》，成立了驻渝央企分离移交水电气协调小组，组织各央企与供电、供水、供气单位积极开展对接工作，已完成52个项目电分离移交的《可研报告》，并签订《供电分离移交框架协议》；市属国有企业水电气剥离工作全面推进，会同市财政局下达了2014年市属国有企业水、气剥离计划，集中推动21户市属国企、涉及2.44万户职工的分离移交。

二是指导在渝央企推进厂办大集体改革。深入在渝央企调研，对厂办大集体基本情况进行摸底调查，建立完善厂办大集体数据库；搭建工作平台，组织市级相关部门、在渝央企研讨对接工作，细化操作流程，明确了10个方面的工作指导建议，帮助企业解决实际问题；根据实际情况分类指导，重点指导探矿机械厂、重庆声光电公司等企业推进改革工作。

三是认真做好退休教师群体有关工作。开展2011~2013年职幼教退休教师生活补贴资金清算和2014年生活补贴发放工作，完成了2000多名央企职幼教退休教师比照事业单位人员补贴标准调整事宜；继续推动中小学移交遗留问题的处理，积极开展摸底调研，并召集相关部门专题研究，形成专项解决方案，得到市政府和财政部审核。

四是指导区县开展企业改革。建立、完善区县企业改革信息库，掌握各区县2014年拟实施关闭、破产、改制企业情况；组织各区县经信委就改革工作进行交流讨论，研究区县改革中的特殊问题及处理办法；深入巴南、长寿、潼南等区县实施分类指导，实地解决改革困难企业疑难问题。

五是开展在渝央企棚户区改造调研工作。按照市政府统一部署，印发《关于开展驻渝央企棚户区底数和2015~2017年改造规划编制情况调研的通知》，并召开专题会，建立信息沟通与工作联动机制，开展相关调研工作，积极推动在渝央企落实棚户区摸底核实和改造工作。

(三)指导企业提高管理创新水平

结合企业需求，积极开展企业管理创新工作，引导全市企业提升管理水平。一是按照全国创新成果评审委的要求，会同市企联共同组织向国家推荐创新成果评选单位，积极促进企业以管理增效益、以创新促发展；二是组织开展优化企业管理、实现可持续发展专项培训帮扶活动，帮助企业优化生产流程，提升经营效益；三是组织以“班组长管理”和“现代企业安全生产标准化管理”等为主题的公益培训，培训企业骨干500余人次，并组织企业交流经验，不少企业从中受益，取得明显成效。

二、改革中存在的问题

一是在渝央企厂办大集体企业改革涉及职工安置、资产处置等，多数企业资金缺口大难以推进。二是改革遗留问题较多。区县国有和集体企业改革改制中涉及职工安置、社保欠费等问题，因政策障碍一时难以解决。在渝央企及市内改革、改制企业涉及的住房移交、退休人员移交属地管理等社会职能剥离难度大。三是企业水、电、气剥离工作因成本上涨，推进难度大。四是国家出台的涉及部分职工待遇政策与职工期望相差大，部分涉及职工的社保政策不一致，引发相关人群信访。

三、2015年改革目标

按照全市工业和信息化工作会议的要求，贯彻落实十八届三中、四中全会精神，进一步推进企业兼并重组，积极推进厂办大集体改制，大力实施国企水电气剥离，努力解决国企改革遗留问题，继续支持企业提升管理创新水平。一是进一步推进企业兼并重组。二是稳妥组织实施各项改革工作。三是继续促进企业开展管理创新工作。

（作者单位：重庆市经济和信息化委员会）

汽车工业

王昭杰

一、2014年发展回顾

2014年，中国汽车产销再次蝉联全球第一。重庆汽车制造业继续保持稳定快速增长，销售产值、产量增长均达到20%，产品结构得到改善，产业转型升级效果呈现，对重庆市工业经济增长和转型起到了重要支撑作用。

截至2014年底，重庆市有汽车生产企业32家，其中整车生产企业14家，专用车生产企业18家，已形成年产400万辆的综合生产能力；有规模以上汽车零部件企业662家，已具备发动机、变速器、制动系统、转向系统、车桥、内饰系统、空调等各大总成较完整的供应体系，具有70%的汽车零部件本地配套化率。

规上汽车制造业完成销售产值3846.9亿元，增长20%，全市占比20.5%，其中，汽车整车制造业完成销售产值2213.6亿元，增长21%，专用车制造业完成销售产值125.3亿元，增长12.5%，汽车零部件制造业（含轮胎制造业）完成销售产值1508.1亿元，增长18.7%；完成主营业务收入3832.7亿元，增长25.9%，其中，汽车整车制造业完成2314.7亿元，增长29.3%，专用车制造业完成119.9亿元，增长16.6%，汽车零部件制造业完成1398.1亿元，增长21.4%；生产汽车262.9万辆，增长22.2%。

（一）生产运行良好

2014年，重庆市汽车制造业销售产值增速一直保持在20%以上。一季度实现增幅达到24%，在1~5月累计达到27%的全年最高点。全年汽车制造业销售产值净增639亿元，增幅达到20%，高于全市工业5.3个百分点，对全市工业销售产值增长贡献率达到26.8%。汽车产量累计增幅一直超过22%，大幅领先全国行业平均水平，并在1~7月累计达到28%的最高点。2014年，重庆汽车产量增幅（22%）领先全国（7%）15个百分点，产量占全国比重超过11%，地产车数量跃居全国省市排名第一。

(二)产品结构改善

2014年，重庆市乘用车和商用车产量占比分别为90%和10%；重庆乘用车产量占汽车总产量的比重提高4个百分点，达到90%，比全国高6个百分点。乘用车中，狭义乘用车产量达到202万辆，同比增速达到34%，占全市汽车产量比重达到77%，占比同比提高7个百分点。狭义乘用车中，轿车、SUV和MPV的产量分别达到106万辆、57万辆和39万辆，同比分别增长8%、110%和57%，占全市汽车产量的比重分别达到40%、22%和15%，轿车占比下降6个百分点，SUV和MPV占比分别提高9个和3个百分点。

(三)经济效益提升

产品结构改善带来经济效益的提升。2014年，重庆市汽车制造业实现利润372亿元，同比增幅达到52%，高于主营业务收入增速26个百分点；汽车单车价值提高了10%，达到8.4万元，单车利润近1万元/辆，同比净增约2700元/辆，单车利润率提高2.6个百分点，达到11.4%。

(四)骨干企业情况

2014年，长安汽车在渝企业（包括长安股份、长安福特、长安铃木、长安跨越四家）完成销售产值1579.8亿元，同比增长28%，占全市汽车制造业比重达40%；完成产量185万辆，同比增长22%，占全市汽车产量比重达70%。长安股份成为全国狭义乘用车自主品牌销量第一名。2014年，长安福特和长安股份的销售产值分别达到941亿元和463亿元，分别同比增长32.8%和25.5%，对重庆汽车制造业销售产值的增长贡献率分别达到29.8%和17.9%；产量分别达到74.9万辆和86.1万辆，分别同比增长17.8%和28.6%，对重庆汽车产量的增长贡献率分别达到24%和40%。2014年，长安铃木也实现了高速发展，销售产值(125.5亿元)、产量(17万辆)同比分别增长39.2%和19.4%。2014年，北汽银翔和小康工业两家民营汽车企业均实现了快速增长，成为支撑重庆汽车制造业快速发展的重要力量。其中，北汽银翔销售产值、产量分别完成71.7亿元和17.8万辆，同比分别增长218.2%和199.2%；小康工业销售产值、产量分别完成116.6亿元和16.5万辆，同比分别增长10.9%和31.2%。华晨鑫源传统微车产品升级，单车附加值提升，销售产值(19.2亿元)的增幅(26.7%)远高于产量(6.4万辆)的增幅(9.7%)。庆铃集团虽然产量（8.6万辆）下滑了3.4%，但销售产值(118.1亿元)实现了2.3%的增长。上汽依维柯红岩销售产值(67亿元)、产量(2.5万辆)分别下滑8.4和7.6%。力帆集团乘用车板块下滑，微车板块增长。力帆乘用车公司的销售产值43.1亿元、产量8.8万辆，分别下降18.3%和24%；力帆汽车公司的销售产值、产量为94.1亿元和6.1万辆，分别增长20.8%和18.1%。

(五)支柱拳头产品

重庆汽车制造业的主力产品集中在轿车和SUV领域，2014年多款车型实现月销上万辆。长安股份的紧凑型轿车逸动三厢和两厢（两厢产品又名“致尚XT”）合计完成产销16万辆，同比增幅超过80%；SUV车型CS35销量达到10.8万辆，同比增长42.4%；小型MPV欧诺销量达14.4万辆，同比增长36.6%；传统微车长安之星Ⅱ销量13.9万辆，同比增长9.2%。长安福特的紧凑型轿车福克斯系列产销39万辆，位居全国轿车销量排名第一；中型轿车新蒙迪欧全年销售10万辆，同比增长接近2倍；SUV产品翼虎和翼博分别销售13.8万辆和8.5万辆，同比分别增长42%和41%。长安铃木2013年底上市的主力车型锋驭在2014年全年销售4万辆，新奥拓全年销售5.2万辆。

(六)新车型

2014年，重庆汽车新产品上市超过15款。长安股份上市了新奔奔、悦翔V7、CS75三款全新车型。CS75于2014年4月在北京车展上市，搭载1.8T和2.0L发动机，共推出两个排量6款车型，售价区间为10.88万~14.38万元。2014年全年，CS75共生产5.6万辆，由于受到市场追捧，一直供不应求。2014年11月20日，长安汽车在广州车展上宣布旗下全新紧凑型轿车——

悦翔V7 正式上市，共推出 7 款车型，售价 6.09 万~8.69 万元，先期上市的车型主推 1.6L 自然吸气发动机，全系标配 5 速手动变速器或 4 速自动变速箱。2014 年 12 月 23 日，长安铃木紧凑型家用轿车——启悦上市，推出三种级别共五款车型，售价区间为 8.79 万~12.19 万元。2014 年 3 月 31 日，北汽银翔幻速品牌同步上市 S2、S3 两款 SUV 产品。其中，幻速 S2 为 5 座车型，1.5L 排量有 4 款车型，售价区间为 5.88 万~6.98 万元；幻速 S3 为 7 座车型，有 1.5L 和 1.8L 两个排量共有 4 款车型，售价区间为 6.18 万~7.28 万元。幻速 S2、S3 系列 SUV 全年产销超过 8 万辆，月销已实现稳定上万。2014 年 12 月 30 日，长安福特全新紧凑型轿车福睿斯正式全国上市，搭载 1.5L 发动机，匹配 5 速手动或者 6 速自动变速箱，共推出四款车型，售价区间为 9.68 万~11.98 万元。

（七）研制开发加速

至 2014 年底，重庆汽车行业拥有国家重点实验室 8 个、工程技术研究中心 10 个、企业技术中心 5 个、行业质量检测中心 2 个（全国仅 8 个）。长安汽车工程研究院拥有国家振动噪声和安全碰撞重点实验室、混合动力国家地方联合工程实验室，已建成全球“五国十地”的协同研发体系，拥有专业研发人员 6000 余人，高级专家 200 余人，外籍人才 300 余人，先后有 12 人入选国家“千人计划”，在国家发改委牵头认定和评比的国家级企业技术中心评价中连续 3 届排名汽车行业第一。按照国际通用评价体系，长安汽车已经掌握 292 项汽车核心技术中的 272 项。近年，全国自主品牌汽车的市场占比连续下滑，2014 年已降至 50%以下。在自主创新能力提升的助力下，2014 年，重庆自主品牌汽车实现产销 160 万辆，同比增长 28%，增幅高于全国平均水平 24 个百分点；占全市汽车产销量的比重达 61%，同比提高了 2 个百分点。长安汽车自主品牌乘用车 2014 年销售超过 71 万辆，同比增长 38%，跃居全国自主品牌排名第一。

二、发展中存在的问题

2014 年，重庆汽车制造业发展中主要还存在以下两方面的问题：一是整体开发能力仍需进一步增强。二是产品结构有待继续优化。

三、2015 年发展目标

2015 年，重庆汽车制造业将继续发挥重点龙头企业带动作用，确保稳定快速增长；坚持自主创新和招商引资两条腿走路，加快推进重点项目建设；加强研发投入力度，加快产品结构调整和产业升级；加快推进新能源汽车和智能汽车发展；继续完善和壮大汽车配套产业链。重庆市汽车制造业年度工作目标是实现“双 20”增长，即争取全年完成汽车产量 320 万辆、销售产值 4600 亿元，均实现 20%的同比增长。

（作者单位：重庆市经济和信息化委员会）

摩托车工业

王昭杰

一、2014 年发展回顾

2014 年，国内外摩托车市场继续低迷，产销量连续三年下滑，创 2007 年以来的新低。重庆摩托车制造业在整车企业的引领下，充分利用重庆机加行业的技术、人才、市场、配套等优势，通过向摩托车、通机、农机、装备等产业延伸，以及产品结构调整和升级，实现了产量下降、产值上升，转型升级效果明显。

截至 2014 年底，重庆市有摩托车生产企业 36 家，已形成年产 1000 万辆摩托车整车和 2000 万台摩托车发动机的综合生产能力；有规模以上摩托车零部件企业405家,已具备发动机、离合器、车架、减震器、转向、轮毂、轮胎、仪表等几乎所有零部件的本地配套能力。

2014年,重庆市规上摩托车制造业完成销售产值1186亿元,同比增长7%,全市占比6.3%,其中,摩托车整车制造业完成销售产值491亿元,同比增长0.7%,摩托车零部件制造业完成销售产值695亿元,同比增长11.9%;完成主营业务收入1155亿元,同比增长6.7%;生产摩托车859万辆,同比增长3%。

(一)生产运行情况

2014年,全国摩托车逐月及累计产量增幅均处于下滑走势。重庆市摩托车产量增幅在1~2月开年,实现了7%的"高开",之后开始走低,并从6月开始处于下滑区间,并在1~9月累计时达到3%的最大同比跌幅。直到10月,由于年底冲量因素拉升,重庆摩托车产量扭转下滑态势,再次实现正增长。从销售产值看,重庆摩托车零部件行业中,很多企业已经成功向汽车零部件行业转型,享受到了重庆汽车制造业的快速发展成果,销售产值一直保持快速发展,全年实现12个百分点的增长,拉动摩托车制造业销售产值全年实现7个百分点的较快增长。

(二)骨干企业情况

从包括市外分支机构的总销量看,2014年,重庆传统的嘉陵、建设、力帆、宗申、隆鑫五大家产销均出现下滑。其中,嘉陵的销量下滑幅度达到13.8%,跌出全国销量排行榜前十。隆鑫、力帆、宗申、银翔、建设五家销量分别排名全国前十的2、3、6、7、10名。各大集团在重庆本地报统产量数据,呈现出传统五大家"一线"品牌产量下滑,"二线"品牌成为重庆摩托车产量全年实现正增长的主要支撑力量的特点。其中,五大家的隆鑫集团重庆报统产量117万辆,同比下滑14%;宗申集团重庆报统产量38万辆,同比下降9%;建设集团重庆报统产量63万辆,同比下降20%;嘉陵集团重庆报统产量20万辆,同比下降12%;五大家中在重庆报统产量唯一增长的是力帆集团,报统产量90万辆,同比增长8.7%。传统"二线"品牌在重庆报统产量数据分别为,银翔集团107万辆,同比增长9.1%;航天巴山58万辆,同比下降17%;鑫源摩托42万辆,同比增长4.9%;银钢科技40万辆,同比增长5%;双庆产业30万辆,同比下降17%;万虎机电28万辆,同比增长181%;光宇摩托27万辆,同比增长56%;珠峰大江26万辆,同比增长45%。

(三)经济效益提升

产品结构改善带来经济效益的提升。2014年,重庆市摩托车制造业上缴税收(报统数据)43亿元,同比增长0.26%;实现利润70亿元,同比增长14%,高于主营业务收入增速(6.7%)一倍多;虽然全行业亏损企业比2013年多了2家,达到36家,但亏损企业亏损总额从2013年的3.4亿元下降到1.8亿元,单个企业亏损额下降明显。

(四)新品研发

2014年,各大摩托车企业继续加大新产品开发和投入力度,嘉陵JH200-8/街火223、建设2014款JS150-31/无界王、力帆LF150-10S/KPR150、宗申ZS250GY-3/RX3等产品获得了由中国汽车工业协会摩托车分会组织评选的2014中国摩托车年度最佳车型奖。摩托车核心动力总成发动机方面,建设摩托的ATV400发动机与雅马哈签订《共同开发协议》,将搭载在雅马哈的ATV成车上销往北美,自主研发的400CC中大排量水冷发动机通过了雅马哈的测试评价,于2014年10月15日成功签署合作协议,将于2016年量产并供应美国。

(五)出口情况

2014年,重庆摩托车出口362万辆,同比下降2.5%;摩托车整车出口金额18亿美元,同比下降0.3%;摩托车零部件出口金额6亿美元,同比增长15%。2014年,重庆有6家企业摩托车出口量排名全国前十,隆鑫、力帆、银翔、重庆鑫源、宗申和航天巴山分列全国摩托车出口企业第1、2、3、7、9、10位,分别出口100万辆、56万辆、55万辆、37万辆、31万辆和30.8万辆。

二、发展中存在的问题

2014年，重庆摩托车制造业发展中主要还存在以下两方面的问题：一是产品结构不尽合理。二是整体竞争力需要加强。

三、2015年发展目标

2015年，重庆摩托车制造业发展目标是产销摩托车850万辆，同比增长0.4%，规上企业实现工业总产值1200亿元，同比增长1%。

（作者单位：重庆市经济和信息化委员会）

重庆电力

张戈

一、2014年发展回顾

2014年，全市经济运行保持平稳向好发展态势，我市电力需求呈现恢复性平稳增长态势，供需基本平衡，电力保障良好形势贯穿全年。按照“前期”、“开工”、“在建”、“投产”四个关键环节，全力推进“千万千瓦”电源项目、农村电网改造升级、弃管小区电力设施改造等重大电力项目和民生工程建设。

（一）电力供需形势良好

全社会用电量增速回升。2014年全市全社会用电量867亿千瓦时，同比增长6.6%，其中：第一产业用电量2.1亿千瓦时，同比下降11.2%；第二产业用电量585.7亿千瓦时，同比增长9.3%；第三产业用电量142.9亿千瓦时，同比增长6.4%；城乡居民生活用电量136.5亿千瓦时，同比下降2.9%。全市工业用电量增速保持稳定，全年工业用电量562亿千瓦时，同比增长9.0%。统调电网最大用电负荷1463万千瓦时(7月)，同比增长4.1%。三峡、聚龙、乌电等地方电网有序发展，2014年地方电网最大用电负荷118万千瓦时，占统调电网最大用电负荷的8.1%，是全市电网的有益补充。

发电装机和发电量快速增长。截至2014年底，全市发电装机容量达到1762万千瓦，同比增长16.4%，其中，水电装机容量652万千瓦，占比37%；火电装机容量1101万千瓦，占比62%。全市发电量674亿千瓦时，同比增长14.5%，其中，水电240.7亿千瓦时，同比增长37.5%；火电431.5亿千瓦时，同比增长4.7%。受市内发电量大增影响，计划内购市外电量259亿千瓦时，同比增长1.6%。

（二）多管齐下推动电力行业快速发展

“千万千瓦”电源项目陆续投产，全年完成电力项目建设投资168亿元，同比增长9.6%。

全面推进火电建设。截至2014年底，全市火电装机达到1101万千瓦，重大火电项目完成投资70亿元。一是狠抓重大项目。建成投产合川电厂二期第二台机组、石柱电厂、两江燃机等重大项目，新增火电装机216万千瓦，为全市迎峰度夏、度冬提供了有力保障；稳步推进万州电厂、奉节电厂、安稳电厂扩建及贵州习水二郎电厂等584万千瓦重大项目；开工建设重庆电厂环保迁建、南桐低热值煤发电192万千瓦项目，并以这两个项目为契机创新思路，配套建设鲤鱼河引水工程和关赶铁路，一举打破“水源”、“交通”两大长期制约重庆煤电化园区发展的瓶颈，为万盛经济的长远发展夯实了基础；贵州习水二郎电厂二期获得国家核准。二是创新思路研究。科学预测电力需求水平，综合煤炭资源总量和环境容量等制约因素分析电源建设空间，在此基础上创新电力供需平衡思路，以全市冬季最大负荷月水平进行电力平衡，优化全市重大电源建设时序。

积极优化水电开发。截至2014年底，全市水电装机规模达到652万千瓦，占全市水电技术可开发量的52%，有力地支持了全市经济发展，替代了大量电煤消耗，大大提高了调峰能力和电网运行效率。全市在建中小型水电站总装机容量约60万千瓦，开工武隆浩口等26万千瓦水电项目，完成投资约20亿元。开展前期工作的水电项目约310万千瓦，分别为小南海水电站、白马枢纽、大溪河流域、大宁河流域、潼南涪江、郁江流域，其中白马电航枢纽2013年10月取得国家路条，完成移民规划审查和可研报告编制。小南海水电站2012年2月取得国家路条，完成可研报告初稿、移民规划报告内审。此外，我市首个抽水蓄能电站——重庆蟠龙抽水蓄能电站于2014年6月取得国家核准，正在办理开工前土地、移民等开工前期手续。

电网建设有序推进。全年完成电网投资78亿元，同比基本持平。两江天然气冷热电三联供项目500千伏送出工程、万州神华电厂500千伏送出工程建成投产，110千伏长寿洪湖、涪陵杨柳冲、巴南梓桐等输变电工程开工建设。500千伏二郎电厂送出、220千伏成渝客专璧山牵、荣昌牵外部供电等输变电工程建设推进中。全面完成2013年农网改造升级工程，启动2014年农网改造升级工程，完成投资4.8亿元。完成万州三峡水利供区农网改造升级工程规划(2015—2017年)审查工作。完成2014年702个电力设施弃管小区改造工程民生实事，完成投资3.79万元，惠及居民超过114873户，超额完成年度改造任务。

(三)新能源发展稳步推进

加快发展风电。我市地处高山重丘地区，风资源主要分布在渝东北、渝东南等高海拔地区，资源条件一般。按照规划先行、优化开发的原则，市发改委牵头编制了重庆市风电场一、二期规划，规划风电场39个，装机规模约180万千瓦，单个风电场装机规模较小，一般为5万千瓦左右。截至2014年底，全市建成投产武隆、石柱、万盛等区县风电场，总装机容量11万千瓦，总发电量近2亿千瓦时，年发电利用小时数约1800小时。2014年开工建设石柱大堡梁、万州蒲叶林等3个风电场，全市在建风电装机规模23万千瓦，总投资约22亿元，截至2014年底完成投资约7.4亿元。启动编制《重庆市风电场三期规划》，涉及丰都、武隆、涪陵等区县，初步规划装机容量约70万千瓦。

有序发展生物质能发电。根据区县生物质(含垃圾)原料供应量情况，按照3个相邻区县规划布局1个生物质能发电项目，每个项目装机3万千瓦左右，全市规划生物质能(含垃圾焚烧发电)发电项目装机容量约40万千瓦。截至2014年底，全市建成投产生物质能(含垃圾焚烧发电)发电项目5个，总装机容量12万千瓦，总发电量7.2亿千瓦时，年发电利用小时数约6000小时；在建项目3个，装机容量5.7万千瓦，总投资约10亿元。

优化开发光伏发电。按照国家办法，结合重庆实际，印发了我市分布式光伏和光伏电站管理办法，明确由区县实行备案管理。因地域和气候因素，重庆年平均日照小时数仅为1200小时左右，属太阳能资源一般地区，不具备大规模开发条件，全市目前仅有零星分布式光伏发电项目。按照国家能源局、国务院扶贫办《关于实施光伏扶贫工程工作方案》，会同市扶贫办在巫山、巫溪、奉节启动光伏扶贫试点工作，试点规模3兆瓦，计划安排财政扶贫资金1000万元。

加快完善充换电设施服务网络。截至2014年底，全市已建成充换电站1座、充电站4座、小型充电站8座、交流充电桩200台，初步形成覆盖全市所有种类电动汽车的充换电服务网络，累计服务电动汽车18万车次，实现充电量464万千瓦时。

二、2015年发展目标

认真研究把握“十三五”电力规划重大问题，开展我市“十三五”电力规划工作，加强对各区县电力保障建设的布局指导。继续实施“千万千瓦”电源项目建设，倒排重点电力项目工作时序，全面提速工作进度，全力推进重点项目建设，力争2015年全市装机容量突破2000万千瓦。

一是加快推进重点火电项目。建成投产万

州电厂、习水二郎电厂一期等重大电源工程，开工建设习水二郎电厂二期，加快推进石柱电厂、奉节电厂、安稳电厂扩建工程、九龙电厂环保迁建、重庆电厂环保迁建、南桐低热值煤发电等项目。积极推进毕节电厂前期工作。

二是积极推进可再生能源重点项目。加快武隆浩口、武隆罗洲坝、巫溪金盆等水电站建设，开工建设綦江抽水蓄能电站，加快推进白马枢纽电站等项目前期工作。建成石柱大堡梁、万盛南天门等风电场，开工建设奉节金凤山、彭水辽竹顶、武隆大梁子和分散式接入风电项目。建成投产万州垃圾焚烧发电厂，开工建设涪陵—长寿垃圾焚烧发电厂。

三是加强电网建设。加快建设二郎电厂、奉节电厂、安稳电厂、重庆发电厂环保迁建项目500千伏送出工程，500千伏陈家桥变电站扩建二期工程、500千伏板桥变电站3号主变扩建工程，渝北明月山、涪陵五马500千伏输变电工程；加快一批220及110千伏输配电网项目建设。完成2014年农网升级改造工程建设，争取国家加大我市2015年农网升级改造工程中央预算内资金支持力度。积极推进2015年电力设施弃管小区改造工程民生实事。

四是积极开展电力战略规划研究。结合五大功能区定位和发展重点，优化五大功能区电力保障规划，以规划编制引导产业布局，推动项目实施，实现差异化发展。完成《重庆市水电"十三五"规划》《重庆市风电场三期规划》等编制工作，开展"十三五"电力规划编制工作。

五是贯彻落实电力体制改革，开展售电改革试点工作。根据中发〔2015〕9号文精神，结合我市实际情况，选择具有试点条件的区域，以成立售电公司开展售电业务为切入点，开展我市售电改革试点，通过引入售电市场竞争，探索结合电改推动实体经济发展的新途径，为全面推动我市电力体制改革积累经验。

（作者单位：重庆市发展和改革委员会）

化学工业

兰劲

一、2014年发展回顾

重庆市化学工业有规模以上工业企业326家，其中：基础化学原料制造业72户、化学肥料制造业38户、化学农药制造业10户、涂料颜料染料制造业35户、合成材料制造业15户、专用化学用品制造业46户、炸药火工及焰火产品制造30户、化学纤维制造业3户、橡胶制品37户、其他40户。产品涉及化学矿山、化学肥料、化学农药、基础化学原料、涂料、颜料、染料、化学试剂、催化剂及助剂、粘合剂、炸药及火工产品、信息化学品、塑料、合成橡胶、合成纤维、橡胶制品、化工设备制造等17个大类。资产总额1336亿元，从业人员10.6万人。

规模以上化工企业主要经济指标完成情况：完成工业总产值1147.4亿元，比2013年增长10.3%；完成销售产值1116.9亿元，比2013年增长11.6%；完成出口交货值38.6亿元，比2013年增长52.5%；产销率为97.3%，与2013年持平；实现主营业务收入1095.8亿元，比2013年增长10.9%；实现利税总额100.8亿元，比2013年增长33.1%（其中：利润总额35.3亿元，比2013年增长50.3%）。

规模以上化工企业实现主营业务收入1095.8亿元，比2013年增长10.9%。按行业类别分：基础化学原料制造业300.5亿元，比2013年增长22.3%，占化工行业的27.4%；化学肥料制造业192.2亿元，比2013年下降1.5%，占化工行业的 17.5%；化学农药制造业 58.4 亿元，比 2013 年增长 20.9%，占化工行业的 5.3%；涂料颜料染料制造业 44.2 亿元，比 2013 年增长 13.5%，占化工行业的 4%；合成材料制造业 23.5 亿元，比 2013 年下降 57.2%，占化工行业的 2.1%；专用化学产品制造业 125.4 亿元，比 2013 年增长 10.3%，占化工行业的 11.4%；炸药火工及焰火产品制造 33.8 亿元，比 2013 年增长 10.3%，占化工行业的 3.2%；化学纤维制造业 5.8 亿元，比 2013 年增长 22.4%，占化工行业的 0.5%；橡胶制品业 194 亿元，比 2013 年增长 14.7%，占化工行业的 17.7%；其他制造业 107 亿元，比 2013 年增长 35.8%，占化工行业的 9.8%。

(一)行业经济运行

一是生产稳步增长。2014 年化学工业继续面临市场需求不振、原料价格上涨、产品价格下滑等不利因素，全化工行业系统攻坚克难，全力稳增长、调结构、促转型，化工形势较 2013 年有所缓和，经济实现稳步增长。二是基础化学原料、专用化学原料、橡胶制品等主要行业保持增长态势。三是重点企业呈现两极分化。四是大宗通用产品产量下降，有机原料、涂料等精细化工产品产量增长。五是行业利润呈恢复性增长，化学工业利润为 35.6 亿元，同比增长 50.1%。六是固定投资稳步增长，完成投资 383.24 亿元，同比增长 15.3%。

(二)招商引资工作

2014 年化学工业外资到位 3.4 亿美元。其中，巴斯夫 MDI 项目外资到位 2.9 亿美元，贡献了 85%左右的外资到位。推进招商工作的开展，梳理了 40 个招商项目，配合长寿经开区开展相关招商工作，招商工作组已向苏州、杭州、烟台派驻了专门的招商团队，分别负责以上海为中心的长三角地区、以烟台为中心的环渤海地区、以广州为中心的珠三角地区重点客户招商。

(三)重大项目建设

化学工业全年完成投资 383.24 亿元，增幅为 15.3%。MDI 项目按计划完成机械竣工，相关配套设备也将于明年 1 季度建成投产。积极推进其他重点项目还有：华峰化工聚氨酯项目和差别化氨纶项目、中邦农药项目、海州化学三氯氢硅项目均建设顺利，预计 2015 年将有九个化工项目投产，新增产值近 50 亿元左右。

二、发展中存在的问题

一是天然气价格上涨，经营成本增加，以天然气为原料的化工企业，天然气成本约占企业总成本的 50%~75%。二是产能过剩导致市场竞争激烈，企业盈利能力降低。三是产业链短，与上下游产业缺乏有效联动机制。

三、2015 年发展目标

2015 年全年化工同比增长 10.3%。原因：一是涪陵页岩气供应仍在持续，企业用气量得以充分保证；二是 2015 年将有巴斯夫 MDI、华峰氨纶和聚氨酯树脂等一批重大项目投产，成为行业新增点。

(作者单位：重庆市经济和信息化委员会)

医药工业

孙清华

一、2014 年发展回顾

医药工业总产值实现 469 亿元，净增 91.3 亿元，同比增长 20.3%；其中规上医药 426.0 亿元，净增 83 亿元，同比增长 19.8%，较全市规模以上工业增幅高 5.2 个，预计较全国医药工业平均增幅高 7 个百分点。从细分领域看，化学药 158.6 亿元，占 37.2%；中药 172.2 亿元，占

40.4%;生物药23.9亿元,占5.6%;医疗器械及耗材30.8亿元，占7.2%；兽药40.5亿元,占9.5%。从企业规模看,全市产值过10亿元的企业达到7户(分别为天圣制药、涪陵制药厂、西南药业、药友制药、华森制药、天地药业和西南合成),5亿元~10亿元企业17户。从产品规模看,亿元以上品种53个,其中制剂品种36个,同比增长10%。

(一)做大存量

全年投入财政专项资金1360万元，支持15个医药项目加快建设。强化重点项目服务，全年实际开工重点项目44个，达产产值为257.6亿元；已投产项目41个，新增销售产值175.7亿元；已达产项目19个，新增销售产值101.9亿元。加快推进企业新版GMP改造,实施重点企业和重点品种培育计划，推动医药产业稳步发展。全市产值过10亿元的医药企业新增1户（天地药业),5亿~10亿元企业新增7户，上市公司新增1户(博腾制药)。60户重点企业中，有20户产值同比增长30%以上,6家增幅超过50%,植恩药业和中元生物实现同比翻番。重点医药品种完成工业销售产值206.2亿元，同比增长39%。

(二)做优增量

一是采用多种模式招引跨国行业巨头和中国百强企业。推动日本第一三共制药与重庆市药友制药联建生产基地，北京悦康与巴南园区签订高端原料药生产和中试孵化平台建设协议，正推动落实美国傲康集团到巴南区建设全球领先的生物医疗3D打印基地。二是帮助企业拓展市场,实现国际化发展。推动莱美与美国赛金合作拓展美国市场，促成化医集团与科信必成在制剂产品海外注册及市场拓展领域进行合作,逐步打通国际市场通道。三是以平台建设为重点,推动高端药品从研发到生产“重庆造”。促成植恩药业、重庆大学药物创新研究所和巴南区联手建设面向全球的高端仿制药研发孵化平台,引进先进技术,建成重庆市高端仿制药发展的“母机”。四是推动工商融合发展,实现以商带工加快发展。帮助智飞生物全国独家代理美国默沙东疫苗等药品，目前智飞生物正在重庆市进行全国生物药生产基地选址。五是推动本地企业合作招商。推动北大医药与美国上市公司HOSPIRA(赫升瑞)在重庆设立合资公司,引进抗肿瘤等重大疾病治疗领域的多个先进药物品种,不断开发新产品。合资公司建成后有望成为中国最先进、规模最大的注射剂特色药厂。六是推动企业到市外收购优质批文转回市内生产。推动华森制药、福安药业等9家企业收购了市外药品品规近300个，目前正在有序向市内转移,预计达产后将新增产值近百亿元。一年来，医药招商组先后拜访了上海医药、广州医药等目标企业55家,促成华润医药、天士力控股等47家(次)企业高层来渝考察,与诺华、西门子、美敦力等全球医药产业20强企业及全部国内医药产业20强企业进行了沟通;与天士力控股等9个企业达成合作意向;签署投资协议5项，协议投资27亿元;签订合作协议8项,协议投资132亿元。

(三)优化结构

坚持创新驱动,推动兼并重组,产业结构不断优化,2014年全市化学药和生物药占比分别提高了1个百分点。植恩药业的罗匹尼罗和莱美药业的埃索美拉唑获评“全国十大重磅产品”;华森制药、福安药业等9家企业在辽宁、江苏等地收购药品品规近300个，其中华森购买的16个优质粉针制剂已正式转移到重庆市。

(四)加快集聚

两江新区水土、巴南麻柳和合川园区加快产业集聚。其中,两江新区聚集了药友制药、北大医疗、福安药业等重点制药企业,有在建项目10个,总投资112亿元,预计建成后新增销售产值287亿元。巴南麻柳开发区有在建项目16个,总投资85亿元,预计建成后新增产值100亿元。合川园区有5家企业建成投产,有在建项目16个，总投资80亿元,预计建成后新增产值100亿元。

(五)强化服务

市卫计委、市人社局、市食药监局、市物价

局、市药交所等建立服务本地企业的绿色通道,市级部门、区县、医疗机构和企业加强联动,形成发展合力。市经信委与市食药监局联合开展招商工作,取得积极效果;尤其是国家区域性审评中心即将落户重庆市,进一步优化重庆市医药产业发展环境。

二、发展中存在的问题

尽管重庆市医药产业发展目前势头不错,但仍存在一些问题,主要表现在两个方面:一是招商引资难度大。二是产业发展后劲不足。

三、2015年发展目标

坚持以企业为主体,充分发挥市场对资源配置的决定性作用,着力实施重点企业和重点品种培育计划,加大招商引资力度,加快推进重点项目建设,推动重庆市医药产业发展再上新台阶。力争全年医药工业销售产值达到530亿元,同比增长25%以上。

(作者单位:重庆市经济和信息化委员会)

煤炭工业

龚世平

一、2014年发展回顾

2014年是我国煤炭行业发展比较困难的一年,煤炭市场呈现供大于求、结构性过剩态势,全国煤炭产量同比下降2.5%,是自2000年以来的首次下降,煤炭企业亏损面达到70%以上。2014年也是我市煤炭行业生产经营十分困难的一年,自年初以来,煤炭需求延续前两年的下行走势继续下滑,价格持续下降,企业应收账款大幅增加,中小煤矿企业大面积停产,企业减发、欠发工资问题突出,煤炭企业处于全面亏损状态。进入10月份以后,因降雨减少,水电不足,煤炭市场出现了一些积极变化,火力发电增长,电煤需求增加,煤炭价格回稳。总体上,2014年我市煤炭企业生产经营困难重重。

煤炭安全生产方面,2014年,全市煤炭行业特别是各级煤矿安全监管监察部门坚守安全生产"红线",坚决贯彻落实"双七条",强监管,严执法,全市煤矿死亡事故起数、死亡人数同比下降22%和8%,煤炭安全生产形势总体稳定。

(一)2014年煤炭工业经济运行概况

1.煤矿企业基本情况

重庆市煤炭工业产能在全国同行业中所占份额约1%。通过近年产业结构调整,全市煤矿数量从2003年的1570个下降到2014年底的618个,其中,生产矿井452个,改扩建矿井82个,资源整合矿井47个,新建矿井37个。

全市618个煤矿设计生产能力6179万吨/年,核定生产能力4173万吨/年。其中,国有重点煤矿42个,核定年生产能力1650万吨;国有地方煤矿11个,核定年生产能力68万吨;乡镇煤矿565个,核定年生产能力2455万吨。

按生产规模分,年产90万吨及以上的大型矿井7个,年产45至90万吨的中型矿井6个,年产30至45万吨的小型矿井15个,年产15至30万吨矿井21个,年产9至15万吨矿井74个,年产6至9万吨矿井40个,年产6万吨(包括6万吨)以下矿井455个。年产6万吨以下小煤矿

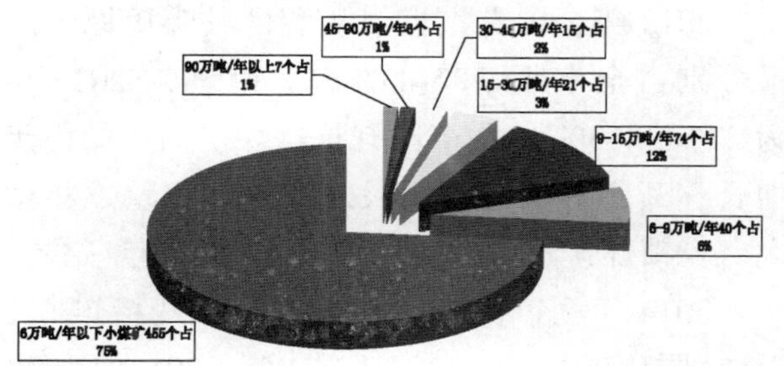

占全市煤矿总数75%。近年来,政府加大小煤矿关闭力度,使小煤矿数量大幅减少。2014年,全市共关闭小煤矿52个,淘汰落后产能240万吨/年。

全市现有618对生产矿井中,煤与瓦斯突出矿井88处,高瓦斯矿井92处,其余为低瓦斯矿井。

2.煤炭生产情况

2014年,全市原煤产量3281万吨,同比减少661万吨,下降17%。其中,国有重点煤矿1390万吨,同比减少74万吨,下降5%;区县煤矿1891万吨,同比减少588万吨,下降24%。

2014年,我市原煤产量比上年有较大幅度下降,其原因,一是近三年以来,我国国民经济需求持续下降,钢铁、建材等行业不断压减产能,对能源需求减少;二是国家加大节能减排力度,强化环境约束,降低煤炭在能源中的比重;三是在过去煤炭行业发展黄金十年期,煤炭产能大幅度超前,煤炭库存持续高居不下,2014年全行业进入压产能降库存的消化期;四是我市煤炭行业近年加大结构调整力度,加快关闭小煤矿,淘汰落后产能成为各级煤炭管理部门的工作重点;五是在煤炭供大于求的情况下,市外廉价优质煤炭入渝,对我市开采成本高、煤炭质量低的煤矿企业形成冲击,2014年,半数以上乡镇煤矿处于停产状态。

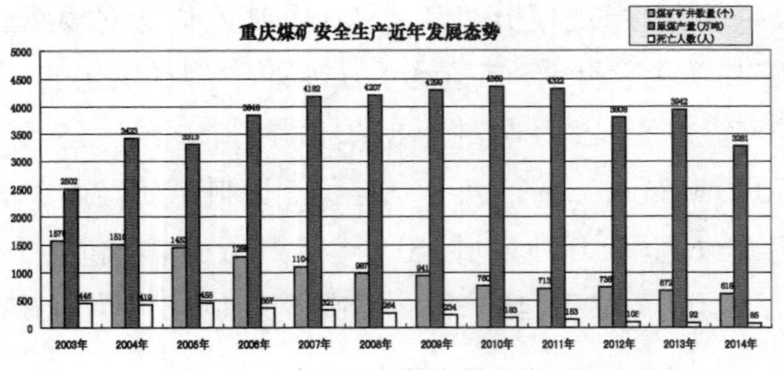

2014年,国有重点煤矿和区县煤矿原煤产量分别占全市原煤产量的42%和58%(2013年为37%和63%)。我市国有重点煤矿的产能稳步增长,其产量在全市煤炭总产量的比重逐年增大。乡镇煤矿通过关闭和整合,数量逐年减少。

2014年全市国有重点煤矿生产洗精煤618万吨,同比增加51万吨,上升9%。2014年原煤产量下降,洗煤产量上升,反映国家产业政策鼓励清洁能源的发展导向,未来煤炭的入洗量将继续增加。

3.煤炭销售情况

2014年全市煤矿商品煤销售量2741万吨,同比减少783万吨,下降22%。其中,国有重点煤矿1019万吨,同比减少28万吨,下降3%;区县煤矿1722万吨,减少755万吨,下降30%。

全市2014年销往市外煤炭695万吨,同比减少363万吨,下降34%。

2014年,我市主要火力发电厂(包括珞璜电厂、重庆电厂、九龙电厂、合川双槐电厂、石柱电厂、恒泰电厂、安稳电厂、白鹤电厂、永川电厂)消耗电煤1433万吨,同比减少272万吨,下降16%;购入电煤1425万吨,同比减少294万吨,下降17%。其中,从市内煤矿购入电煤900万吨,同比减少101万吨,下降10%;从四川、宁夏、贵州、陕西、山西、秦皇岛等地合计购入电煤525万吨,同比减少193万吨,下降27%。为了帮扶处于经营困难中的本地煤炭企业,各电厂2014年大幅减少了对外地煤炭的采购。

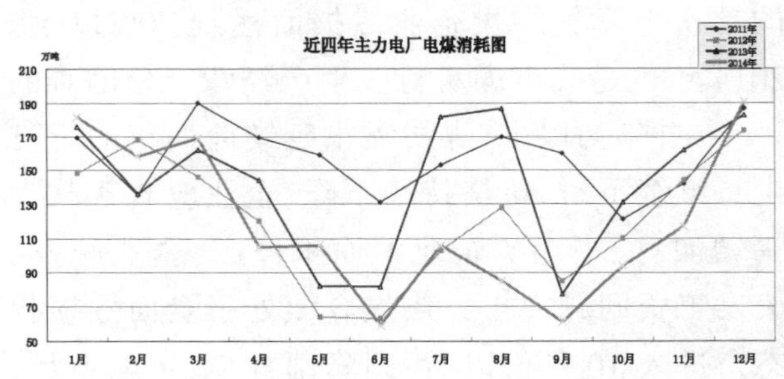

4.煤炭价格情况

年初以来,煤炭价格承接2013年下滑态势继续走低。9月份,我市商品煤平均售价达到最低为330元/吨,较2012年初下降50元/吨。10月以后,煤炭价格企稳,但回升缓慢,至12月底,商品煤平均售价360元/吨,同比下降11%。

2014年,我市煤炭市场价格已经跌至全市煤炭企业平均成本线以下。为避免扩大亏损,至年底,停产的煤炭企业达463个,占煤矿总数的75%。除少数煤矿处于亏损或保本状态中继续经营外,全市20个区县的煤矿全部停产。

5.煤炭库存情况

至2014年底,全市煤矿和电厂的煤炭库存量257万吨，比年初增加18万吨。全市煤矿企业煤炭库存88万吨,比年初增加35万吨,上升66%;主力电厂库存186万吨,与年初持平。至年底主力电厂煤炭库存可维持发电一个月。

(二)2014年煤矿安全生产形势

2014年全市煤矿共发生死亡事故50起,死亡85人,同比减少14起、7人,分别下降22%和8%。其中顶板事故死亡32人,同比减少7人;瓦斯事故死亡30人,同比增加9人;无机电事故,同比减少3人;运输事故死亡5人,同比减少3人;放炮事故死亡3人,同比持平;无水害事故,同比减少1人;无火灾事故,同比持平;其它事故死亡15人,同比减少2人。1~12月,全市国有重点煤矿发生死亡事故7起,死亡29人,同比起数减少7起,下降50%,人数增加12人,上升71%;区县煤矿发生死亡事故43起,死亡56人,同比减少9起、19人,下降17%和25%。

2014年全市煤矿发生3人及以上较大事故2起,死亡8人,同比减少5起、20人,分别下降71%;发生重大事故1起,死亡22人(2013年无重大事故)。

2014年6月3日16时58分，重庆市能源投资集团南桐矿业公司砚石台煤矿发生重大瓦斯爆炸事故,造成22人死亡、7人受伤,直接经济损失1654.59万元。该起事故经调查认定为责任事故。

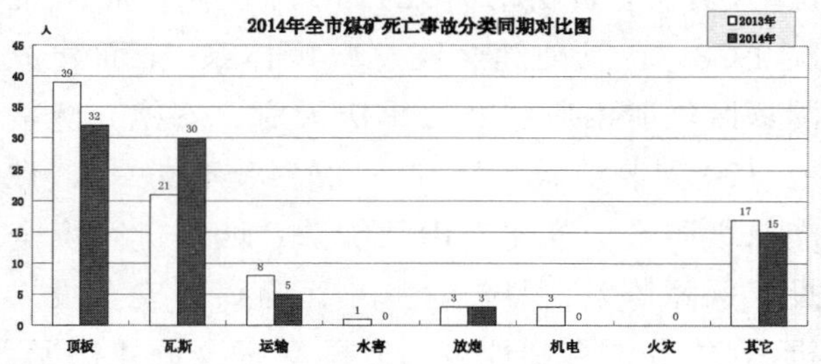

2014年全市煤矿原煤生产百万吨死亡率为2.59,同比上升11%。其中国有重点煤矿百万吨死亡率为1.91,同比上升75%,区县煤矿百万吨死亡率为3.13,同比上升2%。

由于2014年煤炭市场需求疲弱,原煤产量减少,煤矿企业经营困难,煤炭生产处于不稳定状态，影响到煤炭安全生产投入和现场安全管理,我市煤炭生产百万吨死亡率同比上升。

受我市煤炭赋存条件差,地质条件复杂,自然灾害严重，资源状况无法实现规模化机械化开采等先天性因素制约，我市与全国煤矿安全水平比较,差距逐年加大。

(三)2014年煤炭工业主要开展的工作

1.谈心对话,筑牢煤矿安全生产“红线”

采取多种形式,多层次、多批次的“全覆盖”开展谈心对话活动。一是全面推进“百名干部与千名矿长谈心对话活动”;二是提请市政府紧急召开了全市防范煤矿安全生产事故约谈会、国有煤矿安全生产专题会和煤矿安全重点区县攻坚战专题会等专题会议,与区县政府、煤管部门和重点煤矿企业负责人谈心对话；三是连续对全市较大以上事故、重大自然灾害和阶段煤矿安全生产工作分别制发了警示通报，向全市29个产煤区县书记和区县长发出了煤矿安全提示信；四是市政府先后4次实时约谈事故超标区县政府负责人,市局先后49次实时约谈发生事故的煤矿安全监管部门;五是6月份“安全生产月”,集中开展宣传贯彻习近平总书记关于安全生产重要讲话精神、宣传咨询、警示教育、应急演练、安全文化推介和新闻采访六个专项活动。

2.三个一批,优化调整煤炭产业结构

紧紧围绕重庆五大功能区域发展战略,加快淘汰落后产能。一是整顿关闭淘汰一批。坚持“一次规划、分步实施”,继续实行小煤矿整顿关闭“以奖代补政策”,累计投入资金7.816亿元,在上年关闭68个煤矿的基础上,2014年整顿关闭40个煤矿;二是兼并重组做强一批。全市规划成立109个煤矿集团，兼并重组630个煤矿。已复查验收合格煤矿集团36个,兼并重组煤矿228个;三是技改扩能优化一批。严格实施全市和区县煤炭产业发展规划，全过程加强质量监理,强化工程设计、质监、专家、监管、监察等部门联合验收。

3.依法治矿，严格实施煤矿安全监管监察执法

认真贯彻执行新《安全生产法》。一是严格实施“三项监管监察执法”，坚持对全市煤矿全覆盖，依法依规实施煤矿安全执法；二是持续开展煤矿“两打两治”打非治违联合执法专项行动，全市累计开展238次联合执法行动，检查煤矿1365矿次，责令50个煤矿、134个采掘工作面停产整治；三是积极推进地方党委政府落实属地管理和地方监管责任。专题向市政府报送了《关于区县煤矿安全监管工作情况的报告》和《关于市属国有煤矿安全生产情况的报告》，并抄送市委组织部。

4. 提升两个能力，持续推进煤矿安全生产“三基”建设

认真落实平安重庆建设各项工作部署，提升煤矿企业安全管理能力和煤矿安全监管监察执法能力，制定了我市《实施细则》，印发专题书籍1956本，专项培训990人，建成8个国家一级和260个国家二级质量标准化矿井。全年组织开展了“双七条”规定安全管理、瓦斯防治和水害防治等11类专项业务5274人次培训，完成了全市煤炭行业3863人职业技能鉴定工作。严格落实煤矿企业安全生产主体责任，实行安全级别动态评估，全市煤矿企业评定为AB级584家，占92.70%；50个煤矿因事故和重大违法行为降级，砚石台煤矿等5家煤矿企业直接降为D级。强化全市煤矿安全执法综合业务培训，连续5年开展煤矿安全监管人员综合业务培训，2014年分4个片区举办7期培训班，培训区县和乡镇煤矿监管人员528人；全局分2批进行了为期一周的脱产业务培训，培训136人；开设了“渝煤论坛”，累计专题讲座培训7次，培训局机关执法人员318人次。

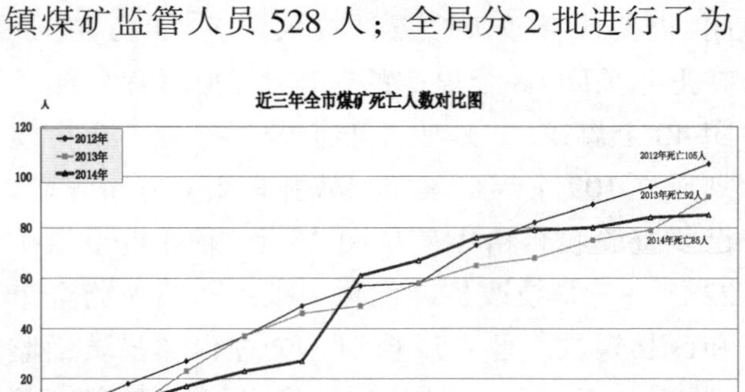

近三年全市煤矿死亡人数对比图

5.点上攻坚、面上突破，全力防控煤矿安全事故

一是深入推进了煤矿安全重点区县攻坚战，层层签订了《攻坚战责任状》，全力推进九大攻坚任务；二是扎实开展了“压事故、保安全”百日攻坚专项行动，采取突击检查、夜间抽查和交叉执法等多种方式，共检查362矿次，查出安全隐患2625条，停产整治22个煤矿；三是全面开展了秋冬煤矿安全“决战100天”专项行动，分4大片区全面开展联合执法、交叉执法、解剖执法、督查执法和暗查夜查五大综合执法。

6.出台“九条刚性措施”，强力实施严管重罚

深刻吸取“6·3”事故教训，狠抓煤矿安全“双七条”落实，结合重庆实际制定了“九条刚性措施”，加大违反《煤矿矿长保护矿工生命安全七条规定》处罚力度，累计撤销矿长和安全管理人员安全资格17人次，建议给予党纪行政处分14人、移送追究刑事责任23人，事故罚款1163万元。

7.强化“五大保障体系”建设，改善煤矿安全发展基本面

一是健全科技创新体系，在全市554个煤矿和17支矿山救护队，推广了18项先进适用技术与装备，在全市建成了17个自动化和信息化示范煤矿、3个综合信息化平台示范区县；二是健全教育培训体系，累计完成煤矿“三项岗位”人员安全资格培训22125人，专项培训10批次2938人；三是健全应急救援体系，全面建成国家区域矿山应急救援重庆天府（安稳）队基地、120支兼治救护队和1支特级、4支一级、12支二级质量标准化矿山救护队；四是健全安全投入保障体系，积极构建市、区县煤矿安全投入机制，争取中央和地方财政配套资金近4亿元，用于全市煤矿安全生产投入；五是健全技术服务体系，制发了4个办法和规范化建设标准，完成了3家煤矿职业病防治中介机构建设，全面强化了中介机构服务监管。

8. 重庆煤炭产业退出被列为重庆煤炭安全生产“十三五”规划编制原则

重庆煤炭资源质量差，灰分大，发热量较低，含硫量高，其中含硫量大于3%的煤炭资源占储量的91%。对照国家新出台的《能源行业加强大气污染防治工作方案》以及《商品煤质量管理暂行办法》，我市大部分煤炭资源质量不符合产业发展要求。

重庆地区煤层多属倾角较大的中厚煤层、薄煤层和极薄煤层，大部分煤层倾角大于30度。煤层平均厚度0.8米，开采难度大，开采成本高，与其他产煤地区比较，开采效率毫无竞争力，一旦煤炭市场下滑，我市煤炭产业必然受到冲击。

由于地质条件复杂，重庆地区煤层中瓦斯、煤尘、水害、自燃发火、顶板等自然灾害严重。长期以来，煤矿安全形势严峻，死亡人数和百万吨死亡率均高居全国煤矿排列前端。

过去，由于运输和电网瓶颈限制，我市煤炭产业对本市国民经济发展发挥着能源主体作用。随着国家铁路运力和电网能力增强，近年来，从市外引入能源已经形成我市能源的主要保障。为此，至年底，政府开始探索重庆煤炭产业退出机制，并委托重庆社科院对煤炭产业退出战略及影响进行研究，作出定性分析报告。

二、2015年发展目标

全市煤矿生产死亡人数控制在80人以内，较大事故起数、百万吨死亡率控制在上级下达的指标内，杜绝重特大事故；煤矿瓦斯事故死亡人数控制在20人以内，煤矿顶板事故死亡人数控制在30人以内；进一步淘汰落后产能，加大煤矿兼并重组工作力度，整顿关闭煤矿100个以上；煤矿企业主体责任级别评定AB级保持90%以上，建成一级安全质量标准化矿井15个、二级240个。

（作者单位：重庆市煤炭工业管理局）

冶金工业

柴美厚

一、2014年发展回顾

全市冶金行业完成工业总产值1485.57亿元，同比增长5.6%；销售收入1385.27亿元，同比增长6.61%；实现利润52.26亿元，同比增长112.28%；出口交货值29.39亿元，同比增长142.49%。

2014年生产粗钢784.17万吨，同比下降11.73%；钢材1277.29万吨，同比增长2.05%；生铁444.56万吨，同比下降20.05%；生产铁合金44.06万吨，同比下降19.04%。

生产十种有色金属62.83万吨，同比增长65.56%；原铝（电解铝）62.61万吨，同比增长76.71%；氧化铝60.91万吨，同比下降45.68%；铝材123.15万吨，同比增长21.82%；铜材13.29万吨，同比增长24.91%；铝合金66.08万吨，同比增长19.43%；再生铝60.90万吨，同比增长11.29%。

（一）重点企业完成情况

冶金行业重点企业完成工业总产值1263.85亿元，增长1.70%。其中：重钢集团（钢铁产业）131.15亿元，下降29.2%；西南铝企业134.90亿元，增长4.1%；万达薄板154.42亿元，增长5.1%；博赛集团63.48亿元，增长14.6%；旗能铝业38.29亿元，增长628.9%；龙煜铜管45.55亿元，增长8.4%。

（二）技术创新

一是交通用新型轻合金材料初现规模。西

南铝在大飞机用铝合金材料制备关键技术及产业化方面,取得突破性进展。中铝萨帕建成年产20000吨轨道车辆用铝合金结构型材生产线。万盛镁产业示范基地成功打造“研究开发+中试孵化+产业示范”一体化的镁合金科技创新链。

二是功能材料助力尖端科技。重庆材料院在测温材料、特种合金、工程仪表三大专业领域处于国内领先地位，其科研成果已广泛应用于机械、能源、航空、航天与国防军工等众多尖端技术领域。重钢研究所重点研发生产高温合金棒材、高速工具钢、特殊性能不锈钢、军标材料、阀门钢、双相钢、航空用高温合金管 不锈钢管、合金结构钢管等产品,其中航天、航空产品销售量占80%以上。西南铝业在合金成分设计与优化、大规格铸锭成型与配套装备技术、高纯净高合金化铝合金熔体净化与冶金质量控制技术等方面,取得突破性进展。

三是两化融合助力技术升级。重庆旗能电铝有限公司与贵阳铝镁设计研究院就开展该项目科研签订合作协议，这标志着两个国家高技术研究发展计划(简称“863 计划”)项目——《铝电解槽 (窑炉)$PM_{2.5}$控制技术与装备的研制》和《基于精确感知与智能决策的铝电解 MES 开发及应用》落户綦江铝产业园。

(三)结构调整

重钢集团完成高层建筑用钢、高强度耐磨钢、高强度结构钢、管线钢、核电用钢、高强船钢、汽车用钢等18个新特产品的开发试制。全年共生产新产品及特殊要求产品43.81万吨,实现产值13.28亿元。其中:2700生产线试制的产品有航空用钢板、管线钢;1780生产线试制的产品包括取向硅钢、管线钢系列、优质碳素钢、热轧花纹钢板(H-Q235B)、汽车钢(550L)、IF试验钢。西南铝冷连轧实现稳产达产,并顺利扭亏。锻造厂顺利完成航天超大直径环件、航空锻件、挤压材的保供任务。挤压厂产量同比增长20%,创历史最好水平。在航空铝材方面,实现了空客2024合金板材、赛峰6061、2219合金板材的批量供货,提升西南铝品牌的国际影响力。重庆万达薄板建成年产30万吨硅钢项目,包括2条硅钢冷轧生产线、1条18万吨硅钢连退生产线和1条12万吨硅钢连续退火生产线,形成年产30万吨硅钢生产能力,新增销售收入12亿元。重庆龙煜精密铜管建成年产2万吨高精密铜管、1.5万吨精细再加工铜管件生产线,总投资3.76亿元,预计新增产值26亿元。

(四)重点项目

一是重钢与韩国浦项合作FINEX及冷轧镀锌板项目进展顺利。完成相关项目的环境评价、能源评价等相关要件审批工作，得到国家有关部委的支持。FINEX项目预计在2015年6月开工建设，冷轧镀锌项目在2015年10月开工建设,于2017建成投产,届时将建成世界一流的高效率、低能耗的综合示范工厂,实现钢铁工业绿色发展,对中国钢铁工业节能减排、结构调整和淘汰落后具有积极的推动作用。

二是鞍钢高强汽车板项目。鞍钢重庆高强汽车钢有限公司汽车板项目坐落于两江新区鱼复工业园，一期占地280亩，实际投资12.5亿元,一期达产后预计实现产值30亿元。到2014年底年产45万吨高强汽车板镀锌生产线主体设备正在安装调试。该生产线能生产抗拉强度1650MPa,宽度1650mm的高强汽车镀锌板。预计2015年上半年开始试生产。一期达产后预计实现产值30亿元。

三是巨源不锈钢项目。项目总投资30亿,占地400亩,建设年产30万吨不锈钢深加工生产线，项目建成投产后可实现年产值40亿元,实现利税3亿元。项目分两期建设:一期投资5亿元,建设58条焊管生产线,4个焊管车间和研发中心大楼，产能10万吨。2014年已完成231亩土地招拍挂工作,企业完成投资额3.2亿元,4个焊管车间和研发中心完成50%,预计2015年7月一期项目建成。

四是重庆京宏源20万吨铝加工一体化项目。项目落户黔江正阳工业园青杠拓展区,占地1000亩,总投资50亿元,主要建设2×300MW热电厂、20万吨电解铝 (400kA)、15万吨碳素、20

万吨铸轧、16 万吨冷轧板带箔、3 万吨铝合金棒及轮毂生产线，主要生产 1 系、3 系、8 系铝合金及加工材，建成后将形成“煤—电—铝”一体化运营和电解铝到铝深加工产业链，年产值 50 亿元。2014 年一期已经完成建设，10 万吨电解铝、10 万吨铝加工生产线已经进入试生产阶段，预计 2015 年二季度达产，形成产值 12 亿元。

二、2015 年发展目标

按照“6+1”产业划分，重庆市冶金工业规模以上企业预计完成冶金工业 1550 亿元，同比增长 4.7%。

（作者单位：重庆市经济和信息化委员会）

国防科技工业

王刚

一、2014 年发展回顾

2014 年，重庆市国防科技工业发展良好，经济总量快速增长，产销衔接正常，新产品开发投产情况较好，经济效益大幅提升，促进了全市经济增长。

全年完成工业增加值 551 亿元，同比增长 30.7%，工业总产值 2628 亿元，同比增长 29.1%，工业品产销率 98.7%，新产品产值 1800 亿元，同比增长 47.1%，新产品产值率（新产品占工业总产值比重）68.5%，同比提高 8.4 个百分点，营业收入 2732 亿元，同比增长 25.4%，利税 415 亿元，同比增长 66.7%，利润 209 亿元，同比增长 106.6%。在经历 2011 年、2012 年的调整后，从 2013 年起出现了持续快速的增长（见表 1）。

2014 年，重庆市国防科技工业主要经济指标增幅高于全市规模以上工业平均水平：产值增幅高 14.5 个百分点，利税增幅高 43 个百分点，利润增幅高 75.8 个百分点。全年经济运行基本平稳，各月累计产值增幅基本都在 30%左右。

2014 年的经济增长承接了 2013 年走势，运行特点比较相似：一是经济快速增长主要得益于民用产品的发展，增长最快带动最强的是以重庆长安汽车股份有限公司为代表的汽车行业；重庆海装风电设备公司的风电设备、重庆前卫科技集团有限公司的煤气表等民品也发展较好。二是新产品对经济的助推作用显著，如重庆长安汽车股份有限公司新产品产值增长 57.6%，增长较快的新车型主要有长安股份公司的逸动致尚 XT（C202）1.6L、A301 新奔奔等，长安铃木 YAE（SUV）1.6L 等，长安福特公司的翼虎、翼博、新致胜等。

二、发展中存在的问题

经济发展不平衡，近百分之三十的企业生产下降，约四分之一的企业亏损，主要是受宏观经济调整而带来的市场波动影响。

三、2015 年发展目标

2015 年，预计重庆市国防科技工业实现工业总产值 3000 亿元，同比增长 15%。

（作者单位：重庆市经济和信息化委员会）

2010 年~2014 年重庆市国防科技工业产值及增幅

年份	2010 年	2011 年	2012 年	2013 年	2014 年	五年平均增幅
产值（亿元）	1510	1473	1534	2037	2628	
同比±%	28.6	-2.5	6.6	30.4	29.1	17.5

纺织工业

柏潇

一、2014 年发展回顾

(一)行业发展进入新常态,主要经济指标增速趋缓

2014 年,重庆市规模以上纺织服装企业 200 户(纺织 115 户,服装 82 户,化纤 3 户)。完成工业总产值 314.3 亿元,同比增长 3.9%;实现销售产值 305.8 亿元,同比增长 4.5%;实现出口交货值 45.1 亿元,同比增长 17.8%。

从主要产品看,纱、布产量分别为 19.7 万吨、5.8 亿米,分别同比增长 6.5%、5.5%;服装产量 1.1 亿件,同比下降 4.9%。

从行业效益看,主营业务收入实现 300 亿元,同比增长 6.2%,低于全国行业水平 0.6 个百分点;实现利税总额 42.1 亿元,同比增长 12%;其中利润 24.4 亿元,同比增长 10.5%,高于全国行业平均水平 4.4 个百分点;行业销售利润率为 7.1%,高于全国水平 1.7 个百分点。

从重点企业看,累计产值排名前 5 位的三峡纺织、麒龙服装、润江羊绒、财衡纺织、雅戈尔服装均保持了正增长。但部分企业同比增速有所放缓,三峡纺织增速回落 5.6 个百分点,润江羊绒回落 5.1 个百分点。

(二)产业集群式发展承接平台建设继续推进

“十二五”以来,为促进重庆市纺织服装产业转型升级,承接东部产业向中西部转移,做大做强产业规模,实现产业集群发展,通过政府引导、市场资源配置、内部资源整合,重庆市在合川、江津、巴南、渝北、万州、黔江等区域布局发展建设纺织服装专业园区。先后启动了西部服饰科技创意产业园、金考拉纺织科技产业城、重庆轻纺服装城、尚盟·重庆时装产业园、如意西部纺织城、黔江桐乡丝绸工业园、渝北回兴服装城(转型升级)共七大纺织服装园区建设项目。

各产业园区建设主动适应经济新常态,坚持稳中求进、协调发展总基调。截至 2014 年底,各特色产业园已建成封顶标准厂房 52.8 万平米,已签约企业 500 余家,入驻企业 8 家,开工企业 3 家。其中:西部服饰科技创意产业园一期 10 万平米标准厂房可使用 6 万平米,签约企业 1 家,意向客户 10 家,第一家入驻企业——三飙服饰公司已于 2014 年 3 月入驻生产。园区运营服务工作,订单交易中心已经开始接单,人力资源中心正在落实方案,金融服务中心也即将成立;江津金考拉纺织科技产业城一期标准厂房封顶 6.8 万平米,签约 9 家企业,目前正全力推进招商工作;重庆轻纺服装城项目一期标准厂房已封顶 40 万平米,有 159 户企业订购厂房近 48 万平米,部分企业开始进行装修;尚盟·重庆时装产业园(巴南)于 2014 年 9 月进场开工建设一期生态工厂和 6 万平方米面辅料配套中心。项目已签约企业 300 余家,其中服装生产加工企业 293 家、品牌代理总部基地 19 家、面辅料配套合作企业 56 家,签约面积约 120 万平方米。

重庆财衡纺织有限公司在涪陵龙桥工业园区投资色纱、色线及功能性面料项目。新投资 18 亿元,建设 10 万锭色纺纱生产线、10 万锭倍捻特种色线生产线、年产 1 亿米特种功能性面料,全部达产后预计新增产值 50 亿元。

(三)“互联网+”行动计划持续推进

一是重庆纱线产品交易中心交割金额突破 300 亿。集“线上交易”、“场外交易”、“会员清算结算”和“在线金融服务”四大功能于一体的重庆纱线产品交易中心已被中国纺织工业联合会授权为“全国纱线产品登记确权中心”、“纱线产品数据备份中心”和“纱线电子交易示范基

地”,吸引了3000家以上的规模企业加入会员参与交易,交割金额突破300亿。

二是重庆服装产业抱团与电商合作。由重庆服装协会牵头打造的“重庆品牌服饰城”,整合重庆市优质品牌服装登陆天猫、京东、苏宁易购,正加快促进行业电子商务发展。

(四)首届重庆国际时装周成功亮相

“霓裳重庆·无止境”,由长安福特汽车有限公司总冠名,重庆市纺织工业联合会、重庆服装行业协会、重庆服装设计师协会主办,中国纺织工业联合会、中国服装协会、中国服装设计师协会指导,重庆市经济和信息化委员会、渝中区人民政府、南岸区人民政府支持,2014长安福特新蒙迪欧中国重庆国际时装周于11月12日至18日在重庆市成功举办。来自重庆市的金考拉服饰、依缇服饰、莱诺时装、金爵士服饰、欧凯服饰设计、段氏实业、纭梦制衣、达兴儿童用品、叶森服饰、华羽服装、维度服饰、尚盟实业、蓝色倾情服饰、职业服装协会等14家本土知名服装企业及协会共36个品牌参与。

二、发展中存在的问题

一是转型升级压力较大。二是园区招商进度存在一定压力。

三、2015年发展展望

一是发展好一批有特色和产业基础的产品,培育壮大龙头企业。二是发挥好专业园区孵化基地的作用。三是更加注重平台建设,促进行业快速发展。

(作者单位:重庆市经济和信息化委员会)

电子制造业

周杨

一、2014年发展回顾

2014年,电子制造业实现规上工业总产值3683亿元,同比增长22%,占全市规上工业总产值的17%,增速全市第一。累计生产计算机6446万台,同比增长15%;打印机1616万台,同比下降17%;显示器1467万台,同比增长47.5%;手机9418万台,同比增长121%。

(一)招商引资成效明显

电子制造业共签约项目12个,协议投资240亿元。其中,世界500强企业4家,协议投资73亿元。

4月21日,与中国移动签署《关于共同建设TD-LTE应用合作示范区的战略合作协议》。5月15日,与中航工业集团签订《关于加快中航(重庆)微电子有限公司发展的合作协议》。先后引进了法液空大宗气体、芜湖长信科技TFT-LCD液晶面板薄膜和TPLCM模组、上海通彩自动化设备有限公司冲压件、东进世美肯电子化学品、住友化学电子化学品、金名山光电导光板等6家京东方面板项目配套企业落户两江新区水土工业园。9月21日,与上海华虹集成电路有限责任公司签订智慧城市和智能交通项目战略合作协议。5月27日,与北京天宇朗通通信设备股份有限公司签约天语手机项目。12月24日,与中国电子信息产业集团签署《战略合作框架协议》。12月30日,与惠科集团签订《液晶面板第8.5代生产线项目投资协议》。

(二)重大项目顺利推进

一是SK海力士半导体项目按期投产。该项目从建设到试生产,仅用10个月时间,创造了SK海力士海外建厂最快速度。重庆市委书记孙政才在调研该公司时将之称为“重庆海力士速度”。

二是京东方液晶面板项目主体完工。京东

方重庆新型半导体显示器件及系统项目建设顺利，截至12月，项目主体工程已完工并开始搬入生产设备，将于2015年4月正式投产。

三是行业创新能力进一步提高。启动技术创新项目16个，总投资约7000万元，预计实现销售收入5.6亿元。获得发明专利授权7个，受理6个。技改项目10个，计划投资2.3亿元，全部完成后预计实现销售收入5亿元。新产品开发项目43个，计划投资7.3亿元，全部完成后预计实现销售收入35亿元。

四是争取到国家项目支持。重庆市电子信息企业共获得3个国家项目支持，获得资金4400万元，同比增长201%，带动企业投资9000万元。其中，重庆西南集成电路设计有限责任公司“基于国标RFID接口协议的电子标签研发与应用”项目成功申报工信部电子发展基金，获得400万元国家资金支持；重庆重邮测绘通信技术有限公司“LTE-Advanced空口检测分析仪表”和重庆邮电大学所申报的“高实时WIA-PA网络片上系统(SoC)研发与示范应用”两项课题成功申报工信部新一代宽带无线移动通信网重大专项，各获得国家2000万元资金资助。

(三)在全国排位提升

一是全国地位进一步提升。2014年，重庆市规上电子制造业销售产值占全国总量的2.8%，同比上升0.4个百分点，排名第10位，同比上升了1位。

二是行业继续高速增长。重庆市规上电子制造业2014年产值增速为22%，高出全国平均水平约12个百分点；软件与信息服务业增速已连续十四年保持在30%以上，对全国电子信息产业快速发展产生了积极的影响。

三是企业实力显著提升。中冶赛迪和四联集团入围2014年(第28届)中国电子信息百强，分别排名第54、61位；其中，中冶赛迪还位列全国软件百强企业排行榜第28位。

四是出口情况保持良好。电子制造业实现出口交货值2194亿元，同比增长25%，规模排名全国第6位。

二、发展中存在的问题

一是产业发展不平衡，主要表现在产业结构失衡、区域差距较大和对外资依赖明显。二是持续发展能力有待提高，具有重大影响力的新项目、新企业较少，增长带动作用不明显，行业全年产值增速较2013年下降10个百分点，产业创新能力不强，企业对技术创新、技术改造及新产品开发投入较少，行业R&D仅为0.4%，处于较低水平。

三、2015年发展目标

2015年，产值4300亿元，同比增长18%。其中，笔电整机2220亿元，同比增长14%；笔电配套480亿元，同比增长35%；其他行业1600亿元，同比增长18%。

(作者单位：重庆市经济和信息化委员会)

计算机和通信产业

张珉

一、2014年发展回顾

(一)主要整机产品出货量稳步增长

2014年重庆市生产电脑6400万台(6100万台笔电、300万台平板电脑)，在全球笔记本电脑萎缩5%的情况下，重庆市逆势增长15%，占全球笔记本电脑产量的40%左右，即全球每3台电脑中，有1台产自重庆，重庆已成为全球最大的笔记本电脑生产基地。同时，重庆还生产了1300万台显示器，1600万台打印机，1亿台件网通产品,智能终端产品近2亿台件。重庆笔记本电脑基地全年完成规模以上工业总产值2500亿元,占全市工业总产值13.5%,对工业增速的贡献率为21%,拉动全市工业增长3.1个百分点;进出口总额突破2200亿元,占全市进出口总额的37%,对重庆进出口的增速贡献率为32%;其中,出口总额1500亿元,同比增长23.5%,占全市出口总额的40%;进口总额700亿元,同比增长20%,占全市进口总额的31%;实现FDI20亿美元,占全市FDI的20%,工业FDI的50%;结算资金达到762亿美元,比上年增加9%,使重庆市成为全国外汇存款增速最快的省市。

据IDC统计,重庆市成为全球最大笔电生产基地,每三台就有一台"重庆造"。

(二)笔电平均单价有所提升

随着重庆市配套体系的不断完善,物流条件的改善,"低税赋、低要素成本、低物流、低融通、低物业"环境的形成,品牌商加大了重庆的下单量,2014年宏碁100%、东芝90%、华硕80%、惠普60%的订单在重庆市生产。在订单增加的同时,品种结构也有较大的改善,高附加值的产品逐渐增多。据统计,2014年重庆市生产的电脑平均单价为2700元/台,较上年每台增加了260元,增加了10%。

(三)项目引进实现新突破

Vivo智能手机西部制造基地项目落户重庆市。该项目计划投资10亿元在重庆市经开区建设西部移动通信终端研发、生产基地项目,规划产能400万台/月。2015年移动通信终端年产量达500万台,该项目已于11月30日开始正式生产。

富士康高清电视模组项目落户重庆市。富士康在西永综合保税港区建设显示器模组生产基地,2015年生产显示模组600万片;2016年及以后每年生产显示模组1000万片。11月30日西永进行厂房全面交付,12月18日开始试生产。

纬创二期新厂房项目已开工建设,目前各项工程顺利推进,预计明年4月份正式交付。纬创在保税港区空港功能区E地块约153亩土地投资新建标准厂房约10万平米。新建厂房建成投产后,最大月产能将达到130-150万台电脑,实现生产笔记本电脑、平板电脑等资讯产品1000万台/年以上目标。

日本富士通全球电脑制造基地项目引进工作取得积极进展,我们将加快推进谈判工作,促进项目尽早落户重庆。预计富士通正式落户后可为重庆市电脑制造基地增加订单400万台,创造产值120亿元。

此外,创显光电教育智能终端产业园项目已签约落户重庆市,开启了新型整机入渝的篇章。

二、发展中存在的问题

一是引进龙头型基地型新项目难度加大。二是两大保税区生活配套设施建设滞后,主要表现在员工住宿、交通出行、子女上学、医疗保健等方面无法满足企业需求,导致企业高端研发团队不愿从沿海迁至重庆市工作,制约了重庆市重点电子企业的健康快速发展。

三、2015年工作目标

笔记本电脑出货量7000万台,显示器2000万台,打印机1650万台,平板电脑500万台,网通产品1亿台件以上,实现产值2250亿元;笔电配套企业开工投产数达到730家以上,开工投产率达到80%,配套企业产值达到800亿元。笔电及配套产业全年实现产值3150亿元,同比增加26%。结算量争取完成860亿美金。

(作者单位:重庆市经济和信息化委员会)

软件和信息服务业

刘竹平

一、2014 年发展回顾

全年重庆市软件和信息技术服务业实现年营业收入 1351 亿元，同比增长 26.02%；实现软件业务收入 706.24 亿元，同比增长 29.14%。在产业规模不断扩大的基础上，重庆市软件和信息技术服务业收入继续保持较快增长，行业整体呈现出健康稳健的发展形势。

实现软件产品收入 118 亿元，同比增长 23.9%，信息技术服务收入 510 亿元，同比增长 34.2%，嵌入式系统软件收入 77.9 亿元，同比增长 20.5%。行业分类统计显示，新增纳入统计的网络电商企业 90 家，实现营业收入 59 亿元，同比增长 55.6%，以互联网为基础的新兴业态增长较快。

重庆市新认定软件企业 63 家，累计 598 家，纳入统计的软件企业 728 家，行业从业人员 9 万余人。其中中冶赛迪工程技术股份公司入选 2014 届中国软件企业百强，名列第 28 位。上市软件企业梅安森被认定为 2013~2014 年度国家规划布局内重点软件企业。腾讯、神州数码、亿赞普等一批新落户重庆市的国内外知名企业正积极推进项目建设工作。

新登记备案软件产品 495 件，累计 2649 件。随着自主创新能力不断提升，重庆市在教育软件、金融财税软件、医疗卫生软件、交通运输行业软件、能源软件和嵌入式软件等领域已形成一定特色和优势。亚德区域卫生信息平台、讯美安全与智能化综合管理系统等多项软件产品获批国家重点新产品等。

(一)重点招商项目落地，带动产业发展

成功引进软件和信息技术服务业项目共 24 个，预计总投资约 140 亿元，其中外资 22.4 亿元。浪潮西部综合产业基地、惠普重庆分公司及渲染云等项目落户两江新区；中兴通信智慧城市项目落户合川；大渡口移动互联网产业园挂牌运营，50 余家互联网企业陆续落户园区；完美世界等项目落地北部新区；亿赞普、美国云资本与渝北区共同投资组建仙桃大数据谷合资公司，与渝北区一起配合亿赞普公司联合出资 10 亿元并购国内著名的支付公司——深圳钱宝科技公司；重庆市物联网产业基地在南岸区挂牌及中国移动物联网公司、北京千方等企业落户该产业基地。太平洋电信(重庆)数据中心和中国联通西南数据中心已正常运营；中国移动(重庆)数据中心已于 6 月开工建设；中国电信数据中心已取得方案设计审批意见，正办理审批手续；腾讯已完成土地转让手续，拟于 2015 年二季度开工建设。

(二)核心要素保障有力，优化产业环境

一是国家级互联网骨干直联点项目正式开通，使重庆市成为国家通信网络架构中 10 个一级节点之一。二是太平洋电信双路由保障及用电问题得到解决。三是持续推动全市人才培养重点品牌项目——“软件中高级人才培养工程”，全年为重庆市新培养软件蓝领近 5000 名，软件白领约 200 名，目前，已累计为重庆市培养软件蓝领超过 36000 名，软件白领超过 600 名。

(三)优化升级支撑平台，做好配套服务

一是重庆国际电子商务交易认证平台打造成果显著，2014 年，交易认证结汇量呈爆发式增长，交易比对处理量超过前两年认证结汇量之和，全年交易认证结汇量突破 2.5 亿美元，交易认证结汇累计总量超 3.5 亿美元。二是国家跨境贸易电子商务试点项目基本完成，综合服务平台已经通过实物运行测试，基本具备业务上量

运行条件。三是“重庆造·全球销”B2B平台已累计收录重庆企业4665家,重庆产品82907个。

二、发展中存在的问题

一是企业规模小,龙头企业少。二是现金流量紧张,融资渠道匮乏。三是人力成本高涨,企业负担加重。四是部分行业衰退,波及效应明显。

三、2015年发展目标

通过加快两江国际云计算产业园、渝北仙桃大数据谷、大渡口移动互联网产业园等园区建设,积极引进国内外知名云计算、大数据、互联网金融、移动互联网等行业知名企业;大力发展移动互联网经济;推动重庆直达国际通信业务出入口局至香港的国际通信专线建设等多种措施,力争继续保持重庆市软件和信息服务业健康快速发展态势。2015年全市软件和信息服务业营业收入达到1650亿元以上,软件业务收入达到850亿以上,同比分别增长22%及20%以上。

(作者单位:重庆市经济和信息化委员会)

节能环保

沈翱

一、2014年发展回顾

全市万元GDP能耗下降3.74%,达0.81吨标准煤,超额完成既定下降2.5%的任务目标,“十二五”期间已累计下降18.26%,超额完成国家下达任务2.26个百分点。万元工业增加值能耗下降5.9%,下降至1.124吨标准煤,“十二五”期间已累计下降27.67%,在全国各省市名列前茅。全市工业大宗固废综合利用率达到83%,高于全国平均水平。新完成已纳入搬迁范围的污染企业12户,累计完成了污染企业搬迁175户;推进主城区烧结砖瓦企业关闭16户,为重庆的“碧水蓝天”做出了突出贡献。

(一)加强重点用能企业节能管理

认真推进“万家企业节能低碳行动”组织实施,依法加强年耗能万吨标准煤以上用能单位节能监管。对2013年度万家企业节能量目标进行了考核,2013年度共实现节能量65.85万吨标准煤,2011~2013年重庆市万家企业已累计节能255万吨标准煤。考核结果向全社会公布,并要求考核为未完成的企业开展强制性能源审计。督查万家企业开展能源审计和填报能源利用状况报告,鼓励企业建立能源管理体系,开展重点行业能效对标活动,积极提高企业能源管理水平。

(二)积极开展监督检查

加快单位产品能耗限额地方强制性标准的制定工作,2014年下达了6项节能地方标准制定计划。开展全市范围内燃煤火电机组能耗限额标准执行情况的监督检查,涉及重庆市12家大型火电厂26台火电机组,并对重庆市45台工业燃煤锅炉能效水平进行测试,为重庆市下一步进行火电机组节能环保改造、降低煤炭消耗比重奠定基础。同时,对重庆市冶金、化工行业的75家企业执行国家能耗限额标准情况进行了监督检查。

(三)严格执行高耗能行业阶梯电价

按照国家要求,委托市能源利用监测中心对4家电解铝企业铝液交流电耗进行检查,4家企业均达到国家限额要求;同时,对全市水泥行业32家企业单位产品能耗情况进行摸底检查,掌握重庆市水泥行业能耗水平现状,为下一步开展阶梯电价奠定基础,并会同市物价局对差别电价企业名单进行了甄别。

(四)组织实施节能重点工程

安排财政预算资金 1200 万元,支持重庆市重点用能企业能耗在线监测系统建设项目,目前公开招投标工作已完成,项目建设单位已确定,现正在加紧推进项目前期建设工作。积极支持全市节约型公共机构示范单位创建工作,安排市级财政资金 150 万元对重庆市第一批 30 家成功创建国家级节约型公共机构示范单位给予资金奖励。认真组织实施节能考核、节能监察、节能标准制定、节能宣传培训等基础性工作,安排专项资金给予保障。

(五)大力推广先进节能技术、产品和节能新机制

组织专家对适合重庆市的重点节能技术进行了评选推荐,印发了《重庆市重点节能技术推广目录(2014 年版)》。组织实施节能产品惠民工程,2014 年积极推广节能照明产品 115 万支。积极组织企业申报节能服务公司备案,2014 年重庆市开展市级节能服务公司备案 32 家。鼓励企业采用合同能源管理方式开展节能改造,2013~2014 年安排财政资金 280 万元支持合同能源管理项目 3 个,预计可实现节能 7771 吨标准煤。

(六)广泛开展节能宣传

开展以"携手节能低碳,共建碧水蓝天"为主题的节能宣传周和全国低碳日活动,通过举办图片展览,通过免费发送张贴画、节能知识等多种形式,广泛深入地宣传节能法律法规政策和节能知识,营造全社会共同参与节能减排的良好氛围。

(七)认真抓好工业环保

一是积极推进环保"五大行动"及大气污染防治相关工作。在重污染天气时督促火电企业压缩发电负荷,减少污染物排放量。督促有关主城区政府推进烧结砖瓦企业的关闭工作,全年按计划关闭了 16 户烧结砖瓦企业。二是继续推进主城污染企业环保搬迁工作。积极督促企业加快搬迁进度,切实帮助企业解决搬迁中遇到的土地、税收优惠、污染防治、职工安置等问题,全年已新完成了 12 户企业搬迁,累计完成了 175 户企业的搬迁。三是积极推进清洁生产工作。会同市环保局积极开展清洁生产审核工作,督促市环保局下达清洁生产审核计划的 89 户企业实施清洁生产审核。引导企业实施清洁技术改造,从源头上减少资源能源消耗,减少污染物产生量和排放量。组织编制了《重庆市大气污染防治重点工业行业清洁生产技术推行实施意见》,提出了全市大气污染重点工业行业 2017 年前清洁生产水平提升工作目标和措施。组织了重庆市煤炭清洁利用(水煤浆技术推广)调研,为下一步在全市推广清洁煤炭技术做好准备。

二、2015 年发展目标

全市单位 GDP 能耗下降 1%以上,规上工业单位增加值能耗下降 2%以上,万家企业节能量力争实现 50 万吨标准煤以上,纳入重点用能企业能耗在线监测系统 100 家以上;工业固体废物综合利用率保持在 83%以上,实现工业节水 1000 万吨以上;力争推进已纳入市政府环保搬迁范围内的企业 8 户以上完成搬迁工作。

(作者单位:重庆市经济和信息化委员会)

装备制造业

陈娟

一、2014 年发展回顾

(一)规模工业增速高位企稳

装备工业规上企业完成工业总产值 1797.6 亿元,同比增长 17.7%,高于全市 3.1 个百分点,从 7 月起已连续 6 个月高于全市增速;产值规模占全市工业的比重达近 10%,贡献率 11.3%,拉动全市工业增长 1.7 个百分点。

(二)重点行业支撑作用明显

装备工业6大行业，产值增速均实现两位数增长。其中,产值增速在20%以上的2个,分别是金属制品22.8%、修理业25.5%;15%~20%之间的3个,分别是通用设备18.6%,专用设备19.9%、电工电器16.3%;运输设备11.7%。

(三)质量效益成效突出

全市装备规模工业利润135.3亿元，增长21%。全员劳动生产率24.5万元/人·年。主营业务利润率7.7%,超过全市工业1.7个百分点。

(四)通机出口形势向好

汽油发动机及终端产品出口950多万台，金额14.9亿美元，占全国通机行业出口的50%左右。其中,汽油发电机组出口178万台,金额4.2亿美元;汽油发动机出口540万台,金额5.6亿美元。

(五)新兴产业培育初显成效

重点培育的机器人和智能装备产业已突破百亿规模,引进和集聚企业超70家,布局了两江新区、永川、大足、璧山和江津五大基地。重庆广数机器人、重庆华数机器人、重庆深圳固高科技、重庆罗博泰尔、威诺克机床、重庆力劲机床、重庆台正机床联盟体等一批企业纷纷落户,初步形成研发、整机制造、系统集成、零部件配套、应用服务的产业雏形。

(六)仪器仪表和石油装备两大传统行业转型升级取得阶段性效果

仪器仪表行业向文保装备延伸。利用仪器仪表行业基础和优势,牵头研发国家《2013年文物保护装备产业化及应用示范项目》中四个方向的产品,共同打造国家文物保护装备产业基地。

石油装备向页岩气装备延伸。推动与中石化在页岩气装备领域的开发和应用,签订《涪陵页岩气开发利用战略合作协议》,并与中石化就重庆市石油装备企业入网、配套合作、共同打造重庆页岩气装备制造技术服务基地等事宜达成共识。目前,9家石油装备企业通过入网审查,部分产品已供给用户;发电机组、齿轮箱、车桥等压裂车关键零部件进入江汉四机厂配套体系;重庆页岩气装备维修、制造、技术服务基地正逐步形成。

二、发展中存在的问题

2014年重庆市装备工业发展逆势而上,成效显著,但受有效市场需求不足,宏观经济下行压力加大和传统产业转型升级，新兴产业尚待培育的影响，装备工业发展的短期困难和中长期问题仍值得高度重视。一是传统行业转型升级压力大,较长时期内将持续低迷。二是新兴产业培育周期长,短期内难以形成新的支撑点。三是企业融资问题突出。四是产品价格持续下行、各项成本上行挤压利润空间，经济运行面临困难增多。

三、2015年发展目标

装备工业规上企业完成工业总产值2030亿元,同比增长12.9%。

(作者单位:重庆市经济和信息化委员会)

建材工业

李江

一、2014年发展回顾

2014年，全市规模以上建材企业632户,同比增加65户。完成工业总产值1150.8亿元,同比增长15.4%;主要产品产销率达到97.6%,同比下降0.2%;实现利润82.1亿元,同比增长33.5%;完成出口交货值18.77亿元,同比下降8.8%;平均从业人数12.42万人,同比增长2.22%。

(一)节能减排

一是帮助企业进行能源管理，降低能源成本,提高企业利润。全年分片区召开3次建材行业节能减排专题培训,共计34个区县经信委和200余户企业参加培训。通过节能技术专题培训,帮助企业树立主动节能的观念,强化降本增效的管理模式,有效提高企业综合竞争力,为重庆市建材企业节能降耗发展提供了有力支持。二是资源综合利用成效显著。全市共有46条新型干法水泥生产线安装了36台余热发电机组，装机容量299兆瓦,余热发电量13.1亿Kwh,节约标煤16.15万吨,分别减少CO_2、SO_2、NO_x排放为125万吨、3.9万吨和2万吨。4家水泥窑开展协同处置城市生活污泥，年处置量约20万吨，水泥和墙材行业资源综合利用各种固体废物1450万吨,同比增长10%。

(二)技改支持

一是积极帮助民营企业争取财政资金支持。重庆科华新型节能墙体材料有限公司、重庆市渝琥玻璃有限公司、重庆星星套装门(集团)有限责任公司等21个企业的民企发展项目获得重庆市民营经济发展专项资金1500万元支持,21个项目总投资8.4亿元，建成达产后预计新增销售收入32.2亿元,利润3.1亿元,税金1.9亿元。二是组织民营经济发展项目的验收评审及墙材企业技改评审工作。组织行业专家对重庆美尔康塑胶有限公司、重庆市欧华陶瓷有限责任公司等企业申报的民营经济发展专项资金项目进行验收评审。对荣昌县顺华矸砖厂等5家墙材企业技改可行性报告组织行业专家进行了评审。

(三)运行调度

积极深入重点区县、重点企业开展调查研究,提高对水泥、玻璃、玻纤等重点行业运行监测、预测水平。研究分析影响生产成本上升和经济下滑的因素。指导企业主动适应市场需求,努力开发新产品,大力开拓国内市场。帮助企业解决生产经营中的难题，重点解决拉法基南山工厂关停时间问题；拉法基参天工厂矿山安全问题;帮助永荣青鹏煤业有限公司、渝溪产业有限责任公司办理水泥生产许可证。

(四)化解产能过剩

一是根据《国务院关于化解产能严重过剩矛盾的指导意见》精神,参与制定《重庆市人民政府关于化解产能过剩矛盾的实施意见》。二是建立化解产能过剩矛盾工作体系，出台化解方案和配套措施。三是调研重庆市水泥行业情况,向市政府报送《关于报送关闭主城水泥企业暨小钢铁企业改造升级方案》。四是全面开展严重过剩行业违规建设项目清理，上报违规建成项目4户。五是坚决淘汰落后产能,全年共计淘汰电解铝产能2.575万吨，平板玻璃140万重量箱,改造墙材企业40家,关停淘汰70家,共计淘汰落后产能10亿块标砖。

(五)新材料产业

一是高性能纤维及复合材料以及前沿新材料等发展势头良好。国际复合研发的“低介电常数HL玻璃纤维”荣获“中国复材展-JEC”原料类优秀创新产品奖，自保温节能空心砖等新型墙材大力发展,新增新型墙材500万立方米。二是编制完成《重庆市新材料产业发展规划》,为打造1000亿级新材料产业集群提供指导。

(六)行业准入

一是积极组织企业申报行业准入。组织8户水泥企业申报行业准入。其中5户水泥企业11条生产线通过工信部准入公告。二是下发了《关于开展建筑卫生陶瓷准入申报工作的通知》,首次开展建筑卫生陶瓷准入申报。三是加强对已公告的符合行业准入条件的企业保持准入情况进行检查，并会同工信部原材料司对重庆渝琥玻璃有限公司准入保持情况进行了抽查,达到工信部玻璃行业准入保持要求。

二、发展中存在的问题

一是国家将进一步加大化解过剩产能的力度,从环保、质量、能耗方面进一步提高行业门槛,迫使部分不达标企业退出市场。二是能源价格持续上涨以及企业融资成本高挤占利润空间，价格疲软将进一步持续。三是原材料、能耗、运输成本将持续走高，使原材料工业运行和发展都受到较大的影响。四是新材料发展缓慢，与重庆市汽车、电子产业配套的新材料发展缓慢，萤石及深加工等关键技术尚未得到突破。

三、2015年发展目标

按照“6+1”产业划分，2015年全市建材工业预计完成产值1265亿元，同比增长10%的目标。

（作者单位：重庆市经济和信息化委员会）

天然气工业

沈翱

一、2014年发展回顾

（一）深入开展城镇天然气行业安全专项治理

对重点区县、重点企业开展天然气安全专项整治督查、城镇燃气管道保护和应急抢险管理工作检查，督查开展应还排查治理，全年重庆市城镇天然气安全形势稳定，无重大安全责任事故发生。

（二）加快推进天然气基础设施建设，推动供气保障能力提升

加快推进市燃气集团旱土门站、黑石子调压计量站、卧C线降压适应性改造建设工程和老旧管网改造。目前旱土门站已投入运行。黑石子调压计量站以及21项关键节点工程改造有序推进，21项关键节点工程改造已投运9项、完工5项、在建7项。新增改造项目3项，已经立项实施。完成老旧管网改造58.5公里，完成老旧管网改造投资2486万元。

（三）认真开展燃气经营许可证核发工作

依法加强燃气经营许可证核发管理，督促指导企业加强制度建设、安全管理、抢险抢修、项目实施、人员培训，全年新核发燃气经营许可4户。重庆市共核发燃气经营许可87户（含47家分公司）。

（四）强化天然气燃烧器具安装维修资质管理

对36家企业的297名从业人员进行专业培训。督促天然气经营企业也进一步落实完善了燃烧器具通气查验制度，对安装不符合要求的或无单位资质和岗位证书人员安装的，不予开通天然气。切实把好源头关，将户内安全隐患消灭在萌芽状态。

（五）积极开展安全用气宣传活动

利用广播、电视、报刊、互联网等媒体，广泛普及燃气使用和应急处理等安全知识，增强群众的辨识能力、防范能力和自救、互救能力。重点企业开展“强化安全基础、推动安全发展”、“燃气行业职工消防安全知识竞赛”等主题活动，着力提高职工安全意识和技能。

（六）加快推动《重庆市天然气管理条例》立法修订

按照市人大立法规划，通过召开片区调研会、外出考察学习、广泛征求意见等方式，对《重庆市天然气管理条例》立法修订调研。

二、2015年发展计划

一是加强制度建设。研究出台《重庆市城镇天然气安全生产和经营服务年度评估制度》《重庆市城镇天然气入户安检技术规程》、《重庆市城镇天然气验收通气技术规程》等。二是加强安全督查。推进老旧管网改造，排查设施安全隐患，确保天然气设施运行稳定、安全。加强安全知识宣传。三是加强资质管理。加强对各区县乡镇天然气经营企业燃气经营许可证核发工作的监督检查；做好《天然气燃烧器具安装维修资

质》到期复查和核发工作；加强天然气从业人员的专业技术培训。四是加强项目管理。加强对新建天然气工程项目管理，规范天然气项目申报审批和竣工验收。五是加快管网信息系统建设。在主城区通过电子信息集成技术，将重庆燃气集团、凯源公司、渝川公司等天然气经营企业的管网及设施电子系统集合，建设主城区管网地理信息系统，科学指导管网系统保护和应急抢险工作。

（作者单位：重庆市经济和信息化委员会）

循环经济

沈翔

一、2014 年发展回顾

（一）努力推进示范试点建设

重庆市（三峡库区）、重钢、重庆发电厂、长寿经开区四家国家级循环经济试点单位顺利通过国家验收，长寿经开区、万州经开区成功申报国家园区循环化改造试点单位，大足区成功申报国家循环经济示范城市创建，綦江北渡铝产业园打造以铝产业为主要链条的循环经济园区建设稳步推进，中钢集团再生资源中心网上交易平台建成投运，2014 年累计交易量 46155 万吨，交易额 7114.6 亿元。

（二）不断提高资源综合利用水平

加强技术引导和政策支持，大力推动粉煤灰、煤矸石等大宗工业固废以及余热余气、生活废弃物综合利用，煤矸石综合利用率达 77%、粉煤灰 90.5%、炉渣 98%、脱硫石膏 92%、煤层气 74.6%，余热余气发电装机达到 95.3 万千瓦。

（三）协调推进其他领域循环经济发展

协调推进农业、林业等领域循环经济发展。全年新建农村户用沼气 4.31 万口，累计达到 160.1 万口，新建沼气工程 1135 处，累计达到 3421 处；万州、奉节等区县大力发展“猪—沼—果”、“猪—沼—菜”、“猪—沼—橙”等高效生态循环效益型农业取得良好的经济效益和环境效益。依托特色林业产业基地建设，抓好森林旅游、三剩物综合利用等产业，全力推进绿色低碳和循环经济发展，全年实现林业总产值 513 亿元。

（四）加强再生资源回收体系建设

全市标准化废旧商品回收站点增至 2275 个，九龙坡区、大渡口等地新增废纺织品、废玻璃、废电池等废旧物品中转站，再生资源回收品种更加丰富。全市设立 68 家报废汽车拆解分公司，年回收报废汽车数量占全市的 1/3，回收率大幅提升。全年累计回收各类再生资源货值 35.5 亿元。

（五）推动循环经济技术进步

企业依托高校、科研机构，加强技术创新，研发推广一批具有国内、国际先进水平的技术、装备。黑石子餐厨垃圾处理厂承担的“城市生活垃圾单相湿式厌氧生物制气设备研发与示范工程”顺利通过验收，日处理餐厨垃圾 500 吨，年产沼气 1000 万立方米以上，可发电 1500 万千瓦时。重庆三峰卡万塔公司研发的大型化、系列化、分段独立驱动的机械炉排系统、焚烧炉液压机自动燃烧控制系统、烟气净化雾化器等关键装备，解决了垃圾连续、稳定、清洁燃烧的重大技术难题，部分装备实现了产业化。农村家用秸秆制气炉、废旧汽车轮胎再制造关键技术、5MW 海上风电机组等循环经济技术具有国内、国际领先水平。

二、2015 年发展计划

一是推进循环经济重点项目建设。二是深化循环经济试点。三是加强资源综合利用。四是强化工业节水工作。五是推动重点领域循环经济发展。六是发展资源循环回收产业链。

（作者单位：重庆市经济和信息化委员会）

第三产业

道路运输

罗泽仙

一、2014年发展回顾

2014年,重庆道路运输行业围绕重庆市委、重庆市政府“科学发展、富民兴渝”决策部署,紧扣五大功能区建设的总布局,坚持以科学发展为主题,以加快转变经济发展方式为主线,以服务和推进综合运输体系建设为统领,以提高城乡综合承载能力为重点,着力深化改革开放,加大结构调整,促进重庆道路运输行业升级,实现了重庆道路运输行业持续、稳定、健康发展。全年完成客运量6.36亿人次、客运周转量352.58亿人公里,同比增长3.9%和5.8%,占综合运输客运总量的90%和41%,完成货运量8.12亿吨,货物周转量797.8亿吨公里,同比增长13%和14.6%,占综合运输货运总量的79%和24%。

(一)坚持公共交通优先发展,城市综合运输体系更加完善

统筹公交、轨道、出租汽车协调发展,重庆公交都市建设实施方案获国家批复,为“公交都市”创建打下了坚实基础。一是主城区“二环外”公交发展实现零的突破。开通主城“二环外”首条公交线985路,拉开了主城“二环外”客运结构调整序幕。二是成功实现“三个首次”投放出租汽车。首次实现主城2000辆出租汽车大规模平稳投放,全市出租汽车总量达到2.2万辆;首次选用1000辆现代伊兰特投入主城运营;首次实施以安全服务质量考核结果为主要依据的出租汽车投放机制。三是结束主城区出租汽车17年未调整运价的历史。全面完成主城运价结构调整,进一步稳定驾驶员队伍,行业稳定基础更加牢固。四是轨道运输里程中西部第一、全国第四。轨道1、2、6号线延伸段相继开通运营,里程由170公里增加至202公里,最大日上线运营车辆196列,运能超过240万人次。五是多项便民举措持续深化。开通次支道路穿梭巴士线路105条,车辆760多辆;新增调整主城公交线路66条、运力616辆,公交站点500米覆盖率达88%。手机移动电子站牌覆盖96.5%线路、2000多个站点。5个远郊区县公交卡实现了与主城互刷通用,29个远郊区县实行政府购买服务,远郊区县新增公交线路13条,车辆227辆。出租汽车移动支付功能不断拓展,7500多辆出租汽车实现了“畅通卡”刷卡付费的服务功能。主城出租汽车总量大幅增加,而乘客有效投诉同比下降11%;共为乘客找回失物7926件,同比上升65%,行业服务水平进一步提升。

(二)坚持城乡运输统筹推进,城乡客运立体网络加快形成

构建相互衔接、资源共享、布局合理、安全快捷、畅通有序的城乡客运服务体系,城乡运输面貌发生深刻变化。一是农村客运“双百”目标提前3年完成。新增和调整农村客运线路383条,新增农村客运车辆788台,全市乡镇和符合客车通行条件的行政村客运通达率均达100%。二是农村客运营运补贴覆盖所有区县。深入落实政府集中购买保险政策,全面推进营运补贴工作,试点区县由27个覆盖到所有区县,农客发展活力进一步增强。三是新建农村客运招呼站1000个。投入资金4000多万元,重点加强武陵、秦巴山区等站点建设,农村客运基础建设加快推进。四是新增联网售票客运站6个、代售机构264个。联网售票客运站达到67个,代售点达到428个,被交通运输部纳入国家首批省域道路客运联网售票系统建设项目。五是客运服务保障能力持续提升。4个交通换乘枢纽主体工

程全面完成,茶园交通换乘枢纽顺利投入使用。首届汽车客运站优质服务知识竞赛成功举办;新增长途客运接驳线路26条;圆满完成春运、“十一”黄金周等重大运输保障任务,获得2014年全国春运“情满旅途”活动先进集体。道路客运在综合运输体系中的基础性作用有效发挥。

(三)坚持促进传统货运转型升级,现代物流业提速发展

以提升企业经营管理能力和延伸物流产业链为核心,促进传统货运向现代物流转型。一是货运枢纽站场建设进程明显加快。重庆南彭、渝新欧、鱼复等公路物流基地,嘉峰、茶园等4个甩挂运输货运站场相继投入使用。二是全国甩挂运输试点项目成效明显。5个全国甩挂运输试点项目在西部领先,2个试点项目顺利通过验收。三是率先在全国发布道路货运价格指数信息。合理引导运输市场运力与运量供求平衡,避免货运市场无序竞争。四是货运企业转型加快推进。从单一运输服务逐步向仓储、加工、流通、报关等物流领域延伸,一体化运作、网络化经营能力不断提高。

(四)坚持实施科技强运战略,创新型行业建设加快推进

加快科技强运步伐,积极运用现代信息技术促进行业持续创新发展。一是4个重点项目顺利通过检查验收。IC卡道路运输电子证件试点工程、道路运输营运车辆安全管理系统等4个信息化工程项目顺利通过验收。出租汽车服务管理信息系统在全国起到先行先试的作用,经验在全国30个试点城市进行推广。二是协同办公、运管门户网等子系统正式投入运行。进一步提高了行业监管能力和行政管理效能,为道路运输参与者提供了更多的网上便民服务。三是网上虚拟办事大厅实现便民利民。7项行政许可实现网上申报,占全市交通系统网上申报项目的50%,网上共受理申报5.5万件。四是应急管理能力不断强化。制作反恐防恐宣传片并在全市公交车上播放。完善行业应急管理资料库,传送各类突发事件通报短信4200多条。运用客运站视频系统,及时调度运力,较好保障了节日期间等重要时段的旅客运输。

(五)坚持推进“法治运管”建设,依法行政能力明显提升

加快推进“法治运管”建设,建立健全法规体系,道路运输市场监管能力进一步增强。一是全面推进新出台法律规章的贯彻实施。深入贯彻实施新《道条》等法规规章,出台新版《自由裁量权基准》和《汽车租赁合同示范文本》等配套文件。二是不断提升运管队伍执法形象。“三基三化”试点工作和执法形象“六统一”建设深入推进,1400多名运政执法人员参加3年轮训,“非法营运”专项整治和执法联动扎实有效,未执法分离的处所查处案件4万多件。三是行政审批制度改革稳步推进。切实强化行政审批工作,受理行政许可3万多件,危险货运等2项许可下放至区县。

(六)坚持提升市场保障能力,道路运输相关行业持续规范

积极应对群众对驾培维修行业需求的新形势,不断规范行业管理,壮大市场规模,提高保障能力。一是扎实推进两项国家标准贯彻落实。制定国标实施细则,2014年分3批对区县运管处所及驾培机构进行培训。制定全市《驾培行业发展规划》,加大投诉处理及重点驾校监管力度。二是强力推进驾培行业从业人员管理。建立从业资格考试监控平台,从业人员新增4.2万人,首次对100多名理论教练员进行政治品质、道德修养和教学技能培训。三是成功举办“金扳手”汽车维修技能竞赛。全市43支代表队258名选手参赛,社会影响力不断扩大。四是积极开展行业安全服务质量考核。全市考核维修企业1.1万家,评出AAA企业219家、诚信优质企业60家;考核驾校329家,评出五星级13家,四星级103家。五是不断规范汽车租赁行业。深入贯彻实施《重庆市汽车租赁管理办法》。以法规、规章为基础,完善行业管理体系,建立起严谨的准入、退出和经营机制,进一步规范汽车租赁行业管理。

（七）坚持夯实安全稳定基础，行业发展环境持续向好

始终坚持“红线意识、底线思维”，加强基层基础建设，注重事前预警，强化隐患排查整改，行业保持了和谐稳定的发展局面。一是行业安全形势呈现“两升两降”。坚持主要领导亲自抓，深化党政同责、一岗双责。安全监管体系进一步完善，安全监管能力和事故预防能力持续上升，事故起数和死亡人数实现“双下降”，2014年道路运输事故75起，死亡90人，同比分别下降31.2%、28.6%。行业连续91个月无重特大道路运输事故发生，获市政府安全考评先进单位。二是全面贯彻实施交通运输部2号、5号令。注销不符合新规的危险货物运输企业3家，全市100%液体危险货物罐车加装紧急切断装置。完成动态监控运营商平台备案11家，1.8万辆重型货车和半挂牵引车接入全国货运公共平台，在全国营运车辆动态监管现场会上，得到交通运输部的充分肯定。三是安全监管措施不断完善。加强量化考核，强化约谈制度，对排查出的543个安全隐患问题全部督促区县“闭环”管理。四是行业信访形势保持平稳。面对出租汽车“双到期”、主城“二环外”客运结构调整、公司化推进和天然气价调整等诸多压力，妥善处置不稳定因素，行业保持总体稳定。

（八）坚持提升队伍综合素质，自身建设再上台阶

深化党的群众路线教育实践活动，构建活动长效机制，不断加强队伍建设、作风建设和廉政建设。一是狠抓作风建设，不断巩固风清气正氛围。强化作风纪律教育、党风廉政责任制落实等基础性工作；加强从业资格考试等重要事项的过程监督；对行业作风问题“零”容忍。二是狠抓培训教育，持续深化干部队伍建设。2014年开展安全、法规等16个培训班，共2400多人次受训，利用双休日开展机关干部素质提升培训。三是狠抓行业宣传和精神文明，有力提升行业凝聚力。开展“公交都市”创建等17个专题报道，行业良好形象有力提升。局政务微博在全市交通管理部门排名第二。不断深化精神文明建设，在全国出租汽车行业和谐劳动关系创建活动中，涌现出鑫隆达雷锋的士志愿服务队、高博爱心车队等一批先进典型，行业正能量有力彰显。

二、2015年发展目标

2015年是“十二五”规划的收官之年，是“十三五”谋篇布局的关键之年。重庆运管系统要认真贯彻落实党的十八届三中、四中全会和重庆四届四次、五次全会精神，按照市委、市政府，市教委的部署和要求，按照“31321”运政管理工作思路，坚持依法治运、加快转型升级、筑牢安稳基础、致力民生保障、打造文化运管，为全面建设“五大功能区”提供坚强的道路运输保障。

（一）提速“三项发展”，加快构建现代综合运输体系

一是提速城市公共交通发展。加快推进“公交都市”创建工作，积极推动《主城区公共交通优先发展实施意见》出台。新开、调整优化公交线路40条，完成公交站点500米覆盖率达到90%以上的目标任务。稳步推进“二环外”客运结构调整，积极做好跨“二环”通道接驳换乘工作，实现主城区公共交通运行的有机融合。探索主城与毗邻区公共交通互通发展的思路，规范远郊区县公交企业经营行为，落实相关优惠政策，提升公交服务水平。不断提升出租汽车服务水平，拓展移动支付功能，推广“支付宝”、银联“闪付”卡等快速支付模式。充分发挥轨道交通骨干作用，加强公交与新开通轨道站点的接驳，强化高峰时段疏运，适时增加3号线等主通道线路的轨道编组，进一步发挥轨道交通骨干作用。

二是提速城乡客运统筹发展。根据换乘枢纽布局，结合建成通车的高速公路和新开通的高铁，合理优化客运线网，形成层次分明、布局合理、相互衔接、功能协调的道路客运网络体系。积极推进客运企业转型发展，试行旅游客运专线和精品客运班线。推广使用网上和手机购票，试点推行电子客票应用。加快农村客运发

展，切实落实优惠扶持政策，建成农客招呼站1000个，完成“十二五”规划招呼站5000个的建设目标。

三是提速传统货运转型发展。继续抓好全国甩挂运输试点项目建设，实现牵引车和挂车1:2.3的拖挂比。启动城市配送试点，组建“城市配送示范车队”。扩大道路货运价格指数发布覆盖面。将高速公路通道货运信息发布由2条拓展到6条。规范货运站场建设和管理，开展货运场站评级工作。

（二）实施“依法治运”一个战略，全面提升依法行政水平

开展重庆《公共汽车客运管理办法》立法修订，制定出租汽车投放招标和协议出让办法，推进汽车维修行业立法前期调研，编制“十三五”道路运输规划。清理规范行政审批项目，建立行政权力清单制度，扩大网上申报审批范围，优化审批流程，提高审批效率。加强行政执法监管，规范行政执法行为，提升行政执法水平，强化行政执法联动机制研究，推进“三基三化”建设试点，开展全市运管执法人员3年轮训。

（三）规范“三个市场”，不断强化运输市场管理

一是有效规范驾培市场。全面落实“驾驶员培训机构资格条件”和“教练场技术要求”两项国家标准，按照重庆驾驶员培训行业发展规划，进一步规范驾校许可、监管、处罚等措施。完善从业资格管理制度，建立科学的从业人员准入、退出机制。

二是有效规范维修市场。认真贯彻全国维修会议精神，加快推进维修行业转型发展。完善维修企业安全服务质量考核机制，逐步建立行业信用体系。以服务质量为核心，整合行业优质资源，创建行业品牌。搭建“维修救援一网通”平台，完善救援服务网络体系。

三是有效规范租赁市场。清理规范汽车租赁行业，对符合条件的企业依法办理行政许可和车辆备案。完善汽车租赁管理措施，引导汽车租赁行业规范发展。

（四）推进“两个建设”，努力提升为民服务水平

一是加快推进信息化建设。完成道路运输综合管理服务信息系统建设。加快运政业务管理系统、公众信息服务系统和行政审批电子监察管理系统等子系统的开发运用，与全国道路运政系统的无缝对接。实施智能公交系统试点工程。完成城市公交行业监管平台建设，实现行业对城市公交的科学管理。启动驾驶培训综合管理平台建设。推进企业和从业人员信用管理体系建设，完善信用记录，建立守信激励和失信惩戒机制。

二是加强干部队伍建设。强化党的建设，完善群众路线教育实践活动长效机制，加强基层党组织建设和党员管理，积极发挥党员的先锋表率作用。强化作风建设，持之以恒落实中央八项规定，严格政治纪律、组织纪律、工作纪律和生活纪律，抓长抓细抓小，不断巩固提升作风建设水平。强化廉政建设，严格落实党风廉政建设党委主体责任和纪委监督责任，强化行政权力运行制约和监督，深化廉政纪律教育，严肃查处违纪违规问题，确保行业廉洁发展。强化文化建设，打造“文化运管”，通过文化阵地建设、活动载体创新、环境氛围打造等途径，培育运管核心价值观，引领干部职工不断提升内在修养和业务素质。

（五）筑牢“一个基础”，促进行业健康和谐发展

牢固树立“六个始终坚持”理念，筑牢安全稳定基础，狠抓重点环节的安全管理，强化措施针对性，不断提升安全监管能力。要以“一带四核”增强客运监管针对性，严格安全带的使用，将GPS使用作为客运车辆监管重点，强化车站源头监管，严禁审批800公里以上客运班线，确保客运车辆安全。要以“一重三化”增强货运监管针对性，将危货运输作为监管重点，加强行业信息化、规范化和标准化建设，提高货运行业安全监管针对性。要以“三维一体”增强事故隐患排查针对性，强化企业自查、区县督查、市级抽

查，不断提升企业安全事故预防能力。要高度重视行业信访稳定，强化积案化解，加强信息研判、情况排查、风险评估和属地责任落实，抓好矛盾纠纷化解，全力确保行业高度稳定。

（作者单位：重庆市道路运输管理局）

航空运输

盛李欣

一、2014年发展回顾

（一）运输生产持续快速增长

2014年，民航重庆地区共保障安全起降244603架次，完成旅客吞吐量29732622人次、货邮吞吐量304692.75吨，同比分别增长11.78%、15.86%和8.28%；其中，重庆江北国际机场起降238085架次，完成旅客吞吐量29264363人次、货邮吞吐量302335.8吨，同比分别增长11.51%、15.91%和8.15%；重庆万州五桥机场起降4448架次，完成旅客吞吐量348702人次、货邮吞吐量2281.05吨，同比分别增长25.93%、9.37%和27.36%；重庆黔江武陵山机场起降2070架次，完成旅客吞吐量119557人次、货邮吞吐量75.9吨，同比分别增长16.69%、25.06%和28.64%。江北机场运输生产持续保持快速增长，旅客吞吐量首次超过西安咸阳国际机场，位列全国民用机场第八位，货邮吞吐量首次突破30万吨；同时，江北机场全年国际（地区）旅客吞吐量1680310人次，货邮吞吐量83510.1，同比分别增长30.25%和16.54%；黔江机场年旅客吞吐量首次突破10万人次。

（二）生产规模不断扩大

10月31日，“华夏航空变更主运营基地运行合格证颁证仪式”在重庆举行，华夏航空有限公司成为江北机场第六家基地航空公司；搬迁将推动华夏航空整合主要运力与保障资源，巩固安全运行基础；同时，专注于支线的华夏航空能够有效丰富江北机场航线网络，为江北机场枢纽建设提供有力支撑。2014年，国航股份重庆分公司新增3架B737NG系列，川航股份重庆分公司新增1架A320系列，西部航空新增3架A320系列，华夏航空执管CRJ系列16架（11架CRJ900，5架CRJ200），基地航空公司运力规模由2013年底的79架增加至2014年底的100架，江北机场过夜飞机由约74架增加至约84架。

（三）安全态势总体平稳

2014年，民航重庆地区共收到不安全事件报告597起，其中严重事故征候1起（管制员指挥某航班在江北机场被占用跑道上起飞碰撞禁行标牌）、一般事故征候9起（机组原因1起、地面保障原因1起、意外鸟击4起、雷击1起、飞机设计原因1起、外来物损伤超标1起）、性质待定1起（亚联与地面设施相撞受损）；按原因进行分类：机械原因85起、机组原因43起、机务原因1起、地面保障原因29起、空中交通管理25起、天气及意外原因313起、其他原因101起。7~9月，性质较为严重的不安全事件连续发生，安全生产形势一度明显滑坡。

（四）基础建设加快推进

2014年，江北机场第三跑道及东航站区扩建工程稳步推进，年度完成投资约40亿元，累计完成投资约100亿元，征地拆迁超过99%，T3A航站楼土建结构工程完成90%，飞行区土石方工程完成50%，工作区和货运区平场土石方施工完成90%；万州机场总体规划局部调整获得批复，改扩建工程和口岸开放工作有序实施；黔江机场机坪改扩建工程完成可研评审。1月9日，江北机场正式实施民航局《优化空中交通管制规范暂行规定》关于缩减航空器进近雷达管制间隔、缩减航空器起飞着陆最小间隔的规定,6月26日,重庆空管分局实施目视间隔试运行,这都进一步提升了航班运行效率;5月29日,江北机场RNAV1程序正式实施,运行情况总体正常,正式实施后执行率高于试运行;7月,江北机场启动新一轮容量评估。

(五)通用航空产业安全健康发展

2014年,重庆市人民政府发布了《关于发展通用航空的意见》,重庆市发改委发布了《重庆市通用机场布局规划》,进一步明确了通用航空产业的地位和作用,制定了重庆通用航空产业的发展规划。1月13日,飞行学院重庆通用航空培训有限公司获得经营许可证、运行合格证;4月3日,重庆通用航空有限公司获得CCAR-145维修许可证;4月30日,由重庆通用航空产业集团有限公司(原重庆直升机产业投资有限公司)牵头发起的"重庆市通用航空协会"、"重庆市航空学会"正式成立;8月1日,重庆通用航空产业集团旗下的机场有限公司、航电系统有限公司正式成立,全产业链发展格局更加完善;8月15日,重庆申基通用航空有限公司获得运行合格证,这是重庆首家民营甲类通用航空企业。截至目前,重庆地区已成立通用航空企业6家,另有4家正在筹建。

二、发展中存在的问题

一是各类运行保障能力难以满足持续快速增长的需要:江北机场停机位非常紧张;重庆空管分局整体处于过渡时期,设施设备改造基本停滞;飞行员资源短缺,人员疲劳指数增大。

二是民航重庆地区企事业单位类型复杂,独立的运输航空公司、分子公司、运行基地的管理状况和保障能力差别明显;运输航空公司数量多但规模小,运输航空公司和通用航空公司运行机型复杂;江北机场停机位紧张客观推动基地航空公司增加异地运行量,延长了管理链条。

三是江北机场扩建工程工期长、范围广,大规模不停航施工对整体运行构成一定压力。

四是通用航空产业发展迅速,但普遍缺乏科学远景规划、专业技术人才和清晰市场定位,安全基础薄弱,规章意识淡薄;监管工作缺乏依据和专业知识,安全风险难以控制。

五是随着渝利铁路2013年底正式通车,"沪汉渝蓉"快速客运通道全线贯通,重庆融入全国高铁网络;2014年7月、12月,重庆分别新增大量动车组,至武汉、南京、上海、福州、厦门等地及沿线的列车运行时间明显缩短,民航面临高铁的巨大竞争压力。

三、2015年发展目标

(一)运输生产保持较快增长

确保重庆江北国际机场运输生产量持续快速增长,2015年实现旅客吞吐量3200万人次,货邮吞吐量32.3万吨,同比分别增长9.3%和6%。完成江北机场容量评估,争取江北机场高峰小时容量标准由42架次调整为44~45架次。

(二)确保持续安全运行

杜绝运输航空事故;防止劫机、毁机事件,杜绝空防事故;防止重大航空地面事故和特大航空维修事故;人为责任原因严重事故征候万时率同比下降。重点强化通用航空安全监管,落实《重庆市人民政府关于发展通用航空产业的意见》,协助推进一批通用航空机场布局及建设准备工作。

(三)扎实推进基础建设

在确保运行安全和工程质量的基础上,继续加快全面推进江北机场第三跑道和东航站区建设,为2016年正式投产奠定坚实基础;实现万州机场口岸开放、巫山机场奠基动工、武隆机场获得批复。

(作者单位:民航重庆监督管理局)

重庆水运

一、2014 年发展回顾

2014 年,全市水运系统在市委、市政府和市交委的坚强领导下,紧紧围绕建设“长江上游航运中心”目标定位,开拓进取谋发展、全面履职保安全、以民为本优服务,科学应对各种困难和挑战,继续保持了水运安全健康发展势头。全市水上交通连续 11 年未发生重特大安全事故,地方水域连续 4 年实现了“零死亡”。全年完成货运量 1.41 亿吨、货运周转量 1631 亿吨公里,同比分别增长 9.2%、14.9%;完成港口货物吞吐量 1.47 亿吨、同比增长 7.2%。集装箱吞吐量首次突破 100 万标箱大关,长江上游航运中心建设实现历史性跨越。

(一)水运基础设施建设

2014 年,全年完成水运基础设施投资 28.2 亿元。航道建设加快实施,嘉陵江石门炸礁工程全面完成,乌江、小江、梅溪河、抱龙河等整治工程顺利推进,涪江潼南航电枢纽开工建设。嘉陵江利泽、井口,乌江白马,涪江双江航电枢纽等项目前期工作有序开展,东溪河、汤溪河等航道建设前期工作基本完成。港口建设稳步推进,全国内河最大的铁、公、水联运枢纽港——果园港进港铁路建成并试运行,万州新田神华码头基本完工,涪陵龙头山、主城佛耳岩二期等项目有序推进,全市港口货物和集装箱吞吐能力分别达到 1.7 亿吨、370 万标箱。

(二)水运结构调整

2014 年,航运结构不断优化,转型升级成效明显。一是通航保障能力不断提高。投入资金 6000 余万元,建成乌江、小江、梅溪河、抱龙河等航道支持保障系统,新开通小安溪 22 公里航道,建成 4 个航道标准化示范站,新增航道维护工作艇趸 14 艘,支流航道管理养护成效明显。二是港口结构不断优化。主城、涪陵、万州三个枢纽港吞吐能力和吞吐量分别占到全市的 71.6%和 46%,全市集装箱、危化品、滚装等专业化泊位吞吐能力占比达到 39%。充分发挥铁水、公水联运优势,万州港积极拓展集装箱“万蓉班列”和“陕煤入渝”业务,忠县新开通重滚码头有力吸引川东等周边地区货物中转,港区物流腹地范围不断扩大。不断推进港口资源整合,全年完成老旧码头搬迁整合 34 座,收回优质岸线 2000 余米。三是船型标准化水平不断提升。落实国家资金 1.7 亿元,拆解老旧运输船舶 124 艘,全市船舶总运力达到 620 万吨,标准化运力占比达到 75%,货船平均吨位达到 2500 载重吨,首批 4 艘三峡船型示范船投入营运,多项指标全国内河领先。四是企业竞争力不断增强。全市航运企业基本实现了船舶大型化、标准化、低龄化,盈利能力显著增强。兼并重组港航企业 26 家,20 万吨以上的航运企业达到 5 家。引导企业大力拓展综合物流、全程物流,延伸产业链,实现多点盈利。在航运市场总体低迷的大环境下,全行业继续保持了逆势增长的良好态势。五是绿色水运发展不断推进。完成三峡升船机船型研发,编制《单燃料 LNG 动力船舶技术方案》和《旅游趸船靠泊岸电系统技术方案》,指导 LNG 动力示范船建造,积极推进船舶节能减排。

(三)水上安全管理

2014 年,水运安全形势总体平稳,事故防控和应急处置能力不断提升。全市水上交通连续 11 年未发生重特大安全事故,地方水域连续 4 年实现了“零死亡”。

一是抓安全投入,夯实“三基”建设。投入资金 1.1 亿元,完成渡口改造 130 个,渡改人行桥 10 座；实施客渡船标准化后评估，升级改造 53 艘老旧标准客渡船；新建、续建 6 个海事监督站、22 艘工作艇趸；免费发放新型救生凳 8000 个、救生衣 3500 件；基本建成大宁河船舶自动识别系统，启动建设船舶过闸调度管理系统；培训各类安全监管、海事执法人员 2800 余人次。

二是抓责任落实，筑牢“三位一体”责任链。第一是狠抓企业安全生产主体责任落实。以企业安全生产标准化建设为抓手，全面推进企业主体责任落实，50%的市内普货企业完成初次考评，130 家客运和危险品企业完成“回头看”。督促港航企业投入各类安全经费约 1 亿元，整改隐患 200 余项，企业安全生产基础工作更加扎实。第二是狠抓安全监管属地责任落实。各区县政府高度重视水上交通安全工作，加强领导、加大投入，认真落实了安全管理属地责任。各区县交通部门和港航机构依法认真履职，加大了日常安全监管和隐患排查整治力度。进一步强化了港航、渔政、旅游和水利等部门安全监管职能职责，多部门配合联动、齐抓共管的良好局面逐步形成。第三是狠抓行业安全监管责任落实。深化“一岗双责”网格管理，以“四会四制”为抓手，深入落实领导联系片区、安全风险定期评估、季度安全交叉检查、重点时段重点督查、重大隐患挂牌督办、事故企业约谈问责等监管手段，扎实开展“平安交通”打非治违专项整治。全年开展专项督察 10 批次 320 人次，排查整治安全隐患 330 项，挂牌督办 7 起，约谈事故企业 12 家，停航、停业整顿船舶 12 艘、码头 24 个。

三是抓应急救援，强化“三个贴近”。紧紧围绕“就近就地快速开展人命救助、保障桥梁等公共设施安全、减少水域污染及财产损失”的总体目标，按照“政府主导、部门配合、社会参与”的原则和“三个贴近实战”要求，进一步完善应急救援体系建设。第一是应急预案贴近实战。坚持在实践中摸索、从事故中总结，有针对性地修改完善应急预案，开展专项演练和联合演习 42 次，确保突发事件接警、响应、处置以及信息报送等各个环节更加贴近实战。第二是队伍建设贴近实战。按照“平战结合”原则，以嘉航处为依托，成立了重庆市地方水上应急救援中心。抽调精兵强将，整合基层监督站点，特殊招聘专业人才，聘请应急抢险专家，成立了应急抢险专业队。整合中山舰、展宏图等救捞公司以及社会船舶等救援力量，共同参与应急抢险。强化人员应急技能，开展各类培训 180 余人次。第三是装备建设贴近实战。按照地方水上“十二五”应急体系建设中期评估的要求，有序推进主城、彭水、合川基地建设，渝救援 111、浮吊船等重装备投入使用，大马力拖轮主体建造完工。选配喷水式冲锋舟、巡航搜救艇等新型实用快艇 15 艘，在去年多次应急救援行动中发挥了关键作用。进一步充实完善、多点配布应急物资。

四是广泛动员、科学组织，成功抗击多流域多次洪峰。2014 年汛期，全市支流普遍遭受洪水袭击，其中嘉陵江、乌江、御临河以及库区支流等 5 次洪峰来势猛、持续久、破坏力强。全市港航系统立足“早”字、提前部署，汛前分别召开了三个片区防汛工作会，以会代训部署防汛重点，进一步强化了防汛工作的组织领导；重在“实”字、严查隐患，加大督查力度，逐船、逐码头督促加固完善系泊设施，确保隐患及时排查整改；突出“快”字、赢得主动，第一时间向船舶、码头等一线单位和人员发布预警信息，及时疏散人员、转移船舶；落实“干”字、连续奋战，坚持全局全员动员，24 小时待命、全力抢险，累计出动人员 700 余人次，成功救助遇险船舶 23 艘、受困群众 42 人，确保了平安渡汛。

二、2015 年发展目标

2015 年是“十二五”的收官之年，也是衔接“十三五”承上启下的关键之年。2015 年，全市水运工作的总体要求是：立足安全、聚力发展、依法行政、提升服务，发挥水运新优势、服务发展新常态。全年主要目标是：力争完成固定资产投资 28 亿元；完成货运量 1.5 亿吨，货运周转量 1800 亿吨/公里，同比分别增长 6.5%、10.3%；完成港口货物和集装箱吞吐量1.6亿吨、112万标箱，同比分别增长8.8%、10%；四级以上高等级航道通航保证率达95%以上；水上交通事故死亡人数控制在9人以内，杜绝一次死亡10人以上事故，继续确保安全形势总体平稳。

（作者单位：重庆市港航管理局）

通信业

乐琴

一、2014年发展回顾

2014年，伴随我国经济发展步入新常态，通信业也迎来新旧增长动力转变和业务结构调整优化的新阶段。市通信管理局带领全行业促改革、惠民生，国家级互联网骨干直联点建成开通，宽带中国2014专项行动目标如期实现，电信领域多项改革举措激发了市场主体活力，互联网管理得到加强，出色完成了反恐维稳、各项重大活动及突发事件应急通信和网络信息安全保障任务，推动行业实现了持续健康发展。

（一）行业发展概况

1.行业发展增长态势良好

2014年全市电信业务总量完成371.2亿元，同比增长17.8%，高于全国平均增长率1.7个百分点；电信业务收入达到221.9亿元，同比增长1.4%，高于全国平均增长率2.6个百分点，电信业务总量和电信业务收入在直辖市中增速均排名第一。行业总体投资达150亿，其中基础电信企业固定资产投资83.5亿元。

2.通信基础设施能力稳步提升

全市光缆线路长度53.9万皮长公里，宽带接入端口新增312.3万个达到962.3万个，光纤到户覆盖家庭新增90.3万户达到340.3万户。国家级骨干直联点基本建成开通，互联带宽能力达到1030G，互联网出口带宽由1680G增加到3600G，行政村互联网宽带覆盖率达到100%。移动基站达到7.2万个，其中3G基站2.7万个，4G基站2.1万。公共区域无线局域网建设持续推进，无线局域网接入热点达到12.4万个。

3.通信服务水平发展成效明显

全市电话用户数达到3172.9万户，按照常住人口2970万人计算，电话普及率达106.8户/百人。其中，移动电话用户2589.9万户，3G/4G用户数1284.1万户，3G/4G用户在移动电话用户中的渗透率达到49.6%，移动流量总量为34560T，同比增长40%。全市移动互联网用户数达到2014.1万户，固定宽带接入用户达到537.9万户，8M以上宽带用户比重达32.9%，超额实现《重庆市“宽带中国”2014专项行动实施方案》的发展目标。三网融合加速推进，全市IPTV用户数达到72.5万户。

4.信息通信业升级转型初见成效

产业结构趋于优化，业务形态趋于多元。电信企业转型步伐加快，云计算、物联网产业发展初具规模，实现服务器托管1万余台，发展物联网用户500万户，实现销售物联网模组70万片。一批增值电信企业和互联网企业增长势头良好，全市从事增值电信业务企业1750家，网站备案总数5万余个。

（二）紧密结合重庆市总体发展的战略定位，大力推动信息基础设施建设和网络升级再上新台阶

1.完善通信专项规划，信息基础设施布局与全市总体发展战略结合更加紧密

根据《重庆市人民政府关于优化全市产业布局加快五大功能区建设的实施意见》，市通信管理局联合市发改委印发了《重庆市五大功能区通信发展专项规划》，针对五大功能区的功能定位，制定通信网络的特色规划。按照市政府部

署,市通信管理局会同市规划局启动《市域通信设施及廊道规划》和《都市区通信设施及廊道规划》编制,统筹行业集约化建设和升级改造,更好地支撑重庆市内陆信息高地建设。

2.基本建成国家级互联网骨干直联点,西部信息通信枢纽引擎作用开始显现

通过争取市政府支持、加大资金电力保障、密切市级部门协作等措施,为骨干直联点的建设创造了良好环境。全市互联带宽能力达到1030G,本地互联互通质量得到极大改善,各项网络指标比肩北、上、广。互联网出口带宽由2013年底的1680G提升到3600G,连接城市由5个增长为17个。重庆市由全国通信网络的二级节点升级成为全国互联网骨干枢纽,具备疏通西南地区各省同全国之间互联互通流量的功能,在全国通信网络中的地位显著提升。

3.加快宽带和4G发展步伐,建设"光网·无线宽带重庆"

积极实施"宽带中国"2014专项行动,市行政村光纤通达率达到70%。新建4G基站2万个,实现了全市县级以上城市区域的4G网络连续覆盖,50%的乡镇实现了4G信号初步覆盖。全市共建共享工作向深层次发展,全面完成工信部、国资委的考核指标,出台既有住宅小区光纤改造共建共享的《建设规范》和《管理办法》,形成各基础电信企业共同推动光纤到户改造的局面。严格执行光纤到户国家及地方标准,全市新建住宅建筑群光纤到户占比达到100%。

4.完善互联网应用基础设施,提升国际数据集散中心的能力和地位

统筹两江云计算产业园的需求,在骨干直联点建设过程中通过租用及共建光缆等各种方式,加速数据中心和公共云、专用云基础服务设施建设,中国联通西南数据中心、太平洋电信(重庆)数据中心等一批云计算企业新建成高水平数据中心容纳服务器规模近5万台,投入生产运营,中国电信云计算重庆基地、重庆移动水土数据中心也在加速建设中。市通信管理局加强与南岸区政府合作,共同推进物联网产业发展取得实效。加强与市口岸办、市海关部门的沟通协调,有效地解决了我市跨境电子商务企业的网上交易业务类型准入难题,支持我市跨境电子商务进入移动互联网领域,本地跨境电子商务发展迅速。充分利用已开通的12条155M国际数据专用通道,确保向外数据传输的安全、快速,保障了跨境电子结算、商务仓储、互联网支付、大型电商、融资平台的综合服务能力。

(三)以监管促发展,按照依法行政、简政放权的要求,努力创建充满生机活力的行业发展新环境

1.深化行政审批改革,释放市场活力

贯彻落实国务院行政审批改革措施,取消"电信业务资费标准审批"及"基础电信和跨地区增值电信业务经营许可证备案核准"两项行政审批项目。认真落实重庆市工商登记改革方案,将技术含量高、对本地经济发展有促进作用的企业,纳入行政审批绿色通道。以市场准入为切入点,有力支撑渝中区电子商务产业集聚区、北部新区移动游戏孵化园等互联网产业园区建设。落实国务院鼓励民间资本进入电信行业有关要求,引导基础电信运营企业与移动通信转售企业开展合作,目前已有24家在我市开展移动转售业务,通过充分发挥民营企业业务模式和运营管理的创新能力,目前9家上线业务企业已发展用户超过5.9万户,发展势头迅猛。

2.加大市场监管力度,规范行业竞争秩序

重庆市作为全国三个试点城市之一,扎实开展电话用户实名登记工作,全市电话用户实名登记率达到85%,超过全国平均水平。巩固校园市场联合治理成果,严把基础电信企业年检关,及时处理各类市场竞争问题,营造了公平有序的行业发展环境。持续推进信息通信基础设施保护工作,加强通信建设工程招投标过程管理,强化通信工程质量监督,维护了我市通信建设市场秩序。

3.培育新业务新业态,繁荣本地信息通信市场

积极探索重庆增值电信业务产业集群化发展方向,涌现了一批具有代表性的新兴互联网

企业,其中包括“10大媒体网站品牌”、“中国媒体网站经营管理10强”,拥有960万本地用户的腾讯大渝网,国内具有影响力的文化创意交易平台重庆猪八戒网络有限公司,中西部获得首块跨境支付牌照、重庆首家获得第三方支付牌照的重庆易极付科技有限公司,全国新闻出版业网站百强的重庆华龙网集团有限公司,建有“万人呼叫中心”的重庆政通通信控股集团公司等。大力支持“离岸结算中心”与“国际信息港”建设,引入更多外地优秀互联网企业的工作正加紧推进,全市互联网产业规模进一步扩张。

(四)积极整治网络环境,提高网络保障能力,助力社会治理能力和公共服务水平提升

1.提升行业网络信息安全、应急通信和专用通信保障能力,助力“平安重庆建设”

加强网络与信息安全技术保障手段建设,认真完成各项网络信息安全保障和反恐维稳任务。提升应急预警短信的网络发送能力,及时发送“平安重庆”公益免费短信2.6亿条。以基础电信企业网络与信息安全责任考核为抓手,健全完善网络信息安全保障体系和应急保障协调机制。深入开展互联网新技术新业务信息安全评估,组织检查网络安全防护“三同步”和电信用户信息保护落实情况。实施打击移动互联网恶意程序和木马僵尸网络专项行动,通报处理各类安全事件和违法违规网站,有效维护了公共互联网环境安全和地方社会稳定。进一步提升国家通信网应急指挥调度系统政府平台的功能作用,建立应急平台资源数据库和通信保障队应急物资储备库,在行业的共同努力下圆满完成汛期“8·31”“9·13”重特大暴雨灾害的抗灾抢险和“糖酒会”、“高交会”等重大活动的通信保障任务,切实提高了应急保障的综合能力。

2.加强行风建设,努力服务社会民生

加强网间互联互通管理,提高通信质量,2014年语音网络接通率高达94.5%以上,短消息发送成功率达到99.77%,无一起重大恶性互联互通事件发生。围绕用户感知和服务规范提升服务水平,深入开展行风纠风工作,扎实推动垃圾短信专项治理。妥善处理用户申诉,满意率达到94.7%,连续8年我市电信用户满意度指数达到“满意”水平。加强事中事后监管,重点对强绑消费、多收费乱收费、虚假宣传等违规行为及时进行处置,构建和谐的用户消费环境。引导企业降低电信资费水平,宽带业务和手机上网资费同比分别下降16%和26%,进一步促进了信息消费。

二、2015年发展展望

2015年市通信管理局的基本思路是:全面贯彻党的十八大、十八届三中、四中全会精神,落实全国工业和信息化工作会议和市委四届六次全会的工作任务,以服务重庆经济社会发展大局为中心,主动适应经济发展和行业发展新常态,更加注重信息基础设施规划建设与五大功能区域发展的衔接,更加注重行业转型发展与经济结构调整和产业结构升级的衔接,更加注重行业管理创新与统筹推进四化同步发展和服务民生的衔接,促进重庆信息通信业持续平稳快速发展。

2015年行业发展主要预期目标是:全市电信业务总量达到425亿元;电信主营业务收入完成226亿元;全市信息通信业总体投资达到160亿元,其中基础电信企业固定资产投入达到85亿元;电话用户达到3300万户;固定宽带用户达到560万户;4G基站总数达到3.6万个;新增520个行政村通光纤。全面完成通信行业“十二五”规划及2015年工信部、市委、市政府确定的目标任务。

(作者单位:重庆市通信管理局)

商贸流通业

李巡府　蒲新

一、2014 年发展回顾

2014 年，全市商贸系统按照市委市政府有关经济工作的总体部署，紧紧围绕“科学发展、富民兴渝”总任务，积极适应经济发展新常态，大力实施五大功能区域商贸发展战略，全面深化商贸流通体制改革，全市商贸经济平稳较快运行。全年社会消费品零售总额突破 5000 亿，达到 5096.2 亿元，增长 13%，比全国快 1 个百分点，增速仅次于西藏名列全国第二，超年初政府目标 0.5 个百分点。商品销售总额 16641.2 亿元，增长 16.5%，超年初目标 0.5 个百分点。商业增加值 1551.5 亿元，占 GDP 的比重达到 10.9%；商业用电量 43.8 亿度，增长 15.9%；商贸行业实现税收入库额 306.6 亿元，增长 13.5%。

(一)平稳运行成为全市商贸经济的主基调

2014 年，全市消费品市场始终保持 13%左右的增长率，呈现在经济新常态下平稳较快的运行态势。从各月社零总额累计增速看，年初因元旦春节双节效应加之与上年春节假期错月，1 月消费增速以 16.1%高位开局；进入 2 月，消费增速恢复常态，并逐月上升 0.1 个百分点，5 月达到 13.1%，随后两月也保持在 13.1%。针对消费企稳甚至出现可能下滑的苗头，市商委积极分析原因，未雨绸缪，加强对重点企业的指导，加大消费促进力度，防止因上半年汽车消费过热而带来下半年消费增速整体回调。在各种有利因素共同作用下，进入下半年，全市消费增速坚挺地保持在 13%的水平，在全国的位次也一直稳定在全国前两位。

(二)“两转一改”强力推进商贸经济主体培育

优化调整限额以上企业经济结构。出台“两转一改”实施办法，指导区县注重发展有潜力和成长性好的限额以上企业，推动商品交易市场统一结算。截至 2014 年底，限额以上法人企业达到 6056 家，比上年底净增 1140 家，实现零售额 3286 亿元，同比增长 18.1%，占社零总额比重达到 64.5%，同口径比上年提高 3.6 个百分点，比全国高 13.7 个百分点。限上企业零售额增幅高于全口径社零增幅 5.1 个百分点，比上年高 2.2 个百分点，主导作用明显增强。永辉超市、重医股份、中汽西南、国美电器、桐君阁股份、新华书店等重点商贸企业销售增长达到两位数。商品交易市场升级提速。巴南华南城、南岸迎龙朝天门市场、圣名国际世纪城和重庆国际自由贸易港城等大型商品交易市场陆续开工建设，江津双福国际农贸城实现平稳过渡、顺利开业。

(三)五大功能区域商贸发展战略取得实效

五大功能区充分利用优势和特点促进商贸发展，各区域形成均衡发展格局。都市功能核心区实现社会消费品零售额占全市近三成，增长 12.1%；都市功能拓展区和城市发展新区增速分别为 13.4%和 14.1%，比全市平均增速高 0.4 和 1.1 个百分点；渝东北生态涵养发展区和渝东南生态保护发展区分别增长 13.5%和 13.4%。在五大功能区域合力之下，我市城乡商贸网络进一步完善，沙坪坝区融汇温泉城老字号特色商业集聚区即将开街，星光 68 广场等一批进口商品展销示范商场以及悦来国际博览进口商品展示交易中心投入运营，农村商贸网络进一步完善，改造提升 124 个“万村千乡市场工程”商贸服务中心、936 个农家店，建设农产品集配中心 32 个、冷库 21 个，推进乡镇商贸“五个一”，培育创建商贸强镇 12 个。

(四)大商圈大市场大企业升级调整提速

商贸发展逐步从注重发展速度向注重发展速度兼顾发展质量转变。加强商贸业态和结构调整的指导力度,商圈规模不断扩大,成为全市商贸经济的主要支撑。全市百亿商圈达10个,纳入统计的20个商圈实现零售额2908.9亿元,增长14.8%。商圈占社零比重达到57.1%,全市过半的消费在商圈实现。聚信名家汇奥特莱斯、璧山奥特莱斯、宜家家居、红星美凯龙二郎店、美每家名品建材馆等专业市场开业营运,攀宝钢材市场、秀山福广建材批发市场等招商进展顺利,市场不断提档升级。百亿企业达到8家,商社集团销售额达到615亿元。特别是重庆百货积极应对商业地产、电子商务等商业新模式等带来的冲击,苦练内功,开拓进取,斥资开展自营商业综合体和跨境电子商务的新尝试,实现销售额377.4亿元,与上年基本持平,着实不易。

(五)汽车热销对全市消费稳定增长贡献突出

城镇化进程进一步加快,交通环境加速改善,2014年全市货物运输量增长11.7%,加之汽车加速进入居民家庭,特别是无车族的购车刚需依然强劲,为汽车热销创造了条件。作为我市消费最大的单品,汽车产量达到262.9万辆,增长22.2%,汽车实现零售额928.8亿元,增长24.9%,占社零的比重达到18.2%,拉动社零增长4.1个百分点,对社零增长的贡献达到31.6%,对我市消费增长贡献突出。特别是上半年在汽车限购传言推动下,汽车零售额增速一度达到35.3%,在传言平息后,增速仍维持在两成以上的水平。在汽车消费带动下,石油及制品实现零售额406.1亿元,增长16.8%。

(六)内生动力是推动消费转型升级的强劲引擎

随着经济和现代科学技术的发展,手机等通讯产品逐渐演化为具有文化意蕴的时尚产品,成为深受市民青睐的消费亮点,深刻改变着居民生活。以手机为代表的通讯器材零售额增速超过30%,达到37.5%,继续保持高增长态势。生活必需品消费保持稳定增长。“吃”、“穿”、“用”消费分别增长16.6%、8.4%和18.1%,占限额以上企业零售额的比重较上年降低1.6个百分点,但依然达26%。健康消费需求快速成长,中西药品类零售额增长16.9%。文化消费持续扩大。2014年我市票房持续火热,共放映电影140万场、观众2664万人次、总票房8.8亿元,同比分别增长29.9%、26.4%、30%。鲜花树木等新兴商品消费趋热,重庆花木世界销售增长12.2%。住房相关商品依然是消费热点,带动家具、建材、家电商品零售额分别增长18.8%、24.7%、14.4%。国美电器增长16.8%,铠恩家居、北滨路居然之家分别增长10.4%、16.3%。

(七)商业地产和重大建设项目进展顺利

商业用房施工面积增长11.8%,销售面积和销售额分别增长42.8%、42.1%,充分反映商业设施建设和交易活跃。据不完全统计,仅2014年最后两月开业的商业地产项目就有东原新新PARK、龙湖时代天街二期等20多个。本地零售龙头——新世纪百货推出阳光世纪购物中心试水商业地产,成熟的商业综合体也通过业态调整转型升级。茂业百货启动外立面改造,新世纪百货、茂业百货等传统零售商场均调整增加餐饮、休闲等业态,北城天街通过引进重庆首家苹果零售体验店,带动全年增速达到38.8%。星光68广场等一批进口商品展销示范商场以及悦来国际博览进口商品展示交易中心开业,观音桥蔬菜市场顺利搬迁至江津双福国际农贸城,巴南华南城、南岸迎龙朝天门市场等重大商业建设项目进展顺利。

(八)电子商务产业集聚发展势头强劲

2014年,我市将电子商务作为战略性新兴产业,出台若干政策引进龙头电商企业,引导本地传统企业转型,大力推进电商发展。全年电子商务交易额达到4500亿元。限额以上批发和零售企业网上零售额增速高达59.9%,销售额也达到35.9%。全市销售额10亿以上的电商企业超过10家。重庆京东正式营运,全年销售额达到15.8亿元,医药公信网、世纪购网上商城等大型电商平台顺利上线运营，其中世纪购会员突破30万人，销售额超过2000万元。我市还引进举办第九届中国网上零售年会，深入推进电子商务“十百千工程”，加快建设重庆市网商产业园、渝中区国家电子商务示范基地、龙工场跨境电子商务等产业园，集聚效应明显。寸滩跨境电子商务示范园挂牌，巴南区京东电子商务产业园、香港清华同方和万州、巫山、秀山等区县电商园区加快推进。2014年，电子商务在工业、农业、商贸流通、交通运输、金融、旅游等各个领域的应用水平不断提高，与实体经济的融合不断深入。我市制造、批发、零售、餐饮和住宿业等1万多家规模企业中，已有68.7%的企业借助第三方平台开展电子商务。

(九)糖酒会助推会展之都建设取得新突破

随着重庆国际博览中心的全面投用，我市会展之都建设实现新突破。2014年，我市共引进举办第91届全国糖酒商品交易会等7个10万平方米以上的大型展会，成功举办第16届立嘉机械展等10个5万平方米以上大型展会。全市会展活动市场化率达80%，展出总面积达601.5万平方米，拉动消费682.4亿元。特别是第91届全国糖酒会等消费类展会对消费增长贡献作用明显。糖酒会展出面积17.5万平方米，配套举办的2014重庆特色美食展2.9万平方米，合计总面积20.4万平方米，展会期间达成合同成交额202.56亿元，刷新了糖酒会多项历史记录。据不完全统计，有来自26个国家和地区的约3000余个知名商家来渝参展，参展参会客商超过26万人次，其中专业观众超过14万人次。糖酒会对我市消费促进作用明显，直接消费达34.9亿元左右，直接增加税收1.7亿元左右。

(十)餐饮住宿业积极适应新常态复苏势头明显

随着推动餐饮住宿业转型发展的意见的出台，我市美食之都转型升级初见成效，特别是餐饮住宿业企业积极适应新常态，主动调整经营策略，呈现复苏势头。2014年，我市餐饮住宿业营业额、零售额分别为1078.6亿元、756.8亿元，增长17.3%、13.4%，同比提高1.1个、1.8个百分点，分别比批发零售业销售额、零售额高0.8个、0.4个百分点，呈现恢复性增长的态势。阿兴记、陶然居等39家餐饮住宿龙头企业新开连锁店76家，不少企业通过团购网站、APP等平台开展了网上订餐。全市已有三钻级以上酒家153家，星级农家乐971家，农家乐示范村13个。

(十一)因地制宜发展民生商业取得新突破

结合我市夜间消费潜力大、有利创造就业岗位的特点，推动市政府出台发展夜市消费的意见，夜市经济发展快速推进。全市共申报市级夜市街区47条，其中双碑九重锦、较场口、九龙滨江品牌夜市建设规划强力推进，黄桷坪创业型夜市和南方花园特色型夜市提升改造全面完成。加大与民生息息相关的居民生活服务业发展，通过新闻媒体公开征集社区便民店项目建设单位，得到各方好评。发展全年新建社区便民商业设施180个，其中超市和标准化菜市场19个，集快递代收、水电气费用代缴、社区O2O体验等功能于一体的“一店多能”网点16个，城市快递末端配送公共取送点100多个。全年生活必需品市场供应平稳充足，共建成区域性和特色性商贸系统应急物资储备中心5个，新增应急物资储备770万元，全市商贸系统应急物资储备总规模达到1220万元，新增市级储备粮14.6万吨。

二、发展中存在的问题

当前国内经济已进入“三期叠加”的新常态。我市消费也开始进入以跟风式、排浪式消费向个性化、多元化消费转变，以汽车、住房类商品双轮驱动消费向电子商务、汽车、住房类、商贸服务、会展、餐饮住宿等多点支撑消费转变的新常态。在当前商贸经济运行中，也有一些问题值得引起关注。

(一)汽车消费连年高速增长不可持续

2014年，汽车零售额增长24.9%，已连续多年保持20%以上的增速。汽车零售占社零的比重高居各类商品第一，达到18.2%，比排第二位的食品类高 9.4 个百分点。特别是上半年汽车消费在限购传言推动下，激发恐慌式消费，实现井喷式的高增长。由于基数被猛地垫高，2015 年若没有其他强有力因素，仅维持与上年等量的消费额，即同比零增长，都将非常困难，汽车消费负增长的隐忧凸显。由于汽车消费对消费增长的拉动作用巨大，按 2014 年的拉动力测算，若 2015 年汽车零售额和销售额仍有幸保持上年的火热态势(实际并不可能)，即达到同比零增长，且其他因素不变，则社零总额、商品销售总额增速都将分别损失 4~5 个百分点、1.5~2 个百分点，这都将对我市社零增长造成较大冲击。

(二)商业地产和商品交易市场谨防投资过剩

近年来，在国家宏观调控住房投资的大背景下，众多资金转向商业地产投资。2014 年无疑是我市商业地产年，众多商业地产上马、开业，据不完全统计，仅 2014 年最后两月开业的商业地产项目就有 20 多个。各类钢材市场、建材市场、生产资料市场、家具市场等商品交易市场，也是雨后春笋一般涌现。如果行业过剩 10%~20%的时候会产生优胜劣汰，属于良性竞争，一旦过剩超过 20%，则形成行业性亏损，前几年钢铁、电解铝、玻璃、有色金属、水泥等行业极度扩张产能，直到现在还在去库存化，应作为前车之鉴。原则上应按照每 2 万元商业销售要配备 1 平方米商铺，集百货零售、写字楼、餐饮娱乐、住宅于一体的商业综合体和大型商品交易市场，区县特别是远郊区县应注意控制规模和数量。

(三)乡村消费市场启动还需多管齐下

作为城乡二元结构十分突出的直辖市，乡村消费市场启动难，城乡商贸统筹尤其不易。2014 年，我市乡村实现零售额 258 亿元，增长 14.8%，高于城镇 1.9 个百分点，连续 2 年乡村增速高于城镇，且比上年扩大了 1.1 个百分点，发展势头良好。但也应该看到，我市乡村零售额占社零总额的比重仅为 5.1%，比全国低 8.6 个百分点，差距还是较大。乡村消费市场的启动必须加大部门联动，多管齐下，加大城乡市场统筹力度，促进双向流通，力争乡村留住本地消费，吸引城镇人群消费。

(四)外来消费对我市消费增长支撑尚显乏力

我市要建成长江上游地区商贸物流中心，必须具备对周边消费强大的辐射聚集能力。我市电子商务发展起步较晚，本地购买力很大部分通过线上分流到沿海及电子商务发达地区，对传统零售业影响明显。全市限额以上服装鞋帽零售额增速同比回落 1.1 个百分点，日用品回落 1.5 个百分点，化妆品回落 11.7 个百分点。据市旅游局提供数据显示，全市共接待海内外游客 3.5 亿人次，比上年增长 13.2%，旅游总收入 2003.4 亿元，增长 13.1%，均远低于出境游客增速 31.4%，外来消费对我市消费增长的支撑尚显乏力。

三、2015 年发展展望

2015 年是“十二五”规划的收官之年，也是全面深化改革的关键之年。全市商贸发展的主要预期目标是，社会消费品零售总额增长 12% 左右，商品销售总额增长 14%以上，商业增加值增长 10%左右，餐饮住宿业营业额增长 14%，会展产业直接收入实现 95 亿元以上，网络零售额力争实现 600 亿元，粮油供需总量平衡。

一是继续深化商贸流通领域改革。改革是经济发展的动力，深化流通体制改革也是流通领域面临的“新常态”之一，必须坚定不移地抓好抓实。二是积极建设法制化营商环境。建设法制化的营商环境，是党的十八届四中全会提出的明确要求，必须不折不扣地抓好落实。三是着力转变商贸流通发展方式。转变商贸流通方式是商贸流通业适应“新常态”，顺应商贸流通发展趋势的重中之重，必须大力引导，积极推进。四是积极扩大居民消费需求。扩大居民消费需求，是针对当前经济形势，促进经济结构调整、逐步实现经济发展转型提质、稳中求进的有效措施。五是切实加强行业自身建设。“打铁还得本身硬”。加强商贸行业自身建设，是推动全市商贸服务业持续健康发展、圆满完成全年目标任务的重要保障。

(作者单位：重庆市商业委员会)

知识产权

孙健

一、2014 年发展回顾

2014 年,知识产权市场化改革深入推进,知识产权运用与保护效果明显,知识产权事业发展势头持续向好。

——专利申请企稳回升。全年专利申请受理量 55298 件,同比增长 12.77%,其中,发明专利申请受理量 19419 件,同比增长 54.58%;企业专利申请受理量 40039 件,同比增长 45.13%。

——专利质量明显提高。发明专利申请受理量占比达到 35.12%,同比增长 9.5 个百分点;企业专利申请受理量占比达到 72.41%,同比增长 28 个百分点,创历史最高水平。有效发明专利突破万件大关,达到 10010 件。每万人口发明专利拥有量达到 3.4 件,同比增长 16.44%。

——专利效益稳步提升。规模以上工业企业专利产品产值达到 2556 亿元,占全市工业总产值的 13.65%。

(一)深化知识产权市场化改革,突破创新驱动发展的体制障碍

一是推动知识产权与资本市场深度融合。启动制订《重庆市知识产权质押融资管理暂行办法》,搭建银企专利对接平台。36 家企业运用 678 件专利质押融资 3.31 亿元,其中,重庆润通动力有限公司运用 45 件专利从建设银行江津支行获得质押贷款 4360 万元。52 家企业利用知识产权出资入股 4.54 亿元,其中,合肥海力公司以两项发明专利作价 300 万元,与重庆紫光化工组建重庆紫光海力公司,将专利技术的经济价值最大化。

二是市场化运营的专利云平台已具雏形。引入金冠信息公司、科技风险投资公司等企业注资成立重庆帕特克劳知识产权服务公司(专利云公司),形成公共服务和市场化经营相结合的运营管理模式,累计培训专利工作人员 1000 多人次,为 18 个技术领域 320 家企业提供了专利信息服务。

三是依托国家专利审查员实践基地服务产业发展。探索形成"聚焦产品—定制服务—跟踪协调—再循环"的国家专利审查员服务地方产业发展规范化运作模式,组织 13 批 114 人次的国家专利审查员赴渝解决产业知识产权难题 59 个,为企业节约研发经费 7980 万元,帮助重庆再升科技公司开展微玻纤领域专利技术分析,提升了企业产品效能,预计投产后产值达到 10 亿元。

(二)进一步加强知识产权运用,支撑企业创新和产业转型升级

一是支持企业知识产权投资并购和海外布局。支持 64 家企业开展专利分析,支撑产品研发、投资并购、侵权规避、市场开拓等,其中 8 家企业避免了在合资并购中的知识产权风险,12 家企业针对海外竞争对手的专利进行了规避设计。在引进日本企业投资我市人工心脏开发项目中,为我市参与项目合作的企业检索日本企业医疗技术专利,帮助企业在与日方谈判过程中掌握知识产权维权主动权。支持 14 家企业在 19 个国家和地区布局了 62 件专利,实现产品出口销售额近 5 亿美元。

二是指导企业加强知识产权管理和运用。制定并实施《重庆市规模以上工业企业知识产权统计报表制度》,加强对规模以上工业企业知识产权创造和运用情况统计分析。组织 50 家企业开展国家知识产权管理规范化试点,将知识产权融入企业研发、生产、经营全流程。培育知

识产权试点示范企业714家。9个专利产业化项目获得第16届中国专利优秀奖,获奖项目新增销售额77.6亿元、出口额22.8亿元。

三是开展全市重点产业专利申请布局。指导120家龙头企业围绕战略性新兴产业和"6+1"支柱产业申请布局专利6400件。汽车产业集群专利授权3756件,占全国的5.7%,同比提高1.0个百分点;电子产业集群专利授权2102件,占全国的2.0%,同比提高0.5个百分点;集成电路、光源设备、新材料、仪器仪表、环保设备、云计算、高端装备等产业专利授权量同比提高均超过0.5个百分点。

四是启动生物医药产业专利导航试点。会同市食药监局、市经济信息委、市科委等部门启动生物医药产业专利导航试点工作,支持30家企业制定仿制药专利战略,突破专利瓶颈,预计到2020年可获得新药证书30份、实现产值120亿元。其中,支持重庆医药工业研究院开展出口产品专利分析,制定了抢占超过5000万美元国际预期市场的专利战略。

(三)切实强化知识产权保护,打造内陆开放高地建设良好环境

一是深入推进打击侵权假冒工作。健全打击侵犯知识产权和制售假冒伪劣商品工作机制,建成"两法衔接"信息共享平台,公开打击侵权假冒案件信息。开展互联网、车用汽柴油、农村和城乡结合部等重点领域专项整治,立案查处案件3500余件,破获侵权制假犯罪案件655件、涉案金额4.33亿元。

二是开展重大经济活动知识产权评议。获批开展国家知识产权局重大经济科技活动知识产权评议制度机制建设试点。启动中科院重庆研究院与上海南江集团合作石墨烯薄膜制备及应用技术、机电股份与美国Winbro集团公司打孔设备对外并购及重大合资合作项目的知识产权风险防范预警工作。帮助重庆轻纺集团通过专利分析成功实现萨固密"迅捷"项目海外专利技术并购、主导产品抢占全球8%的市场份额。

三是稳步推进知识产权维权援助工作。成立重庆市重点产业知识产权风险防范和涉外知识产权纠纷快速应对机制工作协调小组,出台重庆市重点产业知识产权风险防范和涉外知识产权纠纷快速应对工作机制方案。为汽车、化工、装备制造、材料、电子信息等产业的23家重点企业提供了国内外技术合作中的知识产权预警分析。

四是加强专业市场和商贸流通领域知识产权管理。开展5家首批国家级专业市场知识产权保护规范化培育试点工作,建立和完善了市场商户建档制度、品牌管理机制、行业诚信规则。组织5大商圈的23家大型专业市场举办商贸流通市场"保护知识产权、销售正版正货承诺"活动。

(四)全面提升知识产权服务水平,提高市场配置创新资源效率

一是大力推进知识产权服务业发展。出台《重庆市企业购买知识产权服务补贴暂行办法》,促进知识产权服务机构发展。新引进从事高端知识产权服务机构2家,新增国家知识产权服务品牌机构2家、品牌培育机构2家。全市知识产权服务机构达到90家,从业人员达到1200人,年收入达到1.2亿元。

二是加快建设区域专利信息服务中心。创新知识产权服务电子商务模式,整合73个国家(地区组织)8000多万专利数据资源,集聚了49家国内外知识产权服务商,完成各类专利预警、风险分析项目50个,建成特色产业专利信息应用示范基地2个、重点产业主导产品专题专利数据库5个。

三是着力提升专利代办工作质量。采取单独设立电子申请通道和查询服务体验区等方式推广专利电子申请工作,专利电子申请率达到97.51%,代理机构电子申请率达到100%,全国排名第一。加强对非正常专利申请的排查和监控,非正常专利申请量有效降低。

(五)加强区县和园区知识产权工作,助推五大功能区建设

一是指导区县实施知识产权战略。指导38

个区县(自治县)完善专利资助政策,25个区县制定年度专利战略推进计划,10个区县设立专利产业化奖或专利技术转化项目。开县成为国家知识产权强县工程试点县,巴南、璧山成为国家知识产权试点城区。江北、九龙坡、南岸成为创建国家知识产权示范城市。

二是大力实施专利提质增量工程。调整专利申请政策导向,将考核重点向企业发明专利申请量和发明专利拥有量倾斜,支持都市功能核心区、拓展区和城市发展新区23个区县和开发区开展专利提升工作。长寿、巴南、合川等区县均对企业申请发明专利进行引导性补助。

三是全面推进园区知识产权工作。举办2014年园区知识产权管理培训班,组织38个区县、28个园区、24个知识产权服务机构的200余名知识产权工作者参加培训。国家级知识产权试点园区达到2个,市级知识产权试点园区达到28个,市级知识产权示范园区达到8个。

(六)推进高校院所知识产权工作,提高专利成果市场转化率

一是开展高校知识产权管理标准国家试点。我市成为全国3个高校知识产权管理标准试点省市之一,5所高校启动试点工作。印发《重庆市高校知识产权管理规范试点方案》,开展了317项专利的分级评估和分类管理国家试点。邀请江苏大学专家团队来渝培训专利分类管理技术骨干38名。

二是发挥知识产权对高校协同创新支撑作用。印发《关于进一步加强高等学校知识产权工作的意见》,征集全市高校和科研院所知识产权协同创新专利支撑项目,为7所高校和科研院所提供协同创新工程专利分析评议服务。支持建成的协同创新知识产权研究中心为重庆大学成功申报国家2011协同创新中心奠定坚实基础。

三是指导高校开展知识产权运营。支持重庆邮电大学与腾讯公司、七星天公司组建专利创意孵化中心和专业运营平台,成功策划27项专利用于企业知识产权布局。依托APP手机服务软件和专利云平台,指导重庆理工大学开展科研选题和服务成果转化。指导重庆文理学院开展知识产权代理与托管服务活动。

(七)深化知识产权对外交流合作,服务内陆开放高地建设

一是"请进来"对接企业知识产权需求。举办外贸企业和外商投资企业知识产权座谈会,邀请英国驻渝总领事馆、中国欧盟商会代表和部分外商投资企业与30家重点出口企业、知识产权中介机构沟通交流。邀请埃及、土耳其、安哥拉、尼日利亚、埃塞俄比亚、泰国、印度尼西亚、吉尔吉斯斯坦、塔吉克斯坦、哈萨克斯坦、格鲁吉亚、摩尔多瓦等12个国家的31名知识产权官员和专利审查员与长安汽车、力帆集团、东风小康、建设摩托、医药工业研究院、金山科技、国际复合材料公司等企业交流对接,提供产品出口目标国知识产权保护的法律和政策信息。

二是"走出去"帮助企业开拓国际市场。与巴西、阿根廷工业产权局、律师协会、律师事务所、相关企业建立沟通机制,解决力帆集团海外知识产权纠纷。促成重庆市企业知识产权保护促进会与巴西工业产权局签订合作协议,共同关注重庆企业知识产权维权、申请、查新等方面的需求。调研掌握力帆集团在发动机、变速箱、悬架系统等关键技术的合作、并购需求,为帮助企业开展知识产权分析服务奠定基础。组织专家为82家外贸企业解读美国"337条款"调查的案例、海关保护程序、海外风险及应对策略,帮助140家出口型企业收集梳理产品出口目标国知识产权法律信息。

(八)加强文化建设和人才培养,增强知识产权事业发展后劲

一是加大知识产权文化建设力度。组织市级有关部门、区县、园区、高校、企业共同参与知识产权宣传周、专利周等各类宣传活动。召开重庆市知识产权保护状况白皮书新闻发布会,邀请驻渝使领馆官员出席和境内外媒体参与报道。组织各类知识产权新闻专题采访63次、编辑出版《重庆知识产权》6期、制作宣传工作片1部、印制各类宣传资料6万余份。启动《创新改

变世界——影响人类生活的十大专利》等知识产权文化丛书编写工作和《重庆知识产权》杂志由内刊变更为公开发行刊物准备工作，积极筹建《中国知识产权报》重庆记者站。

二是全面深化知识产权人才工作。组织实施知识产权紧缺人才培养计划，新增专利代理人、专利工程师、专利分析评议人员、海外知识产权维权人员等紧缺人才108名。市和区县累计举办企业知识产权专题培训班195期，培训企业知识产权工作人员超过20000人次。建成重庆市知识产权人才库和信息网络平台，入库人才达到125名。组织12名优秀人才参评全国知识产权领军人才和百名高层次人才。

二、2015年发展目标

全面贯彻落实党的十八届三中、四中全会，市委四届三次、四次、五次、六次全会，中央和全市经济工作会议和全国知识产权局长会议精神，主动适应经济发展新常态，以贯彻落实《国家知识产权战略实施行动计划(2014~2020年)》为主线，以实施《2015年重庆市专利战略推进计划》为抓手，着力深化知识产权市场化改革，着力强化知识产权运用与保护，加快建设知识产权强市。力争万人发明专利拥有量达到3.8件。全市专利申请达到56000件，其中，发明专利申请比重达到30%以上，企业专利申请比重达到60%以上。全年专利授权达到24000件，其中发明专利授权达到2400件以上。规模以上工业企业专利产品种类达到1.4万种，产值达到3000亿元。

(作者单位：重庆市知识产权局)

重庆银行业

一、2014年发展回顾

2014年，面对复杂的形势，重庆银行业全面贯彻落实中央和市委决策部署，统筹推进稳增长、促改革、调结构、惠民生、防风险，深入推进五大功能区域发展战略，保持了平稳向好的发展势头。截至12月末，重庆银行业资产总额达3.5万亿元，同比增长8.9%；各项存款余额2.52万亿元，同比增长10.4%，高于全国水平0.8个百分点；各项贷款余额2.06万亿元，同比增长14.6%，高于全国水平1.3个百分点；存贷比83.4%，高于全国平均水平7.4个百分点；全年累计实现净利润562.5亿元，同比增长9.7%。

(一)对内对外开放水平不断提高，金融集聚效应不断增强

重庆市银行业金融机构数量保持了快速增长势头，机构类型完善再获新突破。全市新开业分行、专营机构和法人级机构8家，已开业的分行和法人级机构数量已达95家，重庆已经成为中西部地区银行业金融机构种类最为齐全的地区之一。重庆力帆财务公司和渝农商金融租赁有限责任公司顺利开业，非银行金融机构总数达9家；马上消费金融公司和广发银行重庆分行获批筹建。盘谷银行重庆分行、大华银行重庆分行和友利银行重庆分行开业；新韩银行重庆分行的筹建工作正在顺利进行中。重庆市已开业外资法人银行分行14家、外国银行分行1家、外国银行代表处1家，外资银行数量继续位居我国中西部前列。

(二)地方法人银行改革取得新的进展

法人银行结合转型升级的总体改革要求，公司治理、业务治理、风险治理等“三项治理改革”工作系统推进。一是以建立健全“制衡有效，激励兼容”的公司治理为目标，中小法人机构切实加大改革步伐。根据公司治理自评估及监管复评情况细化整改方案，优化完善绩效考评体

系。村镇银行等新型农村金融机构加快探索有效治理模式,提高自主经营能力。信托公司进一步明晰股东责任和公司在经营管理及风险防控中的主体责任。二是法人机构结合自身特点和发展方向,因地制宜推进业务治理改革。同业专营部门建设及运行机制建设初见成效,完成组织架构调整,实现统一授权授信,内控和IT系统逐步完善,业务开展规范性显著提升。理财事业部架构完成重塑,银行理财业务组织管理体系在归口管理、产品单独核算、风险隔离、行为规范方面初步达到监管要求。各非银金融机构回归主业,完善业务管理架构及制度框架,探索差异化和特色化经营。三是法人机构根据业务跨市场融合的特点,按照集成化方向改革风险治理体系。风险管理从各业务条线分散管控向跨越各条线、表内外、子公司的集成式全面风险管理框架升级。按照实质重于形式的原则,建立完善非信贷和表外资产的质量分类、资本和准备金计提、集中度管理、限额管理等制度。

(三)服务区域经济差异化发展和产业结构升级成效显著

重庆银监局出台《关于重庆银行业支持实施五大功能区域发展战略的指导意见》,推进网点布局优化、信贷政策倾斜和服务产品创新,助力重庆市“五大功能区域”战略规划。银行业金融机构大力支持全市支柱行业和新兴产业发展。12月末,全市“6+1”支柱行业贷款占各项贷款达13.9%,汽车、电子制造业贷款同比增长3.6%。围绕长江黄金水道建设,加大对水铁联运交通枢纽建设的支持,对全市12个重点铁路建设项目发放贷款139.8亿元,较年初增长48.6%。支持企业“引进来”、“走出去”,助推重庆内陆开放高地建设,支持跨境贸易和融资,离岸银行业务同比增长68.2%,跨境人民币结算量同比增长1.3倍。

(四)采取切实措施缓解企业融资难融资贵

围绕“持续提升小微企业金融服务水平和能力”的目标,全市银行业继续保持小微信贷增长“两个不低于”。12月末,小微企业贷款余额4467亿元,比年初增加855亿元,同比多增35亿元,同比增长23.7%,比各项贷款平均增速快9个百分点。出台《关于进一步改善金融服务,缓解企业融资难、融资成本高问题的指导意见》,实施“三项制度”,督促机构在信贷产品期限、还款方式、专业服务机构、银企对接渠道等四方面加快创新步伐。12月末,全市银行业中长期小微贷款余额达到1540.6亿元,占小微贷款总额的34.5%,比年初增长17.2%。续贷、最高额循环授信等还款方式创新的小微贷款余额达到519.4亿元,占小微贷款总额的11.6%,较年初增长54.6%。此外,重庆银监局指导银行业机构有序推进专营支行、社区支行新设规划实施。截至12月末,全市银行业持牌小微企业专营机构达到近20家,社区支行100余家。

(五)落实发展“普惠金融”的要求优化农村金融服务

重庆银监局制定《关于推进农村金融服务“村村通”实施意见》,不断完善优化农村金融服务网络,督促加大涉农贷款投放。2014年末,“惠农通”数量达10332台,农村便民服务点数量达694个,金融服务覆盖全部乡镇和80%以上行政村,初步形成“乡有网点,村有自助设备,家有手机银行”体系。重庆银监局印发《重庆银监局关于进一步加强和改进农村金融服务工作的通知》,加强窗口指导、强化政策传导。引导银行创新涉农信贷产品、优化贷款流程、简化办贷程序。12月末,全市银行业涉农贷款3939.80亿元,较年初增加559.1亿元,同比多增45亿元;增速16.4%,高于各项贷款增速1.9个百分点。

二、发展中存在的问题

宏观经济的趋势性变化以及新旧常态过渡中的各种问题反映到金融领域,银行业发展面临挑战。一是经济增长由高速转向中高速运行,金融业面临的信用风险、操作风险、声誉风险、市场风险、流动性风险都在上升,风险之间的关联性也在增强,防范化解风险的压力进一步加大。二是利率市场化推进的大背景下,银行业负债成本上升,银行间净息差竞争更加激烈,利差收窄的趋势还将进一步延续。同时,来自证券、保险、资管、基金等的产品替代和直接融资分流,银行业传统的优质资产客户减少。三是金融市场变化快给机构经营转型带来压力。大数据、互联网技术等给传统银行业经营模式形成冲击,旧的经营模式都必须尽快改变。

三、2015 年发展目标

2015 年重庆银行业要全面贯彻落实党的十八大和十八届三中、四中全会、中央经济工作会议精神,深入学习贯彻习近平总书记系列重要讲话精神,紧紧围绕银监会监管工作会议部署和重庆市委四届六次全会要求,坚持稳中求进的工作总基调,坚持以提高发展质量和效益为中心,适应经济发展新常态,主动作为、规范作为,继续深化改革转型,强化风险管理,不断提升服务实体经济能力,实现辖内银行业科学可持续发展。

着力提升金融服务质效。一是积极支持国家战略部署在重庆落地。切实落实我局有关支持五大功能区域发展战略的指导意见,立足重庆在衔接"一带一路"、长江经济带、成渝经济区的特殊战略地位,更好地发挥重庆在国家区域发展战略中的辐射、承接、转移、疏解作用,大力支持"引进来,走出去",积极支持产业结构调整及布局优化。二是大力推进普惠金融发展。加大涉农、小微信贷支持。推动实现辖内小微企业和涉农贷款增速高于全部贷款平均水平的目标。提高社区银行对居民服务的覆盖面,利用现代科技手段大力推进"村村通"。三是努力推动降低社会融资成本。落实关于缓解企业融资难、融资贵相关政策要求,加大管理创新,加强主动负债管理,减少不合理收费,缩短融资链条。

切实防范各类风险。一是加强防范和化解信用风险。但对于符合产业政策,发展良好,暂时流动性困难的企业不抽贷、断贷。二是切实防范化解流动性风险。进一步完善压力测试,加强流动性管理信息系统建设,提升流动性管理能力。三是加强风险排查和应急演练,提升信息系统可靠性和信息科技治理能力。四是加强押品估值管理,防范抵押物价值的市场风险。五是深入开展"员工行为管理强化年"活动,持续保持案防高压态势。六是综合防范声誉风险,切实防范化解社会金融风险。

(作者单位:中国银行业监督管理委员会重庆监管局)

保险业

一、2014 年发展回顾

2014 年,重庆保险业在市委、市政府和中国保监会的坚强领导下,围绕中心、服务大局,全力参与现代金融、社会保障、防灾减灾、农业保障、社会管理五大体系建设,努力发挥保险的经济补偿功能,行业发展保持稳中有进的良好态势,为服务和保障重庆经济社会发展做出积极贡献。

截至 2014 年底,全市市级保险分公司 43 家,其中新开业中邮人寿、建信人寿 2 家分公司,中心支公司及以下分支机构 1184 家。全行业吸纳社会就业人数达 8.7 万人。2014 年,全市保费收入突破 400 亿大关,达到 407.3 亿元,同比增长 13.4%,增速创 4 年来新高,保费规模位居全国 18 位、西部第 3 位。保险业总资产破千亿元,达 1016 亿元,同比增长 7.9%。在渝 3 家保险法人机构共实现保费收入41.5 亿元,同比增长 32.7%。2014 年,全市保险赔付支出 151.5 亿元,同比增长 21.6%。共提供财产保险风险保障

4.2 万亿元,提供人身保险风险保障 7.8 万亿元。累计为全市社会养老、健康风险积累准备金 1047.5 亿元。保险密度 1361 元,保险深度 2.9%,同比分别增加 151 元和 0.1%。

(一)致力服务经济社会发展

全市保险业以贯彻落实保险业新国十条为契机,紧紧围绕市委、市政府中心工作,加强工作协调,推动重点业务发展,全面提升保险业服务地方经济社会发展的能力和水平。

推动农业保险提质扩面。2014 年,政策性保险大幅扩面,水稻、玉米、马铃薯保险试点区县从 2013 年的 16 个拓展到 23 个,覆盖面达 80%,投保总面积达到 400 万亩,较 2013 年增加 100 万亩。启动油菜保险、渔业保险试点,生猪价格指数、蔬菜价格指数、仔猪保险等创新项目落地。农房保险覆盖范围扩大到 8 个区县,承保农户 94 万户,提供风险保障 92 亿元。全市农业保险赔付支出 1.7 亿元。

规范发展大病保险。全市大病保险惠及城乡居民、在校大学生 2700 万人,实现省级统筹全覆盖,并率先以省级为单位纠正不提供承保理赔关键信息的做法,落实了按商业保险合同方式开展大病保险的监管要求;率先将全市涉及 550 万人、30 亿元保费的职工医保大额互助保险交由保险公司承办;率先将全市 90 亿元的基本医保个人账户余额向全市保险公司开放,允许购买商业健康保险、人身意外伤害保险。

纵深推进责任保险。2014 年,全市责任保险实现保费收入 5.7 亿元,同比增长 17.8%;赔付支出 2.8 亿元,同比增长 31%。其中,医疗责任险累计为 1095 家医疗机构提供 9 亿元风险保障。目前已形成全市二级以上医院统保医疗责任保险工作方案,进入实质操作阶段。校园方责任险为全市各类学校的 257 万名学生提供风险保障 1177 亿元。承运人责任险累计承保 5.8 万件,提供风险保障 2235 亿元。食品安全责任险已在餐饮业、中小学食堂启动试点,养老机构责任险在渝中区取得试点突破,临床供血责任保险试点顺利。

推动保险业服务实体经济。大力发展小额贷款保证保险,助力解决小微企业等融资难、融资贵问题。市政府在 2012 年 9 月出台文件支持小额贷款保证保险发展。截至 2014 年底,重庆保险业累计支持小微企业和个人获得银行贷款超过 40 亿元。通过保险机制的介入,借款人年化融资成本控制在 11%以内,远低于通过担保公司、小额贷款公司等业务的融资成本。保险成为小微企业缓解融资难问题的重要创新手段。助力打造内陆开放高地,支持企业"走出去"。2014 年,出口信保累计赔付支出 1.4 亿元,同比增长 256.5%。

统筹发展商业养老健康和意外保险。从 2005 年开始,保险业在城口县探索开展外出农民工意外伤害综合保险。截至 2014 年 12 月底,该保险业务已累计为 290 万人次提供约 860 亿元保险保障。保险业于 2013 年开展农村扶贫小额保险试点。截至 2014 年底,该业务已覆盖全市 18 个重点扶贫区县和江津区,参保人群 50 万人,约占农村扶贫人口的 30%。2014 年城乡孕产妇和新生儿保险为 23.5 万人提供 332 亿元保险保障。

协调促进保险资金来渝。2014 年保险资金来渝协议投资金额达 846 亿元,涉及两江新区开发、高速公路、公租房等领域,实现投放金额 289 亿元。

(二)扎实有效保护消费者权益

深化车险理赔难综合治理。修订发布车险理赔服务标准,形成首个涵盖车险理赔所有环节、全部案件的行业标准。持续强化车险理赔服务质量测评,先后开展 1 次年度测评、3 次季度测评,均无保留地向社会公布测评结果,倒逼公司改进服务,得到会领导肯定。指导市保险行业协会加强快赔中心标准化建设。深化未决赔案管理长效机制,加大督查力度。全年受理车险理赔难投诉案件 112 件,同比下降 4.3%;车险新增赔案结案率 91.7%,同比提高 0.8 个百分点。

大胆探索销售误导源头治理。出台《重庆市人身保险客户需求分析和风险承受能力测评办法(2014版)》,进一步完善问卷题本、优化测评流程和扩展实施范围,并创造性地将问卷嵌入公司核心业务系统实现全程管控,促使17家寿险总公司对核心业务系统进行了改造升级。落实客户信息真实性管理制度,督促辖内寿险公司核查837.8万条保险消费者信息,修正78.7万条信息。全面开展寿险公司失效保单清理和存量保单信息补正工作,清理失效保单24万余份,补证存量保单信息9.6万份。积极探索银邮渠道销售行为记录保存制度。全年共受理销售误导类投诉案件235件,同比下降24.7%。

大力创新消保工作机制和措施。开办局官方微信公众号,自7月29日首期发布至12月末,关注人数近1.4万人,单条最高阅读数超过1.5万人。通过官微平台通报保险公司服务质量问题,大力维护消费者权益。切实加大信访投诉处理力度,全年办理各类保险消费投诉469件,帮助消费者维护经济利益1416.9万元。建立保险消费投诉快速处理机制,全年累计快处投诉921件,成功解决452件,案均耗时4天,处理时效较原模式缩短40天。推动保险纠纷诉调对接工作提质扩面。协调市高院将保险合同纠纷诉调对接工作扩大至全市,并确定主城区5个基层法院与市调委会联合开展机动车交通事故纠纷调解试点,探索推行委托调解、入驻调解、联合调解、委派调解等新模式。推动制定并试行《道路交通事故赔偿案件有关调解项目参考标准(试行)》,推进"判调统一"。指导市调委会共受理法院委托调解案件356件,调解达成金额1440万元。

(三)防范和化解保险市场风险

按照中国保监会的部署要求,在市委、市政府和相关部门的大力支持下,重庆保险业沉着应对复杂多变的经济金融形势,牢牢守住风险底线,积极创新制度机制,扎实开展风险排查和监测,有效确保了全年未发生系统性区域性风险事件。

抓好满期给付和退保风险防范。结合年度风险预估和保监会工作要求,年初发文明确全年风险防控工作部署及重点事项,召集辖内寿险公司和主要银邮机构现场交流群体退保事件处置经验。构建"日旬月季"4个层次动态风险监测体系,密切关注全辖满期给付和退保变化情况及各种风险苗头。建立风险督导层层递进机制,及时约谈退保给付异常公司,督促做好风险评估和管控。妥善处置个别网点集中退保、媒体负面报道等风险事件,全年未发生系统性区域性风险。

及时关注和管控市场出现的新风险。规范非保险金融产品销售行为,组织开展全面排查,向社会公众进行风险提示。严防非法经营风险,联合有关执法部门对涉嫌销售境外保单、假借保险公司名义销售第三方理财产品等行为开展现场调查,促使有关机构和个人停止违法活动或开除涉案人员。及时组织保险公司开展风险排查和客户回访,防范风险蔓延升级。关注毗邻地区交叉销售问题,派员赴四川泸州就营销员跨区域展业问题开展调查。

抓实案件风险和保险欺诈风险防治。联合公安机关推进反欺诈中心建设。健全工作制度,加强会商协作,提高办案效率。搭建信息互通平台,组织开展多种形式宣传教育和风险提示。登记欺诈"黑名单",定期筛查理赔数据,破获一起汽修厂、汽车俱乐部与多家保险公司查勘员勾结的诈骗窝案。全年反保险欺诈中心共收到欺诈线索37件,公安机关受理27件,涉案金额587.3万元。已立案7件,采取刑事强制措施17人,挽回损失227.9万元。督促保险公司落实司法案件专报和追责制度,逐案督导26件司法案件。

(四)大力整顿规范市场秩序

切实强化现场检查。加强现场检查基础建设。对我局2001年以来现场检查工作情况进行全面回顾和综合评估,总结监管经验,编制"监管地图"。探索改进现场检查方法,注重运用高清影像设备等技术手段,提升现场检查效率。紧紧抓住突出问题、重点公司和关键业务,注重"专、精、深",强化专项检查和信访案件调查,保持监管高压态势。全年共检查各类机构89家次,其中产险机构42家次、寿险机构25家次、专业中介机构15家次、兼业代理机构5家次、业外机构2家次。

全力抓好重点领域执法检查。产险方面,持续抓好农业保险检查,做好黔江区农险检查后续处理,对忠县政策性农业保险业务开展专项检查;首次开展承运人责任保险专项检查;开展摩托车交强险拒保和强制搭售问题综合治理。寿险方面,重点开展大病保险检查,对4家大病保险承保机构进行全方位检查,促进大病保险业务规范经营。开展银保业务和客户信息真实性专项检查。中介方面,按照保监会统一部署,扎实推进保险中介市场清理整顿工作。

依法实施行政处罚。全年完成行政处罚案件25件,查处违法行为37项,共处罚26家次机构、45名责任人,案均追究责任人1.8人。按已发决定书口径,共计罚款573万元,其中,对机构罚款396.5万元,对责任人罚款176.5万元;撤销3名高管任职资格;责令2家保险机构停止接受新业务,吊销1家机构保险兼业代理业务许可证。

二、2015年工作重点

全力贯彻落实好新国十条和渝十条。以落实会市合作备忘录为契机,引导我市保险业围绕"一带一路"、长江经济带及五大功能区战略部署和民生领域,加快保险业改革创新,打造一地区一特色、一公司一特点的行业格局,进一步提升服务大局能力。加快推进农业保险扩面、提标、增品,推动农险产品升级提质。开展巨灾保险试点。推进服务"渝新欧"的专业物流保险中心和服务长江黄金水道的内河航运保险中心建设。促进小额贷款保证保险提速发展,更好服务于实体经济。推动大病保险、责任保险、商业养老健康保险等民生类保险业务加快发展。

坚决维护保险消费者合法权益。持续深化销售误导、理赔难综合治理,不断提升保险服务满意度。跟踪规范大病保险、农业保险等政策性保险业务,继续加大对违法违规行为的查处力度。稳步扩大保险合同纠纷调解试点区域,建立涉及保险的机动车交通事故和医疗纠纷调解标准。完善信息披露和信访投诉考评相关制度,倒逼保险机构提升服务水平。

严防死守风险防范底线。进一步健全风险监测预警机制,完善风险应急预案,优化风险处置流程和制度。严厉查处市场违法违规行为,强化责任追究,增强市场约束,防止风险积累。加强金融监管协调,防范风险跨行业传递,坚决守住不发生系统性、区域性风险底线,确保行业改革发展行稳致远。

(作者单位:中国保险监督管理委员会重庆监管局)

文化产业

陶宏宽

一、2014年发展回顾

2014年,重庆文化产业逐步适应新常态,由高速增长期进入中低速增长期、结构调整优化期、融合发展期。在中央和市级一系列政策的接连激励下,全市文化产业优布局、调结构、深融合,继续向着支柱性文化产业的目标奋进。2014年,预计实现增加值487.61亿元,同比增长14.59%,高于全市GDP增速(10.9%)3.69个百分点,占全市GDP比重上升至3.4%,同比上升0.2个百分点,与全国文化产业的平均增速和占比大体相当。

表 1 全市文化产业增加值对照表

项目 \ 年份	2011 年	2012 年	2013 年	2014 年
增加值(亿元)	290.08	365.89	425	487.61
增长率(%)	31.85	26.13	16.16	14.59
占全市 GDP 比重(%)	2.90	3.19	3.2	3.4

表 2 全市地区生产总值对照表

项目 \ 年份	2011 年	2012 年	2013 年	2014 年
地区生产总值(亿元)	10011.37	11409.60	12783.26	14265.40
增长率(%)	16.4	13.6	12.3	10.9

(一)产业实力整体上升

近年来，全市文化产业年增速均超过同期经济增速，2012 年增加值增速高达 26.13%。进入新常态以来，受整体经济发展影响，文化产业发展整体结束高速增长，进入中低速增长期，2013 年回落至 16.16%，2014 年预计增速达 14.59%，同比下降近 2 个百分点，与此同时，产业增加值占 GDP 的比重上升 0.2 个百分点，文化产业的规模并没有随着增速放缓而减弱，产业实力整体呈上升趋势，但伴随增速放缓，上升幅度变小。

(二)市场主体茁壮成长

文化市场发展活力迸发，投资需求旺盛。2014 年，新增文化企业 14855 家，同比增长 29.66%；新增注册资本金 604.97 亿元，同比增长 83.49%。民营文化企业异军突起，截至 2014 年底，全市共有 59344 家文化企业，其中：民营企业达到 56579 家，占比为 95.34%；1329.59 亿元注册资本金中，民营企业占比为 79.21%。民营经济在全市文化产业中增加值贡献率为 70%，行业覆盖率达 85%，在出版、广电以外的多数行业领域，民营经济已占主导地位。

(三)结构调整态势明显

传统的文化产业转型压力较大，增速放缓，2014 年新闻出版发行业增加值占 15.8%，位列第二，但同比增长仅 1.5%，增速最慢。广播影视业增加值占 10.2%，位列第六，但同比仅增 2.5%，倒数第三。文化产业与科技、旅游等外部产业加快融合，传统产业向文化产业主动靠拢；文化产业之间相互融合加快进行，顺应文化融合发展的大趋势，新兴、衍生新业态快速发展，成为文化产业新的增长点，2014 年，文化创意和设计服务业增加值实现 77.93 亿元，占比高达 16.0%，增速高达 38.4%，从总量、增速来看，文创都名列第一，超过新闻出版发行业成为第一门类，成为产业发展的领头羊。

(四)聚集效应逐渐彰显

在四大国有集团外，通过转企改制、战略重组，新涌现了华龙网、演艺集团、电影集团、商界传媒等龙头企业。全市已设立 7 个国家级、41 个市级文化产业示范基地和 5 个市级文化产业示范园区。其中，北部新区国家数字出版基地入驻企业达到100多家,投资总额近50亿元,发挥了产业导向和资源聚合双重作用。

(五)重点项目加快推进

一批文化产业重点项目建设顺利推进:出版传媒创意中心建成竣工,已正式投入使用;重庆国际马戏城和九龙国际珠宝城建设按计划推进;丰盛古镇一期工程已完工,于2015年元旦正式开街;《烽烟三国》实景预计2015年下半年正式演出;万盛动漫产业园建设进展顺利,投资已超6亿元,预计2015年一期工程将建成开放;视美动漫产业园已完成规划设计和土地征用。文化产业招商引资取得突破性进展,引进深圳华侨城、乐视、万达集团等十大项目,文化产业发展项目支撑不断强化。

(六)特色产业加快发展

2014年推荐"年度国家特色文化产业项目"6个,壹秋堂夏布和綦江农民版画入选国家项目库;梳理全市特色文化资源,起草完成《重庆市特色文化产业项目评选办法》和《支持特色文化产业加快发展的实施意见》;与荣昌县组成联合考察组,赴广东、江西、江苏等陶瓷产业发达地区考察,并完成了考察调研报告,助推荣昌陶文化产业加快发展。

(七)产业政策加快完善

市委市政府出台了《推进文化市场改革加快文化产业发展的实施方案》,市文化委与市财政联合下发《关于支持特色文化产业加快发展的实施意见》,市文化委代市政府草拟《关于推进文化与旅游融合发展的意见》,已经签发。《关于建立文化金融合作机制的实施意见》正在修改完善,《关于文化创意和设计服务与相关产业融合发展的实施意见》进入讨论审定阶段。《重庆市文化产业促进条例》和《五大功能区鼓励类文化产业发展指引》起草工作顺利推进。

(八)发展环境明显优化

对接五大功能区战略,明确"两区两带一高地"的产业布局,产业考核办法进一步优化。配合上级领导和部门完成各类产业调研座谈10余次,文化旅游融合发展调研报告受到市领导的高度赞扬并转发工作通报。圆满完成各项年审、巡检,"营改增"税负调研、荣昌陶专题考察等有效助推相关工作。融资环境明显改善,11个项目共获中央文化产业发展专项资金6255万元;协助市财政落实市级专项资金1000万元,设立1亿元文化股权投资引导基金,募集社会资金配套2亿元,基本建立产业引导基金项目储备库。

(九)产业交流持续推进

2014年,全市共10余家文化企业参加了第十届深博会,实现销售额50多万元,订单1100万元;荣昌县壹秋堂夏布等四家特色文化企业参加第七届西博会,现场成交金额约20余万元,签订订单近60万元;成功举办第六届西部动漫节,近3万种动漫创意品展出销售,1000余家国内外知名动漫企业参展。成功举办第七届万石博览会,汇集了市内外众多玉石企业参展和众多玉石爱好者参加,现场销售额8000余万元。

(十)文化服务水平提升

全市共有艺术表演团体15个、博物馆78个、文化馆41个、公共图书馆43个。共有有线电视用户504.06万户,其中数字电视用户390.11万户。广播综合人口覆盖率98.44%;电视综合人口覆盖率达到98.95%。

(十一)文化产品日益丰富

全年生产电视剧5部162集,电视动画片1260分钟。全年生产故事影片10部,其中动画片1部。出版发行报纸62639万册(份)、各类期刊5740万册(份)、图书13278万册(张)。人均拥有公共图书馆藏量0.415册(张)。年末全市共有国家综合档案馆40个、市级专业档案馆1个、市级部门档案馆4个。

(十二)人才培养力度加大

成功承办"2014国家动漫产业高级人才研修班(新媒体动漫方向)",来自全国的50余名新媒体动漫从业人员参加培训;组织一批优秀青年设计师参加了"2014年文化产业创业创意人才扶持计划”；成功举办了全市文化产业经营管理人才培训，邀请国内文化产业领域知名专家授课。

二、发展中存在的问题

2014年重庆市文化产业在改革推力、市场发力和政策支持多重合力的共同作用下奋力前行，产值增长仍旧是主题，结构调整是主线，产业政策是保障，但从文化产业发展的外部环境、体制机制和自身状况来看，仍旧存在一些外部障碍和内在矛盾需要逐步克服：

一是目标定位倒逼发展压力。按照2017年我市地区生产总值达到20000亿元目标，文化产业作为支柱性产业要实现占GDP总量的5%，增加值至少要达到1000亿元左右，未来三年增加值要增长513亿元以上，按照2014年的产业增加值总量计算，年均增速至少不低于27%，而目前增速仅达14.59%，按照目前增速，到2017年增加值仅能达到733亿元，仍旧有267亿元的缺口，达到千亿目标要到2020年才能实现，产业发展的压力很大，因此发展目标要适当调整。

二是产业融合发展机制不畅。文化产业与外部产业融合及文化产业内部融合，文化和金融、科技的深度融合都涉及较多部门，存在历史体制遗留问题和部门利益调整阻力，需要各方合力。领导体制、工作机制以及具体实施办法，还需更高层面协调推动，形成更高顶层设计、制度合力。

三是市场主体竞争力不强。从目前摸底情况看，文化企业规模小、核心竞争力弱、科技水平低、经营理念落后、同质竞争等现象普遍存在，特色和新兴文化产品研发生产能力弱，缺乏有竞争力的产业园区和叫得响的优质文化品牌。

四是产业扶持资金稍显不足。近年来，中央给予文化产业发展的资金持续增加，市政府专门设立基金激励发展，但市财政文化产业发展专项资金规模偏小，且民营文化企业所得扶持仅占很小一部分，资金安排办法多为项目补贴，广大企业发展资金的缺口大，对企业的支持作用较为有限。

五是产业结构调整力度仍需加大。从2014年度全市文化产业分行业统计表来看，全行业增加值增速超过全市文化产业增速14.59%的文化产业5个，占10个行业的50%，这5个行业的增加值绝对量达到235.71亿元，占增加值总量的48.34%，成为增长的引擎，按照这种发展态势将逐步成为全市文化产业规模扩大的主力；传统文化产业大户新闻出版和广播电视增速则垫底，而其增加值仍旧达到126.6亿元，占总量的比达25.96%，超过四分之一，其规模效应不容小觑，意味着传统文化产业在新一轮增长中面临更大的转型压力，需为千亿目标贡献体量(见表3)。

三、2015年发展目标

2015年是“十二五”规划的最后一年，产业工作要紧紧围绕“成为国民经济支柱性产业”、“文化强市”目标，力争实现增加值突破550亿元，增长率15%以上，占地区生产总值的比重力争达到4%，具体来说，要在以下四个方面进一步着力：

(一)全面完善产业政策体系

深入贯彻两个改革方案，扩大文化市场对外开放；继续推动《重庆市文化产业促进条例》的起草工作，力争2015年发布；尽快出台推动文化与金融合作、文化与旅游融合以及文化创意和设计服务与相关产业融合发展的政策意见。

(二)全面强化文化产业规划

加紧调研全市各行业、各区县产业发展情况，启动“十三五”文化产业规划编制工作；按照五大功能分区战略部署，落实“两区两带一高地”的发展布局，引导各区县文化产业错位发展、多样化发展。

(三)全面推动产业融合发展

竭力解决融合发展的障碍和困难，在推动

表3 2014年度全市文化产业分行业统计表

类别	预测值(亿元)	结构占比(%)	同比增速(%)
合计	487.61	100	14.59
第一部分 文化产品的生产			
一、新闻出版发行服务	76.90	15.80	1.5
二、广播电视电影服务	49.70	10.20	2.5
三、文化艺术服务	39.43	8.10	22.3
四、文化信息传输服务	22.36	4.60	6.5
五、文化创意和设计服务	77.93	16.0	38.4
六、休闲娱乐服务	51.00	10.5	2.0
七、工艺美术品的生产	48.60	10.0	24.9
第二部分 文化相关产品的生产			
八、文化产品生产的辅助生产	51.94	10.70	6.4
九、文化用品的生产	67.40	13.80	29.9
十、文化专用设备的生产	2.35	0.50	17.5

政策出台的同时，促进多部门充分协调配合，建立联席会议制度和统计监测制度，为多产业融合提供体制保障。整合各行业现有手段和资源，向融合发展领域倾斜，实现文化产业的自我提升和相关产业的转型升级。

(四)全面促进产业加速增长

达到千亿文化强市目标，时间短，压力大，必须全面加大文化产业工作考核力度，督促各区县加大文化产业发展财政投入，牵引文化产业市场投入，拉动文化产业增加值持续上升，提升整体产业实力；充分发挥中央资金和市级资金的导向引领作用，促进产业内部结构调整优化、深度融合、集聚发展；启动实施中小文化企业成长计划，增强市场活力，加快发展步伐。

(作者单位：重庆市文化委员会)

旅游业

张子弟

一、2014 年发展回顾

2014 年以来，全市旅游业深入贯彻落实党的十八大、十八届三中全会和市委四届三次、四次全会会议精神，深入贯彻落实《旅游法》，以及全国和全市旅游工作会议要求为统揽，紧紧围绕“科学发展、富民兴渝”总任务，大力推进五大功能区域发展战略，坚持依法兴旅、依法治旅，着力深化改革开放，转变旅游发展方式，激发市场活力，扩大旅游消费，构建重庆特色旅游产品等“十大体系”，全市旅游经济持续健康有序发展。全年全市旅游接待总人数达 3.49 亿人次，同比增长 13.2%；旅游总收入 2003.37 亿元，同比增长 13.1%。2014 年度重庆游客满意度排名全国 60 个重点旅游城市第 8 位。据《福布斯》发布的 2014 年中国大陆最发达旅游城市，重庆首次超越广州，名列第三。

(一) 加强旅游产业发展规划编制和政策研究

全面推进《重庆市旅游发展总体规划》修编工作，启动《重庆市旅游业发展“十三五”规划》编制。会同相关区县完成旅游度假区规划 15 个，区县旅游发展规划及景区规划 5 个。认真贯彻落实“国发〔2014〕31 号”文件精神，及时研究起草并提请市政府第 72 次常务会议审议通过了《重庆市人民政府关于促进旅游业改革发展的实施意见》并由市政府发文实施。

(二)强力推进市级旅游度假区建设

坚持以推进市级旅游度假区建设为工作抓手，以创建国家旅游度假区为发展目标。提请市政府先后出台《关于加快建设旅游度假区的意见》《关于命名首批重庆市级旅游度假区的通知》等政策文件。据初步统计，全年全市纳入统计的旅游投入总额达 660 亿元；首批市级旅游度假区投入总额突破 120 亿元，旅游接待人天数近 5000 万人天，旅游综合收入 160 亿元。一是积极推进全市首批命名市级旅游度假区规划编制评审工作。配合相关区县编制完成了金佛山—神龙峡、仙女山、红池坝、黄水、黑山谷、古剑山、北碚缙云山—北温泉、黔江小南海、奉节天坑、涪陵武陵山等 18 个市级旅游度假区规划。黑山谷、金佛山—神龙峡、长寿湖—长寿古镇、四面山等 10 个首批命名的市级旅游度假区总体规划已获市政府批复。二是狠抓“三个一批”(即命名一批、建设一批、规划一批)旅游度假区建设工作。提请市旅游经济发展领导小组办公室印发《关于推进实施一批市级旅游度假区建设工程的通知》，并及时跟踪全市旅游重点项目和“三个一批”旅游度假区建设进度，切实落实度假区阶段性建设目标责任，认真抓好指导和督促工作，度假区建设加快推进，精品旅游景区形象进一步提升。

(三)以乡村旅游发展为抓手推进旅游扶贫取得实效

按照“扶贫为本、突出特色、错位发展”原则，全年整合旅游发展资金 3310 万元，从规划引导、项目建设、产品打造、招商引资、宣传营销等方面推动全市乡村旅游发展，带动全市各区县打造特色乡村旅游扶贫产业集群，全市乡村旅游扶贫工作取得了可喜成绩。据初步统计，2014 年乡村旅游接待游客达 1 亿人次，同比增长 21.75%，实现综合旅游收入近 190 亿元，同比增长 18.75%，带动农村劳动力转移就业近 40 万人，带动农村脱贫致富人数达 20 万余人，涌现了一批如武隆仙女山、酉阳桃花源、彭水阿依河、石柱黄水、巫山小三峡、城口亢谷等旅游扶贫典范，有力地促进了我市乡村地区特别是渝东南和渝东北地区经济社会发展。

(四)强化旅游宣传推广

采取多种形式加大旅游宣传力度，唱好旅游“四季歌”,积极构建以山水都市、温泉之都、长江三峡、大足石刻、天生三桥、美丽乡村等构成的旅游宣传推广品牌体系。继续加大在央视投放“重庆非去不可”旅游形象广告力度,全年投入3000万元并整合区县资金3000万元共计6000万元资金持续在中央电视台推出重庆旅游整体形象宣传广告。加大节日旅游宣传力度,特别是黄金周和小长假宣传报道，进一步激活了春夏两季旅游市场。抓重要节会宣传,加强对南川金佛山冰雪运动季、武隆仙女山冰雪童话旅游季、潼南陈抟故里菜花节、2014重庆国际马拉松赛等全市近130余个旅游节会的宣传报道,有力刺激了重庆旅游市场。充分利用好重庆旅游政务网、内刊、旅游资讯手机报,以及官方微博平台加大旅游宣传、咨询和资讯发布,引导市民安全出行,践行文明旅游。全年5个官方微博平台共发布微博近1.2万条,5个官方微博平台粉丝总量突破100万,微信共发布数据250期。

旅游节会活动成果喜人。一是第五届中国长江三峡国际旅游节成果丰硕。第五届中国长江三峡国际旅游节历时3个月，整合了渝东北各区县近20余项主题活动，库区14个区县成功签约招商引资项目总额达305亿元。同时,渝鄂两省深化长江三峡区域旅游合作，携手打造长江三峡国际旅游节品牌形象，进一步增强了长江三峡国际黄金旅游带在国际上的知名度和影响力。二是中国旅游日重庆分会场活动彰显旅游惠民、亲民特色。以“快乐旅游、公益惠民”为主旨的2014中国旅游日重庆分会场活动,采取线上线下双平台、互动体验等形式,开展了如重庆智慧旅游AR互动体验、“你旅游、我买单”重庆旅游惠民活动、“文明旅游公约”重庆万人签名活动等近10余项内容丰富多彩、形式新颖的系列活动,全市各区县围绕“中国旅游日”主题策划举办了各类旅游节会活动70多个,并推出惠民价值超过2000万元的各类公益惠民措施。三是上海和北京两地举办的重庆游展销专题活动宣传成果丰富。上海专题展销活动期间,重庆上海两地旅游行业及有关旅游企业共签订合作协议30项,其中旅游投资协议4项,协议投资金额达50亿元,旅游组团协议26个,协议组团游客500万人次，为渝沪两地旅游交流合作、游客互送、互利共赢打下了坚实的基础。北京专题展销活动期间旅游企业共签订旅游相关合作协议30份,协议投资金额达20亿元,协议组团游客近500万人次。

(五)加强境内外旅游市场营销

国内旅游快速发展，全年接待国内游客同比增长达13%,增速超2013年一倍。一是针对重点客源市场和周边客源市场,“走出去”积极开展以“山水之城·重庆之约”为主题的大型系列旅游营销活动。先后组织赴上海、北京、广东、四川、贵州等省市开展旅游营销活动,签订旅游合作协议380余份，协议组团2600万人次。二是加强区域旅游交流合作，拓展新兴旅游客源市场。成功组织召开了长江三峡区域旅游合作2014年渝鄂轮值主席会议，组团参加了第六届“9+10”区域旅游合作会议、中国(海南)国际房车休闲旅游博览会等30余次区域性旅游发展论坛、旅游展会活动。三是收集发布区县、企业制定的旅游优惠奖励政策5000余条、节会营销活动信息1000余条,量身定制特色旅游线路产品500余条,分别印制成《重庆旅游指南》、《重庆四季自驾旅游手绘线路图》(春夏秋冬版)以及特色旅游线路DM单等宣传资料20余万份,通过机场、酒店、媒体、活动等平台免费发放给市内外市民、游客,引导市民游客四季出游,激发重庆人游重庆的热情。

入境旅游逆势增长，全年全市接待入境旅游者达264万人次,同比增长9%,高于全国10个百分点。一是继续实施入境旅游和长江三峡旅游接待奖励办法,激发旅行社组团积极性。二是完成重庆江北机场国际厅72小时过境免签咨询服务平台建设及《重庆72小时过境免签入境须知》《重庆72小时过境免签旅游服务指南》中、英、日、韩文版印制和发放工作，积极组团赴芬兰、德国、意大利、阿联酋等国开展重庆72小时过境免签宣传和重庆旅游营销推广活动。三是全年赴境外开展入境旅游活动15批次，接待境外来渝旅行商和媒体10多批次，营销重庆旅游；利用世界旅游城市联合会北京香山峰会、在渝举办的中国长江中上游地区和俄罗斯伏尔加河沿岸联邦区合作工作第一次会议、上海国际旅游交易会等国际性会议，开展重庆旅游专场营销活动；四是积极支持旅行社开通国际旅游直航包机，目前我市旅行社参与开通的国际直航包机航线达15条，占全市国际航线50%。

(六)旅游品牌创建达历史最好水平

2014年，新增旅游品牌为历年品牌创建最好成绩。向国家旅游局推荐评定江津四面山、奉节白帝城和云阳龙缸景区5A级景区3个，其中江津四面山景区已通过了国家旅游局组织的5A级景区资源评审，进入现场暗访评审阶段。新增4A级景区14个，即：重庆铁山坪森林公园、重庆北碚金刀峡、重庆长寿古镇文化旅游区、重庆云阳三峡梯城景区、重庆园博园、重庆璧山观音塘湿地公园、重庆奉节天坑地缝景区、重庆巫山神女景区(神女峰·神女溪)、重庆潼南大佛寺、重庆铜梁安居古城、重庆涪陵武陵山大裂谷景区、重庆綦江濯水古镇、重庆开县汉丰湖和重庆荣昌万灵古镇。新增5星级旅游饭店4家，即：合川区华地王朝华美达广场酒店、南岸区重庆喜来登大酒店、重庆云阳县两江假日酒店和巴南区重庆典雅戴斯国际大酒店，年末全市5星级饭店达26家。新增五星级游轮8艘，全市年末挂牌五星级内河游轮达23艘，位列全国第一。支持南川金佛山喀斯特成功列入世界自然遗产。重庆海外旅业(旅行社)集团有限公司和重庆市中国旅行社(集团)有限公司分别位列2013年度“全国百强旅行社”第11位和第31位，重庆海外旅业（旅行社）集团有限公司同时进入了2013年度“全国旅行社税收十强”。第六届中国国际旅游商品博览会上，我市选送的优秀旅游商品获得大赛金、银、铜奖各1个。

(七)智慧旅游建设工作加快推进

起草《重庆市旅游局关于推进智慧旅游建设的指导意见》和《重庆市智慧旅游建设实施方案(2014年~2015年)》，明确了全市智慧旅游建设工作思路。完成旅游项目投资信息直报系统、重庆市旅游诚信信息平台、国内旅游接待信息直报系统、旅游行业人事管理系统、旅游监管系统、舆情监控系统、重庆旅游手机应用系统(一期)等业务系统开发部署工作。同步推进局办公自动化升级改造，完善旅游网络基础设施和网络安全建设。初步建成全市智慧旅游应急指挥调度中心，进一步提升了重庆市旅游应急指挥救援能力。

(八)旅游行业管理和旅游服务质量大幅提升

一是成立旅游安全处加强旅游安全监管。进一步规范旅游安全事故(隐患)处置情况报送等制度，组织实施重点旅游安全隐患大排查、大检查，开展了2期旅游安全专题培训。加大旅游安全检查力度，特别是重大节假日的节前及节中的重点检查，全年全市共开展各类旅游安全检查100余次，全市各大A级旅游景区没有发生旅游安全事故。二是加大旅游执法检查监督力度。全年全市接听旅游投诉电话近6000个，受理书面投诉432件，涉及游客2800人，处理结案率100%，赔付金额35万元。三是加强行业标准化建设工作推进旅游标准管理。着手起草《重庆市旅游业标准体系》《重庆市旅游业标准体系明细表》《重庆市旅行社自驾车旅游服务规范》和《中国温泉旅游名镇标准》等行业标准。四是加快推进全市旅游标志标牌设置工作，为自驾车游客提供旅游交通公共服务。跟踪落实各区县政府和市级有关部门《2014年全市旅游交通标识标牌建设目标责任》相关工作，全年已设置并安装到位旅游交通标识牌1820块。五是加强旅游教育培训，为旅游行业人员素质提升提供培训服务。全年共培训导游人员1.5万余人和出境领队人员近500余名，开展旅游系统培训10余期培训人数1500余人次。六是积极倡导文明旅游,着力提升游客文明素质。编制完成《文明旅游，理性消费——品质旅游出行提示》《文明旅游出行指南》并发放到出境游旅行社,全市文明旅游意识显著提升。

二、发展中存在的问题

一是旅游产品供给和需求结构性矛盾依然突出。我市传统观光型产品依然处于主导地位,休闲度假型产品供给明显不足。

二是旅游市场主体规模不够大。目前,全市旅游市场主体仅有1800多个,除了政府主导的大型旅游投资集团外，绝大多数旅游市场主体仍然散、小、弱、差,抗风险能力较弱,普遍规模不大。

三是涉旅产业融合发展不够充分。旅游业与文化、工业、商业、农业、金融等行业的融合还不够,主题鲜明、特色突出的旅游产品特别是旅游综合体项目还相对缺乏。

四是旅游人均消费偏低。去年全国人均旅游花费871元，而我市人均旅游花费仅为574元,低于全国平均水平。

五是旅游配套设施比较滞后。旅游景区的可进入性较差,旅游景区“最后一公里”问题尚未得到有效解决。长江三峡沿线的旅游码头与长江五星级邮轮不相匹配，邮轮码头建设滞后严重制约了邮轮和游艇经济发展。

三、2015年发展目标

2015年，全市旅游业继续认真贯彻落实党的十八大、十八届三中、四中、五中全会精神和市委四届四次、五次、六次全会精神,进一步贯彻落实《旅游法》,继续坚持按照市委、市政府五大功能区战略部署,紧紧围绕“科学发展、富民兴渝”总目标,认真贯彻落实市政府《关于促进旅游业改革发展的实施意见》,加快全市旅游度假区建设,建设“重庆美丽山水城市”,大力宣传营销“美丽山水重庆”,唱响“旅游四季歌”,继续加强旅游品牌创建,加强旅游行业管理,进一步提升重庆旅游的知名度和影响力，全市旅游接待总人次和旅游总收入分别增长12%。

（作者单位:重庆市旅游局）

房地产业

吕磊

2014年，我国经济运行面临不少困难和挑战,经济下行压力较大,结构调整阵痛显现,房地产市场进入深刻调整期。在此逆境中,重庆房地产市场整体保持平稳运行态势,房地产开发投资保持20%以上的增长态势,以价换量推动商品房销售市场复苏,政策变化提振房地产开发企业信心,五大功能区域发展向好,结构优化。

一、逆势趋稳,房地产开发投资增速冲高回调后趋于平稳

2014年，房地产市场进入结构性过剩的新阶段,全国房地产开发投资从1~2月增长19.3%逐月回落到1~12月的10.5%。在全国下行的逆境中，重庆全年房地产开发投资额3630.23亿元，比上年增长20.5%，增速比一季度回落5.2个百分点,比上半年回落1.6个百分点,与前三季度持平，房地产开发投资增速冲高回调后趋于平稳,各月增速均保持在20%以上运行,表现出全市房地产开发企业信心趋稳，市场健康良性发展态势较为明显。

从开发投资结构看,2014年重庆商品住宅投资由1~2月增长27.7%,快速回落到一季度的19.9%,随后各月小幅波动,全年商品住宅投资2451.37亿元,增长19.9%,商品住宅投资占房地

产开发投资比重为67.5%,拉动房地产开发投资增长13.5个百分点;从各月增速走势看,商品住宅投资增速与全市房地产开发投资增速基本一致(见图一),商品住宅投资是开发投资平稳较快增长的有力支撑。

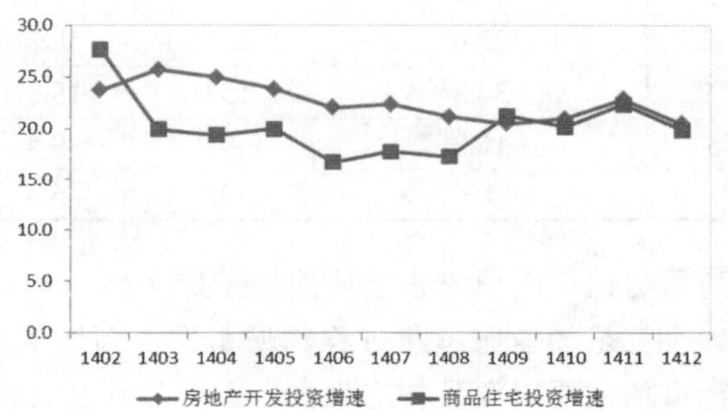

图一 2014年各月商品住宅投资与房地产开发投资增速情况单位:%

二、以价换量,商品房销售面积突破5100万平方米

在全国下行压力下,全市房地产开发企业积极谋划,以价换量推动房地产销售市场复苏。2014年,全市实现商品房销售面积5100.39万平方米,增长5.9%,比一季度提高8.6个百分点,比上半年提高6.2个百分点,比前三季度提高3.2个百分点。从各月增速看,去年上半年全市商品房销售面积增速一直处于负增长区间,但降幅呈逐月收窄的运行态势,自8月增速由负转正后,在9月底限贷政策松绑效应和10月房交会效应的双重影响下,市场需求进一步释放,

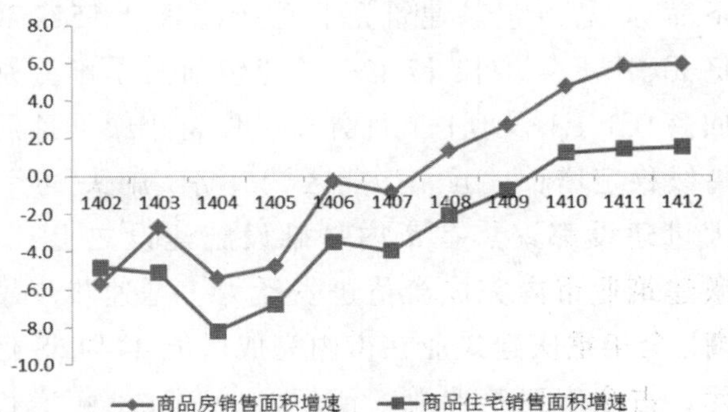

图二 商品房销售面积与商品住宅销售面积增速情况单位:%

拉动楼市成交量的上升。特别是占全市商品房销售面积86.7%的商品住宅销售面积继1~10月增速转正后,呈进一步好转趋势,全年实现销售面积4423.68万平方米,增长1.5%,成为推动楼市销售面积增速持续回升的主导力量。

从70个大中城市新建商品住宅销售价格看,我市新建商品住宅价格指数无论从环比还是同比,均呈逐月回落趋势。3月价格指数(以上月为100,下同)环比100.3%,6月环比99.2%,9月环比98.2%,12月环比99.7%;3月价格指数(以去年同月为100,下同)同比107.3%,6月同比103.9%,9月同比97.6%,12月同比94.7%。而同期占我市商品房销售面积近九成的商品住宅在价格走低的情况下同比增速由负转正,一季度下降5.1%,上半年下降3.5%,前三季度下降0.8%,1~12月增长1.5%。以办公楼、商业营业用房为代表的商用类房地产市场逆势上扬,仍保持着较好的增长态势,1~12月办公楼销售面积同比增长42.9%,商业营业用房增长42.8%。

可见,以价换量成为销售面积增速由负转正的重要推手,而商用类地产销售的高速增长形成有效助力,共同推动全市商品房销售市场显现复苏迹象。

三、"新政"出台,资金压力得以缓解

从企业资金层面看,2014年全市房地产开发企业资金来源同比增长15.7%,较一季度提高9.1个百分点,较上半年提高4.3个百分点,较前三季度回落0.1个百分点,资金和开发投资的增速差进一步缩小,各季度增速差分别为19.1、10.7、4.7和4.8个百分点。特别是"930央行新政"实施一个季度以来,个人按揭贷款增速冲高到7.7%,达到全年最高位,较前三季度提高7.6个百分点,促进了以销售回笼资金为主的其他来源资金增速由负转正,全年增长1.0%,较前三季度提高3个百分点,占比达到41.5%,超过自筹资金成为第一主力资金来源。在新政影响下,部分改善性住房需求得到有效释放,促进企业回笼资金,提振企业看好后市发展的信心。

2014 年五大功能区域商品房销售情况

	商品房销售面积			比上年同期增长	住宅
		住宅	占全市商品住宅比重		
全市	5100.39	4423.68	100.0	5.9	1.5
都市功能核心区	1006.90	773.94	17.5	–7.6	–17.4
都市功能拓展区	1460.41	1220.41	27.6	19.2	9.8
城市发展新区	1650.13	1519.12	34.3	15.0	15.8
渝东北生态涵养发展区	776.39	720.45	16.3	–9.4	–9.4
渝东南生态保护发展区	206.56	189.76	4.3	–2.3	–6.3

四、顺势而为，五大功能区域发展向好

2014 年重庆五大功能区域规划出台一年有余，各功能区域按照功能定位顺势而为，发展不断向好。

一是以建设总部经济和要素交易集聚区，着力发展金融保险、高端商务、精品商贸、中介咨询、文化创意等现代服务业为目标的都市功能核心区办公楼和商业营业用房销售面积增速分别是 60.5%和 35.8%。

二是以建设大型居住区、形成人口聚集区的都市功能拓展区实现商品住宅销售面积 1220.41 万平方米，占本区域商品房销售面积的比重超八成，达到 83.6%，极大他推动了本区域商品房销售面积快速增长，增速为 19.2%。

三是加速城镇化进程的城市发展新区房地产市场主要以商品住宅为主，占比达到 92.1%，住宅销售面积增速 15.8%，有力支撑了本区域商品房销售面积增长 15.0%。

四是渝东北生态涵养发展区商品房销售面积下降 9.4%，降幅比前三季度扩大 2.5 个百分点；渝东南生态保护发展区商品房销售面积增速下降 2.3%，降幅比前三季度收窄 1.5 个百分点。

从各区域的商品房销售情况看，五大功能区域顺势而为，对优化全市房地产市场结构作用渐显。

（作者单位：重庆市统计局）

建筑业

罗继明

2014 年，重庆市建筑业在以投资项目为抓手，以房地产为带动的作用下，产业投资和基础设施投资均呈现稳步向前的态势，同时建筑业营业税也呈现逐月上行的态势，这些积极企稳的因素对我市的建筑业起到了一定的带动作用，引领着我市建筑业稳中前行。

一、功能区域建设的铺开，促进我市建筑业稳定发展

2014 年，重庆市实现总承包和专业承包（以下简称“总专包”）建筑企业总产值累计 5552.20 亿元，比上年增长 17.4%，增速较前三季度分别回落 0.3、1.1 及 0.1 个百分点，保持小幅回落后持续稳定增长。五大功能区域战略实施头一年，大量建设都聚焦在市内基础设施建设之上，刺激建筑业市内完成产值迸发活力，增速步步攀高。全年重庆建筑业在市内完成产值 4449.68 亿元，占全市建筑业总产值超八成，比上年增长 19.9%，较前三季度增速分别提高 5.3、2.0 及 2.0 个百分点，保证了全年建筑业总产值稳定增长。

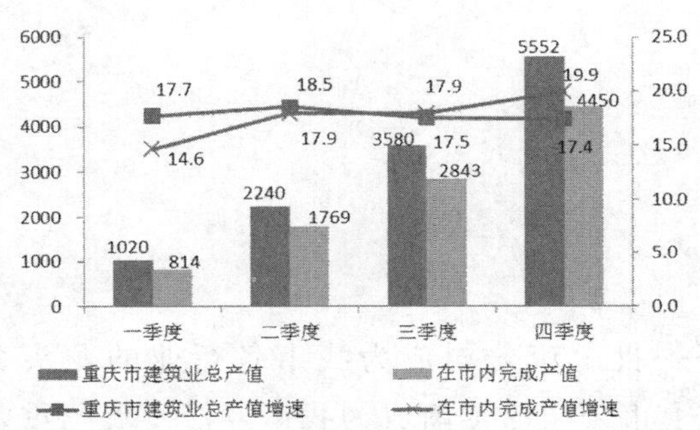

图一 2014年重庆市建筑业总产值、在市内完成产值及相应增速 单位:亿元,%

二、五大功能区域建筑业发展成对互补,良性循环支撑全市建筑业稳定发展

2014年是重庆市实施五大功能区域发展战略的开局之年,各功能区域根据自有区位特点、发展定位和重点任务有针对性地开展建设,同时在全市“一盘棋”的统筹下,各区域联动发力,各种建设有序铺展开来。建筑业生产活动作为实现各区域建设成效的重要环节,伴随着功能区域建设的铺开而稳定发展。各功能区域对建筑业的贡献率,在全年的演变中逐渐形成两对循环互补的稳定结构,即都市功能区与城市发展新区成对互补、两翼生态发展区成对互补,区域间的良性循环为建筑业发展奠定了稳固的基脚石,支撑了全市建筑业稳定发展。

都市功能核心区、都市功能拓展区和城市发展新区作为建筑业发展主战场,对全市建筑业贡献超六成,引领着全市建筑业稳定发展。其中都市功能区完成建筑业总产值2531.73亿元,增长7.9%,占总产值比重为45.6%,对建筑业贡献率为22.5%,较上季贡献率下跌5.8个百分点;但城市发展新区完成建筑业总产值1553.97亿元,增长26.4%,占比为28.0%,对建筑业贡献率为39.5%,较上季贡献率上升5.1个百分点;都市功能区与城市发展新区两大区域对建筑业的贡献程度形成互补,有力地保障了重庆建筑业主力军的稳定发展。

两翼生态发展区重在环境保护前提下的发展,建筑业的发展也占据了一席之地。其中,渝东北生态涵养发展区完成建筑业总产值1324.21亿元,增长26.2%,占比为23.9%,对建筑业产值贡献率为33.5%,较上季贡献率下跌0.6个百分点;但渝东南生态保护发展区完成建筑业总产值142.29亿元,增长34.8%,占比为2.6%,对建筑业产值贡献率为4.5%,较上季贡献率上升1.3个百分点。两翼生态发展区间对建筑业的贡献程度也形成互补,进一步支撑了重庆建筑业的稳定发展。

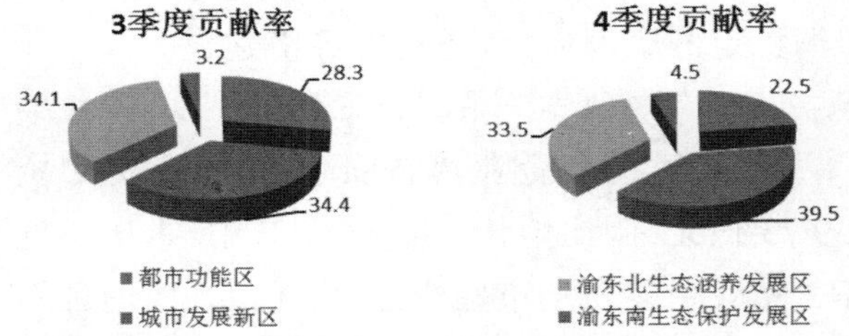

图二 重庆市下半年各功能区域对建筑业贡献率演变示意图 单位:%

三、大型建筑企业发展呈现疲软态势,或将成为影响未来走势之瓶颈

2014年,通过对全年总产值大于30亿元的黄金样本建筑企业数据进行监测,此类大型建筑企业共22家,较去年增加8家,占总专包企业比重不足0.9个百分点;完成建筑业总产值1044.47亿元,增长8.2%,占全市产值比重达18.8%;签订合同额2271.69亿元,同比下降9.5个百分点,占全市签订合同总额的24.5%;竣工产值为456.56亿元,同比增长20.5%,占全市竣工产值的16.6%;完成房屋施工面积721.18万平方米,同比增长6.4%,占全市施工面积的21.9%;除竣工产值增速高于全市11.9个百分点外,其他三项增速均低于全市16.8、9.2及3.7个百分点,显示出重庆市部分大型建筑企业签订合同量、产值、施工面积均低于全市平均水平,与此同时前期修建中的项目也进入竣工阶段,即该部分企业发展呈现疲软态势,或将成为影响未来重庆市建筑业稳定发展之瓶颈。

(作者单位:重庆市统计局)

证券业

李文华

一、2014 年重庆资本市场发展回顾

在市委、市政府的正确领导和大力支持下，重庆证监局切实践行“两维护、一促进”核心职责，坚持“监管与服务并重”，全力推动我市资本市场稳定健康发展，服务地方经济建设。

（一）直接融资多渠道快速增长

2014 年我市企业境内证券市场直接融资 239.73 亿元，同比增长 44.43%。其中，重庆燃气等 3 家公司首发上市融资 14.86 亿元，西南证券等 8 家上市公司再融资 183.97 亿元，1 家公司在全国股转系统首次尝试融资 500 万元，17 家中小企业在沪深交易所发行私募债融资 40.85 亿元。此外，有 5 家上市公司再融资方案已获证监会审核通过，拟融资 118.78 亿元；2 家拟首发上市公司已过会待发行，拟融资 6.66 亿元；另外还有 9 家上市公司已提出再融资方案，预计融资 138.67 亿元，为 2015 年的直接融资工作打下良好基础。场外市场方面，我市共 22 家企业在全国股转系统挂牌。2014 年成为我市资本市场历史上融资最多的一年，实现了主板、中小板、创业板等多渠道及股权、债权多方式融资的局面，为我市经济建设筹集到了宝贵的长期发展资金。

（二）上市公司服务地方经济能力增强

我市上市公司整体质量进一步提高，对地方经济发展的带动作用增强。截至 2014 年末，我市境内上市公司增至 40 家，总市值 4456.67 亿元，较年初增长 58.83%，占我市 GDP 比例达到 31.24%。金科股份、涪陵榨菜等一批上市公司利用募集资金持续扩大产能，加大技术创新、产品研发和市场营销网络等方面的投入，借助资本市场做大做强。长安汽车、重庆港九、川仪股份等一批上市公司成为我市各行业的龙头企业。上市公司已逐渐成为我市经济发展的重要骨干力量，资本市场已经成为我市经济体系的重要组成部分，为全市经济发展发挥不可替代的作用。辖区上市公司在全国市场也逐步树立起良好的形象，在中国上市公司协会等举办的 2014 年度“最受投资者尊重的上市公司 100 强”评选活动中，长安汽车、涪陵榨菜等 2 家公司获奖，中国汽研、力帆股份、金科股份、重庆水务、中电远达、莱美药业等 6 家公司获得入围奖。

（三）证券期货经营机构创新发展成效明显

2014 年末我市证券分支机构 173 家，比年初增加 24 家，证券营业部已遍及所有区县，网点布局更趋合理，服务水平进一步提升。全年代理证券交易额 2.2 万亿元，同比增长 53.02%，融资融券余额也快速增长。西南证券在全国券商分类评价中首次评为 AA，资产总额同比增长 85.25%，净资本同比增长 120%，公司资本实力和竞争力显著提升，获得第一批证券公司短期公司债试点资格、柜台市场交易业务试点资格，其香港子公司成功收购香港敦沛金融控股公司。新华基金管理规模增加到 196.99 亿元，同比增长 94.21%；新华基金子公司管理规模 340.25 亿元，同比增长 179.19%。辖区 4 家期货公司，33 家期货营业部，全年累计代理期货交易额 12.31 万亿元，同比增长 25.76%；期货公司实力增强，资产总额同比增长 56.97%，净资本同比增长 6.45%；3 家期货公司取得了期货投资咨询业务资格，1 家期货公司取得了资产管理业务资格，4 家期货公司分类评价均上台阶。2014 年末辖区共127 家私募基金管理机构在中国基金业协会完成登记，管理规模 213 亿元。资本市场日益成为我市投资者财富管理的重要平台。

(四)区域市场总体运行平稳

2014年全行业进一步加强市场风险的监测、研判和摸排、处置,没有发生重大区域性、系统性风险。证券期货经营机构加强信息系统建设和突发事件应急演练,个别证券期货经营机构出现的信息系统故障情况得到及时妥善处置。上市公司未发生重大退市风险,2014年无"ST公司",个别公司发生突发事件、股价异动,被及时介入调查,并督促持续信息披露,有效释放了风险。非法证券期货活动得到有效遏制,未发生重大涉稳案件。

二、2015年发展展望

2015年总的工作思路是:积极适应经济新常态,紧跟全国资本市场改革发展总体步伐,依托重庆市经济社会发展的坚实基础,把握当前的有利时机,切实采取措施,以进一步扩大投融资,强化服务实体经济为重点,加快发展;以进一步推进监管转型,切实保护投资者合法权益为中心,加强监管。

(一)支持市场主体发展,提升服务实体经济能力

推动我市企业上市或"新三板"挂牌。推动上市公司做大做强。支持和鼓励一些具备发展优势的上市公司,及早谋划一批重点项目,充分利用资本市场筹集资金,进行产业升级和技术改造,增强核心竞争力。积极支持上市公司实施产业整合型并购重组,培育大企业。引导辖区业绩较差的上市公司恢复持续经营能力和再融资能力。落实并购重组审核分道制安排,及时做好分道制评价。支持我市上市公司及其他符合条件的企业按照新的公司债办法扩大公司债券发行规模。在坚持私募监管"三条底线"基础上,支持私募基金发展,引导民间资本、外资参与我市创业投资,促进我市中小企业发展。按照新的公司债管理办法,积极促进我市企业发行私募债。积极支持民营资本、专业人士发起设立或参股证券经营机构,允许符合条件的证券投资咨询机构申请证券业务牌照,推动证券公司互联网证券业务试点转常规,支持符合条件的保险机构、私募基金管理机构等申请公募基金业务牌照。支持证券公司探索新的融资渠道和新型融资工具,增强资本实力,支持申请新的业务资格。推动我市证券分支机构以创新转型为突破口,打造为区域实体经济服务的金融综合业务平台。

(二)推动监管转型,探索完善事中事后监管

优化行政审批,加强行政审批事项规范管理,坚持行政许可公开透明。抓紧研究制定权力清单和责任清单,按照"法无禁止即可为"的要求,探索辖区机构监管的负面清单,守住监管的底线。着力提高现场检查针对性和有效性,以问题和风险为导向,确定现场检查对象、频率和重点,灵活变换检查方式和手段,突出检查重点和针对性。用好用足行政监管措施,对检查发现的违规问题,依法从严处理,坚决、及时采取行政监管措施,防止风险蔓延和危害后果扩散。督促中介机构归位尽责。加强对审计、评估、持续督导、财务顾问等中介机构报备信息的审阅评价。推进相关市场主体与中介机构的双向延伸监管,以问题为导向,进一步强化对中介机构执业质量的现场检查。

(三)以投资者需求为导向,加强信息披露监管

健全信息披露监管机制。依托风险台账,完善信息披露分类监管,对重点公司、风险问题实现监管聚焦。总结行业监管经验,与沪、深交易所密切协作,进一步深化分行业监管,统一行业监管视角和尺度。继续开展舆情监控,实施媒体质疑、股价异动、投诉举报与信息披露的联动监管。健全内、外部协查机制,对信息披露违规事项快速启动核查程序,及时依法予以处理。加强信息披露合规监管。做好信息披露日常监管,督促上市公司及相关方持续履行信息披露义务,加强风险揭示。持续推进内控规范实施及披露工作。引导上市公司强化自愿性披露。鼓励各公司以投资者需求为导向,秉持重要性原则,开展自愿性披露,为投资者决策提供有用信息。

（四）优化案件查办机制，提高稽查执法效能

坚持“零容忍”，对相关市场主体的违法违规行为，达到立案标准的，坚决立案、深入调查，重点打击查办涉嫌内幕交易、市场操纵、利益输送、虚假信息披露等行为。对借市值管理之名做高股价，配合股份减持、股权激励，涉嫌严重违法违规的予以重点关注。对查实的问题，严格履行行政处罚职责，做到执法必严，违法必究。完善日常监管和稽查执法的衔接机制，建立常态化的以稽查执法为导向的各类专项检查制度，加强对辖区违法违规问题的快速反应。

（五）深化服务、拓宽广度，切实加强投资者保护

引导上市公司健全投资者回报机制。督促落实再融资和重大资产重组中投资回报机制的监管制度安排。继续引导辖区上市公司健全利润分配机制，稳定分红预期。鼓励辖区公司多渠道听取中小投资者意见，增强中小投资者参与回报机制决策的话语权。强化投资者适当性管理。要求辖区证券期货经营机构做好投资者尤其是中小投资者风险揭示工作，确保将合适的产品卖给适合的投资者。严禁诱导客户开展融资融券，严禁违规为伞形信托、P2P平台向客户融资以及客户之间融资买卖股票活动提供任何便利。切实抓好投诉处理和纠纷解决。要求各证券期货经营机构切实承担起投诉、纠纷处理的首要责任。支持行业协会开展自律性调解工作，建立健全投资者调解机制，提供救济援助，扩大调解覆盖面，丰富中小投资者维权方式。通过宣传证券法、基金法、港股通、财富理财管理、仲裁、防范非法证券期货活动等知识，以及抓好典型案例、以案说法，加强投资者法制教育，增强投资风险意识，提升投资者自我保护能力。

（六）做好风险监测防范，确保辖区市场安全平稳运行

完善上市公司风险监测处置机制。加强对宏观经济形势和行业动态的分析，及时更新上市公司风险台账，提高监管前瞻性和针对性，做好高风险公司和重点公司监管；加强上市公司舆情监测，妥善处理信访投诉和突发风险事件；密切关注辖区上市公司经营情况，做好退市风险排查和处置工作。利用监管信息系统，探索建立包括重点监测指标及指标分析的动态风险监测指标体系，及时对风险进行预研预判。加强信息技术与网络安全管理，保障辖区证券期货经营机构信息技术系统安全稳定运行。强化信访举报问题的预测预警和处置机制。加强对私募基金、股权众筹市场等创新业务的监测，积极配合好地方政府非法集资风险防范和处置工作。

（作者单位：中国证监会重庆监管局）

船舶工业

曾炳民

2014年，全市船舶工业总产值205.27亿元，同比增长17.4%；其中船舶制造业总产值36.25亿元，同比下降10.13%；实现营业收入24.6亿元，同比下降26.76%；行业盈转亏，亏损额达到1.44亿元。船舶配套业总产值169.02亿元，同比增长25.65%。

三大造船指标有升有降。2014年完工船舶32.93万载重吨，同比下降29.5%；完工船舶合同金额18.05亿元，同比下降23.1%；新承接船舶订单39.73万载重吨，同比增长23.34%；新承接船舶订单合同金额15.7亿元，同比增长16.14%；手持船舶订单27.42万载重吨，同比增长17.98%；手持船舶订单合同金额15.27亿元，同比下降20.84%。

三大造船指标完成情况表

类　型	造船完工量		新承接船舶订单		手持船舶订单	
	艘	载重吨	艘	载重吨	艘	载重吨
总计	83	329255	94	397298	70	274198
成品油船、化学品船					5	15200
内河船中:普通货船	35	135800	52	190500	32	98400
液货船	18	64200	14	59500	4	14000
集装箱船	13	87071	17	124848	17	110848
滚装船	7	10514				
客船	1	9350	1	800	1	800
其他非货运船	9	22320	10	21650	11	34950

一、内河标准化船舶订单批量投放，船舶制造业呈现企稳回升迹象

随着长江航道运力结构的不断优化，普通货运船舶的投入大幅减少，130 米大长宽比内河标准船型、344TEU 集装箱船、自卸沙船等订单的批量投放，带动全市新承接船舶订单和手持船舶订单两大指标，自 2012 年度以来首次止跌回升。2014 年，全市新承接船舶订单 39.73 万载重吨，同比增长 23.34%，新承接船舶订单合同金额 15.7 亿元，同比增长 16.14%；手持船舶订单 27.42 万载重吨，同比增长 17.98%。新承接订单中普通货运船舶占比不到 40%，同比下降超过 10 个百分点；集装箱船和集散两用船订单占比首次过半，船舶制造业表现出回稳迹象。

二、骨干企业产品结构调整加速，船舶制造业呈分化态势

2014 年，中江船业进一步抢抓市场订单，全年新承接合同金额 2.6 亿元，达到建厂以来的最好水平。全年，新承接订单超过 3 万载重吨的中江船业、丰都船舶公司、三河船舶、兴林船舶等 5 户企业，累计新承接船舶订单 21.21 万载重吨，占全部新承接订单量的 53.38%；累计新承接合同订单金额 8.31 亿元，占全市新承接订单合同金额的 58.16%。川船重工、东港船业等企业加大非船产品的开发，在制非船产品 130 多项，产值 6 亿余元，制造重量约 5 万吨。其中，委内瑞拉、印尼等重油空气预热器的承接建造，标志着川船重工预热器产品成功进入南美洲市场，是继公司站稳东南亚市场后的又一重要市场突破。同时，东风船舶工业公司、平台船舶公司等企业可能会逐渐退出普通船舶制造，相当部分原有的船舶制造企业已开始专注于船舶修理，重庆船舶修造业真正进入深度调整期。

三、优势企业科技创新投入加大，新产品开发取得新突破

中江船业成立了中江船业船舶工程技术中心，中心成员全部是高级工程师和工程师，具有较强的专业技术能力。公司承建了国内首批 130 米大长宽比内河标准船、长江首艘 LNG 自卸船，承接了 91.8 三峡水库管理工作船，为企业拓展客船建造市场开了个好头。东风船舶工业公司承建的我国首艘水下专业考古船“中国考古 01”已顺利交付，该船采用了电力推进、全回转舵桨等先进技术，首航即赴辽宁省和河北省海域执行水下考古任务。帝力游艇公司自主设计研发的 38 英尺游艇、58 英尺游艇、78 英尺游艇、16.9 米公务艇等船型均取得了外观及实用新型专利。川船重工承接的万州长江大桥防撞装置是我国专为长江大桥研发的具有自主知识产权的新产品，填补了国内大水位落差桥梁防撞设施领域的空白。

四、生产能力评价实现全覆盖，过剩产能化解稳步推进

累计评价企业60户。按照市场主导、行政引导的原则开展产能过剩化解工作，通过实施三个一批工程，积极鼓励船舶生产企业转产与产业相关的非船产业，引导企业转产化解一批产能；落实市政府《关于加快船舶工业脱困发展的意见》，充分调动了企业抢抓市外订单消化一批产能；关停造修船企业40户，淘汰一批产能40万载重吨。顺利完成市政府下达的2014年化解造船产能40万载重吨的任务，全市造船产能已缩减至120万载重吨以内。

五、游艇研发生产力度加大，重庆游艇产业全面开启个性化定制新时代

京穗公司为厦门钓鱼协会量身打造了34FT新兴海上钓鱼专用艇，得到协会的高度认可，并被定为该钓鱼协会会员专用艇，为企业深度参与国内高中档钓鱼艇市场竞争打下了坚实的基础。该船型已申请国家专利。根据非洲内陆市场的特点，京穗公司针对性开发了适合当地外观和航运要求的118B高速艇，该型艇具有操作简单、乘客量大、速度快、费用低、经济实惠的特点，该型艇出口尼日利亚累计已达10艘。帝力公司通过与意大利著名游艇设计企业韦尔梅设计公司合作，研发设计了78英尺等多款高端豪华游艇。同时，自主研发设计了38英尺、68英尺游艇及多款公务艇。全年生产38英尺、58英尺游艇各1艘，为重庆市港航局、重庆市公安局、四川省苍溪县海事处等单位设计建造了16米至28.5米公务艇二十余艘，获得业界的一致好评。

（作者单位：重庆市经济和信息化委员会）

生产服务业

吕立

一、2014年发展回顾

（一）工业营销与商务

初步建成“重庆造·全球销”门户网站和重庆市工业产成品信息库，已收集全市装备制造、汽摩、电子信息、冶金建材等7大行业近5000家企业的79142条产品信息，发布园区信息3082篇，会展专题61个，帮助企业拓展国际国内市场。推广应用《重点鼓励采购产品指导目录》，市政、轨道交通等重要行业开始在招标采购中应用该指导目录，强化市内协作配套。

搭建各类展会平台拓展国内外市场。逐步引导工业类展会向市场化运作转型。第十四届中国金属冶金展展会面积达到40000平方米，参会企业1000余家，现场签约金额58亿元。第十五届立嘉国际机械展展会面积达到85000平方米，展出机床1800台套，专业观众3.5万人次，现场签约金额75亿元。两个展会成为全市产业专业化和市场化运作的展会典范。2014中国中西部（国际）塑料橡胶展成功首展，展示面积达到30000平方米，成为国内集中展示塑料橡胶产业全产业链的重要展会。

（二）工业设计和创意产业

开展市级工业设计中心和市级工业设计体验中心建设。引导工业企业探索从用户角度研究消费者的行为习惯和心理偏好，以设计体验为突破口，建设涵盖集产品体验、消费行为研究、电子商务和产品设计创新等产品创新设计制造全流程的“四位一体”体验中心。目前，已初步评出6家市级工业设计中心、5家工业设计体验中心，正在对项目进行复核。

开展消费者行为调查。与法国EFG公司共

同引导市内传统企业开展消费者行为调查，市场调研、体验经济和工业设计相互融合，推动传统产品更新升级。

以贯彻《关于推进文化创意和设计服务与相关产业融合发展的若干意见》为契机，通过发展工业设计，引领制造业转型升级。实施工业设计引领转型升级行动计划，大力支持走廊内区县和企业开展工业设计园区和企业设计中心建设。搭建全市工业设计产业发展公共服务平台，筹建重庆市创意设计联合会。主办“工业和信息化部中小企业经营管理领军人才工业设计高研班”(重庆站)、“香港创意营商日·重庆”等活动，推进设计人才交流、产业对接。

(三)工业金融离岸结算

引导制造企业与银行加强合作。举办两次跨国公司外汇资金集中运营政策宣讲会，向市内汽摩、电子信息等行业重点企业宣讲离岸结算业务政策，引导企业在渝设立跨境结算中心。

跨国公司外汇资金集中运营管理试点取得突破，重庆(地区)跨国公司外汇资金集中运营操作规则获得国家外管总局批准，为重庆市结算型金融中心建设增添了新的路径选择；广达集团、力帆集团、市外经集团资金集中运营管理方案已经获批并运营。惠普结算中心在渝的运营非常成功，实现了互惠双赢，2014年结算量达824亿美元。

(四)设计创新领域的招商引资

围绕重庆制造业转型升级的内在需求，通过招商引资引进建设工业设计集聚园区、公共服务平台等重点项目，推动形成自主设计产业集群发展体系和全产业链。从事服装设计和开发的杭州张义超服装设计公司、为企业做结构和UI设计的北京洛可可、从事汽车零部件设计的上海同捷汽车设计和上海双杰汽车设计等已落户重庆市。威尔士国家设计中心(PDR)已确定在渝设立中欧消费者行为研究中心。引进法国EFG公司与市工业设计促进中心共同成立重庆翼马思企业咨询管理有限公司。

二、2015年工作计划

一是整体实施工业营销和工业商务。二是大力发展工业设计。三是创新发展离岸金融。四是积极培育创意产业。五是重点推动主辅分离。

(作者单位:重庆市经济和信息化委员会)

第六编

开发区与园区建设

重庆市特色工业园区综述

胡运良

一、2014年发展回顾

(一)工业持续高位增长

园区工业销售产值达到1.66万亿元、增长19.5%,其中规上工业销售产值1.53万亿元、增长20%,均比全市工业增幅高2个百分点(按现价计算),支撑全市规上工业增速全国第一。46个开发区与园区中,潼南园区增长最快、规上工业增速超过2倍,两江新区直管区(包括鱼复、水土、龙兴开发区)、两路寸滩、云阳、彭水等13个开发区和园区规上工业增速达到50%以上,同兴、武隆、石柱、城口、巫溪等16个园区规上工业增速20%以上。

(二)经济贡献不断扩大

聚力打造工业主战场,经济支撑作用进一步增强。园区工业销售产值占全市工业的比重达到77%,比上年提高3个百分点,长寿、忠县、秀山等6个园区规上工业集中度超过90%,璧山、丰都、酉阳等10个园区达80%以上。园区工业利润895亿元、占全市工业利润76%,实现税收591亿元、占全市工业税收60%,园区工业增加值占全市GDP1/3,工业园区已成为全市经济发展的主要支撑。

(三)发展后劲显著增强

强力推进招商引资和项目建设,努力培育新的经济增长点。全市园区新签约项目1045个,协议投资3049亿元;在建项目累计1386个,其中新开工796个,计划总投资4507亿元,当年完成投资1700亿元。全市园区累计完成固定资产投资3500亿元,为全市工业投资突破4000亿元奠定坚实基础。

(四)集约化水平有效提高

坚持集约节约用地,着力提高资源利用效率。全市园区建成区面积达到470平方公里,较上年扩大10平方公里;投产企业用地面积达到220平方公里、每平方公里产出达到75亿元,较上年底增加7亿元。都市功能区、城市发展新区、生态涵养发展区、生态保护发展区投产企业用地产出强度分别较上年提高15亿元、3亿元、10亿元、5亿元,西永综保区、两路寸滩保税港区产出强度超过200亿元,高新区、万州、空港等12个园区超过100亿元。

(五)承载能力明显提升

快速推进基础设施建设,进一步完善服务功能。全市园区累计投入基础设施建设资金915亿元,高新区投入超过100亿元,两江新区直管区、江津、涪陵、永川4个开发区和园区投入超过50亿元,正阳、铜梁等12个开发区和园区投入10亿元以上。园区累计建成道路2090公里,污水处理厂52座,变电站150个,公租房500万平方米,公共服务平台139个,建成标准厂房1630万平方米、满足了1578户中小企入驻发展需要。

(六)各功能区同步快速发展

统筹推进五大功能区发展,功能作用更加凸显。都市功能拓展区园区工业产值增长17%,支撑作用进一步强化;城市发展新区园区工业提速发展,产值增长26%;渝东北生态涵养发展区、渝东南生态保护发展区在平稳增长中更加突出特色发展,产值分别增长28%、21%。都市功能核心区加快转型升级,现代金融、总部经济、电子商务、研发设计等高端服务业迅猛发展。

二、发展中存在的问题

一是发展不平衡问题仍然突出。二是部分园区发展思路仍不清晰。三是集群发展整体水平仍然较低。四是建设发展融资瓶颈仍难突破。

三、2015 年发展目标

全年完成固定资产投资超过 3600 亿元,增长 18%以上;实现工业销售产值 1.9 万亿元,增长 15%以上,其中规上工业销售产值 1.7 万亿元,增长 16%以上。

(作者单位:重庆市经济和信息化委员会)

两江新区

李建彬

2014 年,两江新区党工委管委会在市委、市政府及两江新区开发建设领导小组的坚强领导下,深入贯彻落实党的十八大,十八届三中、四中全会精神,以及市委四届五次、六次全会精神,深入贯彻五大功能区发展战略和政才书记"改革、开放、创新、实干"的总要求,统筹协调各开发主体,充分发挥各方面积极性,进一步推进新区开发建设各项工作迈上新台阶。经济总体保持良好态势,产业支撑有力,固定资产投资驱动强劲,各项经济指标均继续处于全市领先水平。完成地区生产总值 1861 亿元,同比增长 15%;规上工业总产值 4179 亿元,增长 20%;固定资产投资 1707 亿元,增长 25%;进出口总额 3165 亿元,增长 69%;实际利用外资达到 44.7 亿美元。

一、深化改革

按照中央和市委改革部署,结合两江新区实际,重点在保税港区功能拓展、金融科技创新、综合行政执法等 16 个领域深化改革。一是大部制改革有新突破。完成了市级部门派驻两江新区和北部新区分支机构的优化整合,两区的国土房管、环保、规划、地税分局分别合署办公,人员、职责和管理权限实现统一,行政成本进一步降低。对市局派驻两江新区、北部新区的工商、质监、食药监部门进行整合,组建了新区市场和质量监管局,实现行政审批、市场监管、质量监督、综合执法、消费维权"五个一体化",人员精简了 16%,内设机构精简了 76%。二是行政审批改革有新进展。全面承接 283 项市级行政管理事项。探索推行了并联审批、重大招商项目容缺审批等行政审批改革;积极探索"先照后证"、"三证合一"的企业登记制度改革;推行外资准入前国民待遇、工商登记、建设报件"前置变后置"办理等改革措施,市场活力进一步增强,2014 年新增市场主体 7482 个,同比增长 77%,注册资本达 804.7 亿元。"两江新区网上政务大厅"正式上线运行,审批效率大幅提高,平均单件办理时间从 15.19 天减少到 1.79 天。三是政策争取有新成效。积极开展海关"1+10"改革创新试点工作,持续推进特殊监管区域管理创新、保税仓储物流、离岸结算等工作。全国首批获国务院同意在保税港区开展调整相关税收规定促进贸易多元化试点,已完成贸易功能区初步规划方案并获得海关总署认可。进口肉类、进口水果指定口岸获准运营。

二、对外开放

紧抓"一带一路"和长江经济带建设的战略机遇,立足建设内陆开放高地,不断以开放促改革、向开放要红利,努力做大做强保税商品展示展销业务,积极推进跨境电子商务发展。保税商品展示交易中心,创新"保税展示、完税交易"的模式,预计全年实现保税贸易额 11.8 亿美元。新建的保税贸易中心一期中的 1.5 万平方米已顺利开业;保税商品展示交易中心入驻企业 260 余家,引入进口商品 3 万余种,全年实现交易额约 1.31 亿美元。解放碑首个保税展示交易延展平台已开业运行。跨境电商先行试点，研究出台《重庆两江新区促进跨境电子商务发展试行办法》，率先开展跨境电商网络平台搭建、基础设施建设、招商引资等各项工作。规划5平方公里的两江新区电商产业园正式挂牌，其中，爱购保税、世纪购、优鲜码头、卓益网、万国优品等5家电商网站已经上线。2014年已引进40家跨境电商企业，交易额突破5000万元。

三、重大项目

通过持续推进“四个一批”(“签约一批、开工一批、竣工一批、洽谈一批”)系列有效举措，新区招商引资工作取得新的成绩，全年签约项目约450个，总投资约2000亿元。工业项目，一期投资12亿美元、年产30万台整车的北京现代汽车项目正式签约;投资27亿元的高铝硅超薄触摸屏特种玻璃浮法研发生产基地、投资25亿元的上汽通用五菱重庆基地二期项目、投资15亿元的中机冷冻压缩机制造、投资20亿元的中联重科产业基地、投资30亿元的润通玉柴新型柴油发动机基地、投资104亿元的中国移动数据中心、投资15亿元的上海超硅IC级硅片项目等成功落地，部分项目已实现开工。服务业项目，签约引进投资110亿元的银泰汇、投资100亿元的恒大高端城市综合体、投资7000万美元的丰树两江物流产业园，投资50亿元的黄金珠宝国际结算中心及产业园、投资40亿元的中国智能骨干网、投资15亿元的民航地空宽带通信网络项目等实现开工。金融类项目，签约引进首期投资48.5亿元的彩云之南城镇化发展基金项目、投资50亿元的水木兴华基金、注册资本25亿元的渝农商金融租赁等项目。商业保理试点改革一年多来，已正式成立28家商业保理公司，有效解决了上百家中小企业的融资难题。

四、基础设施

实施基础设施重点项目140个，完成投资约409.3亿元。两江工业开发区完成征地拆迁1.48万亩，供应土地1.4万亩，实施平场1.1万亩(两江新区累计完成征地25万亩，实施平场12万亩，累计开建道路600公里)，为后续开发建设奠定了基础。全年建成道路230公里，累计通车160公里，历时4年的园区主干道路建设圆满收官。连接悦来、水土片区的悦复大道，连接龙盛、鱼复片区的两江大道、盛唐大道、一横线及疏港大道等已竣工通车。一批涉及新区长远发展的水电气讯污设施建成投用，鱼嘴水厂、果园污水处理厂、明月山变电站等关键工程基本完成。高度重视生态环境保护。通过严格的项目环评、环境准入和有效的奖惩激励，引入优质产业和生态化项目。全年新区共办理环评审批257件，环评申报292件，无一例“三高一资”项目进入，无一例违规项目审批。深化环保“四清四治”工作，对未批先试、久试不验、无证排污、环境风险隐患等违法行为进行认真清查、整治，清查出1056家企业，整治率达到100%。持续改善民生事业。以群众路线教育活动中提出的18件重点民生实事为抓手，切实解决群众在住房保障、就业发展、交通出行等方面反映强烈的问题，全年建设公租房300万平方米，配租9000套，入住2.5万人;续建安置房475万平方米，主体完工107万平方米，已安置人员约4.3万人。

五、功能平台

五大功能平台开始释放效应，逐渐发挥改革、开放、创新的先锋作用，推动两江新区成为重庆建设“三中心两集群一高地”的主战场。一是开发平台功能大幅增强。凸显“研发园+制造园+家园+物流园+生态园”五园合一特色的鱼复、龙兴、水土3大工业开发区已经完全具备承载重大产业项目的能力和条件，入园企业累计建成工业厂房400万平方米；累计建成产业楼宇45万平方米，在建87万平方米。二是保税物流功能日益完善。2014年保税港区实现进出口贸易额366亿美元；生产笔记本电脑2569万台，同比增长18.7%。我国内河最大港口果园港,初步形成了集装箱40万件TEU,散货300万吨,商品滚装车50万辆的吞吐能力。果园港进港铁路专用线正式开通,形成“水、公、铁”联运的立体物流网络。三是金融核心功能有新支撑。争取到外商投资企业外汇资本金意愿结汇试点,全年结汇2.05亿美元。新区主要创新型金融机构达251家,注册资本708.5亿元。江北嘴金融核心区已建成楼宇约308万平方米,入驻金融机构40余家,商业设施配套服务进一步完善。四是会展功能有新突破。国际博览中心在全国展会市场初步树立了品牌形象,全年举办中国金属冶金展、中华医学会重症学分会、渝洽会、糖酒会等展会活动146场,接待观众及宾客约177万人次。2014年国博中心营运整体实现收入1.15亿元。五是信息汇聚能力有效增强。利用重庆市成为“国家级互联网骨干直联点”的契机,新区全面启动了国际云计算产业园的网络汇接中心建设,预计2015年建成重庆首个互联网汇接中心。水土云计算中心已建成4万台服务器,在建6.5万台服务器,2015年将开工建设5万台服务器,太平洋电信、中国移动、中国联通、腾讯等数据中心相继入驻。

六、作风建设

深入推进惩防体系建设。研究制定《两江新区关于落实党风廉政建设党委主体责任和纪委监督责任的实施意见》、两江新区贯彻落实《重庆市贯彻落实〈建立健全惩治和预防腐败体系2013~2017年工作规划〉的实施意见及任务分解》工作方案,对新区惩防体系建设工作进行整体部署。制定《两江新区党工委管委会2014年党风廉政建设和反腐败分工责任制》,认真落实党风廉政建设责任制。持之以恒纠正“四风”。在去年群众路线教育实践活动和正风肃纪专项行动的基础上,进一步细化工作措施,完善工作制度,深化治理违反政治纪律、奢侈浪费、生活作风、开工庆典等七个方面的突出问题。全年压缩“三公经费”345万元,退还借用下属企业用车8辆,精简文件种类141个。在春节、五一、中秋、国庆等重要节假日,加强作风建设监督检查,群发廉政短信,提醒干部职工廉洁自律。切实加强审计监督。开展招商经费、保税港区外贸货物通关作业等专项审计,对5家直属企业开展了全面审计工作,此外,积极做好审计署和市审计局对两江新区土地出让收支和耕地保护专项审计、龙兴公司征地拆迁和建设项目概预算执行情况审计相关配合协调工作。严查违纪违规行为。全年受理信访举报19件,工程建设招投标投诉7件,办理“阳光重庆”转办投诉35件。

(作者单位:两江新区管委会)

北部新区

一、2014年发展回顾

2014年,北部新区坚决贯彻党的十八大和十八届三中四中全会,习近平总书记系列重要讲话、市委四届三次四次五次全委会精神,紧紧围绕重庆市五大功能区战略部署和“科学发展、富民兴渝”的主题,坚持稳中求进、以进为主的工作总基调,大力做好改革创新、发展现代服务业和新兴科技产业3篇大文章,加快经济发展,提速开发建设,调整产业结构,保障改善民生,完善城市功能,促进和谐稳定,圆满完成全年各项目标任务,“二次创业”开局良好。

(一)经济持续增长

全年地区生产总值增长18%实现580亿元,工业总产值增长19.8%实现1577亿元,固定资产投资增长26%实现392亿元，社零总额增长25.7%实现196亿元，地方财政收入增长21%实现79.7亿元，进出口总额36亿美元，实际利用内资80亿元，实际利用外资14.4亿美元。

1.工业经济

2014年，北部新区汽车产值增速领先全国汽车产业基地，产值排名进入全国汽车产业基地前四；工业利润增长近6成，经济效益综合指数达513；新引进工业产能154亿元，新投产企业增加产能567亿元。

2.开放型经济

2014年，北部新区新批外商投资企业19家，合同外资额4.9亿美元。对外实际投资同比增长163%达4.5亿美元。新批境外项目11个，合同对外投资8860万美元。离岸服务外包1.37亿美元。

3.固定资产投资

2014年，北部新区政府主导类投资增长11.6%达70亿元，市场主导类投资增长31.8%达321亿元，其中房地产投资增长65.3%达272亿元。新开工项目117个，建设了一批重大基础设施项目。开工、续建天宫殿N区立交等重大节点“治堵”项目6个，其中完工2个。推进道路建设119公里，贯通52公里。直属国资公司产业楼宇累计建成349万平方米。

4.财政收入

2014年，北部新区公共财政收入增长21%完成79.8亿元，其中税收收入增长20%完成74亿元，税收收入占公共财政收入的91.7%。区域财政收入完成315亿元。三产占全区税收比重50%。国资公司总资产增长15%达587亿元。北部新区全年支持全市发展35亿元。

(二)“3篇大文章”泼墨见彩

1.深化改革

2014年，北部新区启动了全面深化改革及近期改革重点工作，明确了全面深化改革38条、52项重点任务及工作原则、责任领导及推进措施。出台相关制度文件26个，涉及16项改革重点。

出台了促进产业结构优化升级、发展现代服务业、加强科技创新工作“1+2”意见，明确了到2020年促进产业结构优化升级的总体要求、发展方向、功能布局、重点工作，制定了加快现代服务业发展和进一步加强科技创新工作的具体任务和措施；修订了管委会工作规则，完善了政府投资、财政预算、政府采购等管理办法，进一步规范了重大投资决策程序，提高了效率。积极推动行政审批制度改革，建立了行政审批项目库；推进网上审批及电子监察系统建设，实行建设领域23个审批事项并联审批，建设项目审批时限从原来约250个工作日缩减至约70个工作日；整合行政审批窗口，实现58项行政许可一站办理；积极承接市级行政审批管理权限274项。实施了机关内设机构“大部门制”改革，部门数由24个精简到17个，下属行政机构由2个减至1个；成立了广泰国有资本投资运营公司，形成了“政府(管委会)——国有资本投资运营公司(广泰公司)——实体经营公司”的三级监管体系。确立了集团化管理思路，将管委会所持有的高科、渝兴、金泰、北恒、星宏、物业、聚泰公司的全部股权，以及高科集团持有的高创公司、渝高公司的股权全部划转到广泰公司，择机组建集团公司，由集团公司代管委会履行出资人职责。

2.现代服务业

2014年，北部新区规划布局了礼嘉国际商务旅游区、照母山科技商务区、金山国际商贸区、金州都市商业区“四区协同、多点支撑”的现代服务业发展新格局；新引进华侨城旅游文化项目和重庆页岩气勘探开发公司、铁塔公司、渝农商金融租赁公司等知名企业，全年共引进项目28个、总投资额约316亿元，是2013年的2.6倍，聚集苏宁云商、易极付等规模较大电商企业20余家，5家企业获批商务部现代服务业综合试点项目；宜家家居等大型专业市场和商业综合体先后开业，力帆红星国际广场、香港置地约克郡等加快建设，商业设施面积突破200

万平方米;各类金融机构增至277家、注册资本395亿元,其中新型金融机构174家;金融业税收突破20亿元,连续2年保持较快增长;银行业存、贷款余额均突破千亿元;商品销售总额增长22%实现611亿元。

3.新兴科技产业

2014年,北部新区成功引进神州数码、完美世界、爱奇艺、网龙、隆讯科技等一批有行业影响力的重点企业及项目,软件与信息服务、移动互联网、移动游戏、文化创意、移动新媒体及数字出版等新兴科技产业快速成长,全区科技型企业总收入同比增长17%实现610亿元,连续4年保持全市第一;与赛伯乐集团、隆讯科技联合建设了移动互联网、移动游戏专业孵化器,与市工商局联合建设了IT微企孵化园、两江广告产业园,与市经信委等建立了联合招商工作组,利用第三方平台,整合资源,加快项目引进;将面积约4平方公里、已建和在建产业楼宇近400万平方米、已入驻科技企业近千家的照母山南侧片区定名为"照母山科技创新城",重点建设"三园、八基地",即创新创业孵化园、软件产业园和互联网产业园,在原有5个国家级产业基地的基础上,新增广告产业、电子商务产业和互联网金融产业3个市级产业基地;管委会出资10亿元设立"两江科技创新专项资金",与重庆农商行、重庆银行合作成立"科技信用贷",与建设银行合作成立"助保贷",与兴业银行合作成立"科技创业贷",为科技型企业提供投融资服务,已授信企业90家、总额4.25亿元。拟上市企业入库数达100家,新增2家企业在香港联交所上市,3家企业挂牌新三板;出台促进小微企业发展暂行办法,建成两江创新创业大厦、重庆市IT微企孵化园、北部新区微企孵化园等专业孵化器,面积近5万平方米,已入驻中小微企业100余家;设立两江新区知识产权法庭,组建了北部新区知识产权服务中心,积极创建国家级知识产权示范园区。

(三)民生工作有亮点

2014年,北部新区民生工作进一步加强,社会事业全面进步。全年民生支出50亿元,占公共财政支出55%。

1.10件民生实事

市委、市政府确定的22件民生实事涉及北部新区有6件,完成投资3.12亿元,完成年度目标任务。新建成市级便民商圈2个,建成和协调开发商移交学校4所,城市供水"一户一表"完成年度目标的120%,新增城市公厕8座,人行过街系统完工3座、开工5座,整治湖库2个,新建社区养老服务设施5个,全面完成了市考核目标。管委会确定的通车道路全程亮灯、改善生态环境、转非社区功能完善、加快医院建设4件民生实事完成投资1.76亿元。

2.充分就业城区

投入2387万元推进就业,建立健全人力资源输送合作及动态调查机制,"充分就业街道"创建率100%,全面消除了"零就业"家庭。在全市首推网络创业培训,完成了"创业型城市"创建任务。城镇新增就业人数、就业困难对象再就业分别完成市级目标任务的166%、113%;登记失业率1%,比市级控制目标任务低1.8个百分点。新创"劳动关系和谐街道"2个累计6个。

3.社会保障

"五险"提前2个月完成市级目标,累计参保128万人次,征收社保基金33亿元;发放社保待遇近8亿元;实施各类救助1.2万人次。将首批符合条件的公租房社区居民纳入低保范围,人均补差水平增长7.7%达334元/人/月。

4.教育事业

面向全国新引进优秀教师200余名,与6所市直属学校结对发展,基础教育质量监测指标数据全部居全市前5位。14所学校建设项目稳步推进,储备用地配套学校启动建设程序,3所新学校顺利投入使用,缓解了热点片区入学压力。妥善解决了1960名进城务工子女入学问题,普惠幼儿园新增10所至16所,惠及公租房及转非小区4900名幼儿。

5.卫生文体事业

加快推进2所区级医院、6个街道社区卫生服务中心工程建设,其中翠云、康美2个街道社区卫生服务中心投入使用。严格执行基本药物“零差率”销售,扎实开展12项基本公共卫生和4项重大公共卫生服务,公共卫生服务均等化明显提升。重医儿童医院礼嘉分院、重医附一院金山医院普通部开业。二、三级公共文化服务网络建设全面展开,3个街道文化中心建设有序推进,5个社区文化室标准化建设全部完成。

(四)城市管理上台阶

1.市政绿化

推进了71个市政配套项目建设,其中过街系统项目在建11个,计划3年内完工49座人行天桥;免费向公众开放30家社会单位厕所,新建6座和续建2座固定式公厕,新建成2个垃圾站;新增停车位2.3万余个。守住了现有44个公园的绿地红线,推进了金海湾公园、滨江文化园等14个总面积达9400亩的公园绿地建设,建成开放金山公园。全区绿地率40%,绿化覆盖率46%,森林覆盖率37%,人均公共绿地面积24.8平方米。

2.城市环境

加强了道路扬尘污染控制、占道经营规范、市政设施维护、广告店招和灯饰照明管理等工作。在全市率先推行运渣车加装软篷自动密闭装置、LED顶灯、GPS定位系统,真正实现全密闭运输;创新推出高速预检系统,强化渣车执法监管;投资1.94亿元,完成了车行道、人行道、路沿石维修30万平方米;出台精细化质量标准和作业标准,整治了一批市容市貌突出问题,统一了市政设施安装标准,道路清扫保洁实现了长效管理;建设行车、停车诱导系统,在交通拥堵节点路段安装交通信息采集设备和道路实时流量显示设备,减少车辆拥堵;优化公交线路13条、新设公交站9个,全区通车主干道公交覆盖率达100%;开通4条迷你巴士线路,有效解决了民心佳园、康庄美地等社区市民“最后一公里”出行问题;在前几年整治的基础上,计划分2年再投入3.5亿元实施安置社区功能完善工程,突出整治消防和下排管网、屋面渗漏和外立面,实现环境综合提档升级。目前8个街道、21个安置小区、26个项目已进场施工。成立区、街道违法建筑整治工作指挥部,制定了快速处置在建违法建设工作规程,已拆除违法建筑112件、3万余平方米,对4个高档小区6处典型违法建筑进行了强拆。

3.环保“五大行动”

58项环保“五大行动”工程建设任务完成率100%。空气质量达标天数228天,较去年增加61天,提前106天完成目标任务;$PM_{2.5}$同比下降15.2%,创建扬尘控制示范工地10个、扬尘控制示范道路10条。巩固3条次级河流整治成果,提前启动了2015年12个湖库的整治工作;下排管网疏浚688公里;垃圾无害化处理率近90%;深化环保“四清四治”,清查出的1027家企业中,已完成纳入监管企业342家、辐射单位19家、餐饮单位72家、医疗机构68家、污水处理厂1家的整治工作,整治率100%。区域环境噪声平均值达全市要求,新创市级安静小区1个。

(五)平安建设扎实推进

1.社区管理

将全区划分为350个网格,招聘387名网格管理员,实现了网格全覆盖、人员专职化,并投入1400余万元予以保障。网格管理员参与整治各类安全隐患、调解矛盾纠纷550余起,成效初显。新创和保持全国和谐示范街道1个、社区3个,国家级减灾示范社区1个,成立1年以上社区全部创建为区级合格社区,探索并新创首批区级和谐社区建设示范单位4个;新创全国安全社区4个;新创7个累计16个全市民主法治示范社区。

2.社会治安

坚持“一分钟处置”标准,在反恐重点地区火车北站织密五张网,实行人防、物防、技防24小时全方位防控,全区暴恐案件和个人极端行为“零发生”;开展了平安系列专项整治行动,破案率上升7.4%,其中八类案件破案率上升38.5%,6起命案全部破获;群众安全感指数同比上升 2.4%达 93.2%;重点整治工作有序推进,市级挂牌地区通过市综治办验收;组建了 490 人的社区专职巡逻队,依托“应指工程”,建立完善立体治安防控体系。专职巡逻队成立以来,协助破案 135 起,治安类警情同比下降 64%。

3.信访工作

依法推进涉法涉诉信访改革工作,制定了依法处理涉法涉诉信访问题实施意见。坚持每月定期分析研判全区矛盾纠纷排查和稳定工作,深入推进领导干部接访下访,委领导化解突出信访案件 25 件。完成市交办疑难信访案件化解任务,新增矛盾纠纷排查化解率 98%,疑难信访问题化解率 82%。有效处置了当当幼儿园家长聚集闹事、线外开发商与业主纠纷等各类突发事件 76 起。

4.安全工作

坚持安全生产“党政同责、一岗双责”,切实加强“三基”建设,建立健全安全隐患排查治理体系和安全预防控制体系。先后组织开展了“压事故、保安全”百日攻坚等专项整治行动,安全事故目标数控制在市政府指标内;火灾起数同比降低 67.2%,直接财产损失降低 89.8%,未发生较大以上火灾事故;一般道路交通事故同比下降 23%,未发生死亡 3 人以上交通事故、易爆物品安全责任事故和涉校涉生恶性案件。

5.经济秩序

认真落实市委、市政府管控政府债务的要求,全年无新增政府性债务,消化存量债务 1578 万元,政府性债务余额为 2930 万元。积极开展金融“打非”工作,整顿企业 129 户,抓获犯罪嫌疑人 9 人,扣押、追回涉案物品、款项 900 余万元。

(六)发展环境持续优化

坚持将优化发展环境作为加强执政能力建设的重要内容和目标,不断完善委领导联系重点企业重点项目、企业来文专项督办、政策兑现、能源保障等优化发展环境长效机制,解决企业建设、生产经营中各类问题 700 余件,确保了一批重大项目顺利建设、投产、达产。协助中石油建成黄茅坪配气站,有力保障我区所有工业企业用气需求。组织 60 余家企业争取各类资金支持 3168 万元。

(七)工作执行力不断增强

制定了目标管理绩效考核工作实施细则、落实情况报告制度,及时召开各类协调会、编发督查通报及通知书,抓好现场督办,确保了 16 件市级交办事项、新区经济发展目标及重要部署、87 个重点工程和 71 个市政配套项目建设、15 项改进作风厉行节约措施、46 件人大代表政协委员建议提案等工作抓实见效。

二、2015 年发展思路及目标

2015 年,是全面完成“十二五”规划的收官之年,是全面深化改革的关键之年,也是全面推进新区依法行政的开局之年。北部新区要全面贯彻落实党的十八大、十八届三中四中全会、中央经济工作会议和习近平总书记系列重要讲话及市委四届五次六次全会精神,主动适应经济发展新常态,深入实施五大功能区域战略,着力做好改革创新、发展现代服务业和新兴科技产业 3 篇大文章,全力推进先进制造业基地、现代服务业集聚区、科技创新示范区和生态宜居展示区建设,勇当都市功能拓展区“先行者”、两江新区大开发大建设“排头兵”,推动“二次创业”取得更大成效。

重点抓好七个方面工作:一是促进工业内部结构升级,加快现代服务业集聚区和科技创新示范区建设,强力推动经济转型升级,促进产业结构持续优化;二是加大政府投资力度,全面推进 14 个城市重大节点治堵项目和骨干路网、产业楼宇建设,建成一批市政配套设施;三是统筹做好民生工作,办好民生实事,巩固“充分就业新区”创建成果,提升社会保障水平,推动教育文化卫生事业加快发展,让群众共享发展成果;四是扎实推进生态文明建设,着力提升生态环境质量,优化城市公共交通环境,大力开展市容环境和违法建筑两个专项整治,营造宜居宜业环境;五是大力推进依法行政,管控好社会治安大局，着力化解信访矛盾，强化安全生产监管，保持社会和谐稳定；六是积极破解改革重点难点，进一步细化功能定位，精心编制“十三五”规划，深入推进国有企业改革，积极拓展对外开放平台，增强发展动力活力；七是全面推进反腐倡廉建设和作风建设，营造风清气正干事创业环境。

2015年经济发展的主要预期目标是：地区生产总值增长15%实现675亿元，规上工业总产值增长15%实现1800亿元，固定资产投资增长12%实现440亿元，商品销售总额增长20%实现731亿元，社零总额增长20%实现235亿元，公共财政预算收入增长14%实现90亿元，进出口总额38亿美元，实际利用内资80亿元，实际利用外资5亿美元。

（作者单位：北部新区管委会）

万盛经开区

唐煜斌　罗江

一、2014年发展回顾

2014年外部形势错综复杂，宏观经济增速放缓，万盛经开区党工委、管委会紧紧围绕“转型发展、富民兴区”总任务，坚持“全面发力、上档升级”总基调，以投资打主力、工业为主导、三产作主攻，突出“抓投资、推项目、保任务”工作主题，迎难而上，强力调度，有效克服宏观经济收紧、传统产业市场低迷等不利影响，推动经济实现较快增长，地区经济呈现“困中求进、稳步增长”的良好态势。

全年地区生产总值实现101亿元，同比增长（下同）16.8%，经济总量迈上百亿元台阶；全社会固定资产投资125亿元，增长54.9%，历史以来首破百亿；地方财政收入22亿元，增长20.6%，其中公共财政预算收入9.57亿元，增长25.4%；工业总产值142亿元，增长33.6%；社会消费品零售总额36.3亿元，增长18.7%；城乡居民收入分别增长16.6%、17.1%。2014年初确定的25项经济社会发展主要指标中22项完成目标。在外部经济下行背景下，成绩实属不易，追赶全市步伐迈出坚实一步。

（一）投资拉动强劲有力

项目建设加快推进，投资增速持续保持在50%以上，投资额较去年同期净增44亿元。77个重点项目实现投资83亿元，增长42%。投资结构日趋合理，各领域投资均衡发力，工业、城建、旅游、基础设施、社会事业及农业等五个领域投资比重分别为23:31:23.4:13.8:8.8。资金来源更加多元，社会民间投资占比达67.2%，实际利用区外资金达到65亿元，政府性资金对于社会资本撬动作用进一步增强。投资带动建筑业快速增长，实现增加值14亿元，拉动GDP增长4个百分点。

（二）商贸消费稳定向好

居民消费潜力逐步释放，社会消费品零售总额、批发零售业销售额、住宿餐饮业营业额分别增长18.7%、32.6%、31.4%。举办春、秋季购物美食消费节及系列会展活动，商贸促销刺激作用明显，汽车、家居、汽柴油等领域销售喜人，分别增长40.6%、31.5%、32.3%。努力克服市场颓势，实施鼓励房地产市场健康发展政策措施，销售商品房61.6万平方米，其中旅游地产25.2万平方米。积极培育市场主体，全年新发展限上法人商贸企业27家，全区限上市场主体达到140家。着力丰富商贸业态，城市核心商圈商业综合体、国际商贸物流园等基础平台加快建设，电子商务等新型商贸业态加快培育发展，引进步步高超市、九州电影院等商贸主体，引导消费回流。

(三)工业经济加速壮大

工业全年实现增加值48.5亿元，增长19.1%,对GDP增长的贡献率达56.8%。加快集群发展,煤电化工园区、平山产业园区建成面积拓展至8平方公里,园区产值83亿元,占工业总产值比重达58.5%。加快转型发展,煤炭采掘业占工业总产值比重由2009年的43%下降到15.5%,煤电化工、新型材料、装备制造三大重点产业占工业总产值比重提高至72.4%。项目建设加快,神华国能重庆发电厂、南桐低热值煤发电项目开工建设,耀皮玻璃一期、福耀汽车玻璃建成投产,佳劲机车产业园、消防产业园全面开工,南天门风电场13台机组并网发电。

(四)旅游产业加快发展

全面启动旅游"三次创业"。天籁谷太空娱乐风洞、奥陶纪景区等加快推进,奥陶纪奥美酒店、天籁谷伯利兹主题酒店等建成营业,八角变电站、八角污水处理厂、北门供气设施等建成投用,八角片区道路系统、黑山供水工程、安居房、停车场、消防站等加速推进,"旅游基础设施建设年"和"旅游景观项目建设季"活动取得实效。成功创建全市首批市级旅游度假区，接待游客770万人次,实现旅游综合收入38.5亿元。天籁谷、长青藤院子等旅游地产有序推进,全年新开工110万平方米,竣工50万平方米。

(五)农业经济稳步发展

农村经济总收入达49.5亿元，增长22%。农业生产形势稳定,粮食、油料作物、果蔬等实现稳定增长，供给保障有力。农业产业快速发展,黑山、青山湖、青年三个市级现代农业示范园区建设初具规模，新增区级及以上农业产业化龙头企业6家,茶叶、方竹笋、猕猴桃、花椒等优势产业扩面增收。农业品牌加快培育,"三品一标"认证达26个,翠屏茶叶获重庆市名牌农产品称号,黑山碧绿、林海翠茗获名茶金奖。农旅融合加快推进，南青关生态经济走廊加快建设,建成市级以上乡村旅游示范点12个,发展家庭农场示范场19家。

(六)运行质量明显提升

地方财政收入突破20亿元,公共预算收入迈向10亿大关,财力逐步增强。工业经济效益显著提升，规模以上工业企业经济效益综合指数达214.3%,提高34.5个百分点。金融行业运行向好,新增两家新型金融机构,金融存贷款余额突破200亿元,存贷比达74.2%。资金筹措有力，争取上级资金14.58亿元，融资到位资金31.7亿元,15亿元企业债券和2500万欧元法开署援助贷款成功获批。上报土地征收项目3400亩,取得建设用地指标528亩,落实发电指标24.2万千瓦,项目建设所需供水、供电、供气等要素保障全面落实。

(七)发展基础日益夯实

成功创建国家卫生区,城市建设从"扩量为主"向"提质为要"转变。投入资金5000余万元,实施人行道板、环卫设施、照明设施、排水设施、老旧设施等八项市政设施提档升级工程。推进两河四岸综合整治,狠抓"蓝天、碧水、宁静、绿地、田园"环保五大行动,主城区空气质量优良天数达333天。城市新区建设有序推进,城市建成区拓展至12.68平方公里。重大基础设施加快建设,东城大道北延线、万盛大道南延线建成通车,三万南铁路、关赶铁路建设加快,丛黑公路顺利开工,关坝至光明公路实现通车,青山湖二期大坝建成,鲤鱼河引水工程、黑山水库有序推进,基础保障能力全面提升。

(八)社会民生大幅改善

持续加大民生保障,30件重点民生实事成效明显,社会事业全面进步。启动采煤沉陷区受损农房治理,完成农村危旧房改造1400户。推进全民创业就业行动，发展市场主体3066户，农民工回乡创业2231人，发放小额担保贷款2648万元,城镇登记失业率降至2.58%。社会保障水平全面提升,城乡养老保险、医疗保险参保率分别达92%、97.13%。在全市率先实施公交半小时免费换乘,乡镇客运通达率、行政村客运通达率分别达100%、91%。成功创建国家义务教育发展基本均衡区，农村初中寄宿制学校实现全覆盖,49中提档升级步伐加快，人民医院创三甲医院有序推进。文化馆、图书馆、科技馆、体育馆实现免费开放。

(九)镇域经济活力增强

结合功能区域划分战略和镇域实际，出台《关于加快建设三大经济发展区、增强镇域经济活力的意见》。细化三大经济发展区重点产业布局，明确镇街主要任务和产业负面清单，完善组织机构、基础设施保障、财政分类扶持、差异化考核等配套举措，激发镇街发展主动性、创造力，指导镇域经济特色发展、差异发展，推进全区一体化科学发展、转型发展、加快发展。

(十)改革创新破题推进

积极稳妥推进全面深化改革，“两集中、两到位”行政审批制度改革准备就绪，即将全面铺开，城市管理综合执法改革运行良好，开投公司体制机制和工业、旅游、安全管理体制进一步明晰、优化、完善，公立医院药品“零差率”运行平稳，财政预算管理制度改革稳步推进，工商登记制度改革、公交一体化改革、农村集体资产清产核资等改革惠及民生。大力建设全市创新驱动发展示范区，开工建设科技孵化基地，镁工业分析检测中心建成投用，成功引进高通量人类实体肿瘤早期诊断抗体芯片、便携式软硬一体化数据取证机开发、立可印产品开发及产业化等项目，全年开展研发项目 45 项，开发新产品 36 项，新培育高新技术企业 1 家，申报专利 466 件。

二、发展中存在的问题

宏观形势的复杂性、严峻性对经济增长带来的下行压力将长期存在；各区县间竞相发展势头不减、同质竞争依然激烈；万盛产业发展优势还不突出，煤炭、电力、玻璃、水泥等传统行业面临过剩产能调整压力；产业发展和生态保护矛盾碰头，土地、资金、交通、水利等要素保障“卡脖子”问题还未彻底解决，历史遗留问题与新的民生保障需求矛盾交织。这都需要我们主动顺应宏观经济环境变化，用科学发展、转型发展、加快发展的方式来逐步予以解决。

三、2015 年发展目标

2015 年是全面完成“十二五”规划的收官之年，是全面深化改革的关键之年，是全面推进依法治区的开局之年，也是全区完成“三个翻番”发展任务、实现“求突破”的攻坚之年。坚持稳中求进工作总基调，围绕“转型发展、富民兴区”总任务，主动适应经济发展新常态，保持较快增长速度、尽快做大经济总量，注重质量、尊重规律，崇尚实干、狠抓落实，突出改革创新、长期可持续，乘势而上、顺势而为，加快三大经济发展区建设，推进工业集群化、旅游全域化、城乡一体化，着力保障和改善民生，全面推进依法治区，促进全区经济持续健康发展和社会和谐稳定。

2015 年经济社会发展的主要预期目标是：地区生产总值增长 15%左右，工业总产值增长 20%，地方财政收入增长 22.7%，固定资产投资增长 20%，社会消费品零售总额增长 13%，城乡居民收入分别增长 10.5%、13%，城镇登记失业率控制在 3%以内，实现 GDP、工业总产值、地方财政收入在 2010 年基础上“三个翻番”。

(作者单位：万盛经开区发展改革局)

长寿经济技术开发区

一、2014年发展回顾

2014年,是经济形势错综复杂、转型任务特别艰巨的一年,长寿经开区紧紧围绕市、区工作目标任务,坚持"稳增长、调结构、转方式"工作主线,按照"创业再出发、改革再起航、开放再跨越"的总体要求,从稳定工业增长、强化对外开放、打造产业集群、加快重大项目建设等方面着力,开发建设工作呈现出稳中求进、进中有稳、稳中向好的态势。

——经济建设持续发力,整体实力实现"新提升"。在重化工强项遇强冷的严峻形势下,化工、装备制造、新材料行业产值分别增长23%、30%和28%。实现规上工业产值612亿元,增长11.3%,占全区87.3%;完成固定资产投资184亿元,连续7年保持150亿元以上,增长5%,占全区44.3%;实际到位资金160亿元,增长60%;实现税收20亿元,增长48.1%,占全区50%。完成到位外资4.04亿美元,连续四年位居重庆四个国家级开发区之首,占全区96.1%;外贸进出口额12.4亿美元,增长11.5%,占全区100%。凭借实力,一举荣膺2014年"中国开发区"最具投资价值奖和最具发展潜力奖两项殊荣。

——招商引资纵深推进,结构调整取得"新成效"。新签约项目30个,协议引资340亿元,增长3.3%。装备制造产业、电子信息产业异军突起,韩国世原汽车成功入驻,50余家现代汽车零部件配套商招商洽谈进展顺利,长信科技、鹰鹏成功入驻;化工产业集群竞相发力,投资100亿元的草甘膦项目成功入驻;钢铁冶金产业进一步优化,钢丝绳深加工项目成功入驻。MDI上下游产业招商迈出新步伐,得到市领导肯定。

——项目建设进展顺利,开发后劲增添"新动力"。新开工项目28个,开工面积约24万平方米;竣工项目20个,竣工面积约22万平方米;完成投资133亿元,完成年度计划的105.6%。重钢FINEX项目取得重大进展,上升到国家推进层面;MDI一体化项目实现机械竣工,计划2015年一季度投运;亚太纸业项目已进入平场和订购部分长周期设备阶段。

——科技创新释放红利,发展活力驶入"新轨道"。建成了国家新型工业化示范基地、院士工作站和公共检测平台,国家循环化改造持续推进并获专项扶持资金6435万元。重庆环松、重庆国际复合公司取得发明专利10余项,部分专利已转化成功即将上市,重庆纽米、重庆海州高附加值化工新材料实现产业化,新增销售收入2.2亿元。

——安全环保监管到位,绿色和谐发展成为"新模范"。深入开展"安全环保提升年"活动,不断提升经开区安全环保水平,一年来没有发生较大以上安全环保事故;有效开展了责任关怀活动,企业主动参与反哺社会、居民普遍关心支持项目建设的和谐氛围日渐浓厚,荣获了全国石油和化学工业联合会责任关怀最佳组织单位奖,公众参与工作得到了国务院、环保部、安监总局有关领导的批示肯定,经开区成为绿色和谐发展的"新模范"。

(一)深入开展产业链招商,结构调整效果好

2014年,新签约项目30个,协议引资340亿元,增长3.3%。一是重钢FINEX项目上升到国家层面,行政审批进一步加快,重钢产品结构将得到极大的调整,竞争力将得到进一步提高;投资28亿元的贵绳钢丝绳深加工项目签约,进一步优化了钢铁产业结构,将解决钢铁产业两头在外的困局。二是抓住现代汽车第五工厂落户两江新区的机遇,重点针对汽车配套企业开展招商,韩国世原汽车车身总成等工业项目入

驻，同时有20余家现代汽车零部件配套商来长投资意向明确，总投资约157亿元，装备制造产业集群将再添新军。三是长信科技投资10亿元的TFT-LCD液晶面板减薄项目、秀博瑞殷等光电产业项目入驻，电子信息产业异军突起。四是福华集团投资100亿元的草甘膦项目推进顺利，化工产业集群再发力。五是立足于巴斯夫40万吨MDI项目，明确了聚醚多元醇、工程塑料、BDO、聚氨酯涂料及防水材料、氨纶、胶粘剂等重点招商领域及重点招商企业，锁定重点招商企业57家。

（二）千方百计狠抓经济运行调度，生产要素保障有力

一是开发建设资金保障好。全年筹集上账资金65亿元，满足了生态屏障工程等一大批功能性基础设施建设资金需要。帮助企业争取上级财政资金7000万元，兑付企业产业发展资金4.38亿元，帮助企业融资贷款45亿元，一定程度缓解了企业融资难问题。二是能源要素保障好。全年协调保障企业安全用电52亿千瓦时，天然气19.48亿方，煤577万吨，水6261万吨，蒸汽70万吨，为企业达产见效提供了能源保障。三是土地供给保障好。全年征地报件面积5245亩，批复面积2189亩，启动拆迁面积7800亩，完成企业供地24宗，供地3410亩，较好地满足了中橡炭黑、长信科技、秀博瑞殷等一大批项目建设用地需要，为汽车配套产业项目快速入驻提供了用地保障。四是人力资源保障好。实施了库区人才联盟计划，加强与人社部门、大专院校、职业学校及中介机构合作，帮助各企业采取订单培训、专场招聘等方式，聚集优秀技能人才，帮助企业招聘员工2500人，完成职业技能提升培训和岗前培训3000人次，切实解决了正新轮胎等企业用工难问题。五是天然气价格上涨应对工作推进好。为帮助企业突围解困，正加快天然气化工产业原料结构调整，开展"煤代气"项目。目前已初步确定了"煤代气"项目选址、用地、煤源及物流组织方案等前期工作，力争从源头解决天然气化工的困境。

（三）不余遗力加快重大项目建设，工程建设出形象

2014年，新开工项目28个，实现开工面积约24万平方米；新投产项目20个，竣工面积约22万平方米，完成投资125亿元（政府主导类33.4亿元，市场主导类91.63亿元）。一是狠抓规划管理工作，引领重大项目加快推进，完成了川维厂项目、一般工业区、FINEX项目等50余个地块控规调整以及三片区的公用工程规划方案调整工作。二是MDI一体化项目整体平稳推进，整个工程进度达到或超过修订后的时点要求。巴斯夫项目已机械竣工，正在进行吹扫、试压、系统调试和生产准备工作。化医集团甲醛装置、硝酸装置及其配套设施已机械竣工，正在进行吹扫、试压、系统调试和生产准备工作，热岛项目建设正全面推进。生态屏障工程平稳推进，目前累计签订国有土地上房屋征迁协议5094套，征收工作接近尾声，已拆除房屋24万平方米；58万方的还建房已于8月30日完成交房工作。三是梅塞尔10000方空分装置、中橡5万吨炭黑、飞腾医药中间体等项目顺利投产，医工院医药中间体、博腾110综合车间等项目基本建成，近期将投料试车。四是亚太纸业项目根据发展战略进行了项目调整，前期工作推进顺利，可望2015年年初开工；重钢FINEX项目核准工作总体推进顺利；10余个汽车零部件项目正在开展前期工作，有望在2015年春节后破土动工。

（四）全面细致狠抓安全环保监管，安全环保形势好

2014年，长寿经开区深入开展"安全环保提升年"活动，从经开区和企业两个层面分别提升安全环保监管能力，一年来没有发生较大以上安全环保事故。

安全监管方面：一是扎实开展"压事故、保安全"百日攻坚行动、安全标准化创建、"六打六治"打非治违专项行动及危化品生产安全攻坚等专项行动，进一步规范了企业安全生产行为，提升了本质安全水平。二是加快开展经开区整体安全评价工作，为MDI一体化项目按期投运

和未来重大项目的入驻奠定基础。三是全面启动了地下管网清理排查工作，正在筹备建模等工作，杜绝管网的安全隐患。四是狠抓建筑安全和文明施工工作，实现了建筑施工安全零事故。

环保监管方面：一是臭气治理效果明显。通过督促企业增加投入和强化夜间巡查等方式，鑫富、博腾、福安、欣欣向荣四家企业在2013年投入1130万元的基础上，再次投入1000多万元，开展深度治理，恶臭扰民的问题有所缓解。二是粉尘问题大为改观。制定了《经开区道路扬尘整治方案》，加强文明施工管理，杜绝施工车带泥上路；联合区环保局对5家重点产生粉尘的企业进行全面排查，督促企业投入500多万元开展了治理工作，对治理效果不理想的西南水泥江南粉磨站进行了停产整改，雨天一身泥、晴天一身灰的形象大为改观。三是深入开展"四清四治"专项行动及污水管网可视化改造、电镀污水厂提标整改等工作，杜绝环保隐患。四是责任关怀行动持续有效开展。吸收会员单位55家，开展活动7次，政、企、民沟通渠道便捷通畅，形成了企业主动参与反哺社会、居民普遍关心支持项目建设的和谐氛围，被中国石油和化学工业联合会评为"全国石油和化工行业责任关怀最佳组织单位"。

应急管理方面：一是强化政务值班和应急值班工作，实行24小值班制，确保了各类突发事件快速妥善处置。二是强化应急演练，指导云天化、川维林德等16家企业开展应急演练，并开展了经开区层面的应急演练，不断提升了应急处置水平。三是应急设施提档升级，消防特勤二站建设进入尾声；数字园区一期工程建设项目已正式启动，2015年6月硬件设施将完工；污水防控体系建设稳步推进，已完成北区事故污水收集池的建设，南区事故污水收集池正加紧推进。

(五)千方百计搭建科技创新平台，创新发展后劲强

新建成了院士工作站科技创新人才聚集平台，稳步推进人才特区建设，累计引进博士7名，院士1名，吸收科技创新会员50余人。成功投运重庆化工新材料科技孵化器服务平台、国内领先的化工专利信息数据库平台和长寿经开区公共检测平台等科技创新平台，获批国家循环化改造专项扶持资金6435万元，荣获国家新型工业化示范基地。川维厂醋酸乙烯成功进入欧盟市场；重钢股份公司2.7米、4.1米船板钢获得美国船级社认证；重庆博腾股份公司"右雷佐生原料药"获美国食药监局认证，获准进入美国市场；重庆环松科技公司获"四轮机动车电动助力转向装置"等十余项专利；重庆国复公司"高强度高模量舶来纤维TM"发明专利再摘桂冠，获得第十六届中国专利材料领域优秀奖；重庆环松科技公司研发的车灯、保险杆等汽车配件即将上市销售；重庆纽米科技公司、重庆海州化学公司、重庆紫光化工公司等都相继开展了高附加值化工新材料关键技术攻关及产业化，新增销售收入2.2亿元。

(六)全力抓好资产运营管理工作，资产保值增值成效好

2014年，实现资产收益8566.85万元。一是资产管理成效明显。标准厂房"一收一盘活"，收回历史欠租300余万元，盘活闲置厂房面积近6700平方米，出租率提高至79.4%。晏家四期商业门面出租率与租金收取率"双100%"。二是投资管理稳中有进。截至2014年，累计成立6个合资公司。宏昌公司、中法水务、钢城物流三个合资公司已稳步运营；新成立经开弘航和焜田燃气两个合资公司；完成渝巴物流铁路专用线建设，即将投运；按期启动化危品停车场、晏家综合性农贸市场前期工作，为2015年新合资公司的组建奠定了基础。

二、发展中存在的问题

一是我国的经济发展形势正在向形态更高级、分工更复杂、结构更合理的阶段演化，经济发展进入新常态，世界经济总体复苏疲软态势难有明显改观，重化工产业难有好转预期。二是华腾300万吨重油、沙比克PC项目、富德集团

MTO项目等重大产业龙头项目落地处于胶着状态,存在原油输送过三峡大坝等问题。三是天然气化工企业原料结构调整转型升级处于胶着状态,存在环保、物流等诸多困难。四是开发区的体制机制处于胶着状态,存在职能职责与市区部门不匹配,一定程度上影响了工作效率。五是开发建设的融资工作处于胶着状态,国家再三收紧政府平台公司融资,且没有抵押物,开发建设资金十分短缺。六是安全环保压力倍增,随着新环保法、新安全生产法的深入实施,特殊的产业性质,安全环保压力巨大。

三、2015年发展目标

2015年是全面实现"十二五"规划目标的关键之年,也是长寿经开区的深化改革之年,长寿经开区将继续坚持开放引领、创新驱动、集群发展、绿色进步,加快推动转型升级,全面发挥城市发展新区工业主战场作用。

发展思路:立足五大产业,以"补链招商"为抓手,做大产业集群规模;立足企业发展,以"要素保障"为抓手,完善配套服务;立足科技前沿,以"科技创新"为抓手,提升现代化水平;立足安全环保,以"制度约束"为抓手,促进和谐发展。努力把长寿经开区打造成"产业集聚"、"科技领先"、"环境友好"的国内一流的国家级经济技术开发区。

发展目标:实现规上工业产值745亿元以上;完成工业投资230亿元以上;实现税收20亿元以上;合同引资300亿元以上;实际利用外资4.06亿美元以上;实现进出口总额12.7亿美元以上。

(作者单位:长寿经济技术开发区管委会)

高新技术产业开发区

2014年,高新区在市委、市政府和区委、区政府的坚强领导下,在区人大、区政协的监督支持下,以深入开展党的群众路线教育实践活动为契机,进一步振奋精神、改革创新、真抓实干,有力推动高新区建设发展提质提速,各项工作取得较好成效。实现地区生产总值337.2亿元,增长13.6%;固定资产投资244.6亿元,增长22.1%,其中社会投资占比近59%;规模以上工业总产值349亿元,增长14.6%,其中规上高新技术工业企业产值增长18%;社会消费品零售总额297.6亿元,增长15.3%;限上批发零售总额505.2亿元,增长37.2%;营利性服务业增加值69.7亿元,增长13.9%;高技术服务业收入86亿元,增长25%;三次产业结构调整为0.8:36:363.2。

一、规划编制

2014年,高新区规划编制工作有序有力推进,编制完成《石桥铺商圈业态调整规划》,提出打造智慧、时尚、简约的复合型、生活型、服务型、智慧型商圈;高标准实施高新区西区中心区城市规划设计研究,完成西部涉农物流加工区交通改善研究,及时推进重点区域、重点项目的控规修改工作,有力保障建设发展需要。谋划启动高新区"十三五"发展规划编制工作,并启动重点产业、重点区域、专业园区发展等相关课题研究。

二、产业发展

2014年,高新区坚持以扩能提质为目标,强化产业扶持培育,出台重点工业企业、特色楼宇产业等扶持发展新政策,推动新兴产业集群提速构建。全年新增亿元以上企业10家、规上工业企业32家、限上商贸企业45家。电子信息产业支撑有力,聚集格力、世纪精信、梅安森、台晶电子等35家规上企业,实现产值162.7亿元,占规上总产值的46.6%,其中:规上笔记本电脑配套企业14家,完成产值19.4亿元,奇欣达科技公司产值增长441%,隆迪塑胶增长191%。石墨烯新材料产业化步伐加快,石墨烯薄膜制备达到工业化应用标准并处于国际领先水平,基本完成从石墨烯薄膜制备到平板显示全产业链项目布局,引进的6个产业链项目建成达产后可新增产值近200亿元。高端装备制造产业平稳增长,73家规上装备制造企业实现产值143.4亿元,同比增长21.4%,占规上总产值的41.1%,其中:汽摩及零部件制造企业43家,完成产值107.9亿元,同比增长16%,东方鑫源、秦安机电等一批高端装备制造业企业蓬勃发展,鑫源农机等一批重点项目于2014年底完成主体施工。生物医药产业蓬勃发展,4家规上生物医药企业实现产值10.9亿元,同比增长91.9%,占规上总产值的3.1%,前沿生物、富进生物、金域医学检验等一批科技研发、高技术服务型生物医药企业集群发展,集研发孵化、生物制剂、医疗器械为特色的产业群初步成型。现代服务业发展提速,聚集电商企业100余家,"双软认证"软件企业达到120家;红星美凯龙等3个现代商贸物流重点项目建成开业、九州汽摩等15个项目加快建设,新增商业面积43万平方米。

三、城市开发建设

2014年,高新区坚持项目投资拉动,以东区石桥铺、二郎和西区三大板块为载体支撑,推动区域开发建设取得新进展。东区两大板块加快完善高技术服务中心功能,完成投资86亿元,实施项目64个;完成石桥铺商圈业态调整规划,电商产业园一期正式运营、二期完成招商,阿里巴巴·重庆高新区产业带入驻商户800家,聚集高技术服务企业129家;朝阳路东段等12条断头路加快打通,轨道5号线、环线、石杨路改扩建工程顺利实施;启动实施石桥铺商圈综合整治、科园路标准厂房地块开发;红星美凯龙、居然之家、华璞城盛装开业,浙商大厦、江厦星光汇等一批商业商务重点项目加快建设,通用·时代港湾、万科·锦尚等品质楼盘在建238万平方米。西区板块突出"一区一带"打造见成效,完成投资159亿元,实施项目119个;金凤高新产业示范片区引进产业项目24个、投产15个,实现工业产值翻一番,石墨烯产业园建成开园,梅安森总部产业化基地、重庆医科大学生物科技产业园、赛诺药业制剂产业化基地等一批产业项目开工建设,区域交通形成闭合路网,西城公园一期及金凤公租房、安置房、生物医药标准厂房等一批配套项目初具形象;现代商贸物流产业带的西部冷链物流中心、九州国际汽摩城等3大百亿级市场加快建设,公运集团货运物流园等16个产业项目开展前期工作,渝黔铁路新线及一批园区道路建成通车。征地拆迁依法实施,东区拆迁扫尾集中攻坚取得积极进展,依法搬迁滞迁户292户,拆除房屋32万平方米,净地交付使用560亩;西区实施征地拆迁7473亩,依法搬迁历年滞迁户和企业378家,净地交付使用6709亩。能源基础建设步伐加快,花卉园110千伏、宝洪220千伏变电站有序实施,金凤220千伏圣陈线完成搬迁,白含污水处理厂启动扩容建设,含谷供水保障工程进展顺利。

四、科技创新体系

2014年,高新区坚持以市场引领创新、以创新驱动发展,成功获批国家科技创新服务体系建设试点,区域科技创新能力保持全市领先。科技支撑产业能力提升,新增高新技术企业30家、企业工程技术研究中心8个、重点新产品91项、高新技术产品159项,数量均居全市首位;4个产品入围国家重点新产品,占全市1/3。服务平台丰富完善,促成中元生物与全球免疫诊断行业巨头瑞典默克迪亚公司合作建设糖尿病科技中心,全市首家综合性科技服务大市场、国家质检中心基地提速建设,国际科技企业孵化器主体完工,西区孵化楼完成装修,IT微企孵化园打造市级孵化园标准化示范基地,企业信息化公共服务网、创新驿站网加快创建。高端人才加快聚集,"人才特区"建设持续深化,新增中组部

“千人计划”、“万人计划”等高端人才5名。科技成果不断涌现,14项科技成果入围重庆市科学技术奖励名单,梅安森荣获企业技术创新奖,专利授权1255件、增长10.4%;获评市级知识产权示范园区,新增市级知识产权试点企业29家,数量全市第一。

五、招商引资和对外开放

2014年,高新区坚持将招商引资放在工作的重中之重,紧紧围绕做大产业集群,强化招商引进和龙头项目储备,狠抓招商项目落地建设和投产达产,并着力加快外向型经济发展,推动区域开放水平进一步提高。产业招商成效显著,成功引进深圳市欧帝光学有限公司石墨烯智能终端产业化项目、深圳市松录科技有限公司智能终端保护盖板TP及液晶模组厂生产项目、植恩药业制剂产业化基地及研发总部基地、安徽冠华稀贵金属集团公司西南区域总部、华硕云端股份有限公司总部等一批重点项目,累计签约引进各类产业项目75个,并储备龙芯光电等优质项目50余个。全年招商引资实际到位资金199.5亿元,同比增长11.3%,其中:实际到位外资2.56亿美元,实际到位内资167.1亿元。招商项目落地建设和产业化步伐加快,新唐电等产业项目实现当年招商、当年建设、当年投产,全年新开工招商项目27个、投产21个。外向型经济发展步伐加快,外经贸主体不断壮大,外经贸新增长点持续涌现,实现外贸进出口总额9.71亿美元,同比增长16.9%;完成服务贸易执行额3525万美元,同比增长46.8%。

六、财政和金融

2014年,高新区切实加强税收征管,完成区级税收(同口径)15.98亿元,同比增长15.2%。筹融资渠道有效拓宽,发行企业债23亿元、私募中票15亿元,确保重点建设任务资金需求。新增8家银行在高新区设立分支机构或分理处,金融机构人民币存贷款余额达856亿元。加大财政管理力度,全面推开一般消费公务卡结算,严控各类经费支出,三公经费同比降低42.37%。积极争取上级资金支持,获保障性安居工程、砖瓦窑企业关闭、基本建设贴息等补助资金3246万元。科技金融创新完善,新开发微贷、流水贷等科技型中小企业专项金融产品21个,知识产权质押、融资租赁等创新业务取得突破,累计帮助企业融资2.3亿元;安运科技、渝万通新材料等6家企业登陆“新三板”挂牌交易,数量全市第一。

(作者单位:高新技术产业开发区管委会)

西永微电子产业园区

2014年,重庆西永微电子产业园区开发有限公司(以下简称西永公司)按照市委、市政府和市国资委的部署要求,围绕全年工作目标和重要任务,凝心聚力,开拓创新,锐意进取,用新思路抢抓新机遇,用新举措引领新发展,集群化招商促产业结构优化,高起点建设加快产城融合步伐,攻坚克难巩固征地拆迁成果、多管齐下深化资产经营、统筹兼顾提高财务管理水平,各项工作取得优异成绩。

西永园区连续四年实现了经济高增长,2014年实现工业总产值1312亿元,同比增长25.2%,占全市的1/16;完成进出口总值1649亿元,同比增长15.2%,连续四年占全市的1/3左右;累计生产电子产品约1亿台件,同比增长15%,占全市1/3以上。截至2014年底,西永公司资产总额为642.83亿元,资产负债率56.12%,累计完成投资480亿元,资产规模逐年扩大,资产质量进一步提高。

一、全面发力打造信息制造业集群

以发展信息终端产品制造业集群为目标，推动电脑、打印机、显示器、路由器、交换机等电子产品达产上量，促使代工企业释放更大产能。2014年，电脑产量3650万台，同比增长7.9%，占全市总产量的57%；打印机累计出货1616万台，同比下降17%；显示器累计出货1269万台，同比增长29%；笔记本电脑电池组件累计出货3600万块，同比增长19%。另外，2014年还成功引进了富士康液晶模组项目，不到四个月的时间建成5.4万平方米的厂房安装工程，包含无尘车间1.8万平方米，形成了可以安装12条生产线的条件，并于2014年12月29日竣工投产，填补了西南地区液晶显示模组生产的空白，提高了我市电子终端整机制造的关键零部件本地化配套能力。

二、瞄准产业链打造高技术产业集群

以发展集成电路产业集群为目标，2014年8月韩国SK海力士测试封装厂建成投产，西永园区实现了集成电路设计、制造、封装测试全产业链，主要有中航微电子公司月产4万片8英寸集成电路生产线1条；中电科集团旗下中科渝芯月产1.5万片6英寸集成电路生产线2条；SK海力士一期封装测试项目，生产规模将达到8千万只/月(16Gb)。2014年，相关项目累计实现产值51.5亿元。

三、创新思路打造现代服务业集群

积极引入市场机制，以“园区搭台，企业唱戏”的模式，采取着力培育市场、着力营造发展环境、着力提供优质服务的思路，大力推动以金融、贸易、物流等产业为代表的现代服务业发展。2014年，现代服务业实现营业收入约12.8亿元。其中，软件及服务外包产业营业收入1.1亿元；物流业营业收入4.5亿元；金融服务业营业收入7.2亿元。

(一)探索离岸金融结算业务

为增强跨国公司在园区投资便利化，扩大重庆跨境结算规模，在开展笔电品牌商惠普公司离岸结算业务的基础上，积极探索代工企业离岸结算的新途径，采用跨国公司外汇资金集中运营管理的新模式，引导代工企业将其境外总部的资金转移到重庆西永的银行开立外汇资金主账户进行结算。经过半年多的努力，2014年9月台湾广达电脑公司在西永的工商银行、建设银行和中国银行跑通了离岸结算全流程，开始办理离岸结算业务。全年完成离岸结算业务量62.98亿美元，与其境外品牌商和境内三个生产基地交易中的贸易融资约23亿美元，新增承办代理银行缴纳税收约700万元。

(二)保税商品展示交易业务快速启动

2014年5月19日，市政府批准西永综合保税区开展服务贸易五大专项工作，6月28日白玛斯德西永保税商品展示交易中心约8000平米正式开业，使市民不用走出国门即可购买原装进口商品，市领导孙政才书记、黄奇帆市长等先后到保税商品展示交易中心视察，都给予了充分的肯定。8月15日西永保税商品展示交易延展平台在沙坪坝三峡广场正式开业，2个月展示期间向约10万人次市民宣传了新邮税的优惠，了解新的消费理念；体验跨境网购新的消费渠道的感受；推荐了6大类3000余种进口商品，销售营业额约100万元，达到了向市民推广宣传保税商品展示交易的目的。

(三)跨境贸易电子商务业务顺利开展

2014年，西永综合保税区跨境电子商务业务正式开展，实现了西永综合保税区跨境电子商务业务从无到有的跨越。西永公司全年成功引进跨境电子商务平台企业7家，跨境电子商务贸易企业18家，完成跨境电子商务业务31113单(票)，实现跨境电子商务业务交易额近1000万元，产业效应初步呈现。

四、加强建设管理，重点工程项目顺利推进

西永公司坚持走产城融合协调发展的道路，按照“产业催生城市、城市反哺产业、产业支撑城市、城市提升产业”的规律，西永商务中心

区全面开工建设，西永广场、道路等城市功能逐步完善，为推动产业结构优化升级奠定了基础。一是围绕公司现代服务业发展的统一布局，作为保税商品交易展示平台的重要项目——欧洲商品城（B区）正在按计划快速推进，项目占地约80亩，总建筑面积6.3万平方米。二是服务园区产业发展的城市基础设施配套工作正如火如荼地开展，以配合首创、龙湖、金科等开发地块的房屋销售工作为目标，以西永广场的建设为重点，集中力量推进西永广场、广场东路、南路、西路、北路以及成渝复线高速西永连接段的建设工作。截至2014年底，广场建设已具雏形，一大批乔木移栽到位，约5000平方米的花岗石铺贴完成，直径16米的铜雕进入生产制作阶段，连接各开发项目销售中心的道路全部具备通车条件。

（作者单位：西永微电子产业园区管委会）

万州经济技术开发区

刘城

2014年，万州经开区新增规模以上工业企业10户，新增就业1.41万人。完成总产值650亿元，其中规上工业产值481.4亿元，同比增长18.2%。实现工业企业利润26.4亿元，同比增长21.5%。完成固定资产投资97亿元，同比增长23%，其中产业投资65亿元，占68%。实现进出口总额2.1亿美元，同比增长1.8%。实现全口径财政收入23.99亿元，同比增长53%，其中地方财政收入19.98亿元，同比增长55%。

一、招商引资

2014年，万州经开区新签约落地中邦科技动物科学产业链、北汽福田5万辆商用车车厢加工及整车销售、奥根年产600万支高清摄像头、品罗医学诊断试剂产业化、沃夫汽车配件及电动玩具等57个项目，协议投资182亿元，其中，天然气开发、重庆渝东表面处理中心、动物科学产业链等5个项目投资超过10亿元。竣工投产西南地区首个百万千瓦级超临界发电机组——神华万州港电一期、希姆斯年产5000台电梯、达祺节能自动感应门及高档门窗、中船万州船舶工业园一期等20个项目，预计可新增产能100亿元以上。新开工建设万州医药产业园、东方医药产业园一期、恩艾思威智能阀门、大全西部电气制造基地、中加环保废弃电器电子产品拆解等23个项目。长安跨越汽车零部件配套产业园、经纬新能年产1万吨生物柴油、华歌生物二氯吡啶及吡啶杂环类除草剂、冀华环保年产1000台（套）环保设施设备等10个项目加快推进，到位投资超过67亿元。

二、开发建设

2014年，万州经开区共实施基础设施建设项目80个，当年完成投资19亿元，累计完成投资70亿元。完成光电园控规，新田园控制性详细规划编制工作有序推进。实施场平整治1.5平方公里。建成72万平方米征地还房、24.1万平方米保障性住房、6.3万平方米标准厂房，在建房屋247万平方米，其中还房89万平方米。大力推进约20公里道路桥梁建设，基本建成13公里，其中，全长8.9公里双向6车道的万忠路复线（双河口至高峰段）全线贯通，玉城大道、玉城大桥建成通车，完成天星路、百安大道延伸段等1.7公里道路综合整治，神华万州港电码头基本完工。高峰水厂、五桥污水收集管网系统工程等一批配套设施建设有序推进。竣工商品房30万平方米，启动鸡公岭小学天星校区、白岩寨公园、滩边河整治及湿地公园等一批公共服务项目前期工作，人口承载能力不断提升，公共服务设施不断完善，产城融合的开发建设格局正在形成。

三、资金融通

2014年,万州经开区共获准三峡后续、中央财政贴息、保障性住房补助、对口支援等各类政策性资金6亿元。循环化改造示范试点园区成功获得国家发改委、财政部批复,是2014年全国获批25个园区中的重庆唯一,核定补助资金1.6亿元。落实债务性及股权融资70.77亿元,到位46.87亿元,农发行21亿元低丘缓坡试点土地抵押融资项目获批,是万州历史上单笔金额最大的融资;万林公司6亿元金融租赁到账,成功注册10亿元私募中票,首期发行4亿元到账;三投公司12.5亿元股权融资成功上账,二期企业债券发行取得积极进展。建立了债务偿还基金,切实防范债务风险;加强资金统筹调度,有效降低融资成本,负债率控制在35%以内,融资综合成本7.75%,处于绿色运行区间。

四、征地拆迁

2014年,万州经开区新取得征收批复和转用指标1.33平方公里,完成供地2.98平方公里,累计实施的30平方公里征地总体拆迁进度达96.8%。征地调标补差工作基本完成,兑付征地群众资金3亿多元。坚持集约节约用地,土地利用效益不断提高,建设用地保障有力有效。

五、安全稳定

2014年,万州经开区出台了《万州经开区安全生产党政同责实施意见》,全面落实安全生产企业主体责任和行业部门监管责任。集中开展打非治违专项行动和重点行业领域专项整治31次、联合执法检查19次,共检查企业1284家次,整改率达97.5%,投入整改资金1500余万元。全年未发生较大及以上生产安全事故。坚持干部主动下访,狠抓矛盾纠纷排查调处,妥善处理征地调标补差兑付、农民工工资兑付等突出信访问题和不稳定因素50余件,1件区级挂牌和8件本级挂牌案件得到有效化解和稳控。全年未发生影响恶劣的群体性事件,安全稳定形势平稳可控。

六、生态环保

2014年,万州经开区认真贯彻落实市委科学划分五大功能区域的决策部署,立足渝东北生态涵养发展区重点开发区“点上开发”的功能定位,出台全面贯彻落实的实施意见和招商引资、开发建设、环境保护三个专项实施意见,牢固树立生态涵养发展理念,严格落实“五个决不能”要求,确保开发建设和入驻项目符合生态文明要求,从源头上防范环境污染。严格执行建设项目环境影响评价和“三同时”制度,新建项目环评和“三同时”执行率达100%。有序推进盐化园污水处理厂一期升级改造、五桥园工业污水收集管网等7个环保基础设施建设项目,天子园污水处理厂尾水排放管道投入使用,全年经开区财政完成环保设施投入5720万元。认真开展环保宣传培训,加强日常环境监督管理,配合市、区环保部门检查企业338家次,排查环境安全隐患40起,提出的43条整改意见全部整改到位。全年未发生较大以上环境污染事故和生态破坏事件。

七、法治建设

2014年,万州经开区深入贯彻落实中央、市委、区委改革法治工作部署,以改革促进法治建设,以法治保障改革进行,发展的内生动力不断增加。在资金融通方式上先行先试,积极开展金融租赁和股权融资工作,发行了全区第一只非金融企业非公开定向债务融资工具(私募中票),不断优化债务结构,有效降低融资成本。在招商引资上,不断完善一站式、一张表、一班人“三个一”服务机制,投资环境持续改善。在行政审批上,积极对接16项区级行政审批权限和一批行政管理服务事项的下放,进一步优化运行机制。在制度建设上,与区检察院联合出台了《预防经开区工程建设领域职务犯罪工作办法(试行)》,在全市开发区中尚属首次。在内部管理上,对直属公司员工薪酬办法、中介机构管理模式进行了改革,一线员工积极性不断增强,中介机构管理不断规范。

八、自身建设

2014年，万州经开区认真学习贯彻落实党的十八大、十八届三中四中全会、习近平总书记系列重要讲话精神和市委市政府、区委区政府的各项决策部署，在思想上政治上行动上与中央、市委、区委保持高度一致，坚定中国特色社会主义道路自信、理论自信、制度自信，争当渝东北生态涵养发展区点上开发“排头兵”的担当精神、使命意识不断增强。严格执行作风建设各项规定，扎实开展党的群众路线教育实践活动，创新开展自选动作“效率在哪儿”大讨论大整改活动和“四个攻坚月”活动，作风建设呈现新气象、形成新常态，干部职工的凝聚力、向心力、执行力不断提升。认真落实党风廉政建设“两个责任”，严格执行廉洁从政各项规定，全年修订或新增招投标、国有资金、组织人事、直属国有企业等内部管理制度20余个，三级制度体系不断健全，内部运行不断规范。

（作者单位：万州经济技术开发区管委会）

建桥园区

陈胤垚

一、2014年发展回顾

2014年，在区委、区政府的领导下，建桥园区紧紧围绕年度任务目标和“新区品城”计划，深入推动转型，有力推进了园区经济发展。

全年实现工业总产值160亿元，完成固定资产投资22.3亿元；实际利用内资20.93亿元，实际利用外资2006万美元。实现盈利5913万元；实现经营性资产收入1044万元；争取上级资金1700万元；实现土地出让321.13亩；实现土地出让收入29032万元；经营管理费用同比下降约10%。实现融资36.25亿元，公司年末资产负债率控制在34.33%。

（一）加快A区转型

一是加快A区城市设计。派驻专人至规划分局协调推动园区涉规工作，多次与规划部门对接A区城市设计用地指标数据，确定了方案内容。目前，已经召开方案征集发布会，参与方案征集的五家设计单位正在进行方案设计，预计1月审定最终方案。二是加快A区企业转型。完成科而士、载君舟、嘉利灯具、龙文实业的搬迁。正开展永通信息、佳成生物、三鼎通机、上海梅林、九九机械、嘉威啤酒方案论证；推动秋田齿轮、数码模、三木华瑞、利德工业、太仓科技实施了技术改造。钢研所、博巨玻璃正拟定技改方案。正帮助引导华伦医疗、宝丰线缆、钰鑫集团等论证原地转型方案。

（二）培育重点产业

围绕三大产业定位，成功取得环保科技产业园、美容健康产业基地、都市重点楼宇工业园授牌。目前，德润集团已完成工商注册，总部项目落户天安，水务资产等相关部门正加快环保科技产业园规划编制；首批签约12家台湾化妆品企业，正办理工商注册。西南医院眼科干细胞项目预计年内进场装修，生物实验室项目正洽谈合作方案。下一步，将依托化妆品、西南医院、大清生物等项目，将楼宇工业打造为集美容、健康、生物、医药研发为核心的产业集聚区。

（三）保障资金到位

采取贷款、融资租赁、专项基金、债务收购等方式，通过浙商银行、长城资产、重庆银行、银海租赁、西证渝富等机构，到位资金36.25亿元。其中，西证渝富合作龙文地块整治融资8亿元，长城资产债务收购融资8.95亿元，以建桥土地储备中心为主体融资3亿元，均在不新增建桥公司债务的前提下，实现了资金募集。截至11月，建桥公司负债38.44亿元，其中融资类债务为34.08亿元，工程类债务为4.36亿元。债务总额较2013年底国家审计署审定的债务总额45.7亿元减少了7.26亿元，减少16%。

（四）加强招商引资

先后与领域前景、中美国际、红九九、龙文集团、海康威视、环荣科技、上海国联、优粮食品、古尚通用机械等9家企业签订了项目合作合同及合作协议，协议引资21.8亿元。谈项目包括：美容健康产业园、环保产业园、生物科技园、建桥国际生命科技产业园等4个生产研发产业集群项目，润锦总部、潮汕大厦、钰鑫集团、富士达集团等4个总部类项目，恒千茂科技、奕妙紫衫醇等8个工业类项目，A区H06-4-2、B区G01-7、C区N23等3个商住类项目。同时，正积极推进天安数码城和园区企业自建厂房招商工作。

（五）推进项目建设

园区板块25个建设项目进展顺利，按时序进度完成的18个，完成率72%，其中蓝沁苑二期安置房停工两年后实现全面复工。板块六个重点建设项目中，晋愉江州、万家雅迪、煤研院3项目超前完成目标进度；中石化润滑油、万家燕基本完成目标进度。

（六）完成征地供地

完成土地供应4宗，面积136.13亩；获批760亩储备地指标，完成357亩土地的储备；实现土地征收567亩，其中集体土地229亩，国有土地338亩。

（七）争取政策支持

一是争取到都市重点楼宇工业园政策。市中小企业局未来3年给予租金补助，总优惠额3600万元。二是帮助企业争取各类政策资金。积极协调发改委、科委、经信委等部门，为三峰环境、长鹏实业、大清生物、鑫鹏物流等企业申请到各类政策资金约2000万元。

二、发展中存在的问题

资金“瓶颈”持续存在。园区新征地成本不断攀升；建设投入面广、量大、时急，资金运行紧张，特别是受国家对平台公司融资限制、抵押物不足、融资项目欠缺等因素影响，融资困难重重，资金供应一直处于欠饱和状态。

经济总量增长乏力。一是现有工业主导企业龙头带动作用不明显；二是部分行业发展形势低迷，影响企业生产经营；三是部分企业正处于转型和新产品推广阶段，短时间内难以体现效益；四是部分新建设项目属于生产性服务业，难以纳入工业统计；五是部分企业已处于生产饱和状态，增加供地面积又不符合现有门槛，导致生产规模难以进一步提升。

项目推进困难重重。部分企业主动暂缓投入，主要有资金供应不足、市场环境不好等因素。另外，政策变动也导致项目落地困难，如商务用地挂牌价格计算方式变动导致已签约总部项目难以落地。

三、2015年发展目标

（一）培育经济增长点

一是督促中石化、煤研院等在建企业全面投产；二是引导存量企业开发新产品、调整产品结构；三是培育规上企业；四是引导即将拆迁的区内优质中小企业入园；五是紧盯新兴产业，促进环保科技产业园、美容健康产业园项目尽快入驻办公。

（二）全力推动转型

全力推进A区存量企业提档升级，积极协商搬迁类企业，降低赔偿费用，资金允许的情况下适时推动；主动帮助技改类企业协调相关部门，争取更多政策和补助资金；一企一策单独研转型企业方案，成熟一家推动一家。

（三）强化要素保障

狠抓土地征收整治，继续推进A、C区尚未完成的土地征收，启动C区所有未征地的征收，为项目落地预留空间。做好土地储备及供应，明年计划完成土地出让513亩，办理土地储备1057亩，为项目推进和融资抵押奠定基础。明年计划通过资产证券化、电子商票、债务收购、专项基金、发行私募债等方式，规避银行贷款政策障碍，继续确保资金链安全。

(四)完善功能配套

一是尽快实施A区调规，调整功能布局，为总部区域发展提供后续动力。二是加快基础建设。三是加快完善C区生活性配套。深入研究该片区“吃、住、行、购、娱”等需求的解决方案，提前谋划环保科技产业园及美容健康产业园建成后的区域配套。

(五)深化经营体制改革

一是盘活现有子公司。积极探索悠活公司、鼎誉公司下步经营战略，增强对现有房屋、厂房等资源的经营运作，拓展入股、合资、授权等经营渠道，不断壮大子公司规模，促进国有资产保值增值。二是提高土地利用效益。充分利用建桥土储中心，用好土地资源，策划包装一批经营性用地，寻找开发合作项目，促进土地资产增值增效。

(作者单位：建桥工业园区管委会)

九龙园区

邓朝军

一、2014年发展回顾

2014年，九龙园区紧紧围绕“千亿园区、百亿集团”的奋斗目标，以“发展科学化、投资多元化、资源社会化、管理精细化”为工作路径，全力助推功能板块建设，经济发展取得了显著的成绩。

(一)经济保持持续增长

在经济新常态下，九龙园区狠抓经济发展不放松，加快实施产业优化升级和中小企业升规工作，7项经济指标中有6项保持两位数增长，高于全区水平。完成工业总产值615亿元，同比增长6%。在经济形势严峻、企业投资信心不足的情况下，艰难完成全社会固定资产投资32亿元，同比增长21.2%，其中工业固定资产投资16.5亿元，同比增长37.5%；在建材行业下滑、内环货车限行、物流市场外迁的严峻形势下，园区限上批零深受影响，但限上批零总额同比仍增长25%，限上社零增速同比增长20%，限上住餐营业额增长20%。新升规工业企业5家，新增产值5亿元，新升限上企业1家，新增营业收入6亿元。

(二)加强招商引资

通过以商招商、中介招商、二次招商等方式，共签约奥园城市综合体、明鑫汽车零部件生产基地等26个项目，总投资107.86亿元；新增千万元以上内资项目5个，外资企业4个，实际利用内资45亿元，实际到位外资2.83亿美元，占全区的54%。标准厂房累计引进企业26家，招租面积6万平方米。同时，按照“北车南新中商圈”的发展格局，利用东部产业优势，支持陶家板块建设，目前已建成了九龙园区科创中心和孵化中心两大中小企业基地，推进“节能环保、工程机械、智能装备、汽车”四大产业园招商引资。

(三)促进科技创新

成立以庆铃为牵头企业的九龙坡区汽摩产业联盟，先期聚集相关企业6户。积极创建汽车产业示范基地，完成向市经信委申报。完成2014年专利“增量提质工程”目标任务，帮扶园区企业申报专利1067件。推进知识产权试点园区验收工作。帮助周君记成立企业科协。德蒙特公司金属表面处理剂技术创新(研发)中心为第七批区级企业技术创新(研发)中心，建兴橡胶、秋霞食品为九龙坡区2014年科技企业,建设车用空调、御捷汽车零部件公司为2014年度创新型企业。

(四)完善配套建设

九龙园区始终坚持"投资多元化、资源社会化"的发展路径,既不断减持政府债务,缓解资金压力,又推动了园区基础设施建设进程。2014年,引进社会资本约8亿元,探索PPP模式,推动盘龙新城地下互通、北区公园建设,引进"海陆空大世界"游乐园项目,加快陶家生态公园建设。园区建成陶家商圈骨干路网9.3公里,水电气通讯管网30公里,贯通陶家板块首座跨线桥。启动和续建陶家L分区道路、盘龙新城市政道路、B3市政道路约16.5公里建设。

二、2015年发展目标

2015年,九龙园区紧紧围绕"东城再造、西城再战"和八大功能板块总体部署,科学规划定位,进一步优化产业结构,加快转型发展,努力将九龙园区建设成为"产城融合"示范区,为早日实现"千亿园区"打下基础。全年重点狠抓招商引资培育增量,服务企业做大存量,全力促进区域经济平稳增长。2015年预计九龙园区工业总产值650亿元,规模以上工业总产值完成448亿元,全社会固定资产投资完成36亿元。

(作者单位:九龙园区管委会)

重庆西部国际涉农物流加工区

王康颖

一、2014年发展回顾

2014年,在九龙坡区委、区政府、高新区管委会的坚强领导下,西部物流公司(以下简称公司)围绕九龙坡区全面推进"功能板块建设"主题年和高新区重点打造西区沿白彭路现代商贸物流产业带总体部署,结合年度目标任务,努力推进各项工作,重庆西部国际涉农物流加工区(以下简称园区)建设成效显著。

(一)经济指标稳步落实

园区全年完成固投31.5亿元(同比增长35%),完成年度任务的105%;实际利用内资18.24亿元(同比增长48%),完成年度任务的106%,实现限上批零销售额49亿元,完成年度任务的163%;招商项目共计完成建设体量79.95万平方米。

(二)项目建设稳步实施

1.政府投资类项目建设情况

续建四横线东段道路工程、农业科技园区安置房(三期)工程等项目6个,新开工机电城大道、建材城大道等项目16个,共22个项目。其中已完工中国西部农产品冷链物流中心和九州国际汽摩城电力工程等项目7个,在建四横线东段道路工程等项目15个。正在加快冷链物流园项目土地平场工程、农业科技园区安置房(五期)工程等28个项目前期手续办理。

2.社会投资类项目建设情况

续建九州国际汽摩城、中国西部农产品冷链物流中心、新沁园总部生产基地3大项目,新开工赣江五金机电采购中心项目。至2014年底,九州国际汽摩城项目一期(B、C区)完工,二期(A、D区)启动建设;中国西部农产品冷链物流中心完成项目一期总工程量的70%,其中市场完成100%,开始营业;新沁园总部生产基地完成项目一期主体工程;赣江五金机电采购中心完成地下车库建设,完成一期总工程量的30%。完成重庆农副产品粗加工项目等4个项目的土地出让工作。正在开展15个项目前期手续办理工作。

(三)土地利用循序渐进

一是全力以赴,成功获得公运白市驿货运

物流园等14个项目1853亩土地征地批文。二是攻坚克难,基本完成九州物流基地、德远果业等项目约4050亩土地征收及扫尾工作;完成土地出让7宗共计772亩,出让9.8亿元(近期还将出让土地3宗,预计全年土地出让收入16亿元)。三是积极配合,协助推进华岩隧道征地工作。

(四)党建活动实抓深推

深入开展了以解决"四风"问题为主要内容的党的群众路线教育实践活动,较好地解决了领导班子和党员干部在党风廉政建设、队伍建设、制度建设等方面存在的33项"四风"突出问题。同时,针对出现的有关问题,领导班子进行了切实整改,在公司内部设立监察审计室,结合公司实际扎实做好建章立制工作,加强对权力运行的监督制约,以优良的作风保障公司各项工作顺利开展。

(五)内部管理秩序井然

一是制订、完善了公司《财务管理办法(试行)》《政府投资类零星建设项目竞争性比选制度》等18个涉及公司重要事项的制度和规定,保障各项工作的规范开展。二是充分利用园区现有苗木资源,满足园区新建2.5公里市政道路两侧行道树种植要求,节约了绿化工程建设成本;加强农展中心日常管理,确保国有资产安全。三是加强对项目施工现场环保检查力度,切实做好环境保护工作。

二、发展中存在的问题

一是基础设施薄弱。白市驿地区规划布局电力、污水处理等基础设施的工作启动缓慢,园区现有道路、供电供水、排污等基础设施薄弱。二是资金运行紧张。融资困难,受国家金融改革政策影响,银行贷款较为困难;资金供需缺口大,银行还贷、征地拆迁和工程建设等资金主要靠向社会筹集和高新区管委会支持解决。三是发展空间受限。园区规划空间严重不足,土地资源已"捉襟见肘",特别是市属国有企业搬迁项目用地规模较大,用地规模难以保障;白市驿机场对项目建筑有严格限高要求,导致土地利用率低,甚至部分项目难以实施,进一步加剧土地资源的紧张。

三、2015年发展目标

2015年,园区将努力完成固定投资36亿元;引进内资25.4亿元,新增内资企业4户;引进外资1200万美元;完成限上批发零售销售额100亿元(其中增量40亿元),新增限上批零企业12家,完成限上社零销售额增量5亿元;全年计划供应土地1335亩,预计出让综合价金14亿元,协助完成西区土地征收3278亩;加快25个基础设施项目和13个社会投资项目有序推进,促两横三纵道路初显规模,白彭路商贸物流产业带形象得到较大提升;积极拓展资金筹集渠道,充分利用驿城园林公司的重组,全力推动公司"驿都花海"自主开发项目计划的制定与实施,广开源、强内力,提升造血功能,扎扎实实展现物流园形象和风采,助力高新区西区建设提档升级。

(作者单位:西部物流公司)

巴南经济园区

石荣贵

一、2014年发展回顾

2014年,经济园区以强化"工业精神"为统领,全面落实"工业强区"发展战略,园区经济呈现出平稳向好发展。全年实现规上产值529.6亿元,同比增长17.3%,高于全市4.7个百分点、全区2.2个百分点。园区重点建设的界石、天明两大组团新增67.5亿元,同比增长47%。累计完成固定资产投资79亿元,同比增长29.5%,高于全市11.5个百分点,全区14.4个百分点。结构上,园区电子信息产业实现规上产值25.86亿元,同比增长近7倍,正在实现从无到有、从零部件到整机、从代工向品牌的转变。

(一)项目建设顺利推进

开工建设宝钢、玛格、劲力等10个项目,四方、光宇、众恒、汉嘉、宏普盛等20个项目实现投产。惠科标准厂房6条生产线全部投产,月产量达30万台,全年产值超20亿元。长安铃木二工厂四大车间全线投用,新增产值35亿元。万象城市广场完成70%的商业主体工程,合作开发的新科城市广场开盘当日劲销80%,曙光52万平米工业楼宇建成并正式开园,190余家企业签约入驻,园区产城融合效果初显。

(二)要素保障切实有力

全年新增融资44.7亿元,按期还本付息26亿元,安全度过偿债高峰。征地补差、工程款支付和历史遗留问题均得到妥善解决。取得征地批文3271亩,园区建设范围实现全覆盖。天明组团规划修编获批,北京美利信项目征地,二号道路、一二工厂连接道等顺利实施,界石数码B区完成1200亩征地、800亩平场和2公里骨干道路、管网和水电气建设。

(三)招商引资成绩显著

全年共引进华雄、美利信、东荣发、民生物流等33个优质项目,投资总额222亿元,天语手机的成功引入,为ICT产业发展再添砝码。液晶面板8.5代线项目的入驻,有效提升了巴南工业在全市的地位,建成后将形成年产值200~300亿的平板显示产业集群,巴南工业将实现真正转型升级。

二、2015年发展目标

2015年,经济园区将主动适应经济发展新常态,以“工业精神”为统领,紧紧围绕“项目建设攻坚年”,抢抓机遇,乘势而上,力争全年实现规上产值590亿元,新增产值60亿元。

(一)推进项目建设

加快布局以惠科生产基地为重点的数码电子产业,1000万台液晶显示器和电视机生产项目3月底启动21万平米厂房建设,液晶面板8.5代线项目6月底实质性开工,并以此为龙头延伸产业链。积极推动长安铃木“启悦”、“维特拉”新车型和代工的长安新奔奔实现量产,形成24万辆整车产能。完成台湾圣美、大江美利信、恒安二期等5个项目主体工程建设,天语、宝钢、东荣发等8个项目投产见效。新建工业楼宇30万平方米,曙光、宁辉创业园力争50家以上工业企业实现入驻。产城融合项目万象城市广场一期商业完成主体建设,并启动二期商业主体和园区商务大厦建设;完成新科城市广场所有商业和住宅封顶。

(二)大力招商引资

以产业招商为抓手,充分发挥集群效应,以惠科液晶面板为依托,锁定核心配套企业,进一步打造平板显示产业集群;以引进的恒鑫智能装备为突破口,全力发展以机器人、智能仪表为代表的高端智能装备产业集群;积极引进以香港蓝月亮为代表的重点港资企业入驻香港工业园;积极引进高端汽车零部件企业和以光学新材料、复合膜为代表的新材料项目落户;积极协助曙光、华雄、宁辉等工业楼宇做好二次招商工作。力争全年引资金额100亿元,到位资金40亿元。

(三)狠抓要素保障

全年新增融资20亿元,完成企业债券二期6亿元发行,挂牌出让惠科、中远、新鸥鹏等10宗土地,力争实现土地挂牌综合价金6.3亿元;完成数码B区和天明组团C地块1200亩征地和平场工程,界石3、4号开闭所以及界石、天明3公里道路建设,启动液晶面板8.5代线水电气等能源保障项目建设,投用容纳2700人住宿问题的标准厂房6号楼。

(四)加强自身建设

继续巩固群众路线教育实践成果,着力打造一支具备工业精神的干部队伍,进一步提升服务效能和服务水平，做到务实高效清正廉洁；开展公司实体化经营，探索混合所有制经济发展模式，做大做实园区资产，并采取PPP等模式引入社会资本参与园区基础设施建设，实现园区降债减负，增添发展动力；加强安全监管和环保督察，营造园区良好的发展环境；积极争取将界石数码产业园升级为重庆经济技术开发区拓展区，最大限度发挥园区在发展工业经济中的集聚、整合和带动作用。

（作者单位：巴南经济园区管委会）

西彭工业园区

谢永宏

一、2014年发展回顾

2014年，面对国际国内经济下行压力，西彭园区始终坚持稳中求进、转型发展工作总基调，积极作为，真抓实干，大力扶持铝加工等传统产业转型升级，积极培育新材料等战略性新兴产业，板块各方面工作有序推进，总体呈现“稳中有进、逆势上行”的发展局面。

（一）经济发展迈上新台阶

2014年，西彭园区共实现工业总产值557亿元，顺利迈入500亿级工业园区。一是规模经济和非公经济发展稳中有进，园区工业和商贸企业数量达到453家，其中规模以上企业数量增至77家，民营企业数量达到418家，园区全年实现规上工业总产值350亿元，约占九龙坡区的31%，园区民营企业全年实现工业总产值386亿元，同比增长25%。二是固定资产投资保持良好水平，园区2014年共完成全社会固投41.9亿元，其中工业固投共完成32.7亿元，占全区的27%。

（二）产业发展呈现新气象

一是产业集群发展进一步加快，通过大力推进“园中园”建设发展，园区目前已形成包括以西南铝为代表的铝精深加工产业，以天泰、戴卡等为代表的熔铸产业园；以瑜欣平瑞、芯淞科技等为代表的电子信息技术产业园；以中铝萨帕、华世丹等为代表的装备制造产业园；以上海通用、渝储有色金属期货交易项目等为代表的现代商贸物流产业园；以奇爽、东鹏特饮等为代表的现代食品加工产业园。二是创新驱动发展进一步加快。园区近两年先后为戴卡捷力轮毂、华世丹、宏钢数控等企业申请并兑付产业扶持资金6000余万元，支持企业科技创新，园区企业2014年共申报各类专利78项，增长45%；企业取得授权专利总量上升至129件，专利产业化率达到95%以上。园区90%以上企业拥有国家授权专利，80%以上企业拥有自主知识产权产品，形成有中国驰名商标1件，中国著名商标14件，园区规上企业万元产值能耗2014年同比实现下降5%。

（三）对外开放再上水平

一是对外招商引资力度进一步加大，每年都积极参加渝洽会、金属冶金展、高交会等招商会展，并与重庆驻广东办事处等中介结构保持了良好合作关系，2014年园区成功引进16家企业、17个项目，其中12个项目计划投资超过亿元；全年实际利用内资20亿元，同比增长102%；实际利用外资4696万美元，同比增长429%，招商引资工作取得了近几年最好的成绩。二是外经外贸工作稳步发展，华世丹农耕机系列产品、瑜欣平瑞汽车点火器产品等海外销售稳步增长，西南铝大飞机用铝合金厚板实现首次用于A380客机机型，园区2014年实现外贸收入1.55亿美元，并成功获得第三批“国家外贸转型升级专业型示范基地”称号。

（四）投资环境实现新提升

“硬件”方面，2014年新建成D41、D81等标准厂房 12.2 万平方米，并促成了重庆银行、民泰村镇银行等金融机构先后入驻，推动城市地产开发新增 127 万平方米，今年园区还将进一步加大力度，“软件”方面，园区大力承接做好上级“简政放权”工作，并全面推进实施项目建设“代办”制度，行政审批提效 30%以上，2014 年为企业累计节省达到 148 个工作日。

二、2015 年发展目标

2015 年是“十二五”规划的收官之年，也是园区发展转型提质的关键之年。要围绕“一条主线”，瞄准“两个目标”，扭住“三大任务”，完善“四大保障”。

第一，围绕“一条主线”。就是要坚持产城融合、转型发展总思路，把握稳中求进工作总基调，做到又好又快发展，努力将西彭板块、西彭园区建设成为长江经济带沿线重要的“临港工业新城、宜居宜业都市、乡村休闲乐谷”。

第二，瞄准“两个目标”。规上工业总产值增长 18.5%、西彭园区规上工业总产值增长 20%的区级目标，以及园区工业总产值在 15 年提前突破 600 亿元的发展目标。

第三，扭住“三大任务”。一是全力做强产业。推动产业聚集发展、多元发展，加快熔铸产业园、装备制造园等园中园建设，力促取得有色金属期货交易库运营牌照，加快顶新集团功能饮料、50 万吨铜加工等 10 余个重大项目跟踪洽谈，确保实现签约落地一批、追踪储备一批、延伸接洽一批。二是全力做靓城市。要加快推进板块骨架路网建设，提速小塆立交、西铜北路、三环路南北延伸段等 18 个市政道路工程建设，形成“三环四横四纵”立体交通路网体系；要全力“一街、一园、一馆”（即：西彭板块区域性商业步行街区、西彭创新市民公园、西彭板块规划展览馆）建设。三是全力做美生态。要围绕建设“山水园林城市”，大力服务推动板块“两带”建设，重点谋求支持铜罐驿大溪河生态旅游度假区建设，争取项目有实质性进展。

第四，完善“四大保障”。一是资金保障。按照“保链、保运转、保发展”的目标，统筹做好 15 年的资金筹措和资金调度，资产经营部要进一步强化园区资产管理，要确保完成园区公司 AA 级信誉升级等重点工作。二是土地保障。2015 年力争取得用地指标 1000 亩、取得征地批文 2000 亩、实施土地征收 3500 亩、实施土地储备 1500 亩、完成土地出让 1400 亩。三是人才保障。推动深化“一站、一室、一平台”建设，推动“党建+项目+人才”三位一体人才培育计划，特别是在推动企业创新等方面要做深入的思考。四是政务服务保障。做好“简政放权”等工作，协调做好项目开工报建、水电气等要素保障。

（作者单位：西彭工业园区管委会）

白涛化工园区

2014 年，面对宏观经济下行压力加大，产业调整任务繁重的严峻形势，园区发扬吃苦耐劳、敢打硬仗、能打胜仗的精神，扎实开展各项工作，各项指标再创新高，打好了一场“漂亮仗”。同时，园区积极抓好党建工作，认真开展党的群众路线教育实践活动，深入查找“四风”问题，扎扎实实实施专项整治，建立巩固长效机制，促进了园区又好又快发展。工业投资、招商引资到位资金超额完成全年目标任务，规上工业产值基本完成全年目标任务。全年实现工业产值 94.25 亿元，占年度目标任务的 99.2%，同比增长 21.5%，再创园区历史新高；完成固定资产投资 33.15 亿元，超全年目标任务 10.5%。

一、招商引资方面

2014 年，招商引资到位资金完成 24.17 亿元，超全年目标任务20.8%。园区新签约项目4个，引进了鹏凯精细化工公司、新联峰实业公司、中石化通汇能源公司、聚立信生物工程公司，达产后产能约58亿元。

3月13日成功签约重庆中石化通汇能源公司LNG项目，总投资15亿元，年产液化天然气约68万吨，年产值50亿元。在2013年签约华峰聚氨酯树脂、差别化氨纶项目的基础上，氨纶配套项目——新联峰纸管项目（总投资1.6亿元，年产值2亿元）于3月6日签约落地，3月13日开工建设。5月18日成功签约重庆鹏凯精细化工羟丙基甲基纤维素项目，总投资8亿元，年产值15亿元，该项目已于7月开工建设。

二、产业项目建设

开工建设项目4个。新联峰纸管项目实现当月签约当月开工当年投产，重庆中石化通汇能源有限公司LNG、鹏凯羟丙基甲基纤维素项目、聚力信生物农药项目实现当年签约当年开工建设。

竣工投产项目10个。其中，新氟公司氟化工项目、嘉惠电子化学品项目、天原四氯乙烯项目、能通公司热岛、华峰环己烷氧化液中副产物综合利用技术开发、弛源化工聚四氢呋喃等项目于2014年上半年投料试车。华峰己二酸扩建项目、华峰差别化氨纶项目、华峰聚氨酯项目等工程进展顺利，2014年年底试生产。成为园区有史以来竣工项目最多的一年。

三、基础配套建设

2014年，园区实施了华峰大道（原名化中大道）改扩建、依湾路（原名洪天路）改造等工程；加快公共服务中心和应急指挥中心平台建设，提升园区应急反应能力；开工一般工业固废场和白涛河拦截坝建设，提升园区环保风险防控能力；加快燃气管网和加气站建设，提升园区工业大生产配套能力建设。与白涛街道一道，共同做好征地拆迁工作，为项目用地提供保障，全年完成聚立信农药项目、中石化LNG、中石化重庆管道公司增压站等3个项目约600亩的征地拆迁工作。保障性住房一期年底建成投用，1至6号楼共计904套（其中安置房178套、公租房726套）已全面完工并交付使用，配合白涛街道办事处安置园区拆迁居民178户600余人，解决21个园区企业1000余名员工的住房问题（360套）。白涛镇防洪护岸综合整治工程已获得涉河方案、水保、初设等批复，待外部条件成熟后即开展招投标工作；大石溪码头工程已完成地勘、测绘工作，现正开展可研、设计、地质灾害及压覆矿产评估等工作。

四、安全环保监管

2014年，园区切实增强红线意识，强化“三基”工作，持续开展企业安全标准化“回头看”、“打非治违”、“百日攻坚”、企业谈心对话、安全生产月、“四清四治”等一系列专项活动。全年园区企业安全生产事故控制在区政府下达的目标之内，未发生危化品安全事故，未发生环境污染事故。

园区和各企业签订了安全环保目标管理责任书，签订率100%。进一步落实安全生产党政同责、“一岗双责”责任制。园区主要领导专题研究和参与安全检查工作，召开了安全环保工作例会。实行园区专家库成员交换检查工作制度。严格实行了安全生产工作目标考核。开展了天原等企业安全标准化“回头看”复审工作。华峰、紫光两家新创建安全标准化企业，已通过市局三级安全标准化验收。华峰化工成功创建职业卫生基础活动建设示范企业。11月13日，园区在华峰化工成功举办了一次救援演练。

园区认真开展了环境隐患排查、环境保护“五大行动”、“四清四治”、固体废物、汛期环境隐患排查等专项行动和主题宣传日活动。园区举办环境开放日活动。严格执行建设项目环境影响评价和环保“三同时”制度，坚持“三个一律”的原则，实施依法监管。今年先后处置了弛源化工管道吹扫扰民事件、公租房弃土水污染、柏林村作物受损等事件。

五、加强党的建设

园区全面加强党建工作,从严治党,助推园区跨越发展。主要领导高度重视,切实履行党建第一责任人职责。加强党建分类指导,率先垂范,狠抓落实。加强党员干部学习教育,2014年园区认真组织学习习近平总书记重要讲话等专题学习13次,组织集中学习或研讨36次。及时办理了区政协四届三次会议第113号提案《关于白涛化工园区发展预留空间的建议》。按照"照镜子、正衣冠、洗洗澡、治治病"的总要求,园区扎实开展了党的群众路线教育实践活动。认真落实"两个责任",切实履行好党风廉政建设党委主体责任和纪工委监督责任,班子成员履行党风廉政"一岗双责"。园区强化了纪检监察工作,"转职能"落实执纪监督和问责的职责,"转作风"建设纪检监察硬朗的作风,"转方式"改变纪检干部参与工程项目的做法。落实纪检监察的监督责任,贯彻落实中央八项规定,重庆市党员干部"八严禁"、"十二不准"等有关规定。督促园区开发集团对消防特勤站审计问题进行了整改。对消防特勤站、潘家坝污水处理厂、能通公司廉租房、应急指挥中心、一般工业固废场和白涛河拦截坝等项目的公开招标、审计和造价结算进行了监督。时时绷紧党风廉政建设这根弦,全年园区没有发现违纪违规的情况。

(作者单位:白涛化工园区管委会)

珞璜工业园区

一、2014年发展回顾

2014年园区各项经济指标全面飘红。工业总产值实现400.6亿元;91户规模以上工业企业,实现工业总产值359.6亿元。工业固定资产投资实现102.7亿元,全社会固定资产投资118.4亿元。工业企业利润实现51.1亿元;税收收入突破10亿元;到位外资突破10亿元(1.7亿美元)。

(一)"水公铁枢纽"快速推进

一是"水公铁枢纽"纳入国家"一带一路"和长江经济带战略,其中珞璜枢纽港总投资28亿元人民币,占地面积1000亩,新建5000吨级泊位5个。二是珞璜铁路枢纽投资22亿元,占地1500亩。三是在全市率先采用PPP投融资模式,创新了全市基础设施项目建设投融资模式。水轮机等49个项目新开工,起重机等40个项目投产。

(二)推进民生实事大改善

一是创新"购商品房用于还房安置"新方式,购买商品房20万平方米用作还房,解决了2013年前5年的遗留问题,节约了资金、促进人口聚集。二是通过公办民助的形式,斥资2亿元与几江幼儿园、四牌坊小学、江津中学"捆绑办学"。

(三)招商引资再创新高

全年新引进项目81个,协议引资260.3亿元。以商招商取得新成效,在经济形势低迷的情况下,万虎机电追加投资20亿元建设混合动力车项目、威马农机再斥资5亿元建设拖拉机项目。

(四)全力用活"低缓"政策

一是有力地突破了项目用地指标瓶颈。总体规划12平方公里,新增建设用地1万亩;新征转5000余亩。二是坚持"建多少供多少"的原则,促进项目建设。三是巧打"低缓"征转供时间差,收储土地3764亩抵押融资20亿元。

二、发展中存在的问题

一是理论学习还需加强,班子的理论知识

和创新能力尚需提高。二是全园干部队伍素质尚需提升，与国家级经济开发区要求尚有较大差距。

三、2015年发展目标及举措

(一)发展目标

一是经济指标。实现工业总产值480亿元以上，增长20%；规模工业总产值430亿元以上,增长20%;入库税金12亿元以上,工商税收11亿元以上,增长18%;新增规模企业15家以上。二是招商引资。力争协议引资200亿元以上，实际到位资金120亿元以上。三是项目建设。完成固定资产投资135亿元以上，增长18%,其中工业投资118亿元以上,增长18%。新建成保障性住房10万平方米以上，启动15万平方米以上。

(二)工作重点

第一,突出规划管理,引领园区发展。一是做好50平方公里总规修编完善工作。二是加快推进"两桥一线"规划等前期工作,争取提前实施"三联线"与绕城高速互通工程;规划轻轨3号线延伸至园内渝黔高铁珞璜南站；推进园区与支坪跨綦河大桥,与支坪滨江路相连;规划预留东南环线城市快轨、沿江铁路、渝长铁路建设走廊，做好水公铁综合物流枢纽内联外引的交通规划。

第二，突出招商选资，打造"一枢纽三集群"。一是培育医疗器械及智能装备产业;引进汽摩整车及核心配套项目。二是发挥园区水公铁多式联运优势，加大新兴服贸项目和现代物流项目的招商。三是加强园区城市综合功能配套项目招商,加大温泉的开发利用。四是强化宣传推广,树立珞璜园区"长江经济带上的水公铁综合枢纽"品牌。

第三,突出项目建设,增添发展后劲。一是狠抓基础设施项目建设。加快推进珞璜铁路综合物流枢纽、珞璜千万吨级长江枢纽建设,力争年底铁路综合物流枢纽一期1000万吨建成投用。二是抓好工业项目建设。按照"开工一批、投产一批、达产一批"的要求,确保杜拉维特等40个项目开工建设，联邦中北等36个续建项目稳步推进，重庆水轮机等46个项目建成投产,伟星新材等17个项目达产,全年完成投资80亿元以上，新增工业总产值40亿元以上。三是抓好商贸物流项目建设。做强商贸物流,大力推进冠强汽车商贸城、中国物流等专业市场建设。促进典雅温泉城、世纪华城、云篆丽苑等房地产开发项目加快建设进度,全年完成投资40亿元以上。

第四,突出环境配套,助推提质增效。一是改善软环境,引导企业转型升级。积极协助入驻企业争取资金、技术、项目,帮助企业做大做强;通过引导企业加强产学研合作、尝试设立科技创新专项基金等方式,促进企业转型。二是加快硬环境建设,不断提升园区形象。加快污水处理厂建设,实施中兴大道路灯工程,实施植树造绿工程等多个工程项目。三是抓好要素保障,做好企业生产服务。扎实推进低丘缓坡土地综合开发利用试点，力争全年新征转土地5000亩以上,完成征地拆迁5000亩以上。力争完成长合220变电站、5#开闭所投用,完成拆迁范围内10千伏20回电力迁改工作。

第五,突出资本运营,落实资金保障。一是积极开展融资对接,力争全年到位融资15亿元以上。二是结合策划的土地整治、道路等17个项目投资36亿元,通过PPP模式吸引社会资金投入。争取全年通过PPP融资5亿元以上。三是以增资扩股方式吸引社会资本注入开发司,争取股权融资5亿元以上。

(作者单位:珞璜工业园区管委会)

正阳工业园区

刘德海

一、2014 年发展回顾

2014 年是园区建园以来整体推进效果最好、重点项目投产投用最多、创新机制积极探索的一年。全年实现工业总产值 163 亿元,其中:规模以上企业实现工业产值 143.1 亿元。实现工业增加值 47.57 亿元。新培育规模以上企业 17 户,园区规模以上工业企业达 84 户。完成固定资产投资 80.5 亿元,其中:产业投资完成 43 亿元。园区本级一般预算收入完成 2.61 亿元。

——抓住平台建设这个重点,发展基础进一步夯实。全年实施建设项目 44 个,完成标准厂房建设 10.5 万平方米,新修道路 5.6 公里。兑付征地拆迁资金 2.19 亿元(含历史遗留欠款)。编制完成园区 20 平方公里控制性详细规划,最终实现了控规对总规的全覆盖。全年组织规划技术审查会 3 次,审查项目建设方案 10 件,完成项目选址 13 件,办理规划许可 12 件,竣工核实 13 件,办理在建项目规划对接、方案论证等 90 余件。认真开展"四清四治"专项行动,网上跟踪管理 50 余家企业,督促整改环评批准 23 个项目、办理"三同时"批复 6 个项目、试生产批复 6 个项目,24 个项目取得了竣工验收批复,园区企业"环评"执行率达 90.8%,"三同时"执行率达 80.5%。

——抓住企业服务这个重点,发展后劲进一步增强。全年新进规模以上企业 17 户,其中新投产企业升规 12 户、小企业升规 5 户。产值达 5000 万元以上的达到 50 户(其中:1 亿元以上企业 31 户)。黔正纸业等 10 个项目建成投产。全年园区 11 家企业获得授权专利 36 项,其中发明专利 17 项、实用新型 8 项、外观设计 11 项,6 家企业申报专利 24 项。全年协调组织 8 场人才招聘会,新招用企业员工 2061 人,同比新增 501 人,园区企业累计就业 1.32 万人。深入征地拆迁家庭一次性推荐就业 138 名,其中"4050"人员 32 人。征地拆迁家庭累计解决就业 3947 人,其中到园区企业就业 1008 人。园区新增城市人口 3200 余人。

——抓住招商引资这个重点,对外交流合作进一步加强。全年新签订招商引资协议 23 个,其中投资 1 亿元以上项目 8 个,投资 10 亿元以上项目 1 个,协议引资总额 49.64 亿元,实现招商到位资金 65 亿元。坚持生态环保、投资强度等准入门槛,婉拒招商项目 22 个,涉及投资 49.4 亿元、用地 2350 亩。共签约标准厂房招商项目 8 个,拟租赁标准厂房 51500 平方米,标准厂房小家电、纺织服装、食品加工等产业集群已初具规模。

——抓住安全维稳这个重点,发展环境进一步优化。全年共接访、下访群众 305(件)次,协助兑现农民工工资案件 23 起,涉及 800 余人,金额 4980 余万元。排查化解各类矛盾纠纷 163 起,同比上升 14%,协助查处治安案件 50 余起,打击处理 80 余人。排查整改安全隐患 493 起,重点整改了 4 起较大安全隐患。集中开展了压事故保安全百日攻坚等各类专项整治活动,整改各类安全隐患 285 起,配合区安监局责令停产停业整顿 2 起。全年开展专项检查清理活动 8 次,开展专项评议活动 2 次,走访企业 80 余家,提出建议意见 12 条。

二、发展中存在的问题

一是受宏观形势和经济下行压力的持续影响,加快培育做强特色产业、增强园区聚集效应和规模效应还有艰辛的路子要走。二是企业用工难、技术引进难、人才留住难、土地储备难、投融资难、物流运输难制约企业发展，阻碍企业做大做强。三是园区土地允建区空间不足，园区控规调整实施到位推进慢，园区空间保障任务重。四是以安置为重点的“城园互动”工作任务还很艰巨。这些困难和问题，均需要在发展中来解决、通过发展来克服。

三、2015 年发展目标

2015 年园区将主动适应宏观政策新形势、经济发展新常态、园区建设新情况，坚持实施“工业强区”战略不动摇，坚持“调整投资、抓实培育、巩固贡献、提升质量”的工作思路，以开展企业效益提升年、物流基地建设年、拆迁群众安置年、党的群众路线教育巩固深化年“四个主题年”为抓手，守住稳定底线、保持发展定力；依靠群众支持、依法行政办事；强化改革思维、破解发展难题，继续巩固和提高工业经济在全区经济中的占比、贡献率、拉动系数，为努力实现全区“两个核心目标”做出新的贡献。

（作者单位：正阳工业园区管委会）

合川工业园区

向海波

一、2014 年发展回顾

2014 年，合川工业园区在区委、区政府的正确领导下，围绕“3421”工作思路，以“党的群众路线教育活动”为载体，朝着“建设服务型、科技型、生态型园区 3 项任务，完成开工、投产、达产、配套保障、作风转变等 5 个重点，强化改革创新、爱岗敬业等 7 个意识”的方向，全面实行项目经理制度，用创新的方法推进各项工作，并取得较好成效。

2014 年，工业园区经济发展继续保持高速增长态势，各项经济指标增幅领跑全区。“一园四区”全年实现工业总产值 366.1 亿元，同比增长 29.8%；实现工业增加值 117.2 亿元，同比增长 28.4%；完成工业投资 90.9 亿元，同比增长 30.6%；实现应收工业税金 8 亿元，同比增长 115.6.0%，高出全区平均增幅 59.9 个百分点。

（一）抓生产，企业效益明显提高

通过开展达产助推行动，破解企业市场拓展、资金需求、员工招聘等共性发展难题，有效推动了园区投产达产。一是装备制造产业产值实现稳步上升，支柱作用凸显，实现总产值 118.67 亿元、同比增幅 47%，在全区装备制造产业贡献率为 38%，其中顺博铝业实现产值 30.68 亿元，中机西南比去年同期产值增加近 1 亿元，二期项目已经进入试生产，明年产值将放量增加；二是电子信息产业增幅持续上升，电子信息总产值 48.4 亿元、增幅 47%，在全区电子信息产业贡献率为 94%；三是医疗医药产业转型升级成效明显，希尔安药业搬迁新厂技改扩能后，实现产量 1094 万盒、产值 8 亿元，同比增长 40.3%；四是新投产企业呈现出投产速度快、贡献作用大的特点，兴意电梯、华阳电梯等 26 户新投产企业，新增产值 32.59 亿元，拉升工业产值 8.9 个百分点，合川为工业经济的增长做出积极贡献。

（二）抓质量，产业结构逐步优化强化

2014 年，园区紧紧围绕产业定位，重点关注“高税赋、高投入、高增长、高科技、高产出”项目，严把招商项目质量关，签约落户塑料光纤产业园、斯特佳、昌明摩托等多个投资上亿元的优质项目。其中，投资 10 亿元以上项目 12 个，投资 50 亿元以上的项目 2 个，首次引进百亿级项目——塑料光纤产业园，为园区装备制造、信息技术、品牌服饰等产业增添了新动力。这些项目中有新谊松汽车配件、欣海棠汽车配件等15个项目租用标准厂房或闲置厂房,践行了“零地招商”模式,实现了土地资源的集约利用。此外,中兴通讯项目的“1+5+100”模式(1为中兴通讯,5为5家骨干企业,100为100家孵化企业)和导入1.4亿孵化基金形式,将会为合川信息产业的发展带来集聚效应,并把合川打造成为一座屹立于西部的“智慧之城”。

(三)抓效率,建设速度不断刷新

继续深化和推行项目经理制度,采用“135办结机制”和“并联启动机制”锁定办结时限,高效推进项目建设。实现永丰气门、赛维拉电梯等32个项目顺利续建,台湾元创汽车、德国萨固密、西南制药一厂等43个项目开工建设,中机二期、兴意电梯、东玻玻璃等26个项目建成投产。这批项目质量好,都具有高投入、高科技、高税赋、高增长的特点,它们的税收强度、投入强度和技术含量远远优于传统产业,将在合川产业升级中发挥积极作用。

(四)抓保障,功能配套不断完善

为了保障项目顺利建设,园区按照骨干道路提前配套、生产要素同步配套、生活设施滞后配套的原则,从征地、拆迁、平场、道路、还房、交通等方面加大了工作力度,基本保障了企业建设和投产需要。在用地保障方面,2014年获得土地批文1900亩,获取土地指标1932亩,送审土地批文1154亩,上报土地指标550亩。在拆迁保障方面,拆迁安置完成3060亩,拆迁房屋1420户。在平场保障方面,组织实施平场整治100多万方,保证了元创汽车、西南制药、锦润国际等企业顺利进场。在道路保障方面,核心区建成南沙路延长段等4条2公里主干道,启动建设九阳路等14条支路;渭沱片区完成8.9公里一横一纵主干道竣工验收。在还房保障方面,推进安置还房项目5个,建成城北一期、南溪一期、高阳三期还房等37.3万方、3812套,已交付使用2433套。

(五)抓服务,思维观念不断创新

为实现服务型园区定位,园区紧紧围绕服务效率和服务质量,转变观念、创新思维,将审批服务向深度服务转化,从公共服务向发展服务转变。依托金融服务中心,开展融资服务培训对接活动,帮助港富等47家企业融资到位7.1亿元;依托产业发展联盟,组织企业广泛开展合作、扩宽产品销路,召开产业市场联盟合作大会,帮扶迈高电梯、五洲龙汽车、华亚家私、旭博建材等企业拓展电梯、家具、汽车、电机、建材等产品的市场。解决企业营销难题。依托人力资源中心,组织企业开展专题招聘会30余场,对接云南省与楚雄技师学院、大理财贸学院等中职院校签订劳务协作协议,全年共为企业输送职工16786人,解决企业用工难题。

二、发展中存在的问题

工业园区进入大规模、高速度的运行阶段,但与上级部门要求相比,还存在较大差距,主要表现在建设项目推进速度还有待提高;服务效率还未充分体现;建成企业的后续服务还需加强。

三、2015年发展目标

2015年,工业园区将继续抓好产业升级,依托专业招商模式,紧紧围绕“信息技术、医疗医药、服装服饰、装备制造和休闲食品”五大产业培养打造。全力抓好中兴通讯、西信天元等拟开工项目的规划、拆迁、平场等前期工作,争取飙鑫摩托、力华数码、喜地山服饰等25个项目新开工建设;狠抓中控仪表、本基肝素钠、塞维拉电梯等44个续建项目的建设进度,确保年内陆续投产,严格督查企业问题办结情况和完成时限,提高服务效率。计划全年实现工业产值增速40%,预计突破产值465亿元,完成固投95亿元,实现税收10亿元,非税收入3亿元。

(作者单位:合川工业园区管委会)

永川工业园区

一、2014 年发展回顾

2014 年，在市特色工业园区建设管理领导小组的关心支持下，在区委、区政府的领导下，重庆永川工业园区紧紧围绕永川建设重庆大都市区重要组团、城市发展新区重要增长点的功能定位，按照区委做好“园区”和“城区”两篇大文章的要求，坚持低调务实、少说多干、敢于担当、积极作为，狠抓基础设施投入，切实保障要素需求，全力加快项目建设，各项工作推进顺利，千亿级特色工业园区成效明显。

（一）经济总量不断壮大

2014 年，园区新引进项目 85 户，招商引资实际到位资金 206.07 亿元；新增投产企业 37 户，全年完成工业固定资产投资 239.42 亿元，同比增长 60.6%；新增规上企业 34 户，实现规上工业总产值 612.5 亿元，同比增长 30%，实现工业增加值 175 亿元，同比增加 12.9%；园区工业集中度达到 72%；实现本级财政收入 14.64 亿元。

（二）产业发展取得新成果

以重庆数控机床暨智能装备产业基地（永川）为平台，着力培育机器人及高端智能装备产业，成功引进机器人及高端智能装备企业 43 户。威诺克智能装备、云南台正机床联盟体和香港力劲科技等 8 户企业建成投产，广州数控、深圳固高科技等一批行业领军企业入驻，机器人及高端智能装备产业初具雏形。

（三）项目建设成效较好

加快建设重庆市机器人及数控机床高端智能装备产业基地，成功签约广州数控、固高科技、南车轨道交通、舒驰客车等企业，全年已签约项目 85 个；重庆广数机器人基地、威诺克智能装备、理文 40 万吨瓦楞纸、15 万吨高档生活用纸等 37 个项目建成投产；永重重工、升科精锻、特军农耕机、川淞机械、兆际科技、雪魂二期等项目顺利推进。

（四）基础设施日臻完善

完成凤凰湖工业园凤凰大道路面及管网改造、南部拓展区场平工作，兴龙大道 C 段启动建设、龙马大道工程按进度施工、李子沱、李家嘴等片区场平稳步推进。港桥工业园完成了西三环高速公路连接道路、永十二中项目建设，港桥新城廉租房三期、保障房三期、限价商品房一期工程有序推进，港桥大道、1.7 平方公里拓展区主干道、8.7 平方公里拓展区主干道正式启动建设。三教工业园主干道 1、2 号线全线贯通，已形成两横两纵交通骨架道路体系，与西三环匝道连接线按 16 米标准的设计工作稳步推进。全年投入基础设施建设资金达 60 亿元。

（五）要素配套加快推进

凤凰湖工业园完成红江厂 110kv 变电站建设，建成 2 号开闭所并送电，完成 5、6 号开闭所的设计及方案调整工作；完成川亿供气专线迁改工程的前期手续。三教工业园 110kv 变电站项目主体工程已完工，正在进行电缆线路和专业设备安装；配气站项目完成站场平整、燃气管网环网铺设工作，正在制定外部管网穿越方案。港桥工业园启动环城路、热电汽配套管网及松溉变电站建设。

二、2015 年发展目标

2015 年，是“十二五”规划收官之年，也是全面深化改革的关键之年，更是工业园区“二次创业”起步之年。永川工业园区将围绕“136”工作思路加快建设发展步伐。即围绕园区“二次创业”一条主线，狠抓招商引资、项目建设、集群培育三大重点，强化基础设施、项目用地、行政审批、债务管控、企业服务、工作落实六大保障。全年计划实现规上工业总产值 740 亿元，规上工业增加值208亿元，完成固定资产投资288亿元，新引进工业项目108个，新增规模以上工业企业50个，实现财政收入22.8亿元。

（作者单位：永川工业园区管委会）

大足工业园区

2014年，在区委、区府的正确领导下，园区认真学习党的十八大、十八届三中四中全会、习近平总书记系列重要讲话精神和市委四届五次、区委一届七次、八次全会精神，认真落实中央八项规定、市委、区委实施意见，以深入贯彻区委、区府"138"发展战略为契机，以打造"千亿级特色工业园区"为奋斗目标，努力克服建设资金短缺的不利影响，积极推进园区基础设施建设，圆满完成了全年各项目标任务。

一、重点项目建设

全年完成重点项目建设投资28.54亿元，超额完成区级重点项目目标任务。

园区拓展区即家居产业园片区基础设施工程：该项目采用施工总承包方式施工，完成土地整治3200亩，挖填土石方313.4万立方米；完成工业园区北三路、南二路、西二路延长段、西滨河路等6.5公里道路设施建设，挖运路基土石方33万立方米；铺设雨污干管24公里，2米×3米排水箱涵470米，有效解决上游排水。铺筑路基水稳层4.7万立方米，沥青混凝土9.5万平方米，青石人行道路6.1万平方米，安砌路沿石14公里，建成弱电通道4公里。并启动了农民还房二期B区和标准化厂房四期道路工程建设。

园区标准化厂房及工业污水处理厂工程：建成标准化厂房（四期），总建筑面积26000平方米；污水处理厂项目完成主体工程建设，并启动主截污干管工程建设。

绿化路灯及雷达站场平工程：完成农民还房一期路灯安装47盏，龙水拓展区片区路灯安装366盏、栽植米径10厘米天竺桂1579株，平桥Z线栽植米径20厘米天竺桂124株，南二路栽植米径10厘米天竺桂220株；完成雷达站地块场平土石方23.4万立方米。

家居产业园项目：该项目全年完成投资18.6亿元，尚鼎、和信、汇晶等14户企业已完成30万平方米厂房及配套用房主体工程建设；海安、塞维、什木坊等7户企业开工，已完成2.7万平方米厂房主体工程建设。迪吉、丽煌、林工、宾联、雪中松、诚盛、恒洪、亨多利8家企业拟动工围墙已经建好。

国恩汽车零部件、教学设备生产项目：已完成厂房主体和办公楼主体全部竣工，正进行设备调试，预计2015年投产。

其他工程：完成110kv团结变电站建设，完成农民还房片区、标准化厂房（四期）等电力管线安装40000余米、变压器安装12台，累计装机容量达10380千伏安；供水管网投资654万元，铺设DN315供水管4563米、DN200供水管1335米、DN160供水管1871米；天然气管网投资251万元，铺设管网7960米；农民还房二期B区道路工程完成35%；更换园区主干道球墨铸铁井盖和水篦子260余套。

二、征地拆迁情况

一是取得了市政府50.7471公顷的用地批文（渝府地[2014]1583号）。二是达成了龙东8组387.25亩土地的征收协议，应支付征地拆迁款5800万元，现配合龙水镇府完成了133户的房屋丈量、拆迁协议的签订等前期工作，已支付土地和房屋拆迁款6500余万元。三是配合龙水镇府核实了798户农户，共3310亩土地的调差、人员安置费、社保等工作，应支付调差金额约2.5亿元，现已支付土地和房屋调差款8000余万元。四是已累计竣工农民还建房36.4万平方米，在建8.1万平方米。已安置拆迁户约2000户，共计4200余人。完成了两证遗留个人部分总登记工作，339888.56平方米，并配合龙水国土所做好了分户登记和发证工作，确保了园区社会稳定。

三、招商引资暨企业服务

招商引资。全年共引进大川门业等企业共19户，占地628亩，合同投资额22亿元，设计年产值39亿元。其中投资2亿元以上项目3个（即重庆大川门业集团有限公司一期和二期、重庆尚鼎门业有限责任公司二期），投资5000万元以上项目13个，可提供就业岗位5000余个。目前园区已累计引进企业357户，占地11109亩，投资285.9亿元，预计产值552.7亿元，预计可实现税金16亿元，可提供就业岗位8万余人。有力促进了地方经济的快速稳定发展。

企业服务。园区抽调4名专职人员入驻招商服务中心，全程免费为入驻企业代办前期规划建设等各项手续。园区目前共有120个项目正在办理规划建设手续。已办理施工许可证并已动工建设的项目22个，其中19个动工项目的厂房和配套房主体已基本完成；46个项目已完成或正在进行施工图设计；其余52个项目分别在做初步设计或方案设计、审查、修改等。

四、园区企业及公司运行情况

园区已投产企业200余户，全年实现工业总产值381.1亿元，同比增长15.3%；实现工业增加值94.5亿元，同比增长15%；主营业务收入373.2亿元，增长15.2%；利润26.6亿元，同比增长15%；出口交货值4.5亿元，增长2%；税金6.5亿元，增长8%。其中：12月份，实现工业总产值39.7亿元，增长10%；实现工业增加值5.1亿元，增长7.8%；主营业务收入38.6亿元，增长9.2%；利润1.2亿元，增长6.5%；出口交货值0.5亿元，增长5.2%；税收1.3亿元，增长13.8%。

在整个金融行业融资困难的大环境下，2014年，完成融资4.4亿元，其中农发行大足支行融资2亿元，交通银行重庆爱都会支行融资2亿元；重庆农村商业银行大足支行流动贷款0.4亿元。园区公司拟发行120000万元企业债已报送国家发改委等待审批。全年完成营业收入11579万元，利润315万元，税收完成6035万元。目前，公司总资产达45.6亿元，负债17.3亿元，净资产28.3亿元，资产负债率37.85%。园区公司经营运行情况良好。

（作者单位：大足工业园区管委会）

丰都工业园区

一、2014年发展回顾

2014年，承载着丰都在渝东北生态涵养发展区绿色崛起希望的丰都工业园区，按照县委十三届四次全会暨经济工作会的统一部署，围绕“收缩战线、突出重点，强力招商、装满装尽，完善配套、繁荣园区”的转型发展思路，强力推进园区沿着持续、健康、有序的轨道又好又快地向前发展。

（一）科学规划园区发展方向

围绕县委“工业立柱”任务，将园区规划由40平方公里缩减调整为15平方公里，重点发展水天坪工业园，镇江、湛普、玉溪等3个园区作为次战场，暂停玉溪、东拓展区已征地基础设施启动，将水天坪H2路缩减为600米，调整汽车产业园平场取土位置，最大限度地用好政府已投资金形成的资产资源。

（二）积极多方努力筹措资金

通过银行贷款、财政借款、出让土地、发行基金、政策扶持、对口帮扶、厂房租售等各种方式尽力筹措资金。今年园区共筹资53678.57万元，其中，向三峡银行融资10000万元，征收8宗土地出让金 11350 万元，智玺基金融资到位 19982 万元，梨子坪水库项目贷款获批 1 亿到位 5000 万元，加工贸易重点承接地标准厂房（一期）贷款到位 10000 万元，财政局借款 10671 万元、拨款 7275.57 万元，争取南岸对口帮扶资金 600 万元，标准厂房预收 150 万元。同时，有步骤地还付各类资金 52582.18 万元，其中，还本付息及担保费 26233.14 万元，支借征地、工程等其他费用 26349.04 万元，做到了收支两平衡，保障了园区建设可持续、可滚动。

（三）稳步推进园区工程建设

按照"当期可承受，长远可持续"的建设思路，暂缓实施污水处理厂二期、玉溪工业园基础设施等投资大项目，对东拓展区平场、东拓展区 H2 路平场实施范围进行优化，东拓展平场现已完成土石方 200 万方，创业园 2.59 万平方米安置房基本竣工，水天坪三期安置房主体全面完工，化工园二期安置房完成工程量 80%。

（四）重拳出击招商引资入园

以"装满装尽"为招商思路，围绕"项目库"、土地区块、楼宇工业、产业链和优势地区，与县经合局联袂招商，先后到上海、福建、四川、湖南、江西、浙江、江苏、广东等地招商，140 余批客商到园区考察，招商引资落户天然气综合利用、医疗器材、航宏水上物流、节能玻璃、中药材加工、麻辣鸡食品深加工、形状记忆合金接骨板、文军创伤症状治疗贴剂、兴泰西南现代物流园等项目 15 个，其中亿元以上项目 6 个，合同投资 15.39 亿元，到位 1.78 亿元；现在正与王老吉饮料、电缆生产、乐登户外用品、特种汽车、汽车配套服务等 4 个项目在谈，预计合同引资达 15 亿元以上。

（五）强力推进重点项目建设

通过落实"一名领导牵头、一个部门负责、一套办法推进、一个标准要求、一问到底考核"的"五个一"责任制，周跟踪、半月通报、月推进制和一线工作法、工期倒逼制、限期办理制，千方百计、想方设法推进重点项目建设。在纳入县上考核的 19 个项目中：一是提前完成的项目 1 个，即三期安置房项目。目前主体工程已全部竣工，正在进行部分单位外装修及配套设施建设，累计完成投资 2425 万元。二是按进度正常推进的项目有 10 个。携港都市楼宇项目：一期项目已竣工，并招商入驻 8 个企业；二期项目初设和建设手续已报批完毕，即将开工，累计完成投资 17541 万元。华美轻工产业园项目：一期项目 5 栋多层标准厂房已封顶，内外装修和市政设施建设即将完毕，1 栋单层已竣工投入使用，引进吉佳节能玻璃项目进行生产；二期项目正在办理报批手续，累计完成投资 21750 万元。20 万吨成品油库项目：已完成拆迁 116 户，累计完成投资 5630 万元。机器人项目：已完成平场工程，3 号车间正在安装钢结构，年底前可投产，累计完成投资 12400 万元。废钢回收项目：现已全面动工，正在进行基础开挖和修建码头，累计完成投资 16230 万元。肝素钠及肠衣项目：一期项目已竣工，肝素钠生产线已投入生产，二期建设手续已办理完毕，即将开工，累计完成投资 3840 万元。科技孵化楼装修项目：内、外装修各完成工程量的 40%、50%，累计完成投资 1320 万元。金丝楠木项目：土地已揭牌，已完成平场、周边绿化及一期建设，累计完成投资 7800 万元。加油站项目：油罐池、站房主体完工，正装修及安全管网，累计完成投资 4020 万元。东方希望水泥线项目：基础设施已完成，进行主体建设，准备安装设备，累计完成投资 16871 万元。三是推进较慢的项目 3 个。创意产业项目：因投资方建设业主调整，重新开展方案设计，延长了前期工作时间，目前方案设计已通过县规委会，已开工建设，累计完成投资 24000 万元。有机肥项目：完成项目业主公司注册和高镇牛场示范工厂的选址（租地方式），已订购设备，累计完成投资 15500 万元。蛋氨酸技改项目：因环保整治问题启动推迟，已完成工程量 10%。四是停滞不前的项目 3 个。烽峦科技项目：企业因融资问题项目暂停。污水处理厂二期项目：因东拓展区暂不建设，导致项目暂缓实施。PMMA 项目：因环保问题，导致项目建设延缓。五是取消建设的项目 2

个。因投资方原因光电材料基地项目和汽摩零部件项目取消建设。但是,又有医疗器械等6个新上项目填补空位。

(六)高效快捷服务企业发展

园区由建设型向服务型转变,结合开展群教活动,通过强化服务配套,产业发展环境不断优化升级。一是增配套解难题。新增县城至水天坪日供水8000吨的后备水管网,110kv变电站、配气站选址已确定,即将启动建设;投资10余万元,为丰泰、埃塔"大改小"更换变压器2台;以"保证供给、优惠价格"为原则,按企业类型、消费时段,实行能源"一企一价",解决产业"能源难"。启用100个微企指标,开办商店15家,解决居民"购物难"。公交车始发站已经迁往园区,并增开了夜间公交车7车次;调动园区职工车、企业职工车,联合打捆运送入园企业员工上下班,解决群众"出行难"。协调国土房管局提供蓝领公寓390套,并筹资2200余万元,安装水电气,并完善了租住管理办法,解决工人"住宿难"。二是重市政优环境。实施绿化、亮化、美化、净化"四化"工程,投入资金350万元,修建垃圾中转站1座,更换失修损坏的市政井盖120余个,路灯60余盏,拆除乱搭乱建建筑物4处,增加绿地面积1200平米,清理垃圾100余吨,补载绿化行道树400余棵,园区环境更加宜居留人。三是强服务促生产。落实"首接首问制、并联审批制、限时办结制、超时默许制、一票收费制"5大审批制度,帮携港、华美、丰泰、机器人、弘乾等企业代办建设手续、优惠政策兑现手续30余件次,办事办件时间缩短30%。通过召开招工会、增设招工点、派驻招工员等,为企业新招工500余人;帮助解决企业高管骨干70余名学龄子女在实验小学、滨江小学、平都中学等学校就读。

(七)千方百计促进产业发展

一是新开工项目。园区新开工创意产业、废钢回收、航宏船务、吉佳玻璃、金丝楠木、机器人、形状记忆合金接骨板、创伤症状治疗贴剂、胶带医疗器等10个项目,超额完成"新开工项目8个"的目标任务。二是竣工项目。园区新竣工航宏船务、吉佳玻璃、民济医疗、上坤医疗等4家企业,完成了"竣工项目4个"的目标任务。三是固定资产投资。园区范围内在建、续建项目共计13个,完成各类固定资产投资28.4亿元。四是各项经济指标。实现产出强度72亿元/平方公里,规上集中度83%;实现工业总产值78亿元,同比增长16%;实现工业增加值22.5亿元,同比增长13%;固定资产投资28.4亿元,同比增长8%,完成全年目标任务的102%;企业利润5200万,同比降低60%;缴纳税金6700万,同比降低23%。

(八)安全稳定工作总体可控

一是抓安全。牢牢贯彻"党政同责、一岗双责"和"管行业必须管安全、管业务必须管安全、管生产经营必须管安全"的总要求,组织召开安全生产联席会、专题会12次,与企业签定目标责任书57份;编印《丰都园区安全》12期,发放各类宣传资料2500份,在市、县媒体发表信息10余篇;组织内训外训、应急演练均为112次,受众达2000余人;开展安全日巡查170余次、550余人,发放隐患整改通知43份,整改率97%,安全事故实现"双零"目标。二是抓信访。接待上访、主动下访群众600余人次,成功化解5起疑难复杂信访案件;通过宣传政策、集中对话、感情关怀,拆迁户比较配合征地工作,新补偿政策执行到位,征地拆迁按需推进,园区社会稳定和谐、秩序良好。

二、发展中存在的问题

一是工业经济缺乏新增长点。从运行实绩来看,紫光化工占园区工业经济总量的15%,2014年因环保问题未能全面投产,园区工业经济总量仅靠食品、建材等在营企业支撑,没有新增较大的工业项目投产,没有形成新的经济增长点,难以从面上对工业经济起到补充和拉动作用。

二是企业生产运行成本较高。没有形成集群产业,上下游产业链断脱节;东西部或者沿海与内陆人口红利逐渐消失,工人难招、难留。

三是资金瓶颈制约非常突出。因投融资平

台的改革,上半年没怎么去融资,加之海上海和宝丽阳等企业欠园区的土地出让金久追未果,园区投入不足;同时企业融资难融资贵,比如,烽峦项目因融不到资根本开不起工,携港因一期投入大回收差,二期工程需要向银行贷款;加之土地不好卖,2014 年,园区共招拍挂土地 10 宗,成交 4 宗,其中工业用地挂 5 宗流标 1 宗,综合用地挂 5 宗流标 5 宗。

三、2015 年发展目标

以"三个代表"重要思想、科学发展观为指导,认真贯彻落实党的十八大和十八届三中、四中全会,习近平总书记系列重要讲话以及市委四届三、四、五次全委会精神,县委十三届四次、五次全会精神,立足渝东北生态涵养发展区建设总体要求,坚持以"服务为重、经管结合、完善配套、依法治园"的工作思路,紧紧围绕企业落地入驻投产达效为目标,以"学好法、谋好篇、服好务、建好园、筹好资、供好地、招好商、维好稳"等八大工作为抓手,努力实现工业园区在"工业立柱"中绿色崛起。

2015 年发展预期目标是:完成基础设施投资 2.2 亿元;新开工园区路网 9 公里;获批用地指标 100 亩;筹措资金 5 亿元;合同引资 50 亿元、到位 30 亿元;引进亿元以上项目 3 个;新开工工业项目 8 个、竣工 5 个;力争实现工业总产值 70 亿元、固定资产投资 28 亿元、税金 1 亿元、安置劳动力 3600 人;实现产出强度 75 亿元/平方公里,规上集中度 85%,规下集中度 12%。

(作者单位:丰都工业园区管委会)

忠县工业园区

邹勇

2014 年,忠县工业园区在县委、县政府的正确领导下,有效对接市委、市政府对我县生态涵养发展定位及功能区划分,坚持"绿色、低碳、循环、可持续"发展理念,紧紧围绕"建设渝东北生态涵养发展示范县、打造库区生态工业高地"的总体目标,凝心聚力、攻坚克难,园区基础设施基本配套,各项工作有序推进。

一、2014 年发展回顾

2014 年,园区完成固定资产 19.46 亿元,实现工业总产值 112.6 亿元,利税 6 亿元,新增加劳动力用工 800 人,同比增长 15%、16.7%、14.5%、10.6%,发展势头强劲。

(一)园区规划日臻完善

一是按照"永恒规划"、"永恒建设"的原则,将乌杨镇临长江及乌普路沿线区域纳入特色生态工业园区建设范围,修编完善了 30 平方公里特色生态工业园区总体规划。二是始终坚持"面上保护,点上开发,因地制宜发展特色产业"的发展理念,依托我县柑橘、笋竹、石灰石等特色资源优势,布局规划了农副产品加工园、移民生态工业园、新型建材园、船舶工业园等产业园,引导入园企业及项目科学分布、集聚发展,"4+2"特色生态产业体系雏形正在逐渐形成。三是为适应长江经济带建设,缓解乌杨镇交通拥堵以及乌杨周边几座水泥大桥的通行压力,在规划园区道路时统筹考虑了与沿江铁路、沿江高速、周边乡镇的道路连接问题,目前正在编制从沿江高速公路乌杨曹家出口处连接海螺、红蜻蜓项目道路的可研及概念规划。

(二)平台设施基本配套。

一是完成了主一路、主三路、移民生态工业园至船舶园码头连接道、海螺至红蜻蜓油料加工项目道路、505 亩和 716 亩内道路工程、高寨临时便道建设并实现通车，园区路网骨架基本形成。二是建成5.58万平方米标准厂房、3万平方米公租房、2万平方米船舶园安置房并投入使用，完成12.8万平方米移民生态工业园安置房(一期)A区主体工程。三是10kv电力同塔双回线路、天然气主管道、通讯管线已全面建成可保障供应；过渡性供水的自来水管线敷设完毕，入园企业可自行申请办理用水手续，永久性自来水厂因水源调整重新确定了建设地点，正按要求开展相关工作。四是开工建设了园区污水处理厂(一期)土建工程，完成过渡性污水处置系统并投入使用，建成乌杨生态工业园区污水处理设施配套管网2.3公里。五是主一路(A段)、主三路绿化亮化美化工程的顺利完工，园区整体形象得到有效提升。六是海螺二期三线项目点火投产，垃圾污泥环保一体化项目正在快速推进，预计2015年3月投入营运。七是完成了移民生态工业园(一期)、农副产品加工园、红蜻蜓油料加工项目约1200亩的场平工程。

(三)土地征收按期完成

一是全年获取用地指标738亩，完成土地征收917亩，征收林地1000亩，出让土地320余亩，基本满足了入园项目和企业用地需求。二是成功配合县法院、县国土局对移民生态工业园一期特殊户开展了司法强拆，为全县依法征地创造了良好条件。

(四)招商引资(服务)成效显著

一是招商引资成果丰硕。全年园区实现正签协议入园企业11家，新开工建设8家，投产8家，协议引资42.85亿元，实际到位11亿元，意向性项目2个，意向引资1.1亿元，在谈项目2个，在谈引资1.8亿元。二是入园项目推进有序。在园区、企业和相关部门的共同努力下，红蜻蜓油料加工、长安跨越5万吨汽车专用弹簧钢板、进梦铝业、川环管业等项目顺利开工，长帆新能源汽车、柑橘皮渣无害化处理、佳鼎洗煤、橘都锌业等项目如期投产。

(五)融资管理运行有序

一是全年争取园区基础设施建设资金约4.3078亿元。其中：财政拨付1.69亿元、后续资金1.741亿元（到位1.4亿元）、项目贷款资金0.71亿元、污水管网和廉租房专项资金约0.1668亿元。二是完成了以忠县乌杨东溪土地收储整治项目为载体向农发行贷款3亿元（移民生态工业园2.25亿元)的相关工作，即将到位1.25亿元。三是完善了农发行后续3亿元的申贷材料，有望年底获批。四是全年偿债付息1.3亿元，维护了公司良好的信誉记录。

(六)安全维稳扎实有效

一是实现安全施工、生产"零事故"目标。定期对园区安管人员、施工单位、入园企业进行安全生产教育培训，全面开展安全隐患大排查和大整治，一年来共开展安全生产例行检查40余次，排查整改安全隐患10余处，确保了园区的平安建设。二是信访工作平稳可控。定期研判信访稳定工作形势，集中解决处理重大、突出的信访疑难问题，全年开展下访、走访活动300余次，接待来信来访共计150余人次，解决企业及群众实际困难50余件，排查处理矛盾纠纷40余件，化解率达到98%以上，保障了群众的合法利益，确保了园区工作的有序推进。

(七)队伍素质有效提升

一是党的群众教育实践活动取得实效。聚焦"四风"梳理查找突出问题36个并全部整改到位，园区干部作风得到根本改善，整体素质和服务水平大幅提升。二是体制机制日臻完善。建立了入园企业评审制度等10项制度，落实了涉园部门、乡镇领导兼职园区副主任的工作机制，进一步畅通了工业"绿色通道"，提高了工作效率。三是干部队伍得到进一步充实。通过信息科技服务中心招录了6名工作人员，并利用下属平台通瑞公司及时聘用工程技术紧缺人才，在一定程度上保障了各项工作的顺利推进。

二、发展中存在的问题

基础设施建设滞后、要素保障乏力、招商(服务)质量不高、生态循环发展压力大等诸多问题，在一定程度上制约着工业园区持续推进。

三、2015 年发展目标

2015 年,是工业园区出形象、见效益的关键之年。忠县工业园区将进一步深入贯彻落实市委四届三次全会及县委十三届三次全委会精神,立足生态涵养,注重科学发展,始终坚持“科学谋划、精打细算、实事求是、量力而行”的基本原则,全力推进特色生态工业园区建设,不断增强入园企业整体实力和市场竞争力,提升工业园区服务质量、综合效益和内外形象,开创持续发展新局面,为打造渝东北生态涵养发展示范县而不懈努力。

目标任务:力争工业园区新建成面积 0.5 平方公里,工业总产值达到 126 亿元,实现利税 6.9 亿元,新增安置就业人员 1000 人以上。

(一)适应新形势,修编完成园区产业规划和区域环评规划

一是抢抓全市五大功能区划分对我县功能定位所带来的历史机遇,对园区空间布局、生产要素等进行综合评价和分析,进一步修订完善园区总体规划及控制性详规,确保规划的超前性、配套性和实用性。二是根据生态循环经济和清洁生产的原则,综合考虑园区发展现状和县域资源禀赋,进一步优化《忠县工业园区产业发展规划》,逐步形成产业集聚、企业集群、项目集中、技术集成和产业循环的可持续发展格局。三是按照生态涵养发展的总体要求,编制完善园区《区域环境影响评价与环境保护规划》《入园企业环境评价体系》等环保体系,形成制度保障,力求经济效益和生态效益双赢。

(二)全面完善配套设施,打造精品优质园区

一是积极协调水、电、气、通讯等生产要素配置部门,适时满足入园企业生产生活需要,最大限度保障入园企业的生产效益。二是完成红蜻蜓项目连接道、主二路中段、次 N5 路等道路建设,建成移民生态工业园至码头连接道到聚融建材的道路,启动沿江高速公路曹家出口至海螺、红蜻蜓项目连接道路的前期工作。三是全面完成移民生态工业园 A 区 12.8 万平方米安置房建设工作,确保拆迁安置户入住,启动后续 10 万平方米安置房建设工作,逐步实现先安置后拆迁的要求。四是完成主一路、连接道等已建成道路及乌杨普乐高速路出口的绿化、亮化景观工程。五是加快日处理 5000 吨工业园区污水处理厂(一期)建设,启动乌杨公用码头建设,力争完成项目水下工程;配合自来水公司做好园区自来水厂开建工作。六是完成移民生态工业园一期剩余土地约 800 亩的场平工作。

(三)合力推动土地征收,确保用地后续保障

一是积极获取土地指标和用地批文,协助涉园乡镇人民政府强力推进土地征收工作,力争 2015 年获取用地批文 814 亩、出让土地 600 亩、征收土地 570 亩,切实保障长安跨越汽车弹簧钢板、川环管业、展茂塑胶等入园项目用地。二是加强对入园企业的考察甄别,根据入园企业真实实力及实际生产需求适度供地,严把企业“供地关”,并采取“限期用地”、“逾期收回”等多种方式,确保集约、节约利用园区土地。三是落实征地拆迁安置补偿新政策,进一步扩大货币安置方式所占比重。四是强化园区法制宣传,净化法制环境,做到依法征地,确保征地拆迁工作的平稳推进。

(四)坚持生态涵养发展,提升招商服务质量

一是创新招商理念,科学理性招商。实现“数量+规模”向“质量+效益+生态”的转变,力争 2015 年新引入园企业 5 家(春垦柑橘、龄童米业、忠州酒业、玛咖保健酒、老宗医玛咖保健酒)、开工建设 7 家(红蜻蜓豆油、新能源汽车、进梦铝业、亿源高纯氧化锌、星亿燃服装、全伦笋竹、春垦柑橘)、投产 6 家(中美动物药业、川环管业、庆之都建材、广众弹簧钢板、君盟底盘冲压件、广创专用油箱),努力提升企业集中度和产业集聚度,全面提升工业园区整体效益和生态涵养发展水平。二是完善工作机制,提升服务品质。建立一套入园企业基础台账,建立园区领导定员服务入园企业制度,进一步提高办事效率和工作质量,助推入园企业快速建设。三是强化运营管理。切实抓好公租房、安置房、标准

厂房、绿化设施、环卫设备的管护工作,确保园区良性运行。

(五)创新融资模式,拓宽融资渠道

一是积极争取财政及各类政策资金支持,保障园区持续建设,力争2015年获取财政预算资金5000万元、三峡后续资金3700万元、公租房廉租房和污水管网专项资金各500万元。二是不断拓宽融资渠道和创新融资模式,积极探索发行园区闭环式基金以及EPC、PPP等园区建设新模式,竭力化解园区建设资金瓶颈。力争2015年到位银行贷款1亿元、新融资3亿元用于园区建设。三是加快“以商补工”步伐,有效整合闲置土地资源,加大商服用地开发力度,强化园区自身“造血”功能,力争2015年完成酒精厂约380亩土地的出让工作,及时偿付银行利息和本金,全年确保完成约1.2亿元本金及利息的偿付工作。

(六)狠抓安全稳定监管,构建平安和谐园区

一是进一步建立健全安全防范制度,落实安全防范措施,提高安全事故防范意识和应对能力,确保安全生产“零事故”。二是建立矛盾纠纷排查调处工作网络,在园区形成一个立体化、全方位的纠纷信息、调处反馈系统,尤其是对征地拆迁、环境保护、劳资关系等敏感问题,提前抓好摸排工作,及时掌握信息动态,尽可能把矛盾纠纷化解在基层,消除在萌芽状态,确保信访工作总体可控。

(作者单位:忠县工业园区管委会)

开县工业园区赵家园

2014年,工业园区赵家园深入贯彻落实县委十三届三次党代会精神,紧紧围绕“两色”发展战略,全力推进园区开发建设,努力促进项目落地,各项工作都取得了较好的成效。

一、目标任务完成情况

(一)招商引资势头良好

全年,共签约引进招商引资项目10个,合同投资金额7.95亿元。其中:购地自建项目1个,投资金额3亿元;租赁厂房项目9个,投资金额4.95亿元。1~4季度,实际利用内资21.0055亿元,完成全年目标任务的116.7%;实际到位资金21.1176亿元,完成目标任务(21亿元)的100.56%。

(二)经济指标持续增长

截至2014年底,园区共有入园企业86家,投产企业71家,全年实现工业总产值185.67亿元,同比增长15.7%;实现工业增加值54.09亿元,同比增长15.7%;实现销售产值179.42亿元,同比增长14.7%;实现应交税收3.17亿元,同比增长8.6%;实现利润7.09亿元,同比增长5.7%;解决就业25281人。其中,规上企业实现工业总产值185.18亿元,同比增长16%。

(三)固定资产投资有增有减

全年完成固定资产投资20.17亿元,同比增长15.26%。其中:入园企业项目共完成固定资产投资14.91亿元,同比增加47.62%;园区自身配套设施及标准厂房建设累计完成投资5.26亿元,同比减少28.92%。

(四)在建项目进度较好

全年共有在建项目29个(技改扩建项目5个、续建项目13家、新建项目11家),其中建成投产16个(新建项目8个、技改扩建项目3个、续建项目5个),新增产值5亿元,新增规上企业9家,规上企业达到46家。

二、重点工作完成情况

(一)征地拆迁有序开展

征地拆迁工作紧紧围绕“争指标、控危建、排障碍、保用地”工作目标有序开展。一是完成

了长安460亩土地指标的争取和报批工作。二是积极开展施工排障工作，有效保障了清桥河沟整治、清桥长安沿河护堤、平桥二、三号地块整治等工程及时顺利进场施工。三是加快推进拆迁户住房安置工作。其中：平桥关子村891亩区域1600余人已完成安置房建设。兴合村12个社1500余人已完成资格审查并启动抽签选址。赵家清桥、长安两村近2000人的住房安置工作已完成资格审查并启动抽签选址工作。四是加强了长安、和平两村拓展区4000余亩土地范围内的抢搭抢建、抢种抢栽等管控工作。五是完成土地储备225亩。

(二)工程建设有序推进

1.全面深化，前期工作力求科学严谨

为实现新上项目科学严谨、合理可行、投资节约，避免和减少因设计等前期工作不到位造成设计变更调整增加投资情况发生，对新上项目相关前期工作均采取多种方式有效进行了会商审查，全面进行深化优化。2014年共完成规划设计8项，完成招投标16个。

2.积极主动，全面推进基础设施建设

一是赵家园“园城融合”功能配套进一步完善。帅乡广场全面竣工投用，绿化、亮化有效完善，赵家老集镇道路管网工程有序推进，赵家污水处理厂有序运行，安置小区、高管公寓等永久用电安装到位，柳池码头水下工程全面完成。二是赵家新区拓展加速推进。清桥片区道路管网工程除4#路因不具备实施条件外，其余道路、管网、人行道等全面完成。长安清桥拆迁安置小区道路、管网等基础设施全面完工，并交付群众安置建房；清桥护堤工程、清桥河整治工程分别完成工程量的35%、70%。三是西部新区建设完善有序。兴合自建房安置小区基础设施建设全面完工，已交付群众安置建房；污水直排整治基本完成；1~3#地块正在按县政府常务会要求进行设计变更程序完善。四是县城污水处理厂迁建工程全力推进。目前场平土石方开挖回填、地基强夯处理、排洪涵渠、改线公路建设，专用隧道工程开挖及初期支护，厂区内构建筑物基础基坑开挖等已完成，厂外管网建设已完成30%，项目累计完成投资近2亿元。

3.严格管控，确保质量、安全、进度、形象到位

综合强化项目参建单位及人员管理，遵章守纪、履职尽责、优良服务，严格实施项目建设管理。全年共召开项目管理相关会议50余次，下发相关隐患整改通知书30余份，提出整改意见170余条，较好地促进了各项目标任务的实现。

4.有效督导，努力推进程序完善及结算办理

有效督促已完工项目加快相关结算资料的收集、提交，协调内审单位加快已提交资料项目内审进度。如涉及设计变更的，协调相关部门加快项目会商程序完善，综合加快推进完工项目结算办理。在县级各部门的大力支持下，参照《开县国有投资建设项目增加投资管理办法》的相关规定，完成了赵家场平一标段增加工程量程序，取得了县政府关于园区2010年至2012年园区建设完工项目(共计41个)工程结算相关事宜的批示。按照批示精神，通过与各相关部门沟通会商，完成了重庆市(开县)加贸易梯度转移重点承接地一期标准厂房(B区)道路工程等8个项目的部门会商程序。

5.严格把控，准确核发入园企业红线

为使企业早日落地建设投产，多次配合协助县规划局对入园企业的用地红线、设计方案等进行评审，核发了美迪科、国踏等5个入园企业的红线，评审了德凯覆铜板扩建、赵家加油站等3个项目的设计方案。

6.提前规划，积极争取三峡后续规划项目

目前，开县赵家移民生态工业园基础设施建设工程(长安、和平道路及管网工程)已纳入2014年三峡后续工作优化完善项目。该工程项目建议书已编制完成，并报送相关部门审批。

(三)招商引资多管齐下

1.围绕标准厂房推行集约节约型招商

严格把控工业购地自建项目准入门槛，立足剩余标准厂房招商，重点鼓励中小型投资项目入驻园区标准厂房，待项目发展壮大具备相应的条件和足够实力之后再自建厂房。2014年

入园项目新租用标准厂房52000余平方米，新增工业购地自建项目用地100亩。

2.从优化产业结构入手加快产业集聚

根据当前投产企业生产经营情况和招商引资形势，调整招商引资产业重心，优化产业结构，严格控制低端轻纺服装项目的引入。新引进的10个项目中，机械电子项目有6个，食品和建材项目各1个，轻纺服装项目2个。机械电子类项目占全年入园项目总数的60%，产业结构进一步优化，项目质量有所提高，产业集聚效应不断增强。

(四)企业服务提质增效

按照“在谈项目快签约、签约项目快开工、开工项目快投产、投产项目快增效”的原则全方位推进企业服务工作，促进入园企业健康快速发展。

1.全面推进行政审批

协调完善了禾众塑胶、光迪科技、爱莎鞋业等入园企业涉及的各项行政审批工作200余件次；完成了永通农业、诚安鞋业、松普电器、品胜涂料等5宗(141.1亩)工业用地和赵家75.09亩商业用地的出让工作；完成了园区园林绿化及市政维修维护工程的公开招投标工作。

2.深入开展日常服务

一是做好了企业生产建设中经营管理、物流运输、治安环境、用工纠纷等日常保障服务工作；二是督促千能实业、千一电器等11家续建项目和禾众塑胶、光迪科技、爱莎鞋业等12家新建项目以及鑫泰电子、斯安特服饰等3家技改扩建项目加快建设进度；三是组织开展了规模以上企业升报工作；四是积极配合企业协调县内部门落实相关规费减免、产业资金拨付、电力扶持、用工培训补助等优惠政策；五是规范了园区企业统计数据的收集、整理、上报和公布程序，完善了园区统计工作制度和统计工作台账。定期开展园区经济运行情况分析，为领导决策提供参考，并指导企业改进生产经营管理。

3.强化要素保障服务

一是超前规划，及时为新入园企业装配水、电、气等设备设施，满足企业生产建设需要。同时，加强协调，确保了企业水、电、气等生产要素保障。二是协助入园企业实现贷款资金近5亿元，为入园企业的生产建设提供了资金保障。三是积极筹备开展柳池码头建设前期工作，项目于2014年8月开始建设。同时，协调县交通局抓好赵家园区定线班车的调度，确保公交车的准点率和到站率。四是积极开展系列招用工活动，强化电视、网络等用工宣传，争取培训指标，着力推进“园校企”、“园企乡”等招用工工作。全年为园区企业新招工5000余人。

(五)财务融资保障有力

1.合理调配资金，确保按期还本付息

随着园区贷款还本付息高峰到来，为有效缓解还本付息资金需求压力，提高资金使用效率，年初提前做好了全年资金计划，全年共计还本付息36759万元。同时，根据资金需求节点，做好资金调度，有效保障了政府信誉。

2.有效管理资金，增强资金使用安全

进一步完善了园区内控制度，明确了资金拨付审批流程和相关人员权责，制定了票据管理制度，加强资金安全管理。严格执行园区内审制度，全年送审建设工程项目99个，提交审计报告44个，保证了工程款项拨付安全。

3.积极筹措资金，保障园区资金需求

由于新的金融政策加强对政府融资平台融资管控，致使传统融资模式融资难度加大。为保障园区建设资金需求，在传统融资模式下，依托园区建设项目，与农行、农发行开展银行固定资产类融资，计划融资73000万元。同时，拓展思路，多渠道、多方式筹措资金：一是结合三峡后续建设方案精神，依托三峡后续专项补助资金，向中信银行办理中期流动性质押贷款5000万元；二是以资管产品模式，向西南证券申请20000万元贷款；三是以融资租赁模式，与恩普泰融资租赁公司对接，以园区管网、路灯、污水处理厂设备等资产办理融资租赁，计划融资10000万元；四是向政府申请19400万元公益用地整治成本资金返还指标。

2014 年,园区资金拨付 57292 万元(还本付息 36759 万元,征地补偿 3218 万元,工程款 15258 万元,兑现入园企业优惠政策 2200 万元,园区运行 772 万元),有效保障了园区长期有效发展。

(六)安全生产规范有序

园区安全生产工作扎实有序开展,已连续 5 年无一般及以上安全责任事故发生。一是强化安全监管。全年共开展安全检查 432 次,查出隐患 318 项,整改 312 项,整改率达 98%以上。二是强化宣传教育。全年共制作安全宣传展板 68 余个,张贴安全宣传挂画 900 余幅,悬挂标语 701 幅,印发安全宣传资料 6500 余份。三是积极接访。全年共办理"县长接待日"交办件 3 件,结案率达 100%;接待来访群众和企业职工 228 人次,成功调解劳资、工人合同纠纷 51 起;协议调解划地自建企业与施工队之间的纠纷 11 例。四是强化干部下访。实时走访清桥、长安征地拆迁居民和入园企业困难职工。全年共开展下访、走访活动 31 次,接待群众 221 人次,解决问题 32 件。五是强化企业安全标准化建设。完成了斯安特、紫建电子、天宇玻璃等 9 家公司的安全标准化建设,全面完成了县安委会下达的任务。目前,园区规模以上企业 80%已实现安全标准化建设。

(七)自身建设不断提高

一是认真开展党的群众路线教育实践活动。按照县委的统一部署,组织开展集中学习 10 次,分组讨论学习 3 次;收集群众建议意见 42 条,并制定了整改方案,目前已整改完成。二是认真贯彻落实中央"八项规定",加强"三公"经费控制和管理,进一步修改完善了园区各项规章制度并严格执行,机关运行更加规范。三是加强党风廉政建设,层层签订党风廉政建设目标责任书,坚持每月向八纪工委报送"三重一大"事项,定期开展党务政务公开。四是指导入园企业开展党建、工会、共青团等党群工作。今年新发展企业党员 10 名,预备党员转正 20 名,培养入党积极分子 128 名。

2014 年,园区开发建设工作取得了较大进展,园城形象大幅提升,但建设项目进度与结算、工程消防设施整治、招商引资力度、企业运行监管等方面还存在不足,与县委、县政府的要求还有一定的差距。在新的一年里,园区将按照县委、县政府的总体要求,进一步解放思想,抢抓机遇,负重前行,努力推动征地拆迁、平台建设、招商引资、资金筹融、企业服务等各项工作再上新台阶。

(作者单位:开县工业园区赵家园管委会)

巫溪工业园区

一、2014 年发展回顾

2014 年是极不平凡的一年。园区面临诸多困难,发展举步维艰。在县委、县政府的坚强领导下,在各部门的密切配合和大力支持下,园区全体干部职工克难攻坚,敢于担当,奋发有为,取得了一定成效。全年完成 6.05 亿元固定资产投资,超预定目标任务 1.05 亿元,完成投资率 121%。实现 7.2 亿元工业总产值,完成目标任务 103%,规模以上企业实现工业总产值 6.04 亿元,同比增长 25%。工业增加值完成 2 亿元,完成目标任务 105%,规模以上企业实现工业增加值 1.8 亿元。企业到位资金 3000 万元,完成目标任务 100%。新引进企业 4 户,完成目标任务 200%。

(一)财务融资成效显著

一是在山穷水尽、举步维艰的情况下,及时

调整思路,提前谋划,尤其是面临融资平台不能再举债,农发行1.7亿贷款无望时,积极与县上相关部门沟通,有效调度资金,确保正常运转。二是为缓解资金紧张的压力,想千方设百计,不断拓宽融资渠道,主动与农行、进出口担保公司、土地储备中心等单位衔接进行融资贷款。2014年,共争取资金4.26亿元,超目标任务2.56亿元。其中园区到位资金14307万元。分别是农业银行短期贷款2000万元;进出口担保公司短期贷款5000万元;以土地复垦项目融资3.47亿元,为园区安排6400万,其余资金由县上统筹安排,缓解了园区和县上资金困难;出让土地收入907万元。三是在用钱方面,让有限资金用在刀刃上,绝不影响信誉和维护社会和谐稳定。园区总负债48077万元,2014偿还贷款9444万元、利息及担保费2607万元,支付工程款2255万元。

(二)规划建设工作有序推进

2014年共完成建设项目7个,概算总投资1700万元。分别是凤凰组团小溪河桥、柏杨河一号桥、柏杨河二号桥、北岸场平工程、南北主干道路灯改造工程、尖山安置小区道路及路灯工程、尖山排洪渠修复工程。同时,完成幼儿园道路方案设计等前期基础工作。凤马大道工程进行了前期策划,待县上审议通过,即可实施。凤凰组团5000平方米安置房建设前期已经完成设计、地勘、图纸审查、场平等基础工作,即将进入招投标。

(三)征地拆迁工作有新突破

一是新争取用地批文228亩。分别是凤凰组团北岸辰龙制药130亩、一期标准厂房项目争取批文98亩。二是花台乡97亩土地征收工作已完成,完成安置补偿34户69人。三是凤凰组团228亩土地征收工作已启动,征地报件手续正在报送过程中。四是建立健全工作机制,规范征地程序,确保土地征收公平、合法、有效进行。组建了由工业园区管委会、凤凰镇党委政府、凤凰派出所、中河村、高杨村、双凤村相关人员参加的征地遗留问题处置工作组。有效化解遗留问题30余件,共涉及资金300余万,已支付40余万。

(四)招商引资富有成效

招商引资有所突破。一是园区组建了招商团队,充实了招商人员,落实人员分工负责具体抓招商引资工作。二是走出去招商,主动与广东、福建等商会,社团组织和有识之士搭建信息联系平台,将巫溪的优势资源、政策扶持、贴心服务等方面,真诚与企业家沟通,换取他们的信任,让他们通过算经济账、效益账,从而安心在园区落户发展。三是积极筹划编制项目,完善矿产、石材、中药材等招商引资项目库建设,实行了项目招商。四是通过各种形式宣传招商引资,制作了巫溪县工业园区招商引资宣传手册,利用各种对外窗口,进行了宣传发放。与重庆达博文化传播有限公司就招商引资宣传、策划进行了战略合作。新签订入园企业4家,分别是红池药业、利互石材一期、迪纳木业、玉龙公司套装门及木制项目,签约项目总投资2.45亿元。意向谈判的有3家,分别为多健药业、天智石材和汇锦玻璃项目。

(五)园区企业发展良好

截至目前,园区招商入园企业23家,规模以上企业9家,产值过亿企业1家。迪纳木业年产1万吨木塑型材项目用地已划定,场平已完成,正在进一步优化设计。红池药业中药微方颗粒标准厂房生产线已完成安装,并投入试生产。花台组团配煤场项目储煤场平整基本完成,输送台完成40%,道路主体完成,175米水位线下填方完成3万立方米,完成投资1000万元。乾鼎石材大板车间技改建设总投入1200万元。扩建车间厂房3200平米,增机器设备119台(套),购进了目前最顶级的生产设备。投产后每日大规格精板出产量可达1000平米以上,矿山荒料日产量超过120立方米,年销售收入可达5000万元。目前正在进行设备调试,可于2015年元月试生产。利互石材一期项目厂区装修、配套排水沟和循环池建设全面完成,生产线机器设备安装全部到位并完成调试,实现试生产。完成工程投资1360万元。后溪河水电开发公司引水隧洞开挖全面完成,调压井导井全部完成,压力管道平洞完成50%,取水口完成80%,电站厂房基础开挖全部完成,拦河坝第一孔闸室全面完成。全年完成投资2600万元。

(六)服务企业水平不断提升

一是改以往被动服务方式为主动服务、上门服务和领导帮扶服务。园区主要领导和班子成员定期深入企业,了解企业存在的问题,并对企业存在的问题形成书面台账。二是按解决问题涉及层面,分类解决。三是全方位做好企业生产要素的协调保障工作,确保企业效益增长。着力抓好新项目的建成、投产、达产工作,不断加大对建成项目的跟踪、协调、服务力度,全力解决项目投产、达产中出现的问题和矛盾,促成了入园企业早投产、早达产和早升规晋级。四是帮助企业排忧解难。特别是取得了抗击"9·1"特大洪灾的伟大胜利。"9·1"暴雨洪灾,迪纳木业、玉龙公司等6家入园企业受灾惨重,经济损失3526万元。灾害发生后,园区及时组织人员、车辆,帮助企业清洗厂区及设备设施,积极向上争取资金,已向市经信委争取救灾补助资金39万元。

二、发展中存在的问题

一是发展平台比较落后,工业发展的配套条件仍然较差,园区企业少,总体规模小、抗风险能力差。虽然,园区基础设施近年有所改善,但与周边区县相比还是存在较大差距,如道路交通不发达,目前快速通道仅渝巫高速路,造成物流成本高。水、电路、管网、污水处理厂等还需进一步完善。因此沿海一些投资大,实力强的企业不愿来巫溪投资。

二是历史包袱沉重,化解难度大。园区建设初,因无经验,以及受政策影响,存在部分历史遗留问题难以解决。

三是发展资金十分紧缺。园区每年要还贷款本金、利息、担保费14584万元,资金压力巨大。加之园区收入有限,园区发展资金十分困难。

三、2015年发展目标

贯彻落实党的十八届三中四中全会、市委四届四次五次全会和县委十二届七次全委会精神,紧扣巫溪渝东北生态涵养发展区功能定位和"一城两带两区"发展规划,把握新形势,适应新常态,以转变观念为先导,以深化改革为统缆,以产城融合为方向,以构筑平台为基础,以着力招商为抓手,以多元筹资为重点,以管理增效为核心,以重点扶持为保障,以务实拼搏为根本,调整经济结构,优化产业布局,增强造血功能,发展生态循环经济,精心谋划,稳步实施,努力建设产城互动的特色生态工业开发园区。

2015年计划完成工业总产值7.5亿元,固定资产投资3.92亿元,工业增加值2.1亿元,规模以上企业实现产值6亿元。

(作者单位:巫溪工业园区管委会)

第七编
区县经济

万州区

罗艺

一、2014年发展回顾

2014年,万州区全面深入贯彻党的十八大、十八届三中四中全会和习近平总书记系列重要讲话精神,认真落实市委、市政府各项重大决策部署,紧紧围绕"科学发展、富民兴渝"总任务和"123"总体思路,立足功能定位,突出抓好"五个一批"重点工作,着力稳增长、调结构、促改革、惠民生、防风险,全区呈现经济稳中向好、民生不断改善、社会和谐稳定的良好局面。全年实现地区生产总值771.2亿元,比上年增长11.1%。一、二、三产业分别增长5.5%、12.2%和10.9%。一般公共预算收入54.1亿元,增长13.6%;其中税收收入33.31亿元,增长14.3%。固定资产投资612.1亿元,增长20.6%。社会消费品零售总额251.61亿元,增长14.7%。城镇居民人均可支配收入25919元、增长11.3%,农村居民人均可支配收入9562元、增长13.6%。

(一)工业经济稳中向好

规上工业企业产值669.8亿元,增长14.5%。产值超亿元企业86户,其中超50亿元的3户。新增规上工业企业24户。规上工业企业利税增长13.5%、利润增长15.6%。万州经开区规上工业企业产值481.4亿元、增长18.2%,占全区规上工业企业产值的72%;实施场平整治1.5平方公里,建成标准厂房6.3万平方米。希姆斯年产5000台电梯、神华万州港电一期1号机组等项目竣工投产,长安跨越汽车零部件配套产业园、经纬新能年产1万吨生物柴油等项目加快推进,科创万州医药产业园、东方医药产业园一期、大全西部电气制造基地等项目开工建设。新增国家级高新技术企业1户、市级企业技术研究中心2个。新增国家重点新产品1个、市级高新技术产品7个、重庆市名牌产品9个。

(二)现代服务业发展加快

批发和零售业销售额735.9亿元,增长20.1%。住宿和餐饮业营业收入57.1亿元,增长17.7%。新培育限额以上商贸服务企业62户。电子商务企业和经营户达到2700户,实现网上交易额210.9亿元。会展收入18.3亿元,增长25.1%。销售汽车6万辆,销售额增长24.5%。新增市场主体14587户,增长18.9%。新增注册商标1013件,增长24%。城市之星商业综合体、万州海宁皮草城、欣光名车广场等投入使用,江南CBD、三峡文化创意产业园加快推进,国际汽车机电贸易城开工建设,五洲国际商贸城、国际天贸城抓紧前期准备。旅游业接待游客1280万人次,旅游收入49.3亿元。成功承办第五届中国长江三峡国际旅游节。万州大瀑布群旅游区、新月湾民俗文化村基础设施建设有序推进。商品房竣工95.6万平方米、销售174.2万平方米。银行业金融机构本外币存款余额863.8亿元、贷款余额472亿元,分别比年初增长16.1%、24.4%,存贷比54.6%。新增金融机构3家。邮政储蓄银行万州支行升格为二级分行。

(三)城市功能品质稳步提升

建成区面积62平方公里,城区常住人口81.5万,城镇化率61.1%。经开大道、玉城大道和玉城大桥等建成通车,三峡学院至九池连接道、天仙湖广场二期、南山公园等基本建成。桐元天然气储配站及配套管线工程基本完成。杨柳水厂、高峰水厂启动建设。新建小游园4个。完成万县古城墙原样复建。滨江大道外侧栽植三角梅和红继木6万余株,初步形成3.5公里花带。整治背街小巷23条。新建改建城区公厕10座。

新建停车场25个、停车泊位4759个,临时占道停车一期设置停车场(点)13个、停车泊位820个。渝万城际铁路万州段路基工程基本完成。万州至郑州客运专线获国家发改委批准。万忠(南线)高速公路万州段加快建设。万利高速公路万州段全线开工,驸马长江大桥南岸主塔超百米。长江三桥南岸主塔和引桥桩基工程加快推进。神华万州港电码头基本完工。万州港新田作业区实施陆域工程。

(四)"三农"工作扎实有效

粮食总产量52.4万吨。新建蔬菜基地5000亩、优质柑橘基地3000亩、名优水果基地2万亩。新建标准化畜禽规模养殖场82个,三峡库区生态渔场1.1万亩。新增区级农业产业化龙头企业13户、市级4户。新发展农民合作社118个、区级示范家庭农场60个。万州玫瑰香橙、万州猕猴桃、万州银针被认定为中国地理标志证明商标。完成行政村通畅工程495公里、撤并村通达工程66公里。新投放农村片区客运车120辆。除险加固小(2)型水库16座,整治山坪塘3435口,整修渠堰72公里。实施农村安全饮水项目155个。解决9.4万农村人口饮水安全问题。集镇集中供水技改项目竣工20个、新开工15个。13个镇乡污水处理工程建设有序推进。新建农村户用沼气池2770口。镇乡生活垃圾集中收运处置系统建设实现"三年任务两年完成",城镇生活垃圾集中无害化处理率86%。农网改造升级三年规划(2015~2017年)获市发改委批复,完工农网改造项目166个。高山生态扶贫搬迁9019人。悦君山片区扶贫开发项目开工98个,完成投资4.2亿元。28个贫困村整村扶贫通过市级验收。减少贫困人口2.4万人。

(五)改革事项有序实施

125项改革事项全面启动,深化投资体制改革等44项取得阶段性成效,完善国有资产管理体制等81项有序推进。22项重点改革专项已出台40个实施方案或配套政策。区政府工作部门精简至32个,精简事业单位14个。万州经开区行使万州区部分行政管理权限。向镇乡街道依法下放41项行政审批和服务事项。实现建设领域"五大环节"并联审批。村(社区)承担事务由214项精简为32项。工商登记前置许可由139项精简到47项,新增"注册资本认缴"市场主体2695户、"先照后证"市场主体3696户。区级42个部门和江南新区、渝东开发区向社会公开部门预算。万州经开区直接融资到位资金25亿元。三峡水利非公开发行股票融资8.6亿元。新增上市或挂牌企业4户。设立工业、商务、旅游发展专项资金各2000万元。新增"农转城"8439人。完成地票交易7059亩。新增农村产权抵押融资8.5亿元。全面开展农村集体资产清产核资工作,启动铁峰乡桐元村、太安镇凤凰社区农村集体资产量化确权试点。电报路小学与钟鼓楼小学实现一体化办学。恢复重建基层供销社4家。涉法涉诉联合接待服务中心挂牌成立。

(六)对外开放不断扩大

实施500万元以上投资项目1633个,实施招商引资经济合作项目122个,外方到位资金200.7亿元、增长23.4%。新签约项目76个,协议投资293.1亿元。到位对口支援无偿援助资金1.3亿元。万州保税物流中心(A型)获准设立,保税物流公司组建成立。建成国家级出口农产品质量安全示范区、重庆首批出口农产品区域标准化种植示范区。万州古红橘首次实现本地报关报检直接出口。新增出口备案企业25户。全年进出口总额10.7亿美元,增长142.4%;其中出口9.7亿美元,增长185.1%。实际利用外资2135万美元。服务外包执行额6586万美元,增长25.9%。万州机场国内定期航线增至12条。

(七)生态环保全面加强

主要污染物总量减排完成年度目标任务,单位地区生产总值能耗下降2%,生态环境指数保持在60以上。突出抓好工业废气、城市扬尘、汽车尾气等污染控制,城区空气质量优良天数348天。城区三条次级河流污水管网、申明坝污水处理厂尾水管网和24个污水直排口整治工程全面竣工,沱口污水处理厂扩容工程开工,城区、镇乡集中式饮用水源水质达标率分别为

100%、95.4%，城市污水集中处理率91%，城区生活垃圾无害化处理率保持100%，长江干流万州段水质总体保持优良。城区环境噪声达标区覆盖率90%，区域环境噪声平均值51.7分贝。完成造林绿化8.1万亩，全区森林覆盖率48.1%。完成行政村环境连片整治项目37个。完成畜禽养殖污染治理项目46个。甘宁镇、白羊镇成功创建市级生态镇。"金土工程"搬迁避让406人。垃圾焚烧发电厂试运行，冀华环保年产1000台(套)环保设施设备项目加快建设，污泥无害化处置及资源化利用、中加环保废弃电器电子产品拆解项目开工。经开区获批国家循环化改造示范试点园区。

(八)社会事业协调发展

科技创新获得授权专利355件，柠檬综合利用集成技术获国家科技进步二等奖，4项成果获市政府科技进步奖。落实教育制度性惠民资金2.6亿元，惠及学生18万人次。农村义务教育贫困学生营养餐全覆盖。建成农村教师周转房774套。建成镇乡中心幼儿园20所。启动城区义务教育扩容项目5个。中职学生初次就业率保持在99%以上。高考录取人数1.5万人，录取率87.3%。成功创建国家慢性病综合防控示范区。重庆三峡妇女儿童医院建成应诊。完成23个基层医疗机构和14个行政村卫生室标准化建设，40个撤并村卫生室投入使用。兑现计划生育奖扶补助4953.7万元。人口自然增长率4.69‰(公安口径)。广播剧《默默流淌的爱》获中宣部第十三届"五个一工程"奖，大型川剧《白露为霜》成功公演。库里申科烈士墓园入选第一批国家级抗战纪念设施、遗址名录，电影《相伴库里申科》完成拍摄。"三生有幸，平湖万州"城市形象宣传语得到广泛认同。成功举办区第四届运动会、第11届东亚手球俱乐部锦标赛等赛事活动，组团参加重庆市第四届全民健身运动会获区县组第一名。

(九)民生保障力度加大

完工2011~2013年度三峡后续项目67个、在建127个。完成移民小区综合整治、移民集镇中小学改扩建等配套项目36个。发放农村移民后期扶持直补、城镇移民困难补助和特殊救济等资金6250万元。落实移民培训资金2382万元，培训2.5万人次，培训后就业率85%以上。新增城镇就业岗位4.5万个，新增城镇就业人员4.3万人，城镇登记失业率2.8%。新发展微型企业7034户。五大社会保险累计参保286.6万人次，兑现社会保险待遇266.1万人次、44.1亿元。小额人身保险参保20.3万人。补贴国有企业困难人员社保金7600万元，惠及3.5万人次。实现企业退休人员养老待遇"十连调"。发放城乡低保金1.9亿元，发放重点优抚对象抚恤金、五保供养金、长寿补贴、孤儿基本生活费、临时救助金、困难群众慰问金等1.9亿元。建成社会养老机构4家、社区养老服务站9个、农村幸福院51个。残疾人康复就业指导中心主体竣工。镇乡街道留守儿童关爱中心实现全覆盖。建成法治文化主题广场和公园7个、社区普法阵地160个。镇乡街道法律援助站、村(社区)法律顾问实现全覆盖，实施法律援助1087件。建成廉租房公租房34万平方米、征地安置房106万平方米，改造农村危房4522户。更新改造"三无"老旧住宅电梯53台。

(十)平安建设深入推进

安全生产事故起数、死亡人数分别下降7.5%、4.3%，无较大以上事故发生。建成镇乡政府区域性专职消防队3支，成立森林防火应急专业队5支。调处矛盾纠纷21686件，到区信访件次、人次分别下降13.3%、25.4%。加强社会治安综合防控体系建设，新建派出所5个，镇乡街道派出所(警务室)全覆盖。新建城区治安岗亭10个，增设城区视频监控镜头86个，城市社区网格化服务管理全覆盖。实行重点区域、重要时段"公安+武警"常态化武装巡逻。刑事案件立案下降22.2%、破案上升5.8%。

二、发展中存在的问题

经济总量不够大、产业结构不够优。创新驱动不足，产业转型升级步伐不快，新兴产业占比很小。重大招商项目不多,发展后劲还需进一步增强。生态建设和环境保护任务艰巨,与人民群众的期望还有不小差距。城乡发展不平衡,农村基础设施建设、公共服务还需不断加强。城市交通管理有待进一步改善,行车难、停车难问题仍然存在。困难群众较多,民生改善任务重,维护社会稳定压力大。

三、2015 年发展目标

全面贯彻落实党的十八大、十八届三中四中全会和中央经济工作会议精神,以邓小平理论、"三个代表"重要思想、科学发展观为指导,认真贯彻落实习近平总书记系列重要讲话精神,全面落实市委、市政府重大决策部署,紧紧围绕"123"总体思路,坚持稳中求进工作总基调,坚持以提高经济发展质量和效益为中心,坚持"面上保护、点上开发",深化改革开放,推进依法治区,突出生态建设,持续改善民生,强化风险防控,全面促进经济平稳健康发展和社会和谐稳定。地区生产总值增长 10%左右,固定资产投资增长 16%,社会消费品零售总额增长 13%,一般公共预算收入增长 12%,城镇登记失业率控制在 3.5%以内,城乡居民人均可支配收入分别增长 10.5%和 11.5%,居民消费价格指数 103 以内,主要污染物总量减排完成年度目标任务,单位地区生产总值能耗下降 1%,人口自然增长率控制在 4‰以内。

(作者单位:万州区政府办公室)

黔江区

一、2014 年发展回顾

2014 年,面对复杂严峻的形势,黔江在市委、市政府的坚强领导下,深入贯彻党的十八届三中、四中全会和市委四届四次、五次、六次全会精神,认真落实五大功能区域发展战略,紧紧围绕"两个核心目标",深入推进"三大战略",全力以赴稳增长、调结构、强基础、防风险、促改革、惠民生,全区经济社会实现了持续健康发展。全区生产总值达到 186.3 亿元,比上年增长 10.7%;规模以上工业增加值达到 78.7 亿元,增长 10.4%;固定资产投资完成 236.1 亿元,增长 11.4%;社会消费品零售总额实现 68 亿元,增长 13%;一般公共预算收入完成 20.1 亿元,增长 15.6%;城乡常住居民人均可支配收入分别达到 22388 元和 7878 元,增长 11.3%和 13.5%。

(一)生态保护和重点开发同步推进

按照五大功能区域发展战略的部署,研究制定生态发展战略,确立为继工业强区、城市东进、大通道建设之后的"第四大战略"。出台区内三大功能区示范建设实施方案和产业、项目、投资分类配套支持政策,三大功能区域呈现错位协调发展新格局。加强面上保护,森林覆盖率提高到 55.4%。围绕中心城区、工业园区和重点集镇加大点上开发力度,新增城市建成区面积 3 平方公里、城市人口 2 万人,城镇化率提高 1.5 个百分点;全区规模以上工业总产值首次跨上 200 亿元台阶,工业园区入园企业达到 120 家,集聚了全区 80%以上的规模以上工业企业;大力推进重点集镇建设,濯水镇、石会镇、马喇镇跻身新一轮全国重点镇行列。

(二)基础设施不断改善

黔张常高速铁路、渝怀铁路二线获国家发改委批复开工建设,黔毕昭铁路、黔恩铁路、铁路客货枢纽项目列入国市"十三五"建设计划,黔江至重庆主城高速铁路获市委、市政府支持,黔江北铁路客运站房规模提高到 1.2 万平方米,渝怀二线货场规模提高到 400 万吨/年。黔恩高速公路总体形象进度达到 85%。武陵山机场实现旅客吞吐量近 12 万人次,整体并入重庆江北机场获市政府批准。小南海干渠防渗整治、太极水库枢纽工程全面完成,阿蓬江防洪治理工程、老窖溪水库、小南海补水工程建设有序推进,瓦窑堡水库、罗家堡水库通过规划评审。页岩气第一口勘探开发井正式开钻,市政府重新明确由实力更强的中国华能集团控股推进建设。国电与乌电实现联网,城乡电力需求得到有效保障。通信基础设施建设进一步加强,建成4G基站445个、总量达1700个,170个行政村开通互联网,城区重点公共区域无线网络热点实现全覆盖。

(三)中心城市建设展现新形象

公共服务中心、公安业务用房等项目主体工程完工,道路管网工程加快推进,天生湖公园开工建设,一批品质楼盘建成入住或开盘,桐坪片区、职教片区等重点区域城市形象初显。启动B组团二期旧城改造,三岔河成为市民健身休闲好去处。改造城市道路7万平方米,开展马石角、碓窝田、曾家巷等背街小巷整治。建成投用汽车西站,完成公交车、出租车更新升级。石峡环道、光明隧道等老城环线项目有序推进。

(四)"多点支撑"产业格局加速形成

实现工业总产值228亿元、增长12.5%,新培育规模以上工业企业17家,16个工业产品获高新技术产品认证。黔正纸业等12个产业项目建成投产,蓝海科技等24个产业项目开工建设。正青复线等14个基础设施项目建成投用,青杠主干道二期等31个基础设施项目开工建设。工业园区新签约入驻16个项目。正阳物流基地加快建设,物流南路建成投用,累计入驻企业8家。国际建材城一期、渝东南林产品交易中心基本建成,武陵山商贸批发城、武陵山工程机械交易市场开工建设,新培育限额以上商贸企业10家。城市峡谷峡江景区一期基本完工,濯水古镇成功创建国家4A级景区,小南海景区创5A工作加快推进,蒲花暗河、神龟峡景区收回经营权。全年接待游客536万人次、实现旅游总收入19.2亿元,分别增长28.8%、33.9%,过夜游客占比达到36%。金融业正在成长为新的支柱产业,GDP占比达到4.5%。辖区金融机构存贷款余额分别达到200亿元、157亿元,增长20.9%、24.2%。新发展猕猴桃1万亩,建成优质蔬菜基地5万亩、中药材基地5万亩,连续7年成为全国生猪调出大县,收购烟叶11.1万担、蚕茧7.6万担。

(五)发展动力活力进一步积聚

全区确定的40项改革任务有序铺开,15项重点改革专项初见成效。全面完成文化、体育、卫生、计生等机构改革,政府工作部门由32个调整为29个。承接市政府下放的94项行政审批事项,取消区级审批事项4项,对规范确立的334项行政审批事项逐一简化程序、压缩时限,并联审批时效提高20%。首次向社会公开部门预算和"三公"经费预算,乡镇财政全面推行国库集中支付制度。规范政府类投资项目管理,严格执行项目基本建设程序,强化招投标和概预算监管。基础设施PPP投融资改革首批4个项目报市上审批。加大小微企业扶持力度,新培育市场主体5359个,增速居全市第一。加强了城投集团、鸿业集团等国企监管,完成了行政事业人员到区属国企兼职的清理工作。成立投资基金管理公司,实现首期融资2.5亿元,被市委、市政府确定为全市3个"金融扶贫示范区"试点区县之一。基本公共卫生服务差异化支付纳入全市创新经验推广。交易地票3829亩,实现农村"三权"抵押贷款3.3亿元。争取市政府支持在黔江设立海关和进口商品展示平台,争取到位国市各类补助资金32.2亿元,增长10.6%。拍摄完成讲黔江人、说黔江事、拍黔江景的40集电视连续剧《侯天明的梦》。不断深化与周边地区合作,促成武陵山旅游联盟筹建。

(六)环境保护不断加强

实施阿蓬江流域和黔江河污染综合治理,完成新城污水处理厂一期、青杠污水处理厂主体建设;全面取缔黔江河流域畜禽养殖场99个,整治完成老城污水直排口14个,黔江河闸桥以上水质基本达到地表水Ⅲ类标准。巩固退耕还林成果23万亩,新造林3万亩。新增城市绿地27万平方米,建成区绿化覆盖率达到

43.5%。加强建筑工地扬尘污染防治,淘汰黄标车、老旧车,城区空气质量优良天数达到330天。城市环境噪声达标区覆盖率达86%。建成投用渝东南医疗废物集中处置中心。新建6个乡镇垃圾中转站,基本实现乡镇垃圾收运体系全覆盖。完工15个农村环境连片整治项目,创建市级生态乡镇3个。治理水土流失面积23平方公里、石漠化面积12平方公里。

(七)社会民生持续改善

基本完成22件重点民生实事年度目标任务,城乡常住居民人均可支配收入增速分别居全市第1位、第6位。完成高山生态扶贫搬迁12197人,超额完成市上下达任务。兜底搬迁贫困户152户,减少农村贫困人口9641人。新启动建设农民新村7个、续建40个、完工18个,冯家中坝、黄溪三羊农民新村成功创建为市级示范农民新村。马喇片区等3条干线公路升级改造工程全面完工投用。实施撤并村通畅通达工程137公里、农村公路"安保工程"406公里,实现农村客运"双百"目标。整治山坪塘539口,新解决5.8万农村人口饮水安全问题。建成渝东南大学生创业孵化基地,回引农民工创业1014户,城镇新增就业2.4万人,城镇登记失业率控制在2.5%。实施5个城区学校布局调整和20个农村基础教育工程,义务教育阶段学校标准化率提高到80%,高考各项指标继续领先渝东南。区外来黔就医病人占比接近30%,被国家确定为重庆市唯一的"社会办医联系区县"。城乡居民社会养老保险、合作医疗保险参保率分别达到91%、93%,保障城乡低保1.7万人,实施医疗救助9.6万人。重庆市民族歌舞团被国务院表彰为"全国民族团结进步先进集体"。举办国市大型文体赛事10余次。强化平安建设,各类治安案件和刑事案件发案率均明显下降,没有发生重大群体性事件和食品药品质量安全事件,群众安全感达到93.6%。安全生产事故实现控制目标,连续7年被评为全市安全生产优秀区县。

二、发展中存在的问题

一是产业支撑能力弱,现有工业企业生产经营困难增多;第三产业规模小、档次低,对区域没有形成辐射;新兴产业尚处于起步阶段。二是经济发展中存在的一些突出问题仍未得到有效解决,政府性债务化解压力大,土地价格偏低,征迁安置任务仍较重。三是推动特色差异化发展力度不够,效果不够明显。

三、2015年发展目标

2015年,黔江经济社会发展的主要预期目标为:地区生产总值增长11%左右,固定资产投资增长13%,规模以上工业增加值增长13%,一般公共预算收入增长12%,社会消费品零售总额增长14%,城乡常住居民人均可支配收入分别增长12%左右和14%左右,节能减排等约束性指标达到上级要求。

(作者单位:黔江区政府办公室)

涪陵区

冉瑞

一、2014年发展回顾

实现地区生产总值757.48亿元,比上年增长12%,人均生产总值10985美元,增长7.5%。其中,第一产业增加值47.97亿元,第二产业增加值466.10亿元,第三产业增加值243.41亿元,同比分别增长4.8%、14.1%和8.9%。三次产业结构由上年的6.6:62.5:30.9调整为6.3:61.5:32.2。全年实现公共财政预算收入50.07亿元,增长11.7%;公共财政预算支出93.83亿元,增长

6.1%。年末，区内金融机构人民币存款余额621.20亿元，比年初增长17.5%，其中个人存款余额340.56亿元，增长14.5%；贷款余额437.3亿元，增长8.3%。金融机构全年利润收入13.18亿元，增长19.5%；存贷比由上年的76.7%下降为69.9%。

(一)农业经济

全年实现农业总产值72.12亿元，增长4.8%；增加值47.97亿元，增长4.8%。粮食播种面积9.66万公顷，减少0.04%；蔬菜种植面积7.47万公顷，增长2.9%，其中青菜头种植面积4.86万公顷，增长0.3%；烟叶种植面积933.3公顷，下降11.9%。主要农产品产量：粮食43.31万吨，下降1.2%；蔬菜201.2万吨，增长6.7%，其中青菜头149.69万吨，增长5.7%；生猪出栏83.3万头，增长2.3%；羊出栏2.8万头，增长19.3%；牛出栏1.54万头，增长9.9%；家禽出栏743.38万只，增长2.5%；蚕茧2709吨，下降10%；水产品2.06万吨，增长0.9%；果品12.37万吨，增长1.5%。建成以南沱镇、李渡街道为重点区域的笋用竹基地266.67公顷。全区新培育农业产业化市级重点龙头企业7户，总数达26户，累计培育国家级重点龙头企业5户。新发展农村专业合作社34户，总数达610户，入社农户12.47万户，其中有家庭农场675家，经营土地3886.67公顷。共实施水稻保险14406.67公顷、玉米保险11880公顷、生猪保险17.2万头、能繁母猪保险4.61万头、蚕种投保4.68万张、森林保险96483.33公顷，各级财政补贴1397.19万元。实施涪陵区市级现代农业综合示范工程、龙潭镇市级现代农业示范园、金科现代农业示范园等3个现代农业园区项目建设，累计完成投资2.55亿元。启动实施涪陵榨菜科技园建设，编制完成《涪陵区榨菜文化旅游区策划方案》，启动万亩榨菜观光园建设、万米风脱水长廊搭建、环线交通整治等工程。签约农业招商项目5个，累计到位资金3.65亿元。完成南沱镇连丰村、马武镇石朝门村等4个行政村美丽乡村市级示范村建设，经市上评估，均达到美丽乡村绩效评估体系的各项指标。推广“三沼”综合利用1333.33公顷，全面完成世行贷款生态家园、中央预算内投资农村户用沼气“一池三改”建设7398户，新建大中型沼气工程6个、养殖小区和联户沼气工程2个、沼气后续服务网点5个，完成农村能源户用太阳能热水器安装3000户。共落实农业产业发展、基础设施建设，农业科技发展等项目168个，到位资金20684.38万元。重点在马武、蔺市等乡镇创建水稻、玉米、马铃薯粮食高产示范片4个、共2871.73公顷；在焦石、白涛等街镇实施土壤有机质提升面积10233.33公顷；完成全区测土配方施肥面积12万公顷。竣工验收304.67公顷补充耕地质量评定、100公顷预算内基本口粮田项目建设、333.33公顷旱作节水农业示范基地建设，全面完成大顺乡733.33公顷高标准农田建设示范工程、南沱镇313.33公顷中低产田改造、186万尾鱼苗增殖流放、83个特色效益农业产业等项目。实施各类农业科技计划项目35个，“籼粳型新质源水稻恢复系恢88的创制及其系列组合推广应用项目”、“重庆市晚熟柑橘产量和质量提升示范推广项目”均获国家农业部颁发的“全国农牧渔业丰收奖”。承担国家水稻品种区域试验6个组、73个品种，承担重庆市水稻、玉米品种区域试验7个组、74个品种，完成水稻制种278.87公顷。新建农业科技试验示范基地5个，新培育农业科技示范户1050户；推广各类农机补贴机具29317台，完成机插秧面积4000公顷，机耕作业15.53万公顷，机收作业1万公顷。新获绿色食品等“三品”认证12个，新增农业驰名商标1件。“涪陵青菜头”被认定为全市蔬菜第一品牌，并被评为“2013年度中国最具成长力商标”，涪陵区被授予“中国绿色生态青菜头之乡、中国绿色生态龙眼之乡”称号。完成农民“阳光工程”培训6000人，新启动实施1900人新型职业农民培训。开展农资打假等各类执法检查1070人次，查处违法违规行为91件次，立案查处29件，没收伪劣农资7.2吨，处罚款13.35万元，为农民挽回经济损失500余万元。兑付2013年农户种植水稻、玉米等良种补贴1046.57万元，种粮大户补贴398.54万元，审核申报国家农机购置补贴资金1745万元。加强农业信息平台建设，累计建成乡村三级示范网站25个、村级网页125个,全区涉农乡镇网站实现全覆盖。新发展"一站通"注册用户500户，新增"农信通"用户3000户，进村入户率达76.8%,居全市前列。区农产品质检中心通过市级双认证(机构考核、计量认证)考核,全年完成蔬菜农药残留例行监测抽检4批次482个样品、26个参数万余项次的检测任务。

(二)工业与建筑业

工业总产值实现1287.28亿元，增长13.9%。其中,规模以上工业企业总产值1142.62亿元，增长14.1%;"三大工业园区"(涪陵工业园区、白涛化工园区、清溪再生有色金属特色产业园区)规上工业总产值922.36亿元，增长10.8%;六大支柱产业(化工化纤、装备制造、食品医药、重要材料、电子信息、清洁能源等)工业总产值1089.68亿元,增长13.5%;工业30强企业总产值829亿元，占全区规上企业产值的72.59%。工业增加值405.44亿元,增长14%,占全区生产总值的53.5%。工业产品产销率达96.3%，工业对全区GDP增长的贡献率达65.3%,全年万元GDP能耗下降3.4%。区内产值10亿元以上企业达25户,其中50亿以上企业5户,百亿级企业1户。太极集团等15户企业被确定为全市重点工业企业，华兰生物等2户企业确定为全市100户成长型工业企业。涪陵页岩气国家级示范区建设成效显著。勘探开发、页岩气销售、天然气管道3个公司相继成立;已开钻气井148口,完钻113口,投产89口,日产气量达370万立方米。全年生产页岩气10.81亿立方米，占全国页岩气生产的73.3%。重点工业项目强力推进。全景机械通机生产、中机龙桥热电联产等10多个项目竣工投产;华晨鑫源汽车整车及发动机生产、大朗铝业铁合金等项目开工建设;葵花药业、涪陵卷烟厂易地迁建技改、太极集团李渡新厂区建设等"退城进园"项目有序推进。民营经济活力增强,全年上缴税金28亿元,4家民企进入全市50强。新成立涪陵区中小微企业融资平台，发放贷款2亿元。全年电力供应69.84亿千瓦时,天然气供应13.21亿立方米,分别增长24.6%和6.4%。年内申创重庆名牌产品26件,著名商标4件。太极集团，洪丽食品等5家企业的5个商标取得驰名商标认定。建峰化工获得重庆市市长质量管理奖提名奖。

有资质建筑企业147户,实现总产值346.97亿元,增长14.2%。区内增加值60.66亿元,增长15.0%。商品房施工面积692.61万平方米,竣工161.41万平方米,分别增长3.1%和40.8%;商品房销售面积108.1万平方米,销售额57.84亿元,分别增长13.5%和24.0%；住宅销售额51.52亿元,增长17.8%。

(三)交通运输与邮政业

交通运输、仓储和邮政业实现增加值54.12亿元,增长8.5%。公路、水上运输货运量5800万吨,增长8.0%;货运周转量379.26亿吨公里,增长15.7%。客运量3300万人次,增长2.0%;客运周转量13.92亿公里,增长3.2%。港口货物吞吐量2273.3万吨,增长0.7%。境内公路里程4923公里，增加209公里。全区行政村公路通达率100%,通畅率88.5%。机动车保有量16.16万辆,其中营运汽车8891辆;营运船舶391艘。邮电业务收入6.95亿元,增长3.0%。其中邮政业务收入0.77亿元,增长2.8%;固定电话收入1.22亿元,下降9.9%;移动通讯收入4.96亿元,增长6.8%。年末每百户居民拥有固定电话43部、互联网用户40户,分别减少3部和增加5.5户;每百人拥有移动电话87.1部,减少0.6部。

(四)固定资产投资

全社会固定资产投资578.60亿元，增长15.4%。其中"三大工业园区"投资271.90亿元,增长16.2%，占全社会固定资产投资的47.0%。按产业分，第一产业投资6.11亿元，下降15.5%;第二产业投资307.59亿元,增长57.7%;第三产业投资264.89亿元,下降11.5%。按类别分,建设与改造投资506.57亿元,增长16.8%;

房地产开发投资72.02亿元,增长6.4%。按区域分,区内投资575.31亿元,增长27.2%;跨区投资3.29亿元,下降93.3%。页岩气全年完成投资120亿元,占工业投资总额的39%。天然气龙桥分输站,李渡聚业大道管线、白涛至武陵山管线等工程完工投用,全区天然气供应得以保障。

(五)内外贸易与旅游业

全区社会消费品零售总额206.26亿元,增长14.8%。其中,限额以上零售总额138.83亿元,限额以下零售总额67.43亿元,分别增长16.1%和12.2%;年末有限额以上批发零售、住宿餐饮单位292户,增长7.0%,实现增加值68.62亿元,增长9.1%。销售额1亿元以上企业49户,增加2户,其中5亿元以上企业15户,10亿元以上企业9户。年末有各类市场84个,市场总面积53.67万平方米。城乡集贸市场成交额75.39亿元,增长6.7%。江南城区核心商圈商业设施面积新增54万平方米、总面积达120万平方米,已成功引进韩国乐天玛特、横店影院、麦当劳等80余个国际国内知名品牌。革命老区新妙镇被命名为全市首批"商贸强镇"。500余户传统企业已开展电商业务。

全年货物进出口总额11.92亿美元,下降1.4%。其中进口3.09亿美元,下降13.0%;出口8.83亿美元,增长3.4%。新签招商引资项目309个。实际利用外商直接投资1.07亿美元,内资(市外境内资金)253.92亿元,分别增长138.9%和25.2%。世界500强企业正威集团、江森自控、深圳旺年国际、中环国投控股有限公司节能环保装备制造产业园等纷纷签约落户涪陵。

全年接待游客757.36万人次,增长20.8%。其中,国内游客757.29万人次,增长20.9%;入境游客667人次,下降65.1%。实现旅游总收入38.92亿元,增长25.4%。有三星级以上饭店5家,涉外饭店床位1215张。完成旅游项目投资26.25亿元,增长24.3%。武陵山大裂谷景区全年投入1.32亿元,建成门景区、栈道、游步道、大裂谷隧道、游客副中心等9个重点项目,成功创建国家4A级旅游景区。武陵山国家森林公园景区、大木花谷景区共投入5745万元,完成荷花宾馆和银杏楼装修、连接道路黑化、天池工程等10多个项目建设,启动国家4A级旅游景区创建工作。

二、发展中存在的问题

涪陵发展还面临一些不容忽视的困难和问题,加快发展的基础仍不够牢固,传统产业占比较大,发展的质量和效益尚需提升,一般公共预算收入未实现预期目标,少数重点项目建设未达到进度要求,生态建设与环境保护任重道远。

经济实力有待进一步加强。页岩气示范区、华晨鑫源汽车、江东片区综合开发等十个重大项目及百项重点工程建设项目有待进一步加强,社会资本向战略性新兴产业、基础设施、生态环境和公共服务等领域投入不够,与"十三五"规划相衔接的项目策划需进一步加强,以不断增强发展后劲。融资渠道还不够宽,融资的经济和时间成本还需进一步降低,金融新渠道、手段、技术的应用不够好。招商引资空间可继续拓展,汽车产业配套、页岩气科研及装备制造、PTA下游、电子信息、生物医药、文化旅游、教育卫生、电子商务等方面需得到强化。

产业结构有待进一步转型升级。工业集群需进一步壮大、上档升级,几大工业园区公用工程、物流配送、综合服务、环保设施建设需强化建设,以增强园区承载力、提高园区集中度。

第三产业占比不高。江南核心商圈仍需升级提质,促进泽胜中央广场、金科世界走廊等丰富业态、提升档次,以吸引外来消费。新农村集中居住区商业配套不够,农村消费未被激活。旅游开发大有空间,涪陵丰富的自然资源、厚重的人文资源远未被开发。

三、2015年发展目标

2015年经济社会发展主要目标为:地区生产总值增长11.5%左右,规上工业产值增长14%左右,固定资产投资增长14%左右,社会消费品零售总额增长13%左右,一般公共预算收入增长12%

左右，城乡常住居民人均可支配收入分别增长10%左右、11%左右，城镇登记失业率控制在3%以内，主要污染物减排达到市上约束性要求。

(作者单位：涪陵区政府办公室)

渝中区

张同

一、2014年发展回顾

经济运行稳中有进。全年地区生产总值868.7亿元，同比增长10.9%；一般公共预算收入48.3亿元、税收42.9亿元，分别增长6.6%、5%；固定资产投资总额迈上300亿元台阶，增长12.7%；社会消费品零售总额604.2亿元，增长12.1%；利用内资242.3亿元，利用外资4.3亿美元；城市居民人均可支配收入29253元，增长9.1%。

服务业改革深入推进。深化国家服务业综合改革试点，创新商务楼宇扶持政策，推进工商制度改革，新增总部企业11家、世界500强企业4家，品牌商务服务机构5家，引进国际知名品牌10家，市级以上金融机构13家，获评2014年全国十佳金融生态示范区。

社会民生持续改善。财政累计投入民生资金42.2亿元，占公共财政预算支出的60.7%。城市居民人均可支配收入29253元，增长9.1%，新增就业8.5万人，城镇调查失业率4.45%。

(一)深入建设都市功能核心区

坚持规划引领，深化城市总体规划，完善综合交通、文化保护、旅游发展、公共服务等专项功能规划，推进都市核心功能进一步完善。国际金融中心、环球金融中心、威斯汀酒店、海航保利、龙湖时代天街二期、瑞安企业天地等商务商业载体先后投入运营，康德国际、重庆总部城北区示范区等8个项目相继竣工，凯德来福士广场、协信金融中心、财信渝中城、融创白象街等一批重点项目建设提速，下肖家湾、湖广会馆历史文化街区地块成功出让并启动建设。意大利、荷兰总领事馆入驻，外国驻渝(总)领事馆达到10家。

(二)持续优化调整产业业态

优化招商工作机制，创新商务楼宇扶持政策，推进工商制度改革，新增总部企业11家、世界500强企业4家，总数分别达157家、120家。新引进市级以上金融机构13家、总数达160家，银行存贷款余额分别占全市的21%和20%。解放碑商圈和大石化商圈零售额分别达到455.1亿元、82.8亿元。获评2014年美丽中国十佳旅游区(县)，接待游客人数增长13.1%、旅游综合收入增长14.2%。新引进创意企业280家，重庆文化产权交易中心开市。获批重庆市跨境贸易电子商务示范区，两路口移动电子商务产业园开园，远见中心渝欧跨境电子商务产业园创建为首批市级重点楼宇产业园，新引进西港全球购等电子商务企业32家，电子商务交易额1868亿元，增长55.7%。

(三)进一步完善城市基础设施功能

轨道6号线小什字站正式通车，东水门大桥建成投入使用，推动红岩村嘉陵江大桥、两路口南北分流道、成渝客运专线渝中段等项目建设，优化解放东路与东水门隧道进出匝道方案。解放碑地下停车场及连接通道工程进展顺利，打铜街、文化街、单巷子、医学院路等道路完工。强化能源保障，七牌坊、大坪等变电站加快建设。推进智慧城市建设，新建通信基站904个。新建10处停车场(库)，新增公共停车位3000余个。新建公厕6座，改造公厕6座、垃圾站8座，改造车行道和人行道近5万平方米、排水管网3.7公里。

(四)城市管理和文明城区建设取得新进展

数字城管平台月均立案4万余件、结案率91%以上。拆除违法建筑4万平方米。启动山地公园建设。加强环境保护，严格节能减排责任制,深入实施新一轮“蓝天、碧水、绿地、宁静”四大行动,空气质量优良天数239天,较上年增加47天。践行社会主义核心价值观,加强社会诚信体系建设，推进志愿服务制度化。开展文明礼仪、文明餐桌、文明交通等专项行动,倡导文明生活。深入推进学习型城区建设,提升市民科学文化素质。

(五)社会民生事业取得新进步

加大投入,增强实效,完成25件民生实事年度计划。实施38万平方米棚户区改造、10万平方米危旧房拆迁扫尾、4座旱桥下居民搬迁。更新改造163台“三无”老旧住宅电梯、2.1万户居民水表“一户一表”和18个弃管小区电力设施。完成85公里燃气管道保护改造、5处地质灾害隐患点治理，解决251.8万平方米群众房屋“两证”办理遗留问题。建成人行天桥2座,开通穿梭巴士线路2条、支次干道公交线路1条,优化调整17条公交线路。新增社区商业网点5个、社区银行8家。推出创业项目369个、发展微型企业618户、开发公益性岗位安置就业2694人，新增就业8.5万人，城镇调查失业率4.45%。进一步扩大社保五大保险覆盖面,参保人数达到267万人次。加强社会救助,街道社会救助工作站实现全覆盖,帮扶困难群体5.3万人次。新增养老床位215张。投入1.3亿元深入实施“人生关怀”系统工程、惠及50万人次。推进义务教育招生制度和课程改革。望龙门小学建成投用,解放小学综合改造主体完工,通过国家义务教育发展基本均衡区验收。推进文图两馆总分馆等公共文化服务平台建设,6个街区文化中心全面开放。重点寺观教堂保护修缮及太平门考古工作有序进行。支持创作完成大型话剧《朝天门》、电视剧《铁核桃》。实施“文化大礼包”等文化惠民工程。深化医疗卫生体制改革,提质发展社区医疗服务，社区家庭医生服务团队机制在全市推广，新批准设置社会投资医疗机构10家。区青少年活动中心建成投入使用。扶持科技创新项目54个，新增国家高新技术企业3家、市高新技术产品及重点新产品18个。

(六)全力保持社会安全稳定

完善社会治安综合防控体系，大力推进人防、物防、技防建设,新增2296个视频监控探头,形成社区、街巷、空中相结合的立体化防控格局。依法打击各类违法犯罪,110治安警情和刑事案件发案均同比下降，群众安全感排名进入主城区前列。加强社会矛盾源头预防和综合治理,深入开展“社区工作日”活动,充分利用服务群众工作信息系统，解决群众反映的问题2100余件，化解中央、市级交办的疑难信访问题18件。劳动争议、物业纠纷和医疗纠纷三大调处中心矛盾调处率超过90%。完成企业改制17家。创新基层社会治理,启动3个街道社区“居站分离”改革试点,社区承担的各类事务从296项减少、规范到72项。实施社区事务网格化管理。改革社会组织登记制度,新增社会组织277个,设立78个社区社会工作室,实施社会工作专业服务项目205个，创建成为全国社会组织建设创新示范区和全国首批社会工作服务示范区。开展安全生产“百日攻坚”行动,下大力气彻底整治大江楼消防安全隐患，完成朝千路71~87号等危房安全隐患整治，累计整治各类安全隐患9092个，公共卫生和食品药品安全全年“零事故”,七星岗、上清寺街道成功创建成为全国安全社区,连续五年获评全市安全生产先进区。强化应急管理和国防动员联动，加强应急物资储备,应急管理机制进一步健全。

二、发展中存在的问题

一是传统产业和市场的结构调整、业态升级、城市改造带来相关利益调整的矛盾复杂,新兴产业区域竞争激烈,引企、稳企、留企需要进一步加大力度。二是城市环境和综合配套还需优化,城市管理仍需加强,交通、停车、管网改造、物业管理等方面矛盾依然突出，中央商务区、两江滨江带等地区居住生活、休闲娱乐等配套水平还不够高。三是改革创新进展还不明显，一些领域体制机制不优、不顺的问题还不同程度地存在，政策措施、职能服务与不断发展变化的实际情况相比还比较滞后。四是安全生产形势不容乐观，传统批发市场大量货物存放，消防安全基础薄弱，设施陈旧、人流密集、人员应急安全知识和技能不足等形成各类安全隐患亟待加快治理。五是干部队伍作风转变有待加强，部分干部主动抓工作意识不强，面对矛盾、勇于担当的作为意识不够，服务企业、服务群众还不到位，极少数干部甚至以权谋私、贪污腐败，党的群众路线教育实践活动成果还需进一步巩固和深化。

三、2015 年发展目标

综合考虑各种因素，2015 年主要指标为：地区生产总值增长 10%左右，一般公共预算收入增长 5%，固定资产投资总额保持在 300 亿元以上，社会消费品零售总额增长 11%，利用内资和外资总额 310 亿元人民币以上，城市居民人均可支配收入增长 9%，城镇调查失业率控制在 4.5%以内。

（作者单位：渝中区政府办公室）

大渡口区

高孝娥

一、2014 年发展回顾

2014 年，在区委区政府的坚强领导下，全区上下凝心聚力谋发展，坚持不懈惠民生，积极克服宏观经济趋紧、区域发展条件制约等不利因素，全区经济社会各项职业取得了新进展。

（一）经济增长逐季回升，结构调整成效明显

2014 年，大渡口区主动融入全市五大功能区域发展格局，针对区域转型发展面临的新形势、新情况、新问题，找准转型发展的着力点和突破口，确立了“新区品城”发展思路，重点培育“三大产业”、提升“三大品质”、聚焦“六大板块”，引资金、招项目、促开发，转型发展呈现出良好的发展态势，全区经济增长逐步回升。一季度，工业经济出现负增长，房地产业也出现大幅下降，全区经济增速以 2.4%的低位开局；从二季度开始，工业经济下滑势头得到遏制，城建经济保持稳健增长，服务业进一步发力，支撑全区经济增长逐季回升，GDP 增速从二季度 6.8%，三季度 7.8%，升至四季度 9.1%。随“新区品城”战略的推进，全区环保产业、信息产业等新兴产业培育力度不断加强，城市开发提质提速带动投资建筑房地产业发展，全区产业结构调整成效渐显，经济增长动力逐步向第三产业转移。2014 年全区第三产业增加值占全区 GDP 比重达 57.8%，在上年提高 0.7 个百分点的基础上，再度提高 2.4 个百分点，三产占比在主城区和全市 38 个区县均居第 3 位，仅低于渝中区和江北区。

（二）产业培育取得实效，工业经济温和回升

2014 年，全区环保等先进制造业发展起步良好，获批建设重庆环保科技产业园，德润环境集团注册落户，一批市级环保产业项目在区布局。建桥园区转型升级稳步推进。启动 A 区城市设计和 C 区拓展控规编制；取得重庆美容健康产业基地、都市重点楼宇产业园等授牌，西南医院生物科技产业园、台湾化妆品产业联盟及 12 家化妆品企业签约落户。产业培育取得实效，助推工业经济温和回升。2014 年，全区规模以上工业企业实现工业总产值 158 亿元，比上年同比增长 5.1%，工业经济占全区经济总量的 28.9%。

(三)城市开发提质提速,带动建筑房地产业发展

2014年,随着全区土地征收、出让进度加快,建设项目推进力度加大,城建经济仍是支撑全区经济稳定增长的主动力。启动法定城乡规划全覆盖工作,完成八桥片区城市控规修编、小南海片区控规编制。土地征收和供应有序推进。全年落实征地批文4017亩,完成征地5015亩、城市房屋征收30万平方米,出让经营性用地2042亩。全区完成固定资产投资总额168.4亿元,同比增长14.8%。投资保持稳定较快增长,带动建筑和房地产业保持快速增长,全区建筑业实现增加值18.2亿元,同比增长11.3%,实现商品房销售面积159.0万平方米,同比增长20.1%。

(四)服务业稳步发展,城市功能不断完善

2014年,全区商贸休闲旅游等生活性服务业稳步发展,九宫庙商圈成功创建国家3A级旅游景区,全区新增商业体量21万平方米,全区批发和零售业实现销售额同比增长10.1%,住宿和餐饮业实现营业额增长17.3%,实现社会消费品零售总额同比增长9.8%,社会消费市场运行总体平稳。区委区政府在"新区品城"战略中提出重点培育"三大产业",其中移动互联网产业园从无到有、初见雏形,一期2万平方米投入运营,签约入驻企业达51家。全区营利性服务业增加值增长23.2%,服务业发展成效渐显,与城建经济共同支撑全区经济稳定增长。生态文明建设扎实开展,全区建成区绿化覆盖率达44%;实施环保"五大行动",环境质量持续改善,空气质量优良天数达248天,位居主城第二,城市生活污水、生活垃圾处理率分别达到97%和100%;持续开展市容环境整治和全民爱国卫生运动,成功创建国家卫生区。

(五)财税保持较快增长,民生福祉不断改善

2014年,全区实现公共财政预算收入15.7亿元,同比增长15.2%,全年保持较快增长,其中区级实得增值税和企业所得税分别增长34.1%和28.3%,主体税种均呈快速增长态势。12月末,全区银行存款、贷款余额达到369.5亿元、482.1亿元,同比分别增长6.9%和16.9%;全区金融业实现增加值14.3亿元,同比增长13.3%。2014年,全区居民人均可支配收入27006元,同比增长8.4%,其中:城镇居民人均可支配收入27434元,同比增长8.4%,农村居民人均可支配收入14035元,增长10.8%。居民收入与经济发展基本同步增长。坚持就业为民生之本,实现城镇就业困难人员再就业2535人,城镇新增就业24087人,城镇登记失业率1.9%。实施棚户区改造7.42万平方米。开工建设安置房23万平方米、建成73万平方米。

二、发展中存在的问题

一是经济总量偏小,发展速度较慢,新兴产业的培育还需要一定时间,才能转化成产能拉动地区经济增长。二是项目推进力度待加强。年初计划开工项目19个,实际开工13个,开工率68.4%,6个年初计划开工项目未开工,重大项目开工时间推迟,制约了城建经济的进一步发力。

三、2015年发展目标

2015年政府工作的总体思路是:全面贯彻党的十八大和十八届三中四中全会、中央经济工作会议精神,按照市委四届六次全会和区委十一届七次全会要求,稳中求进、积极作为,深入落实五大功能区域发展战略,坚持以经济建设为中心,把加快新兴产业培育放在更加突出的位置,以改革促开放促发展,以发展促民生促稳定,推动"新区品城"建设取得新突破。2015年全区经济社会发展的主要目标为:地区生产总值增长9%;规模以上工业增加值增长10%;全社会固定资产投资增长12%;社会消费品零售总额增长11%;万元地区生产总值能耗下降2.5%;一般公共预算收入增长12%;城乡居民收入增长与经济发展同步。

(作者单位:大渡口区统计局办公室)

江北区

何旭

一、2014 年发展回顾

2014 年，江北区积极适应经济发展新常态，坚持稳中求进工作总基调，着力稳增长、促改革、调结构、惠民生、防风险，全区呈现出经济稳中向好、民生不断改善、社会和谐稳定的良好态势。

(一)经济保持平稳增长

经济增速逐季走高，全区地区生产总值实现 604.5 亿元，增长 10.5%。人均地区生产总值 72443 元，增长 8.6%。一般公共预算收入完成 82.1 亿元，增长 10.8%，总量连续两年位居全市第一；区级税收收入达 72.4 亿元，占一般公共预算收入的 88.2%，总量连续四年位居全市第一。全社会固定资产投资完成 468.3 亿元，增长 12.6%。规模以上工业总产值达 693.7 亿元，增长 11.3%。社会消费品零售总额和商品销售总额分别完成 384 亿元、2281.5 亿元，增长 11%和 13.5%。实际利用外资和内资分别达 9.4 亿美元、307.9 亿元，增长 178.7%和 42.5%。进出口总额达 65.4 亿美元，增长 14.6%，其中出口总额 47.2 亿美元、进口总额 18.2 亿美元，分别增长 8.8%和 32.9%。城乡常住居民人均可支配收入分别达 28695 元、14125 元，增长 8.6%和 10.9%。单位生产总值能耗下降 3%。

(二)重点产业加快转型

三次产业结构调整优化为 0.2:28.5:71.3，第三产业比重提高 2.1 个百分点，产业结构进一步优化。规模以上工业利润增长 47.6%，工业经济效益综合指数同比提升 33.5 个百分点。高新技术企业达 41 家，高新技术企业总产值占工业总产值比重达 44.1%。先进制造业集群效应更加凸显，汽车、电子电器、装备制造三大重点产业集群产值占全区工业总产值比重达 78%。港城新兴产业园新建产业楼宇 30 万平方米，新引进生产性服务企业 80 余家；鱼复工业开发区固定资产投资突破 150 亿元，累计引进企业超过 250 家，矢崎仪表、至信实业等 20 个项目投产或试生产。观音桥现代商都阳光世纪购物中心、鎏嘉码头等一批大型项目开业，江北嘴东方国际广场全面招商，港城中集车辆园一期完工，重庆保税商品展示交易中心建成投用，成功打造夜经济特色街区“不夜九街”。重庆网商产业园品牌效应显现，成功创建重庆跨境电商产业园，商社集团、味派网等 10 余家电子商务平台上线运营，全区实现电子商务交易额 620 亿元，跨境电商贸易额占全市总量 80%。新引进韩国友利银行重庆分行、西南期货等金融和总部企业 55 家，外资类金融区域总部招商实现“零突破”，辖区金融、商贸、工业等规模以上总部企业达到 148 家，金融资产规模突破 1 万亿元，金融业增加值占地区生产总值比重达 12.7%。美国安博物流一期、凯尔国际冷链物流一期、果园仓储物流中心及美联物流项目建成投用，鱼复工业开发区电子商务和智能仓储物流基地规划建设全面启动，全区物流业增加值增长 10.5%。都市现代生态农业产业体系雏形初显，五宝主题小镇“一业多园”产业体系基本建成，明月湖水库、栋梁河深度治理等工程前期工作基本完成，成功申报全国小农水建设重点区，完成三峡移民工程整体区县检验工作。铁山坪森林公园成功创建国家 AAAA 级旅游景区，并被评为“重庆十大新名片”；全区旅游综合收入达 65.7 亿元、增长 20.5%。

(三)人居环境不断优化

推动规划编制全覆盖，推进 28 项专业专项规划研究，唐桂新城、港城园区319以北片区等完成控规调整，江北区核心功能区发展战略规划、公共服务设施规划、综合交通规划等加快编制，玉带特色商城完成规划修编、启动城市房屋征收和市政配套设施建设，蚂蝗梁片区等城市设计进一步深化。土地利用总体规划中期评估形成初步成果。双碑大桥及东引道主线通车，万兴路、建新西路四期鸿恩寺公园段等11个项目建成投用，寸滩长江大桥、唐家沱立交等项目加快推进。在全国率先编制智慧城管顶层设计方案，在全市率先开展市容环境全域整治及长效管理行动，在全市率先推行绿化管护市场化管理和居民区垃圾分类试点。启动9个社区环境综合整治，新建、改造公厕、旱厕45座，取缔17个占道市场。完成6条干道绿化升级和5个社区公园建设，建成区绿化覆盖率达45.8%，人均公共绿地面积达21.04平方米，园林绿化主要指标全市领先。被推荐为第四批全国文明城市提名城区。完成农村新征地3432亩、城市房屋征收和棚户区改造26万平方米，拆除违法建筑28万平方米。房地产市场保持总体平稳。深入实施环保"五大行动"，全年空气质量优良天数达222天、比2013年增加34天，$PM_{2.5}$浓度同比下降6.8%；城市生活污水、生活垃圾处理率分别达95%和98.2%；地表水水质达标率、建成区噪声达标区覆盖率、工业固废和医疗废物处置利用率稳定达到100%；关闭西南合成制药寸滩分厂抗生素车间及自备电厂，取缔黑作坊29家，妥善解决一批突出环境问题。

（四）民计民生持续改善

"22件城乡民生实事"年度任务圆满完成，公共服务质量和水平不断提升。扩大政府购买公共服务范围，就业、社保、教育、卫生、文化、体育等民生领域投入48.3亿元，占一般公共预算支出51.1%。累计培育微型企业2600余家，新洁净等5家中小微企业成为我市首批挂牌上海"Q板"上市企业。在全市率先成立创业指导中心，充分就业社区达95%以上，新增城镇就业8万余人，城镇登记失业率控制在1.7%。在全市率先完成社保经办机构区级整合，"两级经办、三级服务"社保经办新体系全面建成，各类救助标准保持全市领先，12类救助项目累计投入8919万元，有效保障"老弱病残幼"等群体基本生活，三级养老服务体系建设模式全市推广。累计完成困难残疾人家庭无障碍改造1100余户。新增公交线路7条，新开工人行天桥8座。建成安置房52万平方米、安置群众1.5万余人，完成农村危旧房改造211户，累计实施廉租房保障6749户。

（五）社会事业更加繁荣

全国义务教育基本均衡区创建通过验收，高中教育质量和普惠性学前教育保持全市领先，女职中荣获全国首批中职示范校；五里坪实验校等6所学校启动新建、改扩建，观音桥小学等4所学校完成综合整治，鱼嘴中学主体完工，鸿恩实验学校建成投用。红十字会医院等3所医院完成"二甲"复评，铁山坪等3个社区卫生服务中心建成投用。单独两孩政策全面实施，计生家庭居家养老服务体系日趋完善。57个社区文化室免费开放，街镇综合文化站和艺术培训分校实现全覆盖。首创"政府购买社会体育指导员进社区服务"模式并全国推广，在全市率先设立街镇国民体质监测中心，成功举办区第七届运动会。第三次全国经济普查有序推进。区档案馆通过国家一级档案馆验收。社区承接公共服务事项减少64.7%，老旧社区办公用房全部达标，再次成功创建全国和谐社会建设示范城区。网格化管理全面实施，"应指工程"及"视频专网"等项目建成投用。"老马工作室"和"老马工作法"经验成功推向全国，人民调解不断加强，特殊群体安置帮扶措施落实到位，市级交办信访积案难案化解率达86.7%。安全生产事故起数和死亡人数"双下降"，较大及以上事故连续82个月"零控制"。

（六）自身建设切实加强

扎实开展和巩固深化党的群众路线教育实践活动，着力打通联系服务群众"最后一公里"，有力促进了政风转变。依法行政深入推进，认真执行区人大及其常委会各项决议，主动接受区人大的法律监督和工作监督、区政协的民主监督和社会各界监督。办理区人大代表建议意见322件、政协提案318件,办结率达100%、满意率和基本满意率达99%以上。深入开展企业发展法制环境整治工作。建立重大行政决策跟踪评估制度,细化自由裁量权基准,打造全方位信息公开载体和平台,法治政府建设进一步加强。行政效能显著提升,行政审批办理平均时间由18.7天缩短到6.5天,按时办结率达99.9%,即接即办率达88%。清理评比表彰活动107项,精简考核项目88项,减少各类领导小组和议事协调机构152个,会议、文件和简报数量大幅缩减。规范建设三级服务中心,大力推广应用群工系统,为群众录入办理事项2330件,办结率达98.5%。清理超标办公用房6628平方米。廉政建设不断强化,认真落实党风廉政建设"两个责任",深入推进"一把手3+X不直接分管"制度和"三重一大"决策机制,加强重点项目和公共资源交易项目审计监督,领导干部权力得到有效监督。深入开展党风廉政建设和反腐败工作宣传教育,党员干部拒腐防变能力进一步增强。以"零容忍"态度惩治腐败,严肃查处党员干部违纪违法案件23件,有效遏制腐败现象滋生蔓延。严格执行中央八项规定、市委"八严禁"、"十二不准","三公"经费只减不增,"四风"问题得到有效整治。

二、发展中存在的问题

一是提升功能区集聚水平和发展质量的要求更高,促进产业结构优化升级的任务还十分艰巨;二是由于社会转型和利益调整引发的社会矛盾增多,维护社会稳定的压力较大;三是在改善民生方面仍然存在一些薄弱环节,部分群众生活还比较困难;四是企业发展的法制环境有待改善,法治政府建设还任重道远。

三、2015年发展目标

2015年,江北区国民经济和社会发展的主要预期目标是:地区生产总值增长10.5%左右,规模以上工业总产值增长11%,全社会固定资产投资增长12%,社会消费品零售总额增长12%,一般公共预算收入增长10%,城乡常住居民人均可支配收入分别增长11%,单位生产总值能耗下降2%,主要污染物排放总量下降1%,城镇登记失业率控制在2.5%以内。

(作者单位:江北区政府办公室)

沙坪坝区

程梓晏

一、2014年发展回顾

(一)着力夯实经济发展基础,产业结构优化升级

工业经济在"拓空间、促转型"上取得突破。青凤工业园获批,规划面积10平方公里,拓展了发展空间;台资园引入联东U谷、国机集团地质装备产业园等重大支撑项目;西永微电园战略性新兴产业不断发展壮大,富士康高清液晶显示模组、SK海力士芯片封装项目正式投产,各类电子信息产品突破1亿台件,产值超过1300亿元、占全市34%。传统工业提质增效,康明斯跻身中国机械工业100强,小康集团入选中国民企500强,新增驰名商标1个、名牌产品12个;规模以上传统工业产值418亿元,增速提升12个百分点。

商贸服务业全域布局成效凸显。白玛斯德进口商品展销中心开业,双碑夜市建成开街,旭阳·台北城风情街、熙街三期等建成投用,红星美凯龙生活广场、中国西部安全环保建材市场、

路虎4S店开工，全区在建商业设施达300万平方米，呈“多点开花、多态齐聚”态势。西永综保区获批开展跨境电子商务，建成海关分拣线、公共仓和信息化平台，引入4家跨境电商平台、16家跨境电商贸易企业。

现代物流业加快培育。物流园成为西部首个国家级物流服务标准化试点，中干线南段等6条道路建成，铁路编组站货运解编120万辆，集装箱中心站办理39万标箱，重庆医药、远成、民生等3个物流中心开工，中集、永辉一期、中石油化工等3个物流中心建成投用，年产值突破300亿元。

文化旅游和都市现代农业融合发展。全力打造沙磁文化产业园，S1938创意产业园、沙磁文化广场和磁器口民俗博物馆开工，巴渝老街拆迁顺利推进，沙磁书画交易市场建成。东原ARC2.5创意园开园，重庆天健创意产业基地开工。新、改建特色效益农业基地6100亩，新建农业观光园5个、花卉主题园11个，曾家桃花谷获“全国美丽田园十大桃花景观”称号。全年接待游客突破3000万人次，其中磁器口古镇首超1000万人次，旅游总收入达80亿元、同比增长26.4%。

金融业发展势头良好。西永综保区探索开展离岸金融结算业务，惠普、广达开通离岸结算全流程，完成离岸结算业务量63亿美元。新设立哈尔滨银行、三峡银行、兴业银行三家支行和银河证券营业部，各类金融机构达71家，金融业增加值实现50.4亿元，占全区经济总量的6.2%，实现翻番。

（二）着力抓好开放平台建设，对外开放迈出新步伐

口岸建设取得五大突破。一类铁路口岸正式挂牌，50万平方米总体规划完成编制。西部内陆首个整车口岸建成投用，96辆进口汽车顺利通关入渝。铁路保税物流中心（B型）成功获批，并开工建设。中欧邮政集装箱试运行，开启国际铁路运邮先例。“渝新欧”成为中欧贸易陆上货运主通道，运费价格持续降低，全年单程班列突破100班。

对外开放成效突出。组建六大类专业招商团队，策划包装16个重点项目，主动“走出去”招商，引入投资500亿元的万达文旅城、200亿元的五洲国际工业博览城、80亿元的巴渝老街等一批重大项目。进出口总额295.7亿美元，实际利用外资13亿美元，对外实际投资2.9亿美元，位列全市前列。

（三）着力抓好改革创新，发展活力有效激发

深化重点领域和关键环节改革。推进财政体制改革，完善街镇财政体制，街镇年度财力增加5700万元；规范部门预算、公用经费使用，健全基本支出定额标准体系；整合优化专项资金，由18个调整为14个；27个政府工作部门公开部门预算和“三公”经费预算。推行投融资模式改革，巴渝老街项目运用PPP模式开展土地一级整治，成为全市首例。完成国有企业改革，14家整合为4家，完善管理制度和法人治理结构，制定并实施人员、工资总额控制管理办法。完成政府机构改革，工作部门由30个精简为27个，组建农委、商务局、文化委、卫计委，改革完善食品药品监管体制。推进行政审批改革，审批事项由340项减为300项，建立目录库并动态管理，实行市场准入项目并联审批。推进工商登记制度改革，实行先照后证和注册资本认缴制，扶持大中小微企业加快发展，组建沙商集团，市场主体新增1.1万户，增幅达68.5%，非公有制经济占比达到76%。推进统筹城乡改革，培育新型农村股份合作社15个，启动农村集体经济组织清产核资、量化确权改革试点工作。

强化科技创新支撑。重大科技园微型企业孵化园、重庆产学研合作创新创业基地二期建成投用，重庆大学建成国家级自主品牌汽车协同创新中心和全市首个汽车行业云服务平台。引导科技型中小企业自主创新，创建国家级高新技术企业3家、市级企业技术研发中心2个，新增市级高新技术产品42个、重点新产品25个。启动具有带动示范作用的产学研项目11

个,组织实施市级科技计划项目249项,科技成果转化率达58%;万人专利拥有量26.5件、居全市第一。加大专业技术人才队伍建设投入,制定“1+6”人才发展中长期规划,与40家驻区单位建立人才交流合作关系。

(四)着力抓好城市建设管理,城市承载力不断提升

规划引领作用进一步强化。安排经费2000万元,专项用于全域空间发展战略研究、公共设施布局等26项规划研究和编制,全面推动规划全覆盖。完成全区土地利用总体规划修编,优化用地空间布局,保障青凤工业园、万达文旅城等重大项目落地。

基础设施建设取得新突破。滨江路磁井段完成方案设计,富洲三支路等8条市政道路建成投用;完成一批“扫尾工程”,梨高路连接渝遂立交通道实现接通,凤鸣山立交全面建成,212国道井双段路灯、标志标线等配套设施得到完善。配合市级重点项目建设,成渝客专、轨道交通环线等16个项目按计划推进,成渝高速隧道扩容一期征地全面完成,火车站综合交通枢纽改造工程房屋征收一二期基本完成,内环西北半环拓宽改造工程交地128亩。改善农村基础设施,建成联网公路110公里,在全市率先建成2个标准化场镇公交首末站;完成92公里河道划界;超额完成饮水安全工程建设年度任务,惠及5000余人;余家湾水库防渗治理工程开工。

城市管理取得新成效。确立两年成功创卫目标,完成126项重点整治任务,全力推进交通秩序等三批37个专项整治,市容环境整治“百日攻坚”大会战取得明显成效。强化市政日常管理,出台加强城市管理长效机制建设意见;依法规范建筑垃圾收运管理,收运乱象得到遏制;整治背街小巷68条,拆除违法建筑25万平方米;西永垃圾转运站建成投用,收运设备新增451台;新增停车楼场48个、停车位1.4万个,优化公交线路16条,规范公交车停放7处,公交站点500米覆盖率提高至83%。

生态文明建设取得新进步。认真落实《生态文明建设实施意见》,单位生产总值能耗下降1.8%,12个污水处理厂站稳定达标排放,节能减排任务全面完成。24个街镇设立环保办公室,基层环境监管能力建设取得突破。完成一批工业企业废气深度治理,淘汰黄标车及老旧车辆3550辆,空气质量优良天数达212天、同比增加50天,$PM_{2.5}$浓度同比下降12.5%;深化次级河流治理,整治污染湖库5个,关迁排污企业16家,城市集中式饮用水源地水质全面达标;完成曾家为民广场等6个城市绿化项目,新增城市绿化35万平方米,植树造林2000亩;虎峰山村成功创建市级“美丽乡村”示范村。

(五)着力抓好经济运行保障,金融风险有效防控

全力保障重点项目推进。健全协同联动机制,加快征地拆迁、供地、资金等相关问题的解决,保障重点项目顺利落地、按期开工、快速见效。建立双月调度会制度,坚持月度监测和节点控制,实行“一个项目、一个责任人、一个团队、一套措施、一个考核办法”,保障71个重点项目,特别是19个经济升级版项目有序推进。

切实加强要素保障。全年融资到位119亿元,向上级争取项目资金14.9亿元,实现土地收入90亿元,其中区级28亿元,确保民生等重点支出,政府性债务保持绿色可控。完成农村征地2600亩、城市房屋征收10万平方米,争取用地指标3000亩,出让土地近3000亩,保障重点项目用地需求。建立能源、通讯保障联席会议等制度,有效解决企业水、电、气等能源供应问题。搭建银企对接平台,协助中小企业融资17亿元。专项补贴300万元为微电园企业提供1.6万人用工保障。

(六)着力保障和改善民生,社会更加和谐稳定

切实办好民生实事。总投入12.5亿元,完成社区便民商圈建设、老旧住宅电梯改造、城市供水“一户一表”、山坪塘整治等24件民生实事年度任务,集中解决2.8万户房屋“办证难”问题,有效解决一批群众关注的热点难点问题。

加强就业创业和社会保障。落实各项扶持政策,开展就业援助行动,鼓励高校毕业生等重点人群创业就业,就业技能培训6000余人,发放小额贷款2100万元,新增微型企业570户、个体工商户6200户,城镇新增就业8.4万人,城镇登记失业率控制在2.45%内。完成社会保险扩面征收,基本养老、居民养老参保人数达46.7万人,职工医疗、居民医疗参保人数达79.2万人;采取多项措施做好被征地农转非人员的参保服务工作。在全市率先成立救助家庭经济状况核查认定中心,投入1亿元用于社会救助和保障,惠及20万人次。建成社区养老服务站12个、农村老人幸福院10个,改扩建敬老院4所,新增社会养老床位700张。完成"惠残2014工程",惠及残疾人1.3万人次。改造棚户区10.2万平方米,建成安置房25万平方米,廉租住房保障3300户。

推进各项社会事业发展。全面推进素质教育,深化课程改革,实现初中联招上线率、高考上线率、高考重点本科上线率三增长;出台义务教育公办小学流动人口子女入学办法;学前三年入学率达95.3%;教育经费依法实现"三个增长",改扩建3所中小学,投入2600余万元落实各项教育资助政策;打造汽车维修、数控等4个职业教育特色品牌专业,立信职教中心连续六年在全国职业技能大赛中金牌数和总分位列全市第一;成功创建全国社区教育示范区,获全国信息化创新应用典范区域优秀奖。建成22个标准化社区文化室,开展文化惠民活动1200余场,发放免费电影券3万张;谐剧《电话响过之后》等8部文艺作品获国家级奖项,歌曲《最美的人》等6部作品获市"五个一工程"奖;新增15个区级文物保护单位;完成机关办公软件正版化。区人民医院创成"二级甲等综合医院",青木关医院建成投用,3家基层医院完成改造,新审批社会医疗机构28家,社区卫生服务中心实现全覆盖;通过国家基本公共卫生服务评估;落实"单独两孩"等各项计生政策,人口自然增长率1.96‰。新增街镇健身广场2个、全民健身点75个,举办区级大型群众体育活动10次,重庆七中获全国青少年校园足球冠军杯总冠军、凤鸣山中学获国际射联冲刺射击比赛1金1铜。成为主城首个实施妇女儿童发展纲要(规划)市级示范区,创成全国科普示范社区1个、市级科普基地8个,完成首部《沙坪坝区年鉴》编纂。

加强基层服务能力建设。三级服务中心实现全覆盖,80%以上达到规范化要求;群工系统全面启用。编制社区三年改造专项规划方案,追缴开发项目社区用房9000余平方米,投入2200万元完成45个社区标准化改造,全区500平方米以上的社区增至44个。落实公共服务事务准入制度,社区、村承担的公共事务分别由112项、69项减至49项、40项,公章使用事项缩减至27项。

加强平安建设。认真落实《深化平安沙坪坝建设的意见》,社会保持和谐稳定。深入推进"4+1"社会治安防控体系建设,在全市率先完成社会安全事件应急联动指挥系统一期工程,创新实施110警情快处。扎实开展"夏秋社会治安"等专项整治,社会治安环境持续良好。加强产品质量和食品药品安全监管,深入开展油气管道等重点行业领域的安全生产"六打六治"专项行动,整治隐患24.5万件,全年未发生较大以上事故;加强城乡消防基础建设,建成市级中心镇专职消防队。强化社会矛盾纠纷源头预防和综合治理,完成重大事项稳定风险评估76个,开展农民工工资"百日清欠"行动、医疗市场非法行医集中整治,依法清理整顿600余所民办非学历培训机构。在全市率先建立突发事件应急处置救治救助机制,完成全国气象综合观测自动化试点工作。

二、发展中存在的问题

一是经济发展正处于增速减挡、转型阵痛阶段,新的增长点尚未形成,要在新常态中保持两位数的高速增长难度较大。二是城市建设管理历史欠账多、投入不足,制约了城市品质快速提升。三是公共财政支撑能力有限,削减债务与加大投入的矛盾较为突出。四是产业发展与功能区定位要求还有差距,转型升级任务艰巨。五是社会事业发展和改善民生工作任重道远,与人民群众期待还有较大距离。

三、2015 年发展目标

2015 年是全面完成"十二五"规划的收官之年,是加快功能区建设、打造经济升级版和创建国家卫生区的攻坚之年,也是全面深化改革的关键之年和全面推进依法治区的开局之年。全区经济社会发展主要预期目标是:GDP 增长 10%左右,公共财政预算收入增长 12%,固定资产投资增长 10%,社会消费品零售总额增长 11%,工业总产值达到 2000 亿元,工业增加值增长 12%,进出口总额增长 15%,实际利用外资 2.5 亿美元,实际利用内资 350 亿元,城镇常住居民人均可支配收入增长 8%,农村常住居民人均可支配收入增长 10%,城镇登记失业率控制在 3%以内。

(作者单位:沙坪坝区政府办公室)

九龙坡区

徐皞

一、2014 年发展回顾

2014 年,面对复杂多变的外部形势和艰巨繁重的发展任务,九龙坡区以改革创新统领经济社会发展全局,坚持把改革开放、转型发展、结构调整、社会民生摆在更加重要位置,全面深入推进八大功能板块建设,圆满完成区十七届人大五次会议确定的主要目标任务。

——经济发展提质增速。全年实现地区生产总值 910.8 亿元、增长 11%,增长速度比 2013 年提高 4 个百分点,高于全市平均增速;三次产业结构优化调整为 1.0:44.9:54.1;规模以上工业总产值 1112.7 亿元、增长 13.5%,社会消费品零售总额 478.2 亿元、增长 13.2%,固定资产投资 561.9 亿元、增长 18.3%,公共财政预算收入 58.1 亿元、增长 11.7%,单位生产总值能耗下降 3%以上,经济发展速度、质量、效益同步提升。

——改革创新动力凸显。47 项重点改革任务及 16 个重点改革专项全面推进,财税体制等重点领域和关键环节改革取得突破。创新驱动提升为区域发展战略,规模以上高新技术企业产值增长 18%,全社会研发投入占地区生产总值比重达 2.5%。

——高新引领支撑有力。高新区开发建设提速,五大重点产业集群加快发展,科技创新能力全市领先,获批开展国家科技创新服务体系建设试点,实现地区生产总值 337.2 亿元、增长 13.6%,占全区总量达 37%、比上年提高 1.7 个百分点。

——社会民生持续改善。创建国家卫生区通过国家综合评审,城乡人居环境品质明显提升。城镇新增就业 13.6 万人,登记失业率控制在 2.8%以内,城乡居民人均可支配收入分别达 28504 元、13984 元,增长 9%、11.2%,城乡居民人均住房面积提高 1.1 平方米、达 44.7 平方米,人民生活更加幸福。

(一)功能板块建设开局良好

深入开展"功能板块建设主题年"活动,明晰优化产业布局,全力推动八大功能板块开发建设全面展开。杨家坪商圈板块加快产业升级和形象重塑,有序推动"形象提升十大项目",九龙滩滨江公园加快推进,华润万象城建成开业,商业体量实现翻番再造,限额以上社会消费品零售总额增长 19.3%。石桥铺高技术服务板块着力完善功能,加快商圈综合整治,科园路标准厂房地块开发提速,华璞城、浙商大厦等项目基本建成，江厦·星光汇等6个重点项目动工建设，高技术服务业收入增长35%。九龙半岛高端商务板块突出规划先行，优化城市控规方案，黄桷坪长江大桥、滨江分流道前期工作有序推进，市第十三人民医院住院综合大楼等项目顺利实施。彩云湖休闲宜居板块强化项目引领，大力实施“退二进三”，盘龙新城初具规模，恒冠钢材市场启动搬迁，彩云湖及桃花溪流域综合整治有序推进，完成固定资产投资78.5亿元。华岩新城板块着力经济发展和城市形象双提升，加强基础设施和公共配套建设，华岩商业中心、国际酒店用品城等项目加快建设，华岩寺保护性修缮工程全面完成，幸福公园、半山公园建成开园，完成固定资产投资68.6亿元，宜居新城快速崛起。高新区西区板块重点打造“一区一带”，基本建成“三横四纵”骨干路网，国家生物产业基地一期标准厂房建成投用，重庆石墨烯产业园建成开园，引进松录科技等战略性新兴产业企业6家，新唐电手机项目当年签约、当年建设、当年投产，规模以上工业总产值增长26.2%。陶家板块加快以园拓城，商圈路网体系基本形成，九龙节能环保产业园等19个项目动工建设，徐工生产基地二期等24个项目基本建成，完成固定资产投资30.6亿元，规模以上工业总产值增长18.7%。西彭板块加快建设六大产业集群，宏钢数控等42个项目加快建设，宁波华翔等16个项目建成投产，完成固定资产投资51.9亿元，规模以上工业总产值增长18.5%。

(二)工业经济发展逆势回升

完成工业固定资产投资127亿元，规模以上工业增加值增长11.7%，工业对GDP增长贡献率41.1%。产业结构调整步伐加快。平板显示、智能电子、生物医药等战略性新兴产业逐步形成新增长点，重医生物科技产业园等4个项目加快推进，大面积单层石墨烯薄膜生产线等15个项目建成投产，战略性新兴产业产值占规模以上工业总产值比重达14.8%；汽摩、装备制造、铝加工等传统支柱产业稳步发展，隆鑫宝马850发动机等8个项目顺利推进，庆铃重型车、西南铝22万吨铝熔铸等8个项目建成投产，三大支柱产业规模以上工业总产值达627亿元、增长10.4%。园区主战场地位更加突出。九龙园区坚持分区差异化发展，西彭工业园区巩固延伸产业链条，金凤电子信息产业园加快新兴产业集聚，三大园区累计建成标准厂房73万平方米，新投产项目34个，实现规模以上工业总产值418.5亿元、增长21.8%。发展要素保障有力。出台提振工业经济系列政策，兑现产业扶持资金2.7亿元，帮助企业招聘产业工人3.2万人。解决企业融资难题，“助保贷”发放贷款3.2亿元。全力保障能源供给，宝洪220千伏变电站、含谷供水保障工程顺利实施，建成天然气管道130公里。

(三)现代服务业发展加快步伐

现代服务业增加值占服务业增加值比重达60%，第三产业对区级税收贡献率达79%。现代商贸繁荣发展。商圈聚集辐射作用增强，盛世熙街等23个重点商业商务项目加快实施，华润万象城、红星美凯龙等4个项目建成开业，新增大型商业商务面积103万平方米，全区实现批发和零售业商品销售总额2613亿元。专业市场分类突破。巴山陶瓷等东城7家专业市场率先优化调整，奥捷五金机电城等西城8个项目顺利推进，4家专业市场实现统一管理，重点专业市场实现交易额640亿元。金融服务稳步扩张。新增金融机构5家，新型金融业实现增加值9.3亿元、增长100%，存贷款余额达3010亿元、增长15%。电子商务初具规模。“重庆造·全球销”跨境电商平台成功落户，电商产业园一期建成营运，“阿里巴巴·高新区产业带”入驻商户800余家，新增电商企业50家。文化产业快速发展。九龙国际珠宝产业基地列入全市文化产业十大重点项目，成功举办首届中国重庆国际珠宝展览会，黄桷坪新年艺术节等产业节会影响力不断扩大，文化产业增加值总量位居全市前列。旅游品牌释放活力。举办旅游节会17场次，实现旅游接待2800万人次，旅游收入80亿元、增长25.1%。特色产业多元发展。“双软认证”软件企业124家、占全市三分之一，建成总部楼宇3个，引进中介组织1151家，新增服务业企业9178家。

(四)城市开发建设展现新貌

投入资金225亿元，实施重点建设项目55个。交通基础设施建设发力。新建城市道路22.7公里，在建市级重大交通基础设施项目8个。华岩隧道、成渝客专等项目加快建设，中梁山隧道扩容改造工程顺利实施，渝黔铁路货运线建成通车，主城向西通道建设取得重大突破。轨道5号线及环线、嘉华大桥南延伸段加速推进，石杨路拓宽改造、朝阳路东段等项目启动建设，金建路、华润片区支路等项目建成通车，东城路网更加完善。城市空间拓展优化。推进城乡规划全覆盖，编制东部地区综合交通等专业专项规划31个。新增建设用地指标1.1万亩，完成集体土地征收1.6万亩，供应土地1.2万亩，启动城市房屋征收121万平方米，改造棚户区8.1万平方米。查处违法用地1700亩，拆除违法建筑118万平方米。房地产新开工500万平方米，竣工商品房450万平方米，销售商品房441万平方米。城市管理规范有序。深入实施市容环境综合整治，健全创卫长效机制，推进管理重心下沉，科学划分管理区域，升级数字城管平台，城市管理更加规范。完善城市功能配套，新改建市政道路21万平方米、排水管网10.6公里，新建公交站点24个、公厕31座、人行天桥和地下通道16个，综合整治老旧社区8个，规范便民服务摊区10条，新增停车位7180个，完成华润片区周边建筑外立面整治。石板镇、陶家镇创建国家卫生镇通过技术评估。城市环境持续改善。着力推进生态文明建设，深入实施环保五大行动，“四清四治”整治污染问题1653个，环保搬迁5家企业，重庆发电厂1号机组、九龙发电厂顺利关停。“煤改气”企业10家，关闭砖瓦窑企业12家，实现空气质量优良天数223天、增加34天；白含污水处理厂扩建工程启动实施，整治彩云湖、华岩湖等湖库6个；建成城市绿道桃花溪段，新改建城市公园5个，新增绿地面积190万平方米。

(五)现代都市农业焕发生机

农业土地规模经营度达36%，农产品优质率、商品率分别达68%、93%。产业特色更加鲜明。“两长廊八基地”都市农业产业带逐步成型，现代农业高科技园区建设顺利推进，建成科技示范基地500亩，出产优质水果1.3万吨、花卉苗木752万株，新增“三品一标”认证农产品29个，新创建市级农业示范园区1个、全国农业示范基地3个。农业效益更加凸显。新型农业经营体系加快构建，新增市级产业化龙头企业9家、新型股份合作社7个，西部农产品冷链物流中心15万吨冻库建成投用，满庭芳合作社跻身全国50佳合作社。农村面貌更加靓丽。编制大溪河度假区及8个特色旅游村规划，完成16个村环境连片整治，推进3个市级和7个区级美丽乡村示范村建设，白市驿镇获评全国特色景观旅游名镇，陶家镇跻身全国重点镇，金凤镇入列国家级生态镇。综合治理土地4100亩，改造农村危旧房400户，新改建山田路等农村公路40公里，山坪塘三年整治任务一年完成，农村宽带网络实现全覆盖。

(六)改革开放创新取得突破

纵深推进改革开放和创新驱动，区域发展混合动力不断增强。体制机制逐步完善。调整优化高新区运行管理体制机制，健全功能板块开发建设管理模式。深化国资国企改革，区属国企现代企业制度进一步健全。加快投融资体制改革，探索PPP投融资模式，支持股权投资企业发展。严控政府性债务规模和风险，债务结构更加优化。推进财税体制改革，建立全过程预算绩效管理体系，政府试点购买公共服务7081万元，营业税改增值税扎实开展。深化行政审批制度改革，向园区、镇街下放行政审批服务事项129项，实施行政审批“两集中、两到位”，加快三级服务体系建设，运用群工系统办理事项4262件、办结率99.8%，区行政服务中心启动搬迁，32个部门逐步实现成建制入驻。实施工商登记制度改革，激发市场活力，新增市场主体2.1万户，总量达11.5万户，均居全市第一。推进机构改革和区划调整，食品药品监管体制改革经验全国推广，卫生计生、商贸外经等政府机构改革顺利实施，石桥铺街道、华岩镇中梁山街道行政区划调整平稳过渡。完成68个村集体经济组织产权制度改革，确定股份440万股，农村集体“三资”管理经验全市推广。开放活力明显增强。实施精准招商，引进项目138个、外资企业15家、行业龙头企业5家，实际利用内资401.5亿元、增长22.7%，实际利用外资5.74亿美元、增长19%。鼓励企业加快“走出去”，6家企业新三板挂牌交易、数量居全市第一，渝隆集团在香港设立全资子公司，区属国企成功发行公司债券32亿元，企业对外投资逐年增加。支持企业参加境内外展会，新增年出口超千万美元骨干企业3家，7家企业荣获国际知名品牌称号，完成外贸进出口总额22.8亿美元，获评国家外贸转型升级专业型示范基地。创新驱动战略深入实施。构建科技创新平台，交通用铝等平台建设提速，西城科技创新服务中心建成投用。大力助推企业创新，组建电子信息、新材料等产业联盟5个，新增高新技术企业36家、高新技术产品203个、重点新产品108个，均居全市第一；新增市级科研平台11个，获市级科技进步奖18项，新增授权专利3462件、驰名著名商标16个、名牌产品31个，2家企业获评国家知识产权优势企业，2家企业获中国专利优秀奖。

(七)民生事业发展成效显著

财政投入民生资金51.4亿元，扎实办好22件民生实事，社区便民商业设施建设等8件超额完成目标任务，政府提供公共服务水平稳步提升。社会保障体系不断完善。免费就业培训5400人次，新增微型企业1042户、带动就业5000人。城乡居民养老保险参保9.8万人，基本医疗保险参保87.1万人，征收社保基金40.5亿元；城乡低保实现应保尽保，发放各类救助金1.1亿元。竣工安置房35万平方米，公租房新签约入住居民3200户；解决房屋办证遗留问题392件、133万平方米；城市供水一户一表改造4.2万户，改造老旧电梯122台。教育综合实力稳步提升。滚动实施教育十大建设项目，新建改建铁路中学等中小学16所，新增社区学校6所，普惠性幼儿园占比达65%，重点本科上线人数增长率连续三年居主城第一，社会培训机构清理整顿工作受到市政府肯定，谢家湾小学课改经验全国推广，成功创建国家义务教育发展基本均衡区。卫生计生工作改革提质。基层卫生综合改革经验被世界银行宣传推广，在全市率先开展家庭医生签约服务，渝州路社区卫生服务中心建成，华岩镇卫生院投用，区二院成功创建国家二甲综合医院，基本公共卫生服务补助标准提高13.4%，药品零差率销售让利群众977万元。稳妥推进“单独两孩”政策，计划生育奖励扶助4.3万人。文化体育事业繁荣发展。国家公共文化服务示范项目扎实推进，建成区青少年宫，举办群众文体活动350场次；全民健身运动蓬勃开展，培养输送体育人才72名，获市级以上重大赛事奖牌210枚。

(八)深化平安建设扎实推进

创新社会治理方式，全面推进平安建设，群众安全感指数达93.3%，超出全市平均水平、居主城前三。基层基础持续夯实。完成第九届村(居)换届选举工作，精简社区行政事项152项，社区工作者待遇明显改善，新增社区服务用房5500平方米，村（社区）便民服务站覆盖率100%、规范率87.5%；落实村(社区)服务群众专项工作经费3640万元，40个便民服务平台和社工组织进驻村(社区)。黄桷坪街道成功创建全国和谐社区建设示范街道。公共安全保障有力。深入推进安全生产百日攻坚行动和重点行业领域专项治理，排查整治各类安全隐患1.2万项，销号挂牌重大安全隐患9个，未发生较大以上安全生产事故。完成应急联动指挥系统工程建设，创建应急规范化镇街7个。社会大局和谐稳定。健全社会稳定风险评估机制，推行依法逐级走访和网上信访代理，重点矛盾纠纷化解率达90%，上级交办重点信访案件和疑难信访案件全部办结。建立31个法律援助工作站、1个少数民族维权站，人民调解成功率达98.5%。健全网格化巡逻、重大事件预警机制，组建专职巡逻处警队，设立二郎派出所，新建治安岗亭 68 个，八类暴力案件和 110 刑事警情分别下降 20.6%、18.2%，命案侦破率保持 100%。

（九）政府自身建设不断加强

扎实推进党的群众路线教育实践活动，深入开展“五个专项行动”和“十一个专项整治”，区政府党组 33 项整改任务全部完成。自觉接受区人大法律监督、工作监督和区政协民主监督，按时办结 281 件人大代表建议和 301 件政协提案。健全重大事项集体决策制度，集中清理规范性文件 22 件、废止 8 件。大力推进政务公开，依法主动公开政府信息 2 万条，妥善处理依申请公开 22 件。全面推行无纸化协同办公平台和会议系统，文件、会议分别减少 10.2%、22%。推进公务卡改革，规范公务用车管理，严控因公出国出境，“三公”经费持续下降。规范公共资源交易秩序，国有投资工程类项目公开招投标率达 97.7%，实施集中交易项目 449 宗，增收节支 9287 万元。全面落实党风廉政建设责任制，加强审计监督，强化行政监察，严肃查处违法违纪案件 26 件 27 人。

二、发展中存在的问题

一是转型升级任务艰巨，传统产业结构不优、增长乏力，战略性新兴产业、现代服务业支撑作用不足，培育新的经济增长点迫在眉睫。二是板块发展不平衡，东城再造提质还不够均衡，西城开发提速还不够明显，亟待统筹发力、整体推进。三是资源环境约束持续加剧，能源供需尚有结构性矛盾，开发建设用地日趋紧缺，资金保障和债务风险防控的压力增大。四是改善民生与群众期盼仍有差距，公共配套服务功能尚不完善，部分群众生活还比较困难，个别领域矛盾相对突出。五是政府自身建设有待加强，依法行政能力还需提高，加快转变职能和提升效能十分紧迫，党的群众路线教育实践活动成果仍需巩固。

三、2015 年发展目标

2015 年经济社会发展主要预期目标是：地区生产总值增长 10%、总量突破千亿，规模以上工业总产值增长 13.5%，固定资产投资增长 16%，社会消费品零售总额增长 13%，一般公共预算收入增长 10%，单位生产总值能耗下降 3%，主要污染物减排达到国家约束性要求；城乡居民收入增长与经济增长基本同步；城镇登记失业率控制在 2.8%以内。高新区地区生产总值增长 12%，规模以上工业总产值增长 15%。

（作者单位：九龙坡区政府办公室）

南岸区

李少龙

一、2014 年发展回顾

2014 年，南岸区深入落实五大功能区域发展战略，紧紧围绕“宜居创新区、江南增长极”发展定位和“三区两带”战略布局，持续推进“优化环境、调整结构、改善民生”三大任务，坚持不懈抓好“一件大事、两大特色、四大载体”，全区经济社会发展取得较好成绩。

（一）经济发展稳中有进

全区地区生产总值达到 608.1 亿元、增长 12.4%。公共财政收入达到 80.4 亿元、增长 15.1%，其中税收收入达到 51.2 亿元、增长 15.2%。固定资产投资完成 488.3 亿元、增长 7%。社会消费品零售总额达到 397.4 亿元、增长 14.4%，商品销售总额达到 1190.2 亿元、增长 15.1%。工业总产值达到 1224.8 亿元、增长

21.8%,其中规模以上工业总产值达到1142.8亿元、增长23.5%,工业效益指数达到390%。三次产业结构比例由0.9:62.1:37调整为0.8:61:38.2。实际利用内外资分别达到225.6亿元和3.7亿美元,进出口总额达到13.8亿美元。人民币存贷款余额分别达到1086亿元和776.7亿元。城乡居民收入增长与经济增长基本保持同步。万元生产总值能耗、人口自然增长率等约束性指标均完成目标任务。令人可喜的是,经济总量主城排名上升一位,地区生产总值增速和公共财政收入排名主城第二,规模以上工业总产值跃居全市第三,农村居民人均可支配收入连续14年排名全市第一。

经开区开放平台优势持续释放,开放功能不断完善,招商引资和项目建设同步推进,产业和服务配套更加健全,地区生产总值增长16%,规模以上工业总产值增长36%,固定资产投资增长20.4%,进出口总额增长79.3%,成为全区经济增长的重要支撑。

(二)产业发展取得新突破

坚持走集群化发展道路,推动产业结构不断优化升级。电子信息产业成为工业第一支柱。产业产值达到378亿元、增长75.1%。“六大基地”产业集聚功能初步显现,新引进企业162户。手机产业上升为市级战略,实现上量、提质、成链的重大进展,“手机产能倍增计划”任务完成,15户整机企业出货量超过7300万台,新引进vivo等国内知名品牌企业,新增主板、显示屏等关键核心零部件企业29户,成功举办2014年中国TD-LTE产业发展研讨会。物联网成为全市战略性新兴产业,国家级物联网产业示范基地展示区项目全面启动,全国首个国家级物联网应用服务标准化试点项目获批,车联网三大全国平台、重庆市车联网科技产业园和物联网产业基地投入运行。国家级电子商务示范基地创建工作全面启动,重庆亿象城全线开业,惠普等结算平台落户运营,线上线下电子产品销售额突破100亿元。软件和信息服务业基地聚集企业、平台、机构57户,中电科软信集团等企业共同组建大数据处理和运营平台。编制完成生产性服务业规划和南坪西部新区发展规划,现代农业商务产业园等项目加快推进。美的智能家电园放量投产,空调整机装配规模达到130万套。现代服务业加速发展。创新型金融产业集群不断壮大,人民银行重庆金融综合服务基地加快建设,新增各类金融机构26户、累计达到113户,资产规模超过3000亿元;金融资产交易所、长江国际旅游交易中心、矿权交易中心成功落户,再生资源交易中心、纱线产品交易中心、医药公信网等要素市场交易总额累计突破1万亿元,创新型金融业增加值增长268%。上市企业新增2户,累计达到12户。新引进出版集团等24户总部企业,新增税收过亿元楼宇1座、累计达到6座。对接全市五大新型服务贸易取得成效,保税商品展示交易中心试营业,保税物流中心(A型)获批,成功上线澳洲商城跨境电商平台,设立重庆市邮政跨境邮包分拣中心,新布局高端饰品产业集群。朝天门国际商贸城一期封顶,迎龙医药城加快建设。传统产业转型发展。机床集团、西计公司民品生产线完成搬迁,迪马工业等企业物联网技术应用取得突破,装备制造业实现产值339.1亿元、增长9.1%。商旅文体及都市现代农业联动发展成效初显,成功创建重庆映象历史风貌AAA级景区,江南枇杷节等乡村旅游扩大品牌效应,餐饮住宿业止滑回升,会展收入超过55亿元。成功举办重庆国际马拉松赛、盛妆亚洲颁奖盛典、国际音乐啤酒节等文体旅游节会,全年接待游客3763万人次、增长15.6%,实现旅游收入79.8亿元、增长18.3%。

(三)城市功能和形象逐步提升

优化“三区两带”功能布局,城市基础设施更加完善,产业和服务配套更加健全。江南新城开发建设取得新进展。轨道六号线南岸段、南山隧道建成通车,江南换乘枢纽投入运营。开迎路、开成路北段竣工,通江大道、真武山隧道综合整治工程全面启动。莲池变电站主体完工,茶园CNG加气站建成投用。朱家岩水厂二期竣工,第二水源取水口完成环评论证。广阳岛环岛公路和防洪护岸工程完工。新都会加快建设,时代都汇等城市综合体建设进展顺利,社区商业面积达到10万平方米。新天泽国际总部城一期竣工投用。东南医院建成开业,江南医院一期主体完工。鲁能小学竣工,金科中小学基本建成。茶园文化艺术中心前期工作顺利推进。城市品质提升计划加快实施。推进法定规划全覆盖,编制南坪西部新区优化空间利用和轨道经济带规划,完成通江大道沿线城市设计。轨道环线开工建设。朝天门大桥与慈母山隧道连接道贯通,东水门大桥南立交、雷家桥立交加快建设,弹子石广场、长江内河堤防工程前期工作基本完成。房地产业平稳发展,土地房屋征收有序推进。新增公交线路10条、公共停车位1.1万个。开展市容环境综合整治,创建无暴露垃圾镇街(社区)。强力推进拆违综合整治,拆除盘龙建材市场、四公里片区等违法建筑43.2万平方米。智慧小区云服务平台上线运行,智慧之家建成开放,智能交通全面启动。城市文明程度明显提升。成功创建国家卫生区。全力争创全国文明城区、全国未成年人思想道德建设工作先进区,健全"四好一优"志愿服务制度,集中开展六个专项整治、"五个助推"和"三个马上"文明劝导等活动,争做"文明南岸人"正在成为市民的自觉行为。生态环境保护卓有成效。环保"五大行动"和"四清四治"专项行动深入推进,整治重点污染源245个,关停、搬迁不符合准入条件的企业18户。空气质量优良天数达到242天、比上年增加32天。苦溪河等次级河流和迎龙湖水源地保护力度加大。雷家桥水库综合整治和涂山湖管网修复工程全面完成,建成南山老厂、老龙洞片区污水管网一期工程,全区新增雨污管网20公里。

(四)改革开放创新持续深化

坚持以改革促发展,以开放促改革,以创新增活力。重点领域和关键环节改革有新突破。推动173项改革任务和25个重点专项。稳步实施新一轮政府机构改革。在全市率先出台PPP投融资改革项目实施流程,启动广阳湾国际生态智慧城试点项目。建立智能交通等产业股权引导基金。完善政府性债务管控机制,做到风险可控。开展国企入股民企等8项国有经济改革。"先照后证"等工商登记制度改革启动实施,新增市场主体10076户。全面完成第三次经济普查。在全市率先投用农村"三资"管理系统,农村土地流转1.5万亩。内陆开放有新进展。经开区开放平台优势持续释放,开放功能不断完善。开发区海关功能升级,承担全市19个区县的进出口贸易管理、非贸易业务行政审批等职能,强化了我区开放平台和通关功能。争取到重庆铁路东南环线、沿江铁路优化布局,谋划推动东港建设铁公水联运码头。微软全球服务交付中心运营规模扩大,全区服务外包执行额突破1亿美元。在区世界500强企业达到48户。协同创新有新进步。科技创新体制机制不断完善,新增高新技术企业13户、累计达到58户,推出高新技术产品和重点新产品111个,有效发明专利总量达到1225件、增长14.4%,万人发明专利拥有量排名全市第二。新增国家级企业技术中心1个、市级中心2个,市级以上重点实验室、工程技术(研究)中心、企业技术中心累计达到81个。协同创新联盟作用显现,建立协同创新项目库,策划推动30余个协同创新项目,重庆蓝岸公司设计研发基于英特尔芯片和微软系统的平板电脑,重庆通用集团形成完整的透平机械研发生产和系统集成能力。南坪商圈"五位一体"体验式商业模式创新效果良好,商圈社会消费品零售总额超过320亿元。

(五)社会民生进一步改善

市级民生实事年度任务和区级10件民生实事圆满完成。成功创建全市首个充分就业区,新增城镇就业12.8万人,城镇登记失业率控制在1.76%;落实财税、金融等扶持政策,建成"淘宝大学"、"渝百家"等市场平台和重庆国际电商产业园等孵化平台,培育小微企业5340户。开展全民参保登记试点,城乡养老、医疗保险参保率分别达到95%和98%。城南家园公租房全面接房入住,廉租房实物配租实现动态全覆盖。教育优质均衡发展水平进一步提升，完成以江南新城为重点的教育资源布局规划研究，学前三年入园率达到96%，中小学标准化率达到85%，高考、中考上线率继续保持主城领先。积极探索引入社会力量办学新模式。区级公立医院综合改革有序推进，“单独两孩”政策稳步实施，成功创建全国基层中医药工作先进区。建成施光南大剧院，保护修缮于右任故居、涂山寺等历史文物建筑，“慈云寺—米市街—龙门浩历史街区”申报国家级历史文化街区，广阳民间故事入选国家级非物质文化遗产名录，通过全国文化先进区复查验收。在全市率先实现社区体育指导员全覆盖，人均体育场地面积排名全市第一。着力推进城乡供水一体化，完成5个村级水厂并网改造，解决1.1万名农村居民安全饮水问题。

(六)创新社会治理成效显著

“网格+网络”工作格局基本成型，全区152个村(社区)优化设置网格529个；依托群众工作服务信息系统，创新“六进楼栋”等服务方式，搭建“四级网络”体系。减轻村(社区)负担，全面推广“三事分流”，完善基层自治议事协商机制，土庙子群众自治搬迁等基层创新效果良好；342万平方米老旧散居楼院实现物业自治管理，生活设施维护、清扫保洁、守楼护院等基本功能不断完善，惠及16万群众；创新设立民泰社区公益事业发展基金会，培育社区公益站48个。平安建设全面深化，完善立体化社会治安防控体系，应指工程全面建成，重要路段卡口实现可视化巡防，启动实施“双见巡防工程”，刑事类警情下降28.3%，群众安全感、满意度、司法公信力分别达到92.96%、91.33%和91.84%。健全解决信访积案工作机制，落实领导包案、网格工作日、信访听证等制度，矛盾纠纷调处率达到93.6%。在全市率先建立食品药品三级监管体系。安全生产连续8年荣获全市目标考核一等奖。应急应战指挥平台作用有效发挥，应急避难场所实现镇街全覆盖，森林防火物联网技术广泛运用。全年未发生重特大刑事案件和较大以上安全生产事故。

(七)政府自身建设不断加强

扎实开展党的群众路线教育实践活动，强化廉政建设，狠抓发展环境综合整治，严格依法行政，加快转变政府职能。作风建设持续深化。严格执行中央八项规定和市委七条实施意见、“八严禁”、“十二不准”，坚决纠正“四风”。区政府会议、文件分别下降26%和31.3%，一、二级财政预算单位实现公务卡全覆盖，办公用房全部整改到位，“三公”经费做到零增长。切实解决房屋办证等历史遗留问题，集中整治交通拥堵、道路扬尘等突出问题。认真落实党风廉政建设“一岗双责”，严肃查处腐败，立案检查22人，移送司法处理10人。法治政府建设力度加大。主动接受人大及其常委会的法律监督和工作监督，主动接受政协的民主监督，办理人大代表议案建议和政协提案849件，满意率达到99.3%。清理规范行政权力，开展重大行政决策合法性审查，清理涉及企业发展的规范性文件69件。健全行政决策专家咨询论证制度，实行政府性投资项目“5+X”会审和招商引资“6+X”会商机制。按照全市统一部署，完成政府性债务、土地出让和财政存量资金等审计任务。区级财政和27个部门实现预算公开。“六个一批”发展环境综合整治行动成效明显。行政审批“两集中、两到位”效果良好，推行并联审批和网上审批，清理规范审批事项332项，电子监察系统上线运行。创新建立电子信息产业政务服务、金融财税、要素保障三大服务体系，电子信息企业注册审批时限缩短至10日，标准厂房项目建设审批时限缩短至27日，相关经验在全市逐步推广。公开曝光窗口服务行业和重点领域问题54个，给予党纪政纪处分5人、组织处理36人。完善招商引资、重点项目等11个督导奖惩制度。健全“双向评价”机制，协调解决突出问题174项，企业满意率达到92%。政务信息化水平有效提升。群众工作系统资源加速整合，服务群众综合信息平台一期工程建成投用。政府公众信息网、智慧南岸APP等信息平台功能更加完善，公开政务信息6000余条。构建“2+6+X”三级服务中心体系，镇街公共服务中心和村(社区)便民服务中心实现全覆盖,规范化建设率达到80%。推广使用群工系统,受理各类群众诉求2291项,办结率达到100%,群众评价率、满意率分别达到98.4%和99.7%。区长公开信箱年挂网率达到100%,办理群众来信优质件数量排名全市第一。

二、发展中存在的问题

一是在稳定投资增长、培育新的消费热点等方面的措施还不够有力,工作机制还不够健全。二是全面深化改革推进不够平衡,开放平台载体和体制机制建设滞后,协同创新跨界融合力度还不够大。三是在存量资源盘活、产业载体建设、龙头企业引进、产业政策体系等方面还有差距。四是改善民生和创新社会治理中,扩大群众参与仍需加大力度,村(社区)减负提效还需落到实处。五是对于群众关心的空气污染、道路扬尘、交通拥堵等问题,解决措施还不够到位。六是政府职能转变尚有差距,有的部门服务发展、服务群众的意识和能力不强,还存在办事拖拉、推诿扯皮、服务不到位等现象,有的干部不学习、不思考、不担当、不尽责、不落实、不作为,优化发展环境任重道远。

三、2015年发展目标

2015年经济社会发展的主要预期目标是:全区地区生产总值增长12%左右,规模以上工业总产值、增加值分别增长17%和15%,公共财政收入增长13%左右,税收收入增长14%左右,固定资产投资增长10%左右,社会消费品零售总额增长14%,商品销售总额增长18%,服务业增加值增长13%左右,进出口总额达到14亿美元,实际利用内外资分别达到260亿元和5亿美元,金融机构本外币贷款余额增长12%,建筑业、房地产业增加值分别增长13%和8%,城镇登记失业率控制在2.5%以内,城乡居民收入增长与经济增长基本同步。完成市政府下达的节能减排等约束性目标任务。

(作者单位:南岸区发展和改革委员会办公室)

北碚区

李丽

一、2014年发展回顾

2014年,北碚区面对复杂的经济形势和各种挑战,坚持科学发展,统筹做好稳增长、促改革、调结构、惠民生、防风险,扎实推进经济社会发展。实现地区生产总值415.41亿元,比上年增长11%;规模以上工业总产值715.77亿元,增长15.3%;一般公共预算收入31.84亿元,增长12.8%;全社会固定资产投资536.11亿元,增长10%;社会消费品零售总额153.07亿元,增长12%;城乡居民收入分别达到28071元和13169元,增长8.8%和11.1%。

(一)统筹推进"五区四带"建设

按照全市五大功能区域战略部署,围绕都市功能拓展区发展定位,制订"五区四带"建设实施方案和近、中、远期工作计划。出台并实施分类扶持和差别约束政策,优化资源配置,促进各板块协调发展。北碚中心城区完成固定资产投资130亿元,完成征地1140亩,城市功能不断完善。两江蔡家新区完成固定资产投资146.5亿元,完成征地4360亩,产城融合发展步伐加快。两江水土高新技术产业区完成固定资产投资205.4亿元,完成征地6365亩,基础设施加快建设,高新产业加快集聚。澄江生态休闲旅游区完成固定资产投资24.6亿元，完成征地350亩，旅游开发稳步推进。柳荫都市现代农业发展区完成固定资产投资26亿元，完成征地1078亩，休闲观光农业稳步发展。“四带”地区基础设施建设有序实施，特色产业适度发展，生态保护得以加强。

（二）推动产业发展和转型升级

新引进中国浪潮、斐讯数据、首钢武中汽车零部件等18个重点项目，新开工德国佐治、日本住友、韩国东进、横河川仪等27个重点项目，新投产法国液化空气、华能燃机、干细胞、川仪仪器仪表（一期）等30个重点项目。川仪股份成功上市，三圣特种建材通过上市发行审核。两江科创中心建成投用。新增高新技术企业18家，新建市级企业技术中心1个。高新技术产品产值达到395.8亿元、增长12%，占规模以上工业总产值的55.3%。完成《北碚区休闲旅游产业发展纲要》《缙云山——北温泉旅游度假区规划》编制。两江云顶酒店对外营业。承办首届中国温泉旅游推广季活动。接待过夜游客200万人次，实现旅游收入25亿元。渝商投资集团等5家企业入驻重庆市中小企业创业孵化基地，红星美凯龙落户北碚，佳程商业综合体主体基本竣工。新培育限额以上商贸企业18家。加强商旅联动、节会营销，激活大众消费，完成商品销售总额328亿元。新开工商品房337.49万平方米，竣工241.61万平方米，销售169.45万平方米。保利、融创等10个重点项目开工建设，金科、上善等38个重点项目有序推进。

（三）加快城市开发建设

全面启动规划编制全覆盖工作，北碚组团、蔡家组团、温泉城共41.1平方公里控规修编、新编方案获市政府批准。完成土地利用总体规划中期评估。城市建成区增加3.7平方公里。新开工城市道路26.5公里，建成20.3公里。悦复大道南段、竹溪河路中段、绕城高速公路跨线桥建成投用，渝广高速公路北碚段、云汉大道静观段、快速路一横线中梁山歇马隧道加快建设。轨道交通六号线天生、向家岗站开通。澄江变电站等5座变电站建成投运。建成人行天桥2座、地下通道3座。新（改）建公厕16座，新增公共停车位3552个，安装路灯4500盏、红绿灯38组。加强市容环境综合整治，完成6个城区老旧社区改造，取缔学堂堡等4个临时市场。拆除违法建筑12.9万平方米。实施环保“五大行动”。关停磨心坡火力发电厂，完成一批燃煤锅炉、工业项目废气治理，淘汰黄标车和老旧车1417辆，PM2.5平均浓度下降13.8%，空气质量综合指数主城第一。城区湖库治理扎实推进。水土污水处理厂主体完工。嘉陵江北碚段稳定保持Ⅱ类水质。城市污水集中处理率和生活垃圾无害化处置率分别达到97.1%和100%。新（改）建城市公园5个，新增绿地97万平方米，人均公园绿地达到27平方米。

（四）加强“三农”工作

实现农业总产值20.57亿元，花木、蔬菜、休闲观光等特色效益农业产值比重达75%。建成全国休闲农业示范点1个、标准化产业示范基地35个，新发展农村新型股份合作社5个，“三品一标”认证产品达到92个。统筹推进小城镇建设，中心镇辐射能力不断增强，农村居民生活环境不断改善。新（改）建集中式供水工程30处、分散式供水工程10处，完成996口山坪塘整治。新解决3.77万人饮水安全问题。建成农村公路81公里，行政村通客车率达93%。新建农民新村1个，改造农村危房400户。完成20个行政村环境连片整治。

（五）推进改革开放

实施机构改革，整合卫生和计划生育、商业和外经外贸、文化和体育管理职能，政府工作部门减少3个。调整城市管理体制。加强政府债务管理，严控债务总额，优化债务结构，有效防范债务风险。完善镇街财政转移支付体制。公开部门预算，“三公”经费支出下降17%。全面清理规范财税扶持政策，修订《全区促进投资优惠政策实施办法》，激励工商实业及小微企业发展。积极招商引资，新引进重大项目28个，实际利用内资365.02亿元、外资2.41亿美元。新增进出口企业12家,实现进出口总额9.97亿美元。新发展市场主体4480户。推动微企孵化园转型升级,打造微企示范村2个,新发展微型企业1087户。预计实现民营经济增加值274亿元,比上年增长12%。

(六)改善社会民生

投入12.22亿元,完成16件民生实事年度目标任务。开展职业技能培训2.11万人次,新增城镇就业3.16万人,城镇登记失业率控制在2%以内。发放社保金28.62亿元、救助金9291万元,惠及群众128.7万人次。完善农转城人员保障机制,兑现征地补偿标准调整补差资金24.62亿元,惠及群众2.3万人。建立社会救助一体化平台。建成北碚区第二社会福利院,投用8个社区养老服务中心,改(扩)建农村幸福院20个。实施廉租住房实物配租或租金补贴1767户,惠及低收入住房困难群众3297人。缙云新居(一期)、碚都佳园(一期)公租房主体完工,万寿、思源公租房建成162.5万平方米,两江名居公租房累计配租1.5万套。建成农转城安置房48万平方米。完成城市棚户区改造11万平方米。天府煤矿棚户区改造安置小区交房7075套。推动城乡教育均衡发展,完成7所农村幼儿园改造,九龙山小学、文星小学建成投用,缙云小学等3所学校开工建设。高考本科上线3173人。成功创建重庆市社区教育示范区。市九院门诊住院大楼竣工,蔡家医院、两江名居社区卫生服务站建成投用。依法审批单独夫妇再生育1352对,实施计划生育奖励扶助2954人。通过全国文化先进区复查。建成全国首个数字文化馆、25个社区文化室、6个特色文化大院。完成有线电视数字化整体转换3.2万户。成功承办重庆市第五届残疾人运动会。

(七)提升社会治理水平

加强城乡社区建设,村(社区)网格化服务管理实现全覆盖。实施村(社区)减负工程,村(社区)工作事项减少64项。提高村(社区)干部工作补贴标准,建立村(社区)工作人员参加社会保险缴费补贴制度。加强社会治安综合防控体系建设,组建社区专职治安巡逻队。依法打击各类违法犯罪,发案总量、暴力案件分别下降12.5%、18.4%,现行命案破案率达100%。安全生产责任全面落实,食品药品安全监管不断加强。深入推进领导干部接访下访,积极化解矛盾纠纷,信访总量和人次分别下降38.15%、35.12%,全区社会和谐稳定。

二、发展中存在的问题

一是经济下行压力较大,企业生产经营困难增多。二是经济总量较小,产业结构还需进一步优化,质量效益还需进一步提高。三是城市对外交通、少数农村地区用水等方面基础设施还需进一步完善。四是财政收入增长放缓和民生刚需增加的矛盾较为突出,教育、医疗、社会保障等方面还有大量工作要做。五是政府自身建设有待改进和加强,法治政府建设任务繁重,廉政和作风建设还需进一步加强。

三、2014年发展目标

地区生产总值增长10%,一般公共预算收入增长12%,全社会固定资产投资增长8%,单位生产总值能耗下降1%,城乡居民收入增长与经济增长基本同步,城镇登记失业率控制在2%以内。

(作者单位:北碚区政府办公室)

渝北区

梅伟

一、2014年发展回顾

2014年，面对国内外复杂的经济形势和艰巨繁重的改革发展稳定任务，渝北区围绕“科学发展、富民强区”总任务，坚持低调务实、少说多干，敢于担当、积极作为，大力实施临空都市区发展战略，全力抓好稳增长、调结构、惠民生、保稳定各方面工作，开创了“在新常态中有新作为，在转型发展中有新成效”的新局面。全年实现地区生产总值1115亿元，增长12.5%。一般公共预算收入达到50亿元，增长18%；可用财力达到164亿元，增长47%。外贸进出口总额实现2736亿元、增长80.2%。实际利用外资33亿美元，服务外包执行额突破1亿美元。

（一）临空都市区建设全面起步，平台效应逐步显现

“十三五”规划全面启动，确定了“1+18+N”规划体系。完成《临空经济区总体规划》并上升为市级战略，仙桃数据谷控制性详细规划成功获市政府批准并享受两江新区同等优惠政策，临空创新经济走廊、国际物流分拨中心规划已形成中间成果。三大平台加快推进，仙桃数据谷开发快速推进，市政道路全面开建，首期商务楼主体完工，5月将达到企业入驻条件。临空创新经济走廊建设加快推进，唐家沱组团石坪片区控规获批，清华启迪创新科技园等重大项目签约落户，圣名世贸城等项目开工建设。国际物流分拨中心建设有序推进，顺丰重庆物流中心投入运营，香港森那美物流总部基地等项目开工建设。机场国际货运航线增至22条，航空货运量达到30万吨，其中国际货运量10万吨，名列中西部地区前茅。

（二）产业结构不断优化，经济效益同步提升

工业结构继续优化，从“一业独大”向“三足鼎立”转变，汽车、笔电、装备制造实现产值1619亿元、761亿元、320亿元，分别占工业总产值的53.2%、25%、10.7%。产品结构由中低端向中高端延伸，长安新逸动、新CS-35成功上市，天友青芒奶、嘉陵本田GP发动机市场良好，笔电企业注入平板、电视盒等新增量。规上工业实现利润292.3亿元、增长56.6%，产销率达98.8%，工业企业经济效益综合指数334.5%。服务业转型取得新进展，实施商务商贸项目80个，新增商业商务设施60万平方米。嘉州、两路核心商圈逐步形成，冉家坝中心等17个重点商贸项目加快推进，华辰国际大酒店、悦来温德姆酒店开业营运，新增限额以上商贸企业67家。跨境电子商务取得突破性进展，钱宝平台交易量累计超过400亿美元。成功申报光昊机械、智得热工、恒通电动等6家企业创建市级技术中心，新培育20亿元级以上企业6家，全区亿元级以上企业达到180家。再升科技成功上市，实现渝北本土企业主板上市“零”的突破，天开园林、有友食品在“新三板”成功挂牌。

（三）城市建管水平逐步提高，整体环境不断优化

坚持规划先行，全面启动法定城乡规划全覆盖，制定完善4个城市片区控规、3个小城镇规划和部分专业专项规划。投资112亿元加快基础设施建设，同茂大道、机场南联络道、双凤桥立交建成通车，新增城市道路20公里。试行机关事业单位和居民小区车库错时停车，启动3个立体停车楼建设，优化停车位布局，新增停车位8000个，建成两路商圈、龙溪财信广场等智能停车诱导系统。大力实施市容环境综合整治，顺利完成18个城区农贸市场改造、创世纪宾馆周边环境整治等一批重点项目，城市环境保持整洁有序。扎实推进环保“五大行动”，生态质量

进一步改善。空气质量优良天数达到255天,增加33天,名列主城前茅。完善文明城区建设长效机制,常态化开展公民道德教育,不断提升城乡文明程度,全国文明城区建设再上新台阶。

(四)农业农村两点突出,城乡统筹进展顺利

加快农村基础设施建设,改善生产生活条件,促进了农业农村发展。群众期盼已久、总投资达12亿元的南北大道正式开工建设,新统大路推进顺利。新建和改造农村公路418公里,实施安保工程60公里,撤并村全面实现通达,优化农村客运线路,群众出行难问题得到缓解。“一区三带十基地”建设快速推进。引进高效农业项目4个,五谷地意大利休闲农场等项目加快实施。发展设施蔬菜、蓝莓、中药材等特色农业基地2.6万亩,新认证无公害、绿色食品31个,渝北梨橙、歪嘴李被评为全国名特优新农产品。发展农业产业化龙头企业、专业合作社、家庭农场64家。休闲观光农业特色彰显,兴隆发扬等4个村成功创建美丽乡村市级示范村,白云山桃花园等4个基地被评为中国美丽田园,玉峰山百果红生态园被评为全国休闲农业与乡村旅游示范点。

(五)社会民生持续改善,居民收入稳步提升

32件重点民生实事完成年度任务,“10+4”专项整治取得明显成效。金鹏实验小学等4所学校基本建成,重庆八中等8所学校加快建设,成功创建重庆市社区教育示范区。完成标准化村卫生室建设20个,启动区级公立医院药品零差率销售等综合改革,群众看病就医负担进一步减轻。发放各类救助金1.74亿元,惠及困难群众18.6万人次。区社会福利中心建设加快推进,建成社区养老服务中心、农村幸福院50个。区行政服务中心喜迁空港新城,镇街、村居服务中心标准化率达到85%以上。改造城市棚户区12万平方米,建成安置房51万平方米。改造农村危旧房745户。整治山坪塘906口,建成农村集中供水19处,解决了8.2万人饮水安全问题。开展职业技能培训2.3万人次,新增城镇就业9.2万人,“零就业”家庭保持动态为零。职工“五险”扩面21.1万人次,城乡居民医保参保率达到96%。新增城镇就业9.2万人,城镇登记失业率为1.6%;城乡居民人均可支配收入达到28563元、12458元,分别增长8.7%、11%。

(六)重点领域改革纵深推进,机制体制不断完善

全面完成市委市政府明确的133项改革和25项重点改革专项任务。启动实施基础设施建设PPP投融资模式改革,在全市率先出台实施意见,仙桃数据谷试点项目推进顺利,引进股权投资合同金额15亿美元,北美美睿、贝信基金等企业落户注册。积极探索高效利用土地途径,改革试点方案受到上级部门的高度重视和积极评价。全面深化农村产权制度改革,编制完成农村清产核资和产权制度改革试点实施方案。大力探索土地流转新机制,出台《渝北区农村土地承包经营权流转管理办法》。探索开展财政补助资金以农民持股方式投入农民合作社、农业龙头企业试点,农民按持股比例分红。稳步推进普通商品房中配建安置房改革,研究制定改革实施方案和配建管理试行办法,推行安置房建设新模式。加快推进研发机构法人化改革,出台企业研发机构法人化的实施办法和鼓励政策,10家企业试点方案通过评审并开始实施。加快推进创业孵化基地建设,出台创业扶持政策,建成创业孵化基地5个,启迪之星孵化器项目签约落地。探索财政资金配投社会资金模式改革,出台产业引导股权投资基金管理暂行办法,建立多元化、多层次、多渠道投融资体系。

二、发展中存在的问题

一是经济下行压力增大,工业增速逐步回落,发展过度依赖投资拉动,创新对经济发展的驱动作用仍不明显。二是战略性、带动性强的龙头项目和企业不多,产业多点支撑格局尚未形成,经济结构调整的任务还十分艰巨。三是公共服务水平偏低,社会事业发展滞后于城镇化进程,民生短板短期内难以很好解决。四是城乡居民特别是农村居民增收渠道不多,人均可支配

收入增速不快,创业环境有待改善优化。五是社会治理体系亟待完善,开发建设量大面广,维护安全稳定和加强社会治理的压力较大。

三、2015 年发展目标

2015 年,全区将深入贯彻落实党的十八届三中四中全会、市委四届六次全会、区委十三届六次全会精神,坚持稳中求进工作总基调,坚持以提高发展质量为中心,把转方式调结构放到更加突出位置,深入实施临空都市区发展战略,强化改革、开放和创新三大动力,着力保障和改善民生,全面推进依法治区,以新状态适应新常态,以新作为实现新突破,确保全区经济平稳健康发展与社会和谐稳定。

综合考虑各方面因素,2015 年经济社会发展主要预期目标为:地区生产总值增长 11.5%左右,规模以上工业总产值增长 18%,社会消费品零售总额增长 13%,固定资产投资增长 16%,一般公共预算收入增长 12%,进出口总额增长 30%,城乡居民收入增长与经济增长基本同步,城镇登记失业率控制在 2.8%以内。单位生产总值能耗和主要污染物减排达到国家约束性要求。

(作者单位:渝北区发展和改革委员会办公室)

巴南区

章兵

一、2014 年发展回顾

2014 年,巴南区深入贯彻落实党中央、国务院和市委、市政府一系列会议精神,围绕建设“一城、一极、一区”战略目标,以加快都市功能拓展区建设和转变经济发展方式为主题,以“促增长、抓建设、推改革、惠民生”为主线,以提高经济增长质量和效益为中心,以促进项目建设和招商引资为动力,以切实保障和改善民生为根本,扎实工作、积极作为、防控风险,统筹推进“五化一体”进程,促进经济社会全面发展。

(一)经济发展实力增强

GDP 各季增速持续提升,全区经济总体保持平稳较快增长,全年实现地区生产总值 510.1 亿元,增长 11.5%(同比,下同)。完成固投 616.3 亿元,增长 15.1%;社零 215 亿元,增长 15.2%;进出口总额 10.6 亿美元;实际利用内资 465.1 亿元,增长 25.4%;一般公共预算收入 28.9 亿元,增长 14.9%。

(二)结构质量不断优化

三次产业结构调整为 8.2:43.7:48.1。完成工业总产值 742.4 亿元,增长 15.1%;在地建筑业总产值 290.9 亿元,增长 22.2%。商品销售总额 631.9 亿元、增长 16.4%,专业市场限上销售额 293.1 亿元;金融机构人民币存款和贷款余额分别为 553 亿元和 461.5 亿元,比年初增长 14.4%和 16.6%;接待游客 2023 万人次、收入 62.8 亿元,分别增长 28.3%和 29.1%;文化产业增加值 23.8 亿元、占 GDP 比重为 4.7%;销售商品房 207.6 万平方米、销售额 134.5 亿元,分别增长 3.4%和 12.6%。特色农业加快发展,引进培育农业企业国家级 2 家、市级 22 家、区级 73 家。

(三)区域板块多点发力

全区在建工程项目 273 个,建设体量 1729 万平方米。滨江城市经济区新落地珠江欢乐园等项目10 个,重庆君禧天地等 25 个在建项目有序推进;龙洲湾新区成功签约重庆汉海极地海洋公园等 5 个大型项目,万达广场等项目进展顺利;重庆高职城已累计引进 8 所院校和 3 个项目,10 平方公里范围内教育用地已完成院校布局。经济园区新引进香港东荣发电子等项目 33 个,投产长安铃木二工厂等项目 20 个,开工建设天语手机等项目10余个；南彭贸易物流基地华南城等17个项目建设进度加快，京东电商产业园产生营业额19亿元；鹿角组团融创等项目进度达到目标要求。麻柳沿江开发区签约春宝智能服装等项目13个，封顶标准厂房80万方，富江、利万家、宁泰等6个项目调试投产，渝钛白、北大医药等项目开工建设。生态休闲经济区的天心寺禅茶文化、双河口常青国际养生园、石滩美德、跳石林海、丰盛古镇等项目进展情况良好。

（四）生态环境持续改善

继续开展环保“五大行动”，环境质量进一步改善，全年空气质量优良天数237天，同比增加37天；$PM_{2.5}$年均浓度下降幅度居主城前列；长江巴南段水质、五布河水质稳定保护Ⅱ至Ⅲ类，花溪河、一品河水质达到水域功能标准，城镇集中式饮用水源水质达100%。推进工业建筑、交通、公共机构、市政等节能降耗，引导高耗能企业实施节能改造、关停并转，杜绝新上高能耗项目，引进低能耗、低污染新兴产业，全年单位地区生产总值能耗下降2.5%。实施“大美巴南生态文明建设计划”，全区森林覆盖率超过43.5%，城市新增绿地面积90万平方米。

（五）改革创新深入推进

制定《巴南区产业投资禁投清单》和《巴南区产业投资项目发展指导意见》，完善市场规划和竞争秩序。制定《巴南区PPP投融资模式改革实施方案》，启动PPP投融资模式改革试点工作。成功争取农村基本公共服务均等化和镇村规划编制改革试点；加快农业农村体制改革，积极参与农村集体资产量化确权改革和农村土地入股联合经营改革。启动公务用车制度改革工作。成功争取社会信用体系建设综合试点区。

（六）社会民生保障有力

全年财政民生支出38.9亿元，占一般公共预算支出的68.9%；30件民生实事19个项目全面完工。城乡居民收入分别达到28040元、12548元，增长9.2%、11.3%。城镇新增就业人员7.9万人，城镇登记失业率为2.79%；全区参保人数达到175万人次，基本实现全覆盖。公租房入住1.7万套。在全国率先建立困难群众重特大疾病和慢性疾病救助制度，已救助17人次3.9万元。建成新屋小学和龙洲湾小学；平等接收义务教育阶段流动人口子女1.7万人；学前三年入园率达94.5%。区人民医院妇儿分院投用，市七院门诊住院综合楼开工，7个基层医疗机构进行新（迁）建或升级改造；将城乡人均基本公共卫生服务经费标准提高到35元。全区常住出生人口7704人，自然增长率1.87‰。成功申报市级高新技术产品和重点新产品145项，新批准认定国家高新技术企业10家。完成电子书屋中心等公共文化服务建设，免费服务群众50余万人次；举办巴地听雨、巴人图语、欢笑巴南和环中赛、国际漂流赛等文体活动70余场。

二、发展中存在的问题

一是经济下行压力加大，社会投资类项目建设放缓、见效慢，人气不旺、消费热点不多，受外部环境影响进出口有所下降。二是经济总量不大、产业结构不优、质量效益不高，经济内生动力、发展活力仍显不足，尤其是制造业等实体经济面临融资难、融资贵、用工成本高等不少困难。三是公共服务和公共产品供给特别是学校、医院等公益性事业欠账较多，市容环境不佳、城区交通拥堵等问题较为突出。四是可用财力与民生刚性保障支出矛盾突出，财政累计赤字较大，政府性债务风险管控压力大。五是有的政府部门、个别干部职工大局意识不强，开拓创新、勇于担当不够，决策执行力、工作推进力亟待提高。

三、2015年发展目标

2015年以“项目建设攻坚年”为经济工作主题，以“稳增长、促改革、强调度、防风险、惠民生”为经济工作主线，主要预期性目标为：地区生产总值增长11%左右；全社会固定资产投资增长13%以上；工业增加值增长11%以上，规模以上工业总产值增长15%以上；社会消费品零售总额增长15%以上；居民人均可支配收入增长10%左右；城镇登记失业率控制在3%以内。主要约束性目标为：单位地区生产总值能耗降低1%；单位地区生产总值碳排放下降1%；$PM_{2.5}$平均浓度下降4%；空气质量优良天数达到237天；人口自然增长率控制在5‰以内。

（作者单位：巴南区政府办公室）

长寿区

陶中荣

一、2014年发展回顾

2014年，面对复杂严峻的国内外形势和艰巨繁重的改革发展稳定任务，长寿区全面贯彻中央和市委、市政府决策部署，认真执行区委十二届三次、四次、五次全委会决定，坚持稳中求进工作总基调，努力适应经济发展新常态，持续推进“三地一中心”建设，努力担当城市发展新区主力军，续写了长寿“科学发展、富民兴区”的历史篇章。

全区实现地区生产总值420亿元，比2013年增长（以下简称“增长”）11.9%；地方财政收入72.9亿元，增长11.2%，其中一般公共预算收入31.3亿元，增长15.3%；全社会固定资产投资415亿元，增长15.7%；社会消费品零售总额103.9亿元，增长13.4%；农村居民人均可支配收入10863元，增长11.7%；城镇居民人均可支配收入25388元，增长9.8%；城镇登记失业率1.86%；人口自然增长率3.63‰。

2014年，全区主要经济指标完成超预期：地区生产总值增速超全市1个百分点，在全市区县排名提升11位；工业总产值突破1000亿元；商品销售总额增幅居全市第三，社会消费品零售总额突破100亿元；外贸进出口总额、实际利用外资居城市发展新区第一；第三产业增加值增速居全市第一；辖区税收突破40亿元；农村居民人均可支配收入突破10000元。“十件急事”卓有成效推进：历时近四年建设的MDI一体化项目实现机械竣工，规模空前、各方关注的经开区生态屏障建设项目达到了验收条件，连续奋战13个月打造的菩提山文化旅游区国庆盛装迎客，桃花河污染整治攻坚实现了“一年初步改观”，重钢3号高炉顺利复产，通过争取配套政策支持和推进“煤制气”双管齐下应对天然气价格上涨，在宏观经济下行中实现了财税持续增收，在发展与控债的双重压力下债务风险总体可控，小微企业发展全市领先。

（一）推动产业优化提升

新型工业高地建设逆势而进。完成工业投资190.6亿元，实现规上工业总产值701亿元，增长10.9%。长寿经开区、街镇工业走廊规上企业达到130家，占全区规上企业总数的83.9%。依托长寿经开区工业支撑平台，坚持存量为主稳增长，高频度、大力度、多层面协调保障要素资源，支持重钢降本增效、减亏脱困和结构调整；积极应对天然气价格上涨对化工等行业的冲击；MDI一体化项目全面进入调试阶段、即将点火试车，亚太纸业项目启动平场，完成了川维BDO醋酸一体化项目用地征迁，化工、装备制造、新材料工业产值分别增长了23%、30%和28%。坚持增量为主调结构，调整优化了经开区总规、控规和产业规划，加快一般工业区、八颗片区基础设施建设，引进冷轧镀锌板、钢缆钢绳、汽车车身总成、草甘膦、HDI/IPDI、液晶面板减薄等项目，促进钢铁、化工产业集约集群发展，推动新材料、电子信息等新兴产业发展。长寿经开区荣膺2014年“中国开发区”最具投资价值奖和最具发展潜力奖两项殊荣。街镇工业走廊家居、健康产业渐成规模，以产业发展带动城镇开发、以城镇功能配套促进园区发展的成效逐步显现。

现代农业基地建设持续推进。大力发展“1+5+2”特色效益农业，全年农业总产值达到52.5亿元，增长6.5%。促进农业保供增收惠民，全年粮食总产量36.6万吨、蔬菜产量31.4万吨、水果产量20.5万吨、出栏生猪68.8万头。出存栏蛋肉鸡1500万只，蛋鸡存栏量居全市第一。现代农业园区被命名为全国首批农业科技创新与集成示范基地，建成现代粮食园区一期6000亩高标准基本农田，现代畜牧园区标准化种猪、生猪养殖场建设进展顺利，移民生态农业园复元蔬菜智能温室大棚项目完工。新认定家庭农场200家，新注册农民合作社60个，新发展区级以上农业产业化龙头企业18家，新增农产品“三品一标”认证18个，荣获全国绿色食品博览会金奖1个。完善农村水利、交通等基础设施，加强农业综合执法能力建设。加快三峡后续工作项目实施，累计完成投资19.3亿元，科学编制三峡后续工作二期实施规划项目库。

休闲旅游胜地建设提速推进。全年接待游客580万人次，实现旅游收入35亿元。长寿湖-长寿(菩提)古镇旅游度假区总体规划通过市政府审批。长寿湖高铁站至景区快速干道、外围路三期项目建成投用，天赐长寿岛·中华百岁园、浪漫浴场项目建成开放，星级酒店群、商业街及度假地产项目加快建设。菩提山文化旅游区建设一期完工，高品质、高速度建成菩提寺和菩提圣灯，完善东坡片区旅游配套设施，顺利实现国庆开园。长寿(菩提)古镇获评国家4A级景区，万寿公园、泰国风情街建成开放。滨江长寿谷项目完成了区域调查摸底、资料补查等工作，启动了项目策划及概念性规划工作。成功争取国务院三峡办将滨江长寿谷综合开发部分项目增补纳入三峡后续工作二期项目实施。理顺了大洪湖管理体制。乡村旅游逐步向规模化、规范化方向发展。加强营销宣传，长寿旅游知名度、美誉度进一步提升。

区域物流中心建设稳步推进。全年实现商品销售总额185.7亿元，增长22.1%。修订完善了商贸物流“一园一区一群一圈”产业规划。完成了中央商务区选址、策划工作。轻化路工业品综合交易市场项目启动平场，渡舟市场群项目启动征地报件，城中城家居建材市场商业广场主体完工，新崛钢材市场一期仓储物流配送项目试营业，新恒阳罐区、亚太纸业码头前期工作有序推进。时代广场建成投用。成功创建黄桷湾和长寿(菩提)古镇市级美食街。云台、石堰镇级商业中心建成投用。建设电商产业园，引进电子商务企业27家。举办了第七届房交会。

信息化提升工程建设快速推进。中小企业信息服务平台建设有序推进。建成TD-LTE基站822个，4G信号覆盖中心城区、旅游景区及场镇。光纤覆盖6.06万户，增长39.6%。广播电视信号双向网络到户9.6万户，增长3.3倍。互联网用户12.49万户，增长15.9%。固定宽带网络覆盖全区所有行政村，新安装用户12.6万户。手机用户65.6万户，增长4.9%。ERP生产过程自动化、智能化系统在重钢、川维、扬子乙酰、国际复合等大中型企业普遍应用。推进区内网络资源整合，基本建成“国土一张图”，政府网站集群建设进展顺利，完成内网无纸化办公系统开发。规范上网行为，实施网络安全等级保护。

(二)加强经济运行调控

经济结构持续优化。三次产业结构由上年的9:60.5:30.5调整优化为8.3:59.7:32，第一产业、第二产业在总量增长和结构优化中降低占比，第三产业占比迅速提升，增加值增长16.1%。以需求为导向，电子商务、休闲旅游、文化消费等新兴行业呈现出低成本、低消耗、高增长的发展势头。中心城区和长寿经开区在盘活存量空间资源中优化开发，街镇工业走廊、长寿湖景区和菩提山文化旅游区加速拓展，以点带面、以城带乡的城乡一体统筹发展格局逐步形成。国有、混合所有制和个体私营经济协调发展，以民营经济为主体的非公经济发展迅速，全年新增民营经济市场主体7221户，民营经济增加值达到

231亿元，增长13.7%，在地区生产总值中的占比达到55%。

资源要素有效保障。全区土地利用总体规划修改方案获得市政府批准，全年获批征地20宗500公顷，新增建设用地计划20宗180公顷，供应国有建设用地81宗452公顷。实施农村集体土地征收项目19个1118公顷。经开区生态屏障国有土地上房屋征收工作，克服重重困难，合力奋勇攻坚，已累计签订协议4482户，完成99.6%，拆除房屋35万平方米，达到验收标准。打通了涪陵页岩气对我区企业的输送渠道，协调落实电力、天然气、煤炭供应分别达到59.8亿度、19.7亿立方米和636万吨。

财税金融有效保障。辖区税收总额41.2亿元，增长14.5%。其中国税征收16.2亿元，增长18.5%；地税征收25亿元，增长12.1%。全年地方财政支出96.5亿元，增长8.2%。加强政府投资项目评审，全年接审项目333个，送审金额18.7亿元，审减投资1.2亿元。加强公共资源交易管理，全年组织政府采购3478件次、工程建设招投标503宗、国有建设用地使用权出让81宗，增收节资1.45亿元。加强资金平衡调度，全年共拨付政府平台公司土地成本和发展资金34.9亿元。区内银行年末存款余额413.1亿元、贷款258.4亿元，分别增长8.7%和12.4%；新增保费收入7.7亿元，增长9.7%；通过区内各银行新发放贷款199.5亿元，其中政府平台公司贷款68亿元，中小微企业贷款61亿元；通过银行间交易市场、证监会发行企业债、中小企业私募债等直接融资32亿元；宏昌担保公司注册资本增至1亿元，新组建了三农小贷公司，非银行金融机构发放担保贷款12.6亿元。

金融风险有效防控。加强政府平台公司融资管理，严格融资成本管控，政府性一类债务较年初下降了21.9亿元，融资综合成本下降了0.67个百分点。有序推进土地出让和国有闲置资产变现处置，实现土地出让收入入库41.6亿元，出租、拍卖国有闲置资产实现收益2057万元，建立了3亿元的偿债资金池。根据新的地方性政府债务管控要求，全面清理甄别政府性债务，组织开展政府债券发行申报和政府平台公司后续融资工作。加大保险、担保、小贷公司等非银行金融机构监管力度。加强对辖区内45家投资、咨询、理财类企业的业务监管，果断决策、坚决打击非法金融活动，立案查处了5家涉嫌非法集资企业及7家关联企业，涉及金额1.17亿元，已清退1.02亿元，清退率87.2%，建立了信息发现、风险预警、打击处理的长效机制。

(三)深化改革扩大开放

各项改革进一步深化。完善了食品药品监管体制，完成了卫生计生、国土房管、文化体育等行政机构整合。承接上级政府下放行政审批事项45项，清理取消区级审批事项24项、下放10项，现行215项行政审批事项已全部向社会公开。启动了事业单位法人治理结构改革试点。开展了公务用车改革准备工作。改革工商登记审批流程管理，成为全市11个“先照后证”登记制度试点和7个行使外商投资企业登记核准权的区县之一，全年新登记内资企业1602户，增长16.9%；办理“先照后证”市场主体登记653户。提高了商标、品牌的奖励标准和范围。推进了站前广场等7个重大项目PPP运作。成立了农村综合产权流转交易中心，启动了农村集体经济组织清产核资和农村集体资产量化确权试点工作，推进了涉农保险合作试点。开展了中小学教师交流轮岗试点，积极探索与名校联合办学模式。制定了公立医院综合改革实施方案。区养老服务中心纳入民政部公办民营改革试点。创新社会治理体制，全面推进“六张防控网”建设。开展了城镇污水、垃圾处理和工业园区污染第三方治理探索，实行了主要污染物总量控制和排污许可证制度，完善了大气污染防治责任机制和监测预警应急体系。

对外开放进一步扩大。加强对外开放通道和平台建设，协调推进渝万城际铁路长寿段建设，渝长高速扩能改造长寿段走向确定，沿江高速长寿支线二期工程纳入全市高速公路路网规划，长寿海关和检验检疫机构建设进入全市规划布局。大力发展开放型经济,全年共引进项目102个,合同引资501亿元,实际到位264.8亿元。发挥出口支撑作用,外贸进出口总额12.7亿美元,利用外资4.1亿美元;实现离岸服务外包执行额6507万美元,增长29.4%。积极开展对外科技文化交流,落实援藏职责,深化与广西对援合作、与垫江结对发展。

(四)统筹城乡建设发展

城乡空间布局进一步优化。启动了全域法定规划全覆盖工作,完成了火车北站片区、阳鹤片区、凤西片区控规和综合管网规划,中心城区“一心两片”、8个城市组团空间布局优化。加强规划实施及过程监管,严格城市通廊、开敞空间和建筑细节把控,强化城镇规划区、控制区管理。全区常住人口城镇化率达到59.94%,提高了1.57个百分点。

中心城区建设管理进一步提升。加快菩提片区、凤西片区、阳鹤片区等重点区域开发,新开工城市道路19公里,铺设各类管网41公里,中心城区建成区面积达到54.1平方公里。新开工商品房149.6万平方米、竣工91万平方米;新开工保障性住房42万平方米、竣工121万平方米;改造城市棚户区3.5万平方米。长洪路前段基本贯通,北城大道铁路以北段全线贯通,凤西片区骨干路网基本建成,站前广场、站前大道、古桃路、阳鹤九路等重点项目有序实施,加强了占道停车收费服务管理,新增城市绿地43万平方米。

城镇建设管理进一步加强。完成了茶涪路长寿支线改造,桃大路改造有序推进,洪称路、云义路启动改造。投资3000万元实施场镇公共设施建设及服务项目46个,场镇区域主要道路实现“白改黑”,一般小城镇“561”工程建成率达到85%,一批群众关心的实际问题得到初步解决。11个城镇污水处理厂厂区建设和主干管网整治基本完成,二、三级管网建设加速推进。“户集、村收、镇归、区运输、区处理”的农村垃圾收运处理系统进一步完善,城镇生活垃圾集中处置率达到99%。长寿湖、葛兰、云台3个市级中心镇被评为全国重点镇,长寿湖镇成功创建全市第一批特色景观旅游名镇。全年新增城镇建成区面积2.5平方公里。

新农村建设进一步加快。立足改善农村人居环境,加快农民新村建设,建成新市李家湾、双龙龙滩等7个农民新村,启动了龙河秀才湾、凤城复元等9个农民新村建设,申报市级示范点2个,农业园区龙河示范片建设加快推进。大力推进美丽乡村建设,提升农村居民生活品质,3个美丽乡村示范片通过市级验收,新申报市级示范片2个。整治河道3.5公里,新建提灌设施12座。实施建设用地复垦项目75个、3300亩。累计完成村道公路通畅工程110公里。

(五)加强生态环保建设

环保“六大行动”持续开展。大力整治24个化工臭气污染源,城区环境空气优良天数达到325天,同比增加10天。完成了中心城区和城镇21个集中式饮用水源保护区划界工作,城市集中式饮用水源水质合格率达到100%。完成了20个行政村农村环境连片整治项目。建筑施工噪声扰民投诉下降了20%。甄别核实776家“四治”污染源,完成问题整改2167个。新栽植和补植各类苗木890万株,全区森林面积达到96.3万亩,森林覆盖率达到45.1%。

集约节约利用资源。完成了45个总量减排项目,化学需氧量、二氧化硫、氨氮和氮氧化物年排放量分别下降了1%、0.5%、1%和0.7%,工业固体废弃物综合利用率达到97%。加强耕地保护巡查监管,严格用地审批,查处矿产资源违法案件5宗,查处违法占地3165宗41.7万平方米、违法建筑55万平方米。划定了水资源保护“三条红线”。加强了节能降耗工作,单位地区生产总值能耗下降3.5%。

桃花河整治初步改观。下大力、出重拳整治桃花河流域污染,30名区级领导挂帅出征,有关街镇、区级各部门凝心聚力、协同攻坚,投入5350万元,整治畜禽养殖污染源370户、水产养殖场184户,关闭屠宰场6个,85个工业企业通过整改实现了污水达标排放,清运沿河岸坡垃圾、水上漂浮物7302吨；制定了利用畜禽粪污生产有机肥及使用奖励扶持办法；编制了桃花河流域保护与利用规划，中心城区景观示范段建设项目有序推进。

长化环保搬迁有序推进。氯丁橡胶、氯磺酸及氯化亚砜系列、医药中间体及原料药等直接影响搬迁项目完成选址，乙炔下游、乙二醇、天然气制乙炔、烯烃及下游深加工等间接影响搬迁项目前期工作有序推进。按政策提前退休安置人员1014人。积极争取市级税收和排污费返还及三峡后续资金支持政策。加强对长化搬迁前的安全环保监管工作，确保过渡期间的生产安全和企业稳定。

(六)保障改善社会民生

社会事业全面发展。成功创建市级农业科技园区，成立了院士专家工作站，争取市级以上科技项目8个、资金1258万元。教育投入有效保障，农村学校信息化水平提升，学生营养改善计划和贫困学生资助政策全面落实，国家义务教育均衡区建设取得成效。重庆电大长寿分校招生900人、毕业988人。创建全国文明村镇1个、全国文明单位1个。成功创建全国文化先进区，基本建成数字档案馆。区人民医院成功创建国家三级甲等综合医院，区第三人民医院精神病区搬迁投用，北城医院建设完成前期准备工作。“单独两孩”政策实施平稳，出生缺陷干预工作成效位居全市前列。成功举办了第五届重庆长寿湖国际铁人三项赛，群众体育、竞技体育活动蓬勃开展，文化、体育设施免费开放。青少年活动中心建成投用。

社会保障不断完善。实行社会保险登记、申报、核定“一站式”服务，全面完成“五险”扩面及基金征缴任务，城乡居民养老保险参保率93.6%，城乡居民医疗保险参保率100%。住房公积金累计缴存33亿元，当年增长19%，累计提取、放贷额分别达到20亿元和15.5亿元，支持职工购房87万平方米。城乡最低生活保障做到动态下的应保尽保，全年发放农村“五保”和城市“三无”人员供养金2126万元、城乡低保金5218万元、医疗救助金2544万元、临时救助金920万元。完善了农民工工资支付保障制度。

民生实事扎实办理。完成高山生态扶贫搬迁174户673人，改造农村危房1515户，完成142套廉租房、1518套公租房实物配租，解决了9000人的住房困难。完成“红层找水”打井3000口，解决了1.5万山区群众的饮水困难。建设30个农村人饮项目，解决了7.1万人饮水安全问题。完成山坪塘整治769口。实施撤并村通达项目37个60公里，完成了85公里农村道路安保工程，符合通客车条件的行政村均已开通了农村客运。建成了53个撤并村卫生室，完成了弃管小区电力设施改造任务。齐心抗击“9·13”暴雨灾害，切实保障受灾群众生活，灾后重建工作有序推进。

就业创业工作加强。坚持产业发展与促进就业联动，全年城镇新增就业3.2万人，开展各类技能培训2.2万人次。成立了长寿区重点产业人力资源服务公司，探索建立区县、行业、企业之间人力资源共享机制。成立了长寿区创业服务中心，开展SYB和微型企业创业培训，新增小额担保贷款5565万元，发放资本金补助1817万元、创业扶持贷款1268万元，新发展微企1096户、带动就业7593人。

(七)改进创新社会治理

社会治安稳定可控。坚持预防为主，投入经费2300万元，加强了反恐防暴和互联网监管，加大了对全区要害部位、重要设施、公共场所及重大工程安保力度，切实加强公共安全管理。巩固完善街镇“六位一体”和村社“七位一体”工作机制，全面推进网格化服务管理，构建起了覆盖全区259个村(社区)的治安巡逻防控体系。投入资金7773万元，建设社会安全事件应急联动指挥系统工程。依法打击各类违法犯罪行为，侦破了建国以来我区特大涉毒案，全区刑事案件发案率进一步下降，全年破获刑事案件2171件，查处治安、交通、消防等行政案件12.6万件，公众的安全感指数保持在90%以上。

安全生产形势稳定。完善落实安全生产“五

大责任体系”,开展“压事故、保安全”攻坚行动,对重点行业实施“五大行动”和“六打六治”,全年事故起数和死亡人数分别下降19.2%和11.5%,未发生较大及以上事故,连续七年获得市政府安全目标考核一等奖。强化食品药品安全监管,未发生较大以上食品药品安全事故。加强了特种设备安全监管,开展了城乡单体楼外墙安全隐患整治行动,加强了校园及周边安全隐患整治。高标准建成消防特勤二站和葛兰、云台、洪湖、长寿湖等四个片区专职消防队,未发生较大以上火灾及亡人事故,未出现火灾救援责任事故和服务责任投诉。制定了重要公共民生保障事项应急处置长效管理实施方案,建成了“平战结合”应急管理系统。

矛盾纠纷有效化解。全年全区各级领导干部共接访、下访、约访群众4593件次,解决群众诉求4024件次。开展区领导“村(社区)工作日”活动288次,解决各类实际问题443件。开展疑难复杂信访问题和“4+1”突出信访问题专项整治,化解了疑难案件81件。坚持矛盾纠纷三级联排联调制度,化解矛盾纠纷1.58万件,妥善处置突发群体性矛盾纠纷170件次。强化社会矛盾源头预防,完成了重钢FINEX、新增出租汽车投放等重点项目稳定风险评估,加强特殊敏感时期维稳工作,促进了社会和谐稳定。

政民政企良性互动。注重通过区长公开电话、公开信箱、114-7阳光政务、12369环保热线和民意调查等渠道收集群众意见建议,建立问题交办、督办、反馈和满意度评定机制。发挥服务群众工作信息系统作用,全年受理群众反映事项2991件,办结率99.9%,满意率96.9%。高度重视企业发展法制环境优化,认真落实整改企业发展法制环境评议反映的101个问题。清理规范行业协会,实行“四类”社会组织直接登记,激发社会组织活力。强化政务信息公开,引导社会组织和公民参与社会管理,促进政府管理与居民自治、企业自主、社会调节良性互动。

(八)加强政府自身建设

民主法治建设加强。强化区人民政府由人大产生、受人大监督、对人民负责的意识,坚持重大事项决策前向区委请示、向人大报告和与政协协商制度。办理落实区人大决议、决定和审议、视察、评议意见18件,办理人大代表议案、建议、意见294件,满意率99.7%。汲取反馈区政协协商建议、民主评议和调研建议21件,办理政协提案340件,满意率94.4%。优化完善依法行政体制机制,做好规范性文件管理和执法案卷评查工作。加强与各民主党派、工商联、人民团体、党外人士和人民群众的联系。发挥政府法律顾问作用。“六五”普法扎实开展。

机关作风建设加强。认真开展党的群众路线教育实践活动,落实“作风强化年”各项要求,扎实开展“五个正风行动”和“十个专项整治”。加强公务员培训,共培训各级干部4257人次。严格公务用车管理,清理机关办公用房6.4万平方米,压缩“三公”经费25.6%。加强区—镇(街)—村(居)三级政务服务平台建设,搬迁扩建了区行政服务中心。建立完善效能作风相关制度48项,增强行政效能投诉办理合力,受理效能投诉176件,办结回复率100%。

反腐倡廉建设加强。认真落实党风廉政建设和反腐败工作分工责任制,强化权力监督制约,从严教育管理监督干部,加大案件查处力度,努力构建反“四风”、树新风和惩防并举、标本兼治的新时期反腐倡廉工作新常态。优化重组监察部门内设机构,一线办案力量达70%以上。全年共接受群众信访举报683件,纠正乱收费、损害群众利益等问题100余个,给予纪律处分63人。

二、发展中存在的问题

长寿的发展正处在攻坚克难、爬坡上坎的关键时期,全区经济社会发展还面临不少困难和问题:重点产业“强项遇强冷”,经济转型、结构调整任重道远;债务管控形势愈加严峻,面临融资发展与风险防控双重挑战;非公经济、中小企业、微型企业和现代服务业发展不充分,民营企业用工难、融资贵问题突出;农业产业化进程较慢，农村基础设施建设滞后，公共服务功能不够完善；生态环保问题依然突出，安全环保主体责任和管理约束机制落实不够；社会稳定基层基础工作薄弱，社会治理法治化进程较慢；政府职能转变仍存在“最后一公里”问题，部分干部依法行政自觉性不强、干事创业积极性不高、服务群众主动性不够。

三、2015年发展目标

2015年，发展总体思路是：全面贯彻中央和市委、市政府的决策部署，认真落实区委十二届五次、六次全委会精神，围绕当好城市发展新区主力军，打好“三地一中心”建设攻坚战，坚持稳中求进工作总基调，以提高经济发展质量和效益为中心，主动适应经济发展新常态，加速调结构转方式，深化重点领域改革，持续扩大开放，突出创新驱动，加强民生保障，强化风险防控，坚持依法行政，推动经济社会平稳健康发展，打好“十二五”规划的收官之战。

全区主要预期目标是：地区生产总值增长10%以上；地方财政收入增长6%，其中，一般公共预算收入增长3%；全社会固定资产投资增长12%；商品销售总额增长15%，社会消费品零售总额增长11%；单位地区生产总值能耗下降1.5%；主要污染物减排工作达到市下达约束性目标要求；农村居民人均可支配收入增长10%，城镇居民人均可支配收入增长8%。

（作者单位：长寿区政府办公室）

江津区

张成科

一、2014年发展回顾

2014年，江津区实现地区生产总值554.7亿元，同比增长12.8%；规模以上工业总产值1109亿元，增长22.4%；固定资产投资575亿元，同比增长25.4%；社会消费品零售总额201.6亿元，同比增长15.5%；公共财政预算收入47.4亿元，同比增长23.3%，其中税收收入29.2亿元，同比增长25.5%。城镇居民、农村居民人均可支配收入分别为25667元、12318元，同比增长10.5%、12.5%，城镇登记失业率处于3%的较低水平。

（一）工业经济质量效益同步提升

大力推进工业“集中、集群、集聚”发展，全社会工业总产值1325亿元、增长20.5%，其中，规模以上工业企业净增40户、达到313户，产值1109亿元、增长22.4%，增加值298.3亿元、增长13.5%，利润总额116.5亿元、增长28.4%。工业经济效益综合指数402.5%，同比增加28.4个百分点。工业园区规模以上工业总产值1035亿元、集中度达到93%。规模以上工业产值中非公经济占比达80.2%。世界500强企业14家，9家企业入选“重庆市100户重点工业企业”，高新技术企业达22家。重庆潍柴荣获重庆市市长质量管理奖、成为全国首批两化融合管理体系贯标试点单位，三峡油漆成为国家品牌培育示范企业。

（二）第三产业发展取得突破

第三产业实现增加值135.3亿元、增长11.3%。社会消费品零售总额201.6亿元、增长15.5%，增速全市第二。批发和零售业商品销售额432.4亿元、增长24.7%，增速全市第一。双福农贸城、攀宝钢材市场、和润汽摩城交易总额实现100亿元。珞璜铁路综合物流枢纽加快建设。全区港口货物吞吐量超1200万吨。“六个一”旅游精品工程完成投资16亿元，四面山成为首批市级旅游度假区，国家5A级旅游景区创建通过景观质量评审，“爱情朝圣之旅”获评全国十佳主题旅游线路，富硒江津·长寿之乡成为重庆新名片十强。全区接待游客首超1000万人次，实现旅游综合收入35.7亿元。金融机构累计达48家，存贷款余额分别为561.7亿元、344亿元，增长13.1%、28.9%。

（三）现代农业发展态势良好

成功创建国家现代农业示范区，争创全国休闲农业与乡村旅游示范基地取得进展。农业总产值突破100亿元，位居全市第一。粮食总产量66.3万吨，蔬菜产量80.3万吨，生猪出栏100万头。富硒产业发展迅猛，建成标准化种植基地24万亩、富硒水产基地2.2万亩，培育"福音"、"康来硒"、"石蟆硒"等富硒品牌25个，年产值25亿元。新增区级以上龙头企业20家，锦程实业公司成为首家国家级农业龙头企业。新增4家国家级农民合作社示范社。现代农业园区引进企业9家，到位资金12亿元，市级农业示范工程被评为全市先进。国家级现代农业气象试验站（一期）基本建成。

（四）新型城镇化步伐加快

坚持"融城、扩容、提质"，中心城区面积扩大到60平方公里、人口达54万，全区常住人口城镇化率达62%。几江半岛功能完善和改造提升同步并举，鼎山公园（一期）全面建成；塔坪路等17条"断头路"加快建设，其中8条建成通车；整治背街小巷77条、无物管小区73个。滨江新城20平方公里基础设施和开发建设快速推进，累计完成政府类投资108亿元，几江长江大桥主塔封顶，建成道路44公里、市政管网58公里，路桥框架基本形成，一批重点开发项目初见成效。双福新区产城融合加快，建成和在建区面积达23平方公里，珊瑚立交投入使用，商业中心美食街基本完工。支坪组团建设起步，第三军医大学新校区启动建设，10公里滨江路支坪延伸段主体完成。加强交通基础设施建设，三环高速江永段建成通车、江綦段有序推进，江习高速公路开工建设，渝黔铁路新线加快建设。白沙、石蟆、李市被评为"全国重点镇"，中山、塘河等5个镇荣获"重庆最美小城镇"。

（五）深化改革积极稳妥推进

把改革作为发展的不竭动力，各项改革任务进展良好。政府职能转变和机构改革方案确定，减少机构3个。加快行政审批制度改革，积极推行网上审批"11112"新模式。低丘缓坡试点工作成效明显。"多规合一"和白沙行政管理体制两个全国性改革试点稳步推进。深化财税体制改革，建立偿债准备金制度，34家区级预算单位公开预算和"三公"经费。江习高速公路等项目在全市率先探索PPP投融资模式。继续深化农村改革，全面推进农村集体经济组织"清产核资"，启动德感、龙华农村集体资产"量化确权"改革试点；统筹推进建立健全新型农业经营体系、中央财政支持农业生产全程社会化服务两项改革试点，新培育农民合作社99个、家庭农场150家；探索搭建区、镇、村三级农村产权交易平台，农村土地规模经营度达35%；新增农村产权抵押融资7亿元，现代农业园区创新探索企业"四证"融资近2000万元；农村现代流通服务体系实现村级全覆盖；全区累计转户16.3万人。

（六）发展后劲持续增强

强力扩大有效投资，完成固定资产投资575亿元、增长25.4%，其中工业投资302.4亿元、增长54.6%，增速全市第二。强力扩大对外开放，主动融入"一带一路"战略和长江经济带建设，创建国家级经济技术开发区、争取设立海关及检验检疫机构取得进展，进出口总额8.3亿美元、增长18.7%。强力招商引资，合同引资超1000亿元，实际利用内资335亿元、增长12%，实际利用外资2.4亿美元。强力发展民营经济和小微企业，新设立企业主体2434户、增长21.2%，小微企业突破9000户，全区市场主体超6.7万户。

（七）社会民生事业明显改善

始终坚持民生第一目标，一般公共预算支出68.5%用于民生，"学有所教、劳有所得、病有所医、老有所养、住有所居"取得新进步。推进创业型城市建设，城镇新增就业近5万人，为区内笔电企业输送1.5万人。"五大保险"全覆盖，社保基金征缴总额达18.8亿元、增长27.6%，城乡居民养老、医保参保率分别达92.6%、97.1%。坚持85周岁以上高龄老人营养补贴制度，全区100岁以上老人124人，占全市十分之一。22件重点民生实事投资39.5亿元，超额完成年度目标任务。其中，农网改造升级、城镇清洁工程、撤并村公路建设任务提前完成。

(八)生态文明建设迈出新步伐

认真落实《加快生态文明建设的意见》，城市环境更加宜居。深入开展蓝天、碧水、宁静、绿地、田园环保"五大行动"，中心城区空气质量持续改善；长江干流(江津段)水质保持良好，城市饮用水源水质达标率100%；城区环境噪声和道路交通噪声优于功能区标准；森林覆盖率42.5%，生态环境质量不断提升。严控高耗能、高污染、资源型行业，总量减排任务全面完成，万元GDP能耗下降2%，规模以上工业综合能耗下降8.4%。新建成污水处理厂8座，实现镇街、园区污水处理厂和环保机构全覆盖。

二、发展中存在的问题

一是经济质量有待提高。工业新投产项目特别是高新技术项目偏少，第三产业发展还需提速，社会创新潜能未充分发挥，产业结构需进一步优化。二是城市品质还需提升。城市规模扩张加大了治理压力，几江半岛城市公共空间仍显不足，城市管理与群众需求还有差距。三是民生改善任重道远。在财政收入增长趋于平稳的情况下，保障民生刚性支出的难度加大。四是作风建设仍需加强。政府职能转变和政风建设长效机制还需完善，部分公务人员机遇意识、忧患意识、担当意识和执行能力不强。

三、2015年发展目标

2015年，全区经济社会发展主要目标是：地区生产总值增长12%左右，全社会工业总产值增长18%，一般公共预算收入增长15%，社会消费品零售总额增长15%，全社会固定资产投资增长16%，城乡居民收入增长与经济增长基本同步。城镇新增就业5.5万人以上，城镇登记失业率控制在3%以内。单位生产总值能耗下降2%。

(作者单位：江津区政府办公室)

合川区

邓文

一、2014年发展回顾

2014年，在市委、市政府的坚强领导下，全区坚持稳中求进、稳中有为，深入贯彻全市五大功能区域发展战略，立足城市发展新区定位，围绕"三大奋斗目标"，按照"一心两区一走廊"功能布局，大力实施"十大工程"，攻坚克难，奋力作为，实现经济发展稳中有进，社会事业齐头并进。全年实现地区生产总值440.5亿元，增长11.1%；全社会固定资产投资437.1亿元，增长20.8%；社会消费品零售总额188.4亿元，增长13.5%；一般公共预算收入33.2亿元，增长11.7%；城乡居民收入分别达25098元、11899元，增长10%、12.2%。

(一)工业经济上档升级

工业总产值历史性突破千亿大关，迈入全市第一方阵，达到1008亿元，增长25%，实现工业税收13.3亿元，增长57.8%。新增规模工业企业43家，产值过亿企业达125家。产业结构逐渐优化。五大集群支撑有力，完成产值963亿元，占全部工业的95.5%。汽摩及装备制造产业成为主要支撑，完成产值310.5亿元，增长71.7%，占全部工业的30.8%。特别是北汽银翔实现整车产量20万辆，完成产值75.5亿元，增长236%，成为资源依赖型工业向技术密集型工业转变的重要标志。材料和能源产业平稳发展，分别完成产值206.9亿元、146.2亿元。电子信息产业增速迅猛,完成产值51.2亿元。消费品产业完成产值248.2亿元。平台支撑逐渐增强。工业园区基础设施面积拓展到36.9平方公里,入园企业达300家,工业"一园四区"集中度达36.2%。建成投产万强摩托、双槐电厂二期等项目76个,在建西南制药一厂、永丰气门等项目201个,新开工建设台湾元创汽车、萨固密封件等项目121个。质量效益稳步提升。工业产品质量监督抽查合格率96%。新认定高新技术企业6家、高新技术产品42个、国家级重点新产品2个、市级重点新产品30个,专利申请2435件、授权729件。

(二)农业效益大幅提升

围绕提高农业综合效益,产业化、规模化、集约化发展现代农业。全年实现农业总产值86亿元、增加值60亿元,分别增长4.4%、4.5%。产业规模逐渐扩大。粮食总产量、生猪出栏量、水产品产量连续六年全市第一,分别达72万吨、121万头和3.9万吨。建成4个万亩级油菜、玉米、水稻高产示范片,3个千亩级水产、蔬菜示范片,新增2350亩龙眼、蓝莓、柑橘标准化示范基地,引种5000亩油橄榄。现代农业园区建设加快。云门核心区道路、接待中心、广场等配套建设有序推进,千瑞食品、云里花海等项目落地开建,园区内水产、蔬菜、花卉、水果、乡村旅游等产业初具规模。农业效益持续提升。新培育农产品加工企业2家,总量达260家。龙市、云门等食品加工园不断壮大,大正饲料、枇杷饮料、渝州酒业等生产线建成投产。新增"三品一标"农产品33个,太和胡萝卜、合川湖皱丝瓜成为国家地理标志认证农产品,"石丫"越野蛋获第八届中国国际有机食品博览会金奖,小沔恒韵甲鱼获中国仿野生有机甲鱼第一品牌。太和米市村获评"全国一村一品示范村"。

(三)商贸服务持续繁荣

着力培育市场主体,改善流通环境,提升消费质量,区域性商贸物流中心基础更实。城乡商贸持续活跃。新培育限上商贸企业53家,新增城区商业设施60余万平方米。宝龙城市广场、步步高百货、希望皮革城建成开业,合州农副产品批发市场、汽摩交易中心开业营运,云门、龙市等镇级商业中心建成投用,改造村级示范店113个。举办大型展会15次,直接经济收入4.6亿元,拉动消费近20亿元。电子商务起步良好。完成全区电子商务发展规划,组建电商协会和孵化基地,电商企业达200余家。金融、物流等现代服务业快速发展。三峡银行、浦发银行在合设立分支机构,金融机构存款余额485亿元、增长8%,贷款余额296亿元、增长13%。渭沱物流产业园概念性规划通过评审,铁路物流枢纽建设获批,长安民生物流完成公司注册。

(四)旅游产业蓬勃发展

坚持政府引导、市场运作,全域推进旅游名城建设。全区接待游客492.2万人次,实现旅游收入7.8亿元,分别增长12.6%、15.8%。景区建设快速推进。钓鱼城半岛、三江水上游、双龙湖等旅游开发项目签订合作协议。钓鱼城申遗、创5A工作有序推进,景区城墙二期、军事小品建成投用。涞滩古镇创4A通过初评,完成停车场、游客中心等项目建设。钓鱼城护国门、涞滩瓮城荣膺中国最美景观拍摄点。旅游配套逐步完善。建成城区旅游标识系统,开通3条来合旅游直通车。华地王朝大酒店获评五星级旅游饭店,恭州大酒店开业迎宾。新研发马门溪恐龙、石刻拓片等旅游商品。成功举办2014年钓鱼城旅游文化节,拍摄完成合川旅游宣传片、《钓鱼城》纪录片,合川旅游商务网站、手机APP和旅游微信上线运行。乡村旅游持续发展。大石嘉隆西海开园迎客,龙市友军生态园、云门水云间等人气渐旺,双凤赏花节、官渡桃花节、古楼枇杷采果节等乡村旅游节会逐渐成熟。

(五)城镇建设更加靓丽

抢抓城市发展新区城镇化主战场机遇,全力推进城乡一体化建设,促进产城融合。城市建设有序推进。完成城市总体规划局部修编及水利、交通、城市排水等专项规划编制。花滩、高职教城、小安溪等片区有序梯度拓展,凉亭片区部分街区建成开放，学府二路、花滩大道A段、金涪路一期等建成通车，涪江四桥主桥墩出水，赵家渡滨江堤防完成水下工程。城市功能持续完善。合川新火车站建成投用。完成道路"白改黑"14.7万平方米、人行道整治4.3万平方米。实施城区污水管网清淤疏浚543公里，污水截流改造233处，内涝整治9处，日均收集处理污水4.5万立方米，城区污水处理率达86.8%，建成区绿地率达42.2%。城市管理不断加强。成功创建国家卫生区，入选全国文明城区提名，荣获"全国首批创建生态文明典范城市"称号。全面启动智慧城市建设，建立三级城市管理体制。持续加强背街小巷、小区楼院、农贸市场等重点区域治理，常态推进环境卫生、业态布局、行业秩序整治，城市环境质量大幅提升。镇村条件切实改善。5个市级中心镇基础设施建设项目年度目标全面实现，完成一批场镇道路、广场、景观等设施建设。建成20个场镇污水处理厂。推广户用沼气2000口。建设高标准农田1.5万亩。整治病险水库18座、山坪塘1673口。改造农村危旧房2200户。三汇、涞滩、太和、钱塘获评重庆最美小城镇，涞滩二佛村上榜第三批中国传统村落。生态环境更加优化。扎实开展环保"四清四治"，深入开展环保"五大行动"。建成大石、三庙等19个镇街垃圾收运系统，完成21个行政村环境连片整治、19个规模化畜禽养殖场污染治理。全区空气优良天数达342天。三江水环境质量总体达到Ⅲ类水质标准。噪声达标区34平方公里。新增造林8660亩，治理水土流失9平方公里。

(六)交通条件更加优越

围绕配套两江、融入主城、承接成渝，实施交通基础夯实工程，交通条件持续改善。重大交通建设提速。合川至重庆城际动车班列正式开通，兰渝铁路渭沱至重庆段、三环高速铜梁至合川段建成通车。重庆首条市郊铁路渝合线顺利开工，渝广高速控制性工程提速建设。合璧津高速、合潼高速纳入市级建设规划，交通一体化布局更加优化。路网建设加速推进。完成国道212合隆至古楼段、省道416九岭至铜梁段、燕赤路燕窝至龙凤段等干线公路改造25公里。建成农村通畅公路71条210公里、撤并村通达公路45条135公里。航运中心加速构建。推进"一干两支"航运网和"六客六货"综合港口体系建设，利泽航运枢纽可研获批，建成水上应急救援基地应急码头及涞滩、白沙坝、狮滩3个货运码头，完成张弓滩、渠河嘴等5处高洪水位锚地建设。

(七)民计民生持续改善

始终把保障和改善民生作为一切工作的出发点和落脚点，全面落实32件民生实事。城乡就业不断扩大。新增转移农村劳动力8000余人，城镇新增就业3.8万人，动态消除城镇"零就业"家庭。城镇登记失业率控制在3%以内。新增微型企业1000余户，有效带动就业7200余人。太和镇亭子村获全市十强微企村，做法得到市委表扬。教育发展日渐均衡。新建成寄宿制学校6所，改(扩)建幼儿园、中小学校34所。完成智慧教育一期工程建设。实施各类资助7430万元，惠及学生8.5万余人次。农村贫困地区义务教育学生营养餐实现全覆盖。文化事业全面发展。"三馆一站一屋(文化馆、图书馆、陶行知先生纪念馆，镇街综合文化站，农家书屋)"实现免费开放，惠及群众近100万人次。成功举办"江城大舞台"、"我们的节日"等大型群众文化活动。《江城之恋》《相约合川》等作品获得市级以上奖项40余项。社会保障扩面提档。"七大保险"参保248.8万人次，城乡居民社会养老保险参保率达95%以上。建立健全社会救助和保障标准联动机制，提高城乡低保、农村"五保"、医疗救助标准，困难弱势群体切实得到关爱帮扶。健康服务水平提升。建成标准化卫生院和社区卫生服务中心30个、村卫生室200个，基层医疗卫生机构服务功能进一步完善。区妇幼保健院迁建工程加快推进，全民健身中心主体工程完工，中医院住院大楼建成投用，区域性医疗中心加快形成。全面实施基本药物制度，试点公立医院和基层医疗机构药品"零差率"销售，让利群众4771万元。

(八)平安稳定持续巩固

全市深化平安重庆建设推进会在合召开，

合川平安稳定工作得到市里充分肯定。法治建设加力推进。出台《关于贯彻落实〈中共重庆市委关于全面推进依法治市的意见〉的实施意见》,全面推进法治合川建设。深入开展"六五"普法,出台《合川区医疗纠纷预防处置调解办法》《司法救助实施细则(试行)》等规范性文件,全区法治化水平进一步提高。"四个安全"更加稳固。承办全市安全生产月宣传咨询日暨安全文化艺术展演活动。常态化开展干部下访、"村(居)民开放日"活动,各级党员干部累计接访下访20万余人次,分级分类分责处置疑难复杂信访问题89个,化解率达90%以上。安全事故发生起数下降4.3%,无重特大安全事故发生。社会治安全面加强,八类案件下降30.4%。群众安全感指数达95%,居全市第5、比去年上升12位。群众满意度、执法司法公信力居全市第1。深入开展非法集资整治,打击非法集资人员98人,追还群众集资款近5亿元。创新社会治理模式。着力构建信息网、责任网、服务网"三网合一"的网格化管理模式,服务触角延伸到百姓身边。建立网络舆情分级响应制度,网络舆情环境明显改善,网络安全总体可控。

二、发展中存在的问题

一是经济结构亟待优化,优势产业的集中度和集聚力有待增强,多点支撑格局还未形成,规上工业比重较低,现代服务业发展相对滞后。二是基础设施支撑不足,互联互通、功能配套、公共服务等跟进滞后,新型工业化、城镇化推进还比较缓慢。三是政府负债仍然较重,保发展、保民生、保偿债、保运转压力较大。四是资源环境要素约束趋紧,实体经济发展面临不少困难,发展瓶颈亟待突破。

三、2015年发展目标

2015年是全面完成"十二五"规划的收官之年。合川将深入贯彻落实中央及重庆系列会议精神,主动适应经济发展新常态,以提高经济发展质量和效益为中心,立足城市发展新区定位,紧紧围绕"三大奋斗目标",按照"一心两区一走廊"功能布局,大力实施"十大工程",稳中求进,重点攻坚,全面提升,统筹推进经济、政治、社会、文化和生态文明建设,夯实经济强区基础,彰显宜居江城特色,提升旅游名城形象,促进经济平稳健康发展、社会和谐稳定。力争地区生产总值增长10.5%左右,全社会固定资产投资增长15%,一般公共预算收入增长10%,社会消费品零售总额增长12%,城乡居民收入分别增长9%和11%。

(作者单位:合川区政府研究室)

永川区

李鸿飞

一、2014年发展回顾

2014年,面对复杂的宏观经济形势和繁重的改革发展稳定任务,在市委市政府的坚强领导下,永川区委、区人民政府全面贯彻党的十八大、十八届三中、四中全会精神和习近平总书记系列重要讲话精神,围绕"重庆大都市区重要组团、城市发展新区重要节点"的功能定位,全力做好"园区"和"城区"两篇文章,全面深化改革开放,着力稳增长、促改革、调结构、惠民生、防风险,全区呈现出经济平稳较快发展、民生不断改善、社会和谐稳定的良好局面。全年地区生产总值实现512.5亿元,增长12.8%。全社会固定资产投资完成578亿元,增长24.2%。社会消费品零售总额实现219亿元,增长15.9%。一般公共预算收入实现38.9亿元,增长20.5%。城乡居民收入分别达到26034元和12406元，增长10.2%和12.4%。

(一)经济保持平稳较快增长

主要经济指标超额完成年度任务，增量和增幅进入全市第一方阵，其中社会消费品零售总额居城市发展新区第一、增速居全市第一。有针对性地出台了提振工业经济、扶持中小企业、扩大消费等一系列政策措施，平衡资源要素供给,推进60个重点项目建设。设立中小企业贷款风险补偿基金,鼓励金融机构服务实体经济,解决企业融资需求63.2亿元。强化政府性债务风险防控,信托类占比下降9.6个百分点。

工业经济迈上千亿级台阶。完成工业投资283.4亿元，实现工业总产值1003亿元，增长28.6%,成为全市第六个工业千亿级区县。工业增加值236.2亿元,增长12.6%。规模以上工业总产值825亿元,增长23.8%,企业达364户。园区工业集中度提高到72%。在宏观经济下行的大背景和传统产业普遍低迷的“小气候”下,以扩大增量实现了更有效益的增长。

(二)经济结构调整步伐加快

三次产业结构调整为8.7:57.3:34。工业增加值比重提高1.7个百分点，第三产业稳步发展,其中金融业增加值增速达17.5%。软件与信息技术服务产业实现产值22.8亿元,入选重庆市第一批大数据试点产业园，被评为中国十大智慧园区之一。投资和效益结构进一步优化,工商产业、基础设施和房地产投资占比分别为53.9%、24%和14.5%,税收增长20%,规上工业企业利润增长31%。机器人及智能装备、轨道交通、城市矿产、汽车及零部件、纸业、软件与信息技术服务六个百亿级产业集群已见雏形。改造提升传统产业与淘汰落后产能并举,实施“一企一策”分类指导,推进“三转两升”,完成32个企业技改升级项目，传统产业占比由最高时的66%下降到39%,万元GDP能耗下降3.5%。农业发展提质增效,茶叶、食用菌、特色水产、名优水果等一批亿元级产业链加快形成。茶山竹海—乐和乐都入选首批市级旅游度假区。

(三)区域交通枢纽和通关建设取得重大突破

渝永高速开工建设,成渝高铁即将竣工,重庆三环高速公路永川至江津段建成通车，通用航空机场、永泸高速、永川港口等项目前期工作有序推进,“公、铁、水、空”区域综合交通枢纽初步形成，长期制约永川发展的通道瓶颈得到极大缓解。重庆保税港区永川延展平台加快建设,海关和检验检疫局即将设立,口岸、报税功能日益凸显,区域聚集和辐射能力不断增强。

(四)招商引资取得重大进展

引进固高科技、广州数控等45家机器人及智能装备企业。引进中车青岛四方轨道交通项目。引进北大方正智慧医疗等项目,软件与信息技术服务入园企业达41家。引进万达商业综合体、吉之汇国际农贸物流城、华圣通达公路港暨电商总部基地等项目,积极发展跨境电子商务、进口商品展示交易等新兴业态,品牌招商、产业集群招商、产业链招商成效显著。全年利用内资308亿元,增长24.8%;利用外资2.1亿美元,增长26.2%；离岸服务外包交易额达到8257万美元,增长26.4%。

(五)城乡建设管理水平不断提升

城乡总体规划修编获批。高铁永川东站综合枢纽等项目进展顺利,建成观音山公园、探花公园、灵猴广场。新建和改造城镇污水管网29公里,改造老旧小区及背街小巷17处,新(改)建公厕29座,清掏老城区无主化粪池350座,安装路灯68组,安装人行物理隔离设施7.5公里,新(改)建公交站亭15座,城市生活污水、生活垃圾处理率分别达到90%和98%。开展超载超限、三轮车违法行为、扬尘污染、占道经营、违法建设等专项整治行动。实施环保“五大”行动,城区空气质量优良天数达到334天。全区森林覆盖率达到44.1%。城镇化率达到63.2%。开展“美丽永川·清洁乡村”行动,建设8个“美丽乡村”试点村,16个镇街建成“十项公共服务设施”,建成3个市级农民新村示范点，场镇卫生和农村环境得到明显改善。10万余名志愿者积极参与各类志愿服务,城市文明程度不断提升。

(六)社会民生进一步改善

民生支出占一般公共预算支出55.6%。城镇新增就业3.8万人，城镇登记失业率为2.49%。扶持成功创业2017户，带动1万余人就业，帮助212名贫困家庭大学生创业就业。实施城乡居民大病保险。建成城市社区养老服务中心10所，改(扩)建敬老院4所。建成永川中学新校区(二期)、兴龙湖小学、红专小学宋锦桥校区，改(扩)建农村学校14所，新(改)建公办幼儿园21所。推行医疗机构联合体制度，全区基层卫生院次均门诊费用和住院床日费用分别下降17.5%、7.9%。建立医疗救助"一站式"服务平台，资助4.57万名困难群众参加城乡医疗保险，医疗救助12.34万人次；支出医疗救助金2352.5万元，同比增长20.8%。建成撤并村卫生室19个。新开诊民营医院4家。整治山坪塘2713口，实施红层找水打井3000口，解决3.39万农村居民饮水安全问题。改造农村危旧房2502户。行政村通客车和撤并村通公路均实现100%。群众文化活动和全民健身运动蓬勃开展。扎实推进平安永川建设，刑事案件、暴力案件、侵财案件分别下降12%、26.9%、10.7%，群众安全感指数达到93.2%，群众满意度和执法公信力显著提升。安全生产事故起数和死亡人数继续保持双下降。深化信访工作改革，初信初访办结率达100%。26件民生实事推进顺利，其中弃管小区电力设施改造数量全市第一。"10+4"专项整治初见成效，解决关系群众切身利益问题313个。整治违法建设56.3万平方米。追回拖欠群众款项1856.5万元。清理取消村(社区)协助办理事项57项、标识标牌2480余块、上墙制度120余项。镇街、村(社区)两级服务中心规范化达标率均达到90%。

(七)改革创新活力不断增强

稳步实施16项改革，持续激发社会创造活力。推进行政审批制度改革，取消和下放行政审批事项106项，落实建设工程并联审批，实现工业投资项目26个工作日、商业和政府投资项目30个工作日内审批办结。实行工商登记制度改革，新增市场主体10506户，注册资本116.4亿元，分别增长19%和47%，均创历史同期新高。积极推动PPP投融资改革，政府投资占比下降5.4个百分点。改革招投标评标办法和土地出让方式，有效提升公共资源效益。推动国企改革并取得阶段性成果，全区国有企业由29家重组为12家。深化农村改革，入选全国农村综合改革试验区。

二、发展中存在的问题

一是经济总量不大、结构不优、质量不高的问题尚未根本改观。二是受宏观经济下行的影响，实体经济较为困难。三是财政收支矛盾凸显，偿债压力大。四是民生工作欠账较多，民生实事科学性、针对性、有效性还不强。五是政府职能转变和作风建设亟待加强。六是法治政府建设任务紧迫而繁重，反腐倡廉仍须常抓不懈。

三、2015年发展目标

2015年，全面贯彻落实党的十八大、十八届三中、四中全会精神和习近平总书记系列重要讲话精神，贯彻落实市委四届五次、六次全会和区委十三届六次、七次全会决策部署，深入实施全市五大功能区域发展战略，坚持稳中求进工作总基调，紧紧围绕"工业强区、产业兴城"一条主线，做好"园区"和"城区"两篇文章，主动适应经济发展新常态，加快转换发展动力，统筹推进新型工业化、信息化、城镇化、农业现代化，着力保障和改善民生，全面推进依法治区，促进经济平稳健康发展、社会和谐稳定。主要预期目标为：全区地区生产总值增长12%左右。规上工业总产值增长21%。工业增加值增长15%。社会消费品零售总额增长15%。固定资产投资增长20%。一般公共预算收入增长14%。万元GDP能耗下降1.5%。主要污染物排放量削减率达到重庆约束性目标。城镇登记失业率控制在2.8%以内。城乡居民收入增长与经济增长基本同步。

(作者单位：永川区政府办公室)

南川区

袁阁臣

一、2014年发展回顾

2014年，南川区完成地区生产总值173.19亿元，同比增长（下同)7.0%；地方财政收入36.21亿元，其中公共预算收入18.37亿元、增长8.4%；社零总额90.81亿元、增长13.4%，高于全市平均水平；城乡居民人均可支配收入分别实现24730元、10160元，增长9.6%、11.8%，经济运行总体好于预期。

（一）产业升级步伐加快

突出振兴工业，出台“工业12条”，调整园区体制。实现工业总产值124.70亿元，增长5.0%；工业增加值46.97亿元，增长5.1%，规模工业增加值增长3.6%。新增规模以上工业企业30户，高新技术企业实现“零”的突破。规模以上工业经济效益综合指数为199.5，实现产品销售率97.5%。安坪基地成为市级重点，34家企业落户，19家企业投产，博赛集团满负荷生产，鸿庆达一期具备点火条件，机械装备、食品医药等行业产值增幅超过20%。

狠抓旅游商贸提质。全年接待游客1145万人次、增长14.3%，其中过夜游客达156.6万人次、增长20%；实现旅游综合收入42.5亿元、增长17.1%。金佛山-神龙峡获批首批市级度假区；金佛寺、绝壁栈道等景点建成迎客，核心景区步游道形成环线；“金佛山号”轻轨冠名运行，南川旅游在央视营销。优化商贸业态，新建专业市场18万平方米，中心商圈名润广场全面投用，新世纪百货、重百超市、永辉二店开门营业。

促进农业增效，深化适度规模经营。实现农业总产值52.51亿元，增长4.7%；粮食稳产33.31万吨，增长0.2%。大观食品加工园、市级现代林业园破土动工，茶叶集团跻身全市“十强”，新发展家庭农场100户，农村土地集中经营度达到41.7%。巩固烤烟、方竹笋、玄参、香菇等产业，精深加工产品上市，南部山区农民收入超过全区农民人均收入12个百分点。

（二）调控保障积极有效

实施项目建设挂单攻坚，扩大投资规模，优化投资结构，提升投资实效，凤嘴江商业街、客运西站等项目集中开工，黄泥垭隧道、金佛山水利工程加快建设。重点项目完成投资85亿元，带动全社会固定资产投资145亿元。多方面筹措发展资金近50亿元，强化资金平衡调度。从严管控运行风险，健全政府性债务管理、化解、问责机制，政府债务率从114%下降到94%，债务风险由“预警区”下降至“提示区”。加强用地保障，城乡总体规划启动编制，土地利用规划中期修改通过审查，获批建设用地9625亩，征收土地1.05万亩，拆迁房屋38.8万平方米，拆除违法违章建筑10.6万平方米。

（三）城乡面貌持续改善

全年完成建筑业总产值80.14亿元，实现建筑业增加值15.89亿元。拓展建成区1.83平方公里，常住人口城镇化率达到54.1%，数字化管理扩容3平方公里。新城区开发完成投资6亿元，新建市政道路3公里，龙济大道开工建设；商务中心、成教中心、传媒中心、市民广场建成投用。商品房开、竣工面积均突破百万平方米；城西、硫磺、粮食局、东街片区加快改造。980公里地下管网普查全面完成。城区主次干道“白改黑”、LED路灯实现全覆盖，城市增绿8.5万平方米。驾考中心竣工投用，南道高速、三南铁路、综合交通换乘枢纽建设提速。新改扩建公路330公里，汤盆“渡改桥”建成通车，符合条件的行政村通客车率达到100%，成为全市首批“双百”达标区县。木凉撤乡建镇,水江、南平、大观成为全国重点镇。23个新型农民社区、2500户农村危房改造加快推进。城周石漠化治理全面完成,森林覆盖率达到49.5%,完成30个村庄环境连片整治,城乡污水处理率达到75%,黎香湖获批国家湿地公园,山王坪成为全国首个喀斯特生态公园。

(四)改革开放不断深化

推进18项重点改革任务,为经济社会发展注入新动力。加快政府职能转变,完成新一轮政府机构改革和"三定"方案,撤销临时机构45个。完成行政审批"两集中、两到位"首批6个单位改革,取消、下放、调整行政审批事项178项。改革区属国有公司营运体制,盘活存量国有资产2亿元。优化政府投资询价机制,核减重点工程投资3亿元。健全金融机构激励办法,新增贷款83.1%投向产业领域,不良贷款率下降至0.19%。促进工商注册登记便利化,各类市场主体达到3.8万个、增长20.5%,非公经济主体数量占比达98%。鼓励企业创新,新建成市级工程技术平台2个,市级知识产权试点园1个。加快城乡资源互动改革,"三权"抵押贷款余额达到1.86亿元,地票成交1.7亿元,成为国家农村综合改革试点区。组建6个招商组,与市农委、市经信委、市城乡建委签订战略合作协议,全年实际利用内资98亿元,完成进出口总额1.7亿美元,开放水平明显提高。

(五)社会事业均衡发展

2014年,区财政对科技拨款2214万元,申请专利569件,授权专利125件;新建成市级工程技术平台2个,市级知识产权试点园1个。实施全民创业就业工程,发放补助资金4390万元,开展培训5131人次,新增创业实体3100个,新增就业1.8万人,零就业家庭动态消除,充分就业村(社区)达到92%。推动城乡养老及医疗保险扩面提标,城镇企业退休人员养老待遇"十连增",职工医保住院报销率提高至75%,长期遗留的400余名征地工社保问题得到解决,农房双保险实现全覆盖。社会救助体系基本建立,支付各类救助救济资金6310万元,救助9.2万人次。发展243个空巢老人协会,改造12所敬老院,新建11个社区养老服务中心和20所农村幸福院。教育事业加快发展,与北师大共建南川附校,新改扩建校舍2万平方米;全区有学校196所,专任教师5420人,高考上线率达到90.7%;助学工程惠及4.2万人,高考上线率达到90.7%,初中毕业生升学率97.0%,小学毕业生升学率97.0%,学龄儿童入学率达到100%,九年义务教育巩固率达94.2%;职业教育水平稳步提升;南川成为国家基础教育课程改革实验区和示范性综合实践基地。人民医院创"三甲"通过初评,新城区宏仁医院主体完工,15个撤并村卫生室建成投用。稳妥实施"单独两孩"政策。建成38个社区文化中心,"乡村小舞台"送戏下乡900余场,本土创拍电影《深情约定》在全国院线上映。强化社会网格化管理,社区法律诊所经验全市推广,矛盾纠纷化解率达到98.4%。恢复和新建派出所8个、警务室22个,深入开展"打非治违"专项整治,群众安全感指数保持在92%以上。

二、发展中存在的问题

经济总量不大、结构不优等问题仍较突出,转型提速面临诸多瓶颈和制约:一是经济下行压力依然较大,项目引进竞争加剧,适应政策变化、扩大有效投资、增添发展动力仍是首要任务;二是实体经济发展基础不牢,创新发展方式、优化发展环境、强化发展保障、加快构建以工业为主导的新型产业体系仍是当务之急;三是中心城区规模不大,乡镇发展动力不足,增强承载能力、扩大外来消费、促进城乡统筹发展仍然任重道远;四是财政减收与增支矛盾加大,就业、社保、教育、科技、文化、安全等领域仍待强化。

三、2015年发展目标

2015年经济社会发展的主要预期目标是:GDP增长10%以上,工业增加值增长15%,固定资产投资增长15%,社会消费品零售总额增长

13%,一般公共预算收入增长10%,城乡居民收入分别增长10.5%、11.5%,城镇登记失业率控制在3%以内。

重点项目建设计划是：建设70个重点项目,新开工35个、续建35个、竣工14个,实现年度投资134亿元，带动全社会固定资产投资完成167亿元。其中,工业化项目投资46.6亿、占34.8%，城镇化项目投资26.6亿元、占19.8%,旅游商贸项目投资21.8亿元、占16.3%,农业现代化项目投资3.7亿元、占2.8%,基础设施项目投资35.4亿元、占26.3%。力争实施助推类重大项目10个，引进投资10亿元的产业项目2个以上。

(作者单位:南川区政府办公室)

綦江区

张光强

一、2014年发展回顾

2014年，面对严峻复杂的经济形势和艰巨繁重的改革发展稳定任务，綦江区认真贯彻落实党的十八大及十八届三中、四中全会和习近平总书记系列讲话精神,紧紧围绕市委、市政府五大功能区域战略部署,全力实施“四区一城”发展战略,坚持打基础、利长远的务实作风,着力稳增长、调结构、促改革、惠民生、防风险,全区呈现出经济难中有进、民生不断改善、社会和谐稳定的良好局面。全年GDP实现277.1亿元,增长11.1%；公共财政收入24.4亿元，增长13.9%,其中税收收入14.3亿元,增长15%;规上工业总产值352.9亿元,增长13.5%;全社会固定资产投资298.3亿元,增长18.2%;社会消费品零售总额96.9亿元,增长13.5%;城镇居民人均可支配收入22535元,增长9.5%;农民人均纯收入10421元,增长11.8%。

(一)围绕“四区一城”,着力推动经济增长

把工业园区作为“产业转型升级发展区”的主战场,全年园区实现产值128亿元;桥河组团汽摩整车产业集群和节能环保建材产业集群发展取得较大进展，北渡铝产业园产业链延伸发展效果显现，三江老工业基地改造利用步伐加快。“城郊休闲旅游度假区”建设取得阶段性成果,古剑山被评为首批十大市级旅游度假区,东溪古镇入围重庆最具人文价值小城镇；旅游地产开工41万平方米、竣工27.4万平方米,完成投资8.2亿元;全年接待游客557.2万人次。深入推进“山地现代农业示范区”建设,蔬菜、畜禽、特经产业快速发展,农旅融合更加深入,农业比较效益进一步提高。“现代山水田园城市”扩容提质,城市骨架进一步拓展,东部新城人口集聚能力进一步提升;房地产开工114万平方米、销售74万平方米;打通、永新、赶水跻身全国重点镇,城镇化率提高到47.4%。努力夯实“渝黔合作共赢先行区”基础,商贸综合体及流通体系建设稳步推进,渝黔通道、产业发展平台建设等取得较大进展。

(二)狠抓项目建设,着力夯实发展基础

始终把扩大投资作为推动经济当前发展、解决经济长远发展瓶颈问题的重要手段和战略，以重大项目管理为抓手，全力推动项目建设。按照目标任务明确、工作措施有力、效果评价量化的办法，对项目建设实施节点网络化管理，以每两月召开一次区长办公会的形式专题研究重大项目建设,及时检查项目推进情况,研究解决推进中的问题，使重大项目建设在稳增长、添后劲中发挥了关键作用。全年共实施重大项目和重点项目85个,渝黔高铁、三南铁路、三环高速公路有序推进,篆坭公路一期全面完成,綦兴路、东丁路、打大路等一批重点交通工程顺

利建设,茶树湾、鸡爪岭水库等一批水利工程有力推进;汇程铝业、远成铝业、炙炎摩托等一批工业项目建成投产,安稳电厂二期工程、蟠龙抽水蓄能电站、綦齿汽车变速箱等一批工业项目稳步推进;古剑山景区生态运动公园建设加速,东溪古镇"两宫"修复工程完成投用;通惠商圈红星国际广场顺利推进,商贸平台不断完善;兰花科技园一期建成投用,一批街镇特色产业园与乡村旅游融合发展;南方翻译学院一期建成招生、体育中心一期基本完工,城市功能进一步完善。

(三)全力招商引资,着力培育产业集群

工业招商紧紧围绕铝材精深加工、汽摩整车及装备制造、建筑产业化及节能建材三大重要方向,突出专业团队、专业方案、重点产业,强调产业链、产业集群招商,引进北方铝业、力阳摩托、菱电电梯和节能建材产业基地等一批重大项目。旅游招商以强化宣传营销、力推"三养"品牌、增强地区休闲旅游影响力为重点,组团参加全市春秋季房交会,举办夏季主城5大商圈巡展活动,引进天津泰达、渝商旅投、途家斯维登酒店等名企。商贸招商突出平台建设,瞄准电商产业的巨大前景,成功引进香港清华同方綦江电商产业园项目;运用PPP方式,引进社会资本投资建设高铁站场综合体。全年共签约项目47个,协议引资348.5亿元,到位资金122.9亿元。

(四)全面深化改革,着力优化发展环境

把改革作为改善投资环境最重要的抓手,深入推进行政审批改革,取消部分审批事项,出台《优化建设项目审批流程实施办法》等实施细则,强化改革措施执行。加强三级政务服务平台建设,进一步提高群众办事便利化程度。优化政府职能,整合组建文化委、卫计委、安监局,撤销6个挂牌机构,归并设立统一的保险经办机构,完成食品药品监管体制改革。实施"先照后证"等工商登记制度改革,激发全民创业热情,市场主体数量增长16.7%。完善科技创新激励机制,出台科技创新扶持奖励办法,培育高新技术企业4家,新申请发明专利77项,开发重点新产品3个、高新技术产品16个。建立中小企业融资增信基金,放大财政资金杠杆作用。严格政府投资项目管理,推行政府投资项目代建制,强化政府投资审计工作,提高政府投资项目的管理水平。加大政府债务管控力度,着力控制总量、降低成本、把好投向,有效防范债务风险。改革财政专项资金使用办法。全面推行公务卡改革,加强财政资金使用监管。深化国有企业改革,进一步激发工作活力。推进农村综合改革,现代农业经营体系逐步健全,新发展家庭农场等新型农业经营主体190余家,"綦江辣椒"获集体商标认证,两河野木瓜专业合作社获"中国50佳合作社"称号;推进适度规模经营,流转土地59.2万亩。

(五)贴近群众需求,着力改善社会民生

切实解决人民群众最关心、最直接、最紧迫的民生问题,市级22件民生实事涉及我区的11项工作全面完成,区级10件民心工程全面实施。坚持以创业促就业,较好解决高校大学毕业生、农村转移劳动力、城镇困难人员、退伍军人就业问题。在工业园区建成投用长乐小学,启动石壕中学、隆盛小学迁建和安稳学校扩建,新建和改建幼儿园21所,完成10所农村寄宿制学校配套设施、202套教师周转房建设,投入7000多万元实施学生关爱工程。人民医院三甲二期工程主体完工,精神卫生中心建成投用,累计完成标准化村卫生室建设248个,全面完成撤并村卫生室建设。"单独两孩"政策平稳实施。卫生城区通过市级复检验收。一批公共文化设施建成投入使用,成功举办重庆市第六届乡村文艺汇演等文化活动,开展文化下乡170多场次。完成2个高山生态扶贫搬迁集中安置点建设,实施城市棚户区改造16.2万平方米,改造农村C、D级危旧房2900户,硬化农村公路200公里,完成40个撤并村公路通达建设,整治山坪塘1763口,实施饮水安全工程137处,解决和改善9万农村人口饮水安全问题。加大社会救助投入,28.4万多人次享受城乡低保,近2.8万人次享受医疗救助。沉着应对"6·1"持续暴雨灾害和"8·4"冰雹灾害,灾害救助、应急救难及时有力。切实加强菜市场、停车场以及城市社区公益事项办理,有效解决了一批市政民生难题。平安建设不断深入,广大干部以敢于面对矛盾的勇气、积极作为的精神、创新务实的方式,一批多年积累和发展中产生的多起社会矛盾问题得到妥善解决,全年社会矛盾纠纷化解率达到98.3%,群众安全感达93.8%;面对严峻的安全形势,坚持红线意识,强化底线思维,勤排查、严整治,实现全年安全形势总体平稳,扶欢镇成功创建国家级安全社区。生态建设不断加强,"四清四治"扎实推进,环保"五大行动"深入实施,城区空气环境质量二级以上天数为323天,镇级饮用水源地水质达标率为100%,20个行政村农村环境连片整治全面完成,营造林11万亩。

二、发展中存在的问题

一是宏观经济下行压力依然较大和全区经济总量仍然较小的问题相互叠加。二是经济增长的基础不牢和产业转型紧迫性加剧的双重压力。三是地方财力短期增长乏力和民生刚需不断增加的矛盾突出。四是转变政府职能、改进政府作风与更好地适应新常态的要求差距较大。五是安全生产、服务市场主体、法治政府建设等工作都需要进一步加强。

三、2015年发展目标

2015年经济社会发展的主要目标是:全区生产总值增长10%左右,一般公共预算收入增长12%,固定资产投资增长12%,规模以上工业总产值增长13.5%,社会消费品零售总额增长12%,城镇常住居民人均可支配收入、农村常驻居民人均可支配收入分别增长9.5%、10.5%。单位生产总值能耗和主要污染物减排完成市政府下达的约束性要求。城镇新增就业增长20%以上,城镇登记失业率控制在3.5%以内。

(作者单位:綦江区政府办公室)

大足区

黎耿

一、2014年发展回顾

2014年,全区地区生产总值329.8亿元,同比增长11.4%。三次产业结构比11.0:60.4:28.6。固定资产投资416.8亿元。地方财政收入70.8亿元。社会消费品零售总额89.7亿元。城乡居民人均可支配收入分别达到24998元、11235元。

(一)工业

全区工业总产值760亿元,规模工业总产值433.7亿元,规模工业企业343户。销售收入上亿元企业173家,其中销售收入超10亿元企业2家。工业投资完成176.9亿元。汽车及零部件、智能装备制造、现代五金、循环经济等支柱产业加快集聚,重庆机器人、施罗德管道机器人、台湾慧谷工业园等54个工业项目落户。

(二)农业

农业总产值53.8亿元。已有优质粮油基地30万亩、蔬菜基地10万亩、枇杷基地10万亩、葡萄基地2.6万亩、荷莲基地5万亩。出栏生猪73.1万头、家禽1056.7万只、肉羊15.1万只、肉兔67.3万只。大足黑山羊成功列入《国家级畜禽遗传资源保护名录》。农业龙头企业达157家,其中国家级1家、市级27家。

(三)旅游

全年接待游客1086.1万人次,旅游总收入34.9亿元,分别增长8.4%、10.5%。千手观音修复、大足石刻博物馆、温泉水世界主题乐园等项目加快建设,芳香产业园、雅美佳湿地公园等美丽乡村旅游项目有序推进,荷花山庄、昌州古城成功创建国家AAA级旅游景区。渝西、川东地区旅游协作成效初显。石刻国际旅游文化节、国际青年旅游节等成功举办。

(四)商贸流通

市场主体近4.6万个,微型企业3582户。限上商贸企业500户。注册商标2061件,重庆市著名商标32件。“大足印象”建成投用,国美电器、UME影城等知名企业入驻。新城商圈加快建设,签约引进喜来登、居然之家、红星美凯龙等品牌企业。全区新增商贸设施69万平方米、专业市场40万平方米,五金市场群实现交易额274亿元,新培育电子商务主体200家。

(五)对外开放

引进投资额5000万元以上项目60个,实际利用内资167亿元、外资11886万美元。进出口总额9923万美元。

(六)城市建设

城镇建成区增加2.0平方公里,达到49.25平方公里,常住人口城镇化率达到50.5%。建筑业总产值86.9亿元。新开工房地产面积252.2万平方米,房地产开发完成投资63.6亿元。城区绿地率达40.8%,城镇生活垃圾无害化处理率、城区污水集中处理率分别达93%、90%。

(七)社会事业和人民生活

高考上线率93.5%。社会力量办学单位283个。重庆电信职业学院实现新生入住,重庆工程学院、物流工程学院、资源与环境保护学院建设顺利推进。成功申办2015年中国文化遗产日活动主场城市。成功举办首届全区运动会。“三甲”医院装修工程基本完工,中医院扩建、精神卫生中心迁建有序推进。镇卫生院标准化建设实现全覆盖,145个村卫生室和76个撤并村卫生室建设全部完成。城镇新增就业19381人,城镇登记失业率为2.96%。城乡医保参保率98%以上。新建、续建保障房面积达73.4万平方米,改造农村危旧房3785户。解决161万平方米土地房屋“两证”遗留问题。

二、发展中存在的问题

经济总量还不大,争先进位的压力有增无减;传统产业增长空间收窄,新兴产业尚未形成规模,经济结构优化调整任重道远;要素成本上升、资源环境约束趋紧、融资难用工难等问题日益突出;民生领域还有一些群众不满意的地方。

三、2015年发展目标

按照国家关于成渝经济区的总体规划和重庆市五大功能区建设战略部署,坚持“稳中求进”工作总基调,主动适应经济发展新常态,紧紧围绕市政府对大足关于“成渝经济带的重要支撑点,城市发展新区的工业重镇、旅游重镇和重要交通枢纽”的定位,坚持实施“138”发展思路,全力推进双桥经济技术开发区、龙水工业园区、万古工业园区、海棠新城开发区、大足石刻旅游开发区、龙水湖度假区、市场物流园区、现代农业示范区八大功能板块建设。争取全年实现地区生产总值增长12%左右,地方公共财政预算收入增长13%以上,全社会固定资产投资增长17%,社会消费品零售总额增长13%,城乡居民人均可支配收入分别增长10.5%、12.5%以上。力争到2020年,建成60平方公里、60万人口大城市;地区生产总值突破800亿元;工业总产值突破2000亿元;市场物流交易额达到800亿元。

(作者单位:大足区政府办公室)

潼南区

石磊

一、2014年发展回顾

2014年，潼南深入贯彻落实党的十八大、十八届三中四中全会和习近平总书记一系列重要讲话精神，秉持“低调务实、少说多干、敢于担当、积极作为”的工作理念，立足“抓发展、促改革、惠民生、保平安、护生态”的工作重点，在市委、市政府的坚强领导下，紧紧团结和依靠全区广大干部群众，以创新激发活力，以改革增强动力，以实干提升竞争力，全区经济社会发展稳中有进、稳中有为、稳中向好。2014年全区实现地区生产总值234.16亿元，增长13.4%，增幅全市第一；地方财政收入40.08亿元，增长32.8%；全社会固定资产投资264.97亿元，增长43.7%，增幅全市第一；社会消费品零售总额70.86亿元，增长14.1%；城乡居民收入分别达到23791元、10387元，增长10.1%、12.8%。三次产业结构由21.4:45.9:32.7调整到18.5:52.2:29.3，二产业占比首次超过50%。

（一）以“4+1”产业为主导，工业经济加速发展

始终坚持工业强区战略，以“一园三区”为载体，不断壮大“4+1”产业集群。全年工业投资101.75亿元，增长43.2%；工业增加值77.05亿元，增长17.5%，增幅全市第一；规模以上工业总产值231.6亿元，增长51.5%。产业发展有突破。充分发挥全国最大单层整装天然气藏资源优势，不遗余力与中石油沟通对接，天然气销售合资公司、LNG液化工厂等项目前期工作顺利推进，天然气开发利用取得突破、前景广阔；瞄准重庆电子信息产业发展新机遇，乘势而上，创新而为，落户电子信息企业70家，生产手机2000万部，电子信息产业产值突破100亿元；集中精力推动企业开工建设，促进投产达产，16个项目顺利启动，21个项目抓紧推进，17个项目建成投产。“4+1”产业产值207.3亿元，占规模以上工业总产值的89.5%。对外开放有成果。积极争取海关和检验检疫在潼设立办事机构，努力搭建开发开放新平台；大力招商引资，新引进项目45个，到位资金50亿元；实际利用外资2748万美元、增长150%，完成外贸进出口总额6478万美元、增长105%。生产要素有保障。完成化工产业园落户项目场平，启动金属表面处理项目建设，建成凉风垭供水加压站和110千伏哨楼变电站，铺设工业供气管网4公里，竣工标准厂房28万平方米，为园区输送劳动力1500人，生产要素保障有力。

（二）以城乡总体规划修编为基础，新型城镇化建设扩容提质

全力突破发展空间瓶颈制约，扎实推进以人为核心的城镇化，城镇建成区面积扩大1.5平方公里，新增城镇人口1.5万人，常住人口城镇化率45%，城市品质不断提升。城乡规划抓修编。积极开展城乡总体规划修编，工业园区用地规模扩大到15平方公里，城市规划空间由22平方公里扩大到40平方公里，为新型工业化、新型城镇化建设赢得空间。城市建设抓配套。东安大桥、产业大道、绕城路一期等一批重点基础设施项目顺利推进，北六路、鹭鸶溪大桥等工程建成投用，城市“外环”逐渐成型；打造“一坝三堤”滨江水体，开工建设涪江航电枢纽、大佛坝堤防和蔬菜基地护岸工程，完成三块石堤防主体工程，城市亲水岸线初见端倪。城镇开发抓品质。依托隆鑫、新欧鹏等知名企业打造高品质楼盘，新开工商品房129.6万平方米，竣工77.5万平方米；加快柏树坪、毛家大坡等9个片区棚户

区改造,拆除危旧房5万平方米,人居环境得到较大改善。城市管理抓规范。深入开展"五城同创",整治城区占道经营,加强临时占道停车管理;敢于动真碰硬,依法拆除违法建设4.2万平方米,力度之大,前所未有,城市管理步入精细化、常态化轨道。小城镇建设抓环境。扎实推进"三线"四项重点工作,大力实施场镇改造和环境整治,新建农民新村7个,改造农村危房5154户,上和、柏梓、田家成为全国重点镇,镇村面貌焕然一新。

(三)以"双百工程"为重点,现代农业发展量质并举

坚持走"产加销"、"贸工农"一体化和"农业与旅游融合"之路,立足保供增收,推进全国现代农业示范区建设,打造西部绿色菜都,潼南区被评为中国蔬菜之乡。粮食播种面积90.3万亩、产量39.2万吨,蔬菜种植面积100万亩、产量200万吨,油菜种植面积27.1万亩、产量3.2万吨,蔬菜、油菜、柠檬种植面积和产量均居全市第一。"双百工程"上台阶。加快100平方公里国家现代农业示范区核心区建设,打通韦罐路"快捷通道",建成蔬菜博览园和农业展览馆;举办第二届蔬菜博览会,签约项目25个、金额27.5亿元;实施"百村百园"工程,建成30个专业村和标准园,新建5万亩特色产业示范片。农业经营上规模。流转土地57万亩,发展龙头企业53家、专业合作社100个、家庭农场70户,农业机械化率52.3%,规模经营成为我区农业产业发展新趋势。循环农业上水平。推行"猪沼菜"、"猪沼果"等生态种养模式,建成种养循环示范园100个,规模化畜禽养殖场粪污无害化、资源化利用率达到80%,实现经济效益和生态效益"双赢"。品牌培育上档次。切实抓好农产品质量安全,完善检测监控体系,健全质量追溯系统,"三品一标"达到281个,获得重庆名牌农产品认证4个,"潼南绿蔬菜"成为全市特色产业新名片。

(四)以商贸旅游为核心,第三产业繁荣活跃

坚持市场化导向,全力打造省际区域性边贸中心和生态文化旅游目的地,第三产业增加值68.72亿元、增长10.2%。在商贸发展上突出三大重点:一是建设商圈。滨江商圈一期投入使用,完成新城商圈15万平方米主体工程,建成镇级商业中心3个。二是培育市场。西南国际灯具城三期建成运营,灯具灯饰销售额达到8亿元、增长70%。三是发展物流。仁豪物流园开工建设,火车货运站恢复运行。新引进重百、国美等亿元级商贸流通企业6家,新增限额以上商贸流通企业26家。旅游开发取得三大进展:一是古镇启动打造。完成双江古镇核心区规划和示范段建设,开发工作迈出实质性步伐。二是景区提档升级。进一步完善基础设施,大佛寺成功创建4A级景区,陈抟故里3A级景区创建工作进展顺利。三是节会更加丰富。节会搭台,经济唱戏,举办第七届菜花节、首届太安鱼美食文化节和塘坝桑葚采摘节,发展星级农家乐15家。全年旅游综合收入15.7亿元,增长12%。

(五)以公共服务均等化为引领,社会事业全面进步

坚持统筹谋划,优化资源配置,强化公共服务,注重均衡用力,经济社会全面协调发展。科技工作有成效。推进"121"科技支撑示范工程建设,实施科技计划项目39个,新增高新技术产品22件,成功创建国家农业科技园区。教育事业有发展。认真落实教育布局规划,"一校一园"提前一年招生,潼南中学江北校区二期工程启动建设,城区学校"大班额"逐步缓解;建成5所学校教师周转宿舍和2所农村寄宿制学校学生宿舍,薄弱学校办学条件明显改善。文体工作有进步。在全市率先启动政府购买公共文化服务试点,新建"看潼南"新闻APP,镇街文化站和村文化室实现全覆盖,群众思想文化阵地不断夯实;积极组织参加国家和市级体育比赛,获得16金27银18铜,全民健身热潮进一步高涨。卫生计生有突破。整合卫生计生机构,启动区级公立医院综合改革,完成中医院整体搬迁,建成标准化村卫生室105个,主动对接,争取到中国初保基金会无偿捐赠近亿元医疗设备,各级医疗卫

生条件得到根本改善;加强人口计生政策宣传,稳妥实施"单独两孩"政策,人口自然增长率控制在5.5‰以内。

(六)以项目建设和财税征管为抓手,经济内生动力持续增强

紧紧围绕"八个一"重点工程,全力推进项目建设,大力培植财源税源,严控政府债务,经济发展后劲增强。项目建设有力有序。既量力而行,又尽力而为,包装策划255个建设项目,开工200个,完成投资89亿元。"八个一"重点工程进展顺利,"一校一园"竣工投用,"一桥"、"一路"等5个项目加紧建设,积极开展大石桥水库和金福岛开发前期工作。征地拆迁合力攻坚。敢啃"硬骨头",解决了黄家院子、第一造纸厂等"老大难"问题,全年拆迁房屋1520户、26万平方米;强化用地保障,新增土地使用周转空间5平方公里;征收集体土地2795亩,储备土地1030亩,清理闲置土地460亩。财政税收开源节流。积极培育财源税源,完成本级税收7.6亿元、增长28.1%,其中总部经济税收7389万元、增长30%;对上争取资金31.6亿元,追缴历年拖欠税费近2亿元;"三公"经费下降35.5%。金融服务保障有力。探索新型投融资模式,融资到位30.4亿元;建设银行潼南分理处升级为支行;清退融资中介机构资金2.8亿元,潼南金融生态良好、秩序稳定。政府债务风险可控。科学制定偿债计划,严格审查政府投资项目,净偿债7亿元。

(七)以保障和改善民生为根本,人民群众幸福指数节节攀升

高度关注保障和改善民生,20件民生实事全部完成,民生支出32亿元,占公共财政预算支出的73%。社会保障更充分。不折不扣落实国家和市里民生保障政策,完成城市社区办公服务设施规划,全面建成区镇村三级服务中心;发展微型企业1277户,引导1.7万名农民工返乡就业创业,城镇登记失业率3.15%;深入开展城乡低保核查清理,清退1.6万余人,做到应退尽退、应保尽保;发放医疗救助、临时救助2100万元,惠及困难群众7万余人次。交通出行更便捷。实现公交车IC卡收费管理,新增城市公交线路1条、农村客运线路6条,实施农村公路通畅工程418公里,完成撤并村通达工程151公里。群众生活更优越。竣工安置房19.8万平方米,建成桂林小舟村防洪抢险应急通道,高山生态扶贫搬迁2434人,减少贫困人口9380人,红层找水打井4600口,整治山坪塘1722口,新改建城区公厕11座,提供法律援助1610件。

(八)以全面深化改革为动力,经济社会发展活力倍增

积极稳妥推进各项改革取得新进展。机构改革减员增效。扎实推进政府职能转变和机构改革,政府工作部门由30个压缩到27个,理顺食品药品监管体制;开展行政审批项目清理,减少131项,减幅14.3%;实行"一个窗口接件,同一个窗口领件"并联审批制度,行政审批承诺办结时限缩减51.5%。财税改革减负松绑。开展"营改增"改革,实施公务卡和会计集中核算转轨改革;推进工商登记制度改革,注册内资企业2065户、个体工商户3442户,新增民营企业1835家、小微企业1339家。农村改革放权放活。强化农村"三权"抵押改革,启动农村集体经济组织清产核资和农村集体资产量化确权改革试点;深化户籍制度改革,办理"农转城"3529人;交易地票795亩,金额1.64亿元;探索推行农业保险,实施水稻、玉米、蔬菜等种植和价格保险。

二、发展中存在的问题

潼南作为后发地区,还面临着一系列困难和挑战。主要表现在:经济总量小,产业结构不优;产业发展滞后,可持续税源少;改革任务繁重,加快发展压力大。

三、2015年发展目标

2015年是全面深化改革的关键之年,是全面推进依法治区的开局之年,也是"十二五"规划的收官之年。潼南将不折不扣地贯彻落实中央的方针政策和市委、市政府的总体要求,进一步解放思想,创新思路,真抓实干。2015年的

主要发展目标是:地区生产总值增长12.5%左右,规模以上工业总产值增长45%,一般公共预算收入增长12%,全社会固定资产投资增长20%,社会消费品零售总额增长14%,城乡居民收入分别增长12%和14%,单位地区生产总值能耗下降3%,城镇登记失业率控制在3.6%以内。

(作者单位:潼南区政府办公室)

铜梁区

王刚

一、2014年发展回顾

2014年，是铜梁发展史上具有里程碑意义的一年。成功撤县设区,铜梁站在了新的历史起点,掀开了改革开放、迈步跨越的新篇章。2014年,铜梁区深入贯彻党的十八大、十八届三中四中全会和习近平总书记系列重要讲话精神,全面贯彻落实市委四届五次六次全会精神，统筹稳增长、兴产业、扩开放、惠民生、促和谐,在新常态下积极作为,在转型发展中砥砺奋进,全区呈现出经济稳中有进、民生不断改善、社会和谐稳定的良好局面。全区生产总值达到281亿元,比上年增长11.4%。实现工业总产值650亿元、增长28%。社会消费品零售总额完成85.6亿元、增长14%。三次产业结构比达到11.7:62.1:26.2。公共财政预算收入完成20.8亿元、增长11%,其中税收完成12.8亿元、增长24.6%。固定资产投资完成443.7亿元、增长21.8%。城乡居民收入分别达到26417元和12452元、增长9.9%和12.1%。城乡居民存款余额达到221.8亿元、增长14.9%。四大发展区战略稳步实施,初步形成了相互支撑、协调联动的良好态势。

(一)工业经济实现持续增长

坚持把发展工业放在重于一切、先于一切、高于一切的位置,全年完成工业增加值145.8亿元、增长12.3%。围绕工业园区“三区一极”目标,扎实推进33个基础设施项目建设,实施土地平场5700亩,产业大道、金川大道建成通车,金阿路等7条道路开工建设，淮远河生活配套服务区、园区景观绿化工程、水电气等配套设施建设同步推进,园区承载能力日益增强。新引进工业项目46个,其中机械制造、电子信息、新型材料三大主导产业链上的项目38个;新开工庆兰实业、物华天宝等项目28个,续建港腾机械等41个,竣工投产宏雷机械等34个,园区工业总产值占全区80%,工业主战场地位更加凸显。强化企业服务,落实民营经济发展专项资金4510万元,积极引导企业提档升级,新增规上工业企业33家,累计达到300家,实现产值368亿元。其中,三大主导产业规上企业达到181家,实现产值244.3亿元，占全区规上工业产值的66.4%,产业结构不断优化。投资14.5亿元,完成工业企业技改扩规50家。新培育国家高新技术企业3家,建成市级工程技术研究中心1个,完成专利授权696个，新增市级重点新产品和高新技术产品56个,新创中国驰名商标2件、重庆著名商标2件、重庆名牌14个,创新能力进一步增强。

(二)城市建设管理取得明显成效

积极推进新型城镇化，全区城镇化率达到47.8%。启动大小“一体两翼”全域规划,深入推进城市总规修编,全区52平方公里、城区45平方公里城市规模成功获批;蒲吕撤镇设立街道;完成南城片区控制性详规编制，城市发展蓝图更加清晰。全面推进新城核心区建设,广龙路、迎春路延伸段竣工通车,生态停车场、农贸市场等11个基础设施项目全面开建，宝莲国际都会、东宏时代广场等地标建筑动工建设,“两河”

旅游观光区、广电艺术中心、市民活动中心前期工作抓紧推进,城市形象不断提升。全面完成巴川河综合整治和城区改造;南环路、淮远古韵二期、城市公厕、断头路等项目推进顺利;构建“三环十八线”公交网络,新开通公交线路8条,新增公交车32辆,城市功能更加完善。启动人民公园、雪庵公园文化提质工程;开展城区市容环境、脏车入城和户外广告等专项整治,治理了10个老旧小区环境,完成39个弃管小区电力设施、5000户自来水管网改造;整治城区裸露地面21万平方米,划定停车位4050个,拆除违法建筑2.3万平方米,城市更加整洁规范。

(三)商贸旅游业实现新突破

实施旅游兴区突破战略,以“一城三区五朵花”为重点,编制旅游产业发展总体规划和景区子规划,加快精品景区建设,完善配套服务设施,积极开展宣传营销活动,旅游业发展实现新突破。安居古城开城迎客,古街古迹加快修复,中国第四大古城品牌效应开始显现,成功创建国家4A级旅游景区,成为十大“重庆新名片”之一;积极打造黄桷门奇彩梦园,“一个鲜花盛开的村庄”吸引了43万人前来赏花游玩,巴岳山玄天湖度假区创建为全国休闲农业和乡村旅游示范点。首届重庆铜梁乡村文化旅游节成功举办。全年共接待游客426.4万人次、增长61.2%,实现旅游综合收入10.1亿元、增长51%。加快推进商贸物流业发展,太平洋百货、台湾大润发、新加坡美食城等知名企业成功落户新城核心区商圈;红星美凯龙、欧洲货仓等大型市场入驻物流园区,展仓小商品、龙城大世界等项目建设顺利推进;建成塔山便民商圈;淮远古韵一期入驻企业达到77家;全区新增商业设施面积20万平方米,累计发展限额以上商贸单位400家。

(四)“三农”工作取得新进展

落实镇街“4+1”工作体系,实施特色差异发展,城乡一体化进程不断加快。现代农业稳步发展,全区土地流转50万亩,其中规模经营41.2万亩,集中度达到43%。粮食播种87.4万亩、产量35.1万吨,蔬菜播种31.2万亩、产值13.5亿元,水产品产量2.8万吨、产值5亿元,竹木产量59万吨、产值3.6亿元,生猪出栏67.3万头,畜牧业产值20.6亿元。新培育市级龙头企业7家、区级龙头企业8家,成功创建“三品一标”43个。镇村面貌持续改善,完成场镇提质扩容工程,全面启动农网升级改造,积极推进农村信息化建设。完成高速公路互通口产业规划。安居、旧县成功申报全国重点镇。新建农村供水管网105公里,红层找水打井4600口,解决农村3万余人饮水安全问题。整治病险水库5座、山坪塘1274口、灌溉渠道70公里,维修电灌站70座。实施高山生态扶贫搬迁680人、地灾防治搬迁202人,改造农村危旧房2560户。硬化农村公路168公里,新建农村泥结石路81公里、村社便道900公里。新增客运线路9条,在全市率先实现农村客运通达“双百”目标。促农增收取得实效,新发展农民合作社73个,新转移农村劳动力1.1万人,新发放农村产权抵押贷款9亿元。农业保险、农业技术服务和信息服务体系不断健全。全年实现农业总产值49.2亿元、增长4.9%,农业增加值33亿元、增长4.7%。

(五)生态文明建设扎实推进

大力实施环保“五大行动”和生态屏障建设“九大工程”,加快建设渝西地区重要生态屏障。积极推进工业企业“退城入园”,252家企业完成环境问题整改,万元GDP能耗下降1.5%。植树造林5.2万亩,森林覆盖率达到46.2%。推进琼江流域综合整治,水质达到水域功能要求;实施38个行政村环境连片整治,全部收回饮用水源地水库使用权,集中整治4个重要水源地水库,建成农村污水管网43公里,镇街污水处理厂有效运行,城区和建制镇水质进一步改善。安居国家湿地公园建设试点成功获批。投入300万元用于农村畜禽养殖污染治理。新拓展噪声达标区2.7平方公里,噪声功能区达标率达100%。完成西南水泥除尘设施更新改造,960家餐馆安装了油水油烟净化设施,淘汰1295辆黄标车和老旧车辆,城区建筑工地实现“6个100%”,全年空气质量优良天数达到350天,位居全市前列。

(六)发展要素保障不断夯实

充分发挥“1+7”工作机制优势，坚持“单月开工、双月签约”，招商引资呈现各业并举、均衡推进的良好态势。全年新引进项目219个，其中5~10亿元项目22个，10亿元以上项目13个；协议引资524亿元，到位资金316亿元。实际利用外资5902万美元、增长68%；实现外贸进出口总额5700万美元、增长29.8%。积极做好各类要素保障，筹集发展资金52.2亿元，争取上级资金5.8亿元；设立西南证券、浦发银行分支机构，金融机构存贷比达到76%。争取用地指标6214亩，供应各类建设用地2927亩；通过国家土地例行督察、土地出让金收支及耕地保护情况审计，用地管地更加规范。玄天湖110千伏、石鱼35千伏变电站和工业园区二级配气站开工建设，侣俸35千伏等3座变电站竣工投运，小北海水库建成蓄水。加快建设外联通道，完成国省道改造38.7公里，三环高速铜合段竣工通车，新增旧县等2个高速公路互通口，市郊铁路前期工作有序推进。深入开展“双打”工作，市场秩序得到有效规范，受到国务院检查组的充分肯定。

(七)社会民生进一步改善

始终坚持把改善民生作为一切工作的出发点和落脚点，扎实办理民生实事，不断提升公共服务质量和水平。社会保障不断加强。坚持创业带动就业，新发展微型企业542户，新增市场主体6987个，发放再就业小额贷款3387万元，帮助4000余人实现创业。实施公共就业服务专项行动，回引外出务工人员7700余人。城镇新增就业4万人，城镇登记失业率控制在2.9%以内。扩面提质“五大保险”，社会保险参保人数达到154.8万人次，发放社保资金13亿元，城乡居民社会养老保险和医疗保险实现全覆盖。新增39个社区养老服务站和30个农村幸福院。城乡低保、城市“三无”、农村“五保”等人员实现动态管理下的应保尽保。全年医疗救助9万人次，发放救助金1271万元。在全市率先出台《城乡特殊困难群众救助办法》，累计救助514人。社会事业全面进步。推进城乡教育均衡发展，新改建幼儿园10所，改造农村寄宿制学校8所，加快实施实验中学、巴川小学、蒲吕小学迁建工程，启动新城核心区小学、南城小学、全德小学建设。中考、高考再创佳绩，中考700分以上人数占全市15.6%，高考上线率超市平4.4个百分点。充分发挥“五老”作用，关心下一代工作取得新成绩。人民医院迁建工程基本完工，妇幼保健院、中医院骨科分院、精神卫生医院加快建设，50个撤并村卫生室竣工投用。公立医院改革顺利推进，实行药品零差率销售，群众看病贵问题有所缓解。稳步实施“单独两孩”政策，人口自然增长率控制在5‰以内。公共文化设施面积达到4.3万平方米，免费开放率达到100%。积极开展老年体育等全民健身活动。《何日君再来——刘雪庵传》荣获重庆市“五个一工程”奖。2014年，全区民生支出27.3亿元、增长11.5%，占公共财政支出的66.1%。5万吨安居提水工程、36万平方米保障性住房等一批重大民生项目竣工投用，24件民生实事均超额完成年度任务。

(八)平安铜梁建设深入开展

认真贯彻《深化平安铜梁建设意见》，巩固了社会和谐稳定的良好局面。增设14个派出所，规范72个社区警务室，组建社区专职巡逻队。开展“夏秋社会治安专项整治”等行动，依法打击各类违法犯罪，建立完善立体化治安防控体系，刑事、侵财等案件持续下降，公众安全感指数达到94.7%。全面落实安全生产“一岗双责”责任制，深入推进“六打六治”专项整治，安全事故起数和死亡人数分别下降12%和11%，未发生较大及以上安全生产事故。基层应急管理规范化建设有序推进，救援能力不断提升。拓宽信访渠道，办理来信来访993件、2198人次，成功化解44件疑难复杂信访案件。深入开展法治宣传教育，成功调解矛盾纠纷1.58万件，实施法律援助1005件。加强消防安全监管，建成消防二中队和4支镇级专职消防队，消防安全形势持续平稳。

二、发展中存在的问题

一是保持经济快速增长的难度加大，项目

引进竞争加剧，实体经济发展减速，房地产市场下行压力较大，消费新热点不多。二是经济总量还不大，工业缺乏重特大项目支撑，产业集群度不高，农业特色不明显，产出效益较低，商贸物流发展活力不足。三是政府公共服务能力与人民群众对就业、社保、教育、卫生、文化、环保等需求还有一定差距，民生事业任重道远。

三、2015 年发展目标

全面贯彻落实党的十八大、十八届三中四中全会、中央经济工作会和市委四届五次、六次全会精神，以邓小平理论、“三个代表”重要思想、科学发展观为指导，认真贯彻落实习近平总书记系列重要讲话精神，主动适应经济发展新常态，把转方式调结构放在更加突出的位置，深化落实全区“545437”总体发展思路，按照“一年打基础、两年见成效、三年大变样”的总体要求，以扩大开放为牵引，以改革创新为动力，突出抓好新型工业化、信息化、城镇化、农业现代化，努力将铜梁打造成有丰富内涵、有产业支撑、有文化影响力的旅游城市。全区经济社会发展主要预期目标是：地区生产总值增长 12%，达到 314 亿元；工业总产值增长 25%，达到 815 亿元；工业增加值增长 15%，达到 160 亿元；固定资产投资增长 15%，达到 510 亿元；社会消费品零售总额增长 14%，达到 98 亿元；公共财政预算收入增长 14%，同口径达到 23.7 亿元；城乡居民收入与经济发展实现同步增长。城镇化率提高 1.5 个百分点。

(作者单位：铜梁区政府办公室)

璧山区

王福忠

一、2014 年发展回顾

2014 年，在市委、市政府的正确领导下，璧山紧紧围绕重庆“城市发展新区”定位，深入实施“三区一美”战略，抢抓“撤县设区”历史机遇，坚韧求变，务实创新，加快经济建设，加强城市生态环境打造，全年经济继续保持较快发展，城乡面貌得到持续改善，居民生活水平稳步提高。

全年完成地区生产总值 334.4 亿元，同比增长 13.3%。按三次产业分，第一产业增加值 18.8 亿元，增长 4.7%；第二产业增加值 237.3 亿元，增长 14.5%；第三产业增加值 78.3 亿元，增长 11.3%。从三次产业对经济增长的贡献程度看：第一产业贡献率为 1.8%，拉动经济增长 0.3 个百分点；第二产业贡献率为 79.2%，拉动经济增长 10.5 个百分点；第三产业贡献率为 19.0%，拉动经济增长 2.5 个百分点。

全年居民消费价格总水平上涨 2.3%，其中食品类价格上涨 3.1%。在食品价格中粮食价格下降 1.4%、水产品价格下降 0.6%、菜价格上涨 4.0%、蛋价格上涨 6.2%、肉禽及其制品价格下降 0.2%、油脂价格下降 3.0%。

(一)农业经济稳步发展

全年农林牧渔业总产值 28.6 亿元，按可比价计算，增长 4.7%，增加值 18.8 亿元，按可比价计算，增长 4.7%。农业产值 13.9 亿元，增长 3.1%；林业产值 0.4 亿元，增长 5.0%；牧业产值 12.2 亿元，增长 2.8%；渔业产值 1.9 亿元，增长 39.8%；农林牧渔业服务业产值 0.2 亿元，增长 6.0%。

全年水果、蔬菜、禽兔、花卉苗木四大主导产业产值 18.6 亿元，增长 8.4%，占农林牧渔业总产值比重 65.1%。

全年粮食产量 17.44 万吨，下降 0.2%；水果产量 13.0 万吨，增长 15.6%；蔬菜产量 67.7 万吨，增长 6.6%；出栏生猪 29.2 万头，增长 2.7%；

出栏家禽3184万只,增长2.0%;出栏肉兔360.1万只,增长1.5%。

璧北10万亩蔬菜基地2333.33公顷,本年新增蔬菜基地333.33公顷,播种7200公顷,蔬菜产量达到23.8万吨。绿化(花卉)苗木基地5000公顷,本年新增绿化(花卉)苗木333.33公顷。璧山葡萄风情园1400公顷,本年新建设葡萄标准园66.67公顷,本年新发展葡萄基地66.67公顷。

全年粮食作物播种28866公顷,下降0.03%。油料种植2756公顷,增长2.5%。蔬菜种植20969公顷,增长5.7%。

全年阳光工程培训1650人。农村劳动力转移新增2784人,累计19.18万人次。

(二)工业经济大幅提升

全年完成工业总产值1780亿元,增长30%。完成工业增加值211.5亿元,增长13.8%。工业对全区经济增长的贡献率达68.7%,拉动经济增长9.1个百分点。全区规模以上工业企业326户(含军工)。完成工业总产值787.1亿元,增长13.6%。其中轻工业完成工业总产值228.0亿元,增长11.6%;重工业完成工业总产值559.1亿元,增长14.4%。大中型工业企业87户,完成工业总产值421.2亿元,增长2.9%。规模以上工业企业主营业务收入768.2亿元,增长13.8%。完成利税75.5亿元,增长4.7%。其中利润50.9亿元,增长6.3%。规模以上工业经济效益综合指数265.3%,提高2.5个百分点。其中产品销售率98.6%,提高0.7个百分点;总资产贡献率18.9%,降低2.5个百分点;资本保值增值率124.3%,降低5.2个百分点;成本费用利润率7.0%,降低0.5个百分点;资产负债率59.2%,降低1.7个百分点;流动资产周转率3.7次,减少0.1次;全员劳动生产率205620元/人,提高8.5%。

工业园区规模工业企业196户。完成工业总产值660.5亿元,增长14.2%,拉动规模工业总产值增长11.8个百分点。

2014年,璧山工业园区被国家工信部授予"国家低碳工业园区",成功创建市级高新技术产业开发区。实现工业产值1355.3亿元,同比增长34.8%,其中规上实现产值660.5亿元,增长14.2%;工业投资完成210.1亿元,增长31.3%。有红宇、青山、嘉陵、蓝黛等为代表的装备制造产业企业500余家,实现产值709.8亿元,增长35.9%;以惠科、展运、精元等为代表的电子信息业200余家,实现产值245亿元,增长47.8%;以统一、有友、美多等为代表的食品医药产业规模逐步扩大,实现产值50.7亿元,增长12.6%,三大主导产业对园区GDP的贡献率超过75%。完成20平方公里生态工业园区控规编制,实施道路20.5万平方米绿化,统一园区建筑色调,为38家企业外观实施外观形象改造,从标识、标牌入手引导企业建立"CI"系统,对高污染、高能耗企业实行"零容忍",建成骨干道路15公里,平整土石方超过720万立方米,征地拆迁200公顷。新引进企业68家,其中包括30亿级企业恒胜集团,20亿级企业(世界500强)普罗斯公司,10亿级企业三峡电缆和黄桷树光电科技,世界500强沃尔玛集团控股的山东临工集团等。68家企业总投资99亿元。金山鑫泰、天圣药业、中国西包生态园等50个项目开工建设;浩誉实业、宏尔斯、南雁等52家实现投产。着力打造"智能装备产业园"、"微电园拓展区"和"重庆台商工业园"。引进朗正科技、建兴智能仪表、晓进科技等智能装备制造企业11家,入驻总量达到35家。同时,加大已引进的中自仪、艾尔发、信易等20多家机器人及自动化设备生产企业落地建设力度。引进笔电配套企业7家,累计达到208家,其中行业排名前三企业40家。新开工笔电配套企业5家,累计达到43家;208家企业中已有大道、丰川、安洁等132家企业投产(含租赁厂房投产)。引进台资企业10家,累计引进80家。80家台资企业总投资130亿元。其中已有展运、统一等32家台资企业建成投产。

完成在地建筑业产值127.3亿元,增长35.0%。完成建筑业增加值25.8亿元,增长21.0%,对经济增长的贡献率为10.5%,拉动经济增长 1.4 个百分点。全区注册的资质建筑企业有 43 个，其中三级以上施工总承包建筑企业 28 家,三级以上专业承包建筑企业 13 家。注册地建筑企业建筑业产值 51.8 亿元,增长 35.2%;房屋建筑施工 371.4 万平方米,增长 8.5%,其中本年新开工 213.5 万平方米,下降 5.1%;房屋建筑竣工 132.1 万平方米,下降 10.8%。

(三)交通通讯发展迅速

年末全区公路里程 1513.30 公里,其中等级公路 1001.25 公里。全区汽车拥有量 51732 辆，增长 22.8%。全社会公路客运量 2249 万人,旅客周转量 117775 万人/公里；公路货运量 1810 万吨,货运周转量 155075 万吨/公里。

全年邮电业务收入 3.8 亿元,增长 3.6%。其中邮政业务收入 0.7 亿元,增长 14.0%;电信业务收入 3.1 亿元,增长 1.6%。年末固定电话用户 9.18 万户,与年初数相比下降 7.6%;移动电话用户 49.1 万户,与年初数相比增长 1.6%;互联网用户 8.7 万户,与年初数相比下降 6.3%。

(四)投资建设成绩显著

全年固定资产投资 545.4 亿元，增长 20.0%。分经济类型看，国有经济投资 125.8 亿元，下降14.6%；集体经济投资 2.1 亿元，增长 143.2%；私营个体经济投资 324.3 亿元，增长 49.4%；港澳台及外商投资 7.4 亿元，下降 59.7%;其他经济投资 85.8 亿元,增长 21.4%。分行业看,第一产业投资 21.1 亿元,增长 27.3%;第二产业投资 262.2 亿元,增长 23.7%,其中工业投资 262.2 亿元,增长 23.7%;第三产业投资 262.1 亿元，增长 16.0%。工业园区完成投资 209.4 亿元,增长 30.8%;绿岛新区投资 82.4 亿元,增长 0.3%。

房地产开发投资 112.5 亿元，增长 9.6%。房屋施工 625.5 万平方米,下降 4.4%,其中新开工 124.6 万平方米，下降 55.4%。住宅施工 497.9 万平方米，下降 6.5%；住宅新开工 82.4 万平方米,下降 60.5%。全年房屋竣工 89.2 万平方米,下降 22.4%,其中住宅竣工 74.0 万平方米，下降 19.0%。商品房销售 157.1 万平方米，增长 30.3%，其中住宅销售 145.8 万平方米,增长 30.1%。

全年实际利用内资 206.7 亿元，增长 15.7%。实际利用外资 13357 万美元，下降 21.0%。进出口总额 28885 万美元,增长 3.2%,其中进口额 5786 万美元，增长 27.7%；出口额 23099 万美元,下降 1.5%。招商引资项目 33 个,合同金额 295.4 亿元。其中市外引进 23 个,实际到位资金 42.9 亿元。

(五)商贸金融繁荣稳健

全年社会消费品零售总额 95.0 亿元，增长 15.4%。其中限额以上法人企业完成社会消费品零售额 25.4 亿元,增长 29.6%。分行业看,批发业零售额 4.4 亿元,增长 20.7%;零售业零售额 17.0 亿元,增长 27.2%;住宿业零售额 0.2 亿元,增长 23.8%;餐饮业零售额 3.8 亿元,增长 55.5%。

天安城市综合体商业中心一期工程基本建成,金融街、滨水商业、创新孵化服务区进入招商运营阶段;10 万平方米金科秀湖天街基本具备迎客条件,红星美凯龙项目破土动工,砂之船奥特莱斯实现销售额 2 亿元。全年接待游客 586.6 万人次,旅游收入 11.7 亿元。观音塘湿地公园创建为国家 4A 级旅游景区。交通银行等 3 家银行开门营业,金融机构达到 43 家,存贷款余额 576 亿元,存贷比 86.2%。完成房地产投资 112.5 亿元，新开工商品房 120 万平方米、竣工 89.2 万平方米、销售 157 万平方米。实现服务业增加值 78.3 亿元,增长 11.3%。

全年旅游 586.6 万人次,增长 18.5%;实现旅游收入 11.7 亿元,增长 20%。

全年辖区内财政收入 138.0 亿元，增长 21.2%。地方财政收入 125.7 亿元,增长 22.8%。公共财政预算收入 42.3 亿元,增长 10.9%,公共财政预算收入中，税收收入 21.8 亿元，增长 25.5%;非税收入 20.5 亿元,下降 1.4%。地方财政支出 142.5 亿元,增长 20.7%,其中公共财政预算支出 60.1 亿元,增长 9.8%。在公共财政预算支出中,教育支出 10.6 亿元,增长 17.3%;社会保障和就业支出 4.7 亿元,下降 0.7%;医疗卫生与计划生育支出 7.9 亿元，下降 11.9%；节能环保支出 2.7 亿元，增长 42.4%；城乡社区支出 16.8 亿元，增长 20.5%；农林水支出 5.4 亿元，增长 0.2%

年末，全区金融机构本外币存款余额 309.2 亿元，与年初相比增长 9.1%，其中人民币存款余额 305.4 亿，与年初相比增长 8.9%。人民币个人储蓄存款余额 218.7 亿元，与年初相比增长 10.5%。全区金融机构本外币贷款余额 257.2 亿元，与年初相比增长 14.2%。全年保费收入 5.3 亿元，增长 5.2%；赔付支出 2.4 亿元，增长 6.2%。

(六)城市建设加快推进

2014 年，是绿岛新区建设“五年成城”之年。完成固定资产投资 82.4 亿元，其中政府投资 14.4 亿元，同比减少 51.5%；社会投资 68.0 亿元，增长 29.8%。完成御湖新区控制性详细规划编制工作；完成 4.7 公里环湖路施工图设计及御湖新区道路系统工程(约 6.3 公里)的可行性研究报告和初步设计工作；编制完成御湖新区招商方案。重庆天安绿岛项目主体完成 21.69 万平方米，完成投资 3.83 亿元。

完成公共服务中心主楼 1、2 号楼建设。完成后勤服务中心土建及室内安装及附属景观设计。续建文化艺术中心和文化馆、电视台标准化建设等工作内容。建成定向经济适用房 16 万平方米。续建、新建市政道路 15 公里，建成通车 12.57 公里，挂网招标 2.43 公里，管网铺设完成 45 公里。建成生态停车场 1 个并投入使用。完成南门唐城商业街 A 区基础施工，主体结构完成 100%；B 区基础施工完成 100%，主体完成 20%，累计完成投资 2 亿元。

新区内城市道路骨架全面成型，规划展览馆、公共服务中心、人民广场、登云公园等标志性建筑相继建成，后勤服务中心、文化艺术中心、天安商业综合体、南门唐城商业街、御湖新区建设快速推进，基本实现“五年成城”建设目标。

轨道交通大学城至璧山段正式开工，隧道工程掘进超过 400 米。成渝高铁璧山段完成轨枕铺设。高铁换乘枢纽及站前大道工程完成 60%主体工程量，将与高铁同步投用。成渝高速扩能改造项目破土动工。黛山大道新区至高铁段建成通车，累计贯通里程 22.92 公里。三江水库开始供水，盐井河水库扩建大坝枢纽工程和千层岩水厂扩建工程完工。与市水投集团签订铜罐驿长江提水璧山供区工程隧道建设协议。四平变电站建成投用，温泉、茅莱变电站开工建设，110 千伏田秀东线改迁入地工程顺利实施。完成华能两江天然气管道璧山段建设，王家沟配气站改造工程有序推进，绿岛新区和工业园区 2 个配气站开工建设。新建 4G 基站 219 个、“无线城市”网络热点 930 个，城区重点公共区域无线网络全覆盖。

(七)城乡建设统筹发展

将璧山 15 个镇街划分为“璧中城市区”、“璧北生态区”、“璧南生态区”和“璧西生态区”。具体而言，“璧中城市区”包括璧城、璧泉、青杠、来凤 4 个街道，“璧北生态区”包括大路、七塘、八塘 3 个镇街，“璧南生态区”包括丁家、三合、广普、健龙 4 个镇街，“璧西生态区”包括河边、福禄、大兴、正兴 4 个镇。四个功能区齐头并进。明确璧中、璧北、璧南、璧西 4 个功能区主体定位，分类指导各功能区错位发展。加大财政转移支付力度，完善镇街结对帮扶机制。在全市率先发布“环境保护负面清单”，提出产业差异化发展政策，采取“行业限制+区域限制”方式，明确每个功能区“不能做”的内容。道口经济蓄势待发。落实道口开发主体责任，启动道口经济发展战略规划编制，明确功能定位和重点发展方向。完成渝蓉高速璧山、福禄道口，渝遂高速璧山北、大路道口片区地形图测绘和土地调查，为道口区域发展打下基础。围绕农产品加工、市场物流、休闲旅游等产业，开展招商引资，引进带动道口经济发挥效应的“龙头”项目。

启动 6 个区级现代农业示范园区、25 个精品农业园建设，新增无公害农产品基地 5 个、无公害农产品 10 个、绿色食品 6 个、市级名牌农产品 5 个，新增农业龙头企业 9 家、农民专业合作社 57 个，农民组织化程度达到 56%。

改造农村公路100公里，改建危桥2座，新建人行便道220公里；建设各类水利设施2500余处，全区55座病险水库全部除险销号，恢复新增蓄水能力516万立方米，新增灌溉1666.67公顷。新流转土地1266.67公顷，流转率49.6%；新增土地规模经营800公顷，土地规模经营集中度达到41.3%。生态创建成效显著。实现城市规划区外所有场镇、自然集镇污水处理厂（站）全覆盖，城镇生活污水处置率达到80%以上；改造农村卫生厕所2.5万户，覆盖率99.7%；完成公路绿化420公里、水系绿化150公里，林木覆盖率49.7%；为镇街配备道路自动化清扫作业车19辆，实现镇街机械清扫作业全覆盖。启动24个美丽乡村、15个美丽农庄建设，璧城街道天池村被农业部评为“中国最美休闲乡村”。创建国家级生态街道2个、市级生态镇街10个、市级生态村14个，“市级生态示范区”通过验收。

（八）民生实事出色完成

全年民生支出达到92.1亿元，占财政支出的64.6%。新建改建垃圾收集站3个、公厕24座、污水处理厂（站）37个，关闭工业污染企业167家。完成殡仪馆及公墓建设项目初步设计，正在办理用地手续。建成撤并村公路60公里，实现镇镇通沥青路、村村通水泥路、镇镇通公交，完成农村客运通达“双百”目标。

完成1.2万户城市供水“一户一表”改造，解决5.7万人饮水安全问题，实施高山生态扶贫搬迁1128人。新建扩建中小学6所，实现义务教育学生营养餐全覆盖。完成40个撤并村卫生室建设，建成社区养老服务站5个、生态停车场11个、保障性住房43.9万平方米。改造电力设施弃管小区11个，建成社区便民商业设施9个，完成31个村农村环境连片整治，整治山坪塘902口，改造农村危房2447户。

社会保障方面，新发展微型企业676家，发放创业扶持金1118万元，解决就业4156人。提高4.5万名企业退休人员、城镇超龄人员和征地农转非人员养老待遇，医疗保险参保覆盖率100%，在全市率先实行工伤保险医疗费用联网实时结算。发放生育关爱金361万元，惠及364个“失独”家庭。扩建敬老院1所，发放城乡低保金2794万元、五保金1306万元、“三无”人员生活补助金919万元。实施医疗救助、临时救助13.2万人次，发放救助金2064万元。

（九）社会事业协调发展

实施城区学校布局结构调整，新建民办幼儿园11所，文风小学和正则中学狮子教学点建成投用，职教中心扩建工程顺利启动；完善教育资助体系，解决7500名困难学生入学问题。推进公立医院综合改革，实行药品零差率销售，让利群众2607万元；建立居民电子健康档案63.1万份，实现基本公共卫生服务全覆盖。新建街道文化中心2个、体育健身广场1个、健身路径10条，万人公共文化设施1360平方米，常年参加体育锻炼人口比例超过45%；承办市第四届全民健身运动会“环五大功能区”万人健步走活动，渝台书画家联盟活动在璧山举行。新增城镇就业2.3万人，城镇登记失业率连续3年控制在3%以内。

二、发展中存在的问题

制约发展的土地容量、环境容量、资金瓶颈未彻底消除；企业融资难、融资贵问题和金融风险并存；公共服务水平低、社会事业滞后、农村基础设施不健全的局面未彻底改变；社会创新体制不顺、产业持续成长的支撑格局尚未完全形成；部分政府工作人员的精神状态、思维方式和执行能力还没有与“区”的标准全面接轨等。

三、2015年发展目标

基本思路和主要任务是：全面贯彻落实党的十八届三中、四中全会、中央经济工作会议和市委四届五次、六次全会精神，积极顺应经济发展新常态逻辑，深入实施“三区一美”战略，坚持稳中求进、改革创新，努力扩大开放，着力改善民生，全面推进依法治区，高标准建设好重庆“城市发展新区”。

2015年全区经济社会发展主要目标是：地

区生产总值增长12%，全社会固定资产投资增长15%，工业总产值增长13%，一般公共预算收入增长16%，社会消费品零售总额增长12%，实际利用内外资、进出口总额均增长12%，城乡居民人均可支配收入增长10%，城镇登记失业率控制在3%以内，单位GDP能耗降低1.5%，空气质量优良天数占比超过90%。

（作者单位：璧山区政府办公室）

荣昌县

刘百书

一、2014年发展回顾

2014年，荣昌县按照“稳增长、调结构、促改革、惠民生”的总体要求，紧紧围绕“一城两区”功能定位，扎实开展“园区发展提升年”和“重点项目推进年”主题活动，攻坚克难，奋力拼搏，较好地完成了各项目标任务，全县经济社会保持平稳较快发展的良好势头。全年实现地区生产总值300.42亿元，同比(下同)增长12%，高于全市1.1个百分点；工业增加值155.26亿元，增长13.1%；全社会固定资产投资374.15亿元，增长22.1%；公共财政预算收入22.14亿元，增长10%(同口径增长21.9%)；进出口总额32.5亿元，增长53.4%；社会消费品零售总额81.16亿元，增长14.8%；城镇常住居民人均可支配收入25152元，增长9.8%；农村常住居民人均可支配收入11775元，增长12.3%；城镇化率47.56%，提高1.63个百分点；人口自然增长率3.7‰；城镇登记失业率3.09%；万元GDP能耗下降4%。地区生产总值、工业增加值、全社会固定资产投资、公共财政预算收入、进出口总额等10项主要经济指标总量位居全市17个县第一，有10项主要经济指标增速位列城市发展新区前五。

(一)稳定增长初见成效

面对国内周期性调整和结构性变化带来的经济下行压力，不断创新发展思路，转变发展方式，实现经济稳定增长。明思路促发展。紧紧围绕建设新兴工业城市，突出工业核心地位，明晰“4333”发展思路，举全县之力狠抓工业经济，经济结构不断优化，经济平稳较快增长。GDP增速从一季度的10.9%提高到四季度的12%，工业增加值增速从一季度的11.6%提高到四季度的13.1%。出政策增措施。牢牢掌握经济工作主动权，修订、出台《强兴工业十五条》《推进工业经济稳增长促发展二十五条措施》《渝西川东省际区域性边贸中心建设扶持政策》《加快实施创新驱动发展战略意见》《当前推进城镇化工作意见》《人才兴陶十一条》等一系列利当前、惠长远、促发展的政策措施。成立装备制造(电子信息)、生物医药、轻工陶瓷三大产业发展办公室，抽调精干力量，全方位推进工业经济发展。扶持煤炭、房地产两大传统支柱产业平稳发展。抓改革添活力。推行投融资体制改革，搭建社会资本投资平台，探索PPP投融资模式，积极引导社会资本投入基础设施建设、民生事业发展，实现投资多元化。荣隆台湾工业园基础设施和大成中学建设吸纳社会资本7.8亿元。深化工商登记制度改革，完善小微企业扶持机制，新增市场主体5657户，其中，小微企业413户，经济发展活力进一步增强。强投资稳增长。充分发挥投资对稳定经济增长的关键作用，围绕“五大工程十大项目”，扎实开展“重点项目推进年”主题活动，全年实施重点项目118个，年度完成投资74.5亿元。全社会固定资产投资374.15亿元，其中，工业固定资产投资192.29亿元，增长34.4%。向上争取转移支付及专项资金22.7亿元，吸引社会投资295亿元，有力支撑和保障了经济增长。

(二)工业经济持续向好

紧紧抓住工业经济“牛鼻子”不放松，全年实现工业总产值657.48亿元，增长16.4%。园区建设推进迅速。扎实开展“园区发展提升年”主题活动，按照“一区三园”总体规划，优化产业布局和区域分工，调整园区管理体制。积极拓展板桥工业园，将广富工业园纳入荣昌工业园区统一管理。“一区三园”完成土地平场2850亩、道路6.6公里、雨污管网各10千米，建成标准厂房8.3万平方米。荣隆台湾工业园综合服务中心建成并投入使用。成功争取市中小企业局共同打造荣隆楼宇产业园。完成500千伏洪板线增容改造。启动唯美110千伏专用变电站、清升35千伏变电站建设。中贵线永川至荣昌延伸段输气管道项目获得批复立项，新发掘河包两口高产气井。招商引资成效显著。坚持县委、县政府主要领导带头抓招商、引项目，围绕主导产业、上下游产业招优招强。全年共引进项目217个，合同资金269.1亿元，增长82.3%；到位资金185.6亿元，增长152.1%。其中，工业项目合同资金116.2亿元，到位资金67.8亿元。引进唯美集团投资30亿元的西部陶瓷生产基地、潮汕工业园等10亿元以上项目5个，华森现代医药二期及GSP物流配送中心等5亿元以上项目8个，广东日创、上海东矩、北京奥福等亿元以上项目25个。引进入驻标准厂房项目31个，租售面积8.6万平方米。创新驱动引领转型。将创新驱动作为增强经济发展后劲的重要抓手。狠抓现有企业技改升级，投资105亿元，引导蓝源机械、洽洽食品等328家企业技改扩建、转型升级。成功纳入全市创新驱动发展示范区。成立荣昌县创新发展局，将2.2万平方米的园区服务办公楼整体改造为荣昌创新发展中心。聘请26名专家(院士)成立创新驱动专家咨询委员会。引进俄罗斯国际工程院院士专家团队成立公司和研究院，研发生产凿岩机装备。华森制药建立全县首个市级院士专家工作站，并获得首家发明专利质押融资2000万元。全县新增国家火炬高新技术企业2家、国家高新技术企业5家，新增市级企业工程技术研究中心2个。产业集聚效应凸显。围绕主导产业延伸产业链条，产业规模不断扩大。全年培育规上企业40户，规上工业总产值实现583.6亿元，增长17.5%。其中，装备制造(电子信息)产业180.4亿元，增长16.1%；生物医药产业49.9亿元，增长40%；轻工陶瓷产业139.3亿元，增长15.3%；农副产品深加工产业131.7亿元，增长15.6%；其他类产业82.3亿元，增长16.1%。“一区三园”工业总产值实现465.2亿元，占全县工业总产值的70.8%。

(三)农业发展继续增效

全县农村经济总收入135亿元，增长13%；粮食播种面积80.95万亩，总产量31万吨。农业农村改革深入推进。构建新型农业经营体系，出台核心龙头企业和核心农民合作社认定管理暂行办法等扶持政策，新培育市级龙头企业5家，新增国家级示范合作社4家、市级示范合作社9家，新命名县级核心农民合作社43家、家庭农(牧)场112个。推动土地向新型经营主体集中，新增土地流转面积4.9万亩，达到45.8万亩。创新农村金融服务，与国开行开展金融合作到位贷款8000万元，联合汇丰村镇银行对950余户新型经营主体发放贷款1.56亿元。帮助农民抵御种植养殖风险，水稻、高粱、麻竹等保险面积达6万亩，在全国率先启动仔猪保险和生猪价格指数保险试点，提供保险保额1.3亿元。创新特色农产品销售模式，重庆(荣昌)国家级生猪交易市场正式运营，生猪活体挂牌量19.6万头，仔猪电子交易22.8万头；探索建立麻竹笋价格听证机制，竹农增收960万元。盘活农村资产，推进农村集体经济组织清产核资和量化确权。特色效益农业发展迅速。狠抓特色产业发展和农业园区建设。猪、竹两大主导产业和再生高粱、生姜、晚熟脐橙等17个特色农产品不断发展壮大，畜牧产业集群规模达到100.5亿元，麻竹产业实现产值3.24亿元。日泉公司10万头核心猪场投入使用，种养循环模式得到巩固和发展。21个市县级特色农业园区建设初见成效。农业基础设施不断改善。整合国土、农综、水利等项目资金4.3亿元，有序推进黄桷滩中型水库等重点水利工程建设，治理水土流失15.6平方公里，建成高标准农田8.6万亩，整治病险水库4座、山坪塘852口，新建生产生活便道120公里，形成了一批基础较好、设施较全、连片成带的农业生产基地。扎实开展美丽乡村建设，新增市级美丽乡村4个。实施精准扶贫，帮助7000贫困人口脱贫。

(四)城乡面貌持续改善

城乡规划不断完善。有序推进城乡总体规划局部修编。完成板桥工业园南拓片区、广富工业园北拓片区控规编制。完成主城区综合管线规划、环卫设施规划等专项规划编制。成功将城镇用地规模、重大基础设施、产业规划、资源配置等纳入《重庆大都市区总体规划》统筹布局。城乡建设扎实推进。推动完成"南大泸"高速公路初步设计等工作。累计投入1.7亿元，实施安富、仁义、吴家绕镇路建设项目，完成广盘路广顺至双堰塘段道路改造，新改建农村公路181公里。有序推进成渝高铁站前广场、黄金大道延伸段、黄金坡水厂(一期)等项目建设，建成黄金坡新区金果路和玉带路。扶持房地产行业平稳发展，全县新竣工房地产开发项目31个、104万平方米。建成荣峰河廉租房585套、2.9万平方米。完成棚户区改造安置房1138套、7.1万平方米。新建农民新村20个，改造农村危旧房2000户。吴家、仁义、盘龙成功纳入全国重点镇。城乡管理不断加强。创新城镇管理模式，引入社会资源参与城市管理，城区机械化作业率超过85%，道路冲洗率超过90%，新增城区绿地面积11万平方米，新增停车位1008个，城镇管理连续8年荣获全市先进。完善"户集、村收、镇转运、县处理"垃圾收运模式，农村垃圾处置工作走在全市前列。全年争取用地指标4388亩，保障了城镇建设、工业发展用地需要。全面完成《土地利用总体规划》中期评估工作，拓展用地周转空间3.5平方公里。实施农村建设用地复垦项目48个，复垦土地1977亩。完成农村土地整理项目8个，新增耕地3030亩。万灵、吴家、荣隆分别荣获全市最美、最具投资价值和最佳生态宜居小城镇。生态环境持续改善。出台《加快推进生态文明建设的意见》。扎实开展"蓝天、碧水、绿地、宁静、田园"五大行动，实施濑溪河、荣峰河、池水河堤防综合整治工程，荣获中国人居环境范例奖。深入推进17条河流综合治理。全面开展高升桥水库综合整治，高升桥水库饮用水源达标率100%。基本建成盘龙、吴家等7个镇级污水处理厂。25个村(社区)农村环境连片整治项目有序推进。县城垃圾处理场周边房屋避让搬迁顺利推进。全年县城空气质量优良天数达到324天。

(五)商贸旅游日益繁荣

商贸流通集聚活力。省际区域性边贸中心建设初见成效，三大市场建成面积66万平方米，平均入驻率88%，实现交易额51亿元，增长30%。城市商圈建设步伐加快，红星美凯龙、台湾大润发等知名商家落户荣昌，月星家居正式开业。主城商圈营业额实现26亿元，增长18%。连锁经营、电子商务等现代流通业态不断发展，引进国内知名云数据平台运营商江苏广和公司发展服务外包和电子商务，实现饲料、兽药全国电子交易。新增限额以上商贸企业50家，增长28%。新改建场镇规范化农贸市场3个。万灵镇成功创建市级农家乐示范镇。双河街道成功创建市级商贸百强镇。旅游重点加速推进。万灵古镇成功创建国家AAAA级旅游景区。万灵山旅游度假区总体规划通过市级专家评审，纳入旅游用地指标申报序列。尚书府度假酒店、万灵福邸等重点项目建设有序推进。景区游客中心、停车场等全面建成。成功举办全国媒体古镇采风摄影大赛、首届万灵古镇七夕河灯文化旅游节等活动，以万灵古镇为外景拍摄地的电视连续剧《兄弟兄弟》和《傻儿传奇》上映热播，古镇知名度显著提升。编制完成荣昌陶文化创意产业园策划方案，产业园主干道一期工程全面完成、二期工程推进顺利。重庆市青少年陶艺体验基地、荣昌陶大师园建设全面完成。启动荣昌县青少年示范性综合实践基地建设。成功举办荣昌陶国际研讨会，荣昌陶喜获“重庆新名片十强”,安陶博物馆跻身国家博物馆序列,荣昌陶影响力不断扩大。昌州故里成功创建国家AAA级旅游景区。全年旅游总收入5.68亿元,增长23.8%;接待游客223万人次,增长20%。对外贸易再创新高。完成进出口总额32.5亿元,增长53.4%,总额居城市发展新区第四位。形成了以红碎茶、夏布、不锈钢餐具、高锰酸钾、兽药、机械等为主要出口产品的开放型经济发展格局。外贸备案企业达110家。新增“加合夏布”市级国际出口知名品牌,累计达到4个,占全市总数的8%。荣昌设立海关办事处已正式纳入全市规划。

(六)财税金融运行稳健

财税管理不断加强。针对煤炭、房地产行业持续低迷的严峻形势,努力拓宽增收渠道,大力培育和引进总部经济,推动财税收入稳步增长。科学分析债务额度,严格控制政府性投资规模,有效防止新增债务,政府性债务处于可控范围。建立“三公经费”管理和预算信息公开制度,43个部门预算实现网上公开,全面推进公务卡改革,国库集中支付实现全覆盖,“三公经费”减少15.3%。审计监督成效明显,完成审计和审计调查项目54个,投资审减7621万元。坚持阳光交易,完成公共资源交易项目646个,成交金额20.23亿元,增收节支9800万元。金融行业稳健运行。成功引进重庆三峡银行、上海浦东发展银行等2家股份制银行在荣设立机构,支持筹办荣昌泰坤融资担保公司,金融体系不断完善。加强非银行金融机构监管,切实防范化解非法融资带来的金融风险。全县银行机构存款余额实现232.9亿元,增长17.9%;贷款余额实现151.9亿元,增长18.2%;存贷比65.25%,提高0.15个百分点。实体经济保障有力。充分发挥四大国有集团公司投融资平台作用,创新国有资产管理和运营模式,全县基础设施建设、重点产业发展得到有效保障,国有资产实现保值增值。积极创新“小微企业互助合作基金”、“商贷通”等金融产品,着力解决民营企业融资困难。鼓励企业上市、发行私募债等直接融资,峻岭能源公司成功在“新三板”挂牌上市。设立200万元小额贷款保证保险专项资金、1050万元“助保贷”政府风险补偿铺底资金,帮助小微企业融资发展。

(七)社会事业全面进步

民生实事推进有力。筹资12.95亿元,扎实推进七大类民生工程建设,23项民生实事顺利完成年度计划。其中,97所学校食堂、小伙房改扩建和设备购置全面完成。为农村7万多名小学生和幼儿继续免费提供饮用奶,为小学3~6年级学生免费提供教辅材料。解决4.02万人农村饮水安全问题,完成红层找水打井3000口。新配发5000套科学储粮彩钢仓。完成19个弃管小区电力改造,实施53个农网升级改造。拓新玉屏小学和县人民医院扩建住院综合楼主体工程全面完成。教育科技不断发展。优化学校布局,将职教中心原校区改办为初中,实施联升小学等26所学校校舍建设项目。强化教师引进和培养,构建教育、规范、考核、查处和典型带动相结合的师德师风建设机制。狠抓教育教学质量,高考上线率达96.8%,师生获市级以上奖项近200项。争取科技部重大支持项目3个;完成专利申请1045项,其中,发明专利304项,科技工作走在全市前列。卫生计生稳步提升。深化卫生计生体制改革,加快推动县人民医院、县中医院县级公立医院改革。完成48个“撤并村”卫生室建设。依法实施“单独二孩”生育新政策,政策生育率80.38%。计生奖扶特扶享受对象8264人,兑现补助1220万元。文化体育长足进步。全国文化先进县、国家卫生县城顺利通过复查验收。对全县文化资源开展专题调研和挖掘梳理,明确“移民文化”为荣昌主题文化。壹秋堂夏布坊产品新技术项目入选文化部特色文化产业项目。《填四川》和《大侦探熊猫猪》通过中央电视台审看。县广播电视台二级标准化建设通过达标验收。《塔吊女工》获得国家广电总局电视公益广告一类扶持奖。成功承办全国青年男子自由式摔跤锦标赛、重庆市青少年柔道和摔跤锦标赛。社会保障更加完善。全面实施社会救助、社会福利、社会治理三大体系建设,发放各类民政资金 1.6 亿元，惠及 12.6 万人次。建成农村幸福院 20 个、社区养老服务中心 6 个，启动棠香老年养护院建设。实施残疾人"人人享有康复服务"项目，惠及 14853 名残疾人。发放社会保障卡 79 万张，发放率 99.7%，居全市前列。各项社会保险参保共计 141.4 万人，征收基金 8.26 亿元，落实群众社保待遇 17.65 亿元。发放创业小额担保贷款 1.08 亿元，城镇新增就业 2.11 万人，就业形势保持稳定。平安建设深入推进。"三基"建设渝西领先，昌元、昌州城市建成区实现数字网格化管理全覆盖，社会安全事件应急联动指挥系统工程建设顺利推进。刑事类警情下降 30.6%，治安类警情下降 21%，社会面防控体系不断优化，110 接处警工作获得全市表彰。信访总量连续六年下降，连续 60 个月无群众到市重复集访和进京非正常上访。深入开展食品药品监管体制改革，建立"两级机构、三级网络"监管体系。落实安全生产"党政同责、一岗双责"等责任制，扎实开展"压事故、保安全"百日攻坚、"六打六治"打非治违专项行动，连续 56 个月无较大以上安全事故发生，安全生产工作连续 13 年荣获全市先进。

（八）自身建设不断加强

群众路线教育实践活动扎实开展。聚焦"四风"，加强学习教育，认真查摆问题，着力整改落实，修订完善《政府议事规则》，健全基层调研制度和重大项目、重大事项决策机制。坚决执行中央"八项规定"、市委"八严禁"、"十二不准"以及县委"十条规定"。严格落实党风廉政建设"两个责任"，受理群众信访举报 385 件（次），新立案 57 件，处分 68 人，移送司法机关 6 人，挽回国家和集体经济损失 928.4 万元。在 9 个镇街和部门开展"一把手"不直接分管人财物等试点工作。行政改革有序推进。深入推进行政审批制度改革，出台《建设领域分段式并联审批暂行办法》。431 项行政审批服务项目在行政服务中心"一站式"办理，平均办件时限由 7.7 个工作日缩减到 3.7 个工作日，群众满意率 99.8%。推进县、镇（街道）、村（社区）三级服务体系建设，率先在全市实现三级服务中心"100%覆盖"和"100%规范"目标。创新群工系统三级联动，受理群众反映事项 3675 件，办结率 99.2%。加强行政监察和纠风工作，办好"荣昌行政效能投诉"官方微信公众平台，拓展效能投诉渠道。扎实开展"啄木鸟"行动、"双评双促"活动、社会考评部门和百名科所长活动，服务市场主体效能得到提升。依法行政不断加强。高度重视人大议案建议和政协提案办理工作，修订完善《人大建议和政协提案办理规定》，全年办理市县人大代表议案建议 193 件、政协提案 238 件，办复率 100%。深入开展法制教育，强化依法行政意识，树立依法行政理念，严格按照法定权限和程序行使职权，荣获全国"六五"普法中期先进县。

二、发展中存在的问题

国际国内宏观经济形势正在发生深刻变化。世界经济整体还处于危机后的深度调整阶段，短期内难以实现迅速复苏；国内经济进入发展新常态，正向形态更高级、分工更复杂、结构更合理的阶段演化，也正在经历结构性调整和阶段性调整的阵痛期，经济下行压力大。同时，还存在发展投入不足、产业结构不优、创新能力不强、财政收支平衡压力大、行政效能还需提升。

三、2015 年发展目标

2015 年经济社会发展的主要预期目标是：地区生产总值增长 11%左右，公共财政预算收入增长 5%（同口径增长 11%），工业增加值增长 13%，全社会固定资产投资增长 16%，粮食总产量稳定在 30 万吨以上，社会消费品零售总额增长 14%，城镇常住居民人均可支配收入增长 10.5%，农村常住居民人均可支配收入增长 12%，城镇化率提高 1.4 个百分点，城镇登记失业率控制在 3.3%以内，人口自然增长率控制在 5‰以内，万元 GDP 能耗下降 4%。

（作者单位：荣昌县政府办公室）

梁平县

张鹏程

一、2014 年发展回顾

2014 年,在市委、市政府的坚强领导下,梁平县认真学习贯彻党的十八大、十八届二中、三中全会精神和习近平总书记系列重要讲话精神,深入贯彻落实市委四届三次、四次全会精神和市委、市政府各项工作部署,紧紧围绕"137"发展战略,在"面上保护、点上开发"大做文章,一手抓经济大发展,一手抓环境大保护,聚焦产业结构调整,聚力重大项目攻坚,扎实推进"五个主题年"建设,扎实推进各项工作,全县经济社会发展呈现出科学发展的良好态势。

(一)经济运行稳中向好

地区生产总值达到 218 亿元,同比增长 11.7%(下同),增速连续四年超过全市平均水平。公共预算收入完成 15.07 亿元,增长 14.5%。固定资产投资完成 222 亿元,增长 17.6%。工业总产值实现 265 亿元,增长 20.5%;增加值 93.6 亿元,增长 12.6%。社会消费品零售总额达到 68 亿元,增长 13.8%。全年净增各类市场主体 5643 户,总量达 33511 户。金融机构各项存款余额达到 271.9 亿元,增长 15.5%;贷款余额达到 87.1 亿元,增长 30.9%,贷款增幅排名全市第三。政府负债率仅为 12.5%,债务风险绿色可控。

(二)城镇面貌持续改观

大力推进双桂新区建设,新区功能配套不断完善,"竹韵柚香·湖光禅城" 城市品牌日渐显现。全面完成 18 条标美路及人行道铺装、绿化、路灯等配套工程,道路环网基本成型。"一楼两馆四中心"装修即将完成,新区文化体育活动中心主体完工,提档升级正龙寺等一批城市公园。累计开工建设商品房 200 万平方米,建成 160 万平方米,销售 120 万平方米。同步提升老城品质,完成棚户区改造 3 万平方米,升级市政道路 6 公里、污水管网 10 公里,全面完成老城区路灯 LED 更新。扎实推进"10+2"专项整治和城市管理工作,市容市貌进一步改善。村镇建设统筹推进。完成 12 个乡镇总规和 8 个美丽乡村规划,实现乡镇总规全覆盖。成功申报 3 个国家级重点镇。建成 10 个农民新村。全县城镇建成区面积扩大 1.7 平方公里,新增城镇人口 0.6 万人,达到 26.7 万人,城镇化率提高 1.36 个百分点,达到 40.3%。

(三)工业发展提速增效

大力实施"特色工业突破年",着力培育"3+X"主导产业体系。"中国西部(重庆)塑料生态产业园"开园建设,光电科技、生态塑料、机械制造三大产业集群初步形成。成功引进扬杰电子、守布阿迪达小家电、东风汽车刹车鼓等工业项目 33 个,合同引资近 87 亿元,增长 89.9%。全年实际利用内资 152.7 亿元,增长 80.7%,增幅位列全市第二名、渝东北考核组第一名。着力加快平台建设,拓园区 3 平方公里,达到 7.3 平方公里,建成拓展区标准厂房 6.5 万平方米、道路 7.8 公里,水电气等管网及生产性服务配套协同跟进。项目建设扎实推进,利财管道当年开工当年投产,东创机械、大北农饲料等 20 个项目建成投产,捷尔士、群星建材等 20 个技改扩能项目达产增效。园区入驻企业达到 106 户,实现工业总产值 135 亿元,增长 34.3%;园区工业集中度达到 50.9%。乡镇创业基地发展效果明显,全县市级中小企业创业基地达到 7 个,入驻企业 210 家。全县完成工业投资 60.4 亿元,增长 27.6%,增幅位列全市第八名、渝东北考核组第一名。

(四)现代农业提档升级

大力发展特色品牌,持续推进梁平柚、蔬菜、水产等重点产业。圆满完成 8 万亩粮油高产示范片创建、万亩名柚园、万亩渔业园、万亩蔬菜基地、10万只黑山羊等重点项目建设，年产梁平柚8万吨，蔬菜播种35万亩，渔业养殖3.5万亩。新增市县级龙头企业38家、家庭农场105家，培育新型职业农民850人。农村土地适度规模流转面积10.6万亩，流转率达11%。成功申报国家级农业综合开发项目，建成高标准基本农田5.1万亩，实施测土配方施肥100万亩，新增及改善灌溉面积2.6万亩。农机综合化率达56%。全县累计认证无公害农产品121个、市级名牌农产品2个、国家地理标志商标8个。全年实现粮食产量38.3万吨，农业增加值33亿元，增长5.2%。

（五）商贸旅游稳步发展

成功签约亿联国际商贸城、新城中央商务区商业综合体项目。亿联西南总部大楼及小商品专业市场、商投世纪中心农副产品批发市场、兴茂时代广场等重点项目完成投资5.1亿元。10个重点乡镇商圈建设有序推进，社区便民商业设施完成年度建设任务。巩固“万村千乡市场工程”建设成果，建成农产品冷链物流中心1个、农产品产地集配中心3个。大力推动渝东北电子商务产业园建设，入驻企业24户，其中，天农八部公司通过电商渠道销售梁平柚达3000吨。百里竹海旅游度假区成功纳入全市旅游度假区“三个一批”工程。完成双桂堂保护修缮一期工程。提档升级滑石寨、蟠龙洞等度假区基础设施。有序推进名柚园等乡村旅游示范点建设，全县星级农家乐累计达55家。成功举办“乡约梁平·乐跑柚乡”等活动。全年接待游客210万人次，旅游直接收入达6亿元。

（六）统筹示范持续推进

基础设施建设步伐加快。成功将渝万城际铁路梁平单体火车站提升为综合交通枢纽站，启动建设全长约90公里的“二环路”项目，全面完成108公里国省道大中修，全县撤并行政村公路通达率达到100%。水利建设完成投资6.4亿元，创历年新高。110千伏双桂—七桥输电线路建成投运，57项农网工程基本完成。综合配套改革深入实施。成功争取并实施全国农村改革试验区、水生态文明城市建设试点县等6项国家级改革试点示范项目，启动实施农业生产全程社会化服务等10项重点改革。累计办理“农转城”2.1万余户共7.4万余人，完成地票交易3860亩共8亿元。开展农村产权交易鉴证345宗。全年累计发放农村“三权”抵押贷款1.1亿元，贷款余额达4.3亿元。示范走廊成效初显。全面完成仁贤场镇改道、柚园标美路、金带场镇“白改黑”等工程，升级改造仁金路等5条道路。新建奇爽、夸克标准柚园各1000亩。建成明达、和林、礼让3个风情集镇。

（七）生态环境更加宜居

水环境持续改善。深入开展环保“五大行动”，整治关闭畜禽养殖场175家，完成11个村连片整治，建成9个镇级污水处理厂和2个垃圾收运系统，启动县城污水处理厂扩建工程。治污减排成效明显。实施“两规范一基金”，全年筹集环保专项资金6000万元，用于污水处理厂建设和污染整治。整体淘汰恒丰纸业化学制浆、天河平板玻璃生产线，建成海螺水泥烟气脱硝等设施。全年削减COD（化学需氧量）1100吨、氨氮160吨，全年环境空气质量优良天数达到347天，优良率达95%。生态环境更趋优化。完成低效竹林改造5万亩和森林抚育2万亩，森林覆盖率达到43.6%，治理水土流失面积2.38平方公里，整治河道25.3公里，完成2个饮用水源地生态修复工程。

（八）社会事业协调发展

始终坚持民生第一目标，扎实推进市委、市政府落地梁平的15项重点民生实事和全县十大民生工程，全年累计投入民生资金26.9亿元，增长13.6%。建成撤并村通达公路66公里。整治山坪塘862口。解决9万人饮水安全问题。建成“三甲”医院主体工程、3个乡镇卫生院业务综合楼和65个“撤并村”卫生室。成功获批“重庆市创新驱动发展示范区”。梁平职业技术学校成功创建重庆市重点中职学校。建成275套农村教师周转房、5所寄宿制学校学生宿舍和食堂。城镇新增就业近4万人，城镇登记失业率控制在3.36%以内。公立医院取消药品加成，实现药品零差率销售。稳妥施行"单独"两孩政策，率先将农村失独家庭纳入"五保"供养范围。加强立体化社会治安防控体系建设，全县实现"一镇一所"。依法打击各类违法犯罪，群众安全感指数94.1%。加强社区建设，县城社区网格化管理实现全覆盖。办理法律援助案件560件。

二、发展中存在的问题

梁平县处于欠发达阶段、属于欠发达地区的现状仍然没有改变，经济总量较小、产业结构不优、市场主体量少质弱、城镇化水平不高、民生需求与供给不匹配等问题仍然存在，亟需改进和完善。

三、2015年发展目标

2015年，梁平县将全面贯彻党的十八大、十八届三中四中全会和中央经济工作会议精神，认真落实市委四届三次、四次、五次、六次全会部署要求，以孙政才书记、黄奇帆市长莅梁视察调研时系列重要指示精神为指针，始终坚持"137"总体部署不动摇，主动适应经济发展新常态，牢牢把握"稳中求进"工作总基调，以提高经济发展质量和效益为中心，以主题年建设为抓手，以改革、开放、创新为动力，着力转方式、调结构，促开放、抓招商，强投资、上项目，稳增长、惠民生，保安稳、促和谐，加快县域生态涵养发展。

2015年全县经济发展目标是：地区生产总值增长11.5%以上；固定资产投资增长18%；社会消费品零售总额增长14%；公共预算收入增长12%(其中税收增长15%)；工业增加值增长14%，规上工业增加值增长14.5%；万元GDP能耗下降3%；城镇化率提高2个百分点以上；金融机构各项贷款余额增长18%；城镇新增就业1.8万人，城镇登记失业率控制3.5%以内；城乡居民收入分别增长11.5%、14%。

(作者单位：梁平县政府办公室)

城口县

高超

一、2014年发展回顾

2014年，面对错综复杂的国内外形势和艰巨繁重的改革发展稳定任务，城口县在市委、市政府和县委的坚强领导下，紧紧围绕"科学发展、富民强县"总任务，大力实施生态涵养发展战略，主动适应经济发展新常态，积极应对挑战，奋力攻坚克难，全县呈现出改革全面推进、经济平稳运行、民生持续改善、社会和谐稳定的良好态势。

全年实现地区生产总值46.00亿元，同比增长6.1%；完成固定资产投资67.97亿元，同比下降6.3%；地方预算内财政收入4.81亿元，同比增长12.4%；社会消费品零售总额11.61亿元，同比增长13.9%；城乡常住居民人均可支配收入分别达到19355元和6491元，同比分别增长10.3%和13.1%。

(一)加强基础设施建设

加强交通建设。渝西高铁、安张铁路途经城口方案正积极争取，有望落地。开(县)城(口)岚(皋)高速公路列入国家和重庆高速公路网规划。通用机场完成选址论证和现场勘测等前期工作。县城至修齐路面大修工程全面竣工。任河右岸公路、周溪至双河公路、任河四桥等工程有序推进。实施撤并村通达工程252公里，全县公路总里程达3100公里，路网密度达94公里/百平方公里，村通畅率达66%。加强水利和能源建设。龙峡水库、三合水库、云盘小(2)型水库建设有序推进。土桥子电站建成投运。完成羊耳坝水库水生态涵养项目建设。城区防洪堤二期主体工程基本完工。治理中小河流20.89公里,综合治理水土流失33.7平方公里。完成高中低压线路改造206公里。完成咸宜35千伏输变电工程建设。城区燃气用户突破5000户,完成工业园区庙坝组团储备气站基础设施和试点乡镇场镇燃气管网建设,建成西部地区首个"合同能源管理"矿热炉余热发电项目。加强信息化建设。新建城区无线WIFI热点36个、光纤线路100公里、基站165个,县城光纤覆盖率达98%,村村通有线宽带覆盖率达85%。

(二)推进产业发展

大力发展特色效益农业。实现农业总产值10.54亿元。粮食播种面积52万亩。建设高标准农田1.1万亩,新增耕地5715亩。以大巴山(重庆·城口)农业综合示范园区为核心的"1+24"特色农业园区建设不断加强,大巴山(重庆·城口)山地农业科技园区被认定为市级农业科技园区。以畜牧、干果、中药材为主的"3+X"农林特色产业不断壮大,城口山地鸡饲养量700万只,生猪饲养量45万头,中蜂养殖12万箱,干果产量5800吨,中药材在地面积34万亩。发展县级以上农业龙头企业29家,新增农民合作社32家。培育和推广农产品区域性品牌,获"重庆名牌产品"等各类品牌8项81个,"三品一标"农产品有效认证37个。荣获"中华蜜蜂之乡"称号。大力发展特色工业。采取"一企一策"分类帮扶措施帮扶困难企业稳定生产,有效缓解工业经济持续下滑,实现工业总产值29.62亿元。积极支持传统产业技术改造,3万吨硅锰铝合金生产线、5万吨工业氯化钡、1万吨高纯氯化钡附产1万吨无水氯化钙项目启动建设,水泥商混站项目竣工投产。工业园区"一区三组团"和产城融合项目加快推进,园区累计入驻企业47家,产业集中度达70%。积极淘汰落后产能,万元GDP能耗下降2.5%。有序推进页岩气资源调查勘探工作。大力发展商贸旅游业。商贸流通市场主体突破1万户,限额以上统计单位达42家。全县拥有各类酒店25家,大巴山森林人家887户。培育发展物流快递公司10家,实现网上交易4300万元。扎实开展"旅游发展突破年"工作。完成中央电视台《乡村大世界》走进城口录播工作。城口县荣获全市"最具乡村旅游魅力县"称号。巴山镇、东安镇被评为全市"最美乡村旅游度假镇"。亢谷景区成功纳入市级旅游度假区提升创建类景区和市级旅游服务标准化示范区。全年接待游客149万人次,同比增长38%,实现旅游综合收入2.1亿元,同比增长52%。积极培育新兴产业。制定出台健康养老、电子商务、信息消费等新兴产业发展政策和规划,着力培育新的增长点。

(三)加强城乡建设

扎实开展"城乡建设攻坚年"工作。加强城乡规划编制工作。完成县城3个重点区域、6个市县级中心镇总体规划和38个高山生态扶贫搬迁集中安置区修建性详规编制工作。加快推进县城建设。全力推进旧城改造和新区开发,完成县城规划区房屋征收5万平方米,新开工商品房52万平方米,竣工13万平方米。建成红军纪念公园、葛城社区培训学校等公建项目,完成商业街建筑外立面风貌改造。建学路综合改造工程、柿子坝片区市政道路、城万快速公路通道木瓜坝段景观绿化工程全面竣工。加强乡镇和美丽乡村建设。加快推进乡镇基础设施建设,建成高山生态扶贫搬迁集中安置区14个。打造市县美丽乡村建设示范村4个,新启动4个市级美丽乡村示范村建设,改造农村危房1500户。修齐镇申报为全国重点镇。强化城市管理。以新一轮"五城联创"为抓手,大力整治县城和乡镇场镇市容环境卫生,严控违法违章建筑,极大地改善了城乡面貌。

(四)加强生态建设和环境保护

扎实开展"生态建设提升年"工作。全力推进生态建设。加快城周森林屏障建设,城周林分质量明显提升。大巴山国家级自然保护区、九重山国家森林公园、巴山湖国家湿地公园等绿色生态空间建设管理和保护力度持续增强。推进绿化工程建设,落实天然林管护责任285万亩,完成营造林19万亩，实施生态修复27.5万亩，森林覆盖率达64.5%。全面加强环境保护。深入实施环保“五大行动”，生态环境综合指数69.62，连续四年居全市第一。县城空气环境质量优良天数358天，居全市前列。县城和乡镇集中式饮用水源地水质达标率100%，县城生活污水集中处理率达88%，城镇生活垃圾无害化处理率达90%。推进生态文明细胞工程建设，创建市县级绿色学校35所、市县级绿色社区41个。建成重庆大巴山国家级自然保护区陈列馆。加强农村面源污染防治，实施农村环境连片整治项目10个。主要污染物总量减排任务全面完成。强化建设项目环保“三同时”管理，严控高耗能、高污染和产能过剩行业。

(五)深化改革开放

稳妥推进重点领域和关键环节改革。有序推进11个重大改革专项和50项重点改革任务。扎实推进政府职能转变和机构改革，规范设置政府工作部门和机构。完成东安、咸宜、高楠撤乡建镇工作。深化行政审批制度改革，清理县级行政审批事项82项，审批时限压缩50%。持续深化财税体制改革，优化财政支出结构，完善定员定额标准，进一步健全预算管理制度，国库集中支付制度改革实现“两覆盖、一转轨、一完善”目标，政府性债务由红色风险预警降到绿色可控区域。稳妥推进国资国企改革，24家县属国有企业整合重组为9家。完成国营城口县茶场和国营城口县航空茶场解散清算工作。积极推进统筹城乡综合配套改革。推进农村集体经济组织清产核资和农村集体资产量化确权改革试点工作。实施农村建设用地复垦，实现地票交易1100亩。扩大对外开放合作。推进国家科普示范县和科技支撑示范工程建设。与11个高等院校、科研院所和智库机构建立战略合作关系。全年招商引资签约3000万元以上重大项目11个，实际到位资金13.2亿元。

(六)保障和改善民生

推进扶贫开发。扎实开展“扶贫攻坚深化年”工作，24个贫困村实现整村脱贫，减少贫困人口8090人，贫困发生率下降4个百分点。成功承办重庆市第三届乡村旅游扶贫避暑休闲开村仪式。中国亢谷旅游扶贫示范区命名为市级旅游扶贫示范区。加强就业服务和社会保障。城镇新增就业2572人，城镇登记失业率控制在3.2%以内。创建充分就业村(社区)46个。健全养老保险缴费激励、转移接续等机制，提高城乡低保、城市“三无”、农村五保等救助标准。落实城乡居民大病保险和外出务工人员意外伤害综合保险政策，城乡居民基本养老保险和基本医疗保险覆盖率分别达92%和95%，生育保险实现机关事业单位全覆盖。“五大保险”累计参保39.07万人次。促进教育事业均衡发展。改造农村薄弱学校75所，建成特殊教育学校1所，改扩建附属幼儿园6所，建成教师周转宿舍123套。学前三年幼儿入园率达70%，高考总上线率达96%。全面落实贫困寄宿学生生活补助、营养改善计划、助学贷款、乡村教师岗位生活补助等保障政策。推动卫生计生事业加快发展。完成10个乡镇卫生院职工周转宿舍建设，启动5个薄弱乡镇卫生院改扩建工程，建成撤并村卫生室10个，完成53个村卫生室设备配置。基层医疗机构实施基本药物“零差率”销售，药品价格平均下降30.5%。人口自然增长率控制在6.5‰以内。推动文化体育事业发展。城口县被文化部命名为“中国民间文化艺术之乡”。船粱子公园红色文化景观工程全面竣工。成功举办百名将军“颂城口”书法展、首届非物质文化遗产暨群众文化活动摄影展。积极开展“身边好人”评选活动，梁勇、周木文等2人被评为“中国好人”，张贵福等7人被评为“重庆好人”。“巴山大舞台”、“渝州大舞台”送文化活动下乡78场次。广播电视综合覆盖率达96%。发展文化类企业20家。新建一批农民体育健身工程，全民健身活动蓬勃开展。

(七)深化平安建设

加强社会治安综合治理。按照“网格化管理、组团式服务”的模式，推进社会治安综合治理。群众安全感达94%，全市排名上升至第12位；社会治安群众认可度达97.34%，居全市第一。深化基层平安细胞创建,7个村和3个社区创建为全市民主法治示范村(社区)。推进应急联动指挥系统工程建设,不断强化社会治安管理。切实加强信访维稳。坚持以群众工作为统揽,以干部下访化积案解难题办实事专项行动和疑难信访问题专项整治为抓手,推进信访突出问题排查化解工作,化解重点突出矛盾纠纷30件,解决各类突出问题3901件。组建维稳处突工作队,提高了突发事件的处置能力。全力抓好安全生产。严格落实"党政同责、一岗双责"等安全生产责任制,开展安全生产专项整治和企业安全标准化建设,安全生产工作连续四年获全市目标考核优秀等次。食品药品安全监管全面加强。应急管理、地灾防治等工作有序开展。

(八)加强政府自身建设

扎实开展党的群众路线教育实践活动。有序推进"五个专项行动"和"十个专项整治",持续推进"发展环境优化年"工作,有效解决了一批"四风"突出问题、群众反映强烈的突出问题和联系服务群众"最后一公里"问题,有力促进了政风转变。认真落实中央八项规定精神,进一步改进文风会风,政府系统会议同比减少10.5%,文件简报同比减少19%。规范公务用车,清理整顿办公用房,公务卡刷卡消费6690万元,"三公"经费同比下降8.21%。加强民主法制建设。自觉接受县人大及其常委会的法律监督、工作监督和县政协的民主监督,认真办理人大代表建议和政协提案。县政府专题研究办理落实县人大及其常委会、县政协视察和审议政府专项工作意见建议27件。加强审计监督,接受市级各类审计4次,开展经济责任、重点建设、民生保障等专项审计44次。加强县、乡镇(街道)、村(社区)三级服务中心建设,全面推广使用群工系统,三级服务体系基本建立。深入推进"六五"普法,全民法治观念进一步增强。推行法律顾问制度,25个乡镇(街道)和20个重点行政执法部门聘请了法律顾问。深入推进政府信息公开,45个政府部门和单位公开了部门预算。加强党风廉政建设。认真落实"一岗双责"和"两个责任",加大行政监察和效能问责力度,发出监察建议13件,办理行政效能问责案件2起,诫勉谈话2人,纪律处分2人。

二、发展中存在的问题

一是县域经济量小质弱。县域经济总量偏小,支撑经济增长的要素保障乏力,三次产业结构不优,农业规模化和品牌化水平偏低,工业经济质量和效益不高,传统产业一时难以走出低谷,以商贸旅游为主的新兴产业、现代服务业发展滞后,产业多点支撑格局尚未形成。二是市场培育不充分。市场主体培育缓慢,数量不多,结构不优,质量不高,抵御风险能力较弱。一些群众创业意识不强,市场主体创新意识落后,全民创业兴业的氛围还没形成。三是基础设施建设仍然滞后。交通、水利、能源、信息化等基础设施仍然薄弱,经济增长对投资的依赖性大,稳投资压力大,突破发展瓶颈制约的任务依然艰巨。四是保障和改善民生压力大。扶贫、教育、医疗卫生、社会保障等民生事业群众期望值高,刚性需求大。民生资金总量不足,解决民生突出问题的任务繁重。五是开拓创新程度不高。一些干部群众解放思想不够,习惯用老眼光看待新问题,谋划工作站位不高,破解难题办法不多,落实工作的执行力有差距。六是发展环境有待进一步优化。少数干部群众大局观念淡薄,服务意识不强,优化发展环境认识不统一,"人人都是发展环境"的意识尚未深入人心。

三、2015年发展目标

2015年经济社会发展的主要预期目标是:地区生产总值增长8%左右。地方预算内财政收入增长8.2%左右。社会消费品零售总额增长15%左右。固定资产投资增长7%左右。城乡常住居民人均可支配收入分别增长10%和12%左右。城镇登记失业率控制在3.2%以内。人口自然增长率、单位地区生产总值能耗、主要污染物减排等指标控制在市上下达的目标之内。

(作者单位:城口县政府办公室)

丰都县

隆杰

一、2014年发展回顾

2014年，丰都县全面贯彻落实党的十八大和十八届三中、四中全会及市委四届三次、四次全会精神，积极应对宏观经济下行的巨大压力，努力克服改革发展中各种困难与挑战，围绕“生态涵养、绿色崛起”总任务，全力以赴稳增长、调结构、促改革、惠民生，推动全县经济运行企稳回暖、稳中有进，发展平台更加坚实、发展模式更加多元、发展环境更加优化、发展氛围更加浓厚。全县地区生产总值、固定资产投资、社会消费品零售总额、地方财政收入分别实现135.37亿元、209.23亿元、58.59亿元、24.79亿元，同比分别增长10.8%、12.4%、14.6%、23.7%；城乡居民收入分别达到21749元、8679元，分别增长11%、13.4%；城镇登记失业率控制在3.46%。

(一)工业经济发展稳中有进

按照“收缩战线、握紧拳头、优化布局、提升效益”思路，着力提升工业集中度和集约度，园区规划由40平方公里调整为15平方公里。建成标准厂房27万平方米，实现入驻10万平方米。县城至水天坪日供水8000吨后备水源管网建成投用。水天坪码头一期水下工程全面完成。加油站、配气站加快建设。镇江精细化工园环境风险防范措施不断完善，环境区域限批解除。东方希望干法水泥全面投产。民济医疗止痒贴剂、泓乾生物肝素钠等项目建成投产。成品油库、废钢回收、机器人等项目开工建设。大力推行“精准招商”，引进医疗器械、迪美汽车制造、天然气综合利用、汽车考试中心等项目106个。全年合同引资325亿元，实际到位145.6亿元。成功创建市级科技研发中心2个，转化市级科研成果1项，新增高新技术产品3个。全年工业总产值、增加值分别实现137.27亿元、33.29亿元，同比增长9.1%、12%。

(二)新型城镇化建设步伐加快

按照“山城、江城、水城”定位，启动城市总规局部调整和总体城市设计。完成3个乡镇总规修编和5个村级规划。旅游大道、龙城区间路、寨子沟桥改路建成投用，龙河东A区市政干道、火车站站前广场加快推进。新增城市道路16.7公里、综合管网91.6公里、城市广场3.5万平方米，完成工程投资11.5亿元。引进金科等一批品牌企业入驻，建成商品房90万平方米。3个市级中心镇“561”基础设施建设全面完成。社坛、仙女湖、高家成功创建全国重点镇。改造农村危房2604户，建成3个市级农民新村示范点。城乡互联互通工程加快建设，长江二桥主桥墩完成工程量70%，丰忠高速公路完成工程量74%，垫丰武高速公路前期工作基本完成，丰彭二级路九溪沟至龙河段路基扩建工程完工，马厢二级路完成路基工程60%、桥梁工程60%。城镇化率提高1.37个百分点达到40.61%。

(三)农业生产能力明显提升

提速打造肉牛“总部经济”，年产5万吨牛肉精深加工线建成，完成恒都肉牛科技研发中心建设；新发展500头以上规模养殖场2个、庭院牧场310个，新增肉牛饲养量2万头，“丰都肉牛”成功注册马德里国际商标。完成2个红心柚精品果园建设，800吨红心柚冷库和600吨商品化处理设施建成投用。建成有机水稻基地5000亩，栗子大米荣获“中国国际有机食品博览会金奖”。全县种植榨菜18万亩，收购烟叶8.5万担。三元红心柚现代农业园区、栗子现代农业园区获批市级现代农业园区。梨子坪中型水库开工建设,导流洞如期贯通;太平坝烟草水源工程主体完工,龙兴坝中型水库和硝厂沟、三岔溪等烟草水源工程前期工作加快推进。建成中小河流堤防护岸41公里,完成6座小(2)型病险水库除险加固。实施高标准农田建设1.2万亩。完善农业科技服务体系,新培育市级农业龙头企业7家、农民专业合作社104个,培育农业科技示范户1880户,启动国家农业科技园区建设。推广农机2.2万台,农机综合水平提高3个百分点。全县农林牧渔业总产值38.2亿元、增加值25.91亿元,同比分别增长5.2%、5.3%,增速均居全市第四位。

(四)商贸旅游经济日趋活跃

启动游轮港规划编制,完成"南天湖·雪玉山"国际休闲度假区规划和丰都古城规划。南天湖旅游度假区一期对外开放,成功举办"意象狂欢节"。全年接待游客830万人次,同比增长17.7%,旅游综合收入实现26.5亿元,同比增长17.6%。1个5000吨级、3个500吨级冷链物流项目建成投运,粮食物流产业园一期工程开工。新增限上企业24家、5千吨级以上商贸物流企业5家。全年住宿和餐饮营业额实现12.6亿元,同比增长19.5%,进出口总额实现3500万美元。

(五)生态文明建设成效明显

扎实开展环保"五大行动"。实施县城尘污染综合防治,淘汰黄标车683辆,全年空气质量优良天数达331天。启动龙河流域综合整治,深度治理工业企业废水3家,全县地表水质总体良好,城乡集中式饮用水源地水质持续稳定达标。新增城区绿地3.5万平方米,营造林21.8万亩,森林覆盖率提高到44.6%。建成环境噪声达标区3.5平方公里,新增市级安静居住小区1个。创建市级生态镇2个,发展县级生态村15个。大力开展节能减排,完成东方希望水泥5条生产线脱硝工程建设,建成虎威、龙河、龙孔等7座乡镇污水处理厂,全面完成恒都公司"5+1"污染治理工程。实施龙河流域湿地保护与生态恢复工程。开展石漠化地区综合治理,治理水土流失2.73平方公里。

(六)重点领域改革深入推进

积极推进政府机构改革,行政机构改革总体方案获上级批准,完成卫生局、计生委、城乡建委、市政园林局的改革重组,调整理顺城市建设、工业园区、旅游管理和食品药品安全监管体制。稳步推进统筹城乡重点改革,全面开展农村集体经济组织清产核资和量化确权,规范流转土地44.6万亩,农民工户籍制度改革转户5031人,农村"三权"抵押贷款余额达1.71亿元。深化投融资改革,实行融建分离,整合成立一个融资平台、五个建设公司,全年融资27.6亿元;试行PPP投融资合作建设模式,引进渝富集团承债式收购存量土地和债务,引进清合集团"民办公助"投资建设学校。推进政府职能转变,承接市上下放行政审批事项108项,取消和下放事项27项,建立项目立项、规划、建设环节并联审批制度,行政审批效率明显提升。推进工商登记制度改革,完善小微企业扶持机制,新增各类市场主体4845户。

(七)扶贫和后续工作卓有成效

大力实施"精准扶贫",深入推进方斗山片区综合扶贫开发,启动雪玉山片区扶贫建设。22个整村扶贫推进村通过市级验收。减少贫困人口1.8万人。新(改)建农村公路175公里,解决7600人饮水安全问题。统筹推进三峡后续工作,申报2014年度三峡后续项目61个、补助资金8.23亿元,申报预备费项目补助资金4.3亿元。编制三峡后续规划二期项目库,入库项目132个、补助资金31.88亿元。强化移民扶持扶助,发放扶助资金3266万元,完成移民就业培训9240人,新增移民就业劳动力转移2060人,完成移民划地自建房产权证办理3610件。制定对口支援产业合作规划,建立产业发展合作基金,全年到位无偿援助资金4987万元。

(八)经济运行调度保障有力

强化项目"牛鼻子"作用,启动实施828个项目,按照"五个一"推进机制强力推进重点项目建设。新增用地指标4657亩,实施土地整理8

万亩、农村建设用地复垦3456亩、新征地4328亩,有力保障了建设用地需求。完成国有土地使用权出让收入15.88亿元、城市建设配套费1.02亿元、国有资产经营处置收益1亿元、违法建设整治收益8070万元、移民划地自建房办证收益5373万元,新增耕地指标收购收益4010万元。强化预算执行,全年地方财政支出58.1亿元,同比增长10.8%。强化银政企合作,银行贷款余额达104.11亿元,同比增长12.18%。实行政府性债务总额控制和预算管理,全年偿还政府性债务20.1亿元。

(九)社会民生事业持续改善

始终把保障和改善民生作为"第一目标",量力而行、尽力而为解决群众最关心、最迫切的民生问题。全年发放"助保贷"5000万元、小额担保贷款2.17亿元,回引农民工返乡就业创业1.02万人,城镇新增就业1万人。新建(改扩建)校舍3.2万平方米,水天坪小学、适存中学等4所学校建设全面启动。全面实施农村义务教育阶段学生营养改善计划,惠及学生7万余人。三甲医院完成平场工程,中医院业务综合楼、9个乡镇卫生院周转宿舍建成投用,双龙、董家成功创建市级卫生镇。城乡居民健康档案电子建档率达73.4%。全面实施"单独二孩"政策,成功创建国家级计划生育优质服务先进县。城乡居民医疗保险基本实现应保尽保,城乡居民养老保险参保率达95%。完成保险基金征收5.29亿元。建成公租房1万平方米、安置房11.5万平方米。发放民政救助资金2.1亿元,救助困难群众11万人次。完成4所福利院扩建工程,建成城乡社区养老服务站115个,获评全国五保工作先进集体、全国文明优抚单位。建成县服务群众工作指挥中心、30个乡镇(街道)公共服务中心、330个村(社区)便民服务中心,加大群工系统推广运用,办理群众反映事项2361件,群众满意率达95.8%。深入开展全民健身活动,建成15个农民体育健身工程。"丰都庙会"成功列入国家级非物质文化遗产名录。启动创建全国社区治理和服务创新实验区。办理法律援助案件454件。安全生产事故、死亡人数同比分别下降6.7%、22.2%,杜绝了较大以上事故发生。集中开展信访秩序专项整治百日攻坚行动,化解重大信访问题37件。全县接报刑事类、治安类警情下降率分别位列全市第2位、第6位,现行命案侦破率连续9年保持100%,群众安全感指数居全市第4位。

二、发展中存在的问题

一是经济发展内动力不足,新增项目不多,部分项目推进乏力,投资增速有所下滑。二是发展要素瓶颈还没完全突破,特别是历史形成的政府性债务沉重,资金调度捉襟见肘。三是群众就业创业能力不足,移民迁建中的遗留问题错综复杂,促进农民脱贫致富、移民安稳致富的压力较大。

三、2015年发展目标

2015年,丰都县将主动适应经济发展新常态,坚持稳中求进工作总基调,坚持"发展升级、实干兴丰"总要求,坚持一条主线、三大目标、五大任务的"135"发展战略总目标,以小康为统揽,以发展为主线,以法治为遵循,以民生为根本,更加注重提高经济发展质量和效益,全力推动丰都"生态涵养、绿色崛起"。力争地区生产总值增长11%左右,其中一产业增长4.7%,二产业增长17%,三产业增长8%;固定资产投资、社会消费品零售总额、地方财政收入分别增长11%、15%、18%;单位生产总值能耗、主要污染物减排达到国家约束性要求;城镇登记失业率控制在3.7%以内,城乡居民收入分别增长11%、12%,为全面建成小康社会打下坚实基础。

(作者单位:丰都县政府办公室)

垫江县

湛伟

一、2014年发展回顾

2014年，垫江县按照渝东北生态涵养发展区的功能定位，以“科学发展、富民兴垫”为总任务，坚持稳中求进工作总基调，着力稳增长、促改革、调结构、惠民生、防风险，较好地完成了县十六届人大四次会议确定的年度目标任务，全县经济社会发展稳中有进、稳中向好。全年实现地区生产总值224.1亿元，增长10.4%。一般公共财政预算收入12.1亿元，增长11.8%。全社会固定资产投资243.9亿元，增长19.1%。社会消费品零售总额70.7亿元，增长14%。城乡居民收入分别达24222元、10241元，增长10.9%、13.3%。

(一)生态文明建设成效明显

牢牢把握生态涵养发展区功能定位，确立绿色发展思路，将全县划分为城市发展区、农产品生产区、生态保护区三大功能板块，强化功能区划的导向作用和机制保障，促进乡镇差异发展、联动发展、协调发展。安排资金5亿元，推进生态建设和环境保护。实施龙溪河、桂溪河综合治理等15项生态工程。完成植树造林9万亩、义务植树150万株，森林覆盖率达42%。治理水土流失15.6平方公里。建成普顺、沙坪、太平、杠家、高峰等5个乡镇污水处理厂。取缔30座水库投肥养鱼行为。完成10个行政村环境连片整治。加强监测预警应急体系建设，完成环境风险企业风险评估，实施环境监测标准化建设。单位生产总值能耗下降5%，超额完成市上下达的节能减排任务。县城区空气环境质量优良天数达326天，同比增加8天。城区交通噪声、区域环境噪声平均值分别为65.5分贝、53.1分贝，均优于国家标准。

(二)农业效益稳步提升

实现农业总产值49.6亿元、增长5.3%，增加值33.1亿元、增长5.4%，增速居全市第3位。“3+2”特色效益农业发展加快。粮食产量39.2万吨，蔬菜产量80万吨，水果产量6万吨，出栏生猪98.5万头。涪陵榨菜集团6万吨榨菜粗加工、重粮集团3万吨大米精加工、百果园500吨瓶装白酒等重点项目相继投产，累计发展农产品加工企业154户。回引劳务外包项目18个，3万农户增收2.5亿元。“五点三区”和现代农业示范园区建设加快推进。引进培育农业经营主体65家，建设水稻和油菜生产基地6000亩、鼎越等设施水果基地3000亩、龙之叶等设施蔬菜基地4000亩、华运农业等花卉苗木基地6000亩，建成丰华等标准化养殖场14家。现代农业示范园区和高安食品工业园区成功升级为市级园区。农业基础条件有效改善。建成高标准农田7.2万亩，新建产业道路38公里、生产便道46公里。推广农机具2.5万台(套)，机械化率42%。完成水利投资5.1亿元，盐井溪水库大坝枢纽工程建成，龙滩水库前期工作有序推进，整治山坪塘1023口，解决7万人饮水安全问题。建成农村户用沼气池800口、市级清洁示范村1个。完成高山生态扶贫搬迁2340人。巩固整村脱贫扶贫项目12个，减少贫困人口7500人。农产品质量安全水平进一步提高。建成检验检测站3个，建立标准化生产基地30万亩，申报认定无公害基地54个、无公害农产品52个、绿色食品12个，“垫江咂酒”等6个农产品获国家农产品地理标志认证。

(三)工业经济平稳增长

全年实现工业总产值380亿元、增长18.5%，增加值108.3亿元、增长11.4%。项目建设稳步推进。新建项目61个，续建项目58个，完成投资91亿元、增长27%。力能民爆全连续乳化炸药、天圣制药非PVC软袋容量注射剂、正清药用玻璃等14个重点项目竣工投产,新增产能15亿元。新增规上工业企业22户,累计达106户,实现产值157.6亿元、增长15.5%。园区基础不断夯实。工业园区启动630亩土地平场,东方大道完成改造并开工建设南延伸段,污水处理厂主体工程完工,维安中小企业产业园、温瑞志红楼宇产业园建成5.7万平方米标准化厂房。城北集聚区建成主干道路1.8公里,完成水电管网铺设。澄溪集聚区新征工业用地435亩,完成土地平场480亩,新建污水管网3.6公里,开工建设厚生大道。高安集聚区完成土地平场120亩,新建污水管网1.5公里。砚台集聚区完成物流通道一期1.5公里基础工程。"一园四集聚区"累计入驻企业124户,实现工业总产值135亿元、增加值41.8亿元,分别增长17.4%、18.2%,实现利润7.5亿元、税收4.4亿元。长龙、杠家、五洞等乡镇工业呈现较好发展势头。特色产业发展壮大。机械制造、生物医药等"6+2"特色产业实现产值145亿元,占规上工业总产值的92.1%。捷力轮毂、博邦汽车等8户汽车零配件企业实现产值18.2亿元、增长41%。天圣制药等生物医药企业实现产值45.5亿元、增长5.9%。钟表产业园建设加快,重庆钟表、嘉莹钟表等4家企业顺利投产,实现产值5000万元。垫江造"山城牌"手表成功亮相"2014中国·重庆香港钟表展示会",深受消费者青睐。首家山城手表旗舰店在江北观音桥建成营业。

(四)城乡面貌显著改善

坚持高品质规划建设,高水平精细管理,新型城镇化步伐不断加快,常住人口城镇化率提高1.3个百分点,达到40.3%。规划逐步完善。完成城市总体规划局部修改、县城控制性详细规划修改和城际列车站前片区城市设计。启动城市综合管网、综合交通等10项专项规划编制。审查修改白家镇总体规划,完成砚台太安、普顺迎凤等2个村规划。建设扩容提质。县城"一心二环五片区"建设加快,新增城区面积1.3平方公里,全县在地建筑业总产值133.7亿元、增长41.5%,增加值19亿元、增长24%。长安大道县城至黄沙段全线贯通,明月大道南段基本建成,桂北大道抓紧建设,明月大道北段、城际列车站前广场及文毕大道前期工作顺利推进。渝万城际铁路垫江段线下工程全部完工,进度居沿线首位。碧桂园、牡丹城、尚品今典等楼盘加快建设。北岸景苑、三合苑等38万平方米安置房开工建设。凤山公园扩建工程加快实施,滨河公园八一桥至桂西大道段改造完工,牡丹湖湿地公园即将向市民开放。乡镇建设同步推进,完成3个市级中心镇改造升级,高安、澄溪被评为全国重点镇,澄溪获评重庆十大"最美小城镇"。沙坪武田、普顺仁合、桂溪峡口等3个市级农民新村基本建成。改造农村危房2500户。开綦路周嘉至永安段、垫涪路黄沙至高峰段大修养护全面完成,鹤游至坪山改线工程盐井溪段完工,高洞至白家、包家段大修养护全面实施。硬化村级公路399公里,实现50个撤并村通达。新开通农村客运线路9条,新增车辆29台,新建招呼站30个。管理上档升级。城区实现公共区域清扫保洁和主次干道机扫冲洗全覆盖。新建、改建公厕各3座。完成桂东片区人行道改造、北苑片区背街小巷综合整治,升级改造人行地砖7.4万平方米,道路"白改黑"3.4万平方米。新增公共停车位530个,凤山西路停车场开工建设。栽植苗木11万株,城市绿化覆盖率达35.4%。开展"五脏五乱"专项整治。建成脏车免费自动冲洗点2个,冲洗车辆8万辆次。优化7条公交线路,完成205辆出租汽车更新投放。拆除违法乱搭乱建219处、2.5万平方米,取缔占道经营2617处。农贸市场周边经营秩序整治力度加大,凤山农贸市场功能全面恢复。完成新民、坪山等场镇道路改造升级。砚台、沙河等9个乡镇实现生活垃圾无害化处理,城镇垃圾无害化处理率达89.9%。

(五)第三产业持续繁荣

新增限上商贸企业31户、累计195户,新增规上服务企业8户、累计39户,实现增加值64.5亿元、增长7.6%。桂溪华庭等社区商圈形成,明悦天街城市综合体开工建设。新世纪超市新城店建成营业，新增6个社区便民直销店。渝东粮食仓储物流园项目加快推进。宝汇2万吨冷链物流项目土建工程完工。新民、白家农产品产地集中配送中心建成投用。汽车消费旺盛，销售汽车7700多辆，销售额超过10亿元。上海大众汽车4S店、悦达起亚直营店建成营运。餐饮行业向连锁型、大众化经营发展，吉之源新增直营连锁店7家，斌航饭店发展连锁店5家。房地产开发投资28.9亿元，商品房销售面积54万平方米。新增外贸进出口备案企业5户，累计40户，进出口总额6728万美元。电子商务发展起步，海博园林开通五彩田园网络销售平台，迎春工艺厂在京东商城开设旗舰店，南门精品建材城开发"垫江家居建材网"销售平台。组织涉农企业参加商务部新农村商网夏秋季农产品网上购销对接会，交易额3000多万元。加强旅游规划编制，完成旅游总体规划和乡村旅游等8个专项规划。太平至澄溪旅游公路完成硬化，恺之峰广场等旅游服务设施逐步完善。乐天花谷升级为2A级景区。国能国际星级酒店主体工程完工。成功举办第十五届牡丹文化节。花卉作品《垫江白芍》获青岛世界园艺博览会金奖。全年接待游客150万人次，旅游综合收入2.9亿元。金融运行态势良好。全县各项存款余额234.8亿元、增长11.9%，贷款余额114.8亿元、增长24.9%，存贷比达48.9%。金融机构为全县经济社会发展提供了有力的资金支持。

(六)改革开放全面推进

坚持深化改革开放，为发展注入了新的活力和动力。政府职能转变加快推进。撤销计生委、卫生局组建卫生计生委，撤销投促办并将招商引资职责划入工业园区管委会，政府工作部门减少为27个。完成食品药品监管体制改革。撤销桂溪镇设立桂阳、桂溪街道，黄沙、长龙撤乡设镇。26个乡镇(街道)公共服务中心、300个规范化村(社区)便民服务中心建成投用，三级便民服务体系基本形成。承接市上下放行政审批项目38项，取消4项，审批提速70%以上。实施工商登记制度改革，调整前置审批许可92项，新发展企业1098户、个体工商户4265户，全县各类市场主体总量达32810户。经济领域改革不断深化。推进部门预算改革，完善预算动态监控体系，建成财政信息大平台，增强了预算编制和执行的准确性、透明性和科学性。实施公务卡改革。启动公务用车改革。继续推进"营改增"试点，有效支持了第三产业发展。拓宽中小企业融资渠道，金龙科技、坤豪食品等5家企业在上海股权托管交易中心成功挂牌上市。搭建小微企业融资平台，发放贷款5000余万元。新增微型企业460户，建成微企孵化园5个。统筹城乡综合配套改革稳步推进。全面启动农村集体资产清产核资，开展量化确权改革试点。实施农村建设用地复垦项目146个、7350亩，产生地票面积2100亩，交易576亩、1.2亿元。户籍制度改革实现转户2815户、5196人。加快构建新型农业经营体系，累计培育龙头企业130户、农民合作社639个、家庭农场321家，规模流转土地38.4万亩。拓展农村金融服务，涉农贷款余额6.9亿元。对外交流合作成果丰硕。全年新签约招商项目111个，协议引资198.7亿元，累计到位资金191.6亿元。鼎发公司投资6600万元与贵州燃气集团合作开发城市燃气项目，转型发展迈出了实质性步伐。天圣制药公司在美国投资120万美元，进行药品研发和药物推广。汉华公司成功收购美国科尔曼公司飞机生产线，垫江造旋翼机将于今年面世。与韩国埃克纽门、恩津特、BS株式会社和重庆高新区签订战略合作协议。积极参加第十七届"渝洽会"。应邀参加中国(杭州)国际钟表珠宝商业大会并积极推介我县钟表产业优势。中国钟表设计专业委员会年会在我县召开。法国、瑞士等国钟表企业先后到我县考察，瑞士钟表技术创新公司钟表配件生产及瑞士钟表设备维护项目成功落户，实现了重庆与瑞士在钟表领域合作"零"的突破。

(七)民生持续改善

坚持不懈保障和改善民生，公共服务质量和水平不断提升。社会保障更加有力。新增城镇就业2.2万人,城镇登记失业率2.9%。城乡居民和城镇职工养老保险、医疗保险分别达46万人、90.8万人。发放低保金5160万元。临时救助3556人、医疗救助6.1万人次,发放救助金1567万元。改扩建白家、坪山敬老院,建成社区养老服务站5个。科教事业发展加快。全年申报市级以上各类科技计划项目26个,登记和转化科技成果40个,新认定高新技术产品8个、重点新产品2个,专利授权128件。完善寄宿制学校7所,建成教师周转房162套。实施校舍场地建设项目72个,新增校舍面积8万余平方米。城区小学、初中新生年级大班额率分别下降33.8%、5.7%。发放各类资助金5115万元,惠及学生6.6万人次。卓越课堂建设加快推进,普通高考总上线率达95.9%,重本上线891人,2名学生被清华大学、北京大学录取。成功入围首批国家级农村职业教育和成人教育示范县。文体卫生事业成效明显。完成城市文化规划。图书馆、妇女儿童活动中心即将建成投用。深入实施农村电影"2131"惠民工程,放映电影5418场。成功举办市级大型体育赛事5项、县级文体活动40次。落实国家计生奖扶和特别奖扶9032人、1200余万元,批准"单独两孩"再生育对象申请530例。累计为辖区居民建立健康档案87.4万份,建档率124%。成功创建国家慢性病综合防控示范区。中医药发展综合改革试验工作成效明显。公立医院改革试点稳步推进,县级公立医院取消药品加成,减轻群众负担3329万元。完成60个撤并村卫生室建设,三级医疗服务网络不断完善,实现90%以上患者看病不出县的医改目标。

(八)社会治理不断进步

改进社会治理方式,提高社会治理水平,为改革发展创造了稳定的社会环境。完善社区网格化管理模式,综治维稳基层基础不断夯实。狠抓信息化和治安防控体系建设,安装视频监控镜头465个。组建乡镇(街道)专职治安巡逻队28支,各村(社区)均成立义务巡逻队,治安巡逻实现常态化。开展系列专项打击整治行动,八类主要刑事案件下降16.5%,群众安全感指数达94.6%。深入开展"六五"普法工作,人民调解、行政调解、法律援助、社区矫正工作水平稳步提高。以开展干部下访和"4+1"专项治理为重点,接访下访群众1.3万批次、2.3万人次,排查化解重点矛盾纠纷20件,依法解决长梁高速公路征地、金属制品厂改制等遗留问题66个,信访总量、总人(件)次均下降13%,全年未发生重大恶性事件和群体性事件。全面构建安全生产"党政同责、一岗双责、齐抓共管"的责任体系,深入开展"压事故、保安全"百日攻坚、"六打六治"等系列专项行动,排查整改隐患8608处,全年未发生较大以上安全生产事故,获全市安全生产工作先进单位。建成澄溪、高安等4支专职消防队,全县连续17年未发生较大以上火灾事故。成功创建市级应急管理示范乡镇5个、示范村(社区)65个,突发事件应急处置能力不断提升。"8·31"、"9·13"暴雨洪灾发生后,我们及时组织、周密部署,全力抢险救灾,最大限度保护了人民群众生命财产安全,恢复重建工作进展顺利。

二、发展中存在的问题

一是经济总量不大,发展速度不快、质量不高,产业结构不优;二是企业融资难、融资贵,生产成本高,用工问题突出;三是征地拆迁慢,项目落地差、推进不力,资金短缺等问题依然突出;四是财政收入增长较慢,刚性支出增长较快,收支平衡压力大;五是少数政府工作人员缺乏责任心,执行力差,依法办事和服务发展能力不足,发展环境与群众和企业的要求存在一定差距。

三、2015年发展目标

2015年,全县经济社会发展的主要目标是:地区生产总值增长11%。一般公共财政预算收入增长12%。全社会固定资产投资增长16%。社会消费品零售总额增长14%。城乡居民收入增长与经济发展同步。居民消费价格涨幅控制在3%左右。城镇登记失业率控制在3%以内。

(作者单位:垫江县政府办公室)

武隆县

冉洪

一、2014 年发展回顾

全年地区生产总值 119.98 亿元，增长 10.7%；一般公共预算收入 11.61 亿元，增长 18.6%；固定资产投资 145.46 亿元，增长 2.7%；社会消费品零售总额 40.75 亿元，增长 12.9%；居民人均可支配收入 14488 元，增长 12.1%；城镇常住居民人均可支配收入 24526 元，增长 11.2%；农村常住居民人均可支配收入 8489 元，增长 13.8%。

(一)产业结构不断优化

一、二、三产业实现增加值 17.08 亿元、48.1 亿元、54.8 亿元，分别增长 5.1%、10.7%、12.3%，三次产业结构比优化为 14.2:40.1:45.7。

旅游成为全市的排头兵。武隆旅游二十年磨一剑，真正实现了从“重庆的武隆”向“中国的武隆”蝶变。接待游客达到 1908 万人次，增长 9%，接待总量和增速全市领先。仙女山和天生三桥接待游客连续两年突破 100 万人次，成为全市唯一拥有 2 个“100 万游客景区”的县。新发展乡村旅游接待户 110 户，乡村旅游接待游客 300 万人次，成功创建全国休闲农业与乡村旅游示范县。《印象武隆》演出收入 5300 万元。景区成功植入《变形金刚 4》《爸爸去哪儿》，成功举办国际山地户外运动公开赛，武隆知名度美誉度大幅攀升。总投资 150 亿元的星际未来城、懒坝国际文化艺术主题公园、仙女山国际户外运动营地、阳光童年、中下石院民俗文化村寨等重大旅游项目成功落地并陆续启动建设。仙女山室内滑雪场项目完成投资 5000 万元。天生三桥电梯项目完成投资 5800 万元。芙蓉江索道项目完成投资 7500 万元。七色天街、夜宴仙女山等商业街开街营业。夏宫万豪等 4 家酒店进入装修阶段。旅游服务综合满意度不断提高。加强商旅融合，住宿餐饮营业额增长 15.2%；批发零售业销售额增长 16.6%；外贸进出口额增长 92.8%，增速居全市第 5 位。

工业迈上百亿新台阶。实现工业总产值 101 亿元，增长 26%；其中规模工业产值 53.18 亿元，增长 23%。工业增加值 23 亿元，增长 15.7%，增速居全市第 5 位。规模工业增加值增长 16.1%，增速居全市第 7 位。完成工业投资 39.94 亿元，初步形成了机械加工、新型材料、清洁能源三大支撑产业。工业园区白马组团、平桥组团全面建成，长坝组团基本建成；入园企业 38 家，实现产值 37.7 亿元。加大工业企业培育力度，新培育规模以上工业企业 5 家；通耀铸锻、穗通车业等 8 家企业建成投产；港升机械等 5 家企业完成主体厂房建设；雷源机械等 4 家企业完成规划设计。工业产品质量监督抽查合格率 99.3%。隆泰公司钢丝钢绞线被认定为重庆市知名产品。白马电航枢纽可研阶段 26 个专项审查已通过 20 个。浩口电站开工建设。罗洲坝电站建设加快推进。海装风电和顺分散式接入项目并网发电。坚持集团招商与专业招商相结合，成功引进投资 10 亿港元的香港环保动力电动巴士、投资 5 亿元的台湾立全新能源电动自行车等一批工业项目。

特色效益农业提质升级。实现农业总产值 26.79 亿元，农业增加值增速居全市第 9 位，农村常住居民人均可支配收入增速居全市第 2 位。双河现代农业园、火炉生态渔业园、白马天池高山茶叶园被列为市级现代农业示范园区，鸭平片区循环农业园建设初见成效。安排惠农直补资金 1.5 亿元，农村基础设施建设投入资金 3.43 亿元，投入农村各类创业主体引导扶持资金

6272万元，促进了农业增效、农民增收、农村发展。粮食作物产量17.25万吨。蔬菜产量48.55万吨。烤烟产量16.95万担。出栏生猪49.11万头、山羊13.87万只、家禽106.55万只。新增特色林果5000亩，羊角猪腰枣入选全国名特优新农产品目录。新栽植和改造茶园3500亩。新增和改造渔业养殖水面1800亩。发展家庭农场41个、规模种养大户197户。深入开展专项扶贫、行业扶贫、社会扶贫，全面推进白马山片区扶贫，18个贫困村实现整村脱贫，获得全国社会扶贫先进集体。

(二)城乡品质不断提升

完成城乡建设投资49.8亿元，新开工商品房96.79万平方米，城镇化率38.76%。城市总体规划实施评估报告顺利完成。仙女山旅游度假区规划取得重大突破，70.6平方公里总体规划和7403亩土地利用规划修编获得市政府批复，拓展了度假区城市构架，为持续发展提供了空间。完成乡镇规划9个、村规划10个、居民点规划10个、市级农民新村规划3个。县城堤防景观规划设计全面完成，南岸堤防附属工程完成建设。成功拆除原金帝集团白马厂区危房46栋4万平方米。成功申报国家级重点镇3个、市级特色旅游景观名镇1个、中国传统村落3个、小城镇2个。巩固国家卫生县城创建成果，扎实推进全国县级文明城市和国家园林县城创建，获得全国县级文明城市提名。

扎实推进交通、水利等基础设施建设。完成交通投资4.3亿元。大力推进土坎乌江大桥建设；启动渝怀铁路二线项目征地拆迁，重大控制性工程开工建设；加快渝湘高速武隆收费站出口加宽改造；确定了土坎互通、白马互通新(改)建工程业主。仙女山机场立项要件已上报国家发改委和军委总参谋部，落实了重庆机场集团有限公司作为建设业主。完成水利投资8.3亿元。河心水库、仙女山景区水厂等完成前期工作；接龙烟草水源工程、核桃水库、大河沟水库等重点水源工程开工建设；一批中小河流治理工程、小型水库除险加固工程、节水灌溉工程完工验收。争取三峡后续项目14个，专项补助资金3.76亿元。应急联动指挥工程等政法基础设施建设有序推进。35千伏浩口输变电工程启动建设。

(三)社会民生不断改善

新增城镇就业15303人，城镇就业困难人员再就业2112人；城镇登记失业率降至1.58%，低于全市1.92个百分点；城乡居民养老保险、医疗保险参保率均达90%以上。成功创建社区教育市级示范县；羊角镇中心小学避险迁建项目全面完成；白马镇第二小学完成征地勘界和可研编制；高考上线率95.3%。仙女山旅游度假区中医馆投入使用；完成5所卫生院翻新改造；全年无重大传染病疫情发生；“单独二孩”政策启动实施。博物馆陈列布展工程全面完成，并对外免费开放。新建成乡镇健身广场2个、农民体育健身工程18个、全民健身路径工程2个。“121”科技示范工程有序推进，开通建成科普网络书屋163个，新增市级科普基地1处。

民生实事全面推进。启动建设高山生态扶贫搬迁集中安置点106个，完成高山生态扶贫搬迁安置9784人，累计完成21878人。完成农村公路硬化、油化300公里。新开通农村客运线路12条，新增农村客运车辆32辆。提前两年完成826口山坪塘整治任务，新增蓄水25.6万立方米，新增、改善有效灌面7.6万亩。建成集中供水工程34个、分散供水工程48个，新解决3.68万农村居民的饮水安全问题。完成撤并村卫生室建设15个。完成农村危旧房改造3000户。完成行政村环境连片整治42个。完成农村寄宿制学校建设6所11068平方米，建成农村学校教师周转宿舍13所7525平方米；武隆一中即将完成工程招标；县城新建1所小学、1所幼儿园完成规划。全面实施学生营养改善计划，惠及87所学校28000名学生。完成乌江山水等4个弃管小区电力设施改造。建成城市社区养老服务站2个、农村幸福院30个。殡仪馆迁建项目完成规划设计。建成社区便民商业设施3个。油坊社区等6个社区综合服务用房建成达标。完成农村人行便道建设512公里。完成县城周边连接路硬化15.86公里。羊角场镇避险搬迁工作扎实推进。

(四)生态建设不断加强

按照"五个决不能"的底线要求,坚持面上保护、点上开发,深入推进全国生态文明示范工程试点县、全国生态县建设,成功跻身首批国家主体功能区试点示范县和国家生态文明先行示范区,成功创建市级生态镇1个、县级生态村150个。扎实推进环保"五大行动",城区环境空气质量优良天数343天;饮用水源地水质达标率100%;完成各类营造林12万亩,森林覆盖率60.1%;完成农村沼气池建设2000口;长坝污水处理厂投入运行;江口、桐梓、双河垃圾收运系统投入使用。强化制度建设,实行森林保护与发展目标考核、一票否决、党政问责机制,出台《古树名木保护管理办法》,建立社会造林激励机制、林地流转用途管制机制;对全县污染源实行网格化管理;世界自然遗产、自然保护区、风景名胜区、森林资源等保护工作进一步加强。

(五)社会治理不断深入

创新立体化社会治安防控体系,大力整治治安重点地区和突出问题,依法防范和惩治各类违法犯罪活动,确保了社会和谐稳定。恢复和新建派出所3个、司法所3个。加强城乡消防基础建设,新建白马等4个消防队。依法打击各类违法犯罪,夏秋社会治安专项整治行动获得全市第6名。开展安全生产专项整治和企业安全标准化建设,安全事故起数、死亡人数分别下降36.3%、7.7%,进入安全生产"优秀区县"行列。

(六)法治建设不断推进

严格执行重大事项集体决策、重大决策风险评估等工作制度。建立政府聘用法律顾问制度。在全市第一个建立县级法制教育培训基地。建成全国民主法治示范村1个、市级民主法治示范村20个、示范社区9个。依法接受县人大法律监督、县政协民主监督和社会舆论监督,办理人大代表建议121件、政协委员提案101件,办结率100%。认真听取民主党派、无党派人士、工商联的意见和建议,支持人民团体依法按章履行职责。

(七)发展活力不断迸发

推进行政体制改革,整合了卫生与计生、经信委与投促办等部门,县政府工作部门由29个减为27个。完成了食药监体制改革。对442个机关事业单位的职能职责、岗位设置、人员配备等进行了全面清理。对39家行业协会、社团组织进行了清理规范。对382项审批事项的审批时限进行了压缩,平均审批时限由24.1个工作日减少到12.8个工作日。推进"先照后证"、"联审会办"等便利化改革,激发了市场活力与内生动力。新增市场主体2878户,净增率15.9%,其中内资企业885户(含微企581户)、个体工商户1860户、专业合作社131户、外资企业2户。

(八)服务效能不断提升

扎实开展党的群众路线教育实践活动,强化依法行政,规范行政行为。建立健全了《武隆县政府合同管理暂行办法》等一批规章制度。清理整改超标办公室4371平方米。取消单项考核110项,精简率93%。"三公"经费下降25.4%。清理行政审批项目718项。阳光政务热线、"群工系统"办理群众诉求2715件。县、乡镇、村(社区)三级便民服务网络基本建成,乡镇公共(便民)服务中心规范化率100%,村(社区)规范化率94.5%。认真落实党风廉政建设责任制,不断规范建设工程招标投标、政府采购、经营性土地公开出让等行为。

始终把要素保障作为"绿色崛起、富民强县"的重要支撑。注重税源培育和税收征管,完成辖区工商税收11.6亿元,增长13.9%;非税收入4.6亿元,增长34.1%。在国家财政部2013年度县级财政管理绩效综合评价中,我县在全国1974个考评县中居第83位,是全市唯一进入前200名的县。坚持向上争、对外引、内部促"三个结合",争取上级转移支付25.8亿元;正式签约各类招商项目24个,签约总额55.78亿元,续建和新开工项目当年到位投资37.28亿元;四大国有企业到位融资29.5亿元。县内金融机构年末存款余额137.21亿元，增长17%；贷款余额127.2亿元，增长12.5%。强化人力资源保障，引进各类人才287名，回引农民工返乡就业创业4000人。

二、发展中存在的问题

受宏观经济下行和自身破解难题思路不宽、工作落实力度不够等因素影响，实体经济困难加重，少数指标增速回落，重大项目储备不多，新的经济增长点缺乏；城乡统筹任务艰巨，改革破冰力度不大，要素瓶颈制约明显；停车场建设等民生实事推进缓慢，解决上学、就医、就业等问题的困难较多；政府职能还需加快转变，发展环境仍需优化。

三、2015年发展目标

地区生产总值增长11%左右；一般公共预算收入增长13%左右；固定资产投资增长3%左右；社会消费品零售总额增长13.6%左右；居民人均可支配收入增长11%左右；城镇常住居民人均可支配收入增长10%左右；农村常住居民人均可支配收入增长12%左右；节能减排完成市政府下达的年度目标任务。

（作者单位：武隆县政府政策研究室）

忠 县

邓元军

一、2014年发展回顾

2014年，忠县实现地区生产总值208.26亿元，增长12.1%，三次产业结构优化为15:52:33。全年固定资产投资达到219.05亿元，增长18.5%。实现工业总产值271.24亿元，增长20.1%；工业增加值81.41亿元，增长16.4%。全县地方财政收入达到34.16亿元，其中公共财政预算收入12.1亿元，增长12.3%；农业增加值31.26亿元，增长5.3%；社会消费品零售总额63.5亿元，增长13.5%；居民人均可支配收入达到15303元，其中城镇居民人均可支配收入24455元，农村居民人均可支配收入9803元。

（一）突出生态涵养发展，四个功能区建设稳步推进

落实四个功能区建设目标、重点项目和配套政策，加快建设渝东北生态涵养发展示范县，到位各类项目资金16.4亿元，其中三峡后续补助资金5.4亿元。加强三峡后续建设规划管理，获批项目65个。加快功能区互联互通步伐，忠州大道建成通车，省道302三公里至巴营、永丰高速出口至马灌等大修工程全面完工，三元至丰收段改造工程开工建设。县城发展区旧城改造和新区开发有序推进，商贸物流等服务业发展态势良好。特色生态工业园区建设步伐加快，入驻企业近60家。生态涵养旅游发展区和农产品主产区生态涵养得到加强，成功申报国家现代农业示范区，生态文化旅游加快发展。新建12个乡镇污水处理厂，建成污水管网30公里，城镇生活垃圾无害化处理率达90%、污水处理率达76%。完成黄钦居委等10个村(社区)农村环境连片整治，完成161家规模养殖场整治，成功创建市级生态镇(村)8个。完成忠州新桥、黄金团山子滑坡治理。加强城区扬尘治理，城区空气质量优良天数达到325天，城区人均公园绿地面积10.32平方米。全县森林覆盖率达49%。长江干流忠县段水质稳定在Ⅱ类水质标准，27个乡镇政府所在地集中式饮用水源地水质达标率达85%。

（二）积极培育特色产业，推动三次产业提质增效

粮食、蔬菜、油料、柑橘、水产品总产量分别达到40.8万吨、24.5万吨、3.1万吨、25.4万吨、

1.1万吨。农产品加工园区建设稳步推进,锦程柑橘综合加工等项目开工建设。生猪、肉牛、肉兔等畜牧业稳步发展。培育农业产业化龙头企业30家,发展国家级示范合作社5个、市级示范合作社3个。新认证无公害农产品29个、绿色食品18个。成功创建重庆名牌(知名)产品3个,新增重庆市著名商标2件。扎实推进在建工业项目建设,完成工业投资48.8亿元、增长15%。新落户工业企业12家,开工7家,建成5家。新增规模以上工业企业9家。稳步推进移民生态工业园区建设,5.58万平方米标准厂房建成投用。基本建成拔山、新立2个小企业创业基地。新增限额以上商贸企业14家,批发零售、住宿餐饮实现总额151.3亿元。三峡港湾旅游度假区项目有序推进,石子八斗台、双桂橘乡荷海开门迎客。全县接待游客320万人次,旅游收入8.65亿元、增长44.2%。

(三)加快建设生态品位城市,城市功能日益完善

完成九蟒、高营铺、银山片区控制性详细规划和石宝、汝溪等6个乡镇总规修编。竣工商品房40.5万平方米,完成房地产投资25亿元、增长17.9%。启动鸣玉溪和罗家桥片区城市棚户区改造,水坪、白公片区开发顺利推进。建成忠州广场三期及地下停车库、行政中心临时停车场,开工建设福田小区停车楼。建成汽车总站至忠万路连接道,新增客运线路12条。增加垃圾车43辆、垃圾收集箱435个,县城垃圾、污水处理率分别达100%、90%。加快城乡环境整治,依法拆除违法建筑,乱摆摊设点、乱堆码、乱停车专项整治效果明显,国家卫生县城创建成果得到巩固。新增城镇建成区面积1.2平方公里,城镇化率提高到38.8%。

(四)着力保障和改善民生,和谐稳定局面持续巩固

民生支出占公共财政支出的65.2%,人民群众反映急切的民生问题得到较好解决。实施重点科技计划项目28项,获专利授权87件,新认定国家高新技术产品6个、企业1家。开工建设州屏小学,建成1.8万平方米寄宿制学校和5610平方米农村教师周转房。对9.03万名学生实施牛奶计划和"爱心午餐",发放助学补助9723万元。县人民医院迁扩建有序推进,开工建设9所乡镇卫生院,建成40个撤并村及10个行政村卫生室。稳妥实施"单独两孩"政策,低生育水平持续稳定。升级广播电视编播系统,举办县第二届运动会等体育赛事20场次、文化活动108场次,放映惠民电影6735场。城镇新增就业2.03万人,城镇登记失业率控制在3.4%以内。完成新一轮扶贫对象建档立卡,22个贫困村实现整村脱贫。兑现城乡移民扶持扶助资金2104万元,争取对口支援资金2700万元。发放各类救助资金1.8亿元。城乡居民社会养老保险覆盖率达92%,城乡居民合作医疗参保率达96%。社会福利中心加快建设,建成社区养老服务站3个、农村幸福院20个。完成14个乡镇的应急管理基层规范化建设,全县安全生产形势总体良好。完成高山生态扶贫搬迁4410人,整治山坪塘3803口,红层找水打井3029口,解决6.55万人饮水安全问题。改造农村危旧房3500户,建成农民新村17个。完成5台老旧住宅电梯改造。建成撤并村通达工程83公里,行政村通畅率达88%。改造一户一表4268户,建成农村沼气池2297口。

(五)坚持深化改革和扩大开放,发展活力进一步增强

深化农村金融改革,实现农村产权抵押融资8.26亿元。新发展股份合作社24个,培育农业社会化专业化服务组织28家。实施农村宅基地复垦6300亩,地票交易4120亩,增加农民财产性收入9亿元。大力推进国库集中支付、部门预算等财政综合改革,财政资金效益有效提高。扎实推进县级公立医院综合改革,巩固和完善基本药物制度,让利群众2100万元。稳步实施政府机构改革,撤并政府组成部门3个,成立忠州、白公街道。积极推进公务用车改革,完成公车及司勤人员调查摸底。新引进项目140个,其中20万辆新能源电动汽车、12万吨笋竹加工等

上亿元项目18个，实际利用县外资金92.7亿元。聚融建设、大美游轮成功在全国中小企业转让系统挂牌上市。试点发放小额保险保证贷款1200万元。金融机构人民币存贷款余额分别达到296.3亿元、101.4亿元，增长12.6%、24.8%，银行存贷比提高3.3个百分点。

二、发展中存在的问题

经济总量不大、结构不优、运行质量不高，财政收入结构不合理等问题依然突出；农村基础设施滞后，农业现代化水平不高，农民持续增收能力不强；工业支撑发展的后劲不足，在建项目推进速度不快，现有企业受资金、市场等因素影响运行困难；教育、卫生等社会事业不能满足人民群众需求，就业、住房等社会保障机制还不完善，保民生、促和谐的任务仍然较重。

三、2015年发展目标

2015年，忠县将以“科学发展、富民兴忠”为总任务，牢牢把握稳中求进总基调，以提高经济发展质量和效益为中心，主动适应经济发展新常态，坚持特色发展和生态涵养并重，坚持保障和改善民生，坚持深化改革和扩大开放，全面推进依法治县，统筹推进新型工业化、信息化、城镇化和农业现代化，着力打造特色产业基地、生态品位城市、美丽幸福橘乡，加快建设渝东北生态涵养发展示范县。

2015年，全县经济社会发展的主要预期目标是：地区生产总值增长10.5%左右；工业增加值增长15%左右；固定资产投资增长14%左右；社会消费品零售总额增长12%左右；公共财政收入增长10%左右；实际利用内资增长10%左右；居民人均可支配收入增长12%左右。主要约束性目标为：长江干流忠县段水质满足水域功能要求，居民消费价格涨幅控制在2.5%左右，单位生产总值能耗下降3.5%。

（作者单位：忠县政府办公室）

开 县

梁晓艳

一、2014年发展回顾

2014年，开县生产总值达到300.2亿元，比上年增长12%，增幅位居全市第八。公共财政预算收入达到18.7亿元，增长24.8%，增幅位居全市第三。固定资产投资完成307.5亿元，增长20.1%。社会消费品零售总额达到122.6亿元，增长13%。城镇新增就业23406人，城镇登记失业率控制在3%以内。居民消费价格涨幅控制在2.5%。居民可支配收入达到14297元，增长11.7%。

（一）突出发展要务，奋力推动经济增长

坚持底线思维，突出问题导向，适时出台促进工业招商、改善融资环境、扶持实体经济、优化产业结构、释放潜在需求等一系列政策措施，一企一策破解发展难题。着力构建城乡功能要件和特色产业体系，实施重点项目185个，为即期增长提供了支撑，为长远发展积蓄了后劲。加强商旅联动、网络促销、农商对接和社区直销，成功举办消费促进月、渝川陕鄂商品交易会、滨湖美食节等营销活动，强化市场秩序和物价监管，激活了大众消费。落实各项结构性减税政策，取消、免征行政事业性收费和政府性基金27项。争取中央和市级补助资金49.2亿元，新增金融机构融资余额82.9亿元，获市政府批准征地4267亩，加强能源和劳动力调度，有效保障了生产要素供给。

（二）突出转型升级，大力发展特色产业

针对产业发展的结构性问题，运用市场手

段和差别化政策,做大做强特色优势产业,着力推动提质增效升级。三次产业结构调整为16.1:51.3:32.6。

工业集群效应凸显。围绕构建"万开云"特色产业板块重要支撑极,着眼长远完善产业规划,浦里工业新区前期工作进展顺利。坚持"园城融合、综合配套",加快建设"一区三园"。赵家园新区拓展有序推进,承载能力和整体形象同步提升。临港园完成征地拆迁1.5平方公里、场平2500亩,基础设施不断完善,初步具备承接能力。临江园完成征地拆迁1平方公里、场平400亩。园区入驻企业87户,园区工业集中度达到69.8%。积极发展能源、新型建材、食品医药、纺织服装、智能小家电、天然气综合利用等特色工业,川东北天然气、垃圾发电等17个项目加快建设,千一电器、格瑞林药业等14个项目建成投产,美尔康塑胶、科旺油脂等10个投产企业达产达效,星星套装门、紫建电子等25个存量企业完成技改扩能,集群发展态势、多点多极支撑加速形成。规模以上企业达到93户,其中产值超亿元的企业33户。工业总产值达到346亿元,增长15.3%。规模以上工业增加值增长12.3%,主营业务收入增长15.8%。企业创新能力不断提高,新增高新技术企业1家、市级企业工程技术研究中心1个。

现代农业提速增效。围绕保供增收,大力发展特色效益农业。粮食产量首次突破60万吨,出栏生猪110万头。冷水鱼养殖量位居全市第一,全市最大的流水养殖基地即将投产,精深研发加工初见成效。出栏山羊60万只,西南地区最大的原种羊场正式投产。柑橘、蔬菜、中药材、肉兔等产业增量提质。南门、厚坝、竹溪、温泉、长沙等10大现代农业园区初具规模,示范引领作用明显增强。着力培育新型农业经营主体,累计发展县级以上龙头企业84家、农民合作社1434个、专业大户2865户、家庭农场400个、社会化服务组织63个。推广新技术15项,建立智慧气象为农服务示范区3个,农业综合机械化水平达到30%。建成农产品冷链物流和产地集配中心3个、社区直销店20个,推行农超对接、基地直营等多种销售模式,主要农产品顺产顺销。培育特色知名品牌,新增无公害农产品、绿色食品、有机食品、地理标志农产品和市级名牌农产品26个。

第三产业增量提质。加快发展生态旅游业。汉丰湖景区成功创建国家4A级景区,雪宝山景区规划建设正式启动,温泉镇被评为中国历史文化名镇。乡村旅游发展掀起热潮,接待能力跃居渝东北第一,竹溪、厚坝休闲农业观光园被评为国家3A级景区,环汉丰湖生态休闲游和雪宝山、南山、铁峰山避暑养生游纳入全市推荐精品线路。接待游客248万人次,实现旅游收入13.1亿元。新增保险公司3家、小额贷款公司1家,全县金融机构达到41家,上缴税收1.5亿元。金融服务实体经济力度加大,银行存贷款余额分别达到386.3亿元、189.4亿元,分别比年初增长11.6%、31%,贷款增速位居全市第二,存贷比由41.7%提高到49%。股份转让系统挂牌企业达到4家。加速建设渝东北区域性商贸物流枢纽,县城核心商圈扩容提质,东、西部片区商业中心日渐成型。金科开州城等城市综合体加快建设,汇聚了一批知名品牌。建成临江等重点集镇商圈,乡镇标准化农贸市场、乡镇综合超市、村级便民店基本实现全覆盖。新增限额以上商贸企业31家。

(三)突出生态优先,加快建设美丽开州

扎实推进"碧水、蓝天、绿地、田园、宁静"环保五大行动,切实改善森林生态、农业生态、城市生态、水生态。新造林10万亩,森林覆盖率达到46.5%。拆除禁养和限养区规模养殖场86家,开展养殖场粪污无害化处理和循环利用工程治理25家,实施测土配方施肥10万亩、绿色防控工程2万亩,新建农村沼气池2000口,完成20个行政村环境连片整治,卫生改厕7000户。县城空气质量优良天数达到343天,声环境质量达标,建成区绿化覆盖率达到46%,人均公园绿地达到12.6平方米。新改建城市公厕32座。编制空间控制规划,加大造林绿化、景观改造、控污治污、人口减载、水土流失治理力度,县城“四面山”得到有效保护。综合整治驷马河,关停畜禽养殖场6家、加工作坊16家,清淤3万平方米,环境面貌焕然一新。建成污水处理设施27个,“户集中、村收集、乡镇清运、县处置”的垃圾收运处置体系日趋完善。汉丰湖、澎溪河水质保持Ⅲ类。完成紫水、麻柳场镇雨污分流工程,推进鲤鱼塘库周人口减载和生态屏障建设,县城集中式饮用水源地水质达标率达到100%。强化属地政府管理责任,乡镇集中式饮用水源地水质达标率达到90.2%。深入实施镇乡环境综合整治,环境质量持续改善。加强环境监管能力建设,实现网格化管理全覆盖。单位生产总值能耗下降和主要污染物减排任务圆满完成。

(四)突出城乡统筹,扎实推进开发建设

针对城乡二元结构矛盾,科学编制城乡总体规划,统筹推进县城、集镇和农村开发建设,城乡面貌不断改善。

城镇发展品质明显提升。优化城镇布局和形态,初步形成县城、小城市和重点集镇合理分工、协同发展格局。城镇建成区达到80平方公里,城镇化率提高到43%。同步推进县城外延扩张和内涵培育,新增建设用地4平方公里,城市规模达到30.5平方公里、33万人。东、西部新区基本成型,产业和人口加速聚集。北部新区建设全面展开,开州大道西段南山地灾治理基本完成,寨子坪场平、生活物流园基础设施工程进展明显。红光片区建设有序推进。陈家坪水厂二期工程、金科酒店建成投运,新建和改造地下管网40公里,整治城市道路81万平方米。环湖景观生态修复提质提速,建成防洪护岸25公里、滨湖公园185万平方米。汉丰湖国家湿地公园获国家林业局正式授牌,明镜石公园对外开放,文峰岛、生态体育公园加快建设。三峡最美滨湖城市魅力彰显,山水城有机融合,人与自然和谐共生。加快小城市和重点集镇拓展改造,一批公用设施建成投用,一批精品小区形象显现,临江、长沙、大进镇入选全国重点镇。拆除违法建筑9.3万平方米,新增违建全面遏制;巩固创卫成果,扎实开展国家文明县城创建,持续深化车辆非法营运、汉丰湖水上秩序等专项整治,城镇管理水平显著提高。

城乡基础条件同步改善。强力推进交通、水利、能源、信息等基础设施建设,覆盖城乡、支撑有力的基础设施体系逐步形成。开达高速公路建成通车,开州港、小江航道整治工程顺利推进,开县正加快融入全国交通大动脉。赵家至长沙公路、老北环路完成大修,南山旅游公路全线贯通,北环路升级改造、宏源大桥立交工程实现初通。硬化农村公路220公里,新建撤并村通达公路66公里,行政村通畅率提高到70%。兴建各类水利工程6000处,除险加固小(2)型病险水库15座,新建饮水安全工程181处,新解决9万人饮水安全问题。整治山坪塘4618口,新增改善灌面11.6万亩,治理水土流失15.6平方公里,新建和整治城镇堤防16.3公里,建设高标准农田3万亩。新增技改电力装机4380千瓦,长沙35千伏输变电等电网项目建成投用。建成4G基站347个,宽带网络覆盖所有行政村。累计启动建设美丽乡村点239个,搬迁入住7177户。改造农村危房3189户。

三峡后续工作成效明显。三峡工程整体竣工验收涉及开县的11个分项通过市级初验。实施工业园区、环境保护、基础设施等后续项目138个,累计完成后续补助投资9.6亿元。建立三峡后续二期实施项目库,申报重大项目192个,总投资140.4亿元,申请补助资金40亿元。兑现农村移民后扶直补和城镇移民困难救助资金4244万元,惠及移民9.6万人次。完成移民职业教育和技能培训1万余人次,帮助一批移民成功创业就业。争取对口支援资金7488万元,建设了一大批民生项目。加强库区生态环境保护和地质灾害防治,强化蓄、退水期间安全监测与防范,保障了群众生命财产安全。化解了一大批信访老案积案和个案,库区社会总体稳定。

(五)突出改革开放,切实增强发展动力

完善非公有制经济扶持体系,推进工商登记制度改革,新增市场主体1.2万户。出台缓解企业融资难、融资贵政策措施，中小微企业融资总额达到73亿元。深化统筹城乡综合配套改革，启动农村集体资产量化确权改革试点，新型农民股份合作社达到292个，农村产权抵质押贷款达到40.6亿元，累计交易地票1.2万亩，梯度转移人口1.8万人，新增下乡创业1489户。改革社会组织登记管理制度，新发展各类社会组织23个。实施政府职能转变和机构改革，整合加强卫生和计划生育、文化和体育、发展改革和投资促进、食品药品监管职能，政府工作部门由30个减少为27个。清理行政权力清单，取消和下放行政审批事项52项。推进三级服务中心建设，村居便民服务中心覆盖率达到100%、规范化率达到95%以上；优化三级服务中心运行机制，将816项行政审批服务事项统一管理。整合、撤销和规范事业单位27个。深化财税体制改革，完善预算管理制度，推进营业税改征增值税试点。推动投融资改革，新签政府指导类项目融资合同额71.5亿元，到位资金51.5亿元。有效防控债务风险，被市政府确定为7个政府性债务绿色可控县之一。拓展对外开放广度和深度，实际利用内资194.4亿元，增长14%，新兴际华新能源、开源户外用品等一批重点项目落户开县。进出口总额达到4260万美元，增长45.5%。

(六)突出以人为本，共建共享美好家园

将经济发展与民生改善紧密结合，注重制度建设，兜住民生底线，让全县人民生活得更加幸福、更有尊严。

社会事业全面进步。教育综合改革成效显著，被确定为“国家基础教育课程改革实验县”。高考重本上线1249人。初中毕业生升入高中阶段学校比例达到96%。职教中心创建“全国千所示范校”通过市级验收。赵家南京小学建成招生，临江幼儿园、汉丰八校、文峰初中加快建设，改扩建农村寄宿制学校4所。农村义务教育学生营养改善计划惠及13万余人，教育资助、教育慈善惠及12.8万人次。获国际专利1项、国家专利502项。“四苗”全程接种率达到99.1%，全年无重大传染病疫情发生。县人民医院成为全国首个拥有援外资格的县级医院，县中医院通过“二甲”复评验收。新增“一甲”医院5所，新建撤并村卫生室50个，完成卫生信息化平台建设，全面落实基本药物制度，群众看病难、看病贵问题有效缓解。“单独两孩”政策顺利实施，人口自然增长率控制在5.4‰。文化体制改革取得新进展，“大文化”管理格局基本形成。推进公共文化服务标准化建设，城乡四级文化服务网络加快完善，文化惠民活动惠及310余万人次。推出一批文艺精品，在各类文艺大赛中屡获佳绩。全民健身活动蓬勃开展，竞技体育水平不断提高。

民生保障更加有力。发放小额担保贷款3亿元，扶持5213人自主创业，带动就业2.1万人；指导帮助8007人就业再就业。城乡居民养老保险参保率达到92%，城乡居民医保参保人数超过149万人，失业、工伤、生育保险覆盖面继续扩大。城镇职工养老待遇实现“十连增”。30个贫困村整村扶贫通过验收，减少贫困人口2.5万人。累计完成高山生态扶贫搬迁2.3万人。发放城乡低保金1.5亿元。医疗救助困难群众23.4万人次、6414万元。发放民政惠民资金4.4亿元，惠及群众48.5万人次。推动慈善进村进社区，救助群众1.12万人。减免困难群众电视收视维护费167.7万元。改造贫困残疾人危房200户。建设农村幸福院40家，新建居家养老日间照料所16个，民营养老服务机构床位达到3727张。城市公益性公墓加快建设。各类保障性住房达到16757套、101万平方米，一大批住房困难群众圆了安居梦。通过全市群工系统受理群众反映事项4110件，解决率达到98.7%。

平安建设扎实推进。着力加强基层建设、夯实基础工作、提升队伍基本素质，筑牢平安建设根基。新建派出所12个，成立乡镇专职消防队3支。组建城区巡处中队，强化专群结合的巡处警模式。加强社会治安重点地区排查整治，严厉打击违法犯罪，刑事案件总量、八类主要刑事案件、侵财案件持续下降，群众安全感指数提高到93.9%。深入推进安全生产专项整治和企业安全标准化建设，安全生产形势稳定向好，被市政府评为安全生产先进单位。扎实开展信访稳定“三无”创建活动和干部下访接访行动,大量矛盾纠纷得到及时化解。成功应对“8·11”和“9·1”特大洪灾,灾后重建有序推进,最大限度保障了群众生产生活。

二、发展中存在的问题

经济总量不大,人均水平偏低;特色产业不突出,质量效益有待提升;二元结构特征明显,统筹城乡任重道远;资源环境约束趋紧,生态涵养任务艰巨;公共服务水平不高,困难群众依然较多;政府职能转变尚需加强,“四风”问题仍未根本解决。

三、2015年发展目标

主要预期目标:全县生产总值增长11%。公共财政预算收入增长12.5%。固定资产投资增长17%,社会消费品零售总额增长12%。居民可支配收入增长11%左右。实际利用内资增长12%。城镇登记失业率控制在3.5%以内。常住人口城镇化率提高1.5个百分点。完成市上下达的单位生产总值能耗下降和主要污染物减排任务,森林覆盖率达到47.5%,县城空气质量优良天数比例达到90%以上,乡镇集中式饮用水源地水质达标率稳定在90%以上。

(作者单位:开县政府办公室)

云阳县

余勇军

一、2014年发展回顾

2014年,是云阳经济社会发展“平稳较快、持续发力”的一年。这一年,改革发展稳定考验着我们的担当,经济新常态考验着我们的智慧,严重的自然灾害考验着我们的能力。在市委、市政府和县委的坚强领导下,全县人民众志成城,砥砺奋进,完成了县十六届人大四次会议确定的主要目标任务,生态经济示范县建设实现良好开局。实现地区生产总值170.2亿元,增长11.8%,人均GDP达到18080元,三次产业结构调整为21.6:43.3:35.1。地方财政收入突破20亿元,增长16.3%。完成全社会固定资产投资201.2亿元,增长17.6%。实现社会消费品零售总额75.5亿元,增长15.1%。实现进出口总额945万美元,增长51.9%,其中出口815万美元,增长44%。金融机构人民币存款余额289.4亿元,增长14.9%;人民币贷款余额102.5亿元,增长17.4%;存贷比达到35.4%。城乡常住居民人均可支配收入分别增长10.7%和13.5%。主要约束性指标全部达到控制要求。

(一)夯实发展基础,强化产业支撑,区域经济优化升级

工业经济逆势上扬。完成工业总产值165亿元,增长30.9%。完成工业增加值53.4亿元,增长16.1%。新增规模以上工业企业10家,总数达67家。新培育十亿元级企业2家、五亿元级企业1家、亿元级企业5家,亿元以上企业达20家。“三个百亿产业集群”实现产值104.6亿元,占工业总产值的63.4%。新发展微型企业477户,总量达4977户。签约重大工业项目9个,投资总额10.9亿元。PVB树脂一期、长安跨越专用车等10个项目开工建设,万力药业、杜公酒业等10个项目顺利投产,云阳盐化等10家企业提能增效。工业园区入驻企业61家,每平方公里产值达58亿元,增长16%;规上工业集中度达到83%。6个返乡创业园入园企业达到77家,产值突破20亿元。盘龙等4个返乡创业园创建为市级小企业创业基地。云海药业、金田塑业、科云空调被评为重庆市制造业百强企业。创建

市级企业技术中心5家、重庆市名牌产品4个、重庆市知名产品1个。

农业经济稳步提升。完成农业总产值54.7亿元,增长4.9%。实现粮食产量42.4万吨,获评“全国粮食生产先进单位”。出栏生猪87.3万头。柑橘冷藏能力达到7万吨,产销16万吨。山羊、肉牛出栏继续位居全市前列。蔬菜播种面积达到35万亩。中蜂、乌天麻等特色产业规模壮大。新认证名牌农产品5个,“三品一标”17个。“故陵椪柑”通过全国地理标志产品认证。“云阳纽荷尔”获评全国名优特新农产品。“青杠树牌黑木耳”等荣获第十二届国际农产品交易会金奖。菊花、柑橘走出国门。引导组建禾康众业集团,实现抱团发展。新培育市级龙头企业11家,专业合作社和股份合作社162个,家庭农场430户。上坝巾帼辣椒等4个专业合作社荣膺“全国农民合作社示范社”。龙缸百里生态经济走廊建设全面启动。江北片区农机具展示展销中心建成投用,推广农机具1.1万台(套),新修机耕便道150公里。统筹城乡“5+2”重点改革拉开大幕。敲响全市农村土地经营权在公开市场交易第一槌,土地集中经营度达41.4%。

生态旅游蓄势迸发。接待游客210.6万人次,旅游业综合收入12.1亿元,分别增长30.6%和42.3%,旅游人均消费提高近10%,正在实现由过境游向目的地游的华丽转身。龙缸创建5A旅游景区资源评价资料上报国家旅游局,绝壁栈道、旅游码头全面完工,世界第一悬空玻璃廊桥和索道、景前服务中心如期推进,单日游客突破万人。张飞庙库岸治理工程顺利完工,游客接待中心启动建设。三峡梯城成功创建4A级旅游景区。乡村旅游发展渐入佳境,月月有活动、季季有高潮,成功举办巴阳枇杷节、龙角柚子节等13个乡村旅游节会。清水土家族乡、歧山村分别被评为农家乐市级示范乡、示范村。

商贸发展势头强劲。实现批零总额132.6亿元、住餐营业额18.2亿元,分别增长19.9%、18.3%。渝东北最大农产品综合交易市场开业兴旺,城中城商业广场、亿联建材家居汽车城拔地而起,区域商贸服务中心和物资集散地轮廓初现。乡镇商圈、社区便民店、规范化乡镇农贸市场基本实现全覆盖。创建市级乡镇商圈2个。新培育限上商贸企业102家,总数达454家;新增亿元商贸企业3家,总数达13家。商贸龙头企业新建农村网店16个。新增O_2O电商平台2家。新培育外贸企业8家,总数达51家。新增住宿酒店11家、特色餐饮店22家。举办展会13次,拉动消费10亿元。江口成为全市商贸百强镇,河牛船务被评为重庆市服务业百强企业。

(二)坚持统筹兼顾,完善城镇功能,城乡面貌日新月异

城镇建设快速推进。新增城镇人口1.2万人,城镇化率提高1.4个百分点,达到38.2%。城镇建成区扩大1.7平方公里。实现建筑业总产值95.7亿元、增加值20.3亿元。商品房新开工182.6万平方米、销售160万平方米。城镇集群和辐射功能加速形成,市级中心镇建设改造升级,江口、高阳获评国家级重点镇,现代化小城镇建设品质不断提升,其他集镇基础设施逐步完善。启动建设农村居民点44个,建成市级美丽乡村7个。

北部新区展露雏形。稻香路、北城大道二期、纱滨路硬化完工。完成迎宾大道内侧50米景观大道路基工程。完成双洞子、纱帽梁、苦竹溪500亩场平工程。紫荆沟—薛家沟隧道北段掘进2000米。8个公建项目破土动工。环保监测中心大楼主体完工。两江未来城、北城天骄等建设如火如荼,在建房屋40万平方米,完工25万平方米。三年成城迈出坚实步伐。

基础设施不断完善。改造省道52.5公里、县道65公里。南溪河口桥竣工通车,养鹿小江大桥桥墩建设基本完工。划设公交站点226处,实现城区公交车公司化自营和到站停靠,运营秩序明显好转。建成农村客运站10个、招呼亭100个,改造渡口8道。梅峰水库主副坝主体工程完工,青杉水库导流洞基本完工。小(2)型水库开工建设4座、除险加固18座,治理重点河段11公里。荣获全市唯一的“全国水利系统先

进集体”。电网建设成效明显。4G网络实现城区全覆盖。

(三)坚持生态优先,涵养青山绿水,秀美山川宜居宜业

城市客厅更加清爽宜人。绿化城中村400余亩,县城绿地率、绿化覆盖率继续保持全市前列。新建、改造公厕5座,建成飞龙桥垃圾中转站和双井寨亲水人行步道。老、旧住宅物业管理稳步推进。城区市政消防栓建设全面完成。城区空气质量优良天数达354天。龙脊岭生态文化长廊荣获“中国人居环境范例奖”。国家卫生县城通过暗访复查。环湖公园方案面向世界成功招标。

环境承载能力明显增强。命名市级生态镇12个、生态村50个。建成垃圾收运系统3个,开工污水处理项目13个。关停水泥生产线3条、煤矿1个、非煤矿山2个。一江四河水质稳定在Ⅱ—Ⅲ类标准。县城饮用水源水质达标率100%、乡镇达标率95%。完成植树造林26万亩,认真开展林地清理,森林覆盖率提高到49%。确保了6.5万公顷耕地保有量和6.3万公顷基本农田必保量。整治农村土地309公顷,复垦农村建设用地371公顷,建成高标准基本农田2万亩,新增旱涝保收农田2000亩,恢复灌面5万亩,耕地占补平衡有余。

三峡后续工作持续向好。三峡移民工程总验收进展顺利,农村移民、集镇迁建等11项工程顺利通过市级初验,成绩优良。2011~2013年度获批的195个三峡后续项目,完工116个,建设进度居库区前列。2014年度三峡后续项目批复32个,补助资金6.3亿元。产业发展和基础设施建设加快,生态环境功能进一步修复,移民安稳致富成效显著。

(四)我们努力增进民生福祉,发展社会事业,幸福指数节节攀升

社会事业蓬勃发展。高考总上线突破1万人,综合指标继续位居渝东北前列。9名学生梦圆清华、北大,在全市区县排名第五。云中分校、南溪中学新校区开工建设。完成36所农村学校校舍改造。原沙沱中学学生刘灏荣获仁川亚运会94公斤级举重冠军。县人民医院迁扩建住院楼主体完工。建成双龙、鱼泉、洞鹿等5个标准化乡镇卫生院。全县基本公共卫生服务覆盖率100%。基层卫生院全面实施国家基本药物制度。33个贫困村实现整村脱贫,减少贫困人口2.2万人。争取市政协扶贫集团、九龙坡区等对口支援资金及物资折款5046万元。城镇新增就业3.1万人,城乡养老、医疗保险参保率分别达到94%、96%,发放城乡低保、五保资金1.6亿元,医疗救助资金3340万元,困难家庭和受灾群众临时救助资金3216万元。殡仪馆迁建工程完成征地拆迁及场平建设。话剧《彭家楼子》获重庆市“五个一工程”奖。下岩寺三贤祠展陈工程完工,非遗展厅免费对外开放。县电视台创建为二级电视台。县游泳中心正式运行,体育馆建成。

民生实事深得民心。市上重点民生实事涉及我县的12项全部完成,我县确定的10件民生实事,除新增无线数字电视用户项目,因国家直播卫星系统技术标准变动暂缓实施外,其余9项均已完成。高山生态扶贫搬迁10495人。地质灾害搬迁1079人。改造农村D级危房1526户。实施撤并村通达工程156.8公里。续建村通畅工程200公里、启动305公里,建成420公里。完成道路“安保工程”215公里。新增、调整农村客运线路30条,新投放农村客运车辆45台。整治山坪塘2880口。有效解决12.8万城乡居民的饮水安全问题,彻底告别建制乡镇集镇干旱送水历史。建设撤并村卫生室100个。建成农村寄宿制学校教师周转房400套。资助困难学生19.5万人次。农村义务教育阶段学校学生营养改善全覆盖。新建双江黄金包等2个、升级青龙滨江等3个便民商圈。新建、改扩建农村敬老院3个,社区养老服务中心6个。发展优质蔬菜基地2500亩,新建城区蔬菜直销点10个。完成“一池三改”6000户、户用沼气池2000户、无害化卫生厕所8000户。完成10个农村环境连片整治项目。完成8.7万平方米廉租房装饰装修,配租1300套。城区新建和改造污水管网25.3公里,整治背

街小巷5000平方米,安装路灯362盏,新增停车泊位3272个。

社会秩序安定和谐。全面开展企业法人“谈心对话”活动和“六打六治”打非治违专项行动,落实企业主体责任,推行安全生产“五长约谈”制度,全县生产安全事故死亡人数在控制指标内,实现生产安全较大事故“零目标”,没有发生生产安全重特大事故。深入推行逐级走访和干部下访,全年受理群众信访3222件,探索的逐级走访经验在全国推广。调解各类矛盾纠纷1.7万余件,开展法律援助981件。获评全国“六五”普法中期先进县。新建云安、龙洞等16个乡镇派出所,成立社区(村)警务室46个,设立治安岗亭16个。成功破获刑事案件1845起,保持100%的命案侦破率,查处治安案件7067起,群众安全感指数达到92.8%。诚信体系建设推进社会治理工作被评选为全国创新社会治理“十佳”典型案例之一。

(五)结合教育实践活动,坚持依法行政,行政效能有效提升

围绕实践活动提升行政效能。扎实开展党的群众路线教育实践活动,收集到的“四风”问题26个、群众反映强烈的突出问题42个、联系服务群众“最后一公里”的问题121个全部得到解决。通过“群工系统”受理群众反映事项3666件,办结率和满意率分别达到97.8%、99.3%。

围绕民主公开提升行政效能。修订完善政府工作规则、全体会议规则、常务会议规则。自觉接受人大及其常委会法律监督、工作监督和政协民主监督,办理人大代表建议意见192件、政协提案220件,办复率和满意率均为100%。认真听取民主党派、工商联、无党派人士和各人民团体的意见、建议,主动接受社会监督。认真落实中央八项规定。不断提高财政预算和“三公经费”透明度,“三公经费”下降36.2%。

围绕管理创新提升行政效能。取消行政审批38项,承接上级下放事项91项,下放乡镇(街道)审批事项12项,行政审批时限缩短72%,群众满意率99.2%,按时办结率100%。着力化解社会矛盾和历史遗留问题,强力推进征地农民安置房建设,完工1274套;办理“四类安置房”产权证8000户、工业园区企业产权证33.6万平方米。大力精简会议和文件,分别下降10%、6.1%。全面推进惩治和预防腐败体系建设,健全廉政风险防控体系。强化重点领域、关键部位、特殊岗位的行政监察,全年查处违纪违法案件49件,行政问责19件。

围绕改革开放提升行政效能。推进大部门制改革,政府部门调整为27个,部门职能职责更加规范。稳妥推进国企改革。深化国库集中收付和公务卡改革。出台引导金融机构支持中小企业发展试行办法,整合各类财政资金1亿元,用于贷款贴息和风险补偿。全力推行“先照后证”工商登记制度。三级服务中心建设有序推进。强化全域招商,新签约项目59个,到位资金60亿元。

二、发展中存在的问题

一是经济总量依然偏小,持续发展的动力有待增强。产业多点支撑的局面尚未形成,优势产业还需加强,龙头企业辐射作用有待扩大,尤其是中小企业数量不够多、体量不够大。二是发展质量和效益还是不高,调整结构的压力依然存在。农业农村经济占比较高,非农产业发展速度仍不够快,新的消费热点培育尚需时日。三是制约发展的瓶颈依然存在,转型发展的困难不少。由于宏观经济形势错综复杂,宏观经济下行压力仍然存在,加之投融资政策调整,土地、环保等要求越来越严,转换发展动力的考验越来越大。四是改革创新的意识有待加强,作风转变还有差距。少数政府工作人员担当精神不够,工作能力有待提高,解决问题办法不多,办事效率与人民群众的期盼还有差距。

三、2015年发展目标

2015年是全面深化改革的关键之年,是全面推进依法治县的开局之年,是全面完成“十二五”规划的收官之年,也是县委确定的“转型发

展推进年”。要实现生态经济示范县的宏伟蓝图,我们必须运筹登高前、绸缪未雨时。今年政府工作总体思路是：全面贯彻十八大和十八届三中四中全会、市委四届五次六次全会和县委十三届六次全会精神,按照市委、市政府和县委的决策部署,紧紧围绕“富民兴云”总任务和建设生态经济示范县目标,坚持“稳中求进、进中求好、好中求快”工作总基调,全面推进经济建设、政治建设、文化建设、社会建设和生态文明建设,促进全县经济持续健康发展和社会和谐稳定。

经济社会发展主要目标是：全县生产总值增长11%左右,人均GDP突破2万元。一般公共预算收入增长13%左右。工业增加值增长16%左右。全社会固定资产投资增长16%左右。社会消费品零售总额增长13%左右。城乡常住居民人均可支配收入分别增长10.5%左右、12.5%左右。单位生产总值能耗和碳排放均下降4%,主要污染物减排达到市里约束性要求。城镇登记失业率控制在3.5%以内,居民消费价格涨幅控制在3%左右。

(作者单位:云阳县政府办公室)

奉节县

邓清源

一、2014年发展回顾

2014年，全县实现地区生产总值181.4亿元,比上年增长11.3%,其中:第一产业实现增加值33亿元,比上年增长4.7%;第二产业实现增加值71.1亿元,比上年增长18%;第三产业实现增加值77.3亿元,比上年增长8.1%。按常住人口计算,实现人均地区生产总值23274元,比上年增长13.2%。地区生产总值中三次产业结构比例为18.2:39.2:42.6,三次产业对经济增长的贡献率分别为7.0%、60.7%、32.3%。

(一)县域经济蓬勃发展

农业经济稳定增长。农、林、牧、渔业增加值33.0亿元,比上年增长4.7%。其中,农业增加值241026万元;林业增加值5706万元;牧业增加值74579万元;渔业增加值9097万元。第一产业对经济增长的贡献率为7.0%，拉动GDP增长0.8个百分点。全年粮食播种面积137.9万亩,产量42.88万吨,比上年下降0.9%;出栏生猪77.8万头、牛2.1万头、羊14.9万只、家禽257.8万只,同比分别增长3.83%、2.88%、11.89%、5.83%;蔬菜种植面积24万亩,增长4.8%;脐橙种植面积达30万亩，产量23万吨，综合产值12.8亿元;种植油橄榄6万亩、中药材16万亩、红豆杉4万亩、烟叶5万亩。

工业经济开始显效。工业园区基本成形,达到企业入驻条件,5家入园企业已投产，美康游乐完成销售130万元。全县工业增加值29.3亿元,比上年增长12.2%。其中:规模以上工业企业25个,增加值增速13.0%,实现经济效益综合指数178.1%,比上年增长17.6个百分点。工业对经济增长的贡献率为19.0%；拉动GDP增长2.1个百分点。全年完成工业主要产品产量：水泥58.83万吨，比上年下降22.1%；电力46313.5万千瓦时，比上年增长169.7%；煤炭152万吨,比上年下降6.2%。全年实现建筑业增加值41.86亿元,比上年增长23.1%;建筑业对经济增长的贡献率为41.7%,拉动经济增长4.8个百分点。注册地建筑业总产值154.2亿元,比上年增长28.1%。

消费拉动持续释放。全年实现社会消费品零售总额53亿元,比上年增长12%。批发和零售业销售总额151.1亿元，比上年增长16.1%。住宿和餐饮业营业额13.3亿元，比上年增长

15.4%。实现批发和零售业增加值174813万元，比上年增长8.4%，占全县GDP总量的9.6%，对经济增长贡献率为7.3%；住宿和餐饮业增加值48377万元，比上年增长6.5%，对经济增长贡献率为1.1%。全年实际利用内资78.4亿元，比上年增长30.5%。全年进出口总额422万美元，比上年下降34.3%。

旅游交通和邮电稳步增长。全年共接待游客887.7万人次，比上年增长21.4%，实现旅游综合收入31亿元，比上年增长32.5%，白帝城·瞿塘峡景区成功纳入国家5A级景区名单，天坑·地缝申创国家级旅游度假区进展顺利，高炉淌露营基地对外运营，直升机穿越夔门和画舫游三峡项目正式开通，年末实有星级饭店5家。交通运输、仓储和邮政业增加值14.6亿元，比上年增长5.4%。全年累计完成交通投资5.489亿元，超计划完成5.86%。完成水陆货运1550.24万吨、同比增长11%，货运周转量2105752万吨公里、同比增长11.8%，客运量93.36万人次、同比增长10%，客运周转量4155.52万人公里，同比增长11.8%。邮政电信收入4.1亿元，比上年增长11.4%；年末拥有电话用户65万户，其中：固定电话7万户，比上年下降5.4%；移动电话用户58万户，比上年增长6%。移动电话普及率84部/百人(按常住人口计算)，互联网用户数7万户，比上年增长12%。

(二)财政金融质量稳步提升

财政收支状况良好。全年实现地方财政收入26.1亿元，比上年增长18.9%，其中：公共财政收入12.5亿元，税收收入完成5.8亿元，非税收入完成6.7亿元；政府性基金收入完成12亿元；国有资本经营收入完成1.5亿元。全年地方财政支出69.2亿元，比上年增长11.9%，其中：公共财政支出51.3亿元，为年度预算的94.3%，同比增长7.1%。政府性基金支出16.9亿元，为年度预算的68.7%，同比增长30.5%。国有资金经营支出1.1亿元，为年度预算的86.1%，同比增长11.9%。

金融运行态势稳健。全年实现金融业增加值4亿元，比上年增长13.1%。年末全县银行机构人民币存款余额191.3亿元，比年初增长16.3%，其中个人储蓄存款129.4亿元；金融机构人民币贷款余额105.1亿元，比年初增长33.1%，存贷比达到55%。全县银行机构在我县缴纳税款5864.3万元。担保公司和小额贷款公司融资及小贷公司注册资本达9.56亿元，融资金额比上年提高67.7%。全年保险公司保险费收入19832万元，比上年增长11.48%；其中：人寿保险业务保险费收入9168万元，比上年增长10.75%；财险业务保险费收入10664万元，比上年增长12.11%；支付各类赔款及给付11432万元，比上年增长7.56%。

群众生活持续改善。城镇居民可支配收入19792元，比上年增长10.5%，城镇居民人均消费性支出11375元。农村居民人均纯收入7513元，比上年增长13.0%，农村居民人均生活消费性支出5045元，比上年增长13.9%。城乡居民收入比从上年的2.75:1变为2.67:1。

(三)发展后劲逐步增强

固定资产投资不断增长。全年完成全社会固定资产投资总额210.8亿元，比上年增长15.7%。其中：房地产投资24.7亿元，比上年下降14.4%；工业投资35.8亿元，比上年下降0.5%。按产业投资分组，第一产业投资267685万元；第二产业投资357736万元；第三产业投资1482182万元。商品房销售面积36.1万平方米，增长29.3%。

产业支撑更加坚实。实施“5+1”重大项目群建设，完成投资69.7亿元。华电奉节电厂主体工程顺利推进、金凤山风电和茅草坝水电启动建设，电子数码、建材家居等区域性专业市场有序推进，白马物流园、农产品综合交易市场和脐橙交易专业市场正在加紧建设。区中心商圈基本建成，新区CBD、万吨冷链物流配送中心正式启动，乡镇农贸市场实现全覆盖。

西部新区加速推进，水、电、气、通讯等城市功能项目快速配套，完成投资37亿元；工业园区基本成形，基本达到企业入驻条件，已入园企业5家;兴隆旅游新城完成投资2.85亿元。

各项改革纵深推进。投融资改革力度加大,出台政府投资项目管理若干规定、农村项目"1+7"等管理办法,完善投资决策、招投标、项目实施、监督管理、责任追究等制度,强化项目中介机构管理,规范了项目决策、招投标、随意变更设计及超概等行为,投资项目建设规范有序。推行"并联审批"、"先照后证",取消行政审批事项5项,下放审批权限5项,项目平均办结时间由上年的15个工作日缩减到9.7个工作日,办结行政审批事项6.7万件,按时办结率达100%,办理效率提高70%。全县44个国有企业整合重组为1个集团公司、11个国有独资公司,健全完善法人治理结构和监督管理、薪酬管理等办法。依法清收处置剩余移民统建房730套(间)3.2万平方米,成交金额9638万元。拆除、处罚、规范整治城区违法建筑4000余平方米。

(四)社会事业全面进步

人居环境持续向好。植树造林15万亩,治理水土流失10.1平方公里,森林覆盖率达47.8%,空气环境质量二级标准以上达331天,长江干流水质达到Ⅲ类标准。16个乡镇污水处理项目和4个垃圾中转站完成70%。完成城市总体规划、6个乡镇10个村和4个中心镇"561"项目工程,改造农村危旧房3008户,建成农民新村10个,城镇化率41.4%。

民生保障逐步提升。落实民生资金29亿元,占公共财政支出的57%。完成57个整村扶贫村任务,28个扶贫村验收达标,高山生态扶贫搬迁2.1万人,减少贫困人口2.4万。新建饮水工程144处,整治山坪塘927口,稳定、新增饮水安全10万人。实施村通畅300公里、撤并村通达136公里、安装防护栏200公里。新增城镇就业9865人,城镇登记失业率为3.47%。五大社会保险参保154.9万人次,享受待遇27万人。建成社会福利中心、儿童福利院和6个社区养老服务中心。发放救助金4.6亿元,惠及困难群众28万人次。建成保障性住房11.9万平方米。慈善募款1982万元。

公共服务持续改善。教育偿债5500万元,销号20个债务单位;辽宁小学海城分校、奉师附小西部新区分校和奉中初中部投用,新增寄宿制学校9所,高考上线率由上年的95.8%提高到98.4%。建成44个撤并村卫生室,实行药品零差率销售,价格平均下降15%;成功创建国家慢性非传染性疾病防控示范区,县人民医院通过"二甲"复评暨"三甲"试评,全国基层中医药工作先进单位通过验收;落实"单独两孩"政策,人口自然增长率控制为2.9‰,出生人口性别比108.26。建成50个重点村文化活动室,举办7场"诗城之夜"群众文化活动。承办洲际篮球巅峰争霸赛和国际武术比赛,体育工作连续8年位居全市前列。申请专利129件,授权97件,商标注册260件。

二、发展中存在的问题

奉节正处于科学发展、跨越发展的重要时期,转型调整还存在诸多困难和矛盾。主要表现在:经济总量小,地区生产总值还低于年初目标1.2个百分点;结构不尽合理,农业产业化程度不高,三产潜力挖掘不够;饮水、道路等基础设施相对滞后,城区交通拥堵,公共服务水平低;执行力不强,项目推进缓慢。

三、2015年发展目标

2015年奉节县将以建设渝陕鄂边区区域性中心城市为目标,按照奉节县委拓空间、调产业—强工业、融产城—兴旅游、建枢纽"三步走"战略,围绕生态抓特色效益农业,围绕特色效益农业抓生态工业,着力平台建设、特色产业、民生事业、生态文明"四大攻坚",努力提高经济质量和效益,推动经济社会持续科学发展。主要预期目标是:地区生产总值增长12%,迈过200亿大关;财政收入增长15%,突破30亿元;全社会固定资产投资增长10%,社会消费品零售总额增长13%,城乡居民人均可支配收入增长10%和13%。

(作者单位:奉节县政府办公室)

巫山县

张永进

一、2014 年发展回顾

2014 年,巫山立足"两地一区一名片"生态涵养发展功能定位,统筹推进稳增长、促改革、调结构、惠民生、防风险各项工作,加快推进幸福渝东门户建设。

全年实现地区生产总值 81.3 亿元, 增长 6.1%。突出投资拉动, 全社会固定资产投资跨过 100 亿大关,增长 18.7%。突出产业优化,果断推进煤炭行业"剿非治违",着力做大做强旅游、商贸等绿色产业,实现社会消费品零售总额 33.2 亿元,增长 13.1%。突出开源节流,实施重庆巫山移民产业园开发建设有限责任公司股权转让、城区移民统建房清收处置,盘活盘强国有资产,超目标完成公共财政预算收入 8 亿元,增长 14.2%。

(一)经济运行稳中有进

产业结构日趋优化。三次产业结构比 22.4:32.1:45.5。农业十大特色产业稳步发展。生产粮食 23.2 万吨、油料 1.8 万吨、蔬菜 22.7 万吨。产烟 16 万担。中药材、柑橘、小水果种植面积均超 10 万亩。出栏生猪 62 万头、山羊 55 万只、土鸡 500 万只。成功创建"中国庙党之乡"、"中国脆李之乡"。生态产业加快转型升级。职教工业园区实现产值 5.5 亿元,税费突破 1000 万元。楚阳特色产业园前期工作加快推进。建成二级质量标准化煤炭生产矿井 11 个, 实现产值 5 亿元、税费 2100 万元。发电 1.9 亿度,供电 4.6 亿度。生产水泥 25 万吨。供应天然气 762 万立方米。渝东鄂西省际区域性边贸中心加快建设,建立渝陕鄂三省十县(区)商贸合作机制。建成电子商务公共服务平台,线上交易达 2.2 亿元。村级农副产品购销网点全覆盖。特色旅游蓬勃发展。成功举办第八届巫山国际红叶节,渝鄂"金三角"合作开局良好,全年接待游客 800 万人次, 创旅游综合收入 27.8 亿元,分别增长 23.1%、19.5%。

重大项目全速推进。重点项目完成投资 90.7 亿元,增长 14%。渝宜高速全线通车。当九路初通。神女峰机场水、电、路和通信等配套工程开工建设。郑万高铁完成可研审查。沿江铁路正开展线路走向研究及站点设计。两巫高速县城至钱家坝段启动前期工作, 大昌至钱家坝高速连接道开工建设。神女峰景区提档升级并投入运营。桃花铁矿进场路加快推进,一期即将出矿。奉建高速、南水北调中线补水工程、红椿风力发电等前期工作有序推进。江东组团建设拉开序幕。重大项目强力推进,为巫山加快发展奠定了坚实基础,开拓了广阔空间。

经济发展更有活力。争取上级资金 36.3 亿元、对口支援资金 6556 万元。招商签约资金 103.2 亿元,到位 32 亿元。实现政府融资 5.8 亿元。金融机构存贷款余额分别达 129.1 亿元、67.3 亿元, 存贷比 52.1%。实现保险业保费收入 1.6 亿元。完成土地调规 4000 亩。土地开发整理新增耕地 4950 亩。争取农用地转用与土地征收 2100 亩。流转土地 13.4 万亩、林地 3 万亩。地票交易 1800 亩, 兑付资金 2 亿元。创业创新步伐加快。实施市级科技项目 9 个、县级重点科技项目 8 个,科技部立项 2 个,推广农业新技术新品种 58 个,登记并转化科技成果 7 项,专利申请 1097 件、授权 55 件。累计发展市、县级农业龙头企业 43 家、农民专业合作社 887 家、家庭农场 454 家,组建专业社联社 2 个,恢复基层供销社 3 个,农民入合率 42.5%。发放小额担保贷款 8000 万元。发展市级微型企业特色村 2 个,微型企业 553 户。新增"四上"企业 24 家。各类市场主体达 26956 家,其中民营经济主体占 94.9%。1 家企业

Q板上市,实现巫山上市企业零突破。转移城乡劳动力17.2万人,劳务经济收入20.4亿元。

(二)城乡建设协调发展

县城加快扩容提质。江东组团拓展强力推进。征地拆迁完成85%,库岸治理二标段进入引桥桩基施工、三标段完成水下抛石15万方,黑梁子安置小区一、二期、龙江大道、中医院江东分院和堰沟湾渣场回填等启动建设。隆鑫旅游度假区一期加快推进。高唐移民新区品质不断提升。文峰公园一期和朝云、暮雨公园二期完工,望霞公园升级改造加快推进。环湖路三期A段龙潭沟大桥合龙,启动建设停车场2座,建成人行护栏1.4公里,整治交通堵点10个,交通拥堵问题不断缓解。城市房屋美化一期工程竣工。新增城市绿地30万平方米。新建、改造雨污管网19公里。完成8个弃管小区电力改造。建成商品房33.6万平方米。新增建成区面积0.8平方公里、城镇人口0.46万人,城镇化率35.84%。严厉打击违法建设,强化市政执法,城市管理水平不断提升。

美丽乡村焕发新颜。完成3个乡镇总规和巫峡镇控规。官渡镇、大昌镇成为全国重点镇,龙溪镇龙溪村2社入列"中国传统村落"。全力开展扶贫攻坚,实施精准扶贫,新一轮建档立卡贫困村170个、贫困人口66575人。整合资金1.2亿元,实施扶贫项目400个。完成23个、推进24个村整村扶贫。启动19个、推进46个集中安置点建设。完成官渡万梁村和竹贤药材村4社、铜鼓葛家村8社整体搬迁。建成朝元观等乡村旅游点3个。朝阳坪小片区生态扶贫综合开发加快推进。大昌镇被评为"重庆最具民族风情小城镇"。官渡万亩油菜花荣膺"全国十大油菜花景观"称号。骡坪鸳鸯村等3个市级美丽乡村建设示范村、福田凌云村等3个市级农民新村示范点彰显巴渝魅力美丽乡村蓬勃生机。

基础设施不断完善。大昌至巫溪通城、骡坪至巴东出境路和大昌至史家垭、福田至下田道路完成升级改造。红椿至大溪、大风口至石印煤炭产业路、楚阳高速连接道、长江大桥至七公里景观大道竣工。平当路、当葱路主要控制性工程完工。绕城路、昌平路、七峰路和桂花大桥、大溪龙头山码头加快推进。完成通村通畅250公里、撤并村通达35个、烟路120公里。新开通农村客运线路21条,新建抱龙客运站和30个农村客运招呼站。新增水上运力2万吨。中硐桥水库大坝主体开始混凝土浇筑,引水隧洞双向掘进1150米。整治山坪塘660口。农网改造升级完成90%。铺设天然气管线37公里,新增天然气用户3510户。建成江南液化石油气充装站。新建或升级通信基站1247个,实现县城、乡镇场镇4G网络基本覆盖。

(三)生态涵养坚实推进

生态文明全线提升。构建起较完善的生态文明建设制度体系,环境保护和生态建设取得阶段性成果。乡镇环保机构全覆盖。森林覆盖率54%、活立木蓄积总量550万立方米。长江水质保持Ⅱ类。空气优良天数342天。单位GDP能耗0.765吨标准煤,同比下降1.5%。亲山亲水的空间格局、绿色低碳的经济结构、健康环保的生活方式初步形成。

三峡后续有序实施。一期项目完工36个。2014年度项目通过审批82个,批复专项补助6.48亿元。移民小区配电、给排水管网等基础设施不断完善。完成二期项目库编制,申报项目156个。完成重点集镇地质勘查和青石滑坡、茅草坡4号斜坡试验性防护工程、神女居委会滑坡治理。重建地灾群测群防点413处。修复库区二、三期地灾防治工程损毁项目。实施金土工程搬迁避让3800人。实现汛期和蓄退水期间"三无一稳定"目标。

生态建设全面加速。实施三峡水库生态屏障区植被恢复、退耕还林、天然林保护等绿化工程21.9万亩。开展石漠化治理20平方公里,治理水土流失36.2平方公里。落实森林生态效益补偿228万亩、退耕还林直补28.9万亩、森林抚育补贴3万亩。大昌湖湿地花卉园初具规模。十里坪荒国家生态文化(重庆)教育基地启动建设。资源管护、湿地修复和自然保护区建设进一步强化。

环境保护强劲有力。环保“五大行动”深入实施，“四清四治”专项行动取得实效，环境质量稳步提升。建成曲尺、培石污水处理厂。启动14个乡镇污水处理厂、8个镇垃圾转运站和江南垃圾填埋场建设。实施20个规模化畜禽养殖污染防治项目。完成10个村环境连片整治。启动全县粪便处理设施治理。城乡集中式饮用水源地水质达标率100%。节能减排和安静小区创建持续推进。增殖放流鱼苗765万尾，清理水域漂浮物2.8万吨，始终保持江清岸洁。

(四)民生事业务实改善

民计民生全力改善。公共财政支出70%以上用于保障和改善民生。“25件民生实事”年度任务全面完成。标准化乡镇卫生院、村卫生室全覆盖。城镇登记失业率2.49%。中小学校标准化率75%。通村通畅率68%。建成乡村文体广场273个。危房改造2800户。建成廉租房5万平方米，公开摇号配租1018户。解决7.84万人饮水安全问题。生态扶贫搬迁10383人，减少贫困人口1.5万人。城乡居民人均收入分别达21351元、6935元，增长10.5%、12.9%。改革发展成果更多更公平惠及广大群众。

满意教育内涵发展。教育投入达8.3亿元，超过公共财政预算收入。改扩建中小学21所、幼儿园11所。完成寄宿制、薄弱学校改造20所。建成农村教师周转宿舍1.1万平方米。全面落实农村教师岗位生活补助。农村义务教育阶段营养改善计划实现全覆盖。学前三年入园率81.3%。高考上线率94.4%。县职教中心成功创建全国首批“中职教育改革发展示范校”，课题《“园校互动、校企融合”人才培养模式研究与实践》获国家二等奖。完成职业技能培训1.5万人次、技能鉴定1.06万人次。国家三类城市语言文字工作通过验收。

卫生计生改革惠民。完成卫生和计生机构改革。县精神卫生中心主体工程完工。改扩建标准化卫生院3个、新建撤并村卫生室52个。县级公立医院改革试点稳步推进。“计生民生新十条”全面落实，“单独二孩”政策顺利实施，人口自然增长率4.13‰。儿童“五苗”接种率98.7%、孕产妇管理率92.5%。在全市首发居民健康卡。免费为2.5万名妇女筛查“两癌”、2万名60岁以上老年人和10万名儿童体检。基本公共卫生服务惠及千家万户。

文化体育不断繁荣。注重文化的挖掘和传承。完成神女峰景区、文峰公园、朝云公园及神女大道文化景观植入等一批文化重点项目。巫山博物馆被命名为重庆市科普基地。体育馆、电影院投入使用。《巫山神女》《悠悠巫峡情》《土家风韵》等特色旅游剧目对外演出。第一次全国可移动文物普查发现、发掘各类遗迹470余处。农村宣传文化体育“五个一”工程扎实推进，全民健身、文化下乡等活动蓬勃开展。杨代美在全国青少年射箭锦标赛上夺得巫山首枚国家级金牌，原创歌曲《我的家乡巫山美》荣获重庆市精神文明建设“五个一工程”奖。邓厚双获“感动重庆十大人物”称号。举办首个公祭烈士活动。积极培育和践行社会主义核心价值观，“勤劳、奉献、开放、自强”的巫山精神激励巫峡儿女奋勇向前。

社会保障更加有力。开发公益性岗位700个。新增城镇就业3791人，城镇登记失业人员就业1591人，城镇困难人员就业610人。城镇职工“五险”统征面不断扩大，征收基金3.95亿元。城乡居民养老、合作医疗保险参保率分别达93%、95%。在全市率先实现与湖北宜昌、恩施等地医疗保险住院实时结算。民政福利救助综合楼主体工程竣工。建成城镇社区养老服务站4个、农村幸福院30个。低保动态管理效果良好。农村五保、城镇三无人员、城乡低保对象、重点优抚对象补助标准不断提高。救助体系更加完善，实施医疗救助4.1万人次，临时救助受灾群众14.2万人次，孤儿、困境儿童和留守儿童得到妥善照顾和培养。

(五)社会大局和谐稳定

平安巫山建设深入推进。基层基础不断夯实，城区社区网格化管理全覆盖，社区矫正对象管控率100%。流动人口、特殊人群和重点青少年群体得到有效管理。禁种铲毒实现“零产量”。刑事案件发案、街面犯罪及八大类、侵财、可防性案件分别下降11.2%、13.3%、22.7%、18.9%、9.9%，社会治安持续好转，公众安全感指数92.2%。安全生产“党政同责”、“一岗双责”和企业主体责任进一步落实，“百日攻坚”、“谈心对话”、“常态督查”“六打六治”等专项行动深入开展，齐抓共管格局基本形成。完成食品药品监管体制改革，全力保障广大群众“舌尖上的安全”。建成水上运输救援基地和庙宇镇政府专职消防队。新安装防护栏200公里。安全生产事故起数、死亡人数分别下降14.3%、20%。认真落实“4567”维稳总要求，有效化解信访案件2353件，群众进京到市信访人数分别下降34.2%、16.2%。应急处突能力不断提升，应急应战指挥平台、突发事件预警信息发布平台投入使用。广大群众生命财产安全得到有效保障。

二、发展中存在的问题

一是经济体量小，结构调整任务重，经济增长的支撑点少，内生动力不足。二是安全稳定压力大，建设环境不优，征地拆迁推进慢。三是受宏观经济影响，部分项目进度较慢。

三、2015年发展目标

2015年经济发展预期目标是：实现地区生产总值92亿元，增长10.5%；全社会固定资产投资120亿元，增长20%；社会消费品零售总额37.5亿元，增长13%；公共财政预算收入8.96亿元，增长12%；城乡居民人均收入分别达23800元、7800元，增长11.5%、13%。

（作者单位：巫山县政府办公室）

巫溪县

袁浩岚

一、2014年发展回顾

全年实现地区生产总值66.7亿元，增长9.3%；三次产业比调整为20.5:38.8:40.7；固定资产投资134.5亿元，增长20.9%；社会消费品零售总额24.6亿元，增长13.3%；城镇居民人均可支配收入18111元，增长10.6%；农村居民人均可支配收入6392元，增长12.7%；城镇登记失业率3.78%；万元GDP能耗下降2.5%，区域环境质量全市最优。

（一）调结构，县域经济稳步增长

1.特色农业稳步发展

实现农业总产值21.6亿元，增长5%。建成种羊场18个、扩繁82个，发展100只规模以上养羊户675户，出栏山羊60万只。生产马铃薯原种4200万粒、良种10万吨、鲜薯70万吨。种植烤烟4.17万亩，收购烟叶8.8万担，烟农户均收入7.9万元。新增中药材3万亩，达到15万亩。粮食产量22万吨。大宁河鸡、核桃、特色水产、中高山错季蔬菜等特色产业稳步发展。龙头企业、专业合作社、家庭农场、专业户等新型农业经营主体进一步壮大。

2.工业经济稳中有进

完成工业投资22亿元。工业总产值63亿元，增长20%；规模以上工业产值21亿元，增长20%。新增产值5000万元以上企业2户，国家电网巫溪公司产值首超4亿元。发供电实现双增长，完成发电量12.4亿度、增长43.5%，售电量10.4亿度、增长20.7%。完成6家企业技改扩能，推进工业园区基础设施建设，发展平台进一步完善。页岩气物化勘探、天然弱碱水招商有序推进。

3.商贸旅游加快发展

完成商贸重点项目投资2.8亿元。批发零售贸易业商品销售总额48.2亿元,增长15.1%;住宿餐饮业营业额5.4亿元,增长14.4%。新增商业设施6万平方米,成功引进亿联商贸城项目,会展、假日经济拉动消费近5亿元,电子商务年交易额突破1000万元。红池坝获首批市级旅游度假区命名,《重庆巫溪红池坝度假区总体规划》通过市政府审查批准,景区基础建设有序推进,全县旅游品牌培育和营销推介力度不断加大。乡村旅游蓬勃发展。全年接待游客321万人天、增长31.7%,实现旅游综合收入12.9亿元、增长33.7%。

4.财税金融运行稳健

强化收入组织,一般公共预算收入完成6.04亿元,增长12.9%;优化支出结构,确保法定、重点支出,完成一般公共预算支出34亿元。加强政府债务管控,化解政府性债务3.5亿元,政府性债务余额减少到16.1亿元。支持金融业健康发展,存款余额109.9亿元、增长12.3%,贷款余额41.3亿元、增长16.3%。新引进4家金融机构在我县开办分支机构。

(二)重建管,城乡面貌持续改善

1.建管水平不断提升

城乡规划不断完善,开工城镇房屋180万平方米、竣工50万平方米,建成安置房15万平方米,扩大城镇建成区0.8平方公里,新增城镇人口3900人,城镇化率提高1.41个百分点。投入征地拆迁资金3.1亿元。开展建设领域“打非治违”行动,拆除违法建筑194户、4.3万平方米,有效规范了建设领域秩序。深入推进“四城一奖”创建,开展市容环境综合整治,完善市政环卫基础设施,加强清扫保洁和园林绿化维护,强化网格管理、小区物业管理、楼院居民自治和群众性创建活动,成功创建国家卫生县城,国家园林县城创建通过市级初检,全国县级文明城市创建获国家首批提名。

2.基础条件不断夯实

迎宾大道等一批交通道路工程全面完工。实施烟路配套工程109公里、行政村通畅工程247公里、撤并村通达工程321公里,新增农村客运班线7条。开工建设红池坝至西流溪二期路基改建工程和县城岩崩避绕公路(北门大桥)。完成花台乡库周路油化、兰孝路硬化等三峡后续项目。建成集中式供水工程66处,解决饮水安全问题5万人,整治山坪塘271口,恢复改善和新增灌溉面积1.4万亩。大宁河及部分中小河流治理工程有序推进。改造农村危旧房6000余户。完成农村宅基地复垦3000亩,土地开发整理新增耕地2800亩,改造中低产田3.7万亩。

(三)抓改革,发展活力进一步释放

全面完成政府机构改革年度任务,撤并整合事业单位28个,调整12个公益三类事业单位职责任务。深化行政审批制度改革,建立行政审批事项清单,承接市政府下放审批事项63项,清理取消审批事项32项。实施工商注册登记制度改革,新设立内资企业331户、个体工商户2113户、农民专业合作社81户。完善小微企业帮扶机制,新发展微型企业280户。实施“营改增”试点,清理规范行政事业性收费,为企业让利减负3000余万元。深入推进政府非税收入收缴管理改革,缴进非税系统5.9亿元。推进国库集中支付改革。启动农村集体资产清产核资和量化确权试点,有序推进户籍制度、“地票”、农村“三权”、农业保险等改革。完成县属国有企业重组改革,管理体制进一步理顺。大力招商引资,实际利用内资38亿元,增长32.5%。发展外经外贸,完成进出口实绩1500万美元。

(四)惠民生,人民福祉不断改善

1.扶贫开发深入推进

完成贫困村、贫困人口评定登记。到位各类扶贫资金1.1亿元,实施70个贫困村整村扶贫项目、35个村通过市级验收,建成扶贫产业园区10个,完成高山生态扶贫搬迁1.5万人,减少贫困人口1.6万人。获批重庆市金融扶贫示范县。

2.社会事业协调发展

学前三年入园率达78.5%,普高上线率

97%，重本上线率12.8%。完成中职招生1448人，中职毕业生就业率达100%。投入4678万元，改善农村薄弱学校办学条件。义务教育阶段乡村教师岗位生活补助和各类贫困学生资助政策落实到位，营养改善计划扎实推进，进城务工人员子女入学问题得到妥善解决。县人民医院迁建主体工程竣工并投入使用。完成102个标准化村卫生室、21个"撤并村"卫生室建设。成功创建"全国慢病综合防控示范区"。实施科技项目8个，建成专家大院2个，专利授权193件，转化科技成果24项，4家企业成功申报为第五批市知识产权试点企业。县图书馆、保利万和数字影院、大宁河刺绣非遗传习所建成投入使用。建成乡镇健身广场3个、农民体育健身工程25个。成功举办重庆市第四届山地自行车邀请赛，送文化下乡150余场次，群众性文体活动蓬勃开展。传统手工制盐技艺获批市级非物质文化遗产。

3.社会保障力度加大

城镇新增就业4066人。"五大保险"纳入市级统筹，城乡养老、医保参保率分别达到90.5%、95.1%，征收社会保险费4.1亿元，发放社会保险待遇4.6亿元。集中开展整治拖欠农民工工资专项行动，维护了劳动者合法权益。全面落实各项救助政策，社会救助水平进一步提升。投入资金近5亿元，全面完成12件市民生实事、11件县民生实事年度目标任务，有效解决了一批群众关心关注的民生问题。

(五)促和谐，社会大局平安稳定

扎实推进平安巫溪建设。加强对敌斗争和反邪教工作，切实防止"三类恶性事件"发生。强化立体化社会治安防控体系建设，恢复和新建派出所6个、警务室20个，组建县特勤大队和3支乡镇消防综合队伍，完成城区视频监控系统升级改造。开展突出治安问题和校园周边环境、扫毒严打专项整治。加大违法犯罪打击力度，"八类暴力案件"立案量下降14.6%。深入开展"干部下访化积案解难题办实事"专项行动，大量矛盾纠纷得到及时化解，没有发生群体性事件和重大不稳定事件。群众安全感指数保持全市第三，执法公信力和政法队伍群众满意度继续名列全市前茅。深化安全生产"三基"建设，较大事故及事故总量均在控制指标以内，获评全市安全生产先进单位。

(六)强保护，生态环境明显优化

认真落实《关于加快推进生态文明建设的意见》，成功获批国家主体功能区建设试点示范县、国家生态文明先行示范区、第二批全国生态文明示范工程试点县。扎实开展环保"五大行动"。建成3个乡镇污水处理厂、6个垃圾中转站，完成10个村农村环境连片综合整治。空气质量优良天数达354天，位列全市第一。大宁河水质保持Ⅱ类以上，城市集中式饮用水源水质达标率100%。成功创建市级生态乡镇12个、市级生态村80个、县级生态村82个，申报市级美丽乡村示范村3个。新造林17万亩，义务植树121万株，森林覆盖率达到62.6%。开展打击破坏森林资源违法犯罪专项行动，查处各类林业案件194起。县森林公安局被授予"全国基层严打工作先进集体"称号。

二、发展中存在的问题

一是产业结构还有待进一步优化，产业分散、弱小、低端，难以支撑经济持续较快增长。二是科技创新能力不足、投入不够、人才缺乏等问题较为突出，科技成果转化能力较弱，自主知识产权和自主品牌不多。三是财政增收困难，政府性债务偿还压力大。四是政府职能转变和政风建设长效机制有待巩固完善，法治政府建设任务紧迫而繁重，反腐倡廉仍须常抓不懈。

三、2015年发展目标

全县生产总值增长9.5%左右。社会消费品零售总额增长15%。固定资产投资增长14%。一般公共预算收入增长11.5%。城乡居民收入分别增长10%、13%。金融机构人民币存贷款余额增长20%。城镇登记失业率控制在4%以内。主要污染物减排达到国家和市上约束性要求。

(作者单位：巫溪县政府办公室)

石柱土家族自治县

陈森林

一、2014 年发展回顾

2014 年,在市委、市政府和县委的坚强领导下,石柱县委、县政府紧紧围绕“科学发展、富民兴石”总任务,坚持稳中求进工作总基调,大力实施“生态立县、开放兴县、工业强县、商旅活县”战略,统筹推进稳增长、调结构、促改革、惠民生、防风险,全面深化改革开放,扎实推进平安建设和生态文明建设,全县呈现出经济稳中向好、民生不断改善、社会和谐稳定、人民安居乐业的良好局面。全年实现地区生产总值 120 亿元,同比增长 10.0%;实现工业总产值 120 亿元,其中规模以上工业产值 93.1 亿元,增长 15.8%;实现固定资产投资 144.4 亿元,增长 2.8%;完成地方财政收入 20.0 亿元,增长 24.3%,其中公共财政预算收入 11.1 亿元,增长 27.2%。实现社会销售品零售总额 47.36 亿元,增长 15.0%。实现城镇居民可支配收入 22916 元,增长 11.0%。实现农民人均可支配收入 8586 元,增长 13.5%。

(一)四大发展目标定位战略取得积极进展

将四大发展目标定位作为贯彻落实全市功能分区发展战略的主要抓手,坚持“面上保护、点上开发”,推动特色发展、绿色发展。扶贫开发和民族事业进步明显,精准识别建档立卡贫困村 110 个、贫困人口 59633 人,建成“大黄水”连片扶贫试验区,26 个整村脱贫村通过市级验收,实现 10733 人稳定脱贫,减贫率达到 19.6%;成功创建冷水八龙、三河拱桥 2 个市级民族团结进步模范单位,成功举办自治县成立 30 周年庆典活动。民俗生态休闲旅游业突破发展,黄水旅游度假区被中国旅游产业发展年会组委会评为 2014“美丽中国”十佳旅游度假区,《重庆黄水民俗生态旅游度假区总体规划》通过市政府批准,黄水旅游度假区被市政府命名为首批十大市级旅游度假区。绿色农产品和优势资源生产加工取得成效,黄连、莼菜等绿色食品和生物制药产业链逐步延伸,大唐火电、西南水泥、国电风电等优势资源型企业逐步实现投产达产。宜居美好家园建设持续推进,万元 GDP 能耗下降 2.5%,污染物总量减排完成市上下达任务,县城空气质量优良天数达到 339 天,森林覆盖率达到 54%,城乡饮用水源水质达标率 100%。

(二)特色绿色产业升级步伐加快

面对经济下行压力,有针对性地制定 10 条提振产业发展的政策措施,扎实开展“五大攻坚行动”,推动一、二、三产业增量提质、协调发展。

特色效益农业巩固发展。全国农业标准化综合示范县和全市农产品质量安全示范县创建工作全面推进,国家辣椒、莼菜有机产品基地创建工作正式启动。“3+7”特色产业种植面积、产量和效益稳中有升,建成 23 个种植专业村、18 个规模养殖园。建成标准化辣椒示范片 3 万亩、标准化养殖示范场 14 个。辣椒收购价格成为全国“风向标”,莼菜价格大幅提升。农产品商品化率达到 48%。推广农机具突破 1 万台,农业机械化率达到 39.4%。培训新型职业农民 1800 人次,登记注册家庭农场 139 个,组建各类农民合作社 105 个,建成市级以上示范社 22 个。引进农业龙头企业 5 家。获“三品一标”认证20 个。实现农业总产值 32.33 亿元、增长 8.3%,农业增加值 21.09 亿元、增长 5.1%。

绿色生态工业加快发展。南宾工业园 A 区环保搬迁取得突破,已有 7 家企业签订搬迁协议。B 区骏达木业、顶力鞋业等企业达产增效。着力推进 C 区、生态工业园基础设施建设,大力实施“双十工程”,海庆风电项目顺利投产,华冶钢构、绿华电动车、东田药业技改迁建项目厂房基本竣工,万力联兴、小天鹅食品等企业实现稳产增效。工业园区完成投资20亿元,实现总产值75亿元。煤矿企业技改扩能有序推进,铅锌企业环保整治取得成效。石油、燃气、电力保障有力。实现全部工业总产值120亿元、增长20%;规模以上企业达到55家,实现产值95亿元、增长17.8%。工业对经济增长贡献率达到48.1%。实施“质量强县”战略,开展首届县长质量管理奖评选活动,创建重庆市名牌产品2个。

民俗生态休闲旅游业持续升温。完成大风堡5A级景区创建初步规划,千野草场4A级景区创建工作推进顺利。千野草场、大风堡等核心景区提档升级,油草河峡谷漂流、太阳湖旅游码头建成营业。成功签约懒人山谷等重大旅游项目,“四季游”蓄势待发。西沱古镇、银杏堂文物修复保护进展有序。投入2000万元加大黄水旅游品牌及核心产品宣传力度,成功举办2014重庆黄水林海消夏旅游季暨千野草场国际露营狂欢月等系列活动。县城城郊、大黄水景区环线乡村旅游蓬勃发展,接待户达到315家,接待床位超过6300张。实现旅游接待522万人次,创旅游综合收入26.1亿元。

现代商贸流通业迈出新步伐。着力引进大型商贸企业,永辉超市、世纪美美百货、乡村基有望入驻渝东中央大街。启动建设西沱粮仓项目。黄连专业市场期货交易进入天津期货交易平台。新增限额以上商贸企业2家、星级农家乐9家。发展电子商贸企业10家,物流企业、快递公司分别达到18家、11家。批发零售业、住宿餐饮业收入分别增长15.3%、15.5%,消费对经济增长贡献率达到43%。新增外贸企业5家,出口创汇1832万美元。

(三)城乡规划建设管理水平不断提升

规划体系逐步完善。编制完成《石柱县城总体城市设计》《石柱县城龙河沿岸详细城市设计》等重大规划,完成县域10个重点控规、8个乡镇、10个农民新村规划编制,城乡规划覆盖面进一步扩大。

城乡建设步伐不断加快。围绕“两轴两山两片区”的城市开发建设要求,规划近三年城市重点建设项目46个,建成旗山风雨廊桥、体育健身公园等10个项目,旗山、帽顶山“晨钟暮鼓”等项目有序推进。保持房地产业健康发展,建成60万平方米,投放市场46万平方米,实现在地建筑业产值72.6亿元。交付使用安置房20万平方米。沿江高速公路石柱段完成投资8亿元,占总投资的36.4%,江家槽码头实现开工。升级改造国省道75公里,完成农村公路建设363公里,新开工176公里,行政村通畅率达到85%。东方红水库、万胜坝渠系建设扎实推进。红层找水打井1500口。建成农民新村10个。启动二级广播电视台标准化建设,广电数字电视覆盖26个乡镇。邮政服务领域不断拓宽。冷水八龙成为首批中国少数民族特色村寨,黄水、三河获评重庆最具民族风情小城镇,西沱、黄水、三河成功升级为国家级重点镇。全县常住人口城镇化率提高1.38个百分点,达到38.36%。

城镇管理水平明显提升。狠抓城市精细化管理,城区清扫保洁面积达到170万平方米,市容环境秩序明显改善。综合整治城市道路2200平方米,安装路灯370盏,新增环卫车辆12台,市政环卫设施不断完善。继续投入1600万元强化乡镇场镇综合管理,乡镇场镇面貌持续好转。加大违法建设依法打击力度,查处违法建设案件87起。

土地利用和管理取得新成效。在全市率先完成土地利用总体规划中期评估和修改工作,新增城镇工矿用地空间4.1平方公里。严格执行土地利用总体规划,加大耕地保护力度,实施土地复垦项目77个。争取建设用地指标3575亩、征地批文3285亩。地质灾害防治成效明显。

(四)重点领域改革和扩大开放取得新进展

改革创新持续深入推进。坚持问题导向,研究制定18项重点改革实施方案。深化农村综合改革,累计发放“三权”抵押贷款8.9亿元,实现“地票”交易5.4亿元,累计流转农村土地31.5万亩，处置农村撂荒地950亩，新增农民工转户7682人。推进政府职能转变和政府机构改革，规范设置政府工作部门27个、挂牌机构5个、派出机构1个，撤并整合事业单位29个。深化国有企业改革，完善分类定级、薪酬管理和绩效考核机制，县国资集团、县鸿盛公司管理进一步规范。推进工商登记制度改革，实行"先照后证"和注册资本认缴制，完善小微企业扶持机制，新发展市场经济主体2958户。完善政府性债务管控和偿还机制，推进债务结构调整，债务余额比上年下降5.7%。推进金融体制改革，启动小额贷款保证保险业务试点，开展"助保贷"业务，新增金融机构5家，银行机构新增贷款余额10.6亿元，年末存贷款余额分别为155.3亿元、69亿元，存贷比提升至44.4%。推进民贸民品贷款贴息工作，新增民贸企业33个，享受中央财政贴息961.2万元。深化医药卫生体制改革，在取消药品加成的基础上，率先在全市探索对药品配送企业实行政府招标采购、打包议价、明折明扣改革试点。

对外开放合作不断加强。加大招商引资力度，引进项目37个，实现合同引资120亿元、到位资金52.4亿元，实际利用内资73.8亿元。争取上级补助资金27.9亿元，面向社会融资20.2亿元。持续推进县校、县院合作。积极争取民革中央、江西、市委办公厅扶贫集团等帮扶支持，云南对口扶贫、江津"圈翼"对口帮扶、山东淄博"东西"扶贫深入推进。动车日往返班次从18次增至34次，全年发送旅客量72.5万人次。

强力实施政府系统"四大管理"，承接并落实市政府下放行政审批项目92项，取消行政审批项目24项，压减审批环节、审批时限30%以上；政府投资项目公开招投标率达到95%，重大决策程序进一步规范，招商引资协议合法性审查率达到100%，政府行政效率提高30%以上。投入1400万元建设县、乡镇、村三级便民服务中心。推广和应用服务群众工作信息管理系统，解决群众反映事项1800件以上，群众满意率达到98.9%。

(五)社会事业全面进步

南宾小学B区完成征地拆迁前期工作，师范附小B区完成规划选址。县人民医院和县级公共卫生机构整体迁建项目有序推进，黄水康复医院即将竣工。改扩建13个乡镇卫生院。实施50项公共卫生服务，居民健康档案建档率达到93.9%。认真落实"单独两孩"和计生惠民政策，符合政策生育率达到93.8%，人口自然增长率控制在3.9‰以内。完善32个乡镇综合文化站服务功能。"土家玩牛"列为国家非遗保护项目，我县再次荣获"中国民间文化艺术之乡"称号。发展文化创意企业85家。拍摄并在全国上映电影《黄连有点甜》，"石柱电影现象"受到市上关注和肯定。群众性文体活动蓬勃开展。全面完成三峡工程竣工验收县级自验工作。

(六)社会民生进一步改善

全年民生支出22.3亿元，占公共财政预算支出的59.7%。社会保障体系逐步健全。新增城镇就业11396人。开发公益性岗位206个，帮助市上信息产业企业招工3845人。受理并办结各类劳动人事争议案件475起。"五大险种"参保人数、保费征缴超额完成年度任务。城乡居民养老、医疗保险参保率分别达到92%、95%。办理被征地失地农民养老保险2906名，解决649名低收入群众住房问题。为1.6万名城乡低保对象发放低保金4011万元。实施医疗救助、临时救助8.4万人次。

较好完成17件城乡民生实事年度任务。实施高山生态扶贫搬迁9371人，其中搬迁贫困人口3842人、占搬迁总人口41%。建成撤并村通达工程142公里。新增农村客运线路16条、车辆30台。完成农村人饮工程113处，解决2.36万人饮水安全问题。山坪塘整治已提前完成市上下达的三年目标任务。建成40个撤并村卫生室。改造农村危旧房3000户。完成12个并启动30个村农村环境连片整治项目。建成8所农村寄宿制学校、103套教师周转房，改扩建57所农村中小学食堂。继续实施学生营养改善计划，惠及132所农村中小学34953名学生。完成城南幼儿园、思源实验学校、万寿幼儿园主体工程。建成2所社区养老服务站。完成城市30亩公益性墓地招投标工作。完成4503户居民住宅“一户一表”改造,“二次供水”规范化管理有序推进。县城新建公厕3座、改建5座。改造7个弃管小区电力设施，解决2261户居民用电问题。实施农村建设用地复垦4125亩。

(七)生态文明建设迈出新步伐

持续推进环保“五大行动”。建成6个乡镇污水处理厂，启动7个乡镇污水处理厂和县城污水处理厂二期扩容工程，推进龙河城区堤防及水环境综合整治工作。城市生活垃圾无公害处理率、生活污水处理率分别达到95%、90.5%。植树造林11万亩,林业有害生物防控取得阶段性成效。深入开展乱砍滥伐专项整治行动,依法查处林业行政案件277件、刑事案件16件。获国家林业局批准开展藤子沟国家湿地公园试点工作。完成14个畜禽养殖污染、10个遗留重金属废渣场整治。治理水土流失25.3平方公里。

(八)平安建设向纵深推进

加强社会管理综合治理，推进社会治安防控体系建设，刑事类、治安类警情分别下降46.8%、59.7%，群众安全感指数达到94.6%,社会大局总体平安稳定。狠抓安全生产“三基”和监管体系建设，扎实开展安全生产专项整治工作,各类安全生产事故发生起数、死亡人数分别下降31.8%、19.2%。深入开展干部下访接访行动,化解市级交办疑难信访案件30件,化解率达到93.8%。

二、发展中存在的问题

一是经济总量小,固定资产投资增速放缓,现代服务业带动不足,新的增长点尚未形成。二是产业结构不尽合理，多点支撑的产业格局尚未形成。三是民营经济和小微企业发展难题亟待突破,民营企业个体不强、结构不优等问题仍然突出。四是土地、资金制约仍然存在,一些重点建设项目进展较慢。五是少数部门担当精神、效率意识和责任意识不强，部分干部依法办事和服务发展的能力有待增强。

三、2015年发展目标

全面贯彻落实中央经济工作会议和市委四届六次全会精神,主动适应经济发展新常态,立足生态保护发展区功能定位，紧紧围绕建成绿色生态经济强县总目标和“科学发展、富民兴石”总任务,积极转方式、调结构,着力发展绿色特色产业,着力增强内需动力,着力推进改革攻坚,着力加强生态保护和民生保障,努力实现经济平稳较快增长、社会和谐稳定,为加快建设扶贫开发民族团结进步示范县、民俗文化生态休闲旅游目的地、绿色农产品和优势资源生产加工基地、天蓝地绿水净的宜居美好家园奠定坚实基础。

2015年经济社会发展的主要预期目标为：地区生产总值增长10%左右；全部工业增加值增长13%左右；全社会固定资产投资在130亿元左右;社会消费品零售总额增长14%;地方公共财政预算收入增长12%；城镇居民人均可支配收入增长10%；农村居民人均可支配收入增长12.5%。城镇登记失业率控制在3.5%以内。人口自然增长率控制在5.5‰以内。居民消费价格涨幅控制在2%以内。主要污染物减排达到市上约束性要求，万元GDP能耗下降幅度不低于市上下达目标。

(作者单位:石柱县政府办公室)

秀山土家族苗族自治县

牟红贵

一、2014 年发展回顾

2014 年,秀山县紧紧围绕"科学发展、富民兴秀"总任务,突出"建设一城两园、培育三大产业"总抓手,着力稳增长、调结构、促改革、惠民生、防风险,扎实推进生态保护发展区建设,全县呈现出经济稳中向好、结构持续优化、民生不断改善、社会和谐稳定的良好局面。全年地区生产总值完成 126.5 亿元,增长 10.8%。固定资产投资完成 146.1 亿元,增长 20.1%。社会消费品零售总额实现 49.4 亿元,增长 15.1%。一般公共预算收入完成 14.2 亿元,增长 13.4%。城乡居民人均可支配收入分别实现 22901 元、7431 元,增长 10.7%、14%。县内金融机构存贷款余额分别达到 127.7 亿元、95.3 亿元,增长 18.3%、16%。

(一)产业结构持续优化

三次产业结构由 14.4:51.3:34.3 调整为 13.5:51.9:34.6。现代农业快速推进。生产粮油 33.8 万吨、蔬菜 27.7 万吨。出栏生猪、牛、羊等大宗牲畜 71 万头(只)、土鸡 1073 万羽。中药材"一库两中心一基地"建设加快推进,基地面积达 34 万亩。油茶、茶叶、高端猕猴桃、皂荚、红香椿、水产等特色产业竞相发展,岑溪乡入选第四批全国一村一品示范村镇。工业经济稳中有升。完成工业投资 45.6 亿元,增长 19.1%。规模以上工业增加值实现 42.9 亿元,增长 10%。电矿、食品药品加工、环保建材等主导产业体系初步形成。工业园区新入驻企业 20 家、投产企业 8 家,累计达 149 家、111 家,实现工业产值 73.5 亿元。第三产业活力迸发。新增限额以上商贸企业 59 家、电子商务市场主体 50 户,累计达 101 家、201 户。物流园区 300 万吨战略装卸车点、长大笨货场正常运转,市场运营逐步发力,引进知名物流企业 5 家,整合入驻物流、生产、经营企业 567 家,货运调度中心上线营运,开通黔江、酉阳、花垣、铜仁、松桃、沿河 6 条物流专线,全年实现货运量 250 万吨、市场交易额 101 亿元。理清旅游发展思路,启动旅游城市建设。西街、洪安边城、川河盖、黑洞河等项目积极推进,凤凰山花灯旅游区、大溪酉水景区、清溪龙凤花海景区成功申报国家 AAA 级旅游景区,花灯美食街申报中华美食街通过专家评审。乡村旅游发展态势良好。完成旅游投资 10.7 亿元,接待游客 207.3 万人次,实现旅游综合收入 8.4 亿元,分别增长 85.1%、36.5%、33.6%。

(二)城镇品质稳步提升

完成城镇建设投资 72 亿元,其中园区 32.7 亿元。县城建成区面积达 17.9 平方公里,城镇化率达 36.01%。启动 35 平方公里城市总体规划修编和城市总体设计,清溪场镇大寨村列入全国 10 个组团型村庄试点。常态化推进违法建筑整治,依法拆除违法建筑 1.2 万平方米。完成平凯片区、雷家河片区土地房屋征收和凤凰新城、西门储备土地征收。启动两园大道、凤凰大道和迎春路、凤鸣路建设,打通香林北路。火车站配套工程全面完工,豪生大酒店投入使用。黔龙·阳光御园、美丽·泽京、兴源·黄杨郡等项目顺利推进,妥善解决云鼎星座等遗留问题,新建、续建房地产 75.8 万平方米,竣工 44.7 万平方米,销售 41.2 万平方米。改造城市棚户区 10.4 万平方米。城市功能持续完善,"文化五馆"初具开放条件,乌杨公园一期、平凯公园、滨江公园南区全面开工,改造升级人行道 1.6 万平方米,公厕、垃圾中转站、路灯等配套设施加速完善。乡镇"五个一"、"六个有"项目分别完成 78%、95%。龙池、梅江列入全国重点镇,清溪场、洪安、雅江 3 个市级中心镇建设有新进展，龙池、梅江、里仁等乡镇集镇开发取得突破。实施农民新村项目19个，完成高山生态扶贫搬迁11636人，改造农村危房4100户。钟灵镇凯堡村陈家坝等7个村落入选第三批中国传统村落保护名录，海洋乡岩院村入选首批中国少数民族特色村寨。

（三）发展基础不断夯实

基础设施加速完善。秀松高速公路秀山段完成土地房屋征收，建设速度快质量好，完成总投资的28%。国道319线平凯至洪安段、省道304线邓阳至吏目段大修工程全面完成。梅云公路建设、平大公路改造顺利推进。川河盖至洪安公路和旅游环线公路竣工投入使用。实施行政村通畅工程253.2公里、撤并村通达工程207.7公里，行政村通畅率、撤并村通达率分别达88.8%、84.8%。渝怀铁路二线秀山段启动土地房屋征收。火车站新客站楼投入使用。建设水利工程1760处，隘口水库下闸试蓄水，桐梓水库完成实物调查，除险加固小(2)型病险水库5座，梅江大灌区续建配套与节水改造工程顺利推进。新铺设光纤960公里，新建3G基站26个、4G基站282个。争资立项力度加大，到位各类补助资金27.5亿元，占一般公共预算支出的65.9%。秀山(武陵)现代物流园区评为中国物流示范基地和2014年全国优秀物流园区，云智科贸纳入全市4个电子商务产业园项目建设。国土空间合理利用，重点建设用地得到有效保障，南部锰矿整装勘查探获锰矿储量723万吨，新探获锑矿储量82万吨、白云岩储量3.1亿吨。

（四）发展活力持续增强

20项重点改革全面铺开。农村建设用地复垦新取得合格证6907亩，到位地票交易价款7.4亿元。采取“BOT+EPC”模式建设秀松高速公路。新增“农转城”5802人，累计达13.5万人。启动农村集体经济组织清产核资和集体资产量化确权改革试点。新增农业龙头企业15家、农村合作经济组织53个、家庭农场51户、基层供销合作社8个。农村土地规模经营集中度达40.5%。农业机械化综合水平达47%。新增个体工商户3619户、微型企业862家，增长136.5%、62.3%，累计达13142户、4006家。创新“O2O”新型电子商务模式，打造武陵生活馆，发展配送网点100余家。哈尔滨银行、三峡银行、富登小贷、市农业担保公司武陵分公司、安诚保险开业营运。新增“三权”抵押贷款3.1亿元，获得“两民”企业贷款贴息2506万元。不良贷款率降至0.99%。秀山金银花中药材股份有限公司在新三板挂牌，实现挂牌上市“零突破”。县属国有重点企业收入增长31.7%，利润增长127%，资产负债率降至43.5%。地方政府性债务下降3.3%。财政投资评审项目审减资金1亿元，通过公共资源综合交易节约支出2801万元，政府投资项目审计审减资金3253万元。招商引资到位资金80.1亿元，增长10.5%。纳入全市海关和检验检疫机构“5+6”建设规划。新增外贸自营出口权企业5家，外贸进出口总额实现2010万美元，增长97.1%。成功举办第三届武陵山商品交易博览会暨第二届武陵山电子商务看样订货会。

（五）人居环境更趋优美

合理开发利用国土资源，土地开发整理4.9万亩，新增耕地5100亩，建成高标准农田1.3万亩。大溪国家湿地公园获批试点建设。狠抓节能减排，万元GDP综合能耗下降3.5%，主要污染物减排达到市上约束性要求。扎实推进“五城同创”，创建国家卫生县城通过暗访检查，创建国家园林县城通过市级初审。加强建筑工地扬尘治理，城区空气质量优良天数达329天，烟尘控制区覆盖率100%。新增城区绿化面积38万平方米，建成区绿化覆盖率达39.6%，人均公园绿地达10平方米。新建县城庭院污水管网36.8公里，城镇污水集中处理率达85%。夜间施工、娱乐场所等噪声扰民得到有效治理。一批影响市容市貌的顽疾得以整治。加快建设“美丽乡村”。新建乡镇污水处理厂8座、污水管网10.2公里、垃圾中转站9座、农村沼气池1500口，累计达19座、53.1公里、17座、4.6万口。农村环境综合治理取得明显成效，常态化保洁村达52%。实施中小河流治理项目4个，全县集中式饮用水源地水质达标率100%。完成营造林16.4万亩、水土流失综合治理64.9平方公里，森林覆盖率达48%。实施行政村环境连片整治项目16个。钟灵镇凯堡村入选全国生态文化村，金银花景观入选2014年中国美丽田园。

（六）社会民生日益改善

15件重点民生实事有3件提前完成，其他各项全面完成年度任务。城镇新增就业10200人，城镇登记失业率为3.67%；农村劳动力新增转移10158人。社会保险扩面征缴任务全面完成。五保老人集中供养率、敬老院床位利用率分别达67%、96%。累计建成保障性住房1336套，完成公租房配租560套、廉租房配租315套。新建农村寄宿制学校9所、教师周转房119套，中小学校舍标准化率达82.4%。学前三年毛入园率达80.4%。中考上市联招线2488人，增长131%。高考上线率达95.9%，4人被清华、北大录取，高级中学上线率连续3年居渝东南单校第一。义务教育学生营养改善计划惠及5.4万名中小学生，落实3488名乡村教师岗位生活补助。县医院迁建工程全面投入使用，精神卫生中心建设完成主体工程，村卫生室标准化率达71.5%，全面完成50个撤并村卫生室建设。县医院、县中医医院取消药品加成，15个病种在县内7家定点医疗机构实行定额结算。审批“单独两孩”申请75对，人口自然增长率为6.81‰。“全国文化先进县”通过市级复查验收。举办重庆市第18届钓鱼锦标赛等文体活动30余场次。新增农村客运线路12条、客运车辆76台。新增解决3.6万人饮水安全问题。完成9个弃管小区电力设施改造。实施精准扶贫，完成新一轮贫困人口、贫困村建档立卡，贫困村整村扶贫启动实施17个、验收达标26个，减少贫困人口1.2万人。

（七）社会大局更加稳定

狠抓基层基础建设，恢复重建派出所7个、重点村（社区）警务室45个，启动社会安全事件应急联动指挥系统工程建设。刑事案件、侵财案件分别下降22.5%、23.3%，现行命案破案率100%，群众安全感指数达93.6%。严格落实安全生产“党政同责、一岗双责”责任制，务实推进全国非煤矿山重点县攻坚克难工作，扎实开展“压事故、保安全”百日攻坚等专项行动，停产整改企业162家，封闭越界井巷68处。安全生产事故起数和死亡人数分别下降27.3%、16.7%，连续7年被评为全市安全生产优秀区县。完成食品药品监管体制改革，监管体系更加完善，食品药品安全得到保障。化解市级交办疑难信访案件9件，重点矛盾纠纷化解率达96%，33个重大事项实现社会稳定风险评估全覆盖。加强依法治国和“六五”普法宣传，办理法律援助案件478件。突发事件预警信息发布平台和应急应战指挥平台运行良好。有效处置“6·2”地质滑坡突发事件和“7·18”暴雨洪灾。

二、发展中存在的问题

经济总量不大，新“四化”水平较低，发展的内生动力仍然不足，加快发展仍是秀山面临的紧迫任务；土地、资金、能源、人才等发展要素制约仍较突出，一定程度上影响了经济社会发展；城乡发展不平衡，农村基础设施不完善，公共服务不健全，农村贫困问题面广、程度深，扶贫攻坚任务艰巨。

三、2015年发展目标

2015年，秀山经济社会发展主要目标为：地区生产总值增长10.5%；固定资产投资增长16%；社会消费品零售总额增长15%；规模以上工业增加值增长15%；一般公共预算收入增长13%；全年游客接待量、旅游综合收入各增长40%；县内金融机构存贷款余额各增长15%；登记失业率控制在3.7%以内；单位生产总值能耗下降、主要污染物减排达到市上约束性要求；城乡居民收入增长与经济增长基本同步。

（作者单位：秀山县政府办公室）

酉阳土家族苗族自治县

田文章

一、2014年发展回顾

2014年，酉阳自治县按照渝东南生态保护发展区功能定位，攻坚克难，真抓实干，全县经济社会实现持续健康发展。全县地区生产总值达到110.4亿元，增长7.5%。完成全社会固定资产投资131.7亿元，增长14.6%。实现社会消费品零售总额43.2亿元，增长12.8%。组织财政收入18.6亿元，完成一般公共预算收入10.6亿元，其中税收收入7.5亿元，增长12.4%，收入结构进一步优化。

(一)产业培育步伐加快，经济质量明显提升

旅游业的龙头作用进一步显现。桃花源景区荣膺“中国旅游总评榜年度最受欢迎景区”，入选央视“最舒适景区排行榜”；召开张家界、西安、上海、北京等旅游推介会，推出13个旅游专线产品，开通酉阳至重庆、凤凰、张家界旅游直通车；全县共接待游客700万人次，实现旅游综合收入25亿元，同比分别增长16.7%和25%。工业发展质量进一步提升。全县实现工业增加值36.1亿元，同比增长13.4%，完成工业投资33.6亿元、工业税收5亿元，园区工业集中度达到84.4%。农业内部结构进一步优化。深入实施农产品变商品工程，新增农业龙头企业25家、专业合作社195家；建成中药材、青花椒、油茶等特色产业基地100万亩，实现粮食总产量37.9万吨，收购烟叶13.7万担，出栏生猪68.8万头、山羊36.6万只、肉牛6.3万头；新开发系列农特产品200余种，获认证有机、绿色、无公害农产品48个，“酉阳贡米”“酉阳油茶”获国家地理标志证明商标，青花椒高效栽培示范及产业化开发项目被列入国家星火计划。全县新增限额以上商贸企业19家、商业营业面积10万平方米，实现商品销售额66.4亿元，电子商务交易额突破5亿元；新引进重庆三峡银行，成立兴农融资担保公司，各类金融机构达20家，开设营业网点97个，基本实现278个行政村金融服务全覆盖；年末金融机构存款余额137亿元、贷款余额63亿元，分别比年初增加17.8亿元、4.4亿元。

(二)投资力度不断加大，发展基础更加夯实

82个重点项目和民生工程实现投资69亿元，其中交通建设投资14亿元，水利能源投资9.3亿元。酉阳至沿河高速公路建设提速推进，累计完成施工产值22.2亿元，在全市新增1000公里高速公路建设中质量最好、进度最快；酉阳至彭水高速公路进入初设阶段；省道304线路面改造工程全面完工，省道210线路面改造工程加快实施；通用航空机场项目纳入全市布局规划。4个中小河流治理工程有序推进，梅江灌区配套改造主体工程、12个大中型水库移民后期扶持项目全面完工。积极推进页岩气勘探开发，稳步推进电力主干线路建设，完成城乡电网改造投资2.3亿元，城乡供电保障水平有效提升。

(三)城乡建设扎实推进，环境保障全面加强

完成城乡建设投资25亿元，实施城镇重点项目38个、小城镇建设项目203个；龚滩艾坝、可大七分等4个市级农民新村示范点建设加快推进，酉酬江西、花田何家岩等12个村成功申报第三批中国传统村落。持续开展城市市容环境综合整治，县城市政管理和交通秩序有效改善，19条背街小巷改造工程全面完工；城市绿地保存率达100%，国家园林县城正式授牌，国家卫生县城创建扎实开展。全力推进环保“五大行动”、“四清四治”专项行动，城镇集中式饮用水源地水质100%达标，推进10个乡镇污水处理厂建设，完工3个乡镇集镇和居民聚居点生活

垃圾收运系统工程，城镇污水集中处理率达80%，城镇垃圾无害化处理率达83%；10个行政村农村环境连片整治加快实施；完成营造林17.3万亩，森林覆盖率达52.9%，县城空气质量优良天数达348天，获批国家生态文明建设先行示范区和国家主体功能区建设试点示范县。

（四）社会事业全面进步，保障水平稳步提高

全县高考重点本科上线899人，4人被北大、清华录取。完成5个乡镇卫生院中医馆建设，引进卫生专业技术人才176人，公共卫生服务基本实现全覆盖，县内无重大传染病疫情发生，切实推进优生优育，全面落实“单独两孩”和计生奖励扶助政策，保持适度低生育水平。有力推进文化事业，连续入选中国民间文化艺术之乡，武陵山区文化生态保护区获国家文化部批准，非遗保护传承基地建设加快推进，数字文化馆启动建设。电影文化下乡4096场次。新增体育公共设施3万余平方米，举办各类赛事50余场次。县气象局荣获“全国气象科普工作先进集体”称号，县广播电视台成功创建市二级台。入选国家“少数民族特色村寨保护与发展名录”22个。

（五）民计民生日益改善，发展成果人民共享

全年实现民生支出27.8亿元，占年度公共预算支出的62%。全力落实民生实事，整治山坪塘773口；建成集中供水工程58个，安装输供水管道143公里，实施岩溶找水打井8口，农村饮水条件加快改善；完成城市供水“一户一表”改造705户、弃管小区电力设施改造5个；完工乡镇客运站3个，新增农村客运线路12条；改造农村危房3200户，建设8个乡镇敬老院，投用20个农村幸福院，实施3个农村公益性公墓项目。扎实推进扶贫开发，完成精准识别任务，组建278个驻村工作队开展对口帮扶；35个贫困村整村脱贫验收达标；累计建成71个高山生态扶贫搬迁集中安置点，完成搬迁20578人；在全市首个设立金融扶贫贷款担保基金，银行授信产业扶贫全额贴息贷款1.4亿元。大力促进就业创业，发放小额担保贷款1.22亿元，全年新增小微企业514户，带动就业2570人，新建9个残疾就业示范基地。“五险”实现新增扩面，城乡低保“应保尽保”；累计救助21.37万人次，发放救助资金1.05亿元。基本建成应急应战指挥中心；开展法治宣讲28万人次，成功调处矛盾纠纷7339件，有效化解历史遗留问题24件；深入开展严打整治，打掉恶势力团伙4个，现行命案侦破率达100%，夏秋季社会治安专项整治成效明显，群众安全感指数达92%，群众满意度进一步提升。

（六）改革开放逐步深入，市场活力有效释放

机构改革顺利实施，完成卫生计生委、文化委等机构整合，建立食品药品监管体系，初步形成县乡村三级食品药品监管网络。理顺广电网络管理体制，有序推进台网分离。建立行政审批项目库，承接行政审批事项67项。工商登记制度改革成效明显，全年新登记设立内资企业1102户、个体工商户3369户，全县市场主体总量达到26430户。财政体制改革取得突破，国库集中支付制度改革进一步深化，公务卡结算制度稳步推行，部门预算、财政预决算的信息公开有序进行。深入推进政企分离，国有平台公司经营管理进一步规范。农村综合改革迈出新步伐，农村集体经济组织清产核资和集体资产量化确权改革试点有序开展。组建专业队伍招商，全年引进项目45个，润兴牧业、酝良生物等一批投资大、前景好的企业相继落户。

二、发展中存在的问题

同时，我们也清醒地认识到：酉阳仍处于欠发达地区的欠发达阶段，经济总量不大，产业结构不优，主导产业支撑力不强；发展要素制约仍较突出，城乡基础设施不配套，部分农村水电路等基础设施滞后，社会事业发展不平衡，公共服务水平不高；局部地方发展环境不优，干部作风亟待转变。我们必须以改革的办法，勇于创新突破，切实加以解决。

三、2015年发展目标

2015年政府工作的基本思路是：深入贯彻落实党的十八大、十八届三中、四中全会和习

近平总书记系列重要讲话精神，市委四届三次、四次、五次、六次全会精神，按照县委十三届五次、六次、七次全会部署，立足生态保护发展区功能定位，以全面建成小康社会为总任务，以互联网思维为引领，以提高发展质量和效益为中心，紧扣建成武陵山区生态经济强县目标，实施“生态强县、绿色富民”发展战略，围绕景区、园区、城区精深开发和乡村特色发展两大路径，推进扶贫攻坚、产业攻坚、项目攻坚、改革攻坚四大工程，严格依法行政，推动经济社会科学发展、可持续发展、包容发展，加快建设全国生态文明示范县、全国知名民俗生态旅游目的地、武陵山区现代特色效益农业示范县和渝东南绿色工业增长极。

2015年全县经济社会发展的主要预期目标为：

——地区生产总值127亿元，增长12%左右；

——全社会固定资产投资155.4亿元，增长18%；

——社会消费品零售总额49.2亿元，增长14%；

——一般公共预算收入12.9亿元，同口径增长21%，税收收入8.2亿元，同口径增长14%；

——农村常住居民人均可支配收入7354元，增长13.5%，城镇常住居民人均可支配收入20561元，增长10.5%；

——居民消费价格指数控制在3%以内；

——万元GDP能耗下降2%，主要污染物减排达到市政府规定要求。

（作者单位：酉阳县政府办公室）

彭水苗族土家族自治县

孟亚许

一、2014年发展回顾

2014年，面对复杂的宏观经济形势和繁重的改革发展稳定任务，彭水自治县在市委、市政府的坚强领导下，围绕生态保护发展区建设，在新常态中奋发有为，在转型发展中提质增效，全县呈现出经济稳中有进、民生不断改善、社会和谐稳定的良好局面。全年实现地区生产总值108.8亿元、增长10.3%，规上工业总产值48.85亿元、增长13.8%，固定资产投资128.88亿元、增长11.7%，社会消费品零售总额50.3亿元、增长14%，实际利用内资35.3亿元、增长30.9%，公共财政预算收入10.27亿元、增长18.9%，城乡常住居民可支配收入分别增长11%、13.2%。

(一)生态环境不断优化

在渝东南率先启动$PM_{2.5}$监测，县城空气质量优良天数为345天。改扩建县城污水管网28公里，建成乡镇污水处理厂11个、生活垃圾收运系统14个，集中式饮用水源地水质达标率为100%，主要次级河流水质均达国家标准。加强噪声污染监控，落实建筑施工、交通、文娱场所等噪声防治措施，噪声平均值在国家规定限值以内。全面规范林政秩序，关闭45家木材加工企业，完成各类营造林16万亩，森林覆盖率提高到49%。分别完成石漠化、水土流失治理10.4平方公里、28平方公里，实施地灾整治项目5个、农村环境连片整治项目11个。大力发展低碳循环经济，淘汰落后产能，单位生产总值能耗下降3%。

(二)产业发展不断壮大

大力发展特色效益农业，培育市级龙头企业21家、新型股份合作社143个、家庭农场208个，累计完成“三品一标”认证31件。举办全国丘陵山区甘薯产业扶贫推进会，成功创建摩围山市级现代农业园，岩东乡、鞍子镇获批“全国一村一品示范村镇”。成功引进中国500强企业太极集团打造千亿级健康食品产业园，工业园区新增实体企业6家。水电发电量突破60亿千瓦时，生产原煤108万吨。完成旅游投资8亿元，乌江画廊、阿依河、摩围山等精品景区特色彰显，蚩尤九黎城即将开游，郁山古镇提速开发，万足游艇俱乐部主体完工，乡村旅游人气渐旺，“一节一赛”成为品牌，全县游客接待人次、旅游综合收入均实现一年翻番。建成特色农产品展示展销中心，新增13家限额以上商贸企业，打造2条美食夜市街、4条农家乐特色街。

(三)城镇建设不断加速

新城开挖土石方1100万立方米，完工房建主体25万平方米，油化公路10公里，整治河道3.5公里，铺设管网20公里，水电气配套到位，自来水厂、公安大楼、靛水小学、思源实验学校中学部建成投用。老城中心客运站搬迁工程、红军渡广场等重点项目提速实施，城市快速通道、两江休闲广场一期、滨江河堤景观工程、两江假日酒店竣工投用，完成旧城及棚户区改造32万平方米。加快建设5个特色集镇、12个农民新村，改造农村危旧房2800户，成功申报2个市级旅游景观名镇、2个全国重点镇、4个全国传统村落。全面启动撤并村通达工程1000公里、完工420公里，新建村通畅工程568公里、完工425公里，农村交通路网总体成型。整治山坪塘618口，解决8万人饮水安全问题。建成高标准基本农田4.2万亩，新增耕地指标6750亩。完成8台老旧电梯和6个弃管小区电力设施改造，推进50个农网改造项目，新建4G基站200余个。

(四)改革创新不断深化

推进政府机构改革，精简3个政府工作部门，调整部分事业单位设置。深化行政审批制度改革，承接、精简行政审批事项100余项，453项行政审批服务实现阳光运行。实施工商登记制度改革，扶持发展民营实体经济，新增各类市场主体3774家。深化财政预算改革，严控政府债务风险，偿还存量债务7.3亿元。完成国企整合重组，强化经营绩效监管，上缴利税8000万元。深化统筹城乡综合配套改革，完成农村“三权”抵押贷款4.3亿元，实现地票交易3.5亿元。开展凤升水库PPP投融资模式试点，加速建设200余个重点项目。

(五)社会民生不断改善

加大“三农”、教育、卫生、环保等民生领域投入，民生支出占公共财政预算支出的63.7%。投入7800万元实施自治县成立30周年为民办实事工程，所有乡镇水、电、路、灯、塑胶球场、垃圾收运等市政文体设施逐步完善。创新建立“1+6”精准扶贫工作体系，组建59个驻村帮扶工作队，完成29个贫困村整村脱贫，高山生态扶贫搬迁1万余人，减少贫困人口2.4万人。新增城镇就业1.1万人，城镇登记失业率为3%。建成保障性住房8万平方米，社保基金收入突破10亿元，城乡低保、五保供养“应保尽保”。汉葭中学等5所中小学搬入新校区，发放乡村教师岗位生活补贴，高考重本上线411人。县人民医院实现整体搬迁，县第二人民医院门诊楼竣工投用，建成9个乡镇卫生分院、35个撤并村卫生室。实施“单独二孩”政策，人口自然增长率为5.2‰。开展系列“文化惠民”活动，群众经常参加文体活动人数比例达60%。

(六)服务效能不断提升

坚决执行中央八项规定和市委实施意见，会议活动、文件简报、评比表彰等大幅缩减，“三公”经费支出下降6%。推进三级服务中心规范化建设，利用群工系统受理群众反映事项2328件、办结率96%；办理、回复县长公开信箱450件次、县长公开电话1150件次，办结率98%，群众满意度提高9个百分点。人大代表建议、政协委员提案办结率、满意率均为100%，办成率显著提升。强化监督执纪问责，通过审计增收节资3.4亿元，立案查处违纪违法案件41件，依纪依法处分公职人员35人。完善干部下访、领导接访机制，引导群众依法信访，化解各类矛盾纠纷8712件。深化安全保障型示范县建设，强化社会治安立体化防控，连续11年杜绝重特大事故，群众安全感指数保持在90%以上，连续10年获全市安全生产工作一等奖，农村道路交通安全管理创出“彭水经验”。有效应对“7·17”乌江洪峰过境，最大限度保障了群众生命财产安全。

二、发展中存在的问题

总体看，彭水自治县仍属于欠发达地区，仍处于欠发达阶段，经济社会发展存在着不少困难与不足。一是经济规模偏小，主导产业量少质差，投资、消费扩张困难，经济增长动力缺乏；二是自然条件较差，基础设施建设滞后，农村区域性贫困现象突出，发展瓶颈制约仍未突破；三是地方财力薄弱，自我保障能力不强，生态环保、公共服务、民生改善等领域存在不少欠账；四是政府职能转变和政风建设长效机制有待巩固完善，法治政府建设任务紧迫而繁重，反腐倡廉仍须常抓不懈。

三、2015年发展目标

2015年，彭水自治县将坚持稳中求进工作总基调，以提高经济发展质量和效益为中心，主动融入经济发展新常态，把转方式调结构放到更加重要位置，围绕生态保护发展区建设，强化改革、开放和创新三大动力支撑，统筹推进新型城镇化、旅游产业化、新型工业化、农业现代化和扶贫精准化，着力保障和改善民生，全面推进依法治县，促进经济平稳健康发展和社会和谐稳定。2015年主要预期目标是：地区生产总值增长12%左右，规模以上工业总产值增长14%左右，固定资产投资增长12%以上，社会消费品零售总额增长14%左右，一般公共财政预算收入增长15%以上，城乡常住居民人均可支配收入分别增长11%、13%左右。城镇化率提高1.8个百分点左右，城镇登记失业率控制在4%以内，人口自然增长率保持在7‰以下。主要污染物减排达到市上约束性要求，单位生产总值能耗下降2%，森林覆盖率达50%以上。

（作者单位：彭水县政府办公室）

第八编

附　录

2014 年重庆市经济大事记

1月

1日 重庆出版集团旗下的五洲文化传媒(集团)公司兼并重组的两家民营文化企业——北京五洲时代天华文化传媒公司、五洲博尔文化传媒(北京)公司在北京正式挂牌。

2日 市政府第33次常务会议审议通过《重庆市人民政府关于加强法治建设的实施意见、《重庆市汽车租赁管理办法》《重庆市人民政府关于加强城市基础设施建设的实施意见》。

7日 第四届中国小额信贷机构联席会年会在渝举行。

10日 由我市科研单位牵头参与完成的6项科技成果获得2013年度国家科技奖。获奖成果涉及生物医药、农业、材料、机械、电力等行业领域。

市政府第34次常务会议审议通过《重庆市人民政府关于化解产能过剩矛盾的实施意见》。

13日 渝中区跨境电子商务产业园正式开园。

重庆直升机产业投资有限公司与美国贝尔直升机公司在渝签订合作项目协议。重庆直投将采购4架贝尔直升机开展通航业务，并成立获得贝尔授权的客户服务中心，对贝尔直升机开展购买、维修、零部件供应、驾驶培训等业务。

飞行学院重庆通用航空培训有限公司获民航西南地区管理局颁发的经营许可证、运行合格证，这是民航部门颁发给我市通用航空培训企业的首张“准生证”。自此,该公司正式获得进行直升机飞行员驾驶、维修培训的资格。

14日 两江新区水土高新园的龙门大桥正式通车。

18日 市政协四届二次会议开幕。

19日 市四届人大二次会议开幕。

29日 市政府第37次常务会议审议通过《重庆市高速公路网规划(2013-2030年)》和《重庆市普通省道公路网规划(2013-2030年)》。

2月

7日 《重庆市工商登记制度改革实施方案》正式执行。今后在渝注册成立公司或企业,不再需要向审批部门提交注册资金验资报告,也无需应付繁琐的年检程序。此次改革适用于在本市注册登记的公司、非公司制企业、个人独资企业、合伙企业、农民专业合作社及个体工商户等各类市场主体。

13日 重庆化医控股集团与中节能集团、中远物流集团、天士力集团、绿地集团签署合作协议,在清洁生产、化工物流、医药产业等方面联手打造产业集群。

17日 我市首家老年居家康复护理培训及服务专业机构——联英老年康复护理培训服务中心成立。该培训服务中心将为我市提供老年康复护理人才培训、就业推荐、人员派遣、护理咨询等服务。

20日 重庆移动举行4G商用发布仪式,宣布全市4G网络正式进入大规模商用段。

24日 重庆启动全市药品批发企业和药品零售连锁企业的新版GSP认证(即新修订的《药品经营质量管理规范》)。逾期未通过认证的,将不得继续从事药品经营活动。

25日 中国长江中上游地区和俄罗斯伏尔加河沿岸联邦区合作工作组第一次会议在渝召开。

26日 中国联通西南数据中心正式竣工投产。该数据中心依托两江国际云计算产业基地,以IDC生产为主,开展业务主要包括高端数据中心、全国共享灾备中心以及云计算服务中心。

3月

3日 我市首个 APP 产业园——移动电子商务产业园落成，该产业园是重庆互联网行业中唯一获得国家发改委创新项目资金扶持的项目。

万盛南天门风力发电项目一期工程6台风力发电机组正式并网发电，这是我市目前单机功率最大的风力发电项目。

11日 我市科技攻关重点项目“重庆市冶金检测与装备工程技术研究中心”通过验收。

14日 在渝4所高校实验教学平台入选国家级虚拟仿真实验教学中心。分别是重庆大学能源与动力电气虚拟仿真实验教学中心、西南大学药学虚拟仿真实验教学中心、重庆科技学院钢铁制造虚拟仿真实验教学中心以及第三军医大学军事作业医学虚拟仿真实验教学中心。

17日 我市首个外贸综合服务平台“快融通”正式上线运行。

27日 我市重点惠民工程朝天门国际商贸城在南岸区茶园新区迎龙镇正式动工建设。项目全面建成后,年交易额将达千亿规模,成为长江上游地区重要的商贸城市综合体。

31日 我国第一张具有全生命周期、全业务流程覆盖，适用于电子商务发展与税收征管业务要求的电子发票在重庆正式开出。

4月

3日 市政府第42次常务会议审议通过《重庆市人民政府关于加快推进养老服务业发展的意见》。

8日 渝新欧首趟公共班列从团结村出发，该公共班列共有41个集装箱，总重量超过300吨,目的地为德国杜伊斯堡。

10日 驻渝中央企业分离移交“三供一业”(供水、供电、供气、物业管理)工作座谈会和启动工作会在重庆市召开。

21日 2014中国 TD-LTE 产业发展研讨会在渝举行，市政府与中移动签订了共同建设 TD-LTE 应用合作示范区的战略合作协议。打造中西部4G发展样板,率先在智慧城市和车联网领域开展应用。

22日 中石化四川维尼纶厂生产的198吨醋酸乙烯产业成功出口到意大利,“重庆造”醋酸乙烯产品首次出口欧盟市场。

24日 位于铜梁工业园的西南最大表面处理基地——重庆重润表面工程科技园一期工程顺利竣工,将迎来首批企业入驻。

26日 《重庆市碳排放权交易管理暂行办法》经市人民政府第41次商务会议通过,正式印发。

27-29日 中共中央政治局常委、国务院总理李克强在重庆就西部开发开放进行调研,并在渝主持召开座谈会，研究依托黄金水道建设长江经济带，为中国经济持续发展提供重要支撑。

29日 由中石化和重庆合资组建的涪陵页岩气勘探开发公司、页岩气销售公司、天然气管道公司在我市挂牌。

由香港特别行政区政府工业贸易署、香港特别行政区政府驻重庆联络处、重庆市对外贸易经济委员会共同主办的“CEPA 研讨会——CEPA 框架下渝港经贸合作商机”研讨会在渝举行。

5月

4日 重庆市政府办公厅印发《重庆市碳排放权交易管理暂行办法》。

9日 第75届全国汽车配件交易会在重庆国际博览中心开幕。

12日 重庆市4家创业投资机构荣获中国技术创业协会颁布的2013年度“中国科技创业贡献奖”,分别是:重庆科技风险投资有限公司、重庆德同投资管理有限公司、重庆天使科技创业投资有限公司、重庆高新创业投资有限公司。

15日 第十七届中国(重庆)国际投资暨全球采购会(渝洽会)在重庆国际博览中心开幕。

19日 市政府第47次常务会议审议通过《都市区道路保通保畅近期建设规划方案》。

21日 我市首个工业门户网站《重庆工业

网》通过专家验收并正式上线。

21日 重庆银行被国际资本巨头——摩根士丹利(MSCI)纳入其编制的MSCI中国指数,成为摩根士丹利环球小型股指数的成份股。这也是我市首只被纳入MSCI中国指数的上市企业股票。

23日 "渝新欧"回程班列推介会暨重庆市政府物流协调办公室驻欧洲联络处成立揭牌仪式,在德国杜塞尔多夫中国中心举行,这标志着重庆市物流办驻欧洲联络处正式成立。

29日 巫山神女景区、奉节天坑地缝、重庆园博园、铁山坪森林公园、北碚金刀峡、长寿古镇文化旅游区、云阳三峡梯城、璧山观音塘湿地公园等8个景区获批国家4A级旅游景区。至此,我市国家4A级旅游景区已达到57个。

6月

2日 重庆电网2014年迎峰度夏"头号工程"——500千伏洪板线改造工程正式投入运行。

3日 长寿现代农业科技园区、荣昌现代畜牧科技园区和大巴山(城口)山地农业科技园区获批为市级农业科技园区。至此,市级农业科技园区已增至7个。

9日 重庆农畜产品交易所搭建的"惠融通投融资信息平台"正式上线。

14日 今年首趟"渝新欧"回程公共固定班列抵达重庆。这趟回程班列从德国杜伊斯堡车站开出,经过波兰、白俄罗斯、俄罗斯、哈萨克斯坦,最终到达重庆团结村,其间历经了4次转关和两次换轨,全程运行11000公里。

16日 两江新区市场和质量监督管理局正式挂牌成立。将承担两江新区范围内涉及生产、流通、消费环节的市场和质量监管职能。这在重庆乃至整个西部尚属首例。

17日 首届中小微企业博览会在南坪国际会展中心开幕。本届展会以"筑交易平台、建产需桥梁、促企业发展"为主题,将为中小微企业和大众提供更多创业机会。

18日 由长安福特汽车有限公司投资74亿元在北部新区打造的长安福特变速箱项目一期竣工投产,这对提高我市汽车制造能力将发挥重要支撑作用。

重庆市源通公司非晶合金变压器生产线在永川投产,这标志着重庆地区最大规模非晶合金变压器和硅钢铁芯变压器生产基地落成。

19日 重庆碳排放权交易中心开市,至此国家发展改革委批准的北京、天津、上海、重庆、湖北、广东、深圳等7省(市)碳排放权交易试点全部启动交易。

23日 北京佐治投资公司、德国Georgo GmbH公司等企业将共同投资27亿元,在两江新区水土高新园打造超薄触摸屏特种玻璃项目。

26日 猪八戒网虚拟产业园开园,这在全国文化创意产业界尚属首例。

7月

2日 市政府第51次常务会审议通过《"重庆市市长质量管理奖"建议名单》。中煤科工集团重庆研究院有限公司、重庆潍柴发动机厂等4家企业获得重庆市市长质量管理奖。

6日 重庆市高博职业培训学校通过了美国项目管理协会审查,成为我市首家具备PMP认证和培训资质的机构。

8日 市委常委会审议通过《重庆市农村集体资产量化确权改革试点工作方案》《重庆市农村集体经济组织清产核资工作方案》《重庆市完善医疗服务体系重点改革专项方案》。

9日 国务院批准重庆设立汽车整车进口口岸,这也是国家首次在西部内陆地区设立整车口岸。

15日 撤县建区的璧山区和铜梁区正式挂牌运行。

16日 由中国电科重庆声光有限公司研发的"XN235三模单通道卫星导航射频芯片"通过科技成果鉴定。其整体技术达到国际先进水平,填补了国内研发高性能导航芯片方面的空白。

18日 重庆华南城招商中心正式对外开放，这也是西南最大的招商中心。

22日 由财政部和亚洲城市发展中心举办的政府和社会资本合作(PPP)国际研讨会在渝举行。

23日 2014重庆机遇·长江经济带战略高峰论坛暨长江经济带企业家俱乐部成立仪式，在南坪国际会展中心举行，这是全国第一次举办的以此为主题的论坛。

24日 重庆银行直销银行正式上线，这是我市首家直销银行。

25日 市委常委会审议通过《重庆市深化工商登记制度改革方案》和《重庆市完善小微企业扶持机制专项方案》。

31日 重庆保税商品展示交易中心延展平台(WFC MALL)正式开业。

8月

1日 市委常委会审议通过《重庆市深化科技体制改革实施方案》《重庆市深化国有文化资产改革实施方案》和《重庆市统筹城乡重点改革总体方案》。

国航重庆分公司执飞的重庆—韩国首尔航线正式开通，每天一班。

5日 重庆川仪股份(603100)正式登陆上海证券交易所上交所。

14日 全市92家企业首批获得"重庆市和谐劳动关系AAA级企业"称号。

18日 中船重工(重庆)海装风电设备有限公司第一个超高海拔风场——云南大海梁子风场一期项目共24台2兆瓦风电机组成功并网发电。

21日《重庆市知识产权战略纲要》日前正式出台。

18日 在第十届中国国际会展文化节上，重庆获得"中国会展名称"称号，重庆国博中心被评为"2013-2014中国会展标志性场馆"。

20日 重庆国家级互联网骨干直接点开通，使我市成为国家通信网络架构中10个级节点之一。

28日 我市首个代账行业协会——重庆市渝中区代理记账行业协会正式成立。这意味着全市的代理记账行业迈出了建设诚信体系的重要一步。

科技部火炬中心发布504家国家级科技企业孵化器2013年度考核评价结果。重庆高技术创业中心获评为优秀(A类)，跻身73家优秀国家级孵化器之列，这也是全市唯一一家获评优秀的国家级孵化器。

9月

1日 第九届中韩高层财经界对话会在渝召开，也是第一次在中国西部区域举办，共有100多名中韩企业家出席。

2014年度国家自然科学基金项目评审结果公布：我市共有758个项目获得4.2亿元资助，比2013年增长约7%。

2日 2014中国500强企业高峰论坛在渝召开，发布了2014中国500强企业、中国制造业企业500强、中国服务业企业500强等多个榜单。其中：重庆商社(集团)有限公司、重庆建工投资控股有限责任公司、重庆龙湖企业拓展有限公司、重庆化医控股(集团)公司等12家重庆企业入围中国企业500强。

3日 全市首个农村小学科普园在江北区五宝镇五宝小学正式开园。

4日 力帆旗下首款低速电轿车——力帆320E正式上市，这也是我国首家整车生产企业进军"低速电动车"市场。

9日 在《免征车辆购置税的新能源汽车车型目录(第一批)》中，我市两家车企生产的3款车型(乘用车、客车、专用车)入围。

全球最大专业服务机构、著名会计师事务所德勤签约落户重庆，在渝设立华西区总部和全国运营中心。

13日 第十三届精神文明建设"五个一工程"评选在北京揭晓。我市组织和参与创作生产的电影《走过雪山草地》，电视剧《原乡》《毛泽东》等 8 部作品获优秀作品奖。

18 日 重庆市物联网工程技术研究中心通过市科委组织的专家验收，这也意味着该中心正式建成。

沙坪坝区蔡氏液压设备有限公司自主研发设计的首台闭式双点液压机正式下线。该产品填补了西南片区无第三代液压机制造的行业空白。

21 日 重庆市市长国际经济顾问团年会开幕,本次年会主题为“智慧城市与大数据时代”。

22 日 第六届国际服务贸易(重庆)高峰会在渝开幕,本届高峰会以“发展服务贸易,转变发展方式”为主题。

23 日 胡润研究院发布了 2014 “胡润百富榜”,重庆(总部在重庆)共有 16 位富豪上榜。

25 日 市政府第 63 次常务会议审议通过《重庆市人民政府关于加快城市配送体系建设的意见》。

26 日 城市建设科技创新国际会议在渝举行,主题为“城市梦想”。

27 日 以“山水都市·旅游惠民”为主题的 2014 年重庆都市旅游节暨中国重庆城际旅游交易会(简称“一会一节”)开幕。

10 月

8 日 在 2014“全国毕业生就业典型经验高校”评选中,重庆三峡职业学院成为全国就业 50 强的典型经验高校之一,是目前我市入选 50 强的唯一一所高职院校。

9 日 涪陵彭小平的家庭光伏发电站，成功并入国家电网，成为我市首个光伏发电并网的农村居民。

11 日 市政府第 64 次常务会议审议通过《重庆市推进媒体融合发展工作方案》。

12-15 日 第 91 届全国糖酒会在渝举行,有来自国内外 20 个国家及地区的约 3000 多个知名商家参展,规模创历届糖酒会之最。

14 日 重庆锦晖陶瓷有限公司国家级工业设计中心正式揭牌。这是我市首个国家级工业设计中心，也是全国陶瓷行业唯一一个国家级工业设计中心。

16 日 西部内陆首个整车进口口岸——重庆铁路汽车整车进口口岸顺利通过正式验收，这也标志着重庆铁路汽车整车进口口岸正式启动运行。

市政府第 65 次常务会审议通过《重庆市地震安全性评价管理规定(修订案)》《重庆市城镇房屋安全使用管理办法》《重庆市查处违法建筑若干规定》。

20 日 “我的单我的贷”网络投资平台在我市上线,这是国内首个具有债权转让和在线“对话议价”功能的互联网金融平台。

21 日 重庆江北区首批 5 家中小微企业——新洁净、新超奇、康原装饰、永彩投资、新道凤舞九天正式在上海股权托管交易中心中小企业股权报价系统(Q 板)挂牌上市。

23 日 第 72 届中国国际医疗器械（秋季）博览会(简称“医博会”)暨第 19 届中国国际医疗器械设计与制造技术（秋季）展览会在渝开幕。

28 日 2014 中国纺织十大品牌文化推介大会暨“北京方恒杯”·中国纺织品牌文化高峰论坛在我市举行。

由重庆大学牵头的重庆自主品牌汽车协同创新中心,成为我市首个通过“2011 计划”认定的国家协同创新中心。

“改革开放 35 年百项经典暨精品工程”揭晓，全国共有 70 个经典工程,32 个精品工程入选,其中 5 个来自重庆。此次重庆入选经典工程的是重庆大剧院、重庆长江大桥复线桥,入选精品工程的是中国三峡博物馆、朝天门长江大桥、轨道交通二号线较场口至新山村工程。

为京东方集团在我市两江新区项目配套建设的 220 千伏变电站成功投运。

30 日 首都科技条件平台重庆合作站和北京技术市场重庆服务平台正式揭牌。

31 日 “中国发展论坛·2014——建设长江经济带”在渝举行。

11月

1日 位于重庆主城区黄桷坪九龙燃煤电厂(1×20万千瓦)永久关停。

我市城乡低保等社会救助对象保障标准提高。

4日 长安福特第三整车工厂在北部新区正式投产,年生产能力40万台。

重庆市召开生态文明建设大会,市委书记孙政才强调把重庆建成碧水青山绿色低碳人文厚重和谐宜居的生态文明城市。

6日 市政府第68次常务会审议通过《重庆市加快物联网产业发展行动计划》,提出到2020年将重庆打造成具有国际竞争力的物联网高地。

12日 重庆与惠普深入推进云计算和大数据产业合作。惠普与市有关方面签署金融信息化、大数据人才培养两个协议。中国惠普有限公司重庆分公司挂牌。惠普公司与重庆合作"龙渲云平台"正式上线运营。

2014年中国重庆国际时装周开幕。

18日 市委书记孙政才主持召开市委常委会议,审议通过《市委市政府关于贯彻落实国家"一带一路"战略和建设长江经济带的实施意见》。

浪潮集团大数据综合产业基地落户两江新区。

20日 "2014跨座式单轨交通系统应用与发展研讨会"在渝举行。

21日 荷兰驻重庆总领事馆正式开馆。

23日 2014年全市有毕业生的普通高校63所,毕业生人数20.4万人,其中,研究生1.8万人,本科生10.3万人,专科(高职)生8.3万人。

24日 两江新区悦来国际商务区打造大数据产业生态谷,争取成为跨境电子商务"全球订单生产中心"。

重庆在高山生态扶贫搬迁上进行了有益探索,国务院扶贫办副主任欧青平来渝调研给予充分肯定。

市长黄奇帆主持召开专题会,研究谋划新一批重大基础设施项目建设。

25日 市政府颁发《重庆市新能源汽车推广应用工作方案(2013-2015年)》,市财政安排2.67亿元补贴,推广应用3000辆新能源汽车。

重庆80后画家彭伟版画《而立之年》获第十二届全国美术作品展览金奖。

26日 重庆研发制造适应三峡船闸通过的新型货船下水试航。该型船长130米、宽16.2米,4艘船可同时过闸,吨位达到2.6万吨。

27日 一批云计算大数据产业项目:太平洋无敌科技云计算基地、敦煌网大数据跨境商项目、中文传媒新媒体云计算产业项目、甲骨文IT实训基地等项目落户重庆。

市政府第71次常务会议审议通过《重庆市高标准农田建设规划(2011-2020年)》,规划确定我市高标准农田建设规模超过1000万亩。

28日 重庆市文化产品交易中心正式开市。

新材料全球交易网在我市正式上线,是目前国内唯一以新材料产业为主的交易平台。

29日 重庆大学建成汽车行业云服务平台,可进行汽车整车、零部件网上交易。

12月

1日 长江经济带海关区通关一体化改革正式启动。12城海关所有通关作业现场通过信息网络互联互通,形成一个"区域通关中心"。

2日 国务院发展研究中心调研重庆天然气发展战略。中石化涪陵页岩气预计年底形成产能25亿立方米。重庆页岩气勘探开发有限责任公司成立,注册资本60亿元。

10日 华能两江新区天然气冷热电三联供项目的第二台机组投用。今年共建成投产2×46万千瓦F级燃气蒸气联合循环供热机组。

14日 落户两江新区的上汽通用五菱重庆基地一期竣工投产,能力为年产40万辆整车及40万台发动机。二期工程签约。

17日 市政府召开全市近中期电力工作会,研究电源建设空间,优化调整建设时序,进一步抓好电网建设。

南车集团青岛四方机车车辆公司与重庆签约,在永川建设轨道交通设备制造基地。

22 日 中共重庆市委四届六次全会开幕,会期两天。市委书记孙政才作报告,全面部署2015年工作;市长黄奇帆安排明年经济工作。

今年我市实施污染整治项目2000余个,全市生态环境持续改善。

25 日 重庆会展业进入快车道。今年以来,全市共举办各类展会638个,展出面积达570万平方米,会展业直接收入78亿元。拉动消费620亿元。

重庆港口集装箱吞吐量突破百万标箱,成为长江干流第3个突破百万标箱的内河港口。重庆长江上游航运中心建设实现历史性跨越。

29 日 我市全年投入15.9亿元进行农村电网改造,农村电网供电可靠率可以达99.85%。

"渝新欧"带动2014年重庆对外开放四个突破:获批重庆铁路口岸、获汽车整车进口口岸、获铁路物流保税中心,运邮集装箱通过"渝新欧"试运行。

30 日 富士康重庆基地显示模组竣工投产。2014年重庆生产显示器1550万台,产值95亿元。

2014年重庆产第260万辆汽车在长安渝北工厂下线。重庆现有整车生产企业14家,专用车生产企业18家。

惠科液晶面板8.5代生产线落户巴南,预计生产能力年产1150万片液晶显示模块。

轨道交通1号线大学城至尖顶坡段、2号线延伸段新山村至鱼洞、6号线五里店至茶园段正式通车。

31 日 重庆笔记本电脑产量占全球三分之一。全年生产6100万台笔记本电脑。智能终端产品产量接近2亿件。

重庆江北国际机场旅客吞吐量达到2926万人。

重庆西站铁路综合交通枢纽站房开工。按照规划,总建筑面积达28万平方米,设29个站台、31条到发线。

年内国家批准重庆三条干线铁路建设:郑万高铁,起自郑州,经襄阳、巫山至万州,全长785公里,投资估算974亿元;黔张常高铁,自黔江经张家界至常德,全长336公里,投资估算361亿元;渝怀二线涪秀段,涪陵至秀山梅江,长339公里,投资185亿元。

2014年重庆市国民经济和社会发展统计公报

重庆市统计局 国家统计局重庆调查总队

2014年，面对错综复杂的国内外形势，市委、市政府带领全市人民深入贯彻落实中央各项决策部署，紧紧围绕“科学发展、富民兴渝”总任务，大力实施五大功能区域发展战略，全面深化改革开放，着力稳增长、促改革、调结构、惠民生、防风险，在新常态中奋发有为，在转型发展中提质增效，全市经济稳中向好，各项事业全面进步，社会和谐稳定。

一、综合

年末全市常住人口2991.40万人，比上年增加21.40万人。城镇化率59.6%，比上年提高1.26个百分点。

全年人口出生率为10.67‰，死亡率为7.05‰，人口自然增长率为3.62‰。全市常住人口性别比(以女性为100，男性对女性的比例)为102.3，出生婴儿性别比为110.3。

年末户籍总人口3375.20万人，比上年增加16.78万人。其中，农业人口2003.08万人，非农业人口1372.12万人(见表1)。

国民经济保持稳定增长。初步核算，全年实现地区生产总值14265.40亿元，比上年增长10.9%。其中，第一产业增加值1061.03亿元，增长4.4%；第二产业增加值6531.86亿元，增长12.7%；第三产业增加值6672.51亿元，增长10.0%。三次产业结构比为7.4:45.8:46.8。非公有制经济实现增加值8750.14亿元，增长11.1%，占全市经济的61.3%。按常住人口计算，全市人均地区生产总值达到47859元(7791美元)，比上年增长10.0%(见图一，表2)。

从五大功能区域看，都市功能核心区实现地区生产总值2944.22亿元，比上年增长9.0%，

表1 2014年年末常住人口数及其构成

指 标	年末数(万人)	比重(%)
全市常住人口	2991.40	100.0
#城 镇	1783.01	59.6
乡 村	1208.39	40.4
#男 性	1512.41	50.6
女 性	1478.99	49.4
#0-14岁	491.49	16.4
15-64岁	2140.64	71.6
65岁以上	359.27	12.0
按五大功能区域分		
都市功能核心区	367.76	12.3
都市功能拓展区	451.22	15.1
城市发展新区	1079.19	36.1
渝东北生态涵养发展区	816.65	27.3
渝东南生态保护发展区	276.58	9.2

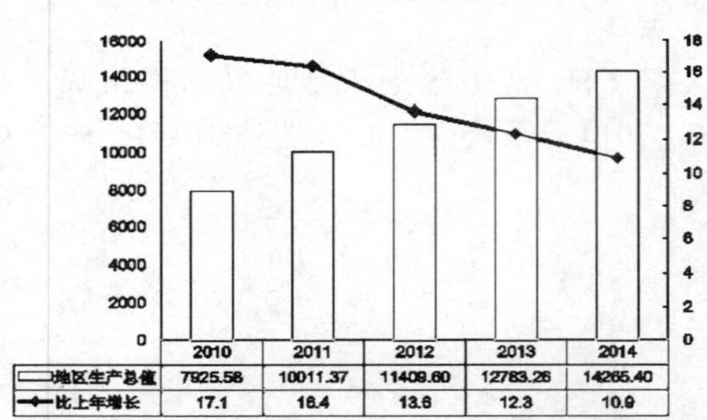

图一 2010~2014年地区生产总值及其增长速度

单位：亿元、%

表2 2014年五大功能区域地区生产总值

指 标	绝对量(亿元)	比上年增长(%)	比重(%)
全市生产总值	14265.40	10.9	100.0
都市功能核心区	2944.22	9.0	20.6
都市功能拓展区	3344.83	12.2	23.4
城市发展新区	4718.08	11.5	33.1
渝东北生态涵养发展区	2466.75	10.6	17.4
渝东南生态保护发展区	791.52	9.7	5.5

占全市生产总值的20.6%;都市功能拓展区实现地区生产总值3344.83亿元,增长12.2%,占全市的23.4%;城市发展新区实现地区生产总值4718.08亿元,增长11.5%,占全市的33.1%;渝东北生态涵养发展区实现地区生产总值2466.75亿元,增长10.6%,占全市的17.4%;渝东南生态保护发展区实现地区生产总值791.52亿元,增长9.7%,占全市的5.5%。

就业继续增加。城镇新增就业人员70.1万人。城镇登记失业人员实现再就业26.8万人,比上年增长3.1%。回引农民工就业创业30.6万人。年末城镇登记失业率3.5%。年末高校应届生就业率达到94.9%。

价格水平涨幅较低。城市居民消费价格比上年上涨1.8%,其中食品价格上涨3.3%。固定资产投资价格比上年上涨0.3%。工业生产者出厂价格比上年下降1.7%。工业生产者购进价格比上年下降1.9%。农产品生产者价格比上年上涨0.2%。

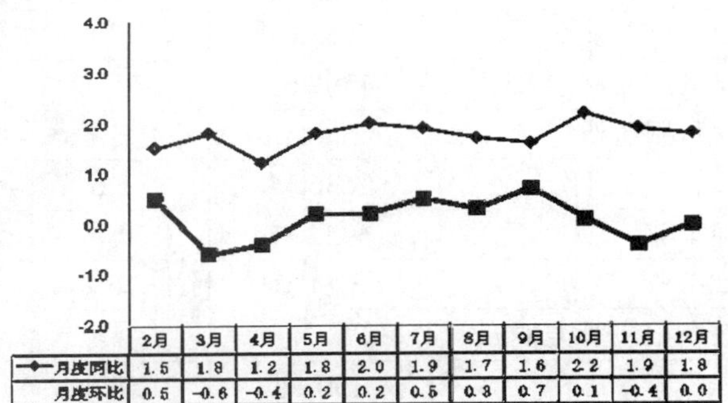

图二 2014年城市居民消费价格月度涨跌幅度

表3 2014年城市居民消费价格比上年涨跌幅度

指　　标	比上年增长(%)
城市居民消费价格	1.8
食　品	3.3
烟　酒	–2.2
衣　着	2.0
家庭设备用品及维修服务	0.5
医疗保健及个人用品	1.7
交通和通信	0.3
娱乐教育文化用品及服务	0.1
居　住	1.6
娱乐教育文化用品及服务	0.9
居　住	2.5

经济活力持续增强。截至2014年,全市共有各类市场主体171.9万户(内资企业48.17万户,外资企业0.51万户,个体工商户120.96万户,农民专业合作社2.26万户),比上年增长12.2%。其中,微型企业35.77万户,增长24.7%。2014年新发展微型企业7.09万户,解决就业49.72万人。

财政收支保持平稳。全年一般公共预算收入1921.88亿元,比上年增长13.9%。其中税收收入1281.70亿元,增长15.2%。一般公共预算支出3303.72亿元,比上年增长8.0%。其中,城乡社区支出580.88亿元,增长8.4%;社会保障和就业支出498.01亿元,增长15.3%;教育支出469.94亿元,增长7.5%;农林水支出290.45亿元,增长3.0%;一般公共服务支出289.09亿元,增长14.7%;医疗卫生与计生支出248.90亿元,增长11.9%;文体与传媒支出36.31亿元,增长3.9%。

表4 2014年五大功能区域区县级一般公共预算收支

指　　标	绝对量(亿元)	比上年增长(%)	比重(%)
区县级一般公共预算收入	1180.4	14.7	100.0
都市功能核心区和拓展区	551.4	14.6	46.7
城市发展新区	386.8	15.5	32.8
渝东北生态涵养发展区	164.4	12.7	13.9
渝东南生态保护发展区	77.8	15.4	6.6
区县级一般公共预算支出	2299.2	9.5	100.0
都市功能核心区和拓展区	790.3	10.5	34.4
城市发展新区	719.1	8.4	31.3
渝东北生态涵养发展区	541.4	8.9	23.5
渝东南生态保护发展区	248.4	11.2	10.8

二、农业

全年实现农林牧渔业增加值1061.03亿元,比上年增长4.4%。其中,种植业722.49亿元,增长3.9%;畜牧业248.78亿元,增长3.5%;林业39.12亿元,增长8.0%;渔业50.64亿元,增长15.2%。

农业经济发展稳健。全年粮食播种面积3363.8万亩，下降0.5%。粮食综合单产340.3公斤/亩，增长0.2%。油料播种面积449.9万亩，增长5.8%。蔬菜播种面积1062.1万亩，增长3.9%。水果种植面积514.9万亩，增长5.4%。中药材种植面积170.4万亩，增长5.8%。

粮食产量基本保持稳定。全年粮食总产量达1144.5万吨，下降0.3%，连续7年稳定在1100万吨以上。其中，夏粮产量146.4万吨，下降4.7%；秋粮产量998.1万吨，增长0.4%。全年谷物产量796.8万吨，比上年减产1.0%。其中，稻谷产量503.2万吨，与上年基本持平；小麦产量27.0万吨，减产20.0%；玉米产量256.0万吨，减产0.8%。

表5 2014年主要农产品产量

产品名称	产量	比上年增长(%)
粮食(万吨)	1144.5	-0.3
油料(万吨)	56.9	7.1
蔬菜(万吨)	1689.1	5.5
禽蛋(万吨)	43.2	5.2
牛奶(万吨)	5.7	-16.3
出栏生猪(万头)	2150.8	2.2
出栏牛(万头)	64.3	8.9
出栏羊(万头)	249.9	9.9
出栏家禽(万只)	23601.3	1.9
猪肉(万吨)	158.5	2.3

三、工业和建筑业

工业生产平稳增长。全年实现工业增加值5175.80亿元，比上年增长12.3%，占全市地区生产总值的36.3%。其中规模以上工业增加值增长12.6%。工业总产值21520.41亿元，增长14.0%。其中规模以上工业企业实现总产值18722.51亿元，同比增长14.6%。其中，大中型企业总产值13378.59亿元，增长11.4%；国有控股企业总产值5031.02亿元，增长10.3%(见表6，表7，表8)。

先进制造业增势较好。全年规模以上工业企业中，汽车制造业实现总产值3846.94亿元，

表6 2014年五大功能区域工业增加值

指标	绝对量(亿元)	比上年增长(%)	比重(%)
全市工业增加值	5175.80	12.3	100.0
都市功能核心区	493.44	5.3	9.5
都市功能拓展区	1588.80	14.6	30.7
城市发展新区	2072.59	12.5	40.0
渝东北生态涵养发展区	770.70	11.8	15.0
渝东南生态保护发展区	250.27	12.0	4.8

表7 2014年规模以上工业总产值

指标	绝对量(亿元)	同比增长(%)
规模以上工业总产值		
#大中型	18722.51	14.6
#国有控股	13378.59	11.4
#汽车制造业	5031.02	10.3
电子信息产品制造业	3846.94	19.9
装备制造业	3683.62	22.2
化医产品制造业	1797.63	18.1
材料制造业	1388.82	11.4
按轻重工业分	2636.34	9.6
轻工业	4932.47	10.8
重工业	13790.04	16.1
按登记注册类型分		
国有	190.10	53.8
集体	30.58	3.4
股份合作制	20.27	5.1
股份制	12913.87	14.2
外商及港澳台	5201.23	15.5
其他	366.46	4.6

同比增长19.9%，占全市工业总产值的20.5%；电子信息产品制造业实现总产值3683.62亿元，同比增长22.2%，占全市工业总产值的19.7%；材料制造业实现总产值2636.34亿元，同比增长9.6%，占全市工业总产值的14.1%；装备制造业实现总产值1797.63亿元，同比增长18.1%，占全市工业总产值的9.6%；化医产品制造业实现总产值1388.82亿元，同比增长11.4%，占全市

表8　2014年规模以上工业主要产品产量

产品名称	产　量	同比增长(%)
钢材(万吨)	1323.45	2.9
铝材(万吨)	133.41	23.7
微型计算机设备(万台)	6446.78	15.3
#笔记本计算机	6348.84	16.0
打印机(万台)	1616.29	−16.8
水泥(万吨)	6666.61	9.4
农用化学肥料(万吨)	213.99	−2.7
汽车(万辆)	262.89	22.2
#轿车	111.32	10.7
摩托车(万辆)	859.43	3.0
啤酒(万千升)	73.72	−10.9
卷烟(亿支)	576.00	0.9

工业总产值的7.4%。产品结构继续优化,实现工业新产品产值3150.00亿元，比上年增长21.0%。

企业效益大幅增长。全年规模以上工业经济效益综合指数达到282.5%,同比提高20.7个百分点;实现利税总额2112.19亿元,同比增长23.7%；实现利润1169.87亿元，同比增长30.8%;总资产贡献率15.2%,同比提高1.3个百分点;产品销售率97.9%,同比上升0.1个百分点;全员劳动生产率265045元/人年,同比增长10.8%。

建筑业加快发展。全年实现建筑业增加值1356.06亿元,比上年增长14.4%。全市具有资质等级的总承包和专业承包建筑企业实现利润341.39亿元，比上年增长29.8%；上缴税金202.46亿元,比上年增长20.4%。其中,国有及国有控股企业实现利润46.14亿元，增长18.4%;上缴税金40.02亿元,增长4.3%(见表9)。

四、固定资产投资

固定资产投资增速趋于平稳。全年完成固定资产投资总额13223.75亿元，比上年增长18.0%。其中,第一产业投资486.91亿元,增长10.3%；第二产业投资4167.87亿元，增长17.9%；第三产业投资8568.97亿元，增长

表9 2014年五大功能区域建筑业增加值

指　标	绝对量(亿元)	比上年增长(%)	比重(%)
全市建筑业增加值	1356.06	14.4	100.0
都市功能核心区	153.27	4.7	11.3
都市功能拓展区	280.92	8.9	20.7
城市发展新区	479.63	18.1	35.4
渝东北生态涵养发展区	338.77	20.1	25.0
渝东南生态保护发展区	103.47	11.6	7.6

18.5%。基础设施建设投资3386.23亿元，增长14.3%,占全市固定资产投资的25.6%;民间投资6558.04亿元,增长27.1%,占全市固定资产投资的比重为49.6%。

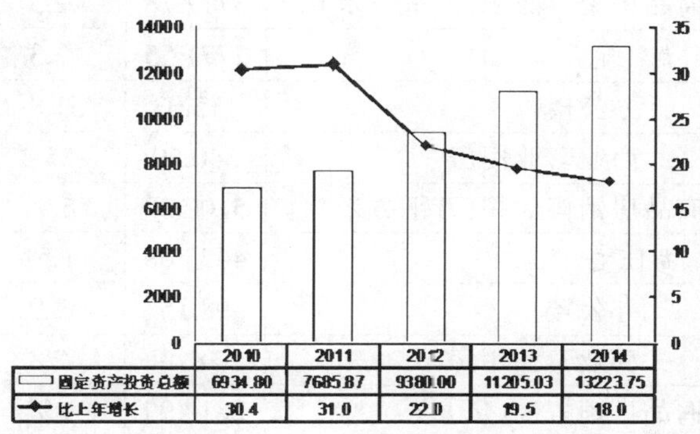

图三　2010~2014年固定资产投资总额及其增长速度

表10　2014年五大功能区域固定资产投资情况

指　　标	绝对量(亿元)	比上年增长(%)	比重(%)
全市固定投资总额	13223.75	18.0	100.0
都市功能核心区	1310.75	11.8	9.9
都市功能拓展区	3254.69	17.9	24.6
城市发展新区	5197.40	21.5	39.3
渝东北生态涵养发展区	2528.25	17.6	19.1
渝东南生态保护发展区	932.66	10.2	7.1

全年房地产开发投资3630.23亿元,比上年增长20.5%。其中,住宅投资2451.37亿元,增长19.9%;办公楼投资176.96亿元,增长22.4%;商业营业用房投资534.00亿元,增长41.5%。

全市累计建成公租房2768万平方米。全年

保障性住房新开工 1.5 万套,竣工 0.33 万套。

表 11　2014 年房地产开发和销售主要指标完成情况及其增长速度

指　　标	绝对量	比上年增长(%)
商品房施工面积(万平方米)	28623.93	9.0
#住宅	20294.49	5.4
办公楼	1072.22	37.1
商业营业用房	3316.67	11.8
新开工面积(万平方米)	6254.04	-18.2
#住宅	4275.96	-20.6
办公楼	264.17	9.5
商业营业用房	774.73	-22.6
商品房竣工面积(万平方米)	3717.78	-2.3
#住宅	2771.55	-3.3
办公楼	115.03	51.8
商业营业用房	340.59	-25.3
商品房销售面积(万平方米)	5100.39	5.9
#住宅	4423.68	1.5
办公楼	98.15	42.9
商业营业用房	348.49	42.8
商品房销售额(亿元)	2814.99	4.9
#住宅	2253.28	-1.3
办公楼	109.41	40.1
商业营业用房	373.75	42.1

五、国内贸易

全年批发和零售业实现增加值 1229.88 亿元，比上年增长 9.1%，占全市地区生产总值的 8.6%;住宿和餐饮业实现增加值 321.64 亿元,比上年增长 7.5%,占全市地区生产总值的 2.3%。

消费品市场增长平稳。全年实现社会消费品零售总额 5096.20 亿元，比上年增长 13.0%，扣除价格因素,实际增长 12.0%。按经营地统计，城镇消费品零售额 4838.22 亿元，增长 12.9%；乡村消费品零售额 257.98 亿元,增长 14.8%;按行业统计，批发和零售业零售额 4339.43 亿元，增长 12.9%;住宿和餐饮业零售额 756.77 亿元，增长 13.4%。

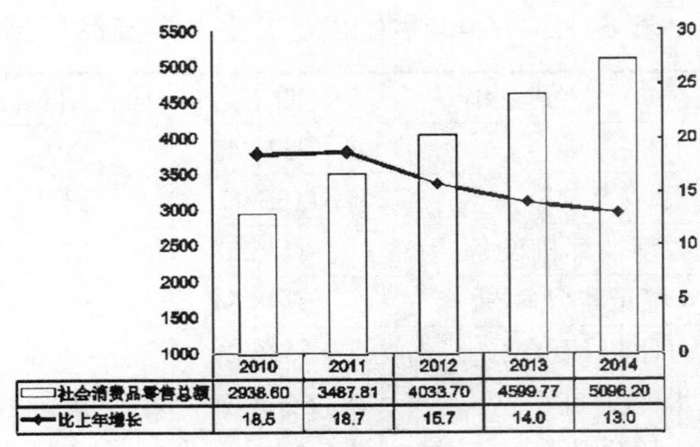

图四　2010~2014 年社会消费品零售总额及其增长速度　　亿元、%

大众类消费增长较快。在限额以上法人企业商品零售额中,通讯器材类增长 37.5%,汽车类增长 24.9%,文化办公类增长 20.0%,家具类增长 18.8%，建筑及装潢材料类增长 24.7%,中西药品类增长 16.9%，石油及制品类增长 16.8%,粮油、食品、饮料、烟酒类增长 16.6%,家用电器和音像器材类增长 14.4%,服装、鞋帽、针纺织品类增长 8.4%。

中央商务区有序发展。全市百亿级商圈 10 个,百亿级市场 15 个,百亿商贸企业达到 8 家。

六、对外经济

对外贸易快速增长。全年实现货物进出口总额 5863.22 亿元,比上年增长 37.6%。其中,出口 3894.76 亿元，增长 34.1%；进口 1968.46 亿元,增长 45.1%。按美元计算,货物实现进出口 954.50 亿美元,比上年增长 39.0%。其中,出口 634.09 亿美元，增长 35.5%；进口 320.41 亿美元,增长 46.3%。全市货物出口前三位市场为香港、美国和德国，分别出口 786.35 亿元、749.07 亿元和 345.92 亿元，增长 1.6 倍、33.1% 和 22.6%。货物进口前三位市场为韩国、缅甸和马来西亚，分别进口 391.97 亿元、232.68 亿元和 232.24 亿元,韩国和马来西亚分别增长 4.1 倍和下降 3.7%,缅甸 2013 年无进口。

全年实现服务贸易进出口总额 131.00 亿美元,比上年增长 25.0%。其中,出口 58.00 亿美元,进口 73.00 亿美元。全年服务外包离岸执行

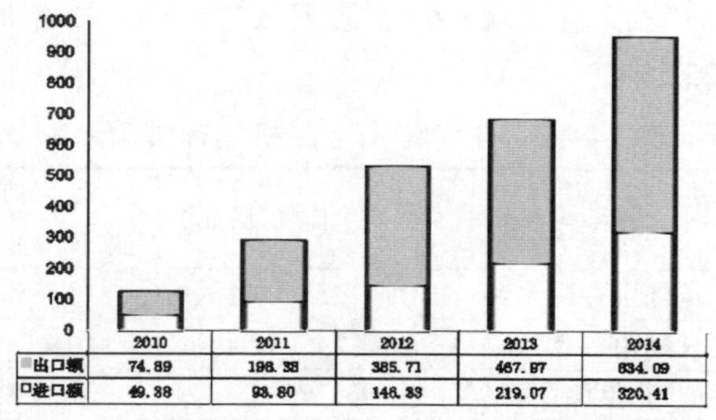

图五 2010~2014 年货物进出口总额

表 12 2014 年货物进出口总额

指 标	绝对量(亿元)	比上年增长(%)
进出口总额	5863.22	37.6
出口额	3894.76	34.1
# 国有企业	86.16	26.7
外资企业	1930.63	20.6
私营企业	1859.94	53.0
# 一般贸易	1362.68	16.3
加工贸易	2477.12	49.9
# 机电产品	2612.79	20.3
# 高新技术产品	1909.08	24.0
# 笔记本电脑	1559.90	27.0
进口额	1968.46	45.1
# 国有企业	279.39	37.2
外资企业	717.76	-2.2
私营企业	840.95	193.5
# 一般贸易	471.03	0.6
加工贸易	865.05	126.9
# 机电产品	1109.43	16.2
# 高新技术产品	851.07	19.8

额 14.00 亿美元，比上年增长 27.3%，其中，信息技术流程外包占 14.9%、业务流程外包占 21.0%、知识流程外包占 64.1%。全年我市 18 个示范区国际服务外包累计执行额 13.6 亿美元。

实际利用外资保持稳定。全市连续四年保持百亿美元。2014 年全年利用外资 106.29 亿美元，比上年增长 0.3%。其中，外商直接投资 42.33 亿美元，增长 2.2%。全市新签订外资项目 250 个，合同外资额 46.26 亿美元，分别增长 0.8%和 14.0%。全年实际利用内资项目 2.34 万个，增长 30.4%。实际利用内资金额 7246.89 亿元，增长 20.6%。截至 2014 年底，累计有 243 家世界 500 强企业落户重庆。

全年对外承包工程签订合同额 11.71 亿美元，比上年增长 5.2%；完成营业额 10.35 亿美元，与上年持平。

七、交通、邮电和旅游

交通运输平稳增长。全年交通运输、仓储和邮政业实现增加值 705.83 亿元，比上年增长 7.4%，占全市地区生产总值的 4.9%。全市高速公路通车总里程超过 2400 公里，路网密度 2.9 公里/百平方公里，居西部第一。全市铁路运营里程达到 1774 公里，形成了“一枢纽六干线二支线”网络格局。轨道交通营运里程 202 公里，日均客运量 141.7 万人次。全市乡镇通畅率和行政村通达率均达 100%，行政村通畅率达 83.9%。全年主要运输方式完成货物运输 9.73 亿吨，比上年增长 11.7%；完成旅客运输量 7.00 亿人，增长 5.1%。

表 13 2014 年主要运输方式完成运输量

指 标	绝对量	比上年增长(%)
货物运输量(万吨)	97287.24	11.7
铁 路	1951.68	-16.5
公 路	81206.00	13.0
水 运	14117.26	9.2
航 空	12.30	3.3
旅客运输量(万人)	70056.75	5.1
铁 路	4056.70	24.8
公 路	63630.00	3.9
水 运	712.13	3.3
航 空	1657.92	13.4

全年内河港口完成货物吞吐量 14684.74 万吨，比上年增长 7.4%。空港完成旅客吞吐量 2973.26 万人，增长 15.8%；空港完成货物吞吐量 30.47 万吨，增长 8.0%。国际标准集装箱吞吐量 109.75 万标准箱，增长 11.1%。

年末全市民用车辆拥有量 441.07 万辆，比上年末增长 8.2%，其中私人汽车拥有量 190.70 万辆，增长 28.4%。民用轿车拥有量 120.83 万辆，增长 26.4%，其中私人轿车 108.01 万辆，增长 29.0%。

邮电业务快速增长。全年完成邮电业务总量 418.17 亿元，比上年增长 18.1%。其中，邮政业务总量 47.02 亿元，增长 20.2%；电信业务总量371.15 亿元，增长 17.8%。邮政业全年完成邮政函件业务 4699.86 万件，包裹业务 107.27 万件，快递业务量 13886.31 万件，快递业务收入 20.11 亿元。电信业全年新增移动电话交换机容量77.6 万户，达到 3887.6 万户。年末固定电话用户583.0 万户，比上年增长 0.4%；年末移动电话用户 2589.9 万户，比上年增长 8.8%。固定电话普及率上升到 19.6 部/百人；移动电话普及率上升至 87.2 部/百人。固定互联网宽带接入用户 536.7 万户，比上年增长 6.3%；手机上网用户 1913.5 万户，增长 11.4%。互联网用户 2550.8 万户，其中移动互联网用户(不含 wifi 用户)2014.1 万户，增长 12.4%。

旅游业发展加快。全年接待入境旅游人数 263.76 万人次，旅游外汇收入 13.54 亿美元，分别比上年增长 8.9%和 6.8%。全市新增 4a 级景区 14 处。金佛山成功列入世界自然遗产保护名录。

八、金融

金融市场运行总体平稳。全市金融业实现增加值 1225.27 亿元，比上年增长 12.3%，占全市生产总值的 8.6%。其中，新型金融业企业实现增加值 167.21 亿元，增长 17.7%。金融机构资产规模达到 3.8 万亿元，分行和法人机构达到 95 家，不良贷款率控制在 0.45%的低位。

金融市场规模进一步扩大。全年社会融资规模为 5472.76 亿元。年末全市金融机构本外币存款余额为 25160.11 亿元，比上年末增长 10.4%。其中，人民币存款余额 24501.54 亿元，比上年末增长 10.4%。金融机构本外币贷款余额为 20630.69 亿元，比上年末增长 14.6%。其中，个人贷款及透支 6526.92 亿元，比上年末增长 25.5%。

表 14　2014 年年末金融机构存贷款余额

指　　标	年末数(亿元)	比上年末增长(%)
本外币存款余额	25160.11	10.4
人民币存款余额	24501.54	10.4
#单位存款	12788.24	9.3
个人存款	10996.90	11.5
#储蓄存款	10774.12	12.0
本外币贷款余额	20630.69	14.6
人民币贷款余额	20011.50	15.1
#短期贷款	5404.51	17.1
中长期贷款	13615.01	12.5
#个人消费贷款及透支	6256.92	25.5

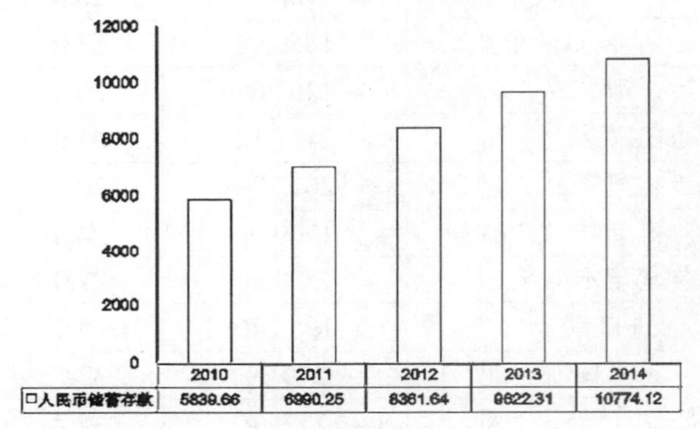

图六　2010~2014 年人民币储蓄存款余额

单位：亿元

证券市场稳定发展。全市共有证券法人机构 1 家，证券公司营业部 160 家，证券分公司 13 家。境内上市公司 40 家，总股本 377.83 亿股，股票总市值 4456.67 亿元。全年通过境内市场累计筹资239.73 亿元，比上年增加 73.75 亿元。

保险业稳步健康发展。全市共有保险法人机构 3 家，营业性保险分公司 43 家。保费总收入 407.26 亿元。其中，寿险收入 222.94 亿元；财产险收入 138.87 亿元；健康险和意外伤害险收入 45.45 亿元。全年赔付各类保险金 151.43 亿元。其中，寿险赔付 55.17 亿元；财产险赔付 77.36 亿元；健康险和意外伤害险赔付 18.89 亿元。

九、人民生活和社会保障

居民收入继续增加。全市常住居民人均可支配收入 18352 元,比上年增长 10.8%。

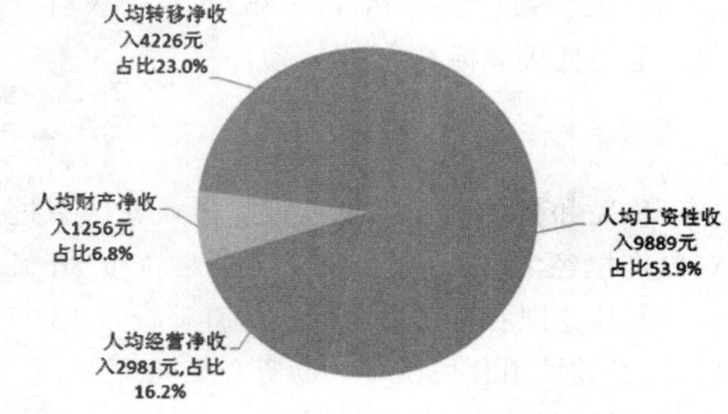

图七 按收入来源分的全市常住居民人均可支配收入及占比

城镇常住居民人均可支配收入 25147 元,比上年增长 9.1%。其中,人均工资性收入 15020 元,增长 9.6%;人均经营净收入 2658 元,增长 10.4%;人均财产净收入 2026 元,增长 2.8%;人均转移净收入 5443 元,增长 9.3%。城镇常住居民人均消费支出 18279 元,比上年增长 6.7%。

农村常住居民人均可支配收入 9490 元,比上年增长 11.7%。其中,人均工资性收入 3196 元,增长 16.5%;人均经营净收入 3402 元,增长 7.2%;人均财产净收入 252 元,增长 11.3%;人均转移净收入 2639 元,增长 12.4%。农村常住居民人均生活消费支出 7983 元,比上年增长 14.5%。

社会保障建设取得新进展。全市城镇企业职工基本养老保险参保人数 813.42 万人,比上年增长 6.9%。参加城乡居民基本养老保险人数 1112.54 万人,下降 0.9%。参加基本医疗保险人数 3256.84 万人,增长 0.7%。其中,城镇职工基本医疗保险参保人数 575.77 万人,增长 6.7%;城乡居民合作医疗保险参保人数 2681.07 万人,下降 0.5%。工伤保险参保人数 426.09 万人,增长 4.8%。其中参加工伤保险的农民工人数 136.65 万人,增长 1.4%。生育保险参保人数 347.52 万人,增长 23.9%;12.53 万人次享受生育保险待遇,增长 22.3%。失业保险参保人数 439.07 万人,增长 12.7%;6.88 万人领取失业保险金,增长 22.4%。

十、教育、科学技术和文化、体育

教育、科技、文化和体育事业较快发展。全市共有高等教育学校 63 所,成人高校 4 所,中等职业学校 219 所,普通中学 1179 所,小学 4586 所。研究生招生 1.66 万人,在校生 4.90 万人,毕业生 1.49 万人;普通高校本专科招生 20.61 万人,在校生 69.16 万人,毕业生 16.58 万人;成人本专科招生 6.25 万人,在校生 15.55 万人,毕业生 4.80 万人;中等职业学校招生 15.00 万人,在校生 47.91 万人,毕业生 14.87 万人;普通高中招生 20.98 万人,在校生 64.79 万人,毕业生 22.12 万人;普通初中招生 32.48 万人,在校生 97.94 万人,毕业生 34.81 万人;普通小学招生 36.07 万人,在校生 203.42 万人,毕业生 31.71 万人;特殊教育招生 0.26 万人,在校生 1.39 万人,毕业生 0.17 万人;幼儿园在园幼儿招生 44.35 万人,在校生 89.47 万人,毕业生 38.39 万人。高等教育毛入学率为 37.4%,初中入学率为 99.75%,学前教育毛入学率为 78.25%。

全年研究与试验发展 (R&D) 经费支出 190.00 亿元,比上年增长 7.7%,占全市地区生产总值的 1.33%。截至年底,市级及以上重点实验室共 95 个,其中国家重点实验室 8 个;工程技术研究中心共 328 个,其中国家级中心 10 个;有效期内高新技术企业 757 家;高新技术产品 1172 个。全年共受理专利申请 5.53 万件,获得专利授权 2.43 万件。截至年底,有效专利 7.38 万件。全年技术市场签订成交合同 4072 项,成交金额 175.35 亿元。持续推进工业研发千亿投入计划,实施 7 个重大科技专项和 42 个科技支撑示范工程。

年末全市共有产品检测实验室 436 个,其中国家检测中心 15 个。现有产品质量、体系认证机构 1 个。法定计量技术机构 7 个,全年强制检定计量器具 366.35 万台(件)。全年修订地方标准 3 项,制定地方标准 47 项。

全市共有注册商标 14.8 万件，比上年增长 26.5%。驰名商标 110 件，比上年增长 34.2%。著名商标1306 件，比上年下降 0.4%。地理标志量 187 件，比上年增长 17.6%。

全市共有艺术表演团体 15 个，博物馆 78 个，文化馆 41 个，公共图书馆 43 个。共有有线电视用户 504.06 万户，其中数字电视用户 390.11 万户。广播综合人口覆盖率 98.44%；电视综合人口覆盖率达到 98.95%。全年生产电视剧 5 部 162 集，电视动画片 1260 分钟。全年生产故事影片 10 部，其中动画片 1 部。出版发行报纸 62639 万册(份)、各类期刊 5740 万册(份)、图书 13278 万册 (张)。人均拥有公共图书馆藏量 0.415 册(张)。年末全市共有国家综合档案馆 40 个、市级专业档案馆 1 个、市级部门档案馆 4 个。

我市在全国计奖赛中获国家级比赛金牌 9 枚，在世界及亚洲三大赛中获世界级金牌 13 枚。在亚运会获 3 金 1 银的好成绩。全年新建农民体育健身工程 500 个，全民健身路径工程 110 个。新建了一批体育设施，全市共有标准体育场 36 个、体育馆 39 个、游泳池(馆)31 个。人均体育场地面积为 1.37 平方米。国民体质抽样合格率 92.6%。

十一、卫生和社会服务

医疗卫生不断改善。年末全市共有各级各类医疗卫生机构(含村卫生室)18765 个，其中，医院 566 个，乡镇卫生院 945 个，社区卫生服务中心 203 个，诊所(卫生所、医务室)5317 个，村卫生室 10785 个，疾病预防控制中心 42 个，卫生监督所 39 个。共有医疗卫生机构床位数 16.09 万张，其中医院床位 10.97 万张，乡镇卫生院床位 3.94 万张。共有医疗卫生机构(含村卫生室)卫生技术人员 15.40 万人，其中执业医师和执业助理医师 5.81 万人，注册护士 6.28 万人。

社会服务事业持续推进。年末全市共有 40.98 万人享受城市居民最低生活保障，50.24 万人享受农村居民政府最低生活保障。农村五保供养 16.36 万人。全年资助 61.96 万城市困难群众参加医疗保险，资助 113.65 万农村困难群众参加新型农村合作医疗。

城市居民最低生活保障标准为 375 元/月，农村居民最低生活保障标准为 220 元/月，城市“三无”人员最低供养标准为 465 元/月，农村五保对象最低供养标准为 345 元/月。

十二、移民与扶贫

移民和扶贫工作稳步推进。三峡库区引进对口支援经济合作项目 27 个，项目资金 86 亿元。累计兑现农村移民后期扶持直补资金 13.97 亿元，发放城镇移民困难扶助资金 2.40 亿元。

全年安排财政性扶贫资金 25.8 亿元，比上年增长 32.3%。高山生态专项扶贫搬迁 5.2 万人，增长 3.0%。全年农村扶贫对象脱贫人数 36 万人，年末农村扶贫对象 165.9 万人。

十三、资源、环境和安全生产

全年水资源总量 599.53 亿立方米。年平均降水量 1213.1 毫米。全年总用水量 80.90 亿立方米，比上年下降 1.8%。年末全市监测的 15 座大型水库蓄水总量 46 亿立方米，比上年末蓄水量增长 21.1%。

全市自然保护区 52 个，其中国家级自然保护区 6 个。全年新建国家级森林公园 1 个，市级森林公园 2 个。新增林地 3.81 万公顷，完成营造林面积 320 万亩。全市森林覆盖率 43.1%。

初步核算，全年煤炭消费量同比增长 5.2%。成品油消费量同比增长 1.9%。天然气消费量同比增长 13.7%。电力消费量同比增长 6.6%，其中，第一产业用电量同比下降 11.2%，第二产业用电量同比增长 9.3%，第三产业用电量同比增长 6.4%；城乡居民生活用电量同比下降 2.9%。

全市 161 个监测断面水质 ⅰ-ⅲ类水质标准比例为 79.5%，水质满足水域功能要求的断面比例为 86.3%。全市 61 个城区集中式饮用水水源地达标率为 97.3%。

全市区域声环境噪音平均等效声级为 53.6 分贝，比上年增长了 0.2%。全年主城区环境空气质量满足优良天数246天，增加40天。主城区环境空气细颗粒物($PM_{2.5}$)平均浓度为65微克/立方米，下降7.1%。

全年发生安全生产事故死亡人数1379人，比上年下降8.0%。其中，较大安全生产事故死亡人数79人，下降9.2%。亿元地区生产总值生产安全事故死亡人数0.097人，下降17.8%。工矿商贸企业就业人员每10万人生产安全事故死亡人数3.21人，下降6.1%。道路交通万车死亡人数2.35人，下降1.7%。煤矿百万吨死亡人数2.60人，上升8.7%。

全市发生地质灾害1342起，直接经济损失19.36亿元。

注：

1. 本公报中2014年数据均为初步统计数，部分数据因四舍五入的原因，存在着与分项合计不等的情况。

2.地区生产总值绝对数按现价计算，增长速度按可比价计算。

3.规模以上工业、有资质的建筑业、限额以上批发和零售业、限额以上住宿和餐饮业、全部房地产开发经营业、规模以上服务业等行业统计标准：

规模以上工业：年主营业务收入2000万元及以上的工业法人单位。

有资质的建筑业：有总承包、专业承包和劳务分包资质的建筑业法人单位。

限额以上批发和零售业：年主营业务收入2000万元及以上的批发业、年主营业务收入500万元及以上的零售业法人单位。

限额以上住宿和餐饮业：年主营业务收入200万元及以上的住宿和餐饮业法人单位。

房地产开发经营业：全部房地产开发经营业法人单位。

规模以上服务业：年营业收入1000万及以上或从业人员50人及以上的执行企业会计制度的法人或视同法人单位。包括：交通运输、仓储和邮政业，信息传输、软件和信息技术服务业，租赁和商务服务业，科学研究和技术服务业，水利、环境和公共设施管理业，居民服务、修理和其他服务业，教育，卫生和社会工作，文化、体育和娱乐业；以及物业管理、房地产中介服务等行业。

4.五大功能区域：2013年9月，中共重庆市委四届三次全会将重庆划分为都市功能核心区、都市功能拓展区、城市发展新区、渝东北生态涵养发展区、渝东南生态保护发展区等五个功能区域。

5.三峡库区是指库区15区县，包括万州区、涪陵区、渝北区、巴南区、长寿区、江津区、丰都县、武隆县、忠县、开县、云阳县、奉节县、巫山县、巫溪县、石柱土家族自治县。

6.经国务院批准，我国对城乡住户调查实施了一体化改革，在现行统计制度下的城乡居民收支指标，在口径和内涵上与原有制度相比均有一定差别，其增减变动幅度亦是根据现行统计制度按同口径计算所得，对此，使用时须加以斟酌和区别。

2014 年长江沿线主要城市经济发展态势

上海市

一、2014 年工作回顾

过去一年，在党中央、国务院和中共上海市委的坚强领导下，上海全面贯彻落实党的十八大和十八届三中、四中全会精神，高举中国特色社会主义伟大旗帜，以邓小平理论、“三个代表”重要思想、科学发展观为指导，深入学习贯彻习近平总书记系列重要讲话精神，坚持稳中求进、改革创新，紧紧围绕创新驱动发展、经济转型升级，统筹推进稳增长、促改革、调结构、惠民生、防风险，完成了市十四届人大二次会议确定的目标任务。

（一）全力以赴深化改革开放，中国上海自由贸易试验区建设取得重要的阶段性成果

自贸试验区制度创新全面开展。修订出台2014 版负面清单，推进外商投资管理、境外投资管理和商事制度改革，落实新一轮 31 项对外开放措施，以负面清单管理为核心的投资管理制度基本建立。实施“先入区、后报关”、“一次申报、一次查验、一次放行”等一批监管新措施，启动实施国际贸易“单一窗口”管理制度，以贸易便利化为重点的贸易监管制度有效运行。推出自由贸易账户、人民币境外借款等金融创新举措，设立一批面向国际的要素市场，完善金融风险防范机制，以资本项目可兑换和金融服务业开放为目标的金融改革有序推进。建立六项基础性制度，加强开放环境下的专业监管，以政府职能转变为核心的事中事后监管制度初步形成。实施自贸试验区条例。形成一批可复制、可推广的新制度，为全国深化改革和扩大开放探索了新途径、积累了新经验。

经济体制改革深入推进。深化浦东综合配套改革试点，率先实施市场监管体制改革，推进集成电路产业链保税监管、融资租赁兼营商业保理、再制造产业发展等创新试点。深化营业税改征增值税试点，把铁路运输、邮政和电信业纳入试点范围。制定实施一系列国资国企改革配套政策，建成国资流动平台，稳步推进国有企业开放性市场化重组。出台深化投资体制改革实施意见。实行企业注册资本认缴登记制，落实小微企业税收减免政策，建成覆盖全市的中小企业服务体系。

开放型经济稳步发展。创新外商投资审批方式，完善总部经济发展政策，外商直接投资实到 181.7 亿美元，跨国公司地区总部新增 45 家，累计达到 490 家。推动外贸转型升级，跨境电子商务等新型贸易加快发展。构建对外投资合作服务新机制，对外直接投资达到 123 亿美元。扎实推进对口支援，促进与长三角、长江经济带等地区的交流合作，加强与港澳台地区的经贸往来。

（二）坚定不移推进结构调整，经济增长质量和效益进一步提高

预计全市生产总值比上年增长 7%，第三产业增加值占全市生产总值的比重提高到 64.8%，居民消费价格涨幅控制在 2.7%，全市一般公共预算收入比上年增长 11.6%，单位生产总值能耗比上年下降 8%以上。

“四个中心”功能进一步增强。出台促进资本市场、互联网金融、现代保险服务业、平台经济发展等一批政策措施，配合启动“沪港通”试点，支持“上海金”等创新产品推出，推动金砖国家开发银行、上海国际航空仲裁院等机构落户，扩大电子发票、商业保理、启运港退税政策的试点范围，基本建成国家会展中心并成功试展。金融市场交易额达到 786 万亿元，集装箱水水中转比例提高到 45.8%，商品销售总额达到 7.4 万亿元。

科技创新进一步加强。实施一批科技重大专项,推进集成电路装备及工艺、大数据等领域关键技术布局。加强科研项目资金管理,实施科技成果处置权和收益权改革等一批改革举措。完成张江高新区第三轮扩区。开展重大经济科技活动知识产权评议,推行企业知识产权管理国家标准。预计全社会研发经费支出相当于全市生产总值的比例达到3.6%,每万人口发明专利拥有量达到23.7件。

产业结构进一步优化。促进新技术、新模式、新业态、新产业“四新”经济发展,突破工商登记等方面的瓶颈问题。制定实施信息消费、生物医药、新能源汽车、邮轮旅游等领域的支持政策。运用建设用地减量化、差别电价等手段推动结构调整,淘汰落后产能644项。推动南大、吴淞、桃浦等区域转型发展。

(三)持之以恒保障和改善民生,人民物质文化生活水平继续提升

城镇登记失业率控制在4.2%,城市和农村居民家庭人均可支配收入分别达到47710元和21192元,分别比上年增长8.8%和10.3%。

基本公共服务体系规划启动实施。促进高校毕业生等重点人群就业创业,组织机关事业单位定向招录残疾人,全市新增就业岗位60万个。统一城乡居民基本养老保险制度,建立城乡居民大病保险制度,扩大因病支出型贫困家庭生活救助受益面,完善低收入困难家庭专项救助政策,提高养老金、城乡低保等待遇标准。建设服务供给、需求评估、服务保障、政策支撑、行业监管“五位一体”的社会养老服务体系,编制市区两级养老设施布局规划,启动老年照护统一需求评估试点,新增公办养老床位5829张,社区居家养老服务对象达到29.4万人。新建筹措各类保障性住房和实施旧住房综合改造13.9万套,基本建成11.3万套,进一步放宽住房保障准入条件,使政策衔接更趋合理。拆除中心城区二级旧里以下房屋63.9万平方米,启动13个城中村地块改造。

文化和社会事业改革发展持续推进。广泛开展社会主义核心价值观宣传教育活动,深入实施公民道德建设工程,完善需求导向、社会化供给的公共文化内容配送机制,推出促进电影产业发展、加强文化金融合作等政策,组建新文广集团。编制教育综合改革方案,启动高校考试招生制度改革试点,制定实施高校学科发展规划,扩大高校经费使用自主权,率先整体通过国家义务教育均衡发展评估。深化公立医院改革,推广家庭医生制度,启动药品带量采购试点,建成质子重离子医院。实施“单独两孩”政策。全面推进30分钟体育生活圈建设,市民体育大联赛参赛市民达到147.9万人次。实施体育赛事市场化、社会化办赛模式改革,成功举办第十二届全国学生运动会和第十五届市运会,上海体育健儿在第十七届亚运会上取得优异成绩。

(四)多措并举加强城乡建设管理和环境保护,城乡发展一体化步伐加快

城市建设有力有序推进。启动新一轮城市总体规划编制。加快重大基础设施建设,轨道交通16号线全线贯通,13号线部分区段建成通车,运营线路总长达到548公里,东风西沙水源地、浦东国际机场第四跑道等顺利竣工。加快黄浦江两岸等重点区域和郊区新城镇建设。推广建筑信息模型的工程运用。实施新一轮智慧城市建设三年行动计划,第四代移动通信网络基本覆盖中心城区和郊区重点区域。成功举办首届“世界城市日”活动。

城市管理和社会治理力度进一步加大。开展创新社会治理、加强基层建设重点课题调研。狠抓城市管理领域突出问题整改,“群租”、非法客运、违法建筑、无序设摊等顽症整治初见成效。深化网格化管理。健全基层食品药品安全监管体系,开展油气输送管道、重大火灾隐患、道路交通、特种设备等安全专项排查整治。强化人口服务管理,制定实施结构调整、公共服务、城市管理三方面配套政策。完善社会组织综合监管体系,对四类社会组织实行直接登记管理。健全分级分责化解社会矛盾制度,加强社会治安综合治理,开展严厉打击暴力恐怖活动专项行

动,保持社会和谐稳定。

郊区农村改革发展加快推进。开展城乡发展一体化重点课题调研。建设美丽乡村，实施200公里中小河道整治,完成4万农户生活污水处理设施改造，完成100个村庄、800公里村内道路改造。加强农村综合帮扶,推动一批具有长期稳定收益的"造血"项目落地。全面推广家庭农场经营模式，深入推进农村集体经济组织产权制度改革,实施高压线、高速铁路、高速公路等沿线重点区域宅基地置换。

资源节约和环境保护继续加强。加大土地节约集约利用力度,推进工业用地二次开发,实施土地利用全生命周期管理。完成第五轮环保三年行动计划。全面推进清洁空气行动计划,推动长三角区域大气污染联防联控，实施燃煤锅炉、窑炉清洁能源替代1675台,淘汰黄标车和老旧车辆17.2万辆。积极发展绿色建筑。环保投入相当于全市生产总值的比例保持在3%左右，主要污染物减排超额完成年度目标，新建绿地1105公顷。

在中央直接领导下,全市各方面齐心协力、全力以赴,顺利完成亚信峰会服务保障任务,为峰会成功举办做出贡献。

二、发展中存在的问题

经济体制改革需要向深处着力，要素市场体系不完善,资源配置效率有待进一步提高。建设全球科技创新中心任务艰巨，科技创新动力不强、活力不足,创新创业环境亟待完善。经济转型升级步伐还需加快,"四新" 经济发展的体制机制障碍仍有不少，传统产业改造升级的方法路径不够多。城乡发展不平衡、不协调的矛盾依然突出,转变农村生产生活方式相对滞后,实现基本公共服务均等化面临不少瓶颈制约。基层治理亟待加强,街镇权责不匹配,执法体制机制不顺,服务管理力量不足。改善民生仍需加大力度,失业青年、离土农民等群体的就业矛盾比较突出,养老服务体系尚不完善,水环境、大气环境、土壤等污染问题依然突出。

城市安全形势严峻，安全事故事件时有发生。特别是12月31日晚发生的外滩拥挤踩踏事件,造成重大伤亡和严重后果。事件发生后,按照党中央、国务院的要求,市委、市政府立即成立事件善后工作组,迅速开展应急处置、善后和事件联合调查工作。第一时间紧急调配全市优质医疗资源,尽一切力量抢救伤员,尽一切可能挽救生命;动员各方力量,尽心尽力开展善后处置；坚持公开透明，及时准确向社会发布信息;认真细致开展事件调查,形成了依法、客观、公正的调查报告;对相关责任人员,依法依规进行了从严问责。这是一起非常严重的公共安全责任事件，给遇难者和受伤人员家庭造成极大伤害，给全市工作造成严重损害，教训极其惨痛。对此,我们感到无比痛心、内疚和自责。痛定思痛,我们必须认真吸取教训,深刻反思,引以为戒,举一反三,主动查找思想认识和工作上的不足。这起事件暴露出城市安全工作存在重大疏漏、重大隐患,一些地区和部门的领导干部思想麻痹,严重缺乏公共安全风险防范意识,对大人流集聚等安全风险缺乏应有认知；安全工作管理松弛,安全责任没有有效落实,领导带班值班、信息报告等制度没有严格执行;安全管控措施不到位,对安全风险的预判预警、信息发布、预防准备严重缺失,应急处置能力亟待提高。人民的生命安全高于一切，我们肩上的责任重于泰山。我们一定要深刻认识不足，敢于正视问题,一个一个从严从细梳理,一件一件坚决严肃整改,绝不能有丝毫的侥幸和麻痹,绝不能有须臾的疏忽和懈怠，以对党和人民高度负责的精神,尽心履责,全力以赴维护广大市民生命财产安全和城市运行安全。

三、2015年主要任务

2015年是全面深化改革的关键之年，是全面推进依法治国的开局之年,也是全面完成"十二五"规划的收官之年。世界经济仍处在国际金融危机后的深度调整期,增速可能略有回升,但总体复苏疲弱态势难有明显改观。我国发展仍处于可以大有作为的重要战略机遇期，经济发展进入新常态，但经济运行仍面临不少困难和挑战。上海经济仍处于创新转型关键期，基本面总体向好，但面临的困难可能更大。我们要牢固树立底线思维，保持定力，全力抢抓机遇，主动应对挑战，促进经济社会持续健康发展。

2015年，要全面贯彻落实党的十八大、十八届三中、四中全会和中央经济工作会议精神，以邓小平理论、“三个代表”重要思想、科学发展观为指导，深入贯彻习近平总书记系列重要讲话精神，认真落实十届市委七次全会部署，坚持稳中求进工作总基调，主动适应经济发展新常态，以改革创新为动力，以提高经济发展质量和效益为中心，坚持不懈推进创新驱动发展、经济转型升级，完成好“十二五”规划，谋划好“十三五”发展，继续当好全国改革开放排头兵和科学发展先行者，加快向具有全球影响力的科技创新中心进军，不断提高城市核心竞争力。

综合各方面因素，2015年全市经济社会发展主要目标是：经济平稳增长，结构继续优化，质量效益进一步提高，全市一般公共预算收入与经济保持同步增长。改革开放取得新进展，自贸试验区制度创新保持先发优势，重点领域和关键环节改革深入推进，开放型经济水平进一步提升。科技创新环境明显改善，全社会研发经费支出相当于全市生产总值的比例达到3.6%以上，每万人口发明专利拥有量达到26件左右。人民生活水平进一步提高，城乡居民收入增长与经济发展保持同步，城镇登记失业率控制在4.5%以内，居民消费价格指数与国家价格调控目标保持衔接。国际文化大都市建设加快推进，文化事业更加繁荣，文化创意产业快速发展。生态环境持续改善，环保投入相当于全市生产总值的比例保持在3%左右，单位生产总值能耗、单位生产总值二氧化碳排放量进一步下降，主要污染物排放量削减率完成国家下达目标。高质量编制“十三五”规划，凝聚各方共识，汇集各方智慧，为2020年基本建成“四个中心”和社会主义现代化国际大都市绘就发展蓝图。

（《重庆经济年鉴》编辑部根据上海市有关资料整理）

南京市

一、2014 年工作回顾

刚刚过去的2014年,是南京发展进程中很不寻常、很不平凡的一年,大事多、要事多、喜事多。一年来,面对复杂多变的国内外宏观环境和困难压力交织并存的特殊挑战,在市委正确领导下,南京市全面贯彻党中央国务院和省委省政府的决策部署,紧紧团结和依靠全市人民,围绕打赢“经济发展稳中向好、改革创新实质突破、青奥盛会精彩圆满”三场硬仗,统筹推进稳增长、促改革、调结构、重生态、惠民生、防风险各项工作,较好地完成了市十五届人大二次会议确定的年度目标任务。

一年来,南京市把办好青奥会和保障服务国家公祭仪式作为重中之重、头等大事,坚决按照党中央国务院和省委省政府部署安排,举全市之力,集各方之智,扎扎实实做好城市运行、综合保障、现场组织等各项工作,推动两件大事永载史册。青奥会精彩圆满,赢得了海内外高度评价,兑现了向国际社会作出的郑重承诺,实现了习近平总书记提出的“办得精彩、办出中国特色、体现国家形象”目标,向世界传播了“中国好声音”,为奥林匹克事业发展积累了“南京经验”,提升了南京的知名度、美誉度和国际影响力。国家公祭活动顺利举办,实现了“正正规规搞公祭”目标,展现了南京开放自信、和平博爱的国际形象,展示了南京人民不忘历史、珍爱和平、开创未来的坚强意志。

一年来,南京市牢牢把握稳中求进、改革创新核心要求,坚持把经济工作重心放到提高质量和效益上,把经济增长动力转到依靠科技创新、深化改革上,攻坚克难、锐意进取,经济社会发展呈现出稳中向好、转中提质的良好态势。

——综合实力迈上新台阶。预计全年实现地区生产总值8800亿元,增长10%,增速高于全省和苏南平均水平;一般公共预算收入903.5亿元,同口径增长11%;全社会用电量增长1.7%。在15个副省级城市中,我市地区生产总值、服务业增加值增幅均居第1位;一般公共预算收入、规模以上工业增加值等实现了进位;各项贷款和存款新增量均居第3位,比上年末分别上升1位和2位。

——结构调整取得新成效。预计高新技术产业总产值占规模以上工业总产值比重达44%,提高2.4个百分点;六类九大战略性新兴产业主营业务收入增长15.5%,其中,新能源汽车、卫星应用、轨道交通等6个产业增幅超过20%;服务业增加值增长11.4%,其中,软件和信息服务产业主营业务收入增长27%,旅游业总收入首次突破1500亿元。

——综合改革激发新活力。承接行政审批事项88项、取消行政审批事项109项、下放行政审批事项104项;703项非行政许可审批不再保留,成为继天津之后全国第二座没有非许可审批城市;实施了工商登记制度改革,推行网上“多证联办”,出台鼓励民营经济发展“1+5”政策文件,全年新增企业4.36万户、增长50.6%,新增企业注册资金2545亿元、增长81.8%。

——城市品质实现新提升。如期完成青奥重点工程建设,国际青年文化中心、青奥村、“南京眼”步行桥成为南京城市新地标;着力加强生态环境建设,滨江风光带、金牛湖成为市民观光休闲新景观;大力实施环境综合整治,机场高速、绕城公路成为整洁靓丽新通道;全面推进重大基础设施建设,轨道交通、快速化通道成为百姓出行新选择;精心做好展示策划,明城墙、夫子庙成为南京对外新名片。

——民计民生有了新改善。持续加大民生

投入，城乡公共服务支出占一般公共预算支出比重达75%；预计城乡居民人均可支配收入分别增长9%、10.5%；分两大区域实施低保同标，城乡困难群体首次享受同等待遇；新开工保障性住房347万平方米，竣工414万平方米；在全省率先实行学前一年基本免费教育；医养融合养老服务模式与和谐社区建设全国领先。

(一)科学应对宏观形势，强化经济组织运行，经济保持平稳较快发展

面对经济下行压力，坚持把稳增长作为首要任务，加强形势研判，采取有力措施，确保经济稳定运行在合理区间。强化政策创新，坚决落实国务院和省稳增长促改革调结构惠民生各项政策措施，结合南京实际，加大政策创新和集成力度，市级层面共制定实施112个政策文件，全力支持科技创新、实体经济、环境保护和民生事业发展。投资、消费、出口协同拉动，把政府投资与社会投资有机结合，更加重视激发民间投资活力，吸引社会资本投入基础设施、重点产业、社会事业等领域；加强重大项目推进，对154个重大项目实施挂图作战，对中电熊猫G108液晶面板等10亿元以上项目实施重点跟踪，增强了经济发展后劲。全力扩大消费需求，着力培育信息服务、网络购物等新型业态，加快发展文化、教育、体育、养老、健康等消费服务，社会消费品零售总额增长13%。制定并落实扶持外贸稳定增长一揽子政策措施，完成进出口总额572亿美元、增长2.7%；服务外包离岸执行额增长33.6%。

(二)坚持转型升级导向，推动结构战略调整，经济质量效益显著提升

坚持以科技创新引领产业转型，在结构调整优化中促进经济提质增效。创新驱动战略深入实施，更加注重加强知识产权保护，实施《南京市紫金科技人才创业特别社区条例》，实行科技创新券制度，提升创业载体孵化功能，促进产学研协同创新，搭建公共服务平台51个，科技创业特别社区新建载体201万平方米，集聚“321计划”人才1381名；发明专利申请量增长35%，每万人有效发明专利拥有量超过25件、居全国同类城市前列。产业结构明显优化，战略性新兴产业投资占全市工业总投资比重提高2个百分点，建材、冶金和石化等高能耗行业投资下降23%；服务业增加值占地区生产总值比重达55.8%，提高1.4个百分点；新增设施农业6万亩，新增家庭农场364家，休闲农业综合收入达46亿元。成功创建“全国质量强市示范城市”。节能减排全面完成，建立区域排污权交易机制，实施四大片区工业布局调整，完成20家中小工业企业搬迁关停；完成131家“三高两低”企业整治，预计万元GDP能耗下降7%，煤炭消耗下降3%。

(三)扎实推进改革开放，不断创新体制机制，发展动力活力明显增强

扎实推进第二轮综合改革，7大类48项改革任务全部完成方案制定，已审议出台30项。在行政审批制度改革不断深化、工商登记制度改革全面实施同时，国有资产管理改革实现突破，组建东南集团和扬子集团，国有资本从传统工商业领域退出24家企业，完成14家企业混合所有制改革。公共资源交易制度改革进展顺利，成立公共资源交易管理委员会，组建市公共资源交易中心，整合建设工程、政府采购、产权交易和土地招拍挂等7类交易活动，公共资源交易纳入规范化、法制化轨道。完成市级功能区体制改革，实施“市属区管”新体制，激发了基层的积极性和创造性。强化街道公共服务和社会服务职能，四城区街道全部取消经济指标考核，将更多精力投入到社会管理服务之中。实施户籍制度一体化改革，市域范围内实现户口通迁。金融、财税、土地、社保、科技、教育、医疗卫生、资源性价格、社会治理等改革正有序推进。与此同时，加强与上海自贸区全方位对接互动，南京综合保税区开始实质性运作，龙潭跨境电子商务产业园等正式运行；两岸产业协同发展和创新试验区获国家批准。外事、对台、港澳、侨务等工作同步推进。

(四)优化城乡空间布局，加强基础设施建设，区域城市化展开新篇章

制定区域城市化规划，组织实施新区建设

等九大工程，全面推进城市化和城市现代化。新区新城建设步伐加快，河西新城南部地区开发建设全面启动，青奥博物馆等青奥配套工程全面建成，金融城一期、博览中心二期等重点项目如期推进，展现了现代化国际性城市形象；江北新区前期工作有序开展，空港新城、溧水新城、高淳新城和10个新市镇加快建设，城乡区域空间布局进一步优化。基础设施建设实现重大进展，7条轨道交通线路同步建设，地铁10号线、宁高城际、宁天城际一期等3条线路建成通车，全市轨道交通通车里程由85公里提高到180公里，位列全国第4；禄口机场二期建成使用，机场高速扩建、江东路快速化改造、城西干道桥改隧、江北大道建设等工程全面建成，宁高新通道、纬三路过江隧道全力推进，火车站北广场、南京汽车客运新站投入使用。老城改造有序推进，下关滨江、铁北、燕子矶、铁心桥—西善桥等片区改造顺利推进，完成城中村、危旧房改造295.5万平方米。25公里明城墙本体修缮完毕，科举博物馆、六朝博物馆等一批文博场馆，相继建成并对外开放。农田水利、国土整治等工作取得明显成效。

（五）聚焦环境整治，狠抓综合治理，城市管理逐步走向长效常态

坚持问题导向，全城动员、全民发动，大力开展“大干一百天、环境大扫除”和“再干两百天、环境再提升、管理见长效”环境整治专项行动，着力解决人民群众反映强烈的突出问题。市容市貌焕然一新，完成22条主次干道、48条背街小巷环境综合整治，禄口机场、南京南站、玄武湖周边等窗口地区，以及进出城主要公路、铁路沿线环境全面提档升级；完成动迁项目110个、拆违1.38万处，拆违面积近170万平方米，拆除违规广告标识2.1万块，清运卫生死角垃圾50万吨。交通秩序大为改善，大力实施公交优先战略，新增和优化公交线路76条，新增、更新公交车2530辆，新增公共自行车7400辆；推行公交换乘优惠政策，主城区公交出行分担率达到46%；调整背街小巷停车管理体制，实施分区分级停车收费管理，新增停车泊位9.1万个，交通拥堵指数在全国排名从年初第6名下降到第21名。长效管理初步建立，出台城市长效管理意见，制定33类、2000个条目的城市综合治理指导标准；市本级城市维护费用由6亿元增加到10亿元，城管执法队员配比由万分之1.86增加到万分之2.71；城区道路机扫率达到80%，比上年提高20个百分点。

（六）强化大气污染防治，推进生态文明建设，生态环境质量持续改善

制定出台39项环境保护政策文件，严格落实相关治理体系和措施，生态环境不断优化，通过“国家生态市”考核验收。大气环境得到有效治理，大力实施50个大气减排重点项目，累计完成1012台燃煤锅炉的关停和清洁能源改造，南钢、金陵石化、扬子石化等一批脱硫脱硝工程全部建成投运；全面推行车用国Ⅴ汽柴油，淘汰黄标车6.1万辆；全方位治理在建工地扬尘，全密封管理3000辆渣土运输车，城区降尘量下降22%，全市$PM_{2.5}$年平均浓度下降5.38%。水环境治理得到强化，集中整治河西南河、南十里长沟、滁河、水阳江等一批河道，完成玄武湖生态治理一期工程，铁北污水厂二期、城南污水厂二期等污水处理新扩建项目顺利推进。生态保护建设得到加强，在全市划定13类104块生态红线保护区域，对老山、金牛湖等一批生态资源实施重点保护；推进明外郭—秦淮新河风光带等重点工程建设，52公里滨江风光带一期工程、玄武湖东岸环境综合整治工程全面完成，青奥森林公园、鱼嘴湿地公园等一批生态工程顺利建成；建设美丽乡村示范区475平方公里，全市绿化造林6.2万亩。

（七）大力实施民生项目，加快发展社会事业，市民百姓满意度不断提升

扎实做好民生工作，民生十件实事全部完成。就业再就业工作扎实有效，新增城镇就业22.5万人，实现再就业10.4万人，城镇登记失业率为2.5%；完善鼓励支持大学毕业生就业创业优惠政策，新增城镇就业中大学以上人员占比

提高4个百分点。社会保障水平再上台阶，城乡基本社会保险覆盖率达98%以上，被征地农民社会保障实现全覆盖，企业退休人员月人均基本养老金增长11%以上；城镇职工、居民医保和新农合政策范围内住院报销比例，分别提高到84%、74%和75%。建成市级居家养老综合服务中心、102个3A级社区居家养老中心，新增116个医护型居家养老服务中心，成为全国养老服务业综合改革试点城市。教育卫生事业均衡发展，开展中小学校长教师"区管校用"试点，扩大了优质教育资源覆盖面，成为第一批国家级义务教育均衡发展省辖市；河西儿童医院、市中医院新院、市公共卫生医疗中心等项目建设加快，城乡15分钟健康服务圈基本形成。文化体育事业全面进步，文化产业增加值增长15%，"文化建设工程"指标列全省第一；城市社区"10分钟体育健身圈"建设全覆盖，人均拥有公共体育设施面积提前一年实现现代化指标。社会治理不断创新，诚信体系建设扎实推进，安全生产、食品药品安全、信访维稳工作得到加强，平安南京、法治南京建设取得新成效，群众安全感达93.4%。双拥、民族、宗教、档案、史志、参事、社会科学工作取得新进展，计生、妇女、儿童、青少年、仲裁、残疾人、慈善事业取得新进步。

（八）着力转变政府职能，切实改进工作作风，政府自身建设得到加强

认真落实中央和省委市委有关规定，加强制度建设，密切联系群众，切实改进作风。决策更为科学，制定实施《南京市人民政府议事决策规则（试行）》等一系列政策文件，完善市政府常务会、市长办公会等议事决策机制，建立健全重大决策和重大项目民意征集、专家咨询，以及政府法律顾问、城乡规划管理等制度，政府决策科学化、民主化、法治化水平有了新提高。效能明显提升，扎实推进投资项目并联审批，审批时限控制在45天以内；充分发挥"12345"政务服务热线作用，全年办结率达99.8%，回访满意率达93.3%；在市级机关开展"公众开放日"活动；通过"省市政风行风热线联动直播走进南京"活动，与市民互动，限期督办了650条咨询、建议和投诉。作风得到加强，会议、创建达标、节庆论坛等活动大幅下降，规范性文件数量同比减少三分之一；市政府40个组成部门预算全部公开，"三公经费"支出比上年决算数下降11.3%。全年办理市人大代表议案8件、建议392件，办理市政协提案673件，办理质量不断提高；提请人大审议地方性法规草案6件，制定政府规章5件。

二、发展中存在的问题

影响经济社会发展的体制机制问题尚未得到根本解决，综合改革工程仍需深入推进；内需不旺与外需不稳并存，经济增长动力不足、下行压力加大，部分企业生产经营困难，结构调整任重道远；土地节约集约利用水平不高，资源环境约束趋紧，节能减排压力较大，市民反映强烈的灰霾天气、河道污染、部分节点交通拥堵等问题仍然突出；城乡区域发展还不平衡，养老、教育、医疗等民生保障工作与群众期望还有差距，改善民生仍需加大力度；城乡居民收入持续增长难度加大，既定的增收目标未能实现；政府职能转变还不到位，依法行政亟需提高，一些工作人员为民服务、勤政廉政、尽责履职的意识和能力有待进一步加强。

三、2015年总体要求和目标任务

2015年是全面深化改革的关键之年，是全面推进依法治市的开局之年，也是全面完成"十二五"规划的收官之年。政府工作的总体要求是：全面贯彻党的十八大和十八届三中、四中全会，以及习近平总书记系列重要讲话精神，以总书记视察江苏和青奥会成功举办为强大精神动力，坚持稳中求进工作总基调，坚持以提高经济发展质量和效益为中心，主动适应经济发展新常态，坚定不移实施创新驱动战略，坚定不移转方式、调结构、稳增长、惠民生，坚定不移推进全面改革和依法治市，全力促进经济平稳健康发展和社会和谐稳定，确保"十二五"圆满收官，在

"迈上新台阶、建设新江苏"的征程中干在实处、走在前列。

2015 年经济社会发展的预期性指标是：地区生产总值增长 9.5%左右，一般公共预算收入同口径增长 9%以上，固定资产投资增长 9%以上，社会消费品零售总额增长 13%左右，外贸出口保持正增长。约束性指标是：全体居民人均可支配收入增长与经济增长同步，农村居民人均可支配收入增速高于城镇居民人均可支配收入增速 1 个百分点以上。万元 GDP 能耗下降 7%左右，煤炭消耗总量控制在 3240 万吨以内。结构性指标是：服务业增加值占地区生产总值比重提高 1 个百分点。民营经济增加值占地区生产总值比重提高 2.5 个百分点。全社会研发经费支出占地区生产总值比重达到 3.5%。高新技术产业产值占规模以上工业产值比重提高 1.5 个百分点，科技创业投资增长 15%。这些指标是市委市政府多方听取意见、慎重权衡后确定的，体现了党中央国务院和省委省政府有关精神，与我市"十二五"规划目标相衔接，反映了新常态下的增长可能、转型要求和就业需要。

（《重庆经济年鉴》编辑部根据南京市有关资料整理）

武汉市

一、2014年工作回顾

2014年是武汉全面深化改革，综合经济实力和城市功能提升取得重大突破的一年。在省委、省政府和市委的坚强领导下，武汉市认真学习贯彻习近平总书记系列重要讲话精神，深入落实市委的决策部署，坚持稳中求进的工作总基调和“竞进提质、升级增效”的总要求，践行“三维纲要”，紧紧围绕建设国家中心城市、复兴大武汉的目标，大力实施“五大计划”，沉着应对各种压力挑战，较好完成了市十三届人大三次会议确定的主要目标任务，经济社会发展跃上新台阶。

——经济总量突破万亿大关。地区生产总值提前一年完成“十二五”规划确定的过万亿元目标，这是全市人民期盼多年、奋斗多年，凝聚着城市光荣与梦想的历史性突破，是武汉发展的重要里程碑。地方一般公共预算收入迈上千亿台阶，达到1101亿元。全社会固定资产投资7002.85亿元，增长16.7%。社会消费品零售总额4369.32亿元，增长12.7%。

——先行先试一批改革创新举措。在全国率先推出规范行政权力运行的权力清单、程序清单和责任清单“三联单”制度，高校、科研机构职务科技成果使用、处置和收益管理改革走在全国前列。“青桐计划”点燃大学生创新创业激情，新增大学生创业企业超过600家。国务院明确武汉开展国家创新型城市试点。

——武汉三镇通地铁。轨道交通4号线二期开通试运营，与4号线一期、2号线一期，共同串联起汉口、汉阳、武昌，三镇同圆“地铁梦”，武汉交通格局正在改写。

——国际大通道网加快形成。新开通武汉至旧金山、莫斯科等国际及地区航线7条，累计达到31条；国际及地区旅客吞吐量130万人次，均居中部第一。对接国家“一带一路”战略，开通武汉至东盟四国的近洋航线，中欧(武汉)国际铁路货运班列实现常态化运营。

——城市环境显著改善。同步推进“三创”工作，掀起创建全国文明城市热潮，创建国家卫生城市通过国家技术评估，城市形象不断提升。

——文化新品牌亮点纷呈。首届WTA武汉网球公开赛成功举办。城市文化新地标汉秀剧场、万达电影乐园、光谷国际网球中心投入使用。“看武网、赏汉秀”成为城市新品牌。

——民生福祉不断增进。全市公共财政用于民生领域的支出达793.7亿元，增长9.8%，民生支出占公共财政支出比重达67.3%，比上年提高2.9个百分点，解决了一批涉及群众切身利益的居住、出行、教育、医疗、社保、食品药品安全等问题。城镇常住居民人均可支配收入增长9.9%；农村常住居民人均可支配收入增长12.3%。

2014年，武汉主要抓了五个方面工作：

(一)稳增长，促转型，经济规模质量同步提升

强化工业支撑作用。深入实施工业倍增计划，坚持不懈抓工业投资、产业发展、重大项目和园区建设。完成工业投资2606亿元。上海通用武汉生产基地一期、北车轨道交通装备修造基地、周大福珠宝文化产业园等5个投资50亿元以上工业项目建成投产；开工建设武汉华星光电、东风雷诺、华为光电子生产研发基地等5个投资50亿元以上工业项巨；新引进10个投资50亿元以上工业项目。“大光谷、大车都、大临空、大临港”四大工业板块建设扎实推进。工业倍增发展区新增开发面积50平方公里。支柱产业实力不断增强，汽车及零部件、电子信息、食品烟草、石油化工等产业保持快速增长，汽车

产销量均突破百万辆。启动实施千企升级计划，完成技术改造投资650亿元，推进400户骨干企业改造升级。工业总产值突破1.3万亿元。

提升服务业规模水平。大力实施服务业升级计划。生产性服务业特色明显、业态优化。引进金融机构8家，多层次资本市场蓬勃发展，武汉民间金融街建成开街，金融机构各项贷款余额14463亿元，增长13%。社会物流总额突破2.5万亿元，获批两岸冷链物流产业合作试点城市，东西湖综合物流园成为首批国家级示范物流基地。举办各类展会708场次。工程设计产业产值、软件和信息服务业收入均突破1000亿元，成功入选“宽带中国”示范城市。武昌·长江文创设计产业园获批国家文化产业试验区，“汉阳造”文化创意产业园获批国家级广告创意园区。商贸流通现代化步伐加快。电子商务交易额突破3000亿元，增长68.5%；武汉宜家、武商众圆广场等10个大型商业综合体开业。成功创建全国旅游标准化示范城市，黄陂木兰文化生态旅游区获批国家5A级旅游景区；全市5A级景区达到3个，5家旅行社进入全国百强，均居全国副省级城市首位。引进投资30亿元以上现代服务业项目10个。

加大创新驱动发展力度。加快实施自主创新能力提升计划。推动出台《东湖国家自主创新示范区条例》《武汉市知识产权促进和保护条例》。

科技体制改革深入推进。全面落实“黄金十条”。扩大知识产权融资、“萌芽贷”等科技信贷，新增科技贷款176亿元、科技保险207亿元。新增新三板挂牌企业43家，累计79家。各类创投机构330家，管理资本总量300亿元。建立武汉人才创新创业超市，探索实施外籍高层次人才“绿卡”制度，引进海内外高层次人才259名。

区域创新体系不断完善。支持10家工业技术研究院引进海内外研究团队140个，孵化科技型企业137家。国家级产业技术创新战略联盟和企业研发中心分别达到7家和23家。组织实施关键共性技术攻关项目73个。发明专利授权量3900件。技术合同交易额309亿元。

战略性新兴产业规模不断壮大。编制实施加快光电子信息、生物健康、新能源等优势产业集聚发展规划纲要。积极参与、推动设立总规模为300亿元的集成电路产业基金。引进武汉天马二期等一批重大项目。武汉未来科技城、光谷生物城等特色园区产业聚集度不断提升。新增高新技术企业163家，总数达1276家。高新技术产业实现产值6725亿元，增长20%。

（二）重改革，扩开放，发展动力活力明显增强

深化经济体制改革。研究制定新一轮国资国企改革总体方案。完成武汉国资公司与武商联集团整合重组。完善公共财政体制，全口径预算管理有序推进。降低准入门槛，面向民间资本，推出38个总投资1012亿元招标项目。推进工商登记制度改革，全面实施注册资本“实缴改认缴”、“先照后证”等制度。市场活力进一步释放，新增各类市场主体13.68万户，增长26.4%。

加快政府职能转变。出台《武汉市政府职能转变和机构改革实施意见》。市级行政审批事项由259项减少到240项。市场监管、农业农村管理等领域机构调整有序推进，市、区、街(乡镇)三级食品药品监管机构基本建立。完成561家事业单位分类工作。推出政府向社会购买公共服务目录。加大政务公开力度，市、区全面公开财政预决算和“三公”经费预算信息。开展电视问政、民评民议活动，深化“治庸问责”，坚决查处行政不作为、乱作为、慢作为。坚持依法行政。组建市政府法律顾问团。出台《武汉市行政过错责任追究办法》。提请市人大常委会审议地方性法规草案5件，制定政府规章9件，人大议案、代表建议和政协建议案、提案1074件全部办结。

提升城市国际化水平。开放型经济加快发展，新引进世界500强企业16家，累计216家；实际利用外资62亿美元，增长18.1%；完成进出口总额264.29亿美元，增长21.4%；对外直接投资额8.25亿美元，增长3.8倍。开放功能进一步提升，中国内陆湖北武汉自由贸易试验区申报和先行先试积极推进；武汉外国领事馆区规划建

设方案获国家批复；天河机场获批实行过境72小时免办签证政策，武汉成为过境免签城市；武汉经济技术开发区国际教育园区建成使用。国际交流合作广泛深入，协作开展了中法建交50周年系列纪念活动，开启法国巴黎中国文化中心“武汉之窗”；成功举办中俄万里茶道城市市长高峰论坛，与硅谷11个城市共同发布加强合作《双谷宣言》，新增28个国际友好交流城市。

(三)强基础，优环境，现代化大都市风貌日益彰显

强力推进城建攻坚。坚持市、区共建，城市基础设施建设投资达到1515亿元。城建重大项目竣工17个、开工17个、续建33个。

交通枢纽建设取得新进展。武汉至黄石(黄冈)城际铁路、江北铁路一期、机场高速公路建成通车。武汉长江中游航运中心建设全面展开，阳逻港集装箱吞吐量首次突破百万标箱，迈入世界内河集装箱港口第一方阵。天河机场T3航站楼建设冲出“地平线”，第二跑道及交通中心建设抓紧推进。

城市路网建设加快。鹦鹉洲长江大桥建成通车。三环线北段改造工程完工。长江大道一期、姑嫂树路快速通道、水果湖片区交通改善工程竣工通车。轨道交通加快向新城区延伸，1号线汉口北延长线开通试运营。轨道交通机场线、21号线、27号线、29号线和杨泗港长江大桥、沌口长江大桥等项目开工建设。轨道交通3号线一期、6号线一期、7号线一期、8号线一期，江汉六桥、东湖通道、东风大道、雄楚大街改造等重大项目加快推进。建成微循环道路54条、慢行交通系统63.5公里。

市政设施不断完善。新增排水干管100公里，疏浚管涵4956公里。龙王嘴污水处理厂改扩建工程建成投入运行。新增污水管网132公里。完成8个自来水厂饮用水源地隔离防护工程。建成地埋式垃圾转运站30座。城市排渍能力、污水收集处理能力、供水安全保障能力和垃圾处理能力有效提升。

城市更新改造有序开展。三环内“三旧”改造全面启动。完成11个城中村整体拆除。汉正街、二七片、龟北片、青山棚户区等重点片区改造加速实施。

深入推进“城管革命”。全面落实《武汉市城市综合管理条例》。集贸市场、小餐饮、食品小作坊、建筑工地、背街小巷、铁路沿线、违法建设等专项整治取得明显成效。深化城市管理执法体制和考评机制改革，稳步推进环卫作业市场化改革，城市综合管理效能进一步增强。

加强生态环境保护。“两型社会”建设综合配套改革试验取得新进展。制定《武汉市主体功能区规划》《武汉市全域生态框架保护规划》，全面划定和严守生态保护红线。启动湿地自然保护区生态补偿试点。实施绿满江城行动计划。第十届园博会筹备工作扎实开展。张公堤城市森林公园绿带基本形成，沙湖公园、戴家湖公园基本建成。新建绿道222公里，新增绿地668万平方米。出台《武汉市山体保护办法》，完成6000亩破损山体生态修复。市域166个湖泊“三线一路”保护规划全面编制完成。开展国家水生态文明城市试点。实施改善空气质量行动计划，城市空气质量优良天数182天，比上年增加22天，$PM_{2.5}$平均浓度比上年下降12.8%。中法武汉生态示范城启动建设。国家环保模范城市创建积极推进。

(四)抓统筹，兴新城，城乡一体化取得新进展

着力提升城镇化质量。制定实施《武汉市新型城镇化规划》。获批国家新型城镇化综合试点。武汉经济技术开发区与汉南区一体化管理体制机制基本形成。阳逻、吴家山、纸坊、常福、盘龙、纱帽等产业新城建设加快，落户投资5亿元以上工业项目32个。

大力发展现代都市农业。7万亩设施蔬菜基地建设成效初显，主要“菜篮子”产品综合自给率达73.5%。新增国家级农业标准化示范区2个。实现农产品加工产值2310亿元。赏花经济发展迅速。新型农业经营主体不断发展，新增家庭农场840个、农民合作社980个。农村产权改革确权登记任务全面完成。

完善农村基础设施。综合整治大型泵站主引水港5条,更新改造骨干泵站179座,除险加固病险水库30座,整治排灌港渠3286公里。中央投资农田水利建设年度项目全面完成。新建“村邮站”500个。

(五)惠民生,促和谐,社会建设全面加强

提升基本民生保障水平。深化全民创业,城镇新增就业18.64万人,转移农村劳动力5.68万人,扶持自主创业2.9万人。社会保险净增参保59.4万人次,城乡居民基本养老保险基础养老金提高20%。保障性住房新开工8.5万套,基本建成4.9万套,分配入住3.6万套。公租房、廉租房实现并轨管理。累计发放困难群众救助补贴20多亿元。新建改建社区养老院104家,新增城乡居家养老服务场地141处。获批全国养老服务业综合改革试点城市。

完善公共服务体系。各级各类教育全面发展。通过国家义务教育基本均衡督导评估。完成100所公办小学标准化学校建设任务。新增适龄幼儿入园学位9000个。高考全口径升学率保持在93%以上。教育云“三通两平台”建设基本完成。

国家医疗卫生服务中心建设加快。新增国家临床重点专科26个,总数达109个。新增三级医院6家,总数达45家,居全国城市第三位。完成30家基层医疗卫生机构提档升级,建成50个中心村卫生室。全科(家庭)医生、乡村医生签约服务200万人。

文化事业繁荣发展。“文化五城”建设扎实推进。公共图书服务网络不断健全。开展各类文化惠民活动2万多场。5项文艺精品获国际和国家奖项。启动建设武汉“中共中央机关旧址纪念馆”。成功举办武汉国际杂技节、男篮亚洲杯赛等大型文体活动。

推进社会治理创新。全面深化1350个幸福社区创建工作,社区组织协助政府服务事项由165项减至16项,被授予“全国和谐社区建设示范城市”。激发社会组织活力,新增社会组织2103家。长江救援志愿队用生命托起城市大爱,感人事迹享誉全国。“六五”普法扎实开展。信访工作制度改革有力推进。社会治安防控体系不断完善,全国深化平安建设现场会在武汉召开。食品药品监管、消防、安全生产工作进一步加强,杜绝了重特大安全事故发生。

协调发展各项社会事业。“单独两孩”政策平稳实施,出生人口性别比持续下降。争创第六届“全国双拥模范城市”、援疆援藏工作扎实推进。

二、发展中存在的问题

加快发展仍然是武汉当前最重要的任务,新常态下,武汉既面临难得的发展新机遇,也会出现新情况、遇到新问题、面临新挑战。主要是:产业规模不够大,实力和竞争力还不够强,传统产业转型升级任务艰巨,新兴产业成为支柱尚需时日,继续保持中高速增长压力和困难增大;国有资本能量没有得到充分释放,民营经济发展相对滞后;长期积累的结构性矛盾和体制性障碍进一步凸显,改革攻坚任务相当艰巨;城市建设任务依然繁重,城市服务管理存在薄弱环节,交通拥堵、空气污染等“大城市病”依然突出,就业、社会保障、住房、教育、医疗、食品安全等民生工作离群众期望还有差距;多元化群体利益的协调难度增大,创新社会治理更加迫切;政府工作中还有缺点和不足,“庸懒散”问题依然存在。

三、2015年发展目标

2015年政府工作的总体要求是:全面贯彻落实党的十八大和十八届三中、四中全会精神,深入学习贯彻习近平总书记系列重要讲话精神,积极把握和主动适应经济发展新常态,围绕“支点之点”,突出运用改革方法释放发展潜力,突出创新驱动加快转型升级,突出建管并重提升城市功能品质,突出完善公共服务增进民生福祉,突出保护生态环境建设美丽江城,突出严格依法行政建设法治政府,努力实现经济平稳较快增长,确保社会和谐稳定,圆满完成“十二五”规划的各项目标任务,为建设国家中心城市、复兴大武汉奠定坚实基础。

经济社会发展的主要预期目标是：地区生产总值增长10%左右；地方一般公共预算收入增长11%；全社会固定资产投资增长15%，社会消费品零售总额增长13%；城乡居民收入增长与经济增长同步。全面完成省下达的节能减排任务。

（《重庆经济年鉴》编辑部根据武汉市有关资料整理）

2014 年直辖市及西部省(区)经济发展统计比较表

表 1　国民生产总值

省、市自治区		国民生产总值(亿元)	比上年增长±%	第一产业		第二产业		第三产业		人均生产总值	
				增加值(亿元)	±%	增加值(亿元)	±%	增加值(亿元)	±%	全额(元)	±%
直辖市	北京市	21330.8	7.3	159	-0.1	4545.5	6.9	16626.3	7.5	99995	
	上海市	23560.94	7.0	124.26	0.1	8164.79	4.3	15271.89	8.8	97300	
	天津市	15722.47	10.0	201.53	2.8	7765.91	9.9	7755.03	10.2		
	重庆市	14265.40	10.9	1061.03	4.4	6531.86	12.7	6672.51	10.0	47859	10.0
西部省区	内蒙古	17769.5	7.8	1627.2	3.1	9219.8	9.1	6922.6	6.7	71044	7.5
	广西	15672.97	8.5	2412.21	3.8	7335.60	10.1	5925.16	8.1	33090	
	四川	28536.7	8.5	3531.1	3.8	14519.4	9.3	10486.2	8.8	35128	8.1
	贵州	9251.01	10.8	1275.45	6.6	3847.06	12.3	4128.5	10.4	26393	
	云南	12814.59	8.1	1991.17	6.2	5281.82	9.1	5541.6	7.4	27264	7.5
	西藏	920.83	10.8	91.57	4.2	336.84	14.6	492.42	9.5	29252	9.1
	陕西	17689.94	9.7	1564.94	5.1	9689.78	11.2	6435.22	8.4	46929	9.4
	甘肃	6835.27	8.9	900.80	5.6	2924.86	9.2	3009.61	9.5	26427	8.6
	青海	2301.12	9.2	215.93	5.2	1232.11	10.0	853.08	8.8	39633	8.2
	宁夏	2752.10	8.0	216.84	5.4	1343.13	9.2	1192.13	6.9	41834	6.8
	新疆	9264.10	10.0	1538.60	5.9	3927.82	10.8	3797.68	10.9	40607	8.4
附	全国数据	636463	7.4	58332	4.1	271392	7.3	306739	8.1		

表 2　农业

省、市自治区		粮食		油料		肉类		蔬菜		水户	
		总产(万吨)	比上年±%	总产(万吨)	比上年±%	总产(万吨)	比上年±%	总产(万吨)	比上年±%	总产(万吨)	比上年±%
直辖市	北京市	63.9	-33.5			39.3	-5.9	236.2	-11.5	6.8	7.2
	上海市	112.89	-1.1			243.13	0.5	377.86	-1.9	30.04	10.7
	天津市	175.95	0.7					460.20	1.1		
	重庆市	1144.5	-0.3	56.9	7.1			1689.1	5.5		
西部省区	内蒙古	2753	-0.7	170.3	7.7	252.3	3	1472.7	3.6		
	广西	1534.4	0.8	61.3	7.16	412.1	-0.5	2610.08	7.16	332.12	4.09
	四川	3374.9	-0.4	300.8	3.6			4069.3	4.1	132.63	5.2
	贵州	1138.5	10.5	98.15	7.2	202.00	1.1	1625.25	8.3	20.94	25.4
	云南	1860.7	2.0	64.7	6.6	375.7	5.1	1735.6	6.8	58.2	19.7
	西藏	97.97	1.9	6.34	0.1	28.62	-2.0	68.21	1.8		
	陕西	1197.80	-1.5	62.30	4.7	116.74	3.7	1724.68	5.9		
	甘肃	1158.7	1.74	72.42	3.9	99.73	4.9	1705.19	8.0	1.43	3.0
	青海	104.81	2.4	31.51	-3.3	33.41	4.5	158.58	-0.2	0.90	50.6
	宁夏	377.9	1.2	16.5	-1.7	28.2	4.3	540.8	6.3	16.3	12.2
	新疆	1414.47	2.7	59.32	-2.1	148.72	6.8	1894.79	13.5	14.40	9.9
附	全国数据	60710	0.9	3517		8707	2.0			6450	4.5

表 3 工业、建筑业、固定资产投资

省、市自治区		工业				建筑业		固定资产投资	
		增加值（亿元）	比上年±%	其中规模以上企业		增加值（亿元）	比上年±%	总额（亿元）	比上年±%
				增加值（亿元）	±%				
直辖市	北京市	3746.8	6.0		6.2			7562.3	7.5
	上海市	7362.84	4.3					6016.43	6.5
	天津市	7083.39	10.0		10.1	682.52	9.3	11654.09	15.1
	重庆市	5175.80	12.3		12.6	1356.06	14.4	13223.75	18.0
西部省区	内蒙古	8004.4	9.5		10	1217.6	5.9	12074.2	15.6
	广西	6065.3	10.1		10.7	1274.56	10.0	13843.21	16.3
	四川	12409.0	9.4		9.6	2225.4	8.6	23577.5	12.0
	贵州			3117.60	11.3			8778.40	23.6
	云南	3898.97	7.2		7.3	1389.66	16.2	11073.86	15.1
	西藏	66.16	9.3	48.87	6.0	270.68	16.8	1119.73	21.9
	陕西	8090.39	11.0		11.3	1650.89	12.3	18709.69	17.4
	甘肃	2263.2	8.7	2070.0	8.4	679.75	11.6	7759.62	21.11
	青海	953.88	8.8		9.1	278.23	15.2	2908.71	21.0
	宁夏	973.5	8.3	954.4	8.3			3200.98	19.4
	新疆	3179.60	10.0			858.19	14.2		
附	全国数据	227991	7.0		8.3	44725	8.9	512761	15.3

表 4 交通、邮电、旅游

省、市自治区		交通				邮电				旅游	
		货运		客运		邮政		电信			
		货运量（万吨）	比上年±%	客运量（万人次）	比上年±%	业务总量（亿元）	比上年±%	业务总量（亿元）	比上年±%	总收入（亿元）	比上年±%
直辖市	北京市	29513.4	4.3	71745	1.0	63.7	9.0	687	15.7	4280.1	8.0
	上海市	90340.88	-1.3	17560.06	10.2	310.53	20	597.75	12	3300	
	天津市	50947.75		19599.41	2.6	36.08	23.1	243.64	14.3		
	重庆市	97287.24	11.7	70056.75	5.1	47.02	20.2	371.15	17.8	2003.4	13.1
西部省区	内蒙古	204000	18.9	19783.1	-10.1	19.5	11.1	316.7	7.8	1805.3	28.6
	广西	163040	7.9	53880	4.5	36.23	22.5	467.01	15.0	2601.99	14.9
	四川					117.4	40.9	909.7	19.7	4891.0	26.1
	贵州	83633.94	18.0	86000.99	3.9	27.75	22.5	353.98	16.4	2895.98	22.2
	云南	116200	4.2	50100	2.8	27.95	19.5	539.28	28.2	2665.74	26.32
	西藏	2397.54	3.6	1934.55	6.8	1.64	5.7	45.4	14.6	204.0	23.5
	陕西	157000	10.9	75200	5.8	45.94	24.1	520.72	19.5	2521.40	18.1
	甘肃	57200	11.2	39900	7.9	13.51	18.72	264.02	18.0	780.2	
	青海	14638.64	9.4	5642.92	13.8	3.54	20.3	77.26	21.5	201.9	27.3
	宁夏	42400	0.9	9200	10.1	10.75		91.9	22.6	142.7	14.7
	新疆	72303.4		39394.3		20.23	7.7	329	8.6	650.07	-3.4
附	全国数据	4391000	7.1	2207000	3.9	3696	35.6	18150	16.1	33811	15.4

表5 贸易

省、市自治区		国内贸易		国外贸易							
						其中					
		社会消费品零售总额(亿元)	比上年±%	进出口总额（亿美元）	比上年±%	出口总额（亿美元）	±%	进口总额（亿美元）	±%	外商直接投资（亿美元）	±%
直辖市	北京市	9098.1	8.6	4156.5	−3.3	623.5	−1.2	3533.1	−3.7	90.4	6.1
	上海市	8718.65	8.7	8634.55	6.3	2102.77	3.0	2563.45	7.9	181.66	8.3
	天津市	4738.65	6.0	1339.12	4.2	525.97	7.3	813.16	2.3	188.67	12.1
	重庆市	5696.20	13.0	5863.22	37.6	3894.76	34.1	1968.46	45.1	42.33	2.2
西部省区	内蒙古	5619.9	10.6	145.5	21.4	63.9	56.2	81.6	3.3	39.8	−14.3
	广西	5716.6	12.5	405.53	23.5	243.30	30.2	162.23	14.8	10.01	43.0
	四川	11665.8	12.7	702.5	8.8	448.5	6.9	254.0	12.3	102.9	0.7
	贵州	2579.53	12.9	108.14	30.5	93.97	36.5	14.17	0.9	20.65	35.4
	云南	4632.9	12.7	296.22	17.1	188.02	20	108.20	12.3	27.06	7.6
	西藏	364.51	13.1	138.48	−33.0	129	−36.6	9.48	210	1.5855	
	陕西	5572.84	12.8	1683.53	35.0	855.54	34.9	827.99	35.0	41.76	13.5
	甘肃	2410.4	12.6	86.5	−15.4	53.3	14.2	33.2	−40.3	1.0	40.7
	青海	614.61	13.0	17.1896	22.5	11.2833	33.2	5.9063	6.3	0.50	−46.5
	宁夏	673.22	10.3	54.36	69.0	43.03	68.6	11.33	70.3	0.92	−37.6
	新疆	2279.65	11.8	276.69	0.4	234.82	5.5	41.87	−20.9	4.17	−13.3
附	全国数据	262394	12.0	264334	2.3	143932	4.9	120423	−0.6	1196	1.7

表6 财政

省、市自治区		地方财政总收入（亿元）	比上年±%	一般预算收入		一般财政支出	
				金额（亿元）	比上年±%	金额（亿元）	比上年±%
直辖市	北京市			4027.2	10.0	4510.5	8.1
	上海市			4588.55	11.6	4923.44	8.7
	天津市			2390.02	15.0	2884.70	15.2
	重庆市			1921.88	13.9	3303.72	8.0
西部省区	内蒙古			1843.2	7.1	3884.2	5.4
	广西	2162.4	8.1	1422.05	7.9	3475.92	8.3
	四川			3058.5	9.8	6784.3	9.1
	贵州	2132.16	11.2	1366.42	13.3	3542.13	14.9
	云南	3160	6.2	1697.79	5.4	4438.32	8.3
	西藏	164.75	49.2	124.27	30.8	1240.27	18.2
	陕西						
	甘肃	1234.54	11.59	672.15	13.63	2538.41	9.91
	青海	385.47	4.6	252.03	12.3	1365.98	9.2
	宁夏	565.02	6.9	339.81	10.2	1000.49	8.5
	新疆	2457.78	9.4	1710.56	9.9	3782.97	7.5
附	全国数据			140350	8.6		

表7 金融、证券、保险

省、市自治区		金融						证券		保险	
		年末存款				年末贷款					
		金额（亿元）	比上年±%	其中居民存款 金额（亿元）	其中居民存款 ±%	金额（亿元）	比上年±%	交易额（亿元）	比上年±%	保险费收入（亿元）	比上年±%
直辖市	北京市	100095.5				53650.6		232318.6	59.2	1207.2	21.4
	上海市	73882.45		24057.03		47915.81		7866600	23.2	986.75	20.1
	天津市	24777.75	6.4			2338.04		25400.20		317.75	14.8
	重庆市	25160.11	10.4	10996.90	11.5	20630.69	14.6			407.26	
西部省区	内蒙古	16217.6	6.7	8317.3	8.6	14947.1	15.5			314	14.3
	广西	20298.54	10.3	10532.65	9.2	16070.95	14.1			313.3	13.7
	四川	53282.0	11.8	25312.5	12.0	33884.1	14.7	63000	57.2	1060.6	16.0
	贵州	15263.26		6766.63		12368.30				213.06	17.3
	云南	22338	8.0	9699.01	8.1	17978.74	13.9			375.99	17.2
	西藏	3089.19	23.5	559.28	12.8	1619.46	11.6			12.76	11.6
	陕西	28288.72	9.9			19174.05	15.9	23096.30	48.9	476.75	14.2
	甘肃	13957.98	15.64	6886.02	13.42	11075.78	25.54			208.44	15.70
	青海	4529.87	10.4			4171.73	22.8			46.09	18.1
	宁夏	4228.84	9.0	2170.52	7.6	4608.28	16.7	2373.58	53.2	83.92	15.4
	新疆	15055.39	6.9	6314.84	5.2	11671.39	18.6	11677.08	64.2	317.41	16.1
附	全国数据	117.4万	9.6	50.6890万	8.9	86.8万	13.3			20235	17.5

表8 科学技术、高等教育

省、市自治区		科学技术							高等教育				
		专利申请		专利授权		专利合同成交额		研究试验发展经费支出（亿元）	高校总数	在校大学生		在校研究生	
		数量（件）	比上年±%	数量（件）	比上年±%	金额（亿元）	比上年±%			数量（万人）	比上年±%	数量（万人）	比上年±%
直辖市	北京市	138111	12.0	74661	19.1	3136	10.0	1286.6	56	59.5		27.4	
	上海市	81664	–5.5	50488	3.7	667.99	7.6	831	68	50.66	0.4	13.36	
	天津市					418.11	39.1		55	50.58		5.14	
	重庆市	55300		24300		175.35		190.00	63	69.16		4.90	
西部省区	内蒙古	6359		4031		157.7			50	40.6	1.8	1.7278	2.3
	广西	32294	38.9	9664	22.6	11.58		3.59		70.19		2.59	
	四川	91167		47120		221	3.4		107	132.8	4.5	8.8	4.3
	贵州	22471	29.1	10070	27.7	20.04		87		46.04	9.9	1.47	
	云南	13343		8124						81.13	4.76	3.1	1.26
	西藏								6	3.49		0.1428	
	陕西	57512		22820		639.98			96	109.96		9.87	
	甘肃	12020	9.51	5097	7.60	115.23	15.1			45.23		2.91	
	青海	1534		619		35.4	31.6			6.75		0.3035	
	宁夏	3528		1424					18	11.5562		0.1605	
	新疆	10210		5238		3.16			39	29.04	4.3	1.7246	6.1
附	全国数据	2361000		1303000		8577	14.8	13312		2547.7		184.8	

表9 人口、人民生活

省、市自治区		人口			人均可支配收入				人均可消费支出				消费价格上涨%	恩格尔系数	
		年末常住人口总数（万人）	人口出生率‰	人口自然增长率‰	城镇		农村		城镇		农村			城镇	农村
					金额（元）	±%	金额（元）	±%	金额（元）	±%	金额（元）	±%			
直辖市	北京市	2151.6	9.75	4.83	43910	8.9	20226	10.3	28009	6.6	14529	7.2	1.6	30.8	34.7
	上海市	2425.68	8.35	3.14	47710	8.8	21192	10.3	30520	8.4	15291	13.9	2.7		
	天津市	1516.81	8.19	2.14	31506	8.7	17014	10.8					1.9		
	重庆市	2991.40	10.67	3.62	25147	9.1	9490	11.7	18279	6.7	7983	14.5	1.8		
西部省区	内蒙古	2504.8	9.31	3.56	28350	9	9976	11	20885	8.5	9972	9.8	1.6		
	广西	4754	14.07	7.86	24669	8.7	8683	11.4	15054	4.0	6675	10.6	2.1	35.2	36.9
	四川	8140.2	10.2	3.2	24381	9.0	8803	11.5	18027	10.3	6906	12.7	1.6	40.1	43.2
	贵州	3508.04	12.98	5.80	22548.21	9.6	6671.22	13.1	15254.64	10.8	5970.25	12.8	2.4		
	云南	4713.90	12.65	6.2	13772	9.5	7456	11.0	16268	9.5	6030	14.9	2.4		
	西藏	317.55	15.76	10.55	22016	7.9	7359	12.3							
	陕西	3775.12	10.13	3.87	24366	9.0	7932	11.8	17546	7.0	7252	11.8	1.6		
	甘肃	2590.78	12.21	6.10	20804	9.7	5736	12.3	15507	10.6	5272	8.7	2.1	36.8	37.6
	青海	583.42	14.67	8.49	22306.57	9.6	7282.73	12.7	17492.89	7.8			2.8		
	宁夏	661.54	13.10	8.57	23285	8.4	8410	10.7	17216	8.9	7676	13.9	2.1		
	新疆	2298.47	16.44	11.47	23214	10.1	8742	11.2	17492.89	7.8	8235.14	9.7	2.1		
附	全国数据	136782	12.37	5.21	28824	9.0	9497	12.7	26635	10.3	14491	9.6	2.0		

注：以上各表数据均来自各省、市、自治区统计公报；其空格处为统计公报中没有提供或统计口径不同所致。

编纂说明

由重庆市人民政府办公厅主管,重庆社会科学院、重庆市人民政府发展研究中心主办的《重庆经济年鉴》,是一部全面介绍重庆经济发展状况的大型工具书,极具史存性、实用性和工具性。2015年卷为《重庆经济年鉴》的第十五卷。

一、本卷《重庆经济年鉴》的特点

本卷年鉴总体结构上由“重要经济文献、专题研究、经济与社会发展综述、部门经济运行与管理、产业状况、开发区与园区建设、区县经济、附录”共八编组成。

二、本卷《重庆经济年鉴》的稿件来源

本卷年鉴主要收录了市第四届人民代表大会上的部分文献,其他文稿、数据、图表等主要来自市级有关部门、各区县政府,部分开发区与工业园区,围绕重庆经济社会热点难点开展的专题研究成果,以及编辑部收集整理的西部省区、长江沿线主要城市的经济社会发展情况。

三、本卷《重庆经济年鉴》编纂的有关技术性说明

(一)本《年鉴》以编为单位进行编纂。每编大体反映一项相对独立的经济内容;编以下不设章、节;本卷共八编。

(二)本《年鉴》侧重对重庆市2014年度经济运行状况的反映,这与其他类型的年鉴有明显的区别。为了突出经济内容,本书对文化、教育、体育、卫生等社会发展方面的内容未专设编目。文中涉及社会事业发展方面内容的,根据具体情况,作了适当保留。

(三)本《年鉴》表现形式大体采用专题文章。文章体例大致是:年度主要状况及分析、存在的问题、发展展望。“重要经济文献”、专题研究、“附录”等编目,则未作统一的体例要求。

(四)本《年鉴》中的统计数据,截至2014年底,个别内容则稍作延伸。统计资料来源于重庆市统计公报和市统计局。另外,需要指出的是,因统计口径的不同,有关部门和各区县(自治县)所用数据与“统计公报”中的数据不尽一致,采用时请予注意。

(五)本《年鉴》有关材料,系相关单位、部门所撰写,所用技术术语、专业名词、名称以稿件提供单位为准。不属于专业用语的,从习惯。

(六)根据年鉴因承相袭的惯例,本年度反映上年度的内容。2015年卷《重庆经济年鉴》也从这一惯例。

2015年卷《重庆经济年鉴》的编辑工作,得到了重庆市各部门、各单位、各级领导和长江沿线的上海、南京、武汉等主要城市、西部省区及广大读者的热情支持,在此深表谢意。另外,尽管编辑部的同志在编纂过程中尽了最大努力,但因时间紧、内容多、来稿渠道广,加之编辑部水平能力有限,本卷《重庆经济年鉴》存在疏漏,热忱希望得到读者的指正。

《重庆经济年鉴》编辑部

二〇一五年十二月